영·숙어 회화 비법 길라잡이

영어저술작가 : 서 재 순

생, 일반인을 위한 어학연구 및 각종시험 대비

영·숙어 회화 비법 길라잡이

영어저술작가 : 서 재 순

생, 일반인을 위한 어학연구 및 각종시험 대비

법문 북스

책머리에

　　말을 배우는 첫걸음은 단어를 배우는 데서 시작 된다. 그 단어를 빠른 시간 내에 속성으로 체계적으로, 재미있게, 잊어버리지 않게 익히는 길잡이가 어원 연구인 바, 본인의 졸저(拙著) Word Origins and Vocabulary를 통하여 상세히 논한 바 있다.

　　사람의 생각을 남에게 전달하는데 필요한 언어를 실제로 사용하기 위하여 한 마디 한 마디 단어들을 일정한 질서에 따라 짜 맞추는 문장이 아니고서는 안 된다. 모든 민족과 나라가 저마다의 개성 있는 전통과 생활양식을 가지고 있고, 이를 바탕으로 언어가 생겨나서 발전하고 또는 사라지는 것이므로, 외국어를 배울 때 누구나 느끼는 좌절감은 자국어와 기본 논리 체계가 다르다는 데 있다.

　　이러한 근본적인 문제를 해결하기 위하여 그들의 생활 속에 파고들 수 있도록 이끌어 주어야 하는 데, 이것이 바로 그들의 오랜 역사와 전통이 만들어내는 관용 표현이다. 무슨 일에나 마찬 가지지만 특히 공부에 있어서 이른바 『속성의 특효약』이란 없는 법이며, 굳은 의지, 끈질긴 노력, 그리고 이러한 노력 속에서 자연스럽게 흥미를 끌어내는 것이 무엇보다 중요한 일일 것이다. 이러한 흥미는 누가 주는 것이 아니라 스스로 창조하는 것이다. 이 책은 공부를 해야 한다는 부담감이 아니라 읽어가는 가운데 스스로 학습에 흥미를 느끼게 되고, 나아가 충분한 훈련을 통해 저절로 이러한 표현들이 몸에 배도록 하는데 노력하였다. 말이 생겨난 유래를 찾는다는 것은 인간이 어떻게 삶을 꾸려왔으며, 어떻게 문화를 창조해 왔는가 알아보는 것이며, 더 나아가 우리 인간들의 마음과 마음, 나라와 나라간 이어주는 혈연과 경로를 더듬어 보는 일이다. 인류의 성장 과정을 관용 표현의 유래를 통하여 통찰해 본다는 것은 언어의 싱싱하고 생생한 색깔을 맛보게 할 뿐 아니라 언어 표현 자체를 이해하는 속도와 능률면에서 절대적인 방법임을 알게 될 것이다. 앞서 독자들에게 선보인 『Vocabulary 77,000』과 『영어의 어원, 어휘 사전』의 부분적인 보완을 겸하는 '영·숙어 회화비법 길라잡이' 이 책이 더불어 독자 여러분들의 영어 실력 향상에 알찬 밑거름이 되기를 바란다.

2016. 9

저

Success does not necessarily mean that we must earn a great deal of money and live in the biggest house in town. It means only that we are daily engaged in striving toward a goal that we have independently chosen and feel is worthy of us as persons. A goal, whatever it may be, is what gives meaning to our existence. It is the carrot on the stick that keeps us striving—that keeps us interested—that gives us a reason for getting out of bed in the morning.

「성공은 반드시 우리가 돈을 많이 벌고 시내에서 가장 큰 집에 살아야 한다는 것을 의미하지는 않는다. 그것이 의미하는 것은 단지 우리가 독자적으로 선택했고 인간으로서 우리에게 어울린다고 생각하는 목표를 위해 날마다 노력하고 있다는 것이다. 목표는, 그것이 무엇이든 간에, 우리의 삶에 의미를 부여해주는 것이다. 그것은 '막대기에 매달아 놓은 당근'과 같은 것으로서 우리로 하여금 계속해서 노력하게 하고, 우리로 하여금 계속해서 관심을 갖게 해주며, 우리들에게 아침에 잠자리에서 일어나야 할 하나의 이유를 제공해 준다.」(좋은 얘깁니다, 여러분! 잘 음미해 보세요. 무엇인가 좀 더 나은 것을 위해 노력하는 사람보다 이 세상에 더 훌륭한 사람이 있을까요?)

차 례

Nothing in the world can take the place of *persistence*. Talent will not; nothing is more common than unsuccessful men of talent. Genius will not...the world is full of educated derelicts. Persistence and determination alone are omnipotent. The slogan "press on" has solved and always will solve the problems of the human race. —Calvin Coolidge (1872-1933), 30th president of the U.S.

이 세상 아무것도 "끈기"를 대신할 수 없다. 남들보다 나은 타고난 재능이 그렇게 해주지 않을 것이다;재능은 있으나 성공하지 못한 사람들이 이 세상에는 허다하니 말이다. 뛰어난 재능이 그렇게 해주지 않을 것이다……. 교육은 받았으나 집이나 일정한 직업이 없고 사회로부터 배척당하는 가난뱅이들로 세상은 가득차 있다. 끈기와 각오만이 무한한 힘을 갖고 있다. "계속 밀고 나가라"는 표어는 지금까지 그래왔거니와 앞으로도 언제나 인류의 문제들을 해결해줄 것이다.

Part I

Idiomatic Phrase Origins

관용 숙어가 생겨난 유래를 설명하고, 간단한 예문을 들어 둔다.

중요한 표현이라 하여 억지로 외우려고 해도 언제되었더냐는 듯 금방 잊어버리기 쉽다는 경험은 누구에게나 있겠지만, 이런 말들이 처음 생겨나 일상 생활에 쓰이게 된 유래를 거슬러 올라가보면 재미있는 뒷애기들이 숨어있다는 것을 알게 된다.

이러한 성구(成句)들이 담고 있는 서양 사람들의 생활 속에 파고들어 배우게 되면 학습에 큰 도움이 될 것이다.

여기서는 비교적 중요하고 자주 쓰이는 표현들만 추려 모았으므로 예문과 더불어 반복하여 학습할 것을 권하고 싶다.

It was an icy, blustery and bittercold winter day when a fellow
decided to visit a sick friend. After much slipping and falling, he arriv-
ed at his friend's house, cold and shivering. "I had a terrible time get-
ting here," the fellow complained. "As a matter of fact, for every step I
moved forward, I slid back two steps."

"Now, just wait a minute," the sick one said. "If you slid back two
steps for every step you advanced, how did you manage to get here at
all?"

"Oh, I almost didn't," came the reply. "But then I said to myself,
'The heck with it,' and turned around and started home."

「 사방이 얼어붙고, 세찬 바람이 불며 몹시 추운 겨울 날에 어떤 사람이 병을 앓고 있는
친구를 방문하기로 결심했다. 많이 미끄러지고 넘어진 뒤에, 그는 친구의 집에 도착했다.
추워서 벌벌 떨면서, "여기 오느라고 혼났다,"고 그 사람은 투덜거렸다. "사실말인데,
한 발 앞으로 옮겨놓을 때마다 두 걸음 뒤로 미끄러졌다네."

"자, 잠깐만 기다려," 아픈 친구가 말했다. "한 걸음 앞으로 옮겨놓을 때마다 두 걸음
뒤로 미끄러졌다면, 도대체 어떻게 해서 여기에 이르렀나?"

"아, 거의 못 올 뻔했지,"라고 대답했다. "그러나 그때 나는 자신에게 말했다네, '빌어
먹을'이라고, 그리고는 뒤로 돌아서 집으로 가기 시작했다네."」(여러분, 얼마나 '아름다
운' 거짓말입니까? 이런 것이 없다면 세상은 얼마나 삭막할까요?)

Part I. Idiomatic Phrase Origins

♣ **above board** : honest, in the open (정직한, 공명 정대한)

> **We have to make sure that everything is *above board*.**
> 「우리는 모든 일이 공명정대하다는 것을 확실히 해 두어야 한다.」

☞ 16C 후반 경에 생겨난 말이다. 카드게임을 할 때 탁자(**board**) 위에서 손놀림이 이루어진다면 탁자 밑에서 손을 놀리는 것보다 훨씬 속이기 어려울 것이다. 따라서 **under the table (secretly)**과 반대되는 뜻이다.

♣ **sit above salt** : sit at the head of the table (상석에 앉다)

> **He always tries to *sit above the salt* in any event.**
> 「그는 어떤 행사에서나 상석에 앉으려고 한다.」

☞ **Rome** 시대의 군인들은 월급으로 소금을 받았으므로 **salt**의 변형인 **salary**란 말이 생겼으며, 여기서 **not worth his salt**(봉급 만큼 일을 하지 못한다), 그리고 **eat a man's salt**(남의 식객이 되다), 등이 생겨났다. 손님을 접대할 때 소금 그릇보다 윗쪽에 앉힌다는 것은 특별히 우대한다는 뜻이다. 그리고 **the salt of the earth**(세상의 소금)은 신약성서에 나오는 말이다.

♣ **act your age** : do the things that people expect someone of your age to do (나이값좀 해라)

> ***Act your age.* Do you always have to run at the nose?**
> 「나이 값좀 해. 언제까지나 코를 질질 흘리고 다녀야 겠니?」

☞ 19C 경 미국에서 생겨난 말이다. 어린아이들이 철없이 칭얼댈 때 쓰는 말로 우리말과 같은 발상이다. 이와 같은 뜻으로 **be your age**도 있다.

♣ **add insult to injury** : make bad trouble worse (엎친데 덮치게 하다)

> He went to the theater, and first the theater was full ; then, to *add insult to injury*, he got a shooting headache.
> 「그는 극장엘 갔지만 극장이 만원이었고 엎친데 덮쳐서 심한 두통이 났다.」

☞ 유명한 이야기꾼 Aesop 이야기로 돌아간다. 대머리인 사람이 그 반질반질한 머리에 앉은 파리를 잡으려고 찰싹 때렸지만 파리는 잽싸게 도망가고 머리만 때렸다. 그러자 파리 왈 "You wanted to kill me for a mere touch. What will you do to yourself, now you have added insult to injury" 하면서 대머리를 약 올린데서 이말이 생겨났다.

♣ **agree to disagree** : agree to discuss something, but retain one's opinions
(서로 견해 차이를 인정하고 단념하다)

> It's disheartening to note that the Government Party and the Opposition Party *agreed to disagree*.
> 「여야가 견해 차이만 인정하고 회의를 중단해 버려서 매우 실망스럽다.」

☞ 1770년 영국의 감리교 신학자 John Wesley가 그의 설교에서 사용한 것이 처음이다. 하지만 그도 처음 사용할 때 인용 부호를 쓴 것으로 보아 다른 사람이 먼저 사용했던 것 같다.
내용은 어렵지 않으므로 설명을 생략한다.

♣ **alive and kicking** : well and healthy (원기 왕성한)

> I called in sick at work yesterday and now I am *alive an kicking*.
> 「어제는 아파서 직장에 못 나간다고 전화로 알려 주었지만 오늘은 완전히 회복됐다.」

☞ 18C경 영국 London에서 생긴 말이다. 생선 장수들이 싱싱한 생선을 팔면서 피둥 피둥 살찌고 펄쩍펄쩍 뛰는 생선을 가리키며 소리치며 팔던데서 생겨난 말이다. 지금은 약간 진부한 표현이 되어가고 있다.

♣ **all aboard** : please get in (모두 승선(승차) 하십시오)

> ***All aboard!***
> 「모두 타십시요.」

☞ 미국의 **Joshua T. Smith**가 그의 **Journal in America (1837)**에서 처음 사용한 것으로 되어 있다. 지금도 대체로 그렇지만 당시의 배는 바닥이 판자(**board**)로 되어 있었고 **aboard**라 하면 배에 타는 셈이 된다. 처음에는 강배(**rive-rboat**)만을 가리키던 것이었으나 차츰 바다로 나가는 배, 그리고 기차, 버스, 비행기, 우주선 등 여러 곳으로 확대되어 쓰이고 있다.

♧ **all at sea** : confused, lost and bewildered (어쩔줄 모르는)

> The hardpressed U.N. peacekeeping mission in Somalia, a rutted military ground now strewn with bodies, *has been at sea.*
> 「여기저기 시체가 널려져 있고 군사 행동이 교착 상태에 빠진 지역 소말리아에서 고생하는 UN 평화 유지 군은 이젠 어떻게 해볼 수 없는 상황에 빠져들어가게 되었다.」

☞ 옛날의 선박 장비는 볼품이 없을 뿐만 아니라 어느것 하나 제대로 작동되지 않아 선원들의 안전을 지켜줄 수 없었다. 물고기 떼를 쫓거나 풍랑에 떠밀려 망망 대해로 나가면 방향을 잡지 못해 어쩔줄 모르게 되는 건 당연한 일이다.

♧ **all chiefs and no Indians** : too many people want to do nothing but give orders to others (일할 사람은 없고 시키는 사람뿐이다)

> "We have to love our national flower first before we can expect others to do the same." "You said a mouthful, but we have *all chiefs and no Indians.*"
> 「"다른 사람이 우리나라 꽃을 사랑하기를 기대하기 이전에 우리 스스로가 나라꽃을 사랑해야 해." "백번 옳은 말이지만 모두 시키는 사람뿐이고 할 사람은 없으니 뭐가 되겠어."」

☞ **Australia**에서 **1940**년경 생겨난 말이다. 군(軍)에 가면 장교만 있고 사병은 없고, 배(**ship**)에 가면 선장만 있고 선원은 없고, 집에 오면 어른만 있고 애들은 없고, 사무실에 가면 간부만 있고 부하는 없고, 이런 상황뿐이라면 아무 것도 안될 것이다.

12

♣ **all ears** : eager to hear (열심히 듣는)

> "Mugunghwa doesn't have slightest trait of snobbishness, greed, and rapaciousness which are detested by the hermit." "Keep talking. I'm *all ears*."
> 「"무궁화는 은자가 싫어하는 속물근성, 욕심과 탐욕이라고는 없어" "계속 얘기해. 열심히 듣고 있으니까!"」

☞ 이 말은 근년에 생긴 속어(slang)는 아니고 적어도 1600년 대부터 있었던 말이다. 영국의 시인 John Milton (1608~74)이 그의 작품 Comus (1634)에서 썼던 기록이 있지만 그 이전으로 거슬러 올라간다. 몸과 마음이 온통 듣는데 집중하고 있으니 **all ears** 일 수밖에 없다.

♣ **all I know is what I read in the papers** : I am not an expert, I'm just an ordinary person and what I've told you is true to the best of my knowledge. (난 전문가도 아니고 보통 사람일 뿐이고 내가 말하는 것은 사실 여부는 모르지만 내가 아는 한 사실이다)

> The Japanese government may well refrain from making a diplomatic issue of this case, humbly admitting that this case constitutes an unjustifiable crime against Korea's vital interests, but *all we know is what we read in the papers.*
> 「일본 정부는 겸허한 자세로 이 문제가 한국에 대해 정당화할 수 없는 범죄를 구성한다는 점을 인정하여 이 문제를 외교 문제로 하는 것을 삼가하는 것은 당연한 일이나, 이것은 사실 여부는 모르지만 우리가 아는 한 사실이다.」

☞ 미국의 Will Rogers가 1927년 The Letters of a Self-Made Diplomat to His President에서 처음으로 썼던 말이다. 이 말은 매우 다양하게 함축된 의미를 가지고 있어서 간단히 설명하기는 어렵다. 그러니까 자신의 정보가 다른 사람의 정보와 다르지 않다는 이야기다.

♣ **all in the same boat** : all in the same situation (같은 처지에)

> When the labor and management disputes were escalating and thou-sands of people lost their jobs, *all the wholesalers were in the same boat,*

> 「노사 분규가 확대되어 가자 수천 명의 근로자들이 실직하였고 모든 도매 업자들도 같은 처지가 되었다.」

☞ 적어도 16C 경으로 거슬러 올라갔던 이야기일 것이다. **have an oar in another's boat (meddle someone else's affairs)**에서 보듯이 남의 일에 끼어들어 약을 올리는데서 시작되었다고 추측된다. 그러나 세월의 흐름과 같이 당초의 뜻과는 달리 한 배(**same boat**)를 타고 운명을 같이 해야하는 처지로 변한 것이다.

♣ **all roads lead to Rome** : the same goal may be reached by many different ways (모로가도 서울만 가면 된다)

> All you have to do is to be dovoted to your parents. *All roads lead to Rome.*
> 「네가 할 일은 부모님께 효도만 하면 돼. 모로가도 서울만 가면 돼.」

☞ 사실 좀 진부한 말이기는 하다. 실제 **Rome**는 도로 시설이 워낙 잘 되어 있어서 어느 길에서 출발하더라도 **Rome**로 연결되도록 되어 있었다. 이것이 비유적으로 확대되어 수단에 관계없이 목표가 같을 때 쓰이는 말로 되었다.

♣ **all systems are go** : all preparations have been made (준비 완료된)

> It will show ideal bright future lives impressively using comprehensive high-tech computer systems. *All systems are go.*
> 「그 계획은 종합 하이텍 컴퓨터 시스템을 멋지게 이용하여 이상적이고 밝은 미래 생활을 보여 줄 것이다. 이제 모든 준비는 완료됐다.」

☞ 얼른 보아도 알 수 있듯이 우주시대로 접어든 **70년** 대에 생겨난 살이다. **rocket**을 공중에 쏘아 올려 놓고 지상에서 이를 조종한다. 준비, 발사, 발사후 운행, 귀환 등 모든 단계의 작업이 예정대로 진행되어 간다는 것을 알리는 말이다.

♣ **all thumbs** : very clumsy (매우 서툰)

> Some computer programs will enable operators to put their images into seasaw and soccer games, but I'm *all thumbs* when it comes to using com-

puters.

「어떤 컴퓨터 프로그램은 컴퓨터 사용자로 사여금 시소게임과 축구경기의 그림이 나오게 할 수도 있지만, 컴퓨터 만지는 거라면 난 문외한이다.」

☞ 영국의 극작가 John Heywood (1497-1580)가 1562년에 처음 사용했던 것으로 기록되어 있다. 손가락이 모두 짧고 뭉뚝한 엄지손가락같다면 무슨 일이든 제대로 안될 것이다.

♣ **all washed up** : ruined, tired, finished (망친, 피곤한, 끝난)

The rumor has it that Soo-ji and Jong-young *are washed* up, but nobody can believe it.

「수지와 종영이가 헤어진다는 소문이 있지만 아무도 그걸 믿는 사람이 없다.」

☞ 하루의 일을 끝낸 일꾼들은 손을 씻게 되어 있다. 여기서 의미가 확대되어 사업의 실패, 결혼의 실패, 병으로 눕기 등 바람직하지 못한 일로 손을 끊게 될 때 쓰이게 되었다.

♣ **also-ran** : a person who doesn't succeed (낙선자, 실패자)

She tried hard to pass the exams but ended up an *also-ran*.

「그녀는 시험에 합격하려고 애를 썼으나 실패로 끝나고 말았다.」

☞ 시합은 우승에 목적이 있는게 아니고 참가에 뜻이 있다고들 한다. also-ran은 시합에 참가하였으나 실패한 사람을 말한다. 처음에는 경마에서 생겼지만 1904년 미국의 정치와 관련하여 처음 쓰였던 것으로 알려져 있다.

♣ **angel dust** : powder narcotic (가루로 된 마약)

Day by day *angel dust* is getting to be a social problem.

「마약은 나날이 사회 문제로 대두되고 있다.」

☞ 천사같은 하얀 가루이기 때문에 붙여진 이름이다. 이 밖에 **angel hair, white powder, peace pills, super joint, green tea, busy bee, hog elephant, tranquizer,** killer weed 등의 이름이 **70년** 대에 기록되어 있다.

♣ **angle with a silver hook** : an unlucky fisherman who fails to catch anything doesn't want to go home empty-handed (물고기를 잡지 못하고 사가지고 집에 가다)

> He always boasted that he is the best angler in the village, but he turned out to be an *angler with a silver hook* yesterday.
> 「그는 늘 마을에서 제일가는 낚시꾼이라고 큰소리 쳐대더니 어제는 엉터리 낚시꾼이라는 게 들통났어.」

☞ 엉터리 낚시꾼이 빈손으로 집으로 돌아오다가 은화(silver coin)를 던져주고 물고기를 산다. 이로서 자신의 체면을 세워 보려는 것이다. 여기서부터 위의 표현이 생겨났다.

♣ **have ants in one's pants** : be nervous and anxious (안절부절 못하는)

> What's wrong? You seem to *have ants in your pants*.
> 「무슨 일이야? 안절 부절 못하는 걸 보니.」

☞ 겨우 **1960년** 대에 생겨난 말이다. 미국의 유머작가 **H.Allen Smith**의 책 Putty knife (1943)에서 **have ants in one's pants**라고 쓴 것이 처음이며 60년대 이후로는 간단히 **be antsy (be nervous, restless, jittery)**로 줄여 쓰고 있다. 개미가 팬티 속으로 들어 갔으니 가려워서 엉덩이가 들썩거릴 것은 뻔하지만 그렇다고 **sexual meaning**으로 발전하지는 않는다.

♣ **apple of one's eye** : one's favorate person or thing (매우 소중한 것)

> Hangul, the Korean alphabet, which is one of the most scientific writing systems in the world is the *apple of our eye*.
> 「세계에서 쓰여지는 문자중 가장 과학적인 한글은 우리에게 무엇보다 소중한 것이다.」

☞ **apple**에 관한 이야기는 상당히 많으므로 이중 몇 가지를 소개한다. **apple of one's eyes**에서의 **apple**은 단단하고 둥글다는 데서 옛 사람들은 눈의 동공이란 뜻으로 써 왔고 성경에도 나오는 말이기도 하다. **Hebrew**에서는 **You are as the little man in** the eye.이라고 한 것으로도 눈동자란 얼마나 소중한 것인가를 말해 준다.

♡ Greece 신화에서 미의 여신들이 사과를 가지고 다툰데서 **apple of discord** (싸움의 원인)가 있다.

♡ 1920년 대 이후 미국에서는 야구공 또는 야구장이란 뜻으로도 쓰여 **apple** (base-ball), **apple hawk** (good fielder), **apple orchard** (baseball park) 처럼 쓰이기도 한다.

♡ 1939년경 **New York**에서는 **appleknocker** (시골뜨기, 초심자)라는 말이 생겼는데 사과를 딸때 긴 장대로 사과를 두드려 패서 따는 것으로 잘못 알았던데서 생겨난 말이다.

♡ 학생들이 사과를 반질반질하게 닦아 선생님에게 갖다 바쳐 존경(아부)의 표시로 사용하였던데서 **applepolisher** (알랑쇠)라는 말이 1928년경 **sycophant**를 대신하게 되었다.

♡ 미국 **New England**주의 가정주부들은 **apple pie**를 멋지고 정교하게 만들어서 **apple pie order** (질서 정연)이란 말이 생겼다고 전해지기도 하나, **French**의 **nappes-plees** (folde linen) 또는 **cap-a-pie** (from head to foot)에서 (**nappes, appes, apple** ; 또는 **cap, ap, apple**) 정돈된 모습의 전형으로 되었다는 여러가지 설이 있다.

♡ **Oliver Goldsmith**라고 하는 영국의 농부가 사과를 마차에 싣고 팔러가다가, 길가에서 잠깐 쉬면서 졸고 있을 때, 목동이 소를 몰고 달려오는 바람에 놀라 사과 마차가 뒤집어져, 날은 저물고 흩어진 사과를 주워 담을 수도 없게 되자 **upset the apple cart** (계획을 망쳐놓다)라는 말이 생겼는데, 정치를 비롯한 계획을 망가 뜨리는 일에 비유적으로 확대되어 쓰이고 있다.

♡ 식도락가 **Apicus**도 **apple**에서 따온 이름인 바 그가 **Rome** 시대에 사과를 접붙여 품종 개량에 앞장섰기 때문이다. 이 **Apicus**에서 식도락가이자 철학자인 **Epicurus**라는 이름이 생겨나서, **epicure** (맛있는 사과를 먹는 "식도락가"), **Epicurism** (식도락)이 생겨났다. 사과를 매일 한 개씩 먹으면 의사가 필요 없다는 말도 있는 것으로 보아 맛있고 건강에 좋은 과일로 옛부터 널리 알려졌던 것 같다. 이 밖에도 몇 가지 더 있으나 생략한다.

♣ **armed to the teeth** : heavily armed with deadly weapons (철저히 무장한)

> North Korean soldiers are always *armed to the teeth.*

> 「북한군 병사들은 언제나 철저히 무장돼 있다.」

☞ 남의 배에 뛰어오르는 해적이 한 손으로는 **rope**를 쥐고 다른 한 손에는 단도나 권총을 들고 입에는 **knife**를 물고 대든다면 빈틈없는 무장일 것이다. 이 말은 영국의 정치인 **Richard Cobdon**이 1849에 사용한 것으로 되어 있다. 또한 **at arm's length**(거리를 두고, 쌀쌀맞게)라는 말이 있는데, 원고와 피고가 책상을 마주하여 적대관계가 이루어지기 때문인데 이때 마주앉은 거리가 팔길이 정도(**arms length**)이기 때문이다.

♣ **backbite** : curse (험담하다)

> They *backbit* each other before the opening of a two-day ministerial session yesterday in Singapore.
> 「싱가포르에서 어제 각료급 회담이 열리기에 앞서 그들은 서로 헐뜯었다.」

☞ back(등)과 bite(물다)가 결합된 말이다. 곰을 짧게 기둥에 사슬로 매어 두고 몇 마리의 개를 정면에서 대들게 하면 곰은 정면의 적과 싸우느라 정신없을 때 다른 개들이 달려들어 곰의 등을 물고 덤빈데서 비롯된다. 문헌상으로는 1175년으로 되어 있다. "Face flatterers and backbiters are the same"이라고 말이다.

♣ **balled up** : troubled (혼란한, 당황한)

> Ordinary people got all *balled up* when various types of wrong doings were brought to light.
> 「각종비리가 쏟아져 나오자 일반인들은 어리둥절해 졌다.」

☞ 옛날에는 말이 끄는 썰매를 타고 눈보라 속을 달리자면 매우 위험했다. 한가지 어려운 일은 말의 편자 굽은 부분에 눈이나 얼음의 알갱이(**ball**)가 들어가면 말이 미끄러져 넘어지는 일이었다. 특히 한 팀으로 끌고가던 말중의 한 마리가 쓰러지면 그 뒤죽박죽한 혼란은 이루 말할 수 없게 된다.

♣ **barge in on** : break in on : interrupt (끼어들다)

> Sung-moon frequently *barged in on* his brother and his girl friend.
> 「성문이는 형과 형의 여자친구 사이에 자주 끼어 들었다.」

☞ 밑바닥이 넓적한 거룻배(barge)는 유용하지만 둔하다. 원래 barge는 Celt족이 붙인 이름이고 중세이후 영국에서 쓰여 왔다. 얕은 물 또는 좁은 운하에서 여러 척의 배들이 여러 방향으로 움직이려면 날렵해야 하는데 이 barge는 움직임이 둔하여 남의 배를 쥐어 박기 일쑤여서 이것이 확대되어 위와 같은 뜻으로 쓰이게 된 것이다.

♧ **go on a bat** : walk the streets, drink too much (창녀짓하다, 흥청망청 술 마시다)

> **If you *go on a bat* all the time like that, you'll become sick some day.**
> 「술만 그렇게 마시고 다니다간 멀지 않아 병나게 되어 있어.」

☞ 여기서 말하는 bat은 야구방망이가 아닌 박쥐를 뜻한다. 박쥐는 밤에 나다니기 때문에 창녀(prostitute)라는 뜻도 가지게 된다. 여자가 아니더라도 밤 늦게 돌아다닌다는 것은 술마시는 것 외에 별로 할 일이 없을 것이다. 1612년경 창녀라는 뜻이 쓰인이후 go on a binge, go on a drinking spree 등이 생겨났으며, 이들을 통틀어 nightbird (밤에 다니는 사람)이라고도 한다. 또한 밤과 어두움을 즐기는 박쥐가 불빛을 보면 몹시 당황할 것은 뻔하지만 특히 지옥에서 이글거리는 불빛을 본다면 기절초풍하여 달아날 것이기에 like a bat out of the hell (extremely fast : 굉장히 빨리)이라는 말이 생기기도 하였다.

♧ **be at loose ends** : be unemployed, be restless (빈둥거리다, 혼란해지다)

> **As I have five mouths to feed, I can't *be at loose ends*.**
> 「부양가족을 다섯이나 거느리고 있는 내가 빈둥거릴 수는 없다.」

☞ 19C 말경 영국에서 처음 생겨났을 때에는 at loose end 였다. 언어학자 Weekley의 **Etymological Dictionary of Modern English**에 의하면 고삐풀린 망아지가 한가하게 풀밭에서 뛰놀 때의 한가한 모습에서 이러한 뜻이 생겨났다고 한다.

♧ **be at the end of one's rope** : be at the limits of one's endurance (진퇴 유곡에 빠지다)

> **If malpractices are allowed to continue to make inroads into the military in Korea, well *be at the end of the rope* soon.**
> 「우리나라의 군부에 비리가 계속 퍼지는 것을 허용한다면 우리는 곧 막다른 골목으

> 로 빠지고 말 것이다.」

☞ 1686년경 프랑스 작품을 번역한데서 나타난 말이다. 밧줄에 목이 매여 공중에 대롱대롱 매달려 목숨이 경각에 달린 끔직한 모습에서 온 말이다.

♣ **beat the living daylights out of some one** : beat or spank someone (호되게 패주다)

> If I continue to act that way, my father'll *beat the living daylights out of me.*
> 「내가 계속해서 그따위 짓을 하다가는 아버지한테 호되게 얻어 맞게 될거다.」

☞ 1774년경 미국에서 생겨난 말이다. 머리통에 구멍을 내어서 빛이 통하도록 만들겠다는 무자비한 말로서, 맞대놓고 말했다간 평지풍파를 일으킬 수도 있으니 주의해야 한다. 이외에도 **fill someone full of holes, beat someone to a pulp, punish someone unmercifully** 등이 있다. 또 이와 같은 뜻으로 **beat the tar out of someone**이 있는데, 영국 Scotland 양치기가 양털을 깎다가 실수로 양의 살갗을 깎아 버리고는 응급치료 방법으로 **tar**를 바른 것까지는 좋았으나 후에 말라 붙은 **tar**를 제거하자면 나무 막대기로 상처 부위를 때려줘야하는 데서 생긴 말이다.

♣ **hit below the belt** : do something unfair (비열한 짓하다)

> Accidents, discontent scientists and an alarming black market trade in nuclear components *hit Russia below the belt.*
> 「사고, 불만을 품은 과학자들, 그리고 놀라운 핵부품의 암시장 거래는 **Russia**의 뒷통수를 쳤다.」

☞ 영국의 후작 John Sholto Douglas는 열광적인 **boxing** 광이었다. 1867년 당시의 라이트 헤비급 권투선수였던 **John Graham Chambers**와 그는 열두 조항에 해당하는 권투 규칙을 만들었고 1857년에 이를 채택하기에 이르렀는데, 내용은 권투를 좀더 인간적인 경기로 이끌어 가자는 것이었다. 이 규정은 오늘날에도 유효한 규정이 많은 데, 예를 들면 **gloves**를 사용하는 것, 3분을 한 라운드로 하는 것, **KO**될 때까지 열 번을 세는 것, 레슬링처럼 붙들 수 없는 것, 벨트 아래를 칠수 없는 것 등이다. **Queensberry rule**이라고도 하는 이 **rule**은 오늘날의 권투는 물론 다른 분야에서도 비유적으로

확대되어 쓰이고 있다.

♣ **bite the dust** : die, fall (죽다, 쓰러지다)

> **Jong-soo** *bit the dust* **yesterday while on his business trip to Australia.**
> 「종수는 어제 업무로 호주 출장중에 죽었다.」

☞ 고대 Greece의 Homer가 쓴 작품 Iliad를 미국 시인 William Cullen Bryant가 1870년에 번역하여 널리 쓰이게 된 표현이다. 처음에는 bite the bloody sand, bite the ground였다가 bite the dust로 변했지만 내용은 거의 같은 것이다.

♣ **to the bitter end** : to the very end (끝까지)

> **The mayor fought off the challenger** *to the bitter end* **and won the election.**
> 「시장은 선거에서 도전자와 끝까지 끈질기게 싸워서 승리했다.」

☞ 닻줄을 매는 말뚝을 bitt라 한다. 여기서 말하는 bitter는 쓰다는 뜻이 아니라 bitt쪽에 가까운 닻줄을 bitter end라 한다. 밧줄을 다 풀고 bitter end만 남았다면 더 이상 어떻게 해볼 방법이 없는 상황이 된 것이다.

♣ **blackball** : reject, ostracize (배척하다, 추방하다)

> **Some staffers of our company say they are being** *blackballed*.
> 「우리회사의 몇몇 직원들은 자기들이 쫓겨나게 될 것이라고 말하고 있다.」

☞ 악명 높았던 19C의 해적선 Black Ball은 미국의 Liverpool과 New York을 왕복하면서 닥치는대로 약탈을 일삼았던 것으로 유명했다. 여기서의 blackball은 영국에서 18C에 있었던 투표 방식에서 생긴 말이다. 신규 회원을 가입시키는데 찬성하면 흰공을 투표함에 넣고, 반대 의사를 가진 사람은 검은공을 넣었던 데서 생겨난 말이다. 그리고 16C경 영국 Scotland에서는 농부들이 소작료(rent or mail)를 바칠 때 현금(silver money or white mail) 또는 현물(black mail or livestock)을 바쳐야 했는데, 지주들은 현금보다 현물세(black mail)를 과도하게 매겨 농민들을 착취한 데서 black-mail(공갈, 공갈하다)이 생겨났다.

♣ **blow off steam** : release excess energy or anger (정력,울분을 발산하다)

> You shouldn't take your boss's criticisms and *blow off steam* to your inno-
> cent colleagues.
> 「사장한테 꾸지람 듣고 죄없는 동료들한테 화풀이하면 안돼.」

☞ 1830년 대에는 기차에 안전밸브가 없었고 증기압이 세지면 폭발을 막기위해 수동레버 (lever)를 끌어당겨 증기를 발산하였다. 이와같이 폭발 직전의 증기를 뽑아내 버리는 것을 마치 사람의 정력이나 울분을 발산하는 것과 비유한데서 생겨난 말이다. 이와 비슷한 blow one's mind (overwhelm)은 마약 사용을 통하여 뇌의 기능, 즉 올바른 사고 능력을 빼앗아 간다는 말이다.

♣ **bone up on something** : study something thoroughly (열심히 공부하다)

> I have to *bone up on* several subjects to pass my exams.
> 「시험에 합격하려면 몇 과목은 열심히 공부해야 한다.」

☞ 뼈는 한때 신발(shoes)을 닦는 데 쓰여졌고, 그후 시험을 대비한 공부라는 뜻으로 쓰여졌다. 지식을 갈고 닦기(polish up)때문이다. 또 다른 이야기로는 "Classical Library"의 저자 Henry George Bohn (1796–1884)의 이름인 Bohn의 변형이라고 주장하는 사람도 있다.

♡ 이제 또 다른 단어인 bonehead (fool)와 Pull a boner (do something stupid)에 대하여 알아본다. 최초의 bonehead play는 미국 New York Giants team의 Fred Merkle이 1908년 9월에 저지른 실수다. 9회 말 투 아웃에서 동료 Mccormick은 3루에 있고 Merkle이 1루였을 때 또 다른 동료가 안타를 치고 Mccormick이 홈을 밟은 것까지는 좋았으나 Merkle은 2루로 가지않고 덕아웃(dugout)으로 들어와 버리자 상대방 Cubs팀의 수비수가 재빨리 2루에 터치하여 아웃이 됨에 따라 득점이 무효가 되고, 나중에는 두 팀이 동점으로 플레이 오프를 하였으나 Cubs가 이기고 우승하기에 이르렀다. 이때 기자들이 Merkle의 Play를 보고 bonehead 또는 Pull a boner라는 말을 만들어 냈다.

♣ **brainwash** : change opinions or attitude by methods less stringent than those used on prisoners (세뇌하다)

> They were *brainwashed* into joining the crazy cult.
> 「그들은 미치광이 같은 종교 의식에 참여하도록 세뇌 당하였다.」

☞ 세뇌(**brainwashing**)는 한국전쟁 때 미군을 포로로 잡은 북한군이 이들을 가두어 놓고 교묘하고 집요한 심문과 고문을 통해 사고 방식 자체를 바꾸도록 만든데서 생겨난 말이다. 이와 비슷한 **braintwister**는 **puzzle**이란 뜻이다.

♣ **bring home the bacon** : earn a salary (생활비를 벌다, 성공하다)

> You have to get a job and *bring home the bacon* when you grow old.
> 「나이가 들면 취직해서 생활비를 벌어 들여야 한다.」

☞ 영국의 Essex County에 있는 Dunmow Flitch 교회에서 12C−19C까지 이어져 왔던 풍습에서 생겨난 말이다. 결혼을 하면 1년이 넘도록 한 번도 싸우지 않아야하고 헤어지고 싶다는 생각도 말아야 한다는 서약을 해야하고, 이를 성실히 이행하였는지 모의재판을 받아서 만족스러운 판정을 받으면 상으로 베이컨을 받게 되어 있었다. 19C 후 베이컨은 상(**prize**) 또는 월급(**salary**)이란 뜻이 되면서 남자의 부담으로 남아 널리 쓰이는 표현으로 되었다.

♣ **buckle down to work** : begin to work seriously (본격적으로 일에 착수하다)

> We must *buckle down to* bringing down the ever accelerating inflation.
> 「우리는 악화일로에 있는 인플레이션을 잡는 일에 진지하게 착수해야 한다.」

☞ 영국의 기사들(**knights**)이 한참 날리던 1574년 경에 생겨난 말이다. 전투가 일어나기 직전의 준비로 덜렁덜렁한 가죽 끈 따위를 갑옷의 걸쇠(**clamp**)에 단단히 잡아 매는데서 **buckle down to**라는 말이 생겨났고, 이후 비유적으로 확대되어 쓰이고 있다.

♣ **in the buff** : naked (알몸의)

> Will the next fad be photographs of modern woman taken *in the buff?*
> 「다음 유행은 여성들의 알몸 사진인가?」

☞ 물소(**buffalo**) 가죽은 19C에 옷감으로 널리 유행했다. 이 **buffalo** 가죽은 놋쇠를 비

롯한 금속을 닦는 데 쓰였으므로 **buff**가 polish(유혁으로 닦다)라는 뜻도 가지게 된다.

19C 중엽에는 소방수들이 물소가죽 옷을 입고 방화 작업을 하게 되었으며, 아마추어 소방원들도 뒤질세라 물소가죽 옷을 입고 진화에 나서기도 하였다. 이 물소가죽 옷의 색깔을 보면 햇볕에 잘 익은 사람의 맨살과 같아 보여서 "사람의 맨살"이란 뜻을 가지게 되었다. 이 밖에도 in the altogether(nude), natural(in the natural state : 알몸의), wear only what mother nature provided(발가벗고 있다), dressed in nothing but a fig leaf(알몸의), in one's birthday suit(알몸으로), in Adam's and Eve's togs(알몸으로), undressed or undraped(알몸의) 등의 유사한 표현이 있다.

♣ **burn the midnight oil** : stay up working (밤늦게까지 일,공부하다)

> Our company is rapidly changing the climate of the domestic market by *burning the midnight oil.*
>
> 「우리 회사는 밤새워가면서 연구해서 국내 시장의 분위기를 빠른 속도로 바꾸어 나가고 있다.」

☞ 어떤 사람은 미국의 석유가 흔해진 이후에 생겨난 말이라고 하나, 실은 17C 중엽 프랑스에서 생겼다고 보아야 한다. 같은 뜻으로 it smells of the lamp라고도 하는 이 말은 당시 석유가 아니고도 얼마든지 밤늦게까지 lamp를 켤 수 있었기 때문이고, 실제 열심히 burn the midnight oil을 한 사람의 예가 많지만 이중 한 가지만 들어 본다. 프랑스의 문호 Honoré de Balzac은 한 번 글을 쓰기 시작하면 보통 열여덟 시간이상 계속 썼다. 그는 몇 주일이고 계속 써나갔고, 얼마나 꼼꼼한 지 소설 원고를 교정 원고로 재차 완전하게 옮겨 적는 일이 많았다고 한다.

♡ 이 외에 burn에 관련하여 burn one's fingers (learn caution through an unpleasant experience)가 있는데, Aesop 이야기에서 나오는 고양이처럼 불 속에서 익은 밤을 꺼내려다가 혼이 난 데서이다.

♡ 초(candle)의 양쪽에 불을 붙이면 쉽게 타 없어지는데서 burn the candle at both ends(work very hard)가 있으며, Caesar를 비롯한 Rome 시절의 장군들이 사용한 배수의 진 전략에서 burn one's bridges(make a decision that one can't change)와 같은 단호한 결의의 표현도 생겨났다.

♣ **can't cut the mustard** : not able to do something (기대에 부응하지 못하다)

> This old refrigerator *can't fill the bill* any more.
> 「이 낡은 냉장고는 더이상 쓸모가 없다.」

☞ 고대 Rome 시대부터 있었던 mustard(겨자)는 그 매콤한 맛으로 귀중하게 쓰였으며 genuine article 또는 main attraction이란 뜻을 갖기도 한다. 또한 too old to cut the mustard와 함께 남자들의 sexual inability를 뜻하기도 한다. 뿐만 아니라 cut the cheese와 함께 "방귀뀌다"라는 뜻이 있는데 우리도 농담으로 "핵실험 한다"라고 하는데 냄새가 진동한다는데서 쓰이는 재미있는 표현이다. 이렇게 하여 cut the mus-tard는 fill the bill의 뜻으로 쓰이고 있다.

♡ can't make a head or tail of it (뭐가 뭔지 모르겠다)는 동전 던지기에서 앞면(head) 인지 뒷면(tail)인지 모르겠다는 데서 온 말이다.
영국의 극작가 John Heywood가 can't see the wood for the trees(나무만 보고 숲을 보지 못한다 : 1546)라는 속담을 수록한 것이 미국에서는 wood가 아닌 woods로 하여 널리 쓰이고 있다.

♣ **castles in the air** : day dreams (몽상)

> Things are getting tough. I'd like to sit in the room, just building *castles in the air*.
> 「일이 잘 안풀린다. 방구석에 앉아 궁상이나 떨고 싶은 마음뿐이다.」

☞ 1,400년경 프랑스의 작가 Bowell과 Bulwar-Lytton이 말한대로 공중 누각이란 매혹적인 자기 성찰이자 너무나 값싸게 지을 수 있는 집이지만 그 누각을 허물지 않고 유지하자면 너무나 값비싼 대가를 치러야 한다.

♣ **catch someone flat-footed** : take someone by surprise (불시에 기습하다)

> I came into the room and *caught my brother flat-footed*.
> 「난 방 안으로 들어가 불시에 동생을 붙잡았다.」

☞ 미국에서는 1910년 경에 나타났지만 영국의 Queen Anne 시대에도 있었던 말이다. 경마에서 말들을 출발선에 세우고 출발 신호를 하면 말은 발끝으로 땅을 차면서 힘차게 앞으로 달려나가는 것이 보통이지만, 때로는 발끝이 아닌 넓은 발바닥을 땅에 대고

걸으면서 전혀 뛰지 않는 일도 있다. 이러한 **flat-foot**은 사람에게로 옮겨와 마당발인 사람은 날렵하게 뛰어 도망가지 못하는 것으로 알게 되면서 생겨난 말이다.

♡ 그리고, 영국의 문호 Scott의 유명한 작품 Ivanhoe(15C)에서는, 범죄를 저지른 피묻은 손이 마르기도 전에 붙잡는다는 데서 **catch someone red-handed (catch someone in the act of doing something wrong)**이라고 처음으로 쓴 일이 있어, 이 말은 오늘날도 널리 쓰이고 있다.

♡ 또한, 1920년경 영국에서는 바람둥이 남자가 유부녀와 놀아나다가 현장에서 남편에게 붙잡혀서 **catch someone with his pants down(catch someone doing something that ought to be done in secret)**이라는 말이 생겼는데, 이에 대한 또다른 이야기로는 미국의 개척 시대에 숲속에서 용무를 보다가(**answering the call of the nature** : 화장실 가기) Indian에게 붙잡히게된 데서 생겼다고도 하는 데, 어느쪽이든 팬티 벗은 알몸으로 오랏줄을 받게된 것은 마찬 가지다.

♣ **cherish a serpent in one's bosom** : show kindness to someone who proves ungrateful (배은 망덕한 사람에게 친절을 베풀다)

> **What's the use of *cherishing a serpent in your bosom*.**
> 「은혜를 모르는 사람에게 잘 해준들 무슨 소용이 있느냐?」

☞ 고대 Greece에서 있었던 이야기로, 어떤 사람이 얼어 죽어가는 뱀을 불쌍히 여겨 속옷 안에 넣어 따뜻이 녹여 주었더니 따뜻한 가슴에서 살아난 뱀은 은인의 가슴을 물어 죽이고 말았다. 이 이야기를 Shakespeare가 사용하여 널리 쓰이게 되었다.

♣ **chew the fat** : have a chat (잡담하다)

> **We used to sit around and *chew the fat* on our way home from school.**
> 「우리는 학교에서 돌아오는 길에 여럿이 둘러 앉아 잡담으로 시간을 보내곤 했다.」

☞ 선원들이 오랜 항해를 할 때면 먹을 것이 다 떨어져 먹을 것이래야 소금에 절인 질긴 돼지고기 조각이 고작이었는데, 그들은 이 형편없는 식사에 대해 불평이 많았다. 기껏 씹는다는 것이 **fat**(기름덩이)뿐이니 불평일 수밖에 없었다. 1885년 경에 있었던 또 다른 이야기로는 선원들이 담배가 떨어지자 헝겊(**rag**)을 씹어대면서 불만을 표시했는데 여기서 **chew the rag**이 생겼다. **rag**나 **fat**도 같은 내용으로 쓰인다. 처음에는 주

로 불평한다는 뜻이었으나 지금은 그저 잡담한다는 뜻으로 쓰여진다.

♧ **chickens will come home to roost** : words or acts will come back to cause trouble (저지른 일, 뱉은 말이 화근이 되다)

> It's rather a reflection of the neglect and maltreatment of our national flower on the part of the Korean people. Our *chickens are coming home to roost*.
> 「그것은 한국인들이 국화를 소홀히 취급하고 학대하고 있음을 보여주는 것이다. 우리는 그러한 잘못으로 벌을 받고 있는 것이다.」

☞ 1810년경 영국에서 생겨난 말이다. 좋을 일보다는 나쁜 일 또는 나쁜 말을 했을 때 원래의 곳으로 되돌아 오는 것은 저녁 때에 닭이 횃대(roost)로 되돌아 오는 것과 같다는 데서이다.

♡ 그리고 20C 초 미국 Texas주의 Gilber라는 곳에는 갈보집(brothel)이 있었는데 돈 없는 시골 농부가 그곳에 출입할 때에는 돈 대신 닭을 주었던데서 brothel (or cathouse)가 chicken ranch로 불리게 되었다.

♧ **clam up** : refuse to talk (입을 다물다)

> The police questioned the suspect, but he *clammed up*.
> 「경찰은 용의자에게 질문을 했지만 그는 입을 다물었다.」

☞ 1834년경 미국에서 생겨난 happy as a clam at high tide (very happy)는 밀물 (high tide)때의 조개처럼 행복하다는 말인데, 왜냐하면 썰물 때(at low tide) 조개를 잡기 때문이다. 여기서 발전하여 1916년에는 clam up이라는 말이 생겼는데, 조개처럼 입을 오므리기 때문에 말이 없다는 뜻이기도 하고, 주머니 끈을 풀어놓지 않는 구두쇠 짓을 한다는 뜻이기도 하다.

♧ **have cold feet** : become frightened (겁먹다)

> Myung-sun never *gets cold feet* when speaking in public.
> 「명선이는 대중앞에서 연설할 때 기죽는 법이 없다.」

☞ 원래 Italy의 Ben Johnson이 그의 연극 Volpone에서 have cold feet을 be without money의 뜻으로 썼던데서 비롯된다. 돈이 없으면 용기가 없어지고 온몸이 차가워질 것이다. 카드게임을 하다가 돈이 떨어지면 "발이 차갑다"는 이유로 슬며시 빠진다. cold feet이 fear의 뜻으로 쓰인 때는 1890년 경으로 Italy 사람들이 미국으로 이민오면서 자리잡게 되었다.

♣ **come down like a ton of bricks on someone** : come down hard on someone (호되게 괴롭히다)

Floods which have wreaked havoc on the Midwest over the past weeks *came down like a ton of bricks* on the U.S economy.
「미국의 중서부를 강타한 지난 몇 주간의 폭우는 미국 경제에 큰 타격을 주었다.」

☞ 19C경 미국에서 생겨났다지만 이보다 앞선 영국의 come down like a thousand bricks on someone이 보다 논리적으로 정확하다. 왜냐하면 벽돌은 무게를 달아서 파는 것이 아니고 수를 세는 것이기 때문이다.

♡ come a cropper (fail)는 말의 목(neck)과 엉덩이(crop)가 모두 땅으로 내려온다는 (come) 말이다.

♡ 원래 뱃사람들의 표현인 between the devil and the deep sea (in a very difficult position)에서 come hell or high water (no matter what happens)가 생겨났다.

♡ 법정에 출두하여 순순히 벌을 청하는 come to present oneself for judgement before a tribunal에서 comeuppance (just deserts : 당연한 벌)가 된다.

♡ 권투선수는 매 round가 시작될 때 ring 중앙에 그은(scratched) 선(line)에 와서 시합을 개시하게 되는데, 만약 이때 이를 어기면 싸울 의사가 없는 것으로 보고 실격패를 당하게 되는 데서 come up to the scratch(fulfill requirements : 의무를 이행하다, 표준에 달하다)라는 말이 생겨났다.

♣ **conk out** : collapse, break down (죽다, 갑자기 정지하다)

With prices down and no market for their surpluses, a lot of peasants don't know what to do with their rice and come near being *conked out*.
「쌀값은 떨어지고 잉여분을 팔수도 없게된 많은 농민들은 쌀을 어찌해야할지 모를 지경이고 맥이 빠져 탈진할 지경이다.」

☞ 이 conk는 to be conquered(정복당하다)에서 왔다는 설이 있다. 1차 대전을 통하여 Russia의 군사 용어에서 생겨난 말이다. 또 다른 이야기로는 concha (the head)에서 왔다는 것인데, 머리를 호되게 한 대 쥐어박아 가물가물하게 만들어버린다는 말이다.

♣ **curry favor with** : try to win favor from (알랑거리다)

> This is my job, and I am not trying to worm my way out of it. I don't like to *curry favor with* the boss either.
> 「이건 내가 해야할 일이기 때문에 난 슬슬 꾀를 부려 내 일을 피하려고 하지 않아. 그렇다고 사장 비위나 슬슬 맞추는 건 더욱 싫다.」

☞ 14C경 프랑스에서 생겨 영국으로 건너간 말이다.
curry는 살살 쓰다듬는다는 뜻이고 favor 또한 아부한다는 뜻이니 중복된 의미라고 이해해서는 약간의 문제가 있다. 원래 Rome 시대에 fauvel이라는 단어가 있었는데 fallow-colored horse(담황색 말)이라는 뜻이었고, 그후 favel, faveo로 변하였다. 따라서 curry favor는 담황색 말을 쓰다듬어 준다는 뜻이다. 말의 색깔이야 무엇이든 또는 무슨 동물이든, 심지어 사람까지도 부드럽게 쓰다듬어 주면 좋아하기는 마찬가지다.

♣ **cut and dried** : fixed, uninteresting (틀에 박힌, 시시한)

> It was same thing I've heard many times. Grandmother's tales were always *cut and dried*.
> 「그건 벌써 여러 번 들었던 얘기였어. 할머니 얘기야 언제나 틀에 박힌 그런 얘기였지 뭐.」

☞ 동양에 만 한약이 있었던 건 아닌 모양이다. 17C경 영국에는 시골 사람들이 싱싱한 약초를 베어 말려 약초상(herbalist)에 갖다주면 이들은 대량으로 저장하여 사용했다. 약초를 벨때 신선할수록 좋은 법이지만 마르고나면 초라한 모양으로 변하기는 마찬가지여서 이러한 표현이 생겨났다.

♣ **change horses in midstream** : make major changes in an activity which has already begun (위기가 지나가기도 전에 중요 사항을 변경하다)

Never change horses in midstream.
「고비가 지나갈 때까지는 계획을 바꾸지 말아라.」

☞ **Abraham Lincoln**이 미국의 공화당 대통령 후보로 재선 출마 때 이 말을 사용해서 지금까지 널리 쓰이게 만들었다. 숨은 뜻은 **don't change leaders in a crisis**이다. 그리고 당시의 남북전쟁이 **midstream**으로 비유되었던 것이다.

♣ **don't stick your neck out** : don't take a risk (위험을 자초하지마라)

Don't stick your neck out for me.
「나때문에 위험한 일에 나서지말아라.」

☞ 19C경 미국에서 생겨난 말이다. 도살할 닭을 도마위에 올려놓으면 목을 길게 뺀다. 이렇게해서 목을 자르기가 아주 쉬워진다. 죽을 줄도 모르고 목을 길게 느러 뜨리는 닭의 모습에서 생겨난 말이다.

♡ 17C경 **Europe**의 한 알랑쇠가 남들 앞에서 점잖을 빼느라고 남들이 버찌(cherry)를 한 번에 한 개를 먹을 때 두 번으로 나눠 먹은데서 **don't make a two bites at a cherry** (꾸물대지 마라)라는 말이 생겨났다.

♡ 미국의 **Boston**은 콩(beans)의 도시로 유명하였고, 어린이들에게 콩의 수를 세면서 산수를 가르쳤으므로 **don't know the beans**(아무것도 모른다)와 **don't know how many beans make five** (머리가 둔하다) 또는 **not worth a hill of beans** (별로 가치없는)과 같은 말이 생겨났다.

♣ **draw the line** : set a limit at (한계를 정하다)

I can use my father's car as I like, but he'll *draw the line* **somewhere.**
「아버지 차를 내맘대로 사용은 할 수 있지만 언젠가는 차 사용을 제한할 것이다.」

☞ 16C경 프랑스에서 미국으로 **tennis**가 수입되어 18C까지 만해도 일정한 운동장 규격이 없었고 경기자들의 임의로 선을 그어 시합을 했었는데, 여기서 **draw the line**이 생겨났다는 이야기다. 또 다른 이야기로는 16C경 영국의 농부들이 밭을 갈때 서로 간의

경계를 분명히 하기 위하여 선을 그은 데서 생겼다는 설이 있다.

♣ **drug on the market** : something available in the market in great abundance (남아도는 것)

> Paradoxically some isolated mountainous regions in the north are victims of chronic rice shortages while the valleys groan with a *drug on the market*.
> 「모순인 것은 외딴 산악지역은 만성적인 쌀의 부족에 허덕이고 있고 반면에 골짜기 지역에는 쌀이 남아 돈다.」

☞ 1661년경 영국에서 이 말이 나타났을 때에는 tea(차)와 spices(조미료)를 drug라고 했다. 아무리 귀한 차와 조미료지만 산더미같이 시장에 있다면 아무도 거들떠 보지 않을 것이다. 또 다른 이야기로는 프랑스의 drogue(rubbish : 쓰레기)에서 변형되었다는 설이 있다.

♣ **have one's ear to the ground** : listen carefully hoping to get advance warning of something (여론에 귀를 기울이다)

> As we feared, the prosecutor's investigation of the scandal surrounding the mammoth military build up program has now ended without *having their ear to the ground*.
> 「우리가 두려워했던 바와같이 그 큰 전력 증강 사업을 둘러싼 잡음에 대한 검찰 수사는 여론 동향을 무시한 채 끝나가고 있다.」

☞ 평원 주민들과 미국 인디언들은 비단 목도리를 땅에다 놓고 열심히 귀를 기울여 들어 보면 몇마일 밖에서 움직이는 사람과 말의 발자국 소리를 들을 수 있었다고 한다. 1900년 후부터 미국에서는 이 방법을 여론의 동향을 살피는 방법으로 확대시켜 널리 사용하고 있다.

♡ earmark(귀표, 지정하다)의 생겨난 과정을 보면, 16C 영국 농부들이 양이나 소의 귀에 표를 해서 소유자 표시를 했었는 데 도둑들이 가축을 훔쳐가서, 도둑 자신의 소유인 것처럼 가짜 귀표를 하는 것이 예사였으며, 그러다가 발각이 되면 붙잡혀서 감옥에 들어감은 물론 도둑이 귀를 찢겨 귀표를 달고 다녀야 했다.

♣ **eat crow** : be force to do something disagreeable (굴욕적인 일을 하게하다)

> Min-soo bragged that he would be sure to get the winning number in a lot-tery, but when he failed he had to *eat crow*.
> 「민수는 확실히 복권에 당첨된다고 큰소리 쳤지만 실패로 끝나자 수모를 감수해야 했다.」

☞ 영국과 미국간의 전쟁이 끝나갈 무렵인 1812년 양쪽에 휴전이 성립되었다. 미국 병사 한 사람이 Niagara강을 건너 영국 진영 안에서 총을 쏘아 까마귀를 한 마리 잡았다. 이때 영국군 장교 한 사람이 살며시 기습하여 미군 병사의 총을 빼앗았다. 영국 장교는 미국 병사에게 까마귀를 먹는 조건으로 총을 돌려주기로 했는데, 물론 영국 점령지 내에서 범법 행위를 한 벌이다. 미군 병사는 이에 응하였고 그리고 총을 돌려 받게되자 미군 병사가 총부리를 영국 장교에게 겨누며 나머지 까마귀 고기를 먹게 했다.

♡ 이와 비슷한 eat humble pie(accept insult : 굴욕을 참다)는 사슴의 내장과 밀가루를 섞어 만든 umble pie가 humble pie로 변한 것이고, 이 umble pie는 영국의 방언이지만 결코 천한 사람이 먹던 음식은 아니고 1475년 경의 Walter Scott경은 말하기를 umble (humble) pie야말로 최고의 음식이라고 극찬한 일이 있다.

♣ **egg on** : urge on (부추기다)

> The labor union began to *egg workers on to* go on a strike.
> 「노조는 근로자들에게 파업을 부추기기 시작했다.」

☞ 이 **egg**는 달걀과 아무 상관없는 말이다. 어원으로 말하면 acute, acid, acro-bat, edge 등의 일족이고 sharp(날카로운)의 뜻이다. Norman족이 영국으로 침입하여 날카로운 창 끝(the points of their spears＝edge or egg)으로 포로로 잡힌 Anglo-Saxon 사람들의 엉덩이를 쿡쿡 찔렀다는 이야기가 있지만, 이것을 직접 **egg on**에 연결시키는 데는 근거가 약하다. 그저 어떤 사람을 한쪽 가장자리(edge)로 비키라고 살짝 밀어주는 정도가 고작이라는 것이다. 1566년 이후부터 쓰여오던 이 말은 incite, **urge on, push** 등의 뜻으로 자주 쓰이고 있다. 이제 일상적으로 자주 쓰이는 egg의 단어와 숙어 몇 가지를 간추려 보기로 한다.

♡ **teach one's grandmother to suck eggs** (lecture one's elders or betters : 부처에게 설법하다)

♡ **walk on eggs** (walk warily : 살얼음 밟듯 걷다)

♡ **put all one's eggs in one basket** (risk all on a single venture : 한가지 일에 모든

것을 걸다)
- ♡ **take eggs for money** (be fooled with something worthless : 말로 주고 되로 받다)
- ♡ **break an egg in someone's pocket** (spoil someone's plan : 남의 계획을 망가뜨리다)
- ♡ **as alike as eggs** (be almost alike : 도토리 키재기의)
- ♡ **have eggs on the spits** (have business in hand : 바빠서 겨를이 없다)
- ♡ **in egg and bird** (in youth and maturity : 영계인, 싱싱한)
- ♡ **crush in the egg** (crush at the very beginning : 초기에 좌절시키다)
- ♡ **egg-shelled blonde** (a bald man : 대머리 남자)
- ♡ **find a hair on an egg** (make a picky criticism : 생트집 잡다)
- ♡ **bad egg** (wicked guy : 악인), **good egg** (nice guy : 멋진 사람), **egg plant** (mad apple : 가지나무), **egg-sucker** (sycophant : 알랑쇠)

♣ **at the eleventh hour** : at the last possible moment (막판에)

> A feud over quotas between top producers Saudi Arabia and Iran split OPEC *on the eleventh hour* as the world oil market was threatened by its worst crisis since prices collapsed in 1986.
>
> 「1986년 석유 값이 폭락한 이후 세계의 석유 시장이 최대의 위기에 몰리게 되자 최대 산유국인 사우디와 이란간의 생산 할당량에 대한 반목으로 OPEC 회의는 고비를 넘기지 못한 채 깨지고 말았다.」

☞ 신약전서 마태복음 20장 6절의 And about the eleventh hour he went out and found others standing!(제 십일시에도 나가보니 섰는 사람들이 또 있는지라)에서 따온 말이다. Jesus가 살았던 당시의 시간 계산은 해가 떠서 땅거미질 때 까지를 열두 시간으로 잡았다. Jesus의 비유는 이렇다. 포도원 주인은 아침부터 저녁까지 일꾼을 구하는데, 어떤 일꾼은 아침부터 일을 하고 어떤 일꾼은 거의 해가 질 무렵에 일을 시작하였는데 모두 같은 품삯을 받았다니 너무나 불공평한 일이다.

♣ **feather one's nest** : use power and prestige to selfishly provide for oneself (권력 등을 이용하여 사복을 채우다)

> Any employee who saw us coming would smiling push the button or unlock the door wishing us a good day or good evening, but were furtively

> *feathering their own nest.*
> 「우리가 오고있는 것을 보는 종업원이면 누구나 미소를 지으면서 버튼을 눌러주거나 문을 잠궈주면서 아침저녁 인사를 해주었지만, 그들은 몰래 자기 몫을 챙기고 있었던 것이다.」

☞ 16C 경부터 있어 왔던 말이다. 보통 새가 알을 낳아 새끼를 부화할 때가 되면 둥지의 안쪽에다 자신의 가슴털을 뽑아 푹신하고 아늑한 보금자리를 만든다. 자신만의 안위를 위해 재산을 긁어 모으는 모습을 이러한 새의 행동에 비유했던 것이다.

♡ American Indian들이 그들의 전쟁 무공을 자랑하는 표시로 모자에 깃털을 꽂았던데서 feather in one's cap (an honor : 자랑거리)이라는 말이 생겨났다.

♡ 미국의 Rock Island Railroad사의 철도 화차 승무원들이 관리자에게 승무원칸의 침대 (caboose bunks)가 너무 딱딱하다고 불평을 털어놓자, 그가 내뱉은 What do you want feather beds? (뭐가 불평이야, 깃털 침대라도 대령해야하나?)에서 feather bedding (forcing employers to hire more men than necessary : 과잉고용)이라는 말이 생겼는데, 1943년의 노사분규 이후부터 일반화된 말이다.

♧ **fight fire with fire** : fight back in the same way one was attacked (이열치열)

> You don't have to *fight fire with fire* in the debate.
> 「논쟁에서 남이 소리지른다고 같이 소리지를 필요는 없어.」

☞ 미국 서부 지역의 개척민들이 산불과 싸울 때 생겨난 말이다. 먼곳에서 산불이 나면 더 멀리 번지지 않도록 하기위해 탈 수 있는 나무와 풀 등을 미리 베어 버리거나 산불이 타 나오고 있는 맞은편에서 불을 놓기도 했다. 여기서 사용한 맞불놓기는 비유적으로 널리 쓰이기에 이르렀다.

♧ **fish or cut bait** : either do the job you are supposed to be doing or quit and let someone else do it (확실히 하든지 그만두든지 해라)

> At the same time, needed more than anything else at the present is getting us to feel truly the good effect on the reform efforts in our daily lives. The government should *fish or cut bait.*
> 「작금에 현재 무엇보다 필요한 것은 우리들의 일상생활에서 개혁에 대한 노력이 정

말 좋은 효과가 있다고 실감할 수 있도록 만드는 일이다. 정부는 제대로 일을 처리하
든지 아니면 그만두는게 나을 것이다.」

☞ 19C 이후 미국의 정치인들 사이에 많이 쓰이는 말이다. 뭍이나 배에서 낚시를 할때 옆
사람에게서 "옆에서 얼쩡거리지 말고 딴데로 가보시오"라는 핀잔을 받는다면, 당신은
빨리 결단을 내려서 계속해서 그 자리에 낚시를 드리울 것이냐 아니면 낚시에 달려있
는 미끼를 잘라내 버리고(cut bait) 장소를 양보하든가 해야 할 것이다.

♣ **fly off the handle** : become very angry (화내다, 자제력 잃다)

> **Your constant naggaing makes me** *fly off the handle.*
> 「너의 끝없는 잔소리가 나를 화나게 만들고 있어.」

☞ 미국 개척시대의 도끼(**ax**)는 대개 조잡하게 손으로 만든 것이었다. 어설프게 자루에
박혀있는 도끼로 나무를 찍다가, 자루에서 홀렁 빠진 도끼가 나무찍던 본인에게 떨어지
기도 하고 때로는 옆사람에게 떨어지기도 하여, 느닷없이 벼락을 맞은 옆사람은 발끈할
수 밖에 없게 된다. 1844년 이후부터 널리 쓰이게 된 말이다.

♣ **get one's back up** : become very angry (몹시 화를 내다)

> **Joon-ho never** *gets his back up* **when Sung-mi says he is stupid.**
> 「성미가 준호더러 바보같다고 놀려도 준호는 결코 그 정도에 화를 내지는 않는다.」

☞ 18C 경에 생긴 말이다. 고양이가 화났을 때 등을 웅크리고 털이 곤두서는 것을 볼 수
있다. 이것이 사람에게 옮겨와서 널리 쓰이게 된 것이다. 그리고 자동사인 **be angry**
뿐 만이 아니라 타동사인 **make someone angry**의 뜻도 있다.

♡ get someone by short hairs (get complete mastery over someone : 남을 완전히
지배하다)에서의 **short hairs**는 **pubic hairs**라고 널리 알려지고 있으나 확실하지는
않고 목덜미의 잔털 또는 수염 등을 가리키는 말이다.

♡ get one's dander up(become angry : 발끈하다)에서 **dander**은 **dandruff** (비듬)
의 일족이 아니라 **anger**의 영국 방언이거나 **damned anger**가 줄어서 **dander**로 변했
다는 설이 있고, **thunder**(천둥)에서 **dander**로 변했다는 설이 있다.

♡ **get someone's goat (make someone angry)**는, 경마에 나갈 말들은 산양(goat)과 같은 마구에 있으면 차분해져서 시합에 나가 좋은 성적을 거두게 된다는 사실을 알게된 사람이 경마 시합 전날밤 마구간에서 산양(goat)을 훔쳐내서 시합에 지게 만들고 자신은 이익을 챙긴데서 생겨난 말이다.

♡ **get one's monkey up (get angry)**은 화를 쉽게 내고 쉽게 가라앉는 원숭이의 버릇에서 따온 말이다.

♣ **give him an inch, and he'll take an ell** (물에 빠진 사람 건져 주었더니 보따리 내놓으라 한다)

> He called in sick the other day and again took off three days. If we *give him an inch, he'll take a mile.*
> 「며칠전 그는 하루 병가를 내더니 다시 사흘씩이나 빼먹었어. 오냐오냐 했다가는 그 꼴이라니까.」

☞ **16C** 이전부터 있었던 말이다. **ell**이란 팔꿈치에서 가운데 손가락 끝까지의 길이이다. 사람에 따라 다르겠지만 **27~48**인치 정도이다. 조그만 양보는 더 큰 기대(양보)를 불러 일으킨다는 말이다.

♡ **give someone enough rope to hang himself (give someone free scope or action enough to embrace himself** : 제멋대로 하게해서 자업 자득하는 꼴이나 보게하다)는 **1659**년 이후 쓰인 말이고 짐승들의 고삐 끝을 풀어놓은 모습에서 생긴 말이다.

♡ 옛날에는 성문(castle gate)만이 유일한 출입문이었던 데서 **1440**년경 영국에서 생겨난 **give someone the gate (fire someone from a job** : 해고하다)라는 말이 생기기도 한다.

♡ 또한 구약전서 욥기 **14**장 **10**절에 있는 것과 같이 영혼이 몸에서 분리되면 죽는 것이므로 **give up the ghost (die)**라는 말이 생겨났다.

♣ **go by the board** : get ruined or lost (실패하다, 버림받다)

> This means he has become stained by scandals over recent years and *gone by the board.*
> 「이것은 그가 요 몇년 동안 스캔들로 얼룩져왔고 파멸의 구렁텅이로 빠져들어 갔었

> 다는 말이다.」

☞ 18C 이후 영국에서부터 쓰여온 이 말은 뱃전에 걸쳐진 널빤지를 넘어 바다에 뛰어드는 비참한 꼴에서 비유적으로 확대된 말이다.

♡ 야구에서 나온 용어로 He's over eighty, he's already gone into extra innings.(그는 벌써 80을 넘겨서 남의 나이를 잡수신다.)의 예문에서 보듯이, go into extra innings는 live a long life의 뜻이니 연장전에 들어간 게임인 셈이다.

♡ 미국에서 1830년 이후 쓰이는 말로 a gone chick, a gone goose, a gone beaver과 더불어 a gone coon (절망적인 사람)이란 말이 있다. 미국 독립전쟁 때 영국군 진영을 엿보던 미국군 스파이가 racoon털로 된 옷을 입고 나무위로 올라가 정보를 캐고 있었다. 이때 영국군이 사냥을 나왔다가 나무에 올라가 있는 유난히 큰 racoon (spy)을 발견하고 총을 겨누자 Don't shoot! I'll come down. I know I'm a gone coon.이라고 소리치자, 영국군은 말하는 racoon에 질겁하여 도망갔다는 이야기다.

♡ go to the devil (become ruined)은 영국 London에서 가장 이름이 났던 술집 The Devil Tavern에서 나왔는데 이 말이 처음 생긴 1384년경 변호사들이 이곳에 출입이 많았다. 고객이 변호사를 찾아와서 사무실에 없으면 급사나 서기가 고객에게 go to the Devil이라고 변호사가 있는 곳을 일러준 데서 생겨난 말이다.

♡ go to the dogs (go to ruin)에 대하여 살펴보면, 개가 애완동물로서 귀여움을 받기 시작한 것은 오래지 않았다. 끼니 때면 식탁 근처에 기웃거리다가 음씩찌꺼기라도 던져주면 서로 먹겠다고 으르렁대고 아귀다툼을 한다. 여기서 lead a dog's life (lead a miserable life), go to the dogs (파멸하다), throw something to the dog (throw something away that's worthless), dirty dog (low and sneaky person)에서 보듯이 비참한 모습을 보여준다.

♡ go to the wall (be defeated in competition, fail : 파산하다, 궁지에 빠지다)은 중세(medieval times)에 적(도둑)에게 몰린 사람이 벽을 등지고 3면에서 적을 맞아 싸워야하는 어려운 처지를 말해주고 있으며 ; go to west (die 죽다)는 1차대전 때 참호(trenches)서 생긴 말인데 죽는 사람은 서쪽 하늘에 떨어지는 태양을 만나러가는 것이라고 하는 Indian 전설이 전해오기 때문이고 ; go to town (do something with gusto : 성공하다, 활기차게하다, 홍청거리다)는 시골 사람들이 읍내(town)에 가는 일이 신바람나는 일이라는데서 생겨난 말이다.

♣ **grant no quarter** : spare no life be unmercifull (무자비한)

> The enemy soldier implored for his life, but they *granted no quarter.*
> 「적군 병사는 살려달라고 애원했지만 그들은 무자비했다.」

☞ 전쟁이 아무리 잔인한 살륙 행위라 해도 최소한의 인정은 있는 법이다. 포로가 된 적을 잠시동안 머물게하도록 마련한 숙사를 **quarters**라 하였고, 1591년 이후부터 **give (grant) quarter to**라는 말은 **be merciful to**라는 뜻으로 쓰이게 되었다.

♣ **grease someone's plam** : pay someone a bribe (뇌물주다)

> You don't have to *grease his palm* to get this matter settled.
> 「이 문제를 해결하려고 그 사람한테 뇌물까지 쓸 필요는 없다.」

☞ 시인 John Kelton이 1526년에 처음 썼던 것으로 기록되어 있다. 이와 비슷한 **grease the wheels (make things run smoothly** : 원활하게 하다)라는 말도 있다. 손바닥 (palm)에 기름을 치면 손이 매끌매끌해지듯이 바라던 일이 원활하게 진행될 것이기 때문이다.

♣ **great fleas have lesser fleas** : all of us have our troubles (누구에게나 고민은 있다)

> You seem to make a mountain of a molehill. *Great fleas have lesser fleas.*
> 「하찮은 일을 가지고 법석을 떠는 것 같구나. 누구에게나 걱정은 있는 법이다.」

☞ 영국의 풍자 소설가 Jonathan Swift가 1733년에 처음 썼던 말로 알려져 있다. 벼룩(**flea**)에게도 더 작은 벼룩이 달라붙어 피를 빨아 괴롭힌다는 말이다. 벼룩의 벼룩, 그리고 그 작은 벼룩에 달라붙는 더 작은 벼룩이 있다는 말이다.

♣ **gum something up** : make something inoperable (망치다)

> You've already *gummed up* my plan to go fishing.
> 「넌 벌써 내 낚시 계획을 망가뜨렸어.」

☞ 20C에 접어들 무렵 생긴 말이다. 젊은이들이 숲속에 들어가 수액을 채취해 온것까지는 좋았으나 온 몸에 찐득거리는 수액을 몇 시간이 걸려서야 겨우 제거할 수 있게 된데서 **gum up**이라는 말이 생겼다는 이야기가 있다. 그러나 보다 현실성이 있는 이야기로는 기계가 돌아갈 때 찐득거리는 물질이 방해를 해서 기계가 돌아가지 못하게 되는데서 생겨났다고 한다.

♣ **haul someone over the coals** : give someone a severe scolding (호되게 나무라다)

> Pointing out that laxity has permeated officialdom, he *hauled many civil servants over the coal.*
>
> 「그는 공직 사회에 무사 안일 풍조가 만연하여 왔다고 지적하고 많은 공직자들을 호되게 꾸짖었다.」

☞ 중세에 이단자를 가려내는 방법에서 생긴 말이다. 이단자의 혐의를 받은 사람을 벌겋게 피어오르는 석탄 불위로 끌고 다니다가 죽게되면 이단자로 판정하고 당연히 벌을 받아 죽은 것으로 생각하였으며, 이런 잔인하고 혹독한 시련을 견디고 살아난 사람은 혐의를 벗게 되었던 전통에서 생겨난 말이다.

♣ **have a bear by the tail** : be in a bad situation (이러지도 저러지도 못하다)

> I don't want to *have a bear by the tail* by playing for high stakes.
> 「큰 노름에 말려들어 이러지도 저러지도 못하는 짓을 하고 싶지 않다.」

☞ 19C 중엽 미국에서 생겨난 말이다. 사나운 곰의 목을 움켜쥐어도 될까 말까인데 꼬리를 잡아가지고서는 도저히 확실한 승산이 없는 일이지만, 그렇다고 그냥 놓아주었다간 변을 당할 수밖에 없는 어려운 상황임을 말해준다.

♡ have bats in one's belfry (be slightly crazy : 머리가 좀 이상한)는 종탑(**belfry**)을 머리(**head**)로 비유하고, 푸드덕거리고 날아다니는 박쥐의 무모한 행동에서 생겨난 말이며, 1907년 이전에 있었던 비슷한 표현으로 **have bees in one's bonnet**이 있다.

♡ have someone's nose out of joint : cause someone to feel slighted 콧대꺾다는 얼굴의 가운데 오똑히 서 있어야 할 코를 joint(관절)에서 뽑아버린다는 것이니 그야말로 콧대꺾는 것이다.

♣ **hit the nail on the head** : do exactly the right thing (정확히하다)

> **Joon-ho is busy as a bee, but he never *hits the nail on the head*.**
> 「준호는 몹시 바쁘게 설쳐대지만 정작 필요한 일은 하지 않는다.」

☞ 고대 Rome 사람들이 acu rem tangere (You have touched the thing with a needle.)이라고 한데서 생긴 말이다. 종기가 났을 때 종기의 머리(head)를 바늘로 따게 되는데 정확히 head가 아니면 성공할 수 없어 여러번 종기를 따거나 종기가 덧나 더 큰 고생을 하게 된데서 이며, 후에 needle이 nail로 바뀌게 된 것이다. 또한 off the nail이라는 말이 있는데 약간 취했다는 말이다 (slightly drunk).

♡ hit on all six (use all one's ability : 잘 되가다, 잘 달리다)는 6기통의 cylinder를 모두 가동해서 전력 질주한다는 말이고, 옛날에는 cylinder가 네개였으므로 hit on all four (cylinders)라고도 했다.

♣ **hop on the bandwagon** : join a popular cause or movement (유행을 따르다, 시류를 따르다)

> **They merely sow the seeds of trouble for either enterprises or workers by *hopping on the bandwagon*.**
> 「그들은 시류를 따름으로써 기업과 근로자 양쪽 모두에게 다만 분규의 씨앗을 뿌리고 있는 것이다.」

☞ 미국에서는 각종 선거가 있게 되면 특정 후보를 지지하는 퍼레이드가 있는데, 큰 수레가 밴드 음악을 연주하며 지나가게 되는데, 이때 지방 유지들이 수레에 훌쩍 뛰어올라 특정 후보의 지지 의사를 표시하게 된다. 이런 일은 미국의 제 2대 대통령인 William Jennings Bryan 때부터 있었다.

♣ **in the bag** : sure to be won or gotten (성공이 확실한)

> **We had the game *in the bag* after the best player of the opponent team got hurt.**
> 「상대 팀에서 가장 잘하는 선수가 부상당하고 나서 게임의 승리는 따놓은 당상이었다.」

☞ 사냥에서 생겨난 이말은 15C부터 있어 왔지만 1925년부터 쓰였던 것으로 기록되어 있다. 사냥감(game)을 잡아서 가방(bag)에 넣었으니 일은 끝났다는 말이다. 또 다른 이야기로는 쌈 닭을 투계장까지 운반할 때 천으로 된 가방에 넣어가지고 와서 싸우기 직전에야 가방에서 꺼낸데서 비롯됐다고 하는 **William Bancroft Miller (1977)**의 주장도 있으나, 그저 단순히 물건이 포장되어 가방 속에 들어갔다는 뜻으로 이해할 수도 있을 것같다.

♡ **in two shakes of a lamb's tail** (in no time at all : 순식간에)은 어느 동물보다 빨리 혼들어대는 새끼 양(lam)의 꼬리에서 생겨난 말이다.

♣ **have an itch for something** : have a desire for something (몹시 탐내다)

I heard that you *have a itch for a brandnew car*.
「넌 새 차를 가지고 싶어 안달이라며.」

☞ 우리 말에도 입이 근지럽다, 귀가 근지럽다, 또는 어디가 근지러우면 무슨 일이 일어난다는 등 여러 가지 속설적 미신이 있듯이 영국에서도 있었던 모양이다. 예를 들어 **itching foot**은 역마 신에 씌어서 가만히 앉아있지 못한다는 말이고, **itching lips**는 키스가 하고 싶어 못견딘다는 말이고 **Shakespeare**가 그의 작품 **Julias Caesar**에서 사용했던 **have an itching palm**은 뇌물을 바란다는 말이다. 또한 **seven year itch**는 남자의 바람기를 뜻하는데, 보통 결혼 생활 7년이면 진력이나서 다른 여자를 쳐다보게 된다는 말이다. **have a itch**만으로도 **have a sexual urge**의 뜻이 있으며, 이밖에도 많은 **euphemism**이 있다. 그리고 범죄 집단에서는 **have itch feet**을 **plan an escape**(도망을 계획하다)의 뜻으로 쓰고 있다. 이러한 **itch feet**와 비슷한 표현을 몇 가지 골라보면 **bush ranger**(탈옥한 사람), **rabbit fever**(탈옥계획), **unauthorized departure**(탈옥), **go over the hill**(탈옥하다), **hit the fence**(탈옥하다) 등이 있다.

♣ **It's all over but the shouting** : decided an concluded (승부는 끝났다)

The last goal was made just as the final whistle sounded. *It's all over but the shouting.*
「마지막 득점은 시합 종료 호각이 울릴 때 나왔다. 승부는 끝났다.」

☞ **Welsh**에서 1842년 **sports** 기자가 처음 이 말을 썼던 것으로 기록되어 있다. 실은 이보다 몇 백년 앞서 영국의 시골에서 생겨난 말이다. 마을의 중대사를 결정할 때 목소리

로 찬반 표시를 하였던 것이다. 옆에서 구경만 해도 고함 소리의 크기만으로도 어느쪽으로 결정되고 있는지 알 수 있게 되는데서 생겨난 말이다.

♡ 이외에 it와 관련하여 야구에서 생겨난 It's a new ball game.은 What's past is past?, We start over from here.의 뜻이다.

♣ **keep a straight face** : make one's face stay free from laughter (웃음을 참다)

> It's easy for me to *keep a straight face* when you make a joke.
> 「네가 농을 걸때 웃음을 참는 것쯤은 쉬워.」

☞ 1897년에 처음으로 나타난 이말은 Ireland의 채탄 광부가 이탄(peat)을 팔때에 삽 (spade)의 앞면(face)이 수직이 되도록 이탄에 푹 찔러서 파낸데서 비롯된다. 그러나 굳이 이런 이야기를 빌리지 않더라도, 웃음이 날때 얼굴을 일그러 뜨리지 않고 꾹참는 모습 자체가 바로 **keep a straight face**이다.

♡ 공과 관련된 keep one's eye on the ball은 be on the ball과 더불어 "경계하다, 공을 주시하다"에서 볼 수 있듯이 운동 경기와 관련하여 생겨난 말이다.

♡ 17C경 미국 흑인들의 미신으로 손으로 십자 성호를 그어 귀신을 쫓는다고 믿었던데서 keep one's fingers crossed(wish for good luck : 행운을 빌다)라는 말이 생겨났다.

♡ keep a stiff upper lip (face trouble bravely)는 keep one's pecker up과 더불어 **screw up one's courage**(용기를 내다)의 뜻인데, 새가 지치거나 싸움에 지면 입술 (lip or pecker)이 밑으로 처지는데서 생겨난 말이다.

♡ 미국에서 19C 중엽까지 입었던 빳빳하게 풀먹인 shirts를 입으면 거추장스러워 몸이 날렵하지 못하므로, 화가나서 싸움을 할 때면 shirts를 벗어야 하는데서 keep one's shirt on은 keep one's hair on과 더불어 참는다는 뜻이다.

♣ **lay someone in the aisles** : make someone clap and cheer for something funny (포복 절도하게 웃기다)

> Mi-wha is very entertaining. She always *lays us on the aisles*.
> 「미화는 정말 재미있는 사람이야. 언제나 우리들에게 배꼽을 쥐게하거든.」

☞ 통로(aisle)에 굴러떨어질 정도로 웃긴다니 엄살도 어지간한 이말은 1920년 대에 미

국에서 생겨났기 때문에 영국인들 조차도 무슨 뜻인지 몰라 어리둥절할 때가 있다 한다. 원래는 권투 용어인 knock someone cold에서 왔다고 하는 것으로 보아 K.O를 당한 권투 선수만큼이나 얼빠지게 웃어댔다니 이 또한 과장이 챔피언 감이다.

♣ **lead someone down the garden path** : deceive someone (꾀다, 오도하다)

> All told, the clean, corruption-free society nation now seeking with the overall reform package will never tolerate their *leading us down the garden path.*
>
> 「종합적으로 생각하면 국가가 지금 전면적 개혁안으로 추구하고 있는 깨끗하고 부정없는 사회는 그들이 우리 국민을 오도하는 것을 참고만 있지 않을 것이다.」

☞ 미국의 소설가 Ethel Mannin이 그의 작품 Sounding Brase (1926)에서 처음 썼던 것으로 되어있다. 정원의 오솔길(**garden path**)과 같은 아늑하고 평화로운 곳에서 설마 속임수가 있으리라는 의심을 할 분위기가 아니라는 허점을 이용하여, 이런 곳에서 슬슬 구슬러 순진한 사람을 함정에 빠뜨린다는 말이다.

♡ 또한 권투에서 생긴 말이지만 권투에서 턱을 치켜들었다가는 KO를 자초하는 일이므로 **lead with one's chin**(take a big chance : 큰 모험을 하다)과 **take it on the chin** (suffer severe failure : 호되게 당하다)라는 말이 생겨났다.

♣ **lean over backwards** : do everything possible to please someone (남을 위해 비상한 노력을 하다)

> You don't have to *lean over backward* to help me do the dishes.
> 「설거지하는 데까지 나를 도와 주지 않아도 돼.」

☞ 18C 영국에서는 기소된 사람들의 시민권에 민감한 문제를 다루는 판사들에게 일대 변혁이 있었다. 이들은 사법부 관리로 정부의 눈치를 안볼 수 없는 처지였지만, 터무니없이 정부 쪽을 두둔하던 종전과 달리 정직하고, 공정하고, 사심없이 재판에 임한다는 뜻으로 검찰 쪽이 아닌 피의자 쪽으로 몸을 기댔다. 그후에 생겨난 **fall over backward** 와 더불어, 전심 전력으로 도와준다는 뜻이 되었다.

♣ **lion's share** : **the largest portion** (가장 큰 몫)

> I think I earn a lot, but the *lion's share* goes for my son.
> 「돈은 꽤 벌어들이는 것 같은데 큰 돈은 아들 녀석이 다 쓴다.」

☞ 이름난 이야기꾼 Aesop의 우화에서 온 말이다. 사냥감을 모아놓고 각자의 몫을 나눌 때 눈치없는 당나귀가 공평하게 나눈답시고 나섰다가 사자한테 죽고 여우가 나와서 알짜인 큰몫을 사자에게 줘서 겨우 분배가 끝났다는 이야기다. 힘센자의 욕심은 끝이 없는 모양이다. 사자는 $\frac{1}{4}$의 몫을 동물의 왕의 몫으로 요구했고, 또 $\frac{1}{4}$은 동물중 가장 용감한 자에게 돌아가는 몫으로, 또다른 $\frac{1}{4}$은 사자의 처자를 위해서 독차지했다. 그리고 나머지 $\frac{1}{4}$은 모두의 몫이라고 했다. 다만 나머지 $\frac{1}{4}$은 누구든 나(사자)와 시비를 걸고 싶으면 걸고 감히 손대고 싶으면 손대보라고 올러댔다. 이러니 a lion's share나 lion's contract (a completely one-side contract)는 공정(fairness)하고는 아득히 먼 이야기다. 또 여기서 파생한 lionize(추켜올리다, 명소를 안내하다)는 사자를 대우하듯 추켜준다는 뜻과, 거물급 인사에 대한 대접으로 영국에서 18C까지 있었던 London Tower 동물원에 있던 사자를 구경시켰던데서 생겨난 말이다.

♣ **loaded for bear** : drunk (술취한)

> I drank for two hours last night until I was *loaded for the bear*.
> 「어제밤에는 잔뜩 취하도록 두 시간 동안이나 술을 마셨다.」

☞ 미국의 개척 시대에 가장 두려웠던 일 중의 하나가 곰을 만나는 것이었고 만일을 대비해 언제나 총에 실탄을 장전해 다녀야했다. 총알이 총의 약실에 장전되어 발사되듯이, 술(총알)도 뱃속(약실)에 들어가면 취한다(발사된다). 총알이 장전되는 건 곰을 잡을 만반의 준비지만 술을 뱃속에 들여마시는 건 자신을 잡는 어리석은 짓이 아닐런지.
이와 비슷한 **loaded to the gills**도 마치 물고기가 물을 마시듯 술을 마셔서 아가미(**gills**)까지 넘칠만큼 마셔댔다는 말이다.

♣ **mad as a hatter** : angry (몹시 화난)

> Don't be *mad as a hatter* when somebody criticizes you.
> 「남이 너를 비판한다고 해서 발끈 화를 내서는 안돼.」

☞ 영국의 작가 Lewis Carrol(1832-98)의 Alice in Wonderland(1865)에서 처음으로 나타난 말이다. 머리를 치켜드는 성난 독사(adder)의 모습에서 adder가 hatter로 변했

다는 주장이 있다. 이와는 달리, 모자를 만들 때 사용했던 수은에 모자만드는 사람 hatter)이 중독되어 근육이 씰룩거리고, 걸음걸이가 비틀거리고, 말할 때 조리가 맞지 않고, 정신이 오락가락 한다는데서 생겨났다는 주장이 있다.

그리고 **mad as a March hare** (crazy : 정신나간)도 비슷한 뜻이며, 3월의 번식기를 맞아 바람난 산토끼들이 날뛰는 꼴을 보고 역시 **Lewis Carrol**이 **Alice in Wonderland**에서 사용했던 말이다.

♣ **make a clean breast** : confess (솔직히 털어놓다)

> You'll feel much better when you *make a clean breast* of it.
> 「그걸 훌훌 털어놓고 나면 마음이 훨씬 후련해질 것이다.」

☞ 18C 초부터 있었던 말이다. 옛 사람들은 가슴을 심장의 동의어로 사용했다. 심장에서 모든 정신 작용이 이루어진다고 믿어온 것은 오랜 옛날부터 였다. 그래서 **make a clean breast**나 **learn by hart**와 같은 말이 생겨난 것이다.

♡ **make a scene** (make a public display : 야단법석 떨다)은 **Samuel Foote**의 희극 **The Lia** (1762)에서 비롯되었으며 연극의 짧은 장면에서 감정을 표현하느라 법석을 떠는데서 생겨난 말이다.

♡ **make both ends meet** (live within one's income : 수입에 맞춰 지출하다)는 **Smollet**의 작품 **The Adventures of Roderick Random(1748)**에서 **make both ends of the year meet**이라고 한데서 짧아진 것이다.

♡ **make bricks without straw** (make something without the wherewithal : 필요한 재료없이 물건을 만들다)는 구약전서의 출애굽기에서 온 말이며 당시의 벽돌은 썰은 지푸라기가 들어가지 않고서는 마를 때에 쭈그러지고 금이 갔기 때문이다.

♡ **make the fur fly** (say or write mean things : 큰 소동을 일으키다)는 미국의 개척 시대에(1825년경) 사냥개에게 너구리(racoon)를 공격하도록 부추기면 온 천지가 털(**fur**)투성이가 되기 때문이었다.

♡ **make no bones** (make no secret, have no doubt : 반대(의심)하지 않다, 예사로 하다)는 1,500년 대에 스프에 잔뼈가 있는 것쯤 개의치 않고 후루룩 마신데서 비롯되었으며, 이와 반대로 **That sticks in my craw** (That makes me angry. : 마음에 안 든다)의 뜻이 된다.

♡ make one's hair stand on end (cause one to be very frightened : 머리끝이 쭈볏
하게 서다)는 구약전서 욥기 4장 14~15절에 나오는 말이고, 동물이나 사람 모두가
너무 놀라면 털끝이 빳빳하게 선다고 한다.

♧ **moonlight** : work a second job (부업하다)

> I am considering *moonlighting* to earn enough money to feed my family.
> 「가족들을 부양하기 위해 부업을 할까 하고 생각 중이다.」

☞ 영국과 아일랜드에서 19C에 생긴 말이다. 본업은 낮에 하고 밤에는 부업을 하여 돈을
버는 것을 말하지만, 주로 불법 행위에 종사하는 일이 많았다. 특히 낮에는 버젓이 법
을 집행하는 경찰을 비롯한 공직자가 많았으며, 이들이 주로 하는 부업이란 달빛아래
도둑질을 하거나 남의 재산에 손해를 끼치는 일이 대부분 이었다.

♡ 이와 비슷한 moonshine(밀주)도 주로 달밤에 몰래 만들어졌기 때문이다.

♧ **more than one way to skin a cat** : more than one way to do something (모로가도
서울만 가면 된다)

> Let me take care of it. There is *more than one way to skin a cat.*
> 「내게 맡겨. 모로가도 서울만 가면 되니까.」

☞ 영국에서 처음 생겨날 때 There are more ways of killing a cat than choking it
with cream. 였으나 줄어든 것이다. 도대체 고양이를 죽이기만 하면 되는 것이지 고양
이가 크림을 좋아한다고 해서 고양이가 크림에 체하여 죽을 때까지 기다릴 일이 아니
라 여러가지 방법을 강구해야 한다는 말이다.

♧ **on the ball** : attentive (빈틈없는)

> Such an accident won't happen if you are *on the ball.*
> 「정신만 차리면 그런 사고는 일어나지 않아.」

☞ 영국의 축구경기 또는 미국의 농구경기에서 온 말이다. 1940년 대 이후 각종 구기
운동이 성행하면서 공의 움직임에 눈을 떼지 않고 주의깊게 지켜본다는 이 말은 널
리 자리잡기에 이르렀다.

♡ on cloud nine(very happy : 매우 행복한)은 유태인들의(Jewish) 문학 작품에는 seventh heaven이 가장 높은 하늘이고 신(God)이 사는 곳이기도 하다. 그보다 더높고 상서로운 곳이 ninth heaven이므로 당연한 일이다.

♡ on deck(on the deck of ship : 갑판에 나와, 준비되어)은 갑판에 나와 행동할 준비가 됐다는데서 야구에서라면 "타석에 나오다"라는 뜻으로도 된다.

♡ on a shoestring(on a very tight budget : 소액 자본으로)은 밑천이래야 구두에 매인 구두끈 뿐이라는 말이니 엄살도 어지간하다.

♡ on the beam(on the right track : 정확히, 지시대로)은 "긴 목재"를 가리키는 beam이 아니라 항공 관제탑에서 발사하는 광선(beam)에 따라 항공기가 정확히 착륙한다는 말이다.

♡ on the carpet는 call을 붙인 call on the carpet(reprimand : 꾸짖다)처럼 쓰이며, 융단(carpet)을 간 마루에 하인이 불려갔다면 꾸지람 받을 일 외에는 없었기 때문이다.

♡ on the nose(exactly on time, exactly as planned : 예정대로, 시간에 맞게)는 영화의 연출자가 방음실에서 조수에게 신호를 보낼 때 코에다 손가락을 갖다대면 예정 시간대로 딱맞게 진행되고 있다는 신호였고, 예정보다 늦게 진행되면 손으로 자신의 목을 톱질하듯 자르는 시늉을 하면 미처 따라가지 못한 부분의 대본을 잘라내어 속도를 맞추고, 모든 일이 순조롭게 진행되면 한쪽 엄지손가락과 다른쪽 집게손가락을 딱 붙이면서 치켜드는 신호를 보냈던데서 생겨난 말이다.

♡ on the rocks(with ice cubes, in a state of ruin : 얼음넣다, 좌초하여)는 암초가 있는 해안에 배가 좌초한데서 생겨난 말이다.

♡ on the shady side of fifty(50 살을 넘겨)는 해질 무렵이면 그림자(shadow)가 자꾸만 길어지는데서 비유적으로 생긴 말이다.

♡ on the wagon(not drinking alcohol : 금주하다)은 19C에 미국에서 금주령이 내렸을때 물을 실은 마차가 여름에 먼지나는 길을 지나가면 금주하겠다고 맹세한 사람이 훌쩍 뛰어올라가서 물을 얻어 마시면서 금주 약속을 깨지 않으려고 안간힘을 쓴데서 비롯됐고, off the wagon은 on the wagon의 반대말이 된다.

♡ on one's own hook(all by oneself : 자력으로)는 19C 어부들이 급료를 받을 때 각자의 낚시(hook)에 걸린 물고기의 양에 따라 받았던데서 생겨난 말이다.

♣ **paint the town red** : go out to drink and have a good time (술마시고 흥청대며 법석떨다)

> I've got a splitting headache. I was out last night, *painting the town red.*
> 「머리가 빠개지는 것 같이 아프다, 어젯밤에 나가서 진탕 마셔댔거든.」

☞ 1880년경 미국 서부에서 생겨난 말이다. 당시의 인디언들이 마을에 불을 지르고 분탕질을 치게 되면 누가 불을 지른건지 가릴수 없게 되고, 벌겋게 불타는 모습은 술에 취해 벌겋게 달아 오른 얼굴에 비유된 것이다. 여기서 **paint**는 **drink**와 같은 뜻으로 쓰였는데, 술이 잔뜩오르면 코끝이 빨갛게 되는데서 생겨난 말이다.

♣ **pecking order** : the way people are ranked in relation to each other (사회적 서열, 새의 쪼는 차례)

> Since I got into this office as a head, my staffers have developed a *pecking order.*
> 「내가 우리 사무소 소장으로 온후 우리 직원들 간에는 새로운 위계 질서가 생겨났다.」

☞ 유명한 생물학자 **W.C. Alles**가 1920년에 발표한 바에 의하면 암탉들의 세계에서는 서열이 분명하기 때문에 서열높은 암탉을 쫄수 없고, 서열낮은 암탉은 높은 암탉이 쪼아도 가만히 있다. 암탉이 장닭을 쪼는 일은 거의 없지만, 장닭도 서열이 낮으면 쪼이게 되어 있어 털이 몽땅 뽑히는 수도 있는데, 여기서 **henpecked husband**(공처가)가 생겨났고, 유명한 공처가로 **Socrates**를 빼놓을 수 없을 것이다. 비둘기도 나무에 앉을 때면 서열이 낮은 비둘기가 반드시 낮은 가지에 앉아 어른에 대한 공경심을 표한다는데 때로는 사람이 새보다 못한 한심한 행동을 할 때가 많다.

♣ **from pillar to post** : from one place to a series of other places (여기저기에)

> If you spill the beans, it'll go *from pillar to post* in a few days.
> 「비밀을 누설하는 날이면 며칠 안가서 모르는 사람이 없게 될 것이다.」

☞ 14C 초반의 테니스에서 생긴 말이다. 처음에는 **from post to pillar**였다가 바뀐 것이다. 지금의 테니스와 상당히 차이가 있지만 그중에서도 당시에는 실내에서 경기를 했다

는 점이 다르다. 발리(valley)를 하는 것은 똑 같지만 당시의 발리가 더 치명적인 것이어서 네트(net)를 매는 기둥(post)에서 테니스장 끝에 있는 기둥(pillar)에 이르는 구석구석이 가장 취약지로 멋지게 치명적인 발리를 쳐 확실한 득점을 올린데서 비롯됐으며 "여기저기에, 궁지로 몰다"의 뜻이다.

♧ **pipe down** : get quiet (입다물다, 호각불어 일손놓게 하다)

> **I've heard it hundred times. Please *pipe down?***
> 「그 소리 백번도 더 들었어. 제발 입좀 다물어 줘.」

☞ 매우 격하거나 허물이 없을 때 한하여 써야할 말이다. 19C의 항해에서 나온 이 말은 선상의 갑판에서 선원들이 일을 하고 있을 때 책임자가 파이프 또는 휘슬을 불면 "일손을 놓으라"는 신호였다. 이땐 모두 갑판 아래로 내려가서 각자의 볼일을 보게 되므로 갑판 위는 아주 조용해진다. 여기서 **pipe down**이 생겨났고, **pipe up**은 "노래(이야기)하기 시작하다", "소리를 지르다"와 같이 반대의 뜻이 된다.

♣ **play a hunch** : have a lucky premonition (좋은 예감이 든다)

> **I *play a hunch* we'll win this time.**
> 「이번엔 우리가 이길 것같은 좋은 예감이 든다.」

☞ 지금은 **play**보다 **have** 또는 **get**으로 대용하여 널리 쓰이고 있는 말이다. 옛날에는 노름꾼들이 곱추의 등을 한번 쓰다듬고 나면 재수가 있어서 돈을 딴다고 믿고 있었다. 기형(deformed)으로 생긴 사람은 악마에게 비상한 힘을 발휘하는 것으로 믿었기 때문이다. 이러한 hunchback(곱추)의 hunch에서 **have a hunch**처럼 된 것이다.

♡ **play ball with**(play a ball game with, cooperate with : 구기에 임하다, 협력하다)는 운동장에서 어린이들이 같이 게임하자고 졸라댄데서이며 상대방의 협력에 대한 보상이 있음을 암시한다.

♡ **play both ends against the middle**(scheme in a way that pits two sides against each other : 양쪽에 싸움붙여 어부지리얻다)은 미국 사람들이 즐기는 **card game**의 일종인 **faro**에서 **dealer**(선)가 두 사람에게 돈을 걸도록 교묘하게 카드를 돌려서 싸움을 붙이고 자신은 힘들지 않게 돈을 따는 수법을 쓴데서 생긴 말이다.

♡ **play hooky**(not to go to school or to some important meeting : 농땡이치고 빼먹

다)는 낚시(hook)에 걸린 고기가 빠지듯 도망간다는 말이며, **off the hook**(곤경에서 벗어나다)와 관련하여 생긴 말이다. 또한 hook은 마음보가 비틀린 도둑놈처럼 시간을 도둑질하여(hook=steal) 자기 마음대로 써버리는 짓이라 할 수 있다.

♡ **play the field**(date many people rather than going steady : 여러 이성과 교제하다)는 경마에서 가장 좋아하는 말은 제쳐놓고 다른 모는 말에 돈을 모두 건다는 데서 온 말이다.

♡ **play to the gallery**(perform in a manner that will get the strong approval of the audience : 대중의 인기를 노려 연기하다, 저속한 취미에 영합하다)는 18C 영국의 극장에서 싸구려 윗층 좌석(gallery)에 저속한 손님을 모셔놓고 그들의 비위를 맞추려고 온갖 억지와 익살을 부리고 소리를 고래고래 질러가며 안간힘을 썼던 데서 비롯된다.

♡ **play with a full deck**(operate as if one were mentally sound : 정신이 멀쩡한)은 주로 부정적 표현에 쓰이며, **not all there**(stupid)와 더불어 정신나갔다는 뜻인 바, 패(**card**)를 칠때 한벌(**deck**)에서 한장이라도 빠지면 게임이 안되기 때문이다.

♡ **play possum**(prend to be asleep : 자는 체하다. 시치미떼다)는 고양이만한 크기의 **possum**이라는 쥐는 위험하다는 생각이 들면 자는 체(죽은 체)하고 있다가 이제 됐다 싶으면 도망가고, 덫에 걸리기라도 하면 언제까지나 죽은 것처럼 눈을 감고 있다가 물에 집어 넣으면 그때서야 움직인다고 하는데서 유래되어 쓰이게 됐다. **1822년** 경부터 쓰인 말이다.

♣ **not worth a plugged nickel** : worth little or nothing (거의 가치없는)

> **Everybody knows I am *worth a plygged nickel* at pingpong.**
> 「내가 탁구라면 "탁"자도 모른다는 건 누구나 알고 있다.」

☞ **여기서 plug**은 늙고 못쓰는 말(horse)이라는 뜻이다. 미국의 5 센트짜리 주화가 nickel인데 그나마도 움푹하고 함량이 모자라 nickel이 아닌 다른 나쁜 금속을 채워넣은 주화(coin)가 나돌게 되자 plug에 비유되어 쓰이게 된 것이다.

♣ **proud as a peacock** : very proud (거만한)

> **Nobody likes him. He is always *proud as a peacock.***

> 「아무도 그를 좋아하지 않아. 언제나 잘난 체하니까.」

☞ 14C경 영국의 왕실에서 생겨난 말이다. 영국의 **George** 3세는 미친 사람의 행동을 판결하는 언도에서 "**peacock**(공작)"이라는 말로 끝맺기를 고집하자, 신하중 한 사람아 고하기를 "공작은 아름다운 말이지만 황실에서나 쓸만한 말이니 신하들은 아무도 못듣게 가만히 속삭이기만 해야 합니다"라고 충고했다. 이와같이 실속없이 잘난 체하며 거드럭대는 **peacock**에서 생겨난 말이다.

♣ **pull strings** : use influence (뒤에서 조종하다)

> You must stand on your own bottom, and you can't get anything done by *pulling strings*.
> 「넌 자력으로 해 나가야하고 뒤에서 남을 조종해서는 아무것도 해내지 못한다.」

☞ 19C의 인형극에서 나타난 말이다. 눈에 안보이는 무대(막) 뒤에서 끈(**strings**) 또는 철사(**wires**)로 조종하는 인형극에서 정치적인 막후 조종이 비밀리에 이루어지는 여러 가지 행위를 가리키는 말로 확대된 것이다.

♡ **pull someone's leg**(fool or trick someone : 우롱하다)는 멍청이 같은 영국의 망나니(**hangman**)가 사형수의 목숨을 어떻게 끊어야 할지를 모르고 있을 때 망나니의 친척들이 매달려 있는 사형수의 다리를 잡아당겨 숨지게 했다는 데서 생겨났다고 한다. 이 외에 다른 이야기로는 소위 **tripper up**이라고 알려진 노상 강도들에서 생겨났는데, 이들은 2인조 강도로서 한 명은 상대방에게 꼬부라진 지팡이나 철사줄 따위를 갖고 발을 걸어 넘어뜨리고(**trip up**) 한 명은 갑자기 덮쳐서 지갑등 소지품을 빼앗아 달아나는데서 비롯되었으며, 이러한 **trip up**(발걸어 넘어뜨리기)가 바로 **pulling leg**에 해당한다는 것이다.

♡ **pull the wool over someone's eyes**(deceive someone : 속이다)은 미국에서는 1839년에 나타났지만 영국에서는 훨씬 이전에 있었던 말이며, 양모(**wool**)로 된 가발이 유행이던 당시에 옆에 있던 사람에게 가발을 푹눌러 눈이 덮이게 한다음 넘어뜨리고는 소지품을 털어 달아나는데서 생겨난 말이고, 흔히 이마 위로 자꾸만 흘러내리는 가발을 쓴 판사들을 변호사들이 곧잘 속여먹곤 했는데 이때 변호사들은 득의 양양하여 **I pulled the wool over his eyes.**라고 자랑을 했다고 한다.

♡ **pull out all the stops**(use everything available : 온갖 수단을 다하다)는 소리나는

악기를 모두 다 갖다 놓고 한꺼번에 소리를 낸다는 뜻으로 여기서 **stop**은 현악기 등의 구멍 또는 건반악기의 음전 등을 의미한다.

♣ **put one's best foot forward** : act or appear at one's best (되도록 서두르다, 되도록 좋은 인상을 주다)

> Prosecutors should *put their best foot forward* when they bring to light the whole structure of this mammoth project, allowing no sanctuaries in the probe.
>
> 「검찰은 이 거대한 사업의 전모를 밝히는 데 최선을 다해야 할 것이며 수사에 어떠한 성역을 두어서도 안된다.」

☞ 영국에서는 몇 백년 전부터 전해오는 관습으로 여행을 하거나 무슨 일을 시작할 때 반드시 오른발을 먼저 내디뎌야 하는 것으로 되어 있고, 지금도 결혼하는 신부(**bride**)가 교회에 들어설 때 반드시 오른발이 먼저 들어가도록 한다. 왼발이 먼저 들어가면 재수가 없다고 한다.

♡ **put a sock in it**(shut up : 입닥쳐)은 차츰 소멸하여 별로 안쓰이는 말이지만 인류 역사상 가장 위대한 발명가인 미국의 **Thomas Edison**을 기리는 의미에서 소개 한다. **Edison**이 처음 축음기를 발명했던 1877년 당시에는 소리의 크기(**volume**)를 조절할 수가 없어서 나팔(**horn**)속에 양말을 쑤셔넣어 소리가 안나게 막았다 한다.

♡ **put (lay) one's finger on**(identify something as important : 정확히 지적하다. 소재를 알아 내다)는 영국의 유명한 추리 소설가 **Sir Arthur Conan Doyle** (1859-1930)의 작품 **The Memoirs of Sherlock Holms** (1895)에서 **Holms**가 처음 사용했던 말이며 내용은 선명하기 때문에 설명은 생략한다.

♡ **put one's foot in one's mouth**(say something which one regrets : 실수 또는 실언하다)는 1770년경 영국의 **Boyle Roche**경이 말하기를 "**Half the lies our opponents tell about me are not true!**"라고 한데서 비롯되었으며, 더러운 곳에 발을 디디고서는 씻지도 않고 뭐라고 지껄여대니 냄새가 풍긴다는 것을 이렇게 표현한 것이다.

♡ **put the cart before the horse**(have things in wrong order : 주객이 전도하다)는 **Rome**의 정치가 **Marcus Cicero** (B.C106~43)가 B.C 61년에 한 말이지만 이보다 훨씬 전부터 있었던 말이고 "**the plow draws the ox in reversed position**"이라고 했던 것을 1279년 이후 지금처럼 바꾸었다. 순서가 바뀌었다는 **preposterous** 또는

getting things in the reverse order가 말해주듯 말 앞에 마차를 세웠으니 거꾸로 일 수밖에 없다.

♡ be put throught the mill(be badly treated, be exhausted : 고생하다)은 물방아에 찧어지는 곡물처럼 호된 변을 당한다는 말이다.

♡ put on the dog(dress or entertain in an extravagant manner : 뻐기다, 허세부리다)는 미국의 남북전쟁후 열광적인 유행을 불러 일으켰던 lap dog(애완용 작은 개)에서 생긴 말이다. 이렇게 귀염을 받고 거만스러워진 애완용 개에게서 생겨난 말이다.

♡ put one's shoulder to the wheel(get busy : 열심히 노력하다)는 영국 Elizabeth 시대의 도로가 macadam으로 포장되기 이전에, 질퍽거리는 길에 마차의 바퀴가 빠지게 되자 발벗고 나서서 어깨로 밀어서라도 마차를 진구렁텅이에서 끌어낸다는데서 생긴 말이고, 후에 비유적으로 확대되어 쓰이고 있다.

♧ **queer as a three-dollar bill** : phony (가짜의)

Your whole story stinks. It's *queer as a three-dollar bill*.
「너의 모든 이야기가 수상해. 그건 순전히 엉터리야.」

☞ 1810년 경의 queer은 "가짜"라는 뜻이 내포되어 있었다. 미국의 통화인 dollar에는 원래부터 3 달러 짜리가 없었으니 엉터리나 가짜라는 뜻 일 수밖에 없다. 아울러 또 하나의 뜻은 homo sexual을 가리키는 말이기도 하다.

♡ in Queer street(needy : 궁색한)의 Queer는 queer가 아니고 query (질문)에서 생겨난 말이며, 1700년 대의 상인들은 지불 능력이 의심스러운 고객 이름에 물음표 (question mark)로 표시해 두었던데서 생겨난 말이다.

♧ **quick as greased lightening** : very fast (번개불에 콩구워 먹듯)

You have to finish this work *quick as greased lightening*.
「이 일은 번개불에 콩구워 먹듯 해치워야 해.」

☞ 미국에서 1840년 경에 나타난 말이며, 이보다 백년 정도 앞서 영국에 있었던 quick as lightening보다 훨씬 더 과장된 말이다. 또한 Davy Crocket가 말한 quicker than hell can scorch a feather도 비슷한 시기에 나온 재미있는 표현이다.

♡ quick as you can say Jack Robinson(very quickly : 아주 빨리)는 1795년에 영국
에서 나타난 표현으로, Jack Robinson이란 사람은 몹시 서두르는 사람이어서 친구집
에 방문하여 친구가 Robinson의 이름을 불러 볼 사이도 없이 어느새 가버리는데서 생
긴 말이다.

♣ **read the riot act** : give a strong warning (엄중히 경고하다)

> We have to *read the riot act to* those who were involved in graft and
> dirty political donations.
> 「뇌물과 더러운 정치 헌금에 연루된 사람들에게 우리는 엄중히 경고하지 않을 수
> 없다.」

☞ Riot Act는 소요 취체령으로 실제 영국에서 **1714년경** George왕 때 있었던 법으로서
몰려드는 군중들에게 해산을 명한 법이다. 사법부를 비롯한 관계 당국은 이 법률 조항
을 소요 군중에게 읽어 주는 것이 임무였고, 벌칙은 종신형 또는 사형을 규정한 것이었
다. 이제는 부모가 자녀들에게 호된 벌을 내리기 전 단계인 경고로서 **read the riot**처
럼 쓰이기에 이르렀다.

♣ **red-letter day** : an important day that might well be marked in red on the calen-
dar (축제일, 길일)

> We pay a visit to our ancestrial graves on the occasion of Chusok, a *red-*
> *letter day* or the Korean version of Thanksgiving Day.
> 「우리는 한국식 추수 감사절에 해당하는 명절인 추석날 조상들의 묘소에 성묘한다.」

☞ 15C부터 있어왔던 이 말은 중세에 길일을 붉은 잉크로 표시한데서 생긴 말이다.

♣ **right down one's alley** : deally suited to one's interests or abilities (능력에 맞는,
장기로 하는)

> In spite of the premature attempts of my elders to convert me to a poetry
> connoisseur, that kind of thing was not *right down my alley*.
> 「선배들이 때 이르게 나를 시인(詩人)으로 만들어 보려고 해 봤지만 그런 일은 도
> 무지 적성에 맞지 않았다.」

☞ 야구에서 homerun이 아닌 타구를 치고도 homerun과 같은 효과를 가져오는 이른바 inside-the-park homerun(장내 홈런)을 친다는 것은 진짜 homerun보다 더 기분 좋은 일인데, 이렇게 되기 위해서는 공이 야수들 사이를 요리조리 비집고 날아가야 한다. 어떤 사람들은 이와같이 야구장에서 이 말이 생겼다고도 하나 실은 단순히 자신의 낯익은 골목(alley)이라는데서 생겼다고 하는 것이 더욱 설득력이 있다.

♣ **ring the changes** : repeat the same idea in many ways (여러 가지로 해보다)

> The President had to ring the change in the face of the terrible pictures of emaciated children and mass murder shown daily on the world's television screens.
> 「세계의 **TV** 화면에 비쳐지는 앙상한 어린이들의 모습과 대량 학살의 참상에 대통령은 여러 가지 방법을 강구해야 했다.」

☞ 옛날 사람들이 종을 칠 때면 일련의 순서가 있었다. 예컨대 종이 열두 개가 있다면 각각의 치는 순서를 달리했을 때 479,001,600 가지의 치는 방법(combination)이 있어서 이런 식으로 한 번 씩만 쳐본다해도 38년이나 걸린다. 이와같이 얼마든지 다른 조합(combination)의 종을 칠수 있다는 것은 변화를 뜻하는 것이고, 종을 칠 때마다 다르게 친다는 이 말은 널리 다른 분야로 확대되어 쓰이고 있다.

♡ ring true(정말같이 들리다)는 주화(coin)의 질을 알아보기 위해 돌(stone) 위에 떨어 뜨렸을 때 둔탁한 소리가 나면 ring hollow(가짜같이 들리다)라고 판단하였고, 맑은 소리를 내면 ring true라 하였는데, 이것이 비유적으로 확대되어 널리 쓰이고 있다.

♣ **rub out** : kill (죽이다)

> The robber threatened to *rub out* the storekeeper.
> 「도둑은 가게 주인을 죽이겠다고 위협했다.」

☞ 19C의 미국 서부 지역의 Indian들의 행동에서 나온 말이다. Indian들은 동료들에게 죽이라는 신호(sign)를 보낼 때에 말없이 몸을 문지르는(rubbing) 시늉을 하였다. 여기서 kill이라는 뜻으로 변한 것이다.

♣ **rule the roost** : be in charge (일을 주관하다. 지배하다)

> **Whoever *rule the roost*, Japan is likely to have its weakest government in decades.**
> 「누가 정권을 쥐든 일본은 수십년 만에 가장 약한 정부를 맞이하게 될 것 같다.」

☞ 1500년경 영국에서는 **rule the roast**(지배하다, 좌지우지하다)라 하여 같은 뜻으로 썼는데, 주인이 **roast** 고기를 썰어주면서 식탁을 주도 했던데서 생겨난 말이다. 옛날에는 **roost**(닭장, 홰)를 **roast**처럼 발음하였고, 이러한 발음 때문에 **roast**로 잘못 철자(spelling)되어 **rule the roast**로 둔갑했다는 설이 있다. 미국 사람들은 이 말을 받아들이지 않고 닭장을 지배하는 장닭(**cock**)의 위용에 근원을 둔다.

♡ **rule of thumb**(주먹구구식 방식)은 양조장에서 술이 제대로 익어가는지 알아보기 위해 엄지손가락을(**thumb**)익고 있는 술에 넣어 보아서 열을 재어보고 제대로 발효되는지 알아본데서 생겨난 말이며, 또한 사람마다 다소 차이는 있지만 엄지손가락 끝마디를 대략 1 인치로 잡아준데서 생겨난 말이기도 하다.

♣ **run amok** : run wild in a violent frenzy (미쳐 날뛰다)

> **We pay particularly sharp attention to whether he will recognize a greater responsibility to seek a common prosperity by deviating from *running amok*.**
> 「우리는 그가 천방지축 미쳐 날뛰는 짓을 그만두고 공동의 번영을 찾기 위한 보다 큰 책임감을 인식하게 될지 특히 주의깊게 지켜보고 있다.」

☞ 좀 희귀한 일이지만 1516년경 Indonesia의 Java 말로 쓰인 Italy 문학 작품을 영어로 번역한 것이 **run amok**이다. 원래 Amuco라 불리웠던 이 말은 아편(opium)에 중독된 사람이 길거리로 나와 만나는 사람마다 다 죽였다는 것이다. **Malay**어인 amog가 사람에게 붙여지기 이전에는 미쳐 발광하면서 마구 덤비는 동물을 뜻하는 말에서 확대된 것이다.

♡ **run for one's life**(run away for one's life : 필사적으로 도망치다)는 영국 서남부 **Monmouth**주의 주민이 1685년 Sedgemoor 전투에서 적에게 포로로 잡혀 말하기를, "목숨을 걸고 달리고 싶다"고 하자, 말(horse)과 사람의 달리기 시합이 열렸고, 길고 긴 달리기에서 사람이 말을 앞서게되자 자유의 몸으로 풀려난데서 생겨난 말이다.

♡ **run riot**(get out of control : 설치다)은 1410년 경에 사냥에 관한 잡지 **The Master of Game**에 실렸던 말인데, 사냥감을 쫓던 개가 원래의 사냥감의 냄새를 놓치고

다른 짐승에게 마구잡이로 대드는데서 생긴 말이다.

♡ **run the gauntlet**(face a hard test : 공격당하다)은 처음에는 **Sweden**의 군대(軍隊)에서 있었던 형벌의 하나로, 죄지은 병사는 옷을 벗기운 채 회초리를 들고 두 줄로 선 병사들 사이를 지나가면서 무수히 매를 맞았는데, 죄의 크기에 따라 줄의 길이가 달랐다. 독일인들이 **1618~1648**년에 있었던 **30**년 전쟁에서 이런 형벌을 가하는 것을 영국군이 보고 난뒤 생겨난 말이다. 여기서 **gauntlet**(태형)을 해부하면, **gat**(a narrow path)+**loppe** (run)의 결합으로 이루어진, 말하자면 **a running of the narrow path**라는 뜻이다.

♣ **get the sack** : get fired (해고 당하다)

Yesterday he *got the sack* for his laziness
「어제 그는 게으르다는 이유로 해고됐다.」

☞ 옛날 **Turky**의 왕들은 왕비가 싫어지면 왕비를 규방(**harem**)에서 끌어내어 자루(**sack**)에 넣고 묶어서 **Bosphorus** 해협에 빠뜨렸다는 중세의 이야기가 전해 온다. 또한 **Rome** 사람들도 죄인을 자루에 넣고 묶어서 **Tiber**강에 던졌다 한다. 이외에도 중세에 일자리를 찾는 사람이 연장이나 소지품이 든 자루를 둘러메고 다니다가, 취업이 되면 고용주의 집에 자루를 맡긴채 지내다가, 고용주의 마음에 들지 않으면 그때까지의 급료와 소지품 자루(**sack**)를 쥐어주면서 문밖으로 내쫓은데서 생겨난 말이다.

♣ **sacred cow** : a person or thing that is never criticized, laughed at, or insulted even if it deserves such treatment (성우(聖牛), 공격할 수 없는 것)

Some people began to suspect that the authorities concerned were afraid of many *sacred cows*.
「어떤 사람들은, 관계 당국이 많은 성역층 사람들을 두려워하고 있다고 의심하기 시작했다.」

☞ 인도의 **Hindu**교 성인 **Prithu**는 스스로 소로 변하여 모든 동포들로 하여금 채식주의자가 되도록 권장했다. 또한 석가의 "모든 중생에 대해 해를 끼치지 말라"는 가르침에 힘입어, 소들이 길거리에 돌아다녀도 인도에서는 해를 끼치지 않는다. 위인 **Mahatma Gandhi**도 젊었을 때에 고기를 먹었지만, 꿈속에서 뱃속에 들어간 짐승들이 피를 흘리고 있는 것을 본뒤로 완전한 채식주의자로 탈바꿈 했으며, **Gandhi**의 무저항주의가 세

계적 주목을 받으면서 sacred cow는 영어의 관용어로 확고히 자리를 넓혀갔다.

♣ **sail under false colors** : pretend to be what one is not (본성을 속이고 살아가다)

> The law is primarily aimed at incessant crackdowns on the misdeeds made
> by those *sailing under false colors*.
> 「그 법은 본성을 숨기면서 저지르는 비행에 대해 끈질기게 철퇴를 가하는데 주목적
> 을 둔다.」

☞ 원래 바다에서는 자국기를 달고 항해하도록 되어있고 기를 보고 적인지 아닌지 구별하
는 것이 불분율로 되어있다. 그러나 해적들은 가짜 기를 달고 다니다가 만만한 배를 만
나면 불시에 공격을 개시하면서 해골 바가지가 그려진 진짜 본색의 기를 내건다. 이와
같은 바다의 무법자들에게서 생겨난 말이다.

♣ **have a screw loose** : act silly or crazy (머리가 약간 돌다)

> You are at it again. You must have a screw loose.
> 「또 그짓을 하고 있다니. 너는 어딘가 나사가 빠진게 틀림없다.」

☞ 야구에서 pitcher가 타자에게 공을 던져서 타자 가까이 날아와서 휘어지는 공을
screwball이라 한다. 1930년 대의 New York Giant팀의 pitcher가 이 screwball
을 던져서 46 inning 연속 무실점에 24게임 연속 승리를 거두었고, 그것도 Babe
Ruth를 비롯한 쟁쟁한 강타자들을 물리쳤던 것이다. 당시의 투수 Hubbell의 투구가
sports계에서는 화제가 됐었는데, 그의 공이 타자에게 가까이 와서 전혀 예측할 수 없
는 변화를 일으킨 때문이며, 여기서 생겨난 말이다.

♣ **see red** : be angry (흥분하다)

> When he call my names in my face, I *saw red*.
> 「그가 내 면전에서 욕을 하자 화가 치밀어 올랐다.」

☞ 투우에서 생긴 말이다. 빨간 천을 소 앞에서 흔들면 소가 격렬하게 흥분한다고 한다.
투우장에서는 빨간 망토(**cape**)를 사용하여 소싸움을 붙여왔고, 이제는 투우도 불법화
되어 있다. 소가 색맹이어서 인지는 알 수 없으나 이로부터 붉은색이 폭력을 뜻하는 것

으로 의미가 확대되어 쓰이고 있다.

♣ **shell out** : pay money out (돈을 지불하다)

> I have to *shell out* 200 million won to buy a new house.
> 「새 집을 마련하자면 2억이 있어야 한다.」

☞ 콩이나 옥수수의 깍지(pod)에서 알맹이를 빼내고 나면 아무짝에도 못쓰는 껍질(shell or pod)만 남는다. 지갑(purse)에서 알맹이(돈)를 꺼내는 것도 이와 같은 것이다. 옛날 미국에서는 껍질깐 옥수수와 콩이 물품 화폐로 쓰였다 하며, 이 표현은 1825년 이후 쓰여졌다.

♣ **sing a different tune** : change the manner (태도를 바꾸다)

> He began to *sing a quite different tune* when he learned that she was a poor orphan.
> 「그 여자가 불쌍한 고아라는 것을 알게되자 그의 태도는 사뭇 달라지기 시작했다.」

☞ 1390년경 유럽의 떠돌이 음유 시인들에게서 나온 말이다. 이들은 여기저기 떠돌아 다니면서 만나는 영주마다 찬사의 노래를 달리해야 했기 때문이다. 태도를 바꾼다는 것은 대체로 거만하거나 악한데서 겸손하거나 착한 쪽으로 바꾼다는 뜻이지만, 반대의 경우도 많다. 또한 **make someone sing another tune**이라고 하면 거만한 콧대를 꺾어 분수를 알게 만들어 준다는 말이다.

♣ **sink one's teeth into** : get a chance to do (본격적으로 착수하다)

> I prefer something I can really *skin my teeth into*.
> 「정말 마음먹고 할 수 있는 일이 있어야 마음에 든다.」

☞ 1892년 이후 미국의 Thanksgiving Day에서 생겨난 말이다. 원래 **sink one's teeth into**는 **eat**의 뜻이고 지금도 그렇게 쓰이고 있다. **Thanksgiving Day**에 수많은 사람을 초대하더라도 진짜 야생 칠면조를 먹어볼 수 있는 사람은 극히 친한 몇 사람에 불과하다는 말이고, 따라서 **get into the spirit of anything**이라는 뜻이 담겨있다.

♣ **six of one and half a dozen of the other** : about the same one way or another
(엇비슷한)

> We are both the same—*six of one and half a dozen of the other.*
> 「우린 모두 누가 나을것도 없어, 서로 비슷하니까.」

☞ 이런 말은 설명이 필요 없을 것이다. 한 **dozen**(12개)에서 여섯 개나 반 **dozen**이나 똑 같은 것이다. 뱃사람들에게서 생겨난 이 말은 **Captain Frederick Marryat**가 **Pirates and The Three Cutters (1836)**을 통하여 처음 썼던 것으로 기록돼 있다.

♡ **six and seven** (confusion : 뒤죽박죽)은 구약전서의 욥기 5장 19절에서 생겨난 것이며, 옛날의 주사위 놀이에서 **sinque (five)**와 **sice (six)**에 돈을 거는 것은 가장 잃을 확률이 커서 꺼리는 일이었다. 이 고어체인 **sinque**와 **sice**는 후에 **six**와 **seven**으로 변하여 **at six and sevens**는 **disorderly or confused**의 뜻으로 널리 쓰이게 됐다.

♣ **skeleton in the closet** : a hidden and shocking secret (숨겨진 무서운 비밀)

> He has a *skeleton in the closet.* His parents divorced when he was young.
> 「그에게는 말하고 싶지 않은 비밀이 있다. 그가 어릴 때 부모님이 이혼을 하셨거든.」

☞ 영국의 소설가 **William Makepeace Thackery (1811–63)**가 1855년에 처음 사용한 것으로 기록된 말이다. 당시 의사들에게는 시체 해부가 허용되지 않았으므로 시체 해부를 하는 의사들은 자기집 또는 병원의 안보이는 방에서 실시했다. 이와 다른 또 하나의 이야기를 소개하면, 정숙하다고 믿겨졌던 부인이 살인 혐의를 받자 형사가 그녀의 방으로 수사하기 위해 들어갔다. 형사가 그방의 천정에 해골이 매달려 있는 것을 발견하자, 하는 수 없이 그 여자가 자백하기를 “저 해골의 주인은 남편의 **rival**이었으며 두 사람이 결투를 하다 죽었는데, 난 이 일을 혼자만의 비밀로 하고 묻어버리려 하였으나 남편이 매일밤 강제로 저 해골에 키스하라고 시키고 있습니다”라고 자백 한데서 생겨났다는 말이다.

♡ **skeleton at the feast** (wet blanket : 흥을 깨는 것)는 **Greece**의 역사가였던 **Herodotus**와 **Plutarch**에 의하여 생겨난 말이다. 이들에 의하면, **Egypt** 사람들은 연회 석상에서 시체의 상징인 해골을 깔고 앉아 손님을 접대했다. 이것이 손님들의 밥맛, 술맛을 돋구기 위해 분위기를 자아내는데 쓰였는지, 또는 손님들을 질리게 만들어 일찍

자리를 뜨게 만들었는지는 아무도 모른다. 아뭏든 잔치에 흥을 깨는 사람은 다음 번 잔치에는 초대받지 않게 된다.

♣ **sow one's wild oats** : do wild and foolish things in one's youth (젊은 시절에 방탕한 생활을 하다)

> **My cousin *sowed his wild oat* and had a son out of wedlock.**
> 「우리 사촌은 바람을 피워서 서출 아들을 하나 뒀다.」

☞ Europe에서 나는 야생 귀리(wild oat)는 집에서 기르는 귀리와 외모가 같아서 구별이 잘 안되지만 매우 큰 피해를 끼쳤고 여간해서 근절하기 어려웠다. 야생 귀리에게도 단 하나의 용도가 있었으니 그것은 습도계로 쓰여진 것이다. 뒤틀린 잎은 공중의 습기를 쉽게 흡수하였기 때문이다. Rome의 극작가 Titus Maccius Plautus가 B.C 194년에 말했던 것이 처음인 것으로 기록된 이 말은 젊은 남자들이 철모르는 어리석은 짓을 하는 것을 비유적으로 경계한 말이며 wild oats는 "야생의 귀리"라는 뜻 외에 "젊은 사내"라는 뜻을 갖게 됐다.

♣ **spill the beans** : reveal a secret or a surprise by accident (비밀을 누설하다)

> **You *spilled the beans* when you looked out of the window. I know that you were expecting your girl friend.**
> 「네가 창 밖을 내다볼 때 알아 봤지. 네가 여자 친구를 기다리고 있는줄 알고 있었어.」

☞ Greece에서는 새로운 회원을 입회시키느냐 아니냐를 투표로 결정하였는데, 흰 콩을 철모나 항아리에 넣으면 찬성의 표시이고 검은 콩을 넣으면 반대 표시였다. 때로는 이러한 콩이 잔뜩 든 항아리나 철모를 잘못하여 뒤집어 엎어 버리는 일도 있었는데 이것은 그야말로 spill the beans가 되어 진지한 비밀 투표가 허사로 되고 만다. 미국에서는 19C 이후 널리 쓰이게 됐지만 반드시 고대 Greece의 비밀 투표 방식에서 전해졌는지 확실치 않으나 know one's beans (know what's what : 무엇이든지 알고 있다)에 이어서 생겨난 것으로 볼 수 있으며, 지금은 상당히 진부한 표현으로 여기고 있다.

♣ **spit and polish** : orderliness, ceremonial precision (깨끗이 닦기, 겉치레를 위한 깨끗함)

> My wife really likes *spit and polish*, which I don't.
> 「집사람은 겉치레에 대단한 마음을 쓰지만 난 그렇지 않다.」

☞ 영국의 해군은 멋지게 차려입고 다녀야했다. 구두를 닦을 때 침(spit)을 퉤,퉤 뱉어가며 광을 낸데서 생겨난 말이다.

♡ spit and image (the perfect likeness : 꼭 닮은 것)는 부모의 입에서 튀어나온 침(spit)과 같이 닮았거나, spirit에서 spit으로 변하였거나 둘 중의 하나이다. 이렇게 해서 그 뜻을 보충하면 The child is identical to his parent in both spirit and looks.와 같은 의미를 갖게 된다.

♣ **stew in one's own juice** : be left alone to suffer one's own anger or disappiontment (자기가 저지른 일로 괴로워하다)

> You'd better stop *stewing your own juice* and apologize it to your teacher.
> 「공연히 저질러서 괴로움을 당하지 말고 선생님께 사과드리는 게 나아.」

☞ 프랑스에 튀김을 잘하는 Schachter라는 사람이 있었는데 너무 혼자서 시장을 독점하다보니 다른 동업자들에게 원성을 사게 되었고 나중에는 이들에게 붙잡혀서 튀김 기름 솥에 집어 넣어져 죽고 말았던데서 생겨났다는 이야기가 13C 이후 전해온다. 또한 중세는 Stew에 bathhouse(목욕탕)라는 뜻이 있었고, 주로 바람기 많은 남녀들이 자주 드나드는 곳이기도 하여 "창녀" 또는 "매음굴"이라는 뜻을 갖게 되었다.

♣ **keep a stiff upper lip** : face trouble bravely (과감히 맞서다)

> We have cold winter in Korea, but try to *keep a stiff upper lip*.
> 「한국의 겨울 날씨는 춥지만 한번 꿋꿋하게 견뎌보아라.」

☞ 1830년경 영국에서 생겨난 말이다. 울음이 터질 땐 아래입술이 달싹거린다. 따라서 윗입술(upper lip)의 움직임으로 감정의 동요를 가늠할 수는 없으므로 어울리지 않는 표현일 수 있다. 영국군 장교들 중에는 콧수염을 기르는 사람들이 있었는데, 이들은 그 콧수염을 가지런히 깎아야했고 깎을 때에 얼굴을 씰룩거려서는 안됐다. 윗 입술을 달싹거린다면 감정 관리에 약하고 성숙하지 못하다는 것을 드러내는 행동이었기 때문이다.

♣ **stool pigeon** : an informer (새 어리, 끄나불)

> I am afraid some *stool pigeon* may spill the beans to the bear cage.
> 「끄나불이 경찰에 밀고할까 봐 걱정이다.」

☞ 새를 잡는 사람들은 살아있는 미끼 새(decoy birds)를 사용하여 다른 동료 사냥감 새들을 유인하는데 썼다. 이 새들은 눈을 가리우고 다리에 길다란 실을 매어, 한쪽 끝은 사냥꾼이 사용하는 걸상(stool)에 매어놓고, 동료 새가 총이나 그물의 사정권에 들어올 때까지 기다리는데 이때 사용한 새를 stool pigeons, stool crows 등으로 불렀다. 지금은 주로 경찰의 끄나불이란 뜻으로 널리 사용되기에 이르렀다.

♣ **stuffed shirt** : a dull and stuffy person (잘난 체하는 사람)

> If you behave like that, anyone would call you a *stuffed shirt* although you are made of money.
> 「자네가 돈이 많다 하더라도 그렇게 행동 하다가는 누구에게나 속물이라는 소리를 듣게 될거다.」

☞ 여성의 와이샤스식 블라우스는 그냥 입는게 아니라 화장지 같은 것으로 불룩하게 채워서 관능미가 넘치게 차려입는 것이 1913년 경의 미국 유행이었다. 반드시 여성의 와이샤스식 블라우스(shirt waist)가 아니더라도 이와 비슷한 stuffed ballot(부정 투표), stuffed monkey(자만심 많은 사람)처럼 쓰이기도 한다. 문헌상으로는 미국의 여류 소설가 Willa Silvert Cather의 작품 O Pioneers! (1913)에서 비롯된다.

♣ **take a leaf out of someone's book** : behave in the way that someone else would (남을 본받다)

> When it comes to cleaning up the house, you don't have to *take a leaf out of my book*.
> 「집 안 청소를 하는 일이라면 내가 하는 것을 본받지 마라.」

☞ 영국 Scotland와 Ireland에서 1577년 경부터 있었던 말이다. 본받을 대상이 되는 사람은 가장 이상적이고 완벽한 사람이다. 원래 **turn over a new leaf**(새로 시작하다)에서 변해 온 말이다.

♡ **take a powder** (leave quickly : 급히 도망치다)는 17세기 경에 생긴 말이며, 발바닥에 먼지(dust or powder)가 날만큼 빨리 달린다는데서 왔거나, 분말로 된 설사약 (laxative powder)의 즉각적인 효과로 인하여 생겨난 말이다.

♡ **take someone down a peg** (make someone humble : 콧대꺾다)은 영국 Elizabeth 시대에 배(ship)는 기(colors)를 다는 걸이못(peg) 높이에 따라 명성이 높고 낮음이 표시되었던데서 생겨난 말이다.

♡ **take something lying down** (endure something unpleasant without fighting back : 감수하다)은 1888년경 당시의 지배 계급이었던 Ireland 사람들의 횡포에 못이겨 참담하게 당해야했던데서 생겨난 말이다.

♡ **take the bull by the horns** (meet a challenge directly : 용감히 난국에 맞서다)에는 두 가지 이야기가 있다. 영국의 **King Johon** 시대의 투우(bullfighting)에서 생긴 일인데, 달아나는 황소를 사람과 사냥개가 합동으로 몰이하여 몽둥이로 때려잡는 잔인한 놀이이고, 가장 재미있게 여겼던 것은 가장 사나운 소의 양 뿔을 잡고 땅바닥에 쓰러뜨리는 일이었다. 또 다른 이야기로는 Spain에서 소를 찌르는 창(banderilla)으로 황소의 목을 찌르기 위해 황소의 얼굴에다 망토를 흔들면서 양쪽 뿔을 거머쥐고 땅바닥에 쓰러뜨리는 경기였다. 이와 같은 잔인하고 용감한 놀이에서 생겨난 말이다.

♡ **take the cake** (win the prize : 상을 타다)은 미국 남부 지방의 농장에서 일하던 흑인 노예들이 심심풀이 또는 불우 이웃 돕기를 위한 춤(dance)시합을 하여 이긴 쌍(couple)에게 상으로 cake을 주었던데서 생겨난 말이다.

♣ **talk through one's hat** : brag and boast (큰소리 치다)

> Moo-ho bragged that he had a wonderful idea, but he was just *talking through his hat.*
> 「무호는 좋은 생각이 있다고 떠벌여 댔지만 그저 말로만 큰소리를 한번 쳐본것 뿐이었다.」

☞ 1880년대 미국의 공화당 후보 Benjamin Harrison이 선거 운동을 했을 때 항상 비비털 모자(beaver hat)를 쓰고 다녔고, 민주당에서는 이를 비웃어 Harrison이 헛소리를 하고 전국을 돌아다닌다면서 **talk through his hat**이라는 말을 만들어냈다.

♡ **talk turkey**(talk frankly : 솔직히 말하다)는 미국의 서부 개척 시대에 백인과 인디언이 의좋게 같이 사냥을 하고 사냥감을 분배할 때 생겨난 말이다. 사냥감은 까마귀 네

마리와 칠면조 네 마리 였는데, 인디언에게는 까마귀만 주고 백인은 칠면조만 차지하러 들자 인디언이 가만 있지않고 You talk all turkey for you. You never once talk turkey for me! Now I talk turkey to you.(당신 몫으로 세는 것 모두 칠면조 뿐이었잖소. 내몫으로 한 번도 칠면조라곤 입에 올리지도 않았으니 말이오. 이제 당신 앞에서 내몫의 칠면조를 세어 나누겠소.) 하면서 자기 몫의 칠면조를 챙긴데서 생긴 말이라고 하며 1830년대 이후 전해오는 말이다.

♣ **tar and feather** : chastise severely (호되게 벌하다)

> Those who unable to resist the temptation to display extravagance generated by material greed and worship of mammon should be *tarred and feathered*.
>
> 「물욕과 금욕에서 비롯되는 터무니 없는 무 절제 행위의 유혹을 뿌리치지 못하는 사람은 호되게 벌을 받아야 한다.」

☞ 미국에서 생겨난 이 말은 실제 Salem이란 곳에서 1768년 9월 밀고자 Rober Wood란 사람을 옷을 벗겨 마을의 울타리에 매달고 뜨거운 송진을 온 몸에 끼얹은 다음 온 몸에 거위의 깃털을 꽂고 몸에 불을 지르고 돌맹이와 몽둥이 세례를 무수히 하고나서 나중에 송진(tar)을 떼어내면 살점이 붙어 떨어져 나왔던 사건에서 부터다. 당시에는 혁명주의에 가담하지 않는 Tory 당원에게 가해지는 당연한 형벌이었다.

♡ tarred with the same brush (sullied by the same agent : 같은 결점을 갖고 있다)는 위의 **tar and feather**와 관련이 있지만, 이보다는 양치는 사람에게서 나왔다는 말이 더 확실하다. 양에게 달라붙는 진드기를 방지하기 위하여, 또한 다른 양떼와 구별하는 표시로 주인이 자신의 양떼에게는 모두 붉은 황토(red ochre)를 발라준데서 생겨난 말이다.

♣ **teach ones grandmother to suck eggs** : teach a fish how to swim (공자 앞에 문자 쓰다)

> Trying to teach me how to sing is like trying to *teach your grandmother how to suck eggs*.
>
> 「나에게 노래를 가르치려고 하는건 번데기 앞에 주름잡기야.」

☞ 어느 나라를 가더라도 인생 경험이 많은 할머니가 모르는게 별로 없게 되어 있다. 하물

며 계란의 양쪽에 작은 구멍을 내고 지푸라기(**straw** : 지금의 빨대)를 넣어 계란을 깨지않고 내용물만 빨아 먹는 것쯤 아무도 가르쳐주지 않아도 알게 되는 생활 방식이다. 18C 초에 생겨난 이 말은 아직도 쓰이고 있다.

♣ **throw cold water** : discourage doing something (트집잡다, 찬물 끼얹다)

> To our regret, these contrasting moves clearly *throw cold water* on our endeavors toward reunification in this country.
> 「유감스럽게도 이러한 반대 행위는 우리의 통일에 대한 노력에 찬물을 끼얹는 일이다.」

☞ 우리 말의 "찬물을 끼얹다"와 같은 표현이다. 술에 잔뜩 취했거나 몹시 흥분했을 때 찬물, 특히 찬 바닷물을 끼얹어주면 열이 내려가면서 본래의 모습으로 돌아오게하는 치료법이기도 하다. 영국 **Elizabeth** 왕조 시대부터 전해오는 이 말은 기를 꺾거나 허물을 잡아 김을 뺀다는 뜻으로 쓰이고 있다.

♡ **throw down the gauntlet**(challenge: 도전하다)은 원래 프랑스의 **gantelet** (a little glove)에서 생겨난 것이며, 기사(**knight**)가 도전장의 표시로 **gauntlet** (glove)를 벗어던지면 이에 응하는 기사가 그 **gauntlet**를 줍는데서이며, **take up the gauntlet**은 "도전에 응하다"이다.

♡ **throw the book at someone** (charge or convict someone with as many crimes as is possible : 최대한으로 처벌하다. 엄하게 벌하다)은 법률 책에 적혀있는 최대의 형량으로 처벌한다는 말이다.

♣ **till the cows come home** : until the last (영구히)

> When you finish your homework, you can stay away from home *till the cows come home.*
> 「숙제를 마치면 늦게까지 외출해도 괜찮다.」

☞ 1600년 경에 소를 치는 목장에서 생긴 말이다. 젖소를 목장에 방목하면 사람이 몰아들이지 않는 한 스스로 집으로 돌아오는 일은 거의 없고, 마음 내킬 때에 만 돌아오는데 특히 젖통(**udder**)이 부풀어 올라 아프면 젖을 짜기위해 집으로 돌아오곤 한다. 이와 같이 좀처럼 집으로 돌아오지 않는 소의 버릇을 과장하여 **for a long time**이란 뜻으로

쓰이게 된 말이다.

♣ **toe the line** : obey the rules and do one's duties (규칙을 따르다)

> **We believe all this indicates nobody has been *toeing the line*.**
> 「이러한 모든 일은 아무도 규칙을 지켜오지 않고 있다는 것을 보여주는 것으로 우리는 생각한다.」

☞ 유명한 권투광 **Queensberry**의 현대적인 **rule**이 나오기 이전인 1800년대 영국의 프로복싱에서 있었던 일이다. 당시에는 상대의 주먹을 피하지 않고 무작정 맨주먹으로 때려 눕히는 경기였으며, 상대방이 비틀거리고 쓰러지면 30초를 세고 난뒤 다시 시작하고, 다음 라운드의 공이 울릴 때 링 중앙의 선에 발끝을 대지않으면(**toe the line**) 패하는 것으로 되어 있었다. 1833년에 **Burke Byrne**란 사람은 **99** 라운드까지 싸우다가 맞아 죽은 일도 있다. 죽을 때까지 **toe the line**을 하려고 기를 썼다는 말이다.

♣ **turn over a new leaf** : make a sudden change for the better in conduct (마음을 고쳐 새로 시작하다)

> **What we should be doing at this challenging time is *turning over a new leaf* and shedding sweat to build a strong economy.**
> 「이 어려운 때에 우리가 할 일은 새로운 마음으로 땀흘려 튼튼한 경제를 만드는 일이다.」

☞ 여기서 말하는 **leaf**은 나무잎이 아니고 책장이다. 1,400년 대에 생겨난 이 표현은 백지로 된 책장을 넘기면서 새로운 결의를 하거나 넘긴 책장에서 새로운 교훈을 얻는다는 말이다. **leaf**가 책장이라고 하였지만, 종이의 발명 이전에는 나무잎에 원고를 썼으며 지금도 종려나무에 씌어진 원고가 전해지고 있다.

♡ **turn turtle**(turn upside down : 뒤집히다)은 17C 경 영국 선원들이 **Caribbean** 바다에서 보았더니, 원주민들이 큰 바다거북을 거꾸로 뒤집어 엎어버리고는 속수 무책인 거북을 잡아오는 것이었다. 이 거북들은 해안에 알을 낳으러 온 것이었다. 그후 영국인들은 배가 뒤집힐 때 **turn turtle**이라고 하였고, 이 말은 더욱 확대되어 무엇이든 뒤집히면 **turn turtle**이라고 하기에 이르렀다.

♣ **under the weather** : ill, alcohol intoxicated (병난, 술취한)

> Sung-moon is *under the weather* again and gone Borneo.
> 「성문이가 또 술에 취해서 야단법석이다.」

☞ 미국의 작가 **Donald Grant Mitehel**이 그의 작품 Reveries of a Bachelor (1850)에서 처음썼던 말이다. 항상 좋은 날씨일 수 없듯이 여기서의 **weather**는 **bad weather**를 가리키며 "기분이 언짢은, 술취한, 돈에 쪼들리는, 월경중의" 등의 뜻으로 쓰인다. 참고로 **Borneo** 원주민의 투박한 행동에서 **go Borneo (go crazy** :미친)라는 뜻이 된다.

♡ 숙어는 아니지만 **underhanded (stealthy** : 음흉한)의 뜻을 살펴보면, 1545년 경에 생겨난 말인데, 당시에도 **card** 사기꾼들이 극성이어서 손바닥에 여벌 카드를 몇 장 숨기고는 온갖 요술을 보여준데서 생겨난 말이다. 1698년부터 생겨난 **undertaker (mortician** : 장의사)는 **take someone under the ground**의 뜻이며, 그 이전에는 "청부인 또는 저자"의 뜻으로만 쓰였다.

♡ **under the umbrella (under the protection** : 보호아래)는 **Africa**에서 17C 경에 종들이 왕에게 양산을 받쳐들어 볕을 가려주는 것을 영국 작가가 보고 처음으로 썼다고 하며, 한편으로는 **Greece Zeus** 신의 방패였던 **Aegis**에서 생긴 **under the aegis** (…의 비호아래)를 본따서 만든 것이기도 하다.

♣ **upper hand** : controlling power (우세)

> China finally got the *upper hand* over Korea in the world market.
> 「중국은 드디어 세계 시장에서 한국을 앞섰다.」

☞ 15C에 생겨난 이 말은 동네 아이들이 빈터에서 공놀이할 때 편을 나눔으로 해서 생겨났다. 한 사람에게 막대기를 던지면 그는 이걸 줍는다. 그리고는 다음 사람은 그의 손을 앞 사람의 손 위에 잡는다. 이 게임은 자꾸만 손을 위로 올려잡아 나중에는 막대기의 맨 꼭대기를 잡은 사람은 손가락 끝으로 겨우 막대기를 거머쥐고는 당초의 합의한 거리만큼 던지게 되면 이기게 되어 게임이 끝난다. 이와같이 막대기의 윗 부분을 잡는데서 생겨난 말이다.

♡ **upper crust (the highest level of society** : 상류 사회)는 1460년에 생긴 표현이고, 옛날 임금이나 귀족에게는 **빵** 껍질의 윗 부분을 잘라 진상한데서 유래 되었으며, 실제 이 말이 널리 쓰인 것은 **19C** 이후부터이다.

♡ send someone up the river (send someone to prison : 교도소에 보내다)는 1930 년대 미국에서 생긴 말이고, New York City의 Hudson강 상류에 있는 Sing Sing 교 도소로 인하여 생겨난 말이다.

♡ upholsterer(가구 상인)은 원래 장사꾼의 고용인으로서, 팔 물건을 들어올려(hold up) 살 사람들에게 보여주는 일을 하던 사람이었으나, 그가 들고 있는 물건들을 수선 하는 일까지 겸하게 되면서 이 holder upper가 upholsterer(가구 상인)으로 변하게 되었다.

♣ **walk the chalk** : behave properly, obey (정확히 행동하다, 명령대로 행동하다)

> My wife wants everything to be orderly, and if my children don't *walk the chalk*, she bawls them out.
> 「아내는 모든 것이 정돈되어 있기를 원하고 아이들이 제대로 행동하지 않으면 마구 호통을 친다.」

☞ 17C경 미국의 해군에서는 갑판위에 직선을 그어놓고 병사들이 선을 따라 똑바로 걷지 못하면 술취한 것으로 판정하였다. 술이 취한 것으로 판정되면 정도에 따라 벌을 받게 됐는데 매질을 당하는 일이 자주 있었다. 1823년 이후 이 말은 obey the rules이라는 뜻으로 쓰이게 됐다.

♡ walk down the aisle (get married : 결혼하다)은 19C부터 미국에서 생겨났고, 교 회의 좌석 사이 통로를 신부가(bride)걸어간다는 말이나, 좀더 정확히 말하면 좌석의 양 옆이 아닌 본당 중앙 통로를 가리키는 말이다.

♣ **warm the cockles of someone's heart** : make someone warm and happy (기운 돋 우고 기쁘게하다)

> The new government has taken shocking economic measures to *warm the cockles of the general public*.
> 「새 정부는 일반 국민들의 마음을 기쁘게 해주는 놀라운 경제 조치를 취하였다.」

☞ 해부 학자들이 17C경 새조개(cockle)의 조가비를 살펴봤더니 사람 심장의 심실과 같 다는 것을 알았다. 심실(ventricle)은 사람이 유쾌할 때에는 열이 올라가고 그렇지 않 을 때 열이 내려가는 것으로 믿어졌었다. 당시의 시(詩)에도 있었듯이 심장은 애정이

자리잡고 있는 곳으로 여겼고, 심장을 따뜻히 해주는 것은 곧 기분좋게 해주는 일이기도 했다.

♣ **well-heeled** : wealthy (유복한)

> **My brother is *well-heeled*, but I am not.**
> 「형님은 잘 살지만 난 그렇지 않다.」

☞ 미국의 개척 시대의 닭싸움에서 생겨난 말이다. 쌈닭이 투계장에 들어가기 전에 쌈닭의 발에 인조 발톱(**artificial spur**)을 붙여준다. 당시의 사람들은 총보다도 돈으로 때우는 쪽이 훨씬 안전한 보호막이 된다는 것을 깨달았으므로, well-heeled는 잘 무장된 닭의 발톱이 무기(**gun**)가 아닌 돈(**money**)으로 변한 것이다. 그렇다고 **down at the heels**(shabby : 초라한)와 반드시 반대의 의미를 갖는 것은 아니다.

♣ **wet behind the ears** : young and inexperienced (미숙한)

> **You may think he is well-trained, but he is actually *wet behind the ears*.**
> 「그 사람이 훈련을 잘 받은 것으로 생각할지 모르지만 실은 철부지에 지나지 않아.」

☞ 미국에서 1800년 대에 생겨난 말이며, 소나 말이 새끼를 낳을 때 송아지(망아지) 귀의 뒤 약간 움푹한 곳이 가장 늦게 마른다는데서 생겨난 말이다.

♡ wet one's whistle (have a drink of liquor : 술 한 잔하다)은 영국 문호 Chaucer가 그의 작품 Reeve's Tale (1386)에서 Wet your whistle (have a drink). 라고 한데서 시작되며 이때 whistle은 mouth의 뜻이다. 또 하나의 이야기로는 큰 컵(tankard)을 불어대면(whistle) 듣기 싫으므로 잽싸게 술을 가득 채워서 불지 못하게 했다는 것이다.

♣ **wheeler-dealer** : someone who bargains aggressively (수완가)

> **I have to become a real *wheeler-dealer* when I embark on a new business.**
> 「내가 새로운 사업을 시작할 때는 정말 활동적인 사람이 돼야 한다.」

☞ 미국의 서부에 **18C** 경에 나타난 말이다. 우선 **big wheel**만으로도 "큰 바퀴"라는데서

"거물"이라는 뜻이며, 큰 바퀴를 굴리는 사람은 **card game** 또는 **roulette**에 큰 돈을 걸고 게임을 한다. 큰 바퀴를 굴리는 사람은 도로 규칙 따위는 아랑곳하지 않고 마음대로 밀고 나아갔고, 당시의 사정으로는 바퀴를 굴리는 것 만으로도 대단한 힘을 가진 활동가로 대접받았던 것이다.

♣ **white elephant** : a useless or unwanted object (주체스러운 것)

> Nobody wants to have this white elephant.
> 「아무도 이 주체스러운 걸 원치 않는다.」

☞ 옛날 **Siam**의 왕이 있었는데 그의 왕국에는 희귀한 흰색 코끼리를 갖고 있었다. 흰 코끼리는 신성한 동물이었으므로 오로지 왕 혼자만이 타거나 일을 시킬 수 있었다. 미운 털이 박힌 신하가 있으면 벌칙으로 이 흰 코끼리를 주게 되는데 그 신하는 이 거대한 짐승을 먹여 살리자니 순식간에 집안 살림이 거덜 났다. 이 표현은 비유적으로 확대되어 불필요하게 큰 집, 큰 자동차, 고급가구 등을 갖고 주체못할 때 쓰는 말이다.

♣ **without rhyme or reason** : without purpose or reason (뭐가 뭔지 모를)

> Major trouble flared up over the formula of "no work, partial pay" which Labor Minister mooted, but everything he does seems to be *without rhyme or reason.*
> 「노동부 장관의 "무노동 부분 임금" 방식이 문제를 일으켰고, 그가 하는 모든 일은 뭐가 뭔지 모르겠다.」

☞ 영국 **Henry** 8세 때 장관이었던 **Thomas More**경이 자신의 작품으로 시(詩)를 만들면서 That's better! It's rhyme now, anyway. Before it was neither rhyme no reason.이라고 했다. 이것은 영국 철학자 **Franeis Bacon**이 썼던 **More**경의 이야기다. 이와 비슷한 프랑스의 이야기도 있고 그외 다른 **Europe** 지역에서도 있었던 말이다.

♣ **wolf in sheep's clothing** : something threatening disguised as something kind (위선자, 양의 탈을 쓴 여우)

> The rival forces agreed to prevent direct intervention in the election compaigns by their leaders of their central party, however, their bonafide

accord turned out to be a *wolf in sheep's clothing.*
「양쪽 라이벌 진영은 중앙당 수뇌들이 선거 운동에 직접 관여하는 것을 금하기로
합의하였지만 그들의 성실한 약조는 한갓 겉치레에 지나지 않았음이 드러났다.」

☞ Greece의 Aesop이 지은 우화에 의하면, 새끼양들 만 집을 지키고 있을 때 늑대가 온
몸에 양의 털로 변장을 하고 접근하여 잡아먹었다는데서 생겨났다. 또한 신약전서의 마
태복음 7장 15절의 **Beware of the false prophets, who come to you in sheep's
clothing but inwardly are ravenous wolves**(거짓 선지자들을 삼가라. 양의 옷을
입고 너희에게 나아오나 속에는 노략질하는 이리라.)에 기록된 말이기도 하다.

Entering a classroom at the University of Nevada-Reno, my friend saw this plea on the blackboard: "Lost, Physics 310 textbook, need desperately. Return it and I will fix you a home-cooked meal—555-8627." He dug up his own copy of the textbook and phoned, expecting to receive an enthusiastic response.

The girl who answered, however, informed him that he was too late. "As a matter of fact," she added, "this makes the seventh time that book has been found in the last three hours."

「네바다·레노 대학교에 있는 어떤 강의실에 들어가다가, 내 친구는 이런 간청이 흑판에 씌어있는 것을 보았다 : "분실했음, 물리학 310 교과서, 몹시 필요함. 돌려주시면 집에서 식사를 대접하겠음—555-3627." 그는 자기 자신의 교과서를 꺼내서 전화를 걸었다, 열렬한 반응을 기대하면서.

그러나 전화를 받은 여자는 너무 늦었다고 그에게 알려 주었다. "사실상" 그녀는 덧붙였다. "이것이 지난 세 시간 동안에 그책을 찾았다는 일곱번째 전화예요."」

Part II

Phrase Origins and Various Phrases

Part II. Phrase origins and various phrases

♣ **beat about the bush** : avoid answering a question (대답을 피하다, 빙둘러 말하다)

> *Stop beating about the bush* and let's get down to the nitty-gritty.
> 「변죽은 그만 울리고 핵심에 들어가자.」

☞ 사냥꾼들이 사냥감을 숲속에서 몰아내던데서 생겨난 말이다. 총을 가진 사냥꾼들은 사냥감이 도망갈 길목을 지키고 또 다른 사람들은 사냥감이 있음직한 숲(bush)을 여기저기 두드려서(beat around) 짐승을 몰아낸다. 이러한 **beating about the bush**도 상당한 요령이 있어야 원하는 방향으로 짐승을 몰아낼 수가 있다. 이제 **about**의 용례를 보기로 한다.

☐ When it comes to statistics, I am entirely <u>at sea</u> (confused).
「통계학이라면 통 감이 안잡힌다.」

☐ To the best of my knowledge, Jung-ho is the last person to <u>bandy about</u> (spread rumors of) the story.
「내가 아는 한 정호는 그런 일에 소문을 내고 다닐 사람이 아니다.」

☐ You seem to <u>be nuts about</u> (be very fond of) beer.
「넌 맥주를 매우 좋아하는 것 같구나.」

☐ Don't <u>make a stink about</u> (make a major issue out of) such trifles.
「그런 사소한 일로 시끄럽게 굴지마.」

☐ Sung-mi <u>dreamed about</u> (have a dream concerning) marrying Dong-soo but soon came down to earth.
「성미는 동수와 결혼할 것을 꿈꾸어 왔지만 이내 환상이 깨지고 말았다.」

☐ Dong-soo always <u>spouts off about</u> (talks too much about) things which do not concern him.
「동수는 언제나 자신에게 관계없는 일을 지껄여 댄다.」

☐ My inability to operate this computer is <u>a millstone about my neck</u> (a continual burden).
「내가 이 컴퓨터를 다룰 수 없다는 것이 나를 얽어매는 짐이 되고 있다.」

☐ He's always <u>rambling on about</u> (talking aimlessly about) the same old story.

「그는 언제나 같은 소리를 또하고 또한다.」

☐ The audience just <u>raved about Sung-ho's performance</u> (praised Sung-ho's performance with great enthusiasm).

「청중들은 성호의 공연에 열광적으로 환호했다.」

☐ You are getting better. You should be <u>up and about</u> (healthy and moving about) in a couple of days.

「넌 지금 나아지고 있어. 한 이틀 있으면 일어나서 돌아다닐 수 있을거야.」

☐ He is getting <u>wild about</u> (enthusiastic about) baseball games.

「그는 야구시합에 점점 열광해 가고 있다.」

☐ You shouldn't <u>sound off about</u> (announce) the surprise party.

「기습파티에 관해 미리 말해버리면 안돼.」

♣ **play both ends against the middle** : scheme in a way that pits two sides against each other (어부지리를 노리다)

If you try to *play both ends against the middle*, you are likely to get in trouble with both sides.

「양쪽을 싸움붙여 어부지리를 노렸다가는 양쪽 모두에게 골치아픈 일을 당하기 십상이다.」

☞ 19C 경 미국의 card놀이에서 생긴 말이다. faro라고 불리우는 card놀이에서 선(dealer)이 곱배기로 돈을 대게 만들어 그 판을 이기면 이익금이 커진다. 여기서 play both ends라는 말이 생겨나게 되어 널리 쓰이고 있다. 이제 against의 용례를 들어본다.

☐ <u>Against his will</u> (without his agreement), the man was forced to stand up against the wall and be searched.

「할수없이 그는 담벼락에 기대세워져서 수색을 당할 수밖에 없었다.」

☐ The doctor rushed the special medicine to the scene of the accident <u>in a race against the clock</u> (in a race with time).

「의사는 특수한 약을 사고 현장으로 시간 안에 급히 보냈다.」

☐ It's no use <u>hoping against all hope</u> (hoping even when the situation appears to be hopeless), excep that it makes you feel better.

「전혀 가망성이 없는 일을 바라는 것은 자네 기분에 약간의 위로가 되는 것을 빼고는 쓸데없는 일이다.」

☐ South and North Korea was <u>pitted against</u> (set in opposition to) each other by the great powers.
「남 북한은 열강들에 의해 서로 싸우게 됐다.」

☐ The two sisters are always <u>siding against</u> (taking sides against) each other.
「두 자매는 늘 반대 편에 선다.」

☐ Even then I don't think anyone has <u>stacked the cards against</u> (arranged things against) me.
「그렇더라도 누군가 몰래 나를 망칠 공작을 해왔다고 생각지는 않아.」

☐ It really <u>went against the grain with</u> (annoy) me to listen to her endless story.
「그 여자의 끝없는 이야기를 들어준다는 것은 정말 견디기 어려웠다.」

♣ **there are all chiefs and no Indians** : there are all superiors and no subordinates (온통 시키는 사람만 있다)

This company has experienced trouble because *it had all chiefs and no Indians*, that is, too many officers who want to do nothing but give orders to others.
「이 회사는 온통 시키는 사람만 있고 일하는 사람은 없어 고통을 당하고 있다. 다시말해 간부들이 너무 많아서 하는 일이라곤 명령을 내리는 것 뿐이기 때문이다.」

☞ 1940년경 Australia에서 생겨나서 미국으로 건너간 말이다. 하위직 일군들의 불평을 그대로 말해주는 이 모습은 단체나 조직 생활에서는 어디서나 볼 수 있는 일이다. 당초의 호주에서 생겨날 때는 all chiefs and no Indians, like the University Regiment 였다가 줄어진 것이다. 이제 **all**의 용례를 보기로 한다.

☐ <u>According to all accounts</u> (from all the reports) the ongoing reform project can be brought to a successful conclusion when supported by the entire nation.
「모든 사람이 말하기를 진행중인 개혁 작업이 전 국민적 지지를 얻을 때 성공적인 결과가 될 수 있을 것이라 한다.」

☐ <u>After all is said and done</u> (finally), we Koreans do not go out of our way to help others, even if the effort is minimal and the benefit for the recipient is large.
「뭐니뭐니해도 결국 우리 한국인은 일부러 남을 도와주지 않는다. 그 수고가 하잘것 없지만 도움받는 쪽에서 얻는 혜택이 크다해도 말이다.」

☐ She welcomed <u>all and sundry</u> (everyone) heartily.
「그녀는 너나 가리지 않고 모든 손님을 환영했다.」

☐ We have been all <u>balled up</u> (confused). But the reform program seems to have reached the stage where the people's active participation is called for so that the change can spread to all strata of society.
「우리는 뒤죽박죽이 되어왔다. 하지만 개혁은 사회 모든 계층에 확산될 수 있는 국민들의 적극적인 동참이 요구되는 단계에 이르렀다.」

☐ There we sat eating corn on the cob and looking happy as clams, but those days are <u>all gone</u> (finished).
「우린 거기 앉아 삶은 옥수수를 먹으며 그지없이 행복한 모습이었을 때도 있었건만 그 시절은 모두 가고 없어졌네.」

☐ I don't like to stay out till <u>all hours</u> (very late in night).
「밤늦은 시간까지 오래 남아 있고 싶지 않다.」

☐ <u>All in all</u> (considering everything), the anti-corruption could have hardly been as effective if its implementation had waited for legislative steps or institutional changes.
「대체로 보아 부정 추방은 법적인 조치나 제도적 변경이 이루어지기를 기다리다가는 거의 이루어질 수 없었던 일이다.」

☐ I was in a play, and I was so excited that I said my whole speech <u>in one breath</u> (spoken very rapidly).
「난 연극에 참여했고 너무 흥분한 나머지 내가 해야될 말을 모두 단숨에 다해 버렸다.」

☐ You need to pay attention to some criticism that you are <u>all talk and no action</u> (talking about doing something, but never doing something).
「넌 말만 앞세우고 실행을 안한다는 일부 비판에 주의를 기울여야 해.」

☐ However hard I may try, I am <u>all thumbs</u> (very awkward and clumsy) when it comes to making a speech in public.
「아무리 애를 써도 대중앞에서 연설을 할 때면 항상 서투르다.」

☐ If you are up <u>until all hours</u> (until very late) three nights in a row, you are just exhausted.
「자네가 사흘밤을 연속해서 늦게까지 자지않고 있다면 녹초가 될 것이다.」

☐ The deal would basically cover action to cut tariffs and remove other barriers to trade in industrial goods when <u>all systems are go</u> (everything is okay).
「모든 일이 순조로와지면 이 협상은 기본적으로 관세를 낮추고 무역 장벽을 철폐하는 조치를 포함한다.」

♣ **armed to the teeth** : fully armed (완전 무장한)

> **We were *armed to the teeth* against the enemy.**
> 「우리는 적에 대비해서 철저히 무장했다.」

☞ 17C 경 해적들의 약탈 행위에서 생긴 말이다. 해적들이 약탈 선박에 올라갈 때면 한 손으로 밧줄을 잡고 한 손에 권총이나 칼을 휘두르면서 단도는 입에 물고 공격해 왔다. 이빨까지 무장한 셈이다. **armed at all points** 또는 **armed to the nail**도 비슷한 표현이다. 닭싸움을 할 때 쌈닭의 발톱(**nail**)에 완전 무장하여 상대방을 정통으로 공격하면 단 번에 치명상을 입히게 된다. 이제 **arm**의 용례를 들어 본다.

☐ When she came home from school, the whole family welcomed her with open arms (selcomed her eagerly).
「그녀가 학교에서 집에 돌아오자 모든 가족이 반갑게 맞이 했다.」

☐ At first Young-soo refused, but after Jung-min twisted Young-soo's arm (persuaded him), he agreed to help.
「처음에는 영수가 거절했지만 정민이가 영수를 설득한 후 영수는 도와주겠다고 했다.」

☐ The long arm of the law (the police) is going to tap you on the shoulder some day.
「언젠가 경찰이 널 잡으러 올거야.」

☐ Jung-min and Moon-soo were laughing and joking together as they walked arm in arm (with their arms around each other) down the street.
「정민이와 문수는 같이 팔장을 끼고 웃고 농담을 주고 받으면서 거리를 걸어갔다.」

♣ **fiddle around with** : wast one's time (시간 낭비하다)

> **Now it's time for us to quit *fiddling around* and get to work.**
> 「이제 우리 모두 허송 세월하지 말고 일을 해야 할 때다.」

☞ 원래 Anglo-Saxon에서 생겨난 **fithele**이란 말에서 Latin의 **vitula** (violin)으로 되어 널리 쓰여지고 있는 말이 오늘날의 **fiddle** 또는 **violin**이다. 잘 만들어진 **violin**의 모습에서 **fit as a fiddle**(in perfect health)이라는 말이 생겨나며, 이밖에 **play first fiddle**(주역을 맡다), **drunk as a fiddleer**(곤드레만드레 취한), **hang up one's fid-**

dle when one comes home(밖에서 명랑하고 집 안에서 침울하다) 등이 있다. 하고 한날 깽깽이(fiddle)만 만지며 세월을 보내고 있으니 fiddle around가 될 수밖에. 이제 around의 용례를 들어 보기로 한다.

☐ My brother-in-law has been so sick that he has to have his wife <u>around the clock</u>.
「처남이 몹시 아파서 처남댁이 밤새워 간병해야 할 형편이다.」

☐ Do you always have to <u>boss me around</u> (give orders to me) like this?.
「언제까지나 날 이래라 저래라 해야 합니까?」

☐ My daughter has <u>cast around for</u> (seeked) a way to win the contest in vain.
「우리 딸은 되지도 않는 일인 미인 선발 대회에 입상하는 방법을 찾는답시고 애를 써왔다.」

☐ Jung-soo is still <u>chasing around after Jin-hee</u> (following Jin-hee around to ask for a date). He can't see she doesn't care for him.
「정수는 아직도 진희에게 추근대고 있다. 진희가 그를 탐탁치 않게 생각하는 걸 모르고 있다.」

☐ Stop <u>hemming and hawing around</u> (being evasive).
「이제 그만 얼버무려.」

☐ Joo-ho is <u>kidding around with</u> (teasing and joking with) his friends.
「주호는 친구들과 장난치며 놀고 있다.」

☐ Young-soon has been <u>moping around</u> (going about in a depressed state) since she was dissapointed in love.
「영순이는 실연 당하고 나서부터 풀이 죽어 돌아다닌다.」

☐ Young-hoo was <u>palling around with</u> (friends with) his boon companions for a long time.
「영후는 술 친구들과 한참동안 어울려 다녔다.」

☐ I was so upset and pop my cork when Jung-doo <u>poked around</u> (search around) in my drawers.
「정두가 내 서랍을 마구 뒤지자 속이 뒤집히고 화가 머리 끝까지 올랐다.」

☐ Let me <u>scratch around for</u> (look here and there for) a better bargain. May be I can come up with something nice.
「더 나은 걸 사려고 여기저기 찾아다녀 볼 께. 아마 멋진 걸 찾아낼 수 있을지도 모르니까.」

☐ We've been <u>shopping around for</u> (shopping here and there) a house, but they are all priced too high.
「적당한 집을 사려고 여기저기 다니고 있지만 하나같이 비싸기만 하다.」

☐ From the look in your face, I'd say you are completely <u>around the bend</u> (alcohol intoxicated).
「네 얼굴을 보아하니 아주 잔뜩 술취한 것 같구나.」

☐ She told me that there was an adventure for me just <u>around the corner</u> (near at hand).
「그 여자는 내게 이상한 일이 곧 닥칠거라고 했다.」

♣ **poor as a church mouse** : very poor (찌들리게 가난한)

> We all Koreans were *poor as a church mouse* after the Korean War.
> 「우리 모든 한국인들은 한국전쟁후 찢어지게 가난했다.」

☞ 17C 경의 영국, 프랑스, 독일 등지에서 생겨난 말이며 지금은 낡은 표현이라 하여 사라져가는 경향이 있다. 말할 것도 없이 교회는 가난한 곳이어서 쥐(mouse)마저도 먹을 것이 없어 굶어야 할 지경에 이르렀고, 곡식 낟알이나 빵껍질 한 부스러기 떨어져 있을 일이란 거의 없었기 때문이다. 이제 **as**의 용례를 들어 본다.

☐ Come on! Nothing could be <u>as bad as all that</u> (as had as reported).
「호들갑 떨지 마. 소문처럼 잘못되는 일은 없는 법이야.」

☐ He is getting <u>blind as a bat</u> (blind) because of his age.
「그는 나이가 들어감에 따라 눈이 점점 어두워져가고 있다.」

☐ Please clue me in on what's going on. What he told me over the phone is <u>as clear as mud</u> (not understandable).
「무슨 일인지 좀 알려다오. 그 사람이 내게 전화로 한 말은 무슨 소린지 모르겠어.」

☐ Passing that exam was <u>easy as duck soup</u> (very easy).
「그런 시험에 합격하는 것쯤 식은 죽먹기였다.」

☐ Frankly speaking, your joke was <u>as funny as a crutch</u> (not funny at all). Nobody thought it was funny.
「솔직히 너의 농담은 전혀 우습지도 않았어. 아무도 우습다고 생각하지 않았단 말이다.」

☐ You look <u>pretty as a picture</u> (very pretty) in your new dress.
「너 새옷 입으니 너무 예쁘다.」

☐ When I am with you, I feel <u>snug as a bug in a rug</u> (cozy and snug).
「당신과 같이 있으면 편안하고 아늑해요.」

☐ How do you keep your face <u>soft as a baby's bottom</u> (soft and smooth to the

touch).
「어떻게 얼굴을 그리 부드럽고 매끄럽게 관리하고 있습니까?」
☐ You shouldn't act <u>nutty as a fruitcake</u> (silly) when going to the party.
「파티에 참석할 때는 바보같은 짓을 해서는 안돼.」
☐ My grandmother always used to say "<u>pretty is as pretty does</u> (you should do pleasant thing if you wish to be considered pleasant)" to us.
「할머니는 늘 우리에게 "외모보다 마음씨니라"고 말씀하셨다.」
☐ I <u>shrugged off the remark as</u> (ignored the remark as) misinformed.
「난 그 말을 잘못 전해진 말이라고 무시해 버렸다.」
☐ <u>Your guess is as good as mine</u> (Your answer is likely to be as incorret as mine) whether he'll pass the exam.
「그가 시험에 붙을지 어떨지 너나 나나 어찌 알겠니?」

♣ **at loggerheads** : in a quarrel (불화하여)

> My wife and I have been *at loggerheads* these three days.
> 「우리 부부는 사흘 동안 티격태격 하고 있다.」

☞ loggerhead는 끝에 둥근 쇠뭉치가 달린 교반봉(攪拌棒)이다. 중세 해군들이 이 봉(棒)으로 사정없이 때리는데서 나온 말이며, 원래 이 봉(loggerhead)은 가열하여 타르(tar)를 녹이는데 쓰였고, 녹은 타르는 적에게 던지기 위한 것이다. loggerhead는 tar를 녹이는데 쓰고난 후 곧바로 적을 맞아 싸우는 무기가 되는데서 **at loggerhead**로 된 것이다. 이제 **at**의 용례를 보기로 한다.

☐ Your car is of high quality, but I don't want to buy it <u>at a premium</u> (at a high price).
「당신 차는 고급이지만 그렇다고 웃돈 얹어서 살 생각은 없습니다.」
☐ This theater seats five hundred people <u>at a sitting</u> (at one time).
「이 극장에는 한번에 500 명이 들어간다.」
☐ Myung-goo drives his car <u>at a snail's pace</u> (very slowly) to avoid wear and tear.
「명구는 차가 망가지지 않게 달팽이 걸음으로 운전한다.」
☐ South Korea and North Korea are working <u>at cross purposes</u> (with opposing purposes).
「남 북한은 동상 이몽을 품고 있다.」

☐ The reform drive has been continued unabated and all kinds of irregularities are now at death's door (near death)
「개혁은 중단없이 진행되어 왔고 온갖 부조리가 빈사 상태에 이르렀다.」

☐ You can find such a nasty girl at every turn (everywhere).
「그런 밥맛 떨어지는 여자는 어디를 가나 있는 법이다.」

☐ I am always at odds with (in opposition to) my daughter about how early she can get up every morning.
「나는 우리 딸이 매일 아침 얼마나 일찍 일어나는가를 놓고 옥신각신 한다.」

☐ There are eighty men and women at my beck and call (ready to obey me) in the office.
「사무실에는 80명의 남, 여 직원들이 내가 하라는대로 한다.」

☐ You can't put this issue at my doorstep (in my care).
「이 문제를 내게 전가하면 안돼.」

☐ When I was young, I had to start at the bottom of the ladder (at the lowest level of pay and status).
「젊었을 적에는 사회의 말단에서부터 시작해야 했다.」

☐ You have to get up at the crack of dawn (at the earliest light of the day) to keep up with the Joneses.
「다른 사람에게 뒤지지 않으려면 꼭두 새벽에 일어나야 해.」

☐ Nam-guh is always ready to go mountain-climbing at the drop of a hat.
「남거는 언제나 지체없이 등산갈 준비가 되어있다.」

☐ I made a decision at the eleventh hour (at the last possible moment).
「난 마지막 순간에 결정을 내렸다.」

☐ If you waver in your determination, you must be left at the mercy of (without defense against) the arresting officer.
「결정을 못내리고 어물어물 하다가는 붙잡으러 오는 경찰에게 신세를 질 수밖에 없어.」

☐ My wife told me that I'd better be home every weeknight by 10:00 at the outside (at the very latest), but the other night I didn't follow her advice.
「집사람이 말하기를 평일 밤에는 늦어도 열시 까지는 집에 오라고 하였지만 며칠 전 그 다짐을 나는 지키지 않았다.」

☐ Nobody can work when you are talking at the top of your lungs (with a very loud voice).
「자네가 큰소리로 이야기하고 있는데 누가 일을 할 수 있겠나.」

☐ I am writing books when I am at loose ends (bored with nothing to do).

「할일이 없을 때면 책을 집필한다.」
- [ ] A lot of workers lost their jobs <u>at a stroke</u> (suddenly) when the company went bankrupt.

  「회사가 파산하게되자 많은 근로지들이 일시에 일자리를 잃었다.」
- [ ] I chased the robber to a roof, where I held ham <u>at bay</u> (cornered) until more people came to help.

  「나는 도둑을 지붕위로 쫓아가서 사람들이 더 와서 도와 줄 때까지 도둑을 꼼짝 못하게 지켰다.」
- [ ] I am tired of having you <u>at my heels</u> (close behind) all day.

  「하루종일 네가 내 뒤를 따라다닌다는게 지겹다.」

♣ **When the cat's away the mice will play.** : Some people will get into mischief when they are not being watched. (호랑이 없는 골에 토끼가 왕노릇 한다)

> The student behaved very badly for the substitute teacher. *When the cat's away the mice will play.*
>
> 「대리 선생님이 들어오시니까 학생의 태도가 엉망이었다. 호랑이가 없으니 토끼가 왕노릇 하는 꼴이야.」

☞ 서구에는 이런 표현이 없었고 중국에 이런 속담이 있었다. 한국전쟁 때 미군들이 우리나라에서 배워서 영어로 변한 것이다. chop suey, chow, chow mein, kowtow 등의 중국말은 나름대로 영어로 자리잡았다. 아뭏든 이 말은 강한 사람 앞에 설설기다가 조금만 풀어주어도 수염을 잡고 흔드는 속물적 비굴함을 표현한 것이다. 이제 **away**의 용례를 보기로 한다.

- [ ] Don't <u>fritter away</u> (waste little by little) my hard earned money.

  「내가 애써 모은 돈 야금야금 낭비하지 말아라.」
- [ ] I am bound to succeed if I keep <u>plugging away at</u> (keep working at) my statistics.

  「통계학은 꾸준히 공부하면 해낼 수 있게 돼있다.」
- [ ] I decide to <u>salt away</u> (store) 200 thousand won every month while working with the government.

  「공무원으로 재직동안 매월 이십만 원씩 저축하기로 했다.」
- [ ] I don't see why you always <u>shy away from me</u> (avoid me).

  「어째서 자네가 나를 슬슬 피하는지 모르겠네.」

☐ You ought to <u>square away</u> (properly take care of) the problems we discussed earlier.
「전에 우리가 논의했던 문제를 자네가 적절히 처리해야 해.」

☐ While I worked in the city, I was able to <u>squirrel away</u> (store) 300 thousand won a month.
「시청에 근무할 때 한달에 삼십만 원 저축할 수 있었다.」

☐ Mr. Yoon made a journey around the world by <u>stowing away</u> (getting free transportation).
「윤씨는 밀항으로 세계 여행을 다녔다.」

♣ **back to the drawing board** : time to start over again (다시 시작할 때다)

When you flunk your math, you have to get *back to the drawing board*.
「수학에서 실패한다면 다시 시작해야 해.」

☞ 1941년 미국의 만화에 등장한 이야기다. 비행기가 사고를 일으켜 엉망으로 망가졌다. 그러자 구조반이 급히 달려가서 열심히 구조 활동을 하였다. 그러자 비행기 설계자는 설계 도안을 겨드랑이에 끼고 나타나서 "음, 다시 설계해야겠군" 하면서 화판(**drawing board**)을 들고 되돌아가는 것이다. 물론 **back to the old drawing board**하여 다시 설계한다는 것이다. 이제 **back**의 용례를 보기로 한다.

☐ You'd better <u>back down from</u> (yield to) him than have an argument.
「그 사람하고 왈가왈부하는 것보다 양보하는 게 낫다.」

☐ I've been in prison for two years, but soon I'll be <u>back in circulation</u> (socially active again).
「내가 교도소에 온지 2년이 됐지만 이제 곧 사회 생활로 되돌아 갈 것이다.」

☐ I tried to <u>back out of</u> (break an agreement on) the purchase, but the seller wouldn't permit it.
「난 그 구매를 파기하려고 하였으나 판매자는 이를 들어주려고 하지 않았다.」

☐ The vacation is over, and then it's <u>back to the saltmines</u> (time to return to work).
「휴가는 끝났고 이젠 지겨운 일터로 되돌아 갈 때가 됐구나.」

☐ Stop talking about others <u>behind their back</u> (in secret).
「남의 등 뒤에서 이러쿵저러쿵 하지마.」

☐ The thief <u>doubled back on</u> (reversed motion, moving toward) the police, and they lost track of him.

「도둑은 방향을 돌려 경찰이 있는 쪽으로 와버리자 경찰은 도둑의 종적을 잃어버렸다.」

☐ This picture <u>dates back to twenties</u> (extends back to twenties).

「이 그림은 1920년대 작품이다.」

☐ The enemy attacked in great numbers, but we <u>drove them back</u> (retreated them).

「적은 대거하여 공격해 왔지만 우리는 그들을 물리쳤다.」

☐ We have to move forward to keep up with others. At other times we should <u>drop back</u> (fall behind).

「남을 따라 잡자면 앞으로 밀고나가야 한다. 그러나 때로는 뒷처지기도 해야한다.」

☐ Sometimes I <u>think back on</u> (remember and think back about) my childhood.

「때로는 어렸던 시절을 회상하곤 한다.」

☐ It's getting hot and yesterday I got a case of <u>the back-door trots</u> (diarrhea).

「날씨가 더워지면서 어제는 배탈이 단단히 났었다.」

☐ Frankly I am a <u>back number</u> (old-fasioned person) to my children.

「아이들에게는 솔직히 난 구식 사람이다.」

☐ Recently the boss began to <u>back off from</u> (reduce his anger at) me much.

「요즈음 사장이 내게 대하는 건 많이 누그러지기 시작했어.」

☐ Just keep your place and stop being <u>a backseat driver</u> (and annoying person who tells others how to do things).

「제발 속좀 차리고 남더러 이래라저래라 하지마.」

☐ You have to get this done without going <u>back to square one</u> (back to the beginning).

「도로아미타불하지말고 이 일을 해내야 해.」

☐ Mr. Jung <u>pinned the kid's ears back</u> (scolded the kids severely) for behaving badly.

「정씨는 애들이 못되게 굴었다고 호되게 꾸짖었다.」

☐ It's not proper to find fault with others <u>behind their back</u> (when they are absent).

「남이 없을 때 흉보는 것은 옳지 못하다.」

☐ Just when I was going to take part in the baseball game, my father <u>patted me on the back</u> (encouraged me).

「막 야구시합에 나가려고 할 때 아버지가 나를 격려해 주셨다.」

☐ Sung-ho asked Jung-hee to fix him up with her friend. Jung-hee said "You scratch my back and Ill scratch yours" (do something kind for me in the hope that I'll something for you).

「성호가 정희에게 그녀의 친구를 소개시켜 달라고 하였다. 정희는 이렇게 대답했다. "오는 정이 있어야 가는 정이 있지."」

♣ **be a thorn in someone's side** : be a constant bother to someone (성가시게 굴다)

> **You *are a real thorn in my side*. I wish you away right away.**
> 「넌 정말 속썩이는구나. 당장 꺼져버렸으면 좋겠다.」

☞ 유태인(Jewish)에게는 두 교파(sects)가 있었는데, 하나는 Imovables라 하여 모자를 푹 눌러쓰고 묵상에 잠겨 장승처럼 기도만하는 종파인데, 이때 쓰는 모자는 일종의 눈가리개여서 옆에 누가 오거나 어떤 방해가 있어도 한눈을 팔지 않았다. 또 하나는 Bleeders라 불리우며 바지가랭이에 날카로운 가시를 넣어서 걸음을 떼기만하면 가시에 찔려서 못 움직이게 하여 기도에 열중하게하는 종파였다. 당시에 성지(聖地)순례를 하자면 갈매나무를 비롯한 가시덤불을 걸어야 하므로 고생스러웠다. 사도 Paul은 고린도후서 12장 7절에서 이러한 어려움을 **a thorn was given me in the flesh**라고 신약전서에 기록하고 있어 여기서 생겨난 말이다. 이제 **be**의 용례를 들어 보기로 한다.

☐ Somehow I am getting to **be a cold fish** (be a perosn who is distant and unfeeling).
「웬일인지 난 점점 서름서름하고 냉담해져가는 느낌이야.」

☐ You **are a real copy-cat** (are a person who mimics what others do)
「넌 정말 남의 흉내만 내는 구나.」

☐ **It's must** (It's something that you must do) that you polish your shoes before going out.
「외출하기 전에 반드시 구두를 닦아야 해.」

☐ Tell me the whole story. I **am all ears** (am listening carefully).
「사실대로 말해 봐. 자세히 들어보자구나.」

☐ It's good to **be yourself** (be healthy) again after such a long illness.
「그처럼 오래 앓고나서 다시 회복됐으니 참 다행이다.」

☐ They'll never be friends again because they **are poles apart** (are far from coming to an agreement).
「그들은 너무나 극과 극이기 때문에 결코 화해하기는 틀린 것 같다.」

☐ You might be able to find a better offer, but **a bird in the hand is worth two** in the bush (something you already have is better than something you might get).

「보다 난 제의가 있을지 모르지만 손 안에 든 새 한 마리가 숲속의 새 두 마리보다 낫다는 말이 있지않니.」

☐ You should learn the meaning of "A friend in need is a friend indeed".

「아쉬울 때 친구가 참된 친구라는 뜻을 깨달아야 해.」

☐ I shouldn't have fixed my car by myself. A little knowledge is a dangerous thing (incomplete knowledge can embarrass me).

「혼자서 차를 고친다고 해서는 안될 일이었어. 얼치기로 아는게 사람잡는 일이거든.」

☐ You at it again. You spend too much money on such a trifle toy. A penny saved is a penny earned (Money saved through thrift is the same as money earned by employment).

「또 그짓이네. 그따위 시시한 장난감에 너무 돈을 낭비하는구나. 한 푼을 아끼는 건 한 푼을 버는거야.」

☐ You should be vaccinated against hepatitis. An ounce of prevention is worth a pound of cure.(It's easier and better to prevent something bad than to deal with the results.)

「넌 간염 예방 주사를 맞아야 해. 호미로 막을 일을 나중에는 가래로도 못막는거니까.」

☐ Don't cry before you are hurt (scream as if something serious has happened).

「엄살 떨지 마.」

☐ Stop nagging me any more. Enough is enough (That's enough).

「바가지좀 웬만큼 긁어. 이제 그 정도면 됐어.」

♧ **born with a silver spoon in one's mouth** : be born into a wealthy family (부자로 태어나다)

> **My father was *born with a silver spoon in his mouth* and always took his comfort for granted.**
> 「아버지는 유복하게 태어나셔서 늘 안락한 생활을 당연한 것으로 여기셨다.」

☞ 태어날 때 귀한 은(silver) 숟가락(spoon)을 입에 물고 태어났으니 유복하게 태어났다고 할 수밖에 없을 것이다. 이와 유사한 것으로 **born to the purple (born rich)**이 있는데 부자로 태어나거나 귀하게 태어났다는 말이다. 고대 **Byzantine** 제국의 풍습에 의하면 **porphyry**라고 불리우는 화려한 방에서 황후가 아이를 낳았다. 이 **porphyry**

는 **purple**과 **born**이 결합된 단어이므로 후에 **born in (to) the purple**로 풀어 쓴데서이다.
이제 **bear (endure)**와 그리고 철자가 같은 **bear**(곰)의 용례를 보기로 한다.

☐ In fact I <u>bear a grudge against</u> (have an old resentment for) you for your rudeness.
「사실 난 자네의 무례함에 대해 유감이 있다.」

☐ I tried not to <u>bear down on</u> (put pressure on) the staff.
「나는 직원들에게 압력을 주지 않으려고 노력했다.」

☐ You have made tremendous efforts and your sweat is sure to <u>bear fruit</u> (yield results).
「자네가 지독하게 노력했으니 땀흘린 결실이 틀림없이 나타날 것이다.」

☐ Nobody can help you with it. You'll just have to <u>bear your cross</u> (endure your difficulties).
「아무도 도와줄 수가 없어. 자네가 잠자코 총대를 멜 수밖에 없겠네.」

☐ All I have to do is to hope that the facts will <u>bear my story out</u> (prove that my is right).
「난 다만 사실이 내 말을 증명해주기를 바랄 뿐이다.」

☐ He <u>bears the brunt of</u> (withstand the worst part of) the ongoing reform project which can be brought to a successful conclusion only when supported by the entire nation.
「그는 전 국민적 지지가 있을 때에 만 성공적 결과를 낳을 수 있는 현재 진행중인 개혁의 선봉에 선다.」

☐ This new bridge is strong enough to <u>bear up</u> (endure) all that heavy traffic.
「이 새 다리는 그렇게 무거운 교통량을 충분히 견뎌낼만큼 튼튼하다.」

☐ This bug is a very interesting insect, and it will <u>bear watching</u> (need watching) for every movement.
「이 벌레는 매우 흥미있는 곤충이어서 움직임 하나하나가 다 볼만한 일이다.」

☐ Thank you for <u>bearing with</u> (patient with) us.
「공사중 불편을 끼쳐 죄송합니다.(참아주셔서 감사합니다)」

☐ There was nothing I could do but <u>grin and bear it</u> (endure it in good humor).
「다른 방법은 없고 다만 억지로 꾹 참을 수밖에 없었다.」

☐ We drank for two hours until we were <u>loaded for bear</u> (drunk).
「우리는 취할 때까지 두 시간 동안 술을 마셨다.」

☐ It's hard to find any child <u>born out of wedlock</u> (born to an unmarried mother in the country).

「시골에서 사생아를 만나기란 어렵다.」

♣ **beat the band** : very much(훌륭히, 많이), very fast (아주 빨리)

> He made a phone call to *beat the band*.
> 「그는 재빨리 전화를 걸었다.」

☞ 19C 경 Ireland Banagher라는 곳에 독점 선거구(pocket borrough)가 있었고 여기서는 영주가 고용한 사람들이 시키는대로 투표하였고 결과는 뻔한 것이었다. 여기서 That beats the Banagher.「그건 Banagher 뺨치는 짓이네.」라는 말이 생겨났으며 이 Banagher가 bang 또는 band로 변하여 beat the band로 된 것이다. 물론 악대의 나팔(band)보다 더 크다는데서 처음부터 beat the band였다는 이야기도 있다. 이제 beat의 용례를 보기로 한다.

☐ When his efforts were rewarded with success, people began to <u>beat a path to his door</u> (come to him in great numbers).
「그가 노력한 보람으로 성공하자 사람들이 그의 집에 문전 성시를 이뤘다.」

☐ Listen to him carefully. He didn't come here just to <u>beat his gums</u> (waste his time talking).
「그 분 말을 잘들어. 그 분이 그저 할 일없이 헛소리나 하려고 여기 오신건 아니야.」

☐ I am going to <u>beat you down to size</u> (make you more humble by beating) if you keep acting so rude.
「그렇게 못되게 굴면 때려서 버릇을 고쳐줄 것이다.」

☐ You have to <u>beat your brains out</u> (work very hard) to solve the problem.
「넌 그 문제를 해결하려면 골머리좀 썩혀야 해.」

☐ You can't <u>beat so much stuff into your head</u> (force yourself to learn so much stuff) in a day or two.
「하루나 이틀사이에 그 많은 내용을 머리 속에 우겨넣을 수는 없어.」

☐ I can <u>beat the pants off</u> (win out over) you when it comes to playing Bahdook.
「바둑이라면 너 같은 건 문제없이 해치울 수 있어.」

☐ Last night Jung-moon was charged with drunk driving, but he managed to <u>beat the rap</u> (escaped punishment).
「어젯밤 정문이는 음주 운전에 걸렸지만 용케 처벌을 면했다.」

☐ <u>Pounding a beat</u> (walking a route) every day really wrecks my feet.

「매일같이 담당 구역을 들르자니 정말 발이 부르튼다.」
- [ ] I am afraid you are spending a lot of time in vain <u>beating the drum for</u> (promote) your future plans.
「넌 장래 계획에 대해 쓸데없이 남한테 자랑하는데 시간을 허비하고 있는 것 같다.」
- [ ] My uncle is <u>beating the bushes for</u> (trying very hard to get) funds to run for the National Assembly.
「작은 아버지는 국회의원 후보로 나서기위해 모금하는데 기를 쓰고 계신다.」

♧ **behind the scenes** : privately (비밀리에)

> You have to thank the people who are *behind the scenes*.
> 「넌 남몰래 애쓴 분들에게 감사해야 한다.」

☞ 영국의 Charls 1세 때 연극이 성행하였다. 연극의 분위기를 살리기 위해 정교한 그림을 그려붙였는데 대개 풍경화가 많았고, 이 그림을 scenes라 불렀다. 이 그림(scenes)의 뒷쪽에서 중요한 연기가 이루어졌으므로 behind the scenes가 태어났으며 이후 흑막에 가려졌거나 눈에 안보이는 일을 가리키는 말로 변하게 되었다. 이제 **behind**의 용례를 보기로 한다.

- [ ] I broke my father's vase and is really <u>behind the eight ball</u> (in a difficult position).
「난 아버지의 화병을 깨뜨려서 정말 난처하게 돼있다.」
- [ ] She'll <u>burning her bridges behind her</u> (making decisions which can't be changed in the future) if she quit her job.
「그 여자가 직장을 그만둔다면 돌이킬 수 없는 결정을 내리게 되는 셈이다.」
- [ ] I am not <u>dry behind the ears</u> (very young and immature).
「난 어린애가 아니야.」
- [ ] My children think I am <u>behind the times</u> (old-fasioned).
「우리 애들은 나를 구식 사람으로 여긴다.」
- [ ] I am sorry, but it's about three hours <u>behind schedule</u> (later than scheduled) because of a heavy snowstorm in Choo-poong-ryung.
「추풍령에 심한 눈이 쌓여서 예정보다 세 시간이나 늦어서 미안해.」

♧ **one's better half** : one's spouse (wife : 아내)

> I have to go home because my *better half* is sick in bed.
> 「집사람이 앓아 누워있기 때문에 집에 가봐야겠다.」

☞ 원래는 남자나 여자 어느 쪽이나 배우자를 가리키는 말이며 마치 사라져가는 우리의 옛 말 "이녁"과 같은 뜻이었을 것이다. Rome의 시인 Horace가 그의 친구인 Maecenas에게 처음으로 사용한 말이다. 영국에는 1570년경 쓰여졌다. 영국의 Philip Sidney경이 1580년에 쓰면서부터 널리 퍼지게 됐으며, 약 100년 전부터 아내(wife)를 가리키는 말로 변했다. 이제 better와 best의 용례를 보기로 한다.

☐ Sung-Min pull another trick on Jong-Moung and said "He laughs best who laughs last (whoever making the last move has the most enjoyment)."
「성민이는 종민이에게 또 한번 종영이를 골려주고는 "마지막 웃는 자가 정말 웃는 자다"라고 말했다.」

☐ You are the only person who can solve the problem, to the best of my knowledge (from my knowledge).
「내가 아는한 자네야말로 이 문제를 해결할 수 있는 유일한 사람이다.」

☐ I am always ready to work to the best of my ability (as well as I am able).
「나는 언제나 능력 한도 내에서 일할 자세가 되어 있다.」

☐ You should come here sooner, but better late then never (better to come late than not at all).
「일찍 여기로 와야 하지만 늦더라도 안오는 것보다 낫다.」

☐ You'd be better off (in a better position) if you had bearded the lion in his den at that time.
「그때 자네가 호랑이를 잡으러 호랑이 굴로 뛰어들었으면 훨씬 좋아져 있을텐데 말이다.」

☐ When you ride a child on your shoulders, discretion is better part of valor (it's better to be careful then to take foolishly brave).
「어린애를 목말 태울 때 어리석게 뽐내는 것보다 조심하는게 낫다.」

♧ **between the devil and deep blue sea** : in a difficult position (궁지에 몰리다)

> He had a dilema on his hands. He was clearly *between the devil and deep sea.*
> 「그는 딜레머에 빠졌어. 궁지에 몰린게 분명해.」

☞ 여기서 devil은 satan(악마)의 뜻이 아니고 목조선(wooden ship) 갑판에 있는 판자 끼리의 이음매(seam)를 가리키며, 특히 배의 양옆 가까이 있는 긴 이음매를 말한다. 배에 물이 스며들지 않게 caulking(널빤지 틈에 뱃밥넣기)을 하자면, 게다가 풍랑이라도 만난다면 바다 속으로 떨어질지도 모를 목숨이 걸린 모험을 해야하므로 위와 같은 표현이 생겨났다. 이제 between의 용례를 몇 가지 들어 본다.

☐ I couldn't make up my mind. I was <u>caught in a rock and a hard place</u> (facing a hard decision).
「도무지 결단을 내릴 수가 없었어. 이러지도 저러지도 못할 형편이었어.」

☐ The mountain climber hung by the rope, caught <u>between life and death</u> (in a position where living or dying is an even possibility).
「등산객은 밧줄에 매달려 생사의 기로에 처하게 됐다.」

☐ Gyung-ho was <u>betwixt and between</u> (undecided) about going on to the univesity.
「경호는 대학에 진학할 것인지 망설이고 있었다.」

☐ <u>Between you, me, and bedpost</u> (between you and me), things are going to get worse before they get better.
「너와 나사이의 얘기지만 일이 나아지기보다 오히려 나빠지고 있다.」

☐ <u>Between the cup and the lip there is many a slip</u> (Anything can happen between the making of plans and their fulfillment).
「다 돼 가던 순간에도 잘못되는 수도 많다.」

♣ **beyond the pale** : unacceptable (범위 밖의, 용납할 수 없는)

Your rudeness is simply *beyond the pale*.
「너의 무례한 짓은 정말 참을 수 없어.」

☞ pale은 말뚝(stake)이란 뜻이며 Rome 시대부터 전 Europe에 걸쳐 모든 사람들이 말뚝을 박아 각자의 영역을 둘러싸는 것이 중요한 일의 하나였다. 따라서 원래는 "관할권 또는 경계선 밖"이라는 뜻이었으나, 비유적으로 용납 또는 합법성의 범위 등의 뜻으로 쓰여진다. 이제 beyond의 용례를 들어 본다.

☐ I don't know how to thank you. I am grateful <u>beyond words</u> (more than I can say).
「어떻게 고맙다고 해야할지 모르겠다. 정말 말 만으로는 감사의 뜻을 표할 길이 없다.」

□ Jung-hee was also found guilty <u>beyond the reasonable doubt</u> (almost without any doubt).
「이렇다할 의심의 여지없이 정희도 유죄로 드러났다.」

□ Jung-man thanked all of us <u>beyond measure</u> (more than can be measured).
「정만이는 우리 모두에게 무한히 사의를 표했다.」

□ Poor Moon-soo was involved in a problem that was really <u>beyond his depth</u> (beyond his understanding).
「불쌍한 문수는 영문도 모르는 일에 말려 들었다.」

□ Mr. and Mrs. Joo are living <u>beyond their means</u> (more than they can afford).
「주씨 내외는 분수에 넘는 생활을 하고있다.」

□ Please assure them that you are certain of the facts <u>beyond the shadow of a doubt</u> (completely without doubt).
「당신이 그 사실을 추호도 의심치않고 믿는다는 것을 그들에게 확실히 알려 주십시오.」

♣ **big cheese** : big boss, the leader (두목, 거물)

The *big cheese* is giving everyone a bonus at the end of the year.
「사장은 연말에 모든 사원들에게 상여금을 주고있다.」

☞ 여기서 cheese는 식품이 아니고 Persian이나 Urdu말인 chiz(thing)에서 온 것이고 미국에서는 1890년 대부터 쓰여지기 시작하였다. 원 뜻은 the thing or the correct thing으로 영국에서 the cheese로 쓰였던데서 비롯한다. 이제 big의 용례를 보기로 한다.

□ The trouble with Joo-young is that he is <u>a big frog in a small pond</u> (an important person in the midst of less important people).
「주영이에게 문제가 있다면 그가 우물 안 개구리에 불과하다는 점이다.」

□ Seeing the star <u>as big as life</u> (present and real) was a real thrill.
「유명인을 실물로 본다는 것은 정말 신나는 일이었다.」

□ Now the <u>big brother</u> (the dictator) has changed the tax laws again.
「엿장사(왕, 대통령, 사장)마음대로 또 세법을 고쳤어.」

□ This isn't <u>a big deal</u> (something important) as I see it.
「내가 보기에 이 일은 별게 아니다.」

□ The police arrested the little guys, but <u>the big fish</u> (the boss) got away.
「경찰은 송사리는 잡았지만 큰 고기는 놓치고 말았다.」

☐ Don't try to get <u>bigheaded</u> (conceited), anyway you are a top player in my book.
「너무 우쭐대지 마. 그래도 어쨌든 넌 내맘에 드는 최고 선수다.」

☐ It's either reform yourself now or spend the rest of your life in <u>the big house</u> (the penitentiary).
「이제 발을 빼 새사람이 되는냐 아니면 평생 교도소 신세를 질거냐이다.」

☐ I don't know what kind of <u>big iron</u> (computer) they have.
「그 사람들이 어떤 종류의 컴퓨터를 가졌는지 모르겠다.」

☐ I workded with one of the <u>big-league</u> (leading) trading firms.
「난 이름있는 무역회사에 근무했다.」

☐ You shouldn't <u>big mouth</u> (spread) anything around.
「아무 말이나 함부로 말하고 돌아다녀서는 안돼.」

☐ Lots of <u>big names</u> (famous persons) came to the party.
「많은 거물급들이 파티에 참석했다.」

☐ I was once <u>big noise</u> (important person) in my home town.
「고향에서는 내가 한 때 지방 유지였다.」

☐ That fellow thinks that a <u>big shot</u> (overbearing) title impresses anybody.
「저 친구는 어마어마한 직함 따위로 누구든지 겁줄 수 있다고 생각하고 있다.」

☐ <u>Big spenders</u> (squanderers) usually get themselves into money trouble.
「대개 흥청망청 써대는 사람들이 돈 문제로 골치썩이게 된다.」

☐ I am going to be careful not to swear in front of little children. <u>Little pitchers have long ears</u> (Little children overhear things they are not supposed to hear).
「어린아이들 앞에서는 욕설을 하지않도록 주의할 생각이다. 안 들어야 할 소리를 듣고 배워서 써먹게 되어 있으니까.」

☐ You've already talked <u>big</u> (boastfully) about your pitching several times, but you haven't won a game.
「넌 이미 여러 번 투구 자랑만 늘어 놓았지 한 게임도 이기지 못했어.」

☐ When Mr. Jung was elected to the National Assembly, he <u>got too big for his boots</u> (was too sure of his importance).
「정씨는 국회의원으로 당선되자 너무나 자만에 빠져버렸다.」

♣ **bird in the hand** : something someone has (손에 쥔 확실한 것)

> Jong-soo has a job as a paperboy, but he wants a job in a baker's shop.
> His mother says that a *bird in the hand* is worth two in the bush.
> 「종수는 신문 배달을 하고 있으면서도 빵집에서 일하기를 원한다. 그의 어머니가 이르시기를 "숲속의 새 두 마리보다 손 안에 있는 새 한 마리가 낫느니라" 하신다.」

☞ 16C 경 영국에서 생겨난 말이며, 얼핏 보아 알수 있듯이 숲속에 있는 새가 탐이나서 잡으려다가 손에 쥔 새를 놓쳐버리고 빈손으로 돌아오게 된 것을 들어 분수모르고 욕심내는 사람을 훈계하여 타이르는 말이며 A.D 100년 경에는 He is a fool who lets slip a bird in the hand for a bird in the bush.처럼 긴 말이었으나 16C 경에는 위와 같이 짧아져 버렸다. 이제 **bird**의 용례를 들어 보기로 한다.

☐ When the sheriff returned to the jail, he discovered that the <u>bird had flown</u> (prisoner had escaped).
「보안관이 교도소로 돌아왔을 때 죄수가 도망가버린 것을 알았다.」

☐ At various ages, in response to questions, a child can be told about <u>the birds and bees</u> (human production).
「어린이들은 몇 살 때라고는 할 수 없지만 성(性)에 관한 질문에 대답을 듣게 된다.」

☐ I think that <u>birds of a feather flock together</u> (people who are alike often become friends).
「거지는 거지끼리 모인다는 생각이 든다.」

☐ I've never heard such a <u>bridbrained</u> (stupid) idea in my life.
「평생에 그런 멍청이 같은 생각을 들어본 적이 없다.」

☐ I felt somebody was <u>bird-dogging</u> (tailing) me, but I was too smart to show it.
「미행당하고 있다는 건 느꼈지만 나도 그런 것을 내색 할만큼 어리석지는 않았다.」

☐ Fifty million won is <u>birdseed</u> (a small amount of money) to Mr. Jung.
「정씨에게 오천만 원 쯤 껌 값이다.」

☐ As my father is getting old, he acts a little <u>birdy</u> (crazy) from time to time.
「아버지가 나이드시면서 가끔 씩 이상한 행동을 하신다.」

☐ When Chan-soo's father woke him up for church he said "<u>the early bird catches the worm</u> (A person who gets up early has the best chance of succeeding)".
「아버지께서 찬수를 교회에 보내려고 깨우실 때면 "새도 일찍 일어나야 벌레를 잡는단다"라고 말씀하셨다.」

☐ I ate like a horse in my youth, but now I <u>eat like a bird</u> (eat very little).

「젊었을 땐 많이 먹었지만 지금은 입이 짧아지고 있다.」

☐ You've been <u>flipping me the bird</u> (insulting me) since I started working here.
「내가 여기서 일한이후 줄곧 너무 무안만 주는 것 같습니다.」

☐ Jung-soo is <u>a rare bird</u> (an unusual person) who makes a protest to the boss against his low salary.
「정수는 사장에게 낮은 월급에 대해 항의하는 보기드문 사람이다.」

☐ Everyone thinks physics is <u>for the birds</u> (dull).
「모두가 물리학을 재미없는 과목이라고 생각한다.」

☐ Sung-soo stopped at the bakery to buy some bread and then went to get me at the ball park; he <u>killed two birds with one stone</u> (got two results from one effort).
「성수는 빵집에 들러 빵을 사고 야구장에 있는 나를 데리러왔다. 한꺼번에 두 가지 일을 해냈던 것이다.」

♣ **bite the bullet** : endure (참고 견디다)

She didn't want to go to the dentist, but she *bite the bullet* and went.
「그 여자는 치과에 가기가 싫었지만 꼭 참고 치과에 갔다.」

☞ 언뜻 보아도 전쟁 또는 소총(rifle)과 관계된 말로 보인다. 옛날 중한 수술을 받는 환자가 마취 없는 아픔을 참아내기 위하여 실탄(bullet)을 꽉 물고 버텨 냈으며 여기서 bite the bullet(put up with)이라는 말이 생겨났다. 이제 bite, bit, bait의 용례를 보기로 한다.

☐ I was going to speak the beans but I <u>bit my words back</u> (prevented it from being expressed).
「난 비밀을 말해버릴까 하였지만 참았다.」

☐ I found it difficult to <u>bite into</u> (put my teeth into) hard nuts because of my weak teeth.
「이(치아)가 약해서 단단한 견과를 깨물기가 어렵다는 걸 알았다.」

☐ I know I am wrong and I said "I am sorry". Do you have to <u>bite my head off</u> (be very angry with me)?
「내가 잘못했다는 건 잘 알고 있고 미안하다고 사과했잖아. 그래도 꼭 나한테 화가나서 못견디겠니?」

☐ If you are going to enter for the top international competitions, you are only

biting off more than you can chew (trying to do too much).
「자네가 세계적인 큰 시합에 나서려는 것은 과욕이야.」

□ Sung-min had to bite his tongue (feel immediately sorry for what he had said) when he got a pink slip for his talktativeness.
「성민이는 수다를 떨어서 해고를 당하게 되자 혀를 깨물고 싶은 심정이었다.」

□ I know there is no dwelling on might-have-beens, but I spent all day biting my nails (in anxiety).
「어쩌면 잘 될 수도 있었던 일을 놓친데 대해 생각해 본들 소용 없다는 건 알지만 초조하게. 그런 생각만 하면서 하루를 보냈다.」

□ Jung-moon's father bit the dust (died) while entering the Korean War on North Korea's side.
「정문이 아버지는 한국전쟁에서 북한 편에 서서 참전하여 전사했다.」

□ You should never forget his kindness. You can hardly expect much when you bite the hands that feeds you (do harm to him who does good things to you).
「그의 은혜를 잊어선 안돼. 배은 망덕하면 아쉬울 때 도움받기를 별로 기대할 수 없어.」

□ That dog barks savagely, but his bark is worse than his bite (his sound is frightening than his actions).
「저 개는 사납게 짖고 있지만 짖는 소리와는 달리 사납게 덤비지는 않는다.」

□ Joon-ho failed to pass the exam and it was a bitter pill (something hard to accept) for him.
「준호는 시험에 낙방했고 그것은 쓰라린 경험이었다.」

□ Moon-hee put the bite on me (asked me) for million won, but I refused it.
「문희는 나더러 백만 원을 요구해 왔지만 거절했다.」

□ You must be champing at the bit (anxious) to go fishing.
「넌 낚시하러 가고 싶어 안달이 나있겠다.」

□ Cleaning the house all by myself is quite a bit (more than a little) of work.
「혼자서 집 청소를 하는 건 보통일이 아니다.」

□ As I want to get this work done, I have to take the bit in my teeth (put myself in charge) and get to work.
「난 이 일이 이루어지기를 원하므로 내가 책임을 지고 일에 착수해야 한다.」

□ It'll take us a long time to achieve the reunification of Korea, but we have to make every effort to the bitter end (to the very end).
「남북 통일까지는 오랜 시간이 걸리겠지만 우리는 끝까지 온갖 노력을 다해야 한다.」

□ The boss told me to <u>fish or cut bait</u> (either do the job I am supposed to be doing or quit and let someone else do it).

「사장은 나에게 "일을 제대로 하든지 아니면 그만두라고 을러댔다."」

□ I've got a terrible hangover. I need some of <u>the hair of the dog that bit me</u> (a drink of liquor taken when I have a hangover).

「아, 지독한 숙취다. 해장술이라도 좀 해야겠다.」

□ Jung-moo didn't notice <u>a monkey bite</u> (a kiss that left a mark) on his left cheek.

「정무는 왼쪽 볼에 키스 자국이 나 있는 것을 몰랐다.」

♣ **black book** : a list of undesirable people (요 시찰인 명부)

> **Rumour has it that he keeps *a black list* on all the people he disagrees with.**
>
> 「그는 마음에 안드는 사람이면 모두 차곡차곡 적어 놓는다더라.」

☞ 유명한 바람둥이 Casanova가 사냥감(미인)의 주소, 성명, 전화번호 등을 적은 **black book**은 유명한 일이다. 하지만 최초의 **black book**은 영국의 Henry 8세가 당시의 수도원(**monastary**)이 범죄의 온상이라는 이유로 이들의 명부를 작성한 일이 있으며, 실은 당시의 의회를 설득하여 수도원을 해체하고 이들의 토지를 왕실에서 몰수하기 위한 속셈이기는 하였지만, 그후 대학, 군인, 경찰 등 여러곳에서 **black book**이 생겨났고 그 의미 또한 뚜렷해져갔다. 이제 **black**의 용례를 들어 보기로 한다.

□ Mother asked me what I did last night, I said I was typing a report for school, but then all of a sudden there was <u>a blackout</u> (a situation in which all electricity was out).

「어머니가 나더러 어젯밤 뭘했느냐고 물으시길래, 학교에 가져갈 보고서를 타이핑하는데 갑자기 전기가 나갔다고 대답했다.」

□ I want to have this agreement down <u>in black and white</u> (in writing).

「이 약정을 문서화 하고 싶다.」

□ You are always pulling boners. You are the real <u>black sheep of the family</u> (the worst member of the family).

「넌 항상 실수만 저질러대는구나. 정말 넌 우리집에서 구제받지 못할 말썽꾸러기다.」

□ People say that Jung-mi is going to marry again, but the prospective bridegroom's name has been <u>blacked out</u> (covered so that it can't be known).

「정미가 다시 결혼한다는 소문이지만 신랑감이 누구인지 알려지지 않고 있다.」

☐ We had to black up (darken our face and hands) for the night patrol.
「우리는 야간 순찰을 위해 온몸을 새까맣게 위장해야했다.」

☐ It has not been easy for me to keep my accounts in the black (not in debt).
「통장에 빚지지 않게 유지한다는 게 쉬운 일은 아니었다.」

☐ Many witnesses gave testimony against Dong-soo and his case looked black (appeared threatening).
「많은 증인들이 동수에게 불리한 증언을 하였으며 그의 사건은 심상치 않을 것 같다.」

☐ Chan-soo said Dong-ho was cheating at a card game but Dong-ho replied that the pot was calling the kettle black (the person who was criticizing someone else was as guilty as the person he accused).
「찬수가 동호에게 화투놀이에서 속임수를 쓴다고 나무라자 동호가 숯이 검정 탓하는 꼴이라고 되받았다.」

☐ Lots of people blackballed the perspective member (voted against the perspective member in a secret ballot).
「많은 사람들이 신입 회원 신청자에게 반대 표를 던졌다.」

☐ The boss has gotten a black eye (moral blemish) from this incident.
「이번 사건으로 사장은 오명을 얻게 되었다.」

♣ **blind pig** : illegal saloon (주류밀매소)

> All the give you in these *blind pigs* is smoke.
> 「이런 무허가 술집에서 네게 줄수 있는 것이라고는 담배뿐이다.」

☞ 우리나라에도 소위 폭탄주라는 말이 있다. 저급 혼합주를 독하게 마시면 눈앞이 캄캄해질만큼 취하는데서(blind drunk) blind pig (or tiger)라는 말이 온다. 1858년경 미국 Richmond와 Virginia주 군인들을 Public Guard라 하였으며, 이들의 모자에는 P.G라고 새기고 다녔다. 이제 P.G와 pig의 관계를 보면 pig에서 i가 빠진 것이 P.G이며, pig(돼지)가 눈(eye=i)이 없으면 눈 먼 돼지(blind pig)가 된다. (P.G is a pig without an i. and a pig without an eye is a blind pig). 또한 병사들이 노상 술만 마셔대 미움을 받았기 때문에 붙여진 이름이기도 하다. 이제 blind의 용례를 몇 가지 들어 본다.

☐ Moon-ho didn't take the job because it was a blind alley (wouldn't lead to a better job).

「싹수가 노랗기 때문에 문호는 그 일자리를 사양했다.」

☐ In-soo is trying to show me how to skate. It's a case of <u>the blind leading the blind</u> (In-soo doesn't know how to skate, but he is trying to show me how to skate).
「인수가 내게 스케이트를 가르친답시고 하고 있다. 자기도 탈줄 모르는 주제에 소경이 소경을 안내하는 꼴이다.」

☐ I guess you are <u>blinded</u> (drunk). You can't stand up.
「너 많이 취한 것 같구나. 몸도 가누지 못하는 걸 보니 말이다.」

☐ The robber came up and <u>blindsided</u> (surprised) her with a blow to the head before she knew what had happened.
「강도가 다가와서 그녀가 영문을 알기도 전에 미리 머리에 한 방 먹여 기습했다.」

☐ The usher <u>turned a blind eye to the little boy</u> (ignored the little boy and pretended he didn't see him) who sneaked into the teacher.
「안내인은 선생님에게 슬금슬금 다가가는 어린 소년을 못본 척 했다.」

☐ I wasn't born yesterday. You can't <u>rob me blind</u> (overcharge me).
「나를 어린애로 아시는 모양인데. 나한테 바가지 씌울 생각은 말아요.」

♣ **blockhead** : stupid person (멍청이)

Why did he call me a *blockhead?* I didn't do anything.
「어째서 그가 나를 멍청이라 할까? 난 아무 것도 안했는데.」

☞ 14C 경 당시까지만 해도 널리 쓰이던 두건(hood)을 밀어내고 새로이 모자가 등장하게 되었다. 이때 참나무로 된 머리 모양의 나무 덩어리가 모자 공장의 대표적인 장비로 쓰였던 것은 당연한 일이다. 영국 Henry 8세 때에 이 blockhead가 멍청이라는 뜻으로 쓰이기 시작했는데, 이쯤하면 알겠지만 머리의 대용품인 blockhead는 brain이 아닌 나무 덩어리였기 때문이다. 이제 block의 용례를 보기로 한다.

☐ Moon-ho is <u>a chip off the old block</u> (a person whe resembles his father).
「문호는 자기 아버지를 너무 빼 닮았다.」

☐ How can you get so <u>blocked</u> (drunk) on four beers?
「맥주 네 잔 정도에 그렇게 취하는 사람이 어디 있니?」

☐ That <u>blockbuster</u> (success) made twenty million won a month.
「그 성공으로 한달에 이천만 원 벌었다.」

☐ Stay out of my car or I'll <u>knock your block off</u> (peat you up).

「차에 타지마, 그렇찮으면 두들겨 패 줄거야.」
□ Young cattle are grown and sent to the market to be <u>placed on the block</u> (sold).
「어린 소들은 자라서 시장에 끌려와 경매에 넘어간다.」
□ Your whole future is <u>on the chopping block</u> (in serious straits) if you are not on your good behavior.
「얌전하게 굴지 않으면 너의 모든 장래는 매우 암담하게 돼 있어.」

♣ **blood is thicker than water** : relatives are favored over outsiders (피는 물보다 진하다)

> Mr. Min hires relatives to work in his store. *Blood is thicker than water.*
> 「민씨는 친척들에게 가게를 보게한다. 피는 물보다 진하거든.」

☞ 1672년으로 거슬러 올라가는 이 말은 굳이 설명을 요하지 않는 표현이기도 하다. 혈연 없는 타인 간의 관심은 맑은 물과 같아서 증발하고 나면 흔적이 없어지지만 피가 마를 때면 흔적이 남는데서 맹물과 피의 차이를 비유한다. 머리카락에 홈을 파듯이 따져서 살펴보면 같은 부피에서 물의 무게가 1이라면 피는 1.06에 해당한다나?
이제 **blood, bless**의 용례를 보기로 한다.

□ Cut out <u>the blood and guts</u> (the strife) and grow up.
「옥신각신 하지 말고 철좀 나거라.」
□ It was a real <u>blood bath</u> (great decimation) at the office when the boss fired 30 people.
「전 직원 중에서 지배인을 30명 씩이나 해고 시킨 건 정말 큰 물갈이다.」
□ Detective stories and westerns usually have lots of <u>blood and thunder</u> (the violence and bloodshed of stories).
「추리 소설과 서부극에는 으례히 많은 유혈 난투 극이 등장한다.」
□ <u>My blood ran cold</u> (I was chilled) when I had to walk through a trackless pass at night.
「인적없는 산고개를 밤중에 넘어야 했을 땐 등골이 오싹했다.」
□ When the government tripled property taxes, home owners <u>screamed bloody murder</u> (protested as stongly as they can).
「정부가 재산세를 세 배로 올리자 집가진 사람들은 격렬히 항의했다.」
□ If you want to <u>draw my blood</u> (make me angry), ask me about my luckless

love affair.

「약 올리고 싶지 않거든 내 실연 이야기에 대해 묻지마.」

☐ The deserter planne to shoot <u>in cold blood</u> (without pity) anyone who got in his way.

「탈영병은 누구든 방해가 되는 자는 무차별하게 사살하기로 했다.」

☐ Working for such a nasty company never <u>gets in my blood</u> (agrees with my desires).

「이 따위 고약한 회사에서 일하는 것은 도무지 성미에 안맞는다.」

☐ It just <u>made my blood boil</u> (made me very angry) to see the students disarm the police and illegally have communications with North Korean students for hours in flagrant violation of the law.

「학생들이 경찰을 무장 해제시키고 극렬하게 법을 어기면서 북한 학생들과 교신을 하는 것을 보고 있자니 정말 화가 난다.」

☐ <u>New blood</u> (someone who gives new life) is supposed to brought into the office through appointment of younger man to important positions.

「사무실에 더욱 활기찬 젊은 사원들을 중요한 자리에 채용하여 입사하게 되어 있다.」

☐ I am having a hard time getting winter laziness out of my <u>blood</u> (habits).

「난 겨울철의 게으른 습성을 씻어내는 데 애를 먹고 있다.」

☐ A great interest in playing Ba-dook <u>runs in my blood</u> (is a family characteristic).

「바둑에 심취하는게 우리 가문의 내력이다.」

☐ The girl's <u>sporting blood</u> (spirit of adventure) made her run away with a circus.

「소녀의 모험심은 그녀를 서커스단에 따라가게 하고 말았다.」

☐ Both labor and management <u>sweated blood</u> (worked very hard) to seek terms in such a way as to head off strikes whick would ruin themselves and jolt the national economy as well.

「노사는 자신들을 망치고 나라 경제도 뒤흔들 쟁의를 피할 수 있도록 타협안을 찾으려고 애썼다.」

☐ When I went to visit on a freezing night, Dong-myung offered me a glass of hard liquor to <u>warm my blood</u> (make me warm).

「추운 밤에 동명을 찾아갔더니 몸좀 녹이라고 독한 술은 한 잔 내놓았다.」

☐ In his young age, Sung-soo was once <u>blessed with</u> (fortunate enough to have) his beautiful wife and two fine daughters.

「젊었을 적에 성수는 한때 어여쁜 부인과 훌륭한 두 딸을 둔 일이 있다.」
- [ ] There was no escape for me and the fellow from the other gang <u>smelled blood</u> (was ready for a fight).
「나는 도망갈 수도 없었고 상대 패거리에서 나온 작자가 싸울 태세를 갖추고 있었어.」
- [ ] Once you <u>taste blood</u> (experience something exciting), you are ruined.
「한 번 빠지고나면 신세 망치는거야.」
- [ ] Traveling abroad like a lord is <u>too rich for my blood</u> (too expensive for my budget).
「호사스럽게 해외 여행을 다니는 건 주머니 사정이 허락치 않아.」
- [ ] I've already been tapped. You can't <u>bleed me dry</u> (take all of my money) anymore.
「난 벌써 털렸어. 더 이상 털어봤자 털릴 것도 없어.」

♣ **blow a fuze** : become very angry (격분하다)

> He *blew a fuze* when I hit him.
> 「내가 그를 때렸더니 그가 발끈했다.」

☞ 전기(electricity)와 우리 생활이 밀접해진 지금은 금방 무슨 말인지 알수 있을 것이다. 두꺼비집의 **fuze**가 이렇게 쓰이기 시작한 것은 **1945**년 부터이다. 이제 blow(불다), blow(강타)의 용례를 보기로 한다.

- [ ] I'd like to listen to <u>blow-by-blow account</u> (detailed description) of the prize fight.
「프로 권투의 실황 방송을 듣고 싶다.」
- [ ] The increasing number of labor disputes this month may be due partly to the Labor Ministry's <u>blowing hot and cold</u> (changeability).
「이달들어 늘어나고 있는 노사 분규는 부분적으로 노동부의 변덕 때문일 것이다.」
- [ ] Whenever Jung-soo loses a game, he <u>blows off steam</u> (releases excess anger).
「정수는 게임에 지기만 하면 분통을 터뜨린다.」
- [ ] Don't run so hard, you'll <u>blow your cookies</u> (vomit).
「그렇게 마구 달리다가는 구토가 난다.」
- [ ] I was once in a play in my school days, and I <u>blew my lines</u> (forgot my lines).
「학창 시절에 연극에 참여한 경험이 한 번 있는데 극중에 대사를 까먹었었다.」
- [ ] Your abilities will be noticed by others and you don't have to <u>blow your own</u>

<u>horn</u> (boast yourself).

「자네 능력이 드러날 것이니 굳이 자기 자랑을 늘어 놓을 필요는 없어.」

☐ Be careful not to <u>blow your cover</u> (reveal your identity).

「신분이 탄로나지 않도록 조심해.」

☐ The press has <u>blown this issue out of proportion</u> (made this issue to be unreallistically proportioned).

「언론에서 이 문제를 터무니없이 과장하였다.」

☐ It's my firm belief and pledge to the people that I'll <u>blow the lid off</u> (reveal) those who try to buy power with money or who amass wealth through power.

「돈으로 권력을 사거나 권력으로 재산을 모으는 자들의 정체를 밝히겠다는 것이 국민에 대한 나의 신념이자 약속입니다.」

☐ Fewer and fewer people bother to <u>blow the whistle on the street gangs</u> (report the street gangs' wrongdoings) by calling the police.

「길거리의 갱들이 못된 짓을 해도 경찰을 불러 신고하는 사람은 점점 줄어들고 있다.」

☐ If you are going to figure him out, he is sure to <u>blow smoke</u> (say in a way that conceals the truth).

「자네가 그 사람에 대해 알아내려고 한다면 그는 틀림없이 연막 전술을 쓸 것이다.」

☐ My long cherished plan to study abroad <u>blew up in my face</u> (failed completely) when my grandfather died.

「할아버지가 돌아가시게 되자 오랜 숙원이었던 해외 유학은 완전히 수포로 돌아갔다.」

☐ The pirates capture the ship and captured a ton of gold <u>at a blow</u> (immediately).

「해적들은 배를 붙잡고는 1톤의 금을 순식간에 빼앗아갔다.」

☐ The President is apparently elated with the opinion surveys showing nearly 90 percent support for his reform program but he must bear in mind that an overconfidence in his popularity could become a <u>body blow</u> (great dissapointment).

「대통령은 그의 개혁 사업에 거의 90%에 달하는 지지를 보여준 여론 조사에 분명히 고무되어 있으나 인기의 과신은 커다란 실망으로 변할 수 있다는 사실을 명심해야 할 것이다.」

☐ It's an ill wind that blows nobody good (No matter how bad a happening is, someone usually gain something from it). When Dong-soo got hurt in the game, Moon-ho got a chance to play.

「좋지 않은 일이 있으면 득보는 사람도 있게 마련이야. 동수가 게임에서 부상하자 문호가 게임에 나가게 되었으니 말이다.」

☐ The President is always trying to find out <u>which way the wind blows</u> (how things are).

「대통령은 언제나 여론의 동향을 살핀다.」

☐ Jung-soo almost <u>blew his cool</u> (became angry) when I poked him right in the guts.

「내가 정수의 배를 쿡 찌르자 자칫하면 성질나게 만들 뻔했다.」

☐ Jong-ho says he is going to <u>blow your door off</u> (defeat you) in the next game, but that's just a lot of hot air.

「종호가 다음 게임에 널 이기겠다고 하지만 그저 뻥이야.」

☐ He made a fiery speech, but he failed to <u>blow the minds of</u> (impress) the audience.

「그는 열변을 토했지만 청중들에게 감명을 주지는 못했다.」

☐ The police are trying to <u>blow the bribery case wide open</u> (expose the bribery case), and the corrupted fellow is trying to hush it up.

「경찰은 뇌물 사건을 파내려 하고 뇌물받은 작자는 덮어 감추려 하고 있다.」

☐ We all started laughing when we saw that the teacher's desk was turned over, the teaher wasn't laughing, though. He <u>blew his top again</u> (became very angry again).

「선생님의 책상이 뒤집힌 걸 보고 우리는 모두 웃기 시작했지만 선생님은 웃을 일이 아니었다. 또다시 선생님이 크게 노하셨다.」

☐ At work, Jung-soo's staff gave him a birthday cake, but there were so many candles on it that it took him three tries to <u>blow them out</u> (stop burning by blowing).

「직장에서 정수의 동료 직원들이 생일 케익을 사 주었는데 케익 위에 촛불이 너무 많아서 세 번 씩이나 불어서 껐다.」

☐ I guess it stands to reason that you'd become hard of hearing if you <u>blew up</u> (exploded) buildings all the time with dynamite.

「당신이 다이너마이트로 늘 건물을 폭파하고 다녔다면 귀가 멀어지는 것도 무리가 아닌 것 같습니다.」

☐ You've been working at the desk all morning, you'd better take a walk to <u>blow the cobwebs away</u> (refresh yourself with fresh air).

「자네 오전내내 책상에 앉아 일만 했으니 이제 바람 좀 쐬러 산책이나 좀 하지 그래.」

♣ **blue blood** : an aristocratic perosn (명문 출신의 사람)

> He acts like a *blue blood*, but we all know he rose from humble family.
> 「그 사람이 명문 출신처럼 행세하지만, 개천에서 용이 난 꼴이라는 것은 우리 모두가 알고 있다.」

☞ **Africa** 서북부에 사는 **Berber** 인종과 **Arab** 인종의 혼혈종인 회교도들을 **Moor** 인이라 하며, 그들은 **Spain** 땅의 대부분을 5세기 동안 지배하였다. 이들(**Moor**)의 지배 말기에 **Spain** 귀족들은 이들 미개인(**Moor**)들과 자신들이 다르다는 것을 과시하기 위하여 자신들을 sangre azul (blue blood)라고 불렀는데, 이는 시커먼 **Moor** 사람들과 달리 자기네들은(Spanish) 얼굴색이 밝고 피부의 핏줄이 푸른(blue)색으로 선명하게 보인다는 것이다. 예나 지금이나 이런 속좁은 chauvinism은 있어 왔던 것 같다. 이제 **blue**의 용례를 살펴 본다.

☐ Oh, I feel a little blue around the gills (feel a little unwell).
「아, 왠지 몸이 좀 안 좋은 것 같아.」

☐ I do this only once in a blue moon (rarely).
「이건 그저 어쩌다 해 보는 일이야.」

☐ The blue coats (the police) climbed out of the black and white and just stood there.
「경찰관들이 경찰차에서 나와 그냥 거기 서 있었다.」

☐ The blue chips (stock shares of a large company that has a high value) took another nose dive in today's trading.
「대형주(株)가 오늘 장세에서 또다시 폭락했다.」

☐ I've been down with the blue devils (depression) these three days.
「한 사흘 동안 우울증에 빠져있다.」

☐ That tricky fellow tries to look so blue-eyed (innocent).
「저 여우같은 녀석은 순진한 체 하고 있다.」

☐ Now, we've got to get out of our blue funk (depression) and get back to work.
「자, 이제 울적한 기분은 털어버리고 일자리로 돌아가자.」

☐ Moon-soo saw first blue (sexually explicit) movie and found it disappointing.
「문수는 처음으로 외설 영화를 보고 실망하였다.」

☐ The President, on the other hand, is still fighting an uphill battle with public opinion until he is blue in the face (pale from exhaustion).
「한편 대통령은 여전히 기진맥진 하도록 여론을 상대로 힘든 싸움을 하고 있다.」

□ They had been sure you were in Busan, so your sudden appearance was <u>a</u> <u>bolt from the blue</u> (something sudden and unexpected).
「그들은 네가 부산에 가 있는게 확실하다고 여기고 있었는데 네가 갑자기 나타난 것은 전혀 뜻밖의 일이었어.」

□ Coin collection is very interesting, but you find a valuable coin only <u>once in a</u> <u>blue moon</u> (very rarely).
「동전 수집은 재미있는 일이지만 가치있는 동전을 구하기란 극히 드문 일이다.」

□ At the last minute Jin-ho came <u>out of the blue</u> (unexpectedly) to catch the pass and make a goal.
「마지막 순간에 난데없이 진호가 나타나더니 패스를 잡아채서 득점을 올렸다.」

□ My father was <u>burning with a low blue flame</u> (very angry) because my brother constantly made his money fly.
「동생이 돈을 물 쓰듯 하자 아버지는 몹시 속을 끓이셨다.」

♣ **bone to pick** : something to argue about (따질 일)

> **There was always *a bone to pick with* which one would shave first in the morning.**
> 「아침이면 누가 먼저 면도를 할 것인지 항상 옥신각신했다.」

☞ 옛날 Sicilian 풍속에 의하면 신부감의 아버지가 결혼을 앞둔 신랑감이 뼈에 붙은 살을 얼마나 잘 발라내는지(pick bone) 시험한 후 만족스러우면 딸을 주었던 일이 있다. 또 흔히 있는 일이지만 뼈다귀 한 개를 두 마리의 개에게 던져주면 서로 물어뜯으며 싸우게 되는데서 생겨난 말이기도 하다. 이제 bone의 용례를 보기로 한다.

□ The question of fence between two houses has become quite a bone of contention (an unsettled point of disagreement).
「두 집 사이의 울타리에 관한 문제는 아주 말썽거리가 되어버렸다.」

□ I have to <u>bone up on</u> (study thoroughly) statistics because I have to take an examination tomorrow.
「내일 시험이니까 통계학을 열심히 공부해야 해.」

□ After about two months in the <u>bone factory</u> (hospital), I was back in the job.
「약 두 달간 입원한 후 직장으로 돌아갔다.」

□ I am such <u>a bonehead</u> (a fool) when it comes to distinguishing between right and wrong.

「나는 시비를 가리는 데는 참 멍청하다.」

☐ Your problem is that you are all talk and <u>bone idle</u> (very idle).
「너의 문제점은 말만 앞세우고 게을러 빠졌다는 점이다.」

☐ Finding a pleasant <u>bone orchard</u> (cemetery) is not easy.
「쾌적한 공동묘지를 찾는 게 쉬운 일은 아니다.」

☐ We can get some used car parts from a <u>boneyard</u> (junkyard).
「폐차장에 가면 중고차 부품을 살 수 있다.」

☐ His cleanliness is <u>bred in the bone</u> (belongs to his nature).
「그의 깔끔한 성격은 천성이다.」

☐ I <u>feel in my bone</u> (have an idea) that what's essential is our government authorities' renewed determination to implement the existing law with all the power they have.
「중요한 것은 우리 정부 당국이 전력을 다해서 현행법을 시행해 나가겠다고 새롭게 결의하는 거라고 생각해.」

☐ Myung-ho <u>makes no bones about</u> (is not against) telling lie to escape punishment.
「명호는 벌을 면하기 위해 거짓말하는 것쯤은 아무렇지도 않게 여긴다.」

☐ The woman is healthy now, but when we found her she was just <u>skin and bones</u> (skinny).
「저 여자는 지금 건강하지만 우리가 그 여자를 발견했을 때 만해도 뼈만 앙상해 있었다.」

☐ Experience teaches us that people have to <u>work their fingers to the bone</u> (work very hard) when they have exhausted all other alternatives.
「사람들은 대안이 전혀 없을 때에야 뼈 빠지게 일해야 한다는 것을 경험으로 배우게 된다.」

♧ **bootlegging** : illicit distilling (주류 밀조)

   The laxity of in the authorities' control of the violations of this law made citizens oblivious to the illegality of their *bootlegging*.
「이 법에 대한 당국의 느슨한 단속이 사람들로 하여금 밀조 행위의 위법성을 망각하게 만들었다.」

☞ 1850년경 미국에서는 금지품으로 되어 있던 **whisky**를 높은 장화(**tall boots**) 속에

넣어 다녔다. 도덕이나 법으로 금할수록 더 하고 싶은 것이 사람인지 모른다. 이처럼 원래는 주류 밀조라는 뜻이었으나 후에 밀조, 사기 행각, 운동 경기의 속임수 등 다양한 뜻으로 쓰여지기에 이르렀다. 이제 boot의 용례 몇 가지를 보기로 한다.

☐ The government predicted that if present labor-management dispute disturbances are settled as early as possible, the nation's exports this year would increase 10 percent over that of the last year, but lots of enterprises are forced to <u>boot out</u> (fire) thousands of workers.
「현재의 노사 분규가 가능한 한 빨리 타결될 때 작년보다 수출 실적이 10% 늘어날 것이라고 정부가 전망했지만, 많은 회사가 수천 명의 근로자를 해고할 수밖에 없는 형편이다.」

☐ His amusing story gave her a <u>boot</u> (thrill).
「그녀는 그의 재미있는 이야기가 즐거웠다.」

☐ The robber was caught redhanded and said he wanted to <u>die with his boots on</u> (be killed rather than die in bed).
「도둑은 현행범으로 잡혀서 하는 말이 제 명대로 살다가 죽기보다는 급사라도 하고 싶다고 했다.」

☐ How would you like to be in a lion - tamer's <u>boots</u> (position)?
「사자 조련사의 입장이 된다면 어떻겠다고 생각해?」

☐ It's the upper class of our society, especially the newly rich, that wanted anyone to <u>lick their boots</u> (flatter them) all the time.
「상류층, 특히 졸부들은 아무나 와서 늘 굽실거리기만 해 주기를 바라는 사람들이다.」

☐ The thief <u>shook in his boots</u> (was afraid) when somebody asked his name.
「어떤 사람이 이름을 묻자 도둑은 더럭 겁이 났다.」

☐ He got not only ten thousand won, but she bought him dinner <u>to boot</u> (as something extra).
「그는 만 원을 받은 것 만이 아니라, 그 위에다 그 여자가 저녁까지 사 주었다.」

☐ Many people get <u>too big for their boots</u> (puffed up) through the distribution of printed invitations, displaying many flower wreaths or pots and serving food for guests or presenting them with gifts.
「많은 사람들은 인쇄된 청첩장을 보내고, 많은 화환과 화분을 자랑삼아 내놓고, 손님들에게 음식을 대접하거나 선물을 안겨주면서 자신들을 과시한다.」

☐ "History is the sum total of the things that could have been avoided". "You <u>bet your boots</u> (Absolutely)!"
「"역사는 피할 수도 있었던 일을 모아서 정리한 것이야". "그래, 바로 그거야".」

☐ While the Africa's economy may look like a bright light from the recessionary darkness of Europe, at home it appears more like a faint glow that may be in danger of being extinguished, that is, the African people have a long way to <u>pull themselves by their own bootstraps</u> (succeed by their own efforts).

「아프리카 경제는 유럽이 불황의 어둠 속에서 보면 밝은 전망을 보이는 것 같으나 내부적으로는 꺼져가는 희미한 불빛에 불과하다. 다시 말해 아프리카 사람들이 자립 한다는 것은 요원한 일이다.」

♣ **bottom dollar** : one's last dollar (가진 것(돈) 모두)

> I bet my *bottom dollar* that they should not miss out on the present opportunities of spurring the nation's exports thanks to such favorable external factors as the strong Japanese yen against the Korean won, and a series of Chinese development projects.
>
> 「그들이 한국의 원화에 대한 일본 엔화의 강세, 그리고 중국의 일련의 개발 계획 등 유리한 대외적 여건에 힘입어 수출 실적을 올릴 수 있는 현재의 호기를 놓치지 않으리라는 것을 확신했다.」

☞ 밑바닥 돈(bottom dollar)을 건다(bet)는 것은 전 재산을 몽땅 걸 만큼 확신이 섰기 때문이다. poker에서 온 이 말은 돈(dollar or chip)을 모두 포개어 쌓아놓고 위에 있는 돈부터 걸어 나가다가 막판에 bottom dollar까지 걸 수밖에 없다는 뜻으로, 19세기에 생겨난 말이다. 이제 bottom, found (lay the foundation of), fund (store) 등 같은 뿌리의 비슷한 말들에 대한 용례를 보기로 한다.

☐ When you make your position clear, you should always <u>found your opinion on</u> (base your opinion on) facts.
「자신의 입장을 밝힐 때면 언제나 사실에 입각해야 한다.」

☐ The politician was afraid that <u>the slush fund</u> (the fund of a money used for various unofficial purposes) would be exhausted.
「그 정치인은 검은 돈이 고갈되지 않을까 걱정했다.」

☐ I fell on my <u>bottom</u> (buttocks).
「난 엉덩방아를 찧었다.」

☐ The President reaffirmed his resolve to continue his reform program, <u>a bottomless pit</u> (an endless source of trouble), until it is consummated in the people's spiritual renovation and integrated into their way of life.

「대통령은 끝없는 고뇌의 원천인 개혁이 국민들의 정신적 혁신으로 완성되고 일상 생활 방식에 흡수될 때까지 계속하겠다는 결의를 재 천명했다.」

☐ The stock market began to <u>bottom out</u> (reached the lowest point) last month.

「지난 달에 주식 시세는 밑바닥까지 떨어지기 시작했다.」

☐ <u>The bottom line</u>(the result) is that thr Bank of Korea has to lay the stronger stress on controlling inflation.

「한국은행은 더욱 강력하게 인플레이션 억제에 주안을 두어야 한다는 결론이다.」

☐ The economy-related team <u>from the bottom of the barrel</u> (of the lowest quality) exposed a problematic discord over labor policies as labor-management disputes hit the plants of the nation's largest industrial group.

「노사 분규가 국가의 가장 큰 계열 기업의 사업장에서 일어났을 때 전에 없이 약한 경제 관련 팀은 노동 정책에 대하여 불협 화음을 드러냈다.」

☐ We should put an end to long period of confrontation between labor and management and rekindle the spirit of mutual dialogue and cooperation manifested in the dramatic agreement on a single-digit wage hike for this year between workers' and management organizations, otherwise <u>the bottom will fall out for all of us</u> (we'll become very unhappy).

「우리는 장기간의 노사 간의 대립을 끝내고 올해 노사 양측이 한 자리 수 임금 인상에 극적으로 합의하면서 보여주었던 상호 대화와 협력 정신을 되살려 나가야 하며, 그렇지 않으면 우리 모두 불행해지고 말 것이다.」

☐ The people welcomed the returning soldiers <u>from the bottom of their hearts</u> (sincerely).

「국민들은 돌아오는 병사들을 진심으로 환영했다.」

☐ The physician made several tests to <u>get to the bottom of</u> (find out the real cause of) the woman's gastritis.

「의사는 그 여성의 위염이 생긴 원인을 알아보려고 여러 번 검진을 했다.」

☐ In April, there was a big supply of garlic and the price <u>hit bottom</u> (reached the lowest point).

「4월에 마늘의 공급이 크게 늘어서 가격이 최저 치를 기록했다.」

☐ We must <u>learn our lesson from the bottom up</u> (learn our lesson thoroughly) that wage raises not accompanied by productivity increases are self-defeating in the end.

「생산성 향상이 없는 임금 인상은 끝내 자멸 행위에 불과하다는 것을 철저히 교훈으로

삼아야 한다.」

♣ **break a leg** : good luck (행운을 빈다)

> Before the game, Jung-soo said to me, *"Break a leg!"*
> 「게임 전에 정수는 나에게 "행운을 빈다"고 격려했다.」

☞ 다리가 부러져서 행운이 올 일은 없겠지만 **break**가 명사(noun)로 쓰일 때 **chance**라는 뜻이 있다. 예컨대 **a good break**(호기), **a tough break**(불운), **an even break**(반반의 가망)등이 그 것이다. 목이 부러지지 않고 다리가 부러진 것이 행운인 셈이니까, **break(fracture)**가 **break(chance)**가 된 것이다. 재미있게도 **break a leg**라는 말이 행운을 빈다는 뜻이 된 것이다. **break**의 용례를 들어 본다.

☐ The boss is not able to <u>break a habit of</u> (stop a undesirable habit of) sleeping for a couple of hours in the afternoon.
「사장은 오후에 두어 시간 자는 나쁜 버릇을 고치지 못하고 있다.」

☐ I got new shoes, but my feet hurt for a few days because I had to <u>break them in</u> (wear them until they feel comfortable).
「새 신발을 샀는데 발에 맞아 편해질 때까지 신고 다녀야하므로 며칠간 발이 아팠다.」

☐ Somebody <u>broke into</u> (forcibly entered) my neighbor's house while they were out.
「누군가 이웃 집에 사람이 없을 때 무단 침입했다.」

☐ She said she was sorry she <u>broke up with</u> (stopped dating) me, and she wanted to make up again.
「그 여자는 나와 절교한 것을 미안하다면서 다시 화해하기를 원했다.」

☐ The fighting cock <u>broke away from</u> (got away from) its owner.
「그 쌈닭은 주인한테서 빠져 달아났다.」

☐ The air conditioning <u>broke down</u> (stopped operating), and we get very warm.
「냉방 장치가 고장나서 무척 덥게 지낸다.」

☐ We have to make ₩2,500 an hour to <u>break even</u> (have equal gain and loss).
「본전을 찾으려면 시간당 2,500원 씩은 벌어야 해.」

☐ This is the very first building this month for which our company has <u>broken ground</u> (started making foundation).
「이 건물은 이달 들어 우리 회사가 착공한 첫번 째 공사다.」

☐ In-ho frequently <u>broke in on</u> (interrupted) his brother's affairs.

「인호는 동생의 일에 끼어들기가 일쑤였다.」

☐ This is the last time I break my neck (work very hard) to help you.
「이번이 너를 도와주는 마지막 봉사다.」

☐ My face breaks out (erupts in pimples) when I eat a lot of chocolate.
「초콜릿을 너무 많이 먹으니까 여드름이 난다.」

☐ I was so frightened, I broke out in a cold sweat (perspired from fear).
「너무나 놀라서 등골에 식은 땀이 났다.」

☐ The bear broke out of its cage (forced its way out of cage) and terrorized the village.
「곰이 우리를 부수고 빠져나가서 온 동네를 공포의 도가니로 몰아넣었다.」

☐ She was so sad that she broke out into tears (started crying suddenly).
「그녀는 너무나 설움에 복받쳐 와락 울음을 터뜨렸다.」

☐ It takes time to break a new worker in (train a new worker).
「신입 사원을 훈련시키는 데는 시간이 필요하다.」

☐ He told a joke which really broke his teacher up (made his teacher laugh).
「그는 정말 선생님을 웃기는 농담을 한 마디 했다.」

☐ It just broke our heart (caused our emotional pain) when we had to watch Seoul and Pyongyang passing days and weeks just exchanging messages on procedural matters concerning the resumption of their long suspended dialogue.
「오랫동안 중단되었던 남북 대화의 재개와 관련된 절차상의 문제로 남 북한이 며칠 몇 주 동안 단지 메시지만 주고 받으면서 허비하는 것을 지켜보아야 하는 우리들의 마음은 그저 아프기만 했다.」

☐ Myung-ho broke the ice (started) by bidding ten thousand won for the painting.
「명호는 그 그림에 십만 원을 부르는 데서 입찰을 시작했다.」

☐ My brother-in-law was seriously ill and the doctor gently broke (told) the news to my sister.
「매형은 중병이었고 의사는 누나에게 슬며시 귀띔해 주었다.」

☐ The researcher broke through (overcame) the mystery surrounding the disease and found the cause.
「그 연구원은 그 병을 둘러싼 의문점을 해결하고 병의 원인을 찾았다.」

☐ I had broken with (separated myself from) some friends who had changed in their ideas.

「나는 생각을 달리한 몇 친구들과 결별했다.」

☐ When lots of people fell out of the window to escape the **ravages** of fire, the bushes broke their fall (cushioned their falling).
「많은 사람들이 화재를 피하려고 창문 밖으로 뛰어내렸을 때 나무 덤불이 떨어지는 충격을 완화시켜 주었다.」

☐ The new President reaffirmed that he would break the back of (reduce the power of) organized crime.
「새 대통령은 조직 범죄를 소탕하겠다고 재 천명했다.」

♣ **bring down the house** : start an audience clapping enthusiastically (열렬한 박수 갈채를 받다)

His fine performance *brought down the house.*
「그의 훌륭한 연기는 박수 갈채를 받았다.」

☞ 1754년 영국에서 처음 기록된 표현이다. 극장에서 훌륭한 공연을 하여 만장의 갈채가 너무나 커서 극장이 들썩들썩하고 집이 무너질 것만 같은 열광적 환호일 때 **bring down the house**가 실감날 것이다. 이제 **bring**의 용례를 들어 본다.

☐ Please go out and get a job so you can bring home the bacon (earn a salary).
「제발 나가 취직해서 돈 좀 벌어 와」

☐ You've just got to bring Jung-soo around (bring Jung-soo for a visit) for dinner.
「만찬에는 정수를 데리고 와야 한다.」

☐ I wish I could bring back (return) the good old days.
「그리운 옛날로 되돌아갔으면 좋겠다.」

☐ Please bring out the car (expose the car outdoors), I'll wash it.
「차를 밖으로 좀 끄집어 내라, 세차할 테니까.」

☐ They have just brought a new computer out (introduced a new computer).
「그들은 막 새로운 컴퓨터를 선보였다(생산했다).」

☐ My son tried to bring himself up to date (make himself more modern) by changing his hairstyle.
「나의 아들은 헤어 스타일을 바꿔서 유행에 따르려고 애를 썼다.」

☐ Please don't bring up (mention) that matter again.
「그 일은 좀 그만 들먹거렸으면 좋겠다.」

□ The boxer was knocked out, but the doctor <u>brought him to</u> (brought him to consciousness).
「권투 선수는 KO 되었지만 의사의 도움으로 소생했다.」

□ The Navy officer was <u>brought to account</u> (demanded an explanation) because of his handing over to the Japanese Fuji TV reporter copies of secret documents.
「한 해군 장교가 일본의 후지 TV 기자에게 비밀 문서를 넘겨준데 대해 문책을 받았다.」

□ History is an account mostly false, of events mostly unimportant, which <u>are brought about</u> (caused) by rulers mostly knaves, and soldiers mostly fools.
「역사는 일반적으로 악한 통치자들과 대개 멍청이 같은 병사들에 의해 저질러진 대부분이 시시한 사건들에 관한 주로 거짓된 이야기다.」

□ Jong-soo <u>brought the car to a halt</u> (made the car stop moving).
「종수는 차를 세웠다.」

□ The current dispute over the matter seems unlikely to be resolved without <u>bringing to light</u> (make known) the truth about rumors of possible unfair deals which have resulted from a secret decision in a closed chamber.
「현재 쟁점이 되고 있는 문제는 밀실에서 몰래 결정하는데서 생길 수 있는 불공정한 정책에 따른 소문의 진실이 밝혀지지 않고서는 해결되지 않을 것 같다.」

□ The woman on a bicycle <u>brought up the rear</u> (at the end of the line).
「자전거를 탄 여자가 맨 뒤를 따랐다.」

□ Dong-yul was trying to <u>bring his date on</u> (turn his date on), but she saw his game.
「동열이는 데이트 상대를 후끈 달아오르게 하려 했으나 그녀는 속을 빤히 뚫어 보았다.」

□ The accident caused a death in his family, and it <u>brought home to him</u> (made him realize) the evil of drinking while driving.
「차 사고로 가족이 죽자 비로소 그는 음주 운전이 얼마나 나쁜지 절감하게 되었다.」

□ Dong-soo's timely hit <u>brought in both base runners</u> (enabled both base runners to score).
「동수의 적시 안타로 두 명의 주자가 득점하게 되었다.」

□ The report <u>brought out</u> (made clear) that central ministries and provincial governments have tended to inflate their spending on unnecessary public projects.

「그 보고서는 중앙 부처와 지방 행정이 불필요한 공공 사업에 대한 지출을 늘리는 경향이 있다고 밝혔다.」

☐ The police brought the robber to bay on the roof (chased him into the roof where escape was impossible) and he gave up.
「경찰이 도둑을 지붕 위까지 추격하여 꼼짝 못하게 되자 도둑은 단념했다.」

☐ The increase in needed business funds for public projects was slow in coming, and it took a series of disasters to bring it to pass (make it happen).
「공공 사업에 필요한 자금을 늘리는 일은 지지부진하였고 일련의 불행한 사태가 생기고 나서야 이루어지게 되었다.」

☐ The two students were brought to terms (made agree) by their teacher for playing the game.
「선생님은 그 두 학생이 공명 정대하게 시합하도록 설득하였다.」

☐ It's obvious that payment of partial remuneration in workers on strike would reduce the incentive of the labor to reach an agreement and would bring the national economy crashing down (destroy the national economy).
「파업 중인 근로자에게 부분 임금을 지급하면 그들이 타협을 할 수 있는 동기를 감소시키고 국민 경제를 파탄으로 몰아 넣을 것이다.」

☐ Already, labor disputes have cast a dark cloud on the export front, bringing our economy to its knees (impairing the function of our economy).
「벌써 노사 분규는 수출 전선에 어두운 그림자를 던지고 있고 우리 경제를 마비시키고 있다.」

♣ **build a fire under someone** : make someone start doing (자극하다, 부추기다)

> The boss *built a fire under the workers*, and they really started working.
> 「사장이 종업원들에게 일침을 가하자 정말 열심히 일하기 시작했다.」

☞ 고집 센 나귀(**mules**)로부터 생겨난 말이다. 온갖 수단을 다 써도 네 발을 땅에 붙인 채 꿈쩍하지 않는 이 고집통이도 발바닥이 따끈따끈하게 불로 지지면 별수없이 움직이게 된 데서이다. 이 방법은 짐승(**mules**)에게 써먹는 것이 아니라 비유적으로 사람에게 써먹기에 이르렀다. 이제 **build**의 용례를 몇 가지 들어 본다.

☐ When I was young, I spent most of my time building castles in the air (daydreaming).
「젊을 때에는 공상에 젖어 대부분의 시간을 보냈다.」

□ I am going to eat lots of fresh fruits and vegetables to <u>build myself up</u> (make myself stronger) for soccer.
「축구경기에 대비해 체력을 증강하려면 신선한 과채류를 많이 먹어야겠다.」

□ His company <u>builds computers to order</u> (makes computers especially for customers).
「그의 회사는 주문을 받고 컴퓨터를 만든다.」

□ My brother was <u>built like a brick house</u> (well built) when young.
「형은 젊었을 때 체격이 좋았다.」

□ That <u>jerry-built</u> (poorly built) house was blown apart in a strong wind.
「날림으로 지은 그 집은 센 바람에 폭삭했다.」

♣ **bull in a china shop** : a rough or clumsy person (난폭자, 서툰 사람)

Look at me, as awkward as *bull in a china shop*.
「내가 하는 꼬락서니 좀 봐, 항상 요모양으로 서툰 짓만 한다니까.」

☞ 1834년 경 영어에 등장했다. 상용 어법으로 자리잡게 된 계기는 1936년 New York Plummer's China Shop에서 시작된다. **Fred Waring**이라는 악단장이 배우인 **Paul Douglas**와의 내기(bet)에서 져서, 황소를 도자기 가게(china shop)로 끌고 들어가게 되고 내기(bet)의 조건에 따라 황소가 끼친 피해를 내기에 진 **Waring**이 배상하기로 한다. 이 황소가 도자기(china)를 마구 짓밟아 엉망으로 만들 것이라는 우려와는 달리 황소는 도자기를 진열한 통로 사이로 조심스럽게 걸어 들어갔다 나왔으므로 털끝 하나 다치지 않았다. 하지만 잔뜩 긴장한 **Waring**이 오히려 도자기 테이블을 툭 쳐서 넘어뜨렸다. 그러니까 여기서 일어난 사건대로라면 bandleader in a china shop이 제격이겠으나, 사람들이 애초에 생각했던 것처럼 "도자기를 마구 짓밟는 황소"라는 표현으로 살아남아 있다.
bull, beef, buffalo, cow 등은 동일 어원의 "소"라는 말이고 크게 보면 buck(수사슴)도 짐승이라는 데서 일족이므로 묶어서 몇 가지 용례를 간추려 본다.

□ The government decided to <u>beef the army up</u> (make the army stronger) by buying hundreds of new tanks.
「정부는 수백 대의 탱크를 사서 육군의 전력을 증강하기로 결정하였다.」

□ We often went swimming <u>in buff</u> (naked) down at the creek.
「우리는 종종 개울에서 알몸으로 수영을 하였다.」

□ Song-hee is going out with a real <u>beefcake</u> (mascularly handsome male).

118

「송희는 남성미 넘치는 남자를 따라나갔다.」
- [ ] This <u>beef-head</u> (oaf) here thinks he knows how to do my job.
  「여기 이 멍청이 녀석이 내가 하는 일을 할 줄 안다고 생각하고 있다.」
- [ ] I know I have to <u>buck</u> (cheer) up.
  「내가 기운을 차려야 한다는 것쯤은 안다.」
- [ ] He is <u>bucking for</u> (trying to find) a larger office.
  「그는 더 큰 사무실을 찾는데 혈안이다.」
- [ ] Some people try to <u>pass the buck</u> (responsibility) whenever they can.
  「어떤 사람들은 틈만 있으면 책임을 뒤집어씌우려 애쓴다.」
- [ ] If we are going to solve this problem, someone has to <u>take the bull by the horns</u> (meet a challenge directly).
  「우리가 이 문제를 풀려면 누군가가 과감히 발벗고 나서야 한다.」
- [ ] Those guys out in the back yard are just sitting around <u>shooting the bull</u> (exaggerating their tales).
  「뒷마당에 있는 저 녀석들은 그저 둘러 앉아서 허풍이나 치고 있다.」
- [ ] The girls were sitting around enjoying a <u>bull session</u> (casual conversation).
  「여자애들은 둘러앉아 잡담을 즐기고 있다.」
- [ ] You can make <u>a fast buck</u> (easy money) at the golf course by fishing balls out of the water trap.
  「돈을 쉽게 벌려면 골프장에 가서 물웅덩이에 빠진 공을 주으면 돼.」
- [ ] The president-elect <u>hit the bull's eye</u> (reached the main issue) when he said the big question was one of simple honesty.
  「대통령 당선자가 "중요한 것은 단지 정직성의 문제"라고 말한 것은 핵심을 찌른 것이었다.」
- [ ] You can sit there <u>till the cows come home</u> (for a long time), but he can't see you without an appointment.
  「얼마든지 앉아 기다리셔도 좋지만 약속없이 그를 만나지는 못할 것입니다.」

♧ **burn the midnight oil** : sit up late night working (밤 늦게까지 일(공부)하다)

> As the deadline is coming near, I have to *burn the midnight oil* night after night.
> 「마감 기한이 되가므로 며칠 밤 늦게까지 일해야 한다.」

☞ 밤이 늦도록 기름을 태우며 일(공부)하지 않으면 남에게 뒤지는 것은 예나 지금이나 마찬가지다. 17C 중엽에 쓰여진 말이며, 당시 미국의 석유값이 내리기 이전에는 각종 기름이 쓰여졌다. 유명한 프랑스의 소설가 Honore de Balzac (1799–1850)는 한밤중이 되어야 글을 쓰기 시작하는 버릇이 있었으며 한 번 시작하면 열여덟 시간 쉬지않고 써댔고 성격도 까다로워서 금방 쓴 것을 교정하면서 완전히 재차 쓰기가 일쑤였다. burn의 용례를 정리하여 본다.

☐ During the Korean War, they <u>burned their bridges behind them</u> (made it impossible to retreat) by blowing up the road.
「한국전쟁 때 그들은 도로를 폭파하여 배수진을 쳤다.」

☐ Min-tae <u>burned himself out playing baseball</u> (played baseball too long and intently and got sick).
「민태는 야구를 하느라고 몸을 혹사하였다.」

☐ Nobody can keep on <u>burning the candle at both ends</u> (working very hard) all the time.
「아무도 언제까지나 전력을 다해 일할 수는 없다.」

☐ When she showed up two hours late, he was <u>burning with a low blue flame</u> (very angry).
「그녀가 두 시간이나 늦게 오자 그는 불같이 화를 냈다.」

☐ The king usually <u>burned the traitors at the stake</u> (set fire to the traitors tied to posts).
「왕은 대개 반역자들을 화형에 처하였다.」

☐ For the fifth day in a row, they <u>burned the king in effigy</u> (burn a figure of hated king).
「연 닷새 씩이나 그들은 증오하는 왕의 형상을 만들어 불태웠다.」

☐ He must have <u>burned the meat to a crisp</u> (burned the meat black).
「그가 고기를 바싹바싹하게 태운 게 틀림없어.」

☐ It <u>burns me up</u> (makes me angry) to hear you talk that way.
「네가 그런 식으로 이야기하는 것을 듣고 있자니 화가 난다.」

☐ Speed demons <u>burning up the road</u> (driving their car very fast) often cause accidents.
「과속으로 운전하는 속도광들은 사고를 자주 낸다.」

☐ He had <u>burned his fingers</u> (learned caution through an unpleasant experience) in the stock market once, and didn't want to try again.
「그 사람은 증권 시장에 한번 끼어들었다가 혼이 나고서는 다시는 해볼 생각도 안 했다.」

☐ The money that Hong-joo got for his vacation was <u>burning a hole in the pock-et</u> (making him want to buy something), and he hurried to a dime store.
「홍주는 휴가를 위해 받은 돈을 가만 놔두지 않고 받자마자 곧바로 구멍 가게로 달려간다.」

☐ Young-ho overheard the boys criticizing him and it made <u>his ears burn</u> (him embarrassed).
「영호는 남자 아이들이 자기를 헐뜯고 있는 것을 엿듣고는 귀가 따가웠다.」

♣ **as busy as a bee** : very busy (몹시 바쁜)

> I have been *as busy as a bee* preparing for the entrance examination.
> 「그는 입학 시험 준비하느라 정신없이 바빴다.」

☞ 개미(ant)와 더불어 바쁘고 부지런한 동물의 표상이 벌(bee)이므로 벌의 바쁜 모습을 새삼스럽게 이야기한다면 진부할 것이고, busy as a bee, poor as a church mouse와 같은 표현 자체가 진부하여 퇴색하여 가고 있는 것도 사실이다. 아무튼 벌이 한 파운드의 꿀을 모으자면 천만 송이(million flowers)의 꽃을 돌아다녀야 한다. 고대에도 있었던 표현이나 문헌상으로는 영국 시인 Geoffrey Chaucer의 Canterbury Tales (1387)에서 찾아볼 수 있다. busy와 business의 용례를 몇 가지 들어 본다.

☐ When the boss finished all he had to say it was still a hour before the work was over. So he gave us a piece of <u>busywork</u> (something only to keep them busy).
「사장님은 할 말을 끝냈지만 직장이 파하자면 한 시간이나 남았다. 그래서 사장님은 우리들에게 시간 때우기 일을 시켰다.」

☐ The boys have trouble in rolling the stone, but four of them <u>did the business</u> (got the job done).
「소년들은 바위를 굴리는 데 애를 먹었지만 넷이 힘을 모아서 해냈다.」

☐ Mr. Jung has no <u>business</u> (right) saying those nasty things about Mr. Kim.
「정씨는 김씨에게 그런 악담을 할 처지가 못 돼.」

☐ We always do a <u>land-office business</u> (prosperous business) at this time of year.
「연중 이맘 때면 언제나 사업이 잘 된다.」

☐ He just liked the company of the other girls he dated ; but this time he seems

to <u>mean business</u> (be serious).
「그가 데이트한 다른 여자들은 그저 사귄다는 자체를 즐기는데 지나지 않았지만, 이번에는 진지한 것 같아.」

☐ Come on boys, let's cut out the <u>monkey business</u> (goofing off) and get down to work!
「자, 얘늘아, 이제 그만 놀고 공부를 시작해야지.」

☐ The teacher gave In-joo <u>the business</u> (harsh scolding) when he came to school late again.
「선생님은 인주가 또 학교에 늦게 오자 호되게 꾸짖으셨다.」

☐ I've got to <u>get busy</u> (start working) and clean this house up.
「난 이제 본격적으로 일을 시작하여 집안 청소를 해야 한다.」

☐ When the president and vice president arrive, we can <u>get down to business</u> (begin to get serious).
「사장과 부사장이 오시면 본론으로 들어갈 수 있을 것이다.」

☐ I would be pleased if you would <u>go about your business</u> (mind your own business)!
「끼어들지 말고 자네 일이나 해 줬으면 좋겠네.」

♣ **by hook or by crook** : by any means (무슨 수를 써서라도)

> **I'll get the job done *by hook or by crook*.**
> 「무슨 수를 써서라도 일을 끝내겠다.」

☞ 1,100년경 영국에서 있었던 일이다. Purkiss라고 부르는 숯굽는 사람이, Hampshire주의 New Forest에서, 화살에 맞고 살해된 영국의 왕 William Rufús의 시체를 발견하였다. 그는 왕의 시체를 Hampshire주의 수도인 Winchester로 수레에 싣고 가서 상을 받았으며 부상으로는 숲속에서 숯굽는데 필요한 나무를 할 수 있도록 허가받았다. 다만 갈고리가 닿을 수 있는 데까지(reached by hook or crook)로 한정하였다. New Forest에는 900년이 지난 오늘도 Purkess (or Purkiss)의 일족이 살고 있다. by의 용법 몇 가지를 정리하여 보기로 한다.

☐ The patient hasn't improved <u>by a great deal</u> (by a lot).
「환자는 크게 나아지지 않았다.」

☐ He just missed getting on the plane <u>by a hair's breadth</u> (just barely).
「그는 간발의 차이로 비행기를 놓쳤다.」

122

☐ His estimate of the budget deficit was off <u>by a mile</u> (by a great degree).
「예산 적자에 대한 그의 어림 짐작은 훨씬 빗나갔다.」

☐ <u>By all accounts</u> (from all the reports), the police were on the scene immediately.
「누구에게 들어봐도 경찰은 즉시 현장에 나타났다는 것이다.」

☐ You have to get there <u>by all means</u> (certainly).
「어떤 일이 있더라도 넌 거기 가야 돼.」

☐ And <u>by and by</u> (after a period of time has passed) the little boy became a tall handsome prince.
「세월이 흘러 어린 소년은 키 크고 준수한 왕자가 되었다.」

☐ You can realize that people <u>by and large</u> (generally) tend to do what they are told to do.
「사람들은 대체로 시키는대로 하는 경향에 있음을 알수 있다.」

☐ I do this kind of thing <u>by choice</u> (due to conscious choice).
「나는 좋아서 이런 일을 한다.」

☐ We just happened to be in the same place at the same time <u>by coincidence</u> (by an accidental similarity).
「우리는 실로 우연히 같은 시간에 같은 장소에 있게 되었다.」

☐ <u>By dint of</u> (because of) much studying, Mi-hye got through college.
「열심히 공부한 덕분에 미혜는 대학을 마쳤다.」

☐ The profits of my company are increasing <u>by leaps and bounds</u> (rapidly).
「우리 회사의 이윤은 부쩍부쩍 늘고 있다.」

☐ I was able to afford a car <u>by means of</u> (using) a loan.
「빚을 얻어서 차를 장만할 수 있게 되었다.」

☐ I am sore because I've been getting around <u>by shank's mare</u> (on foot).
「여기저기 걸어 돌아다녔더니 막 아프다.」

☐ I don't know when I'll have to leave town, so I rent this room <u>by the day</u> (one day at a time).
「언제 읍을 떠나야 할지 모르기 때문에 일세(日貰)로 셋방을 얻었다.」

☐ If he comes back again I'll pick him up <u>by the nape of the neck</u> (by the back of the neck) throw him out the door.
「그가 또 오면 목덜미를 잡고 문밖으로 끌어내 버리겠다.」

☐ We always go <u>by the book</u> (according to rules) in matters like this.
「이런 경우에 우리는 항상 규칙대로 처리한다.」

☐ Won-soo must be good when he comes here, and by the same token (in the same way), I expect you to behave properly when you go to his house.
「원수가 여기 와서는 얌전해야 하고, 너도 원수네 집에 가면 마찬가지로 얌전해야 한다.」

☐ I got thorugh school by the seat of my pants (by sheer luck).
「운 좋게 학교를 마치게 되었다.」

☐ I got through that class by the skin of my teeth (just barely).
「가까스로 그 강의 시간을 끝마칠 수 있었다.」

☐ Hyung-ho raised these vegetables by the sweat of his brow (by his efforts).
「형호는 땀 흘려서 이 채소들을 가꾸었다.」

☐ They are members of the club by virtue of (because of) their great wealth.
「그들은 거대한 재력 덕분에 이 클럽의 회원이다.」

☐ I learned it by word of mouth (by speaking rather than writing).
「나는 그것을 전해 들어 알았다.」

☐ He was by all odds (certainly) the strongest candidate.
「그는 확실히 가장 강력한 후보다.」

☐ Sun-young isn't the kind who would be fresh to a teacher, by a long shot (by a long distance).
「순영이는 결코 선생님에게 건방지게 굴 그런 사람이 아니다.」

☐ The old road is prettier, but it is by far (much) the longer way.
「구 도로는 신 도로보다 아름답지만 훨씬 먼 길이다.」

♣ **call one's bluff** : ask someone to prove what he says he can (허세 부리지 말고 보여주라고 으르다)

> Jong-soo said he could jump twenty feet and Moon-soo *called his bluff* and said "Let's see you do it"!
> 「종수가 자신은 20피트를 뛰어오를 수 있다고 하자 문수가 "정말인지 한 번 보여다오" 하면서 허세만 부리지 말고 실제로 보여달라고 응수했다.」

☞ bluff는 넓고 납작한 이마이다. 넓고 큰 이마를 드리대면서 무섭게 호통치는 모습이 call one's bluff이다. call의 용례를 정리하여 본다.

☐ The umpire called a halt to the game (demanded that the game be stopped) while the injured player was removed.

「심판은 부상 선수가 나갈 동안 게임을 정지한다고 선언하였다.」

☐ We are going to **call a meeting** (request that a meeting be held) to settle the problem once and for all.
「우리는 이번을 마지막으로 문제를 끝내기 위해 회의를 소집할 생각이다.」

☐ Even then we have to **call a spade a spade** (speak frankly). We are just avoiding the issue.
「자, 그렇다라도 우리는 까놓고 말해야 해. 우리는 본론을 피하고만 있으니까 말이다.」

☐ I was very mad because Soon-mi **called it a day** (quit work) at four and went home.
「순미가 네 시에 그 날 일만 끝내고 집으로 갔기 때문에 몹시 화가 났다.」

☐ The wild audience **called the orchestra conductor back** (asked the orchestra conductor to return) to the stage.
「열광한 관중들은 오케스트라 지휘자를 다시 무대로 불러냈다.」

☐ The boss was going to **call Sung-mi down** (reprimanded Sung-mi) in front of everybody.
「사장은 모든 사람 앞에서 성미를 꾸짖으려고 별렀다.」

☐ You can't get anywhere by **calling one another names** (calling one another unpleasant names).
「너희들이 서로 욕해서는 아무 것도 안 된다.」

☐ When you do that again this time, I will **call you on the carpet** (reprimand).
「이번에도 다시 그런 짓 하면 혼날 것이다.」

☐ We **called the whole project into question** (examined the whole project).
「우리는 사업 전반을 검토하였다.」

☐ They had to **call off** (cancel) the baseball game because of rain.
「그들은 비가 와서 야구 시합을 취소해야 했다.」

☐ They **called the company up** (call the company on the telephone) and ordered a new supply of machines.
「그들은 회사에 전화를 해서 다시 기계를 공급해 줄 것을 주문했다.」

☐ Let me **call your attention to** (make you aware of) the paragraph at the bottom of the page,
「페이지 하단 단락을 봐 주실까요.」

☐ We have an hour to kill until someone **calls the meeting to order** (announce that the meeting has started).
「누군가가 개회 선언을 할 때까지 한 시간이 남아 있다.」

□ Mi-young always wants to <u>call the shots</u> (make the decisions).
「미영이는 언제나 결정권을 쥐려고 한다.」

□ <u>A call of nature</u> (the feeling of a need to go to the toilet) made me to stop along the way.
「도중에 화장실에 가기위해 차를 세웠다.」

□ Myung-soo <u>called on us</u> (demanded on us) to drink the health of ourselves.
「명수는 우리 자신들의 건강을 위해 축배하자고 요구했다.」

♣ **can't hold a candle to** : not equal to (비교가 안 되게 열등한)

You *can't hold a candle to* him when it comes to swimming.
「수영에서는 넌 그 사람 발뒤꿈치에도 못 따라간다.」

☞ 16C 때 영국에서는 하인이 촛불을 들고 주인에게 길을 안내하는 것이 일상화되어 있었다. 물론 촛불을 드는 하인은 길에 정통하여야 했다. 이런 천덕꾸러기 일 마저도 할 수 없는 지경이라면(can't hold a candle)가히 servant와 master의 사람됨이 비교가 안 됨을 알 수 있다. 이제 can의 용례를 살펴 본다.

□ Jung-hi really <u>can not carry a tune</u> (is lacking musical ability).
「정희는 정말 음치다.」

□ When we look back on our colonial days, we <u>can't help but blame ourselves</u> (are forced to blame ourselves) for being so weak and helpless.
「식민지 시대를 돌이켜 볼 때, 우리가 그처럼 허약하고 무력했던 것에 대해 우리 자신을 원망할 수밖에 없다.」

□ Explain it to me again. I <u>can't make head or tail out of it</u> (am unable to understand it).
「다시 한번 설명해 봐, 뭐가 뭔지 모르겠어.」

□ They <u>can't see beyond the end of their nose</u> (are not far-sighted). They are self-centered.
「그들은 너무 근시안이다. 자기네들 위주니까.」

□ The fog was so thick I <u>couldn't see his hand in front of his face</u> (was unable to see very far).
「안개가 너무 짙어서 코 앞이 안 보일 정도였다.」

□ I <u>can't stand</u> (am unable to tolerate) foul language.
「상스러운 소리에 참고 있을 수 없다.」

☐ I strongly doubt that the late Soviet Union and the United States could have drawn a line on our land if we had been solidly united; we <u>can't see woods for trees</u> (criticize small things and do not see the aim of future achievement).
「우리가 하나로 뭉쳤다면 구 소련과 미국이 과연 우리의 땅 위에 선을 그을 수 있었을지 생각해 본다. 우리는 작은 일에 매달려 앞으로의 큰 일을 못 보고 있다.」

♣ **carry the ball** : take the most important part (가장 중요한 책임을 지다)

> Jung-mi can always be depended on to *carry the ball*.
> 「어려운 일이 생기면 정미가 언제나 책임지고 일을 해결한다.」

☞ 1920년경 미식축구에서 생겨난 말이다. 공을 가진 사람은 게임의 향방을 책임진 사람이다. 운동 경기를 비롯한 모든 일에 무거운 책임을 지는 사람은 미식축구에서 공을 가진 사람만큼이나 책임이 무거운 법이다. **carry**의 용례를 보기로 한다.

☐ Everyone likes to win a game, but don't get <u>carried away</u> (excited).
「모두가 경기에 이기기를 좋아하지만 너무 흥분해서는 안 돼.」

☐ Soon-ho <u>is carrying a torch for</u> (is in one-side love with) Sung-sook.
「순호는 성숙이를 짝사랑하고 있다.」

☐ To give money to Mr. Jung is like <u>carrying coals to Newcastle</u> (doing something unnecessary).
「돈 많은 정씨에게 돈을 주는 것은 쓸데없는 일이다.」

☐ That guy <u>carried on endlessly about his father</u> (made a endless fuss over his father).
「저 녀석은 자기 아버지를 끊임없이 성가시게 굴었다.」

☐ Can I <u>carry on</u> (continue with) my work now?
「하던 일을 계속해도 됩니까?」

☐ When we'd just <u>carry our weight</u> (do our share), they would finish this work soon.
「우리가 우리 몫의 일만 해 준다면 그들은 곧 이 일을 끝낼 것이다.」

☐ It's a hard work but I'll <u>carry my cross</u> (endure my difficulties).
「그 일은 어려운 일이지만 참고 견디겠다.」

☐ The wind <u>carried away</u> (moved away) my hat.
「바람이 내 모자를 날려 보냈다.」

☐ The actor carried off (performed successfully) the trick with great skill.
「그 배우는 매우 능숙한 솜씨로 마술을 해냈다.」

☐ Listen carefully and carry out (do) my instructions.
「주의해 듣고 자시대로 해야 해.」

☐ They'll carry the amount of money due over (let the amount of money extend) into the next month.
「그들은 지불 기일이 된 금액을 다음 달로 이월할 생각이다.」

☐ Moon-soo seams to be carrying the weight of the world on his shoulders (burdened by all the problems in the whole world).
「문수는 마치 이 세상 걱정을 혼자서 짊어진 듯한 모습이다.」

☐ His suggestion is quite good, but since he is not a member of the club, it carries no weight (doesn't have significance).
「그의 제안은 꽤 쓸만하지만 그가 클럽회원이 아닌이상 설득력이 없다.」

☐ Moon-soo is carrying a heavy load on (heavily drunk).
「문수는 잔뜩 취해 있다.」

☐ He even carried the stick (lived as a hobo) for a while in the seventies.
「그는 70년 대에 한때 건달 노릇까지 한 일이 있다.」

☐ Mr. Chai was not able to carry through my suggestions (put my suggestions into action).
「채씨는 내가 제안한 대로 해낼 수가 없었다.」

☐ Our army carried off the palm (gained the victory) in the battle.
「우리 육군은 전투에서 이겼다.」

☐ Your timely help made me greatly carry the day (succeed in my aim achieved).
「때마침 도와 주어서 그 일을 성공리에 끝내는데 큰 도움이 되었다.」

♣ **cash on the barrelhead** : money paid at once (현찰로 지급한 돈)

> He paid *cash on the barrelhead* for a new house.
> 「그는 현금을 주고 새 집을 샀다.」

☞ 약 백년 전 미국의 변방 지대에 허름한 선술집이 있었다. 이 통나무 오두막 술집은 술통과 카운터만 겨우 들어갈 정도로 보잘 것 없는 곳이었다. 손님이 그 싸구려 술 한 모금이라도 맛보려면 반드시 통뚜껑(**barrelhead**) 또는 카운터에 현금을 놓아야 했다.

cash의 용법 몇 가지를 들어 본다.

☐ The message as I understand it now is that they <u>cashed in on</u> (made a profit from) our weakness.
「지금에 와서 그 말 속에 담긴 뜻을 이해하고 보니 그들이 우리의 약점을 이용한 것이었다.」

☐ I am too young to <u>cash in my chips</u> (die).
「내가 죽기에는 너무 젊다.」

☐ I need to <u>cash in an insurance</u> (exchange an insurance with cash).
「보험 증서를 주고 현금을 찾아야겠다.」

☐ He put a considerable part of money in a dependable <u>cash cow</u> (source of money) that pays off once a month.
「그는 한 달에 한 번씩 돈이 나오는 확실한 돈방석에 상당한 부분의 돈을 투자하였다.」

☐ They raise cabbages to eat, but tobacco is their <u>cash crop</u> (a crop grown to be sold).
「그들은 먹기 위해 양배추를 기르고 팔기 위해 담배를 기른다.」

☐ Some stores sell <u>cash-and-carry</u> (with no credit).
「어떤 가게는 배달없이 현금으로만 판다.」

♧ **cast pearls before swine** : waste good things on someone who won't understand
(개발에 편자)

> To pray for them is to *cast pearls before swine* (waste something valuable on something worthless).
> 「그들을 위하여 기도하는 것은 개발에 편자다.」

☞ 신약성서 마태복음 **7**장 **6**절에 있는 말이다. 내용은 설명이 필요 없을 것이며 우리말에 "개발에 편자" 따위에 서양 사람은 "돼지 앞에 진주"라고 쓰고 있다고 생각하면 된다. cast의 용법 몇 가지를 들어 본다.

☐ Myung-hee is <u>casting about for</u> (seek) a way to win the beauty contest.
「명희는 미인 선발 대회에 입선할 수 있는 방법을 모색하고 있다.」

☐ My teacher <u>cast doubt about</u> (distrust) my story.
「선생님은 내 말을 믿지 않으셨다.」

☐ He'll decide to <u>cast his lot with them</u> (join in with them and accept whatever happens).

「그는 그들과 운명을 같이하기로 결심 할 것이다.」

☐ You shouldn't <u>cast out</u> (throw out) people like that.

「자네는 그처럼 사람들을 마구 몰아 내서는 안 돼.」

☐ That fellow was the one who <u>cast the first stone</u> (make the first criticism), but she sang horribly.

「저 친구가 먼저 나서서 비판한 거지만 사실 그 여자 노래는 형편없었다.」

☐ Dong-yul felt <u>cast down</u> (discouraged) when he lost the game.

「동열이는 시합에 져서 풀이 죽었다.」

☐ Sung-ho <u>cast off</u> (unfastened) the line and they were soon in open water.

「성호가 밧줄을 풀자마자 그들은 넓은 바다로 나아갔다.」

♣ **cat and mouse** : capturing and releasing someone over and over (고양이가 쥐 놀리기)

The police played *cat and mouse* with the suspect until they had sufficient evidence to make an arrest.

「경찰은 구속하기에 충분한 증거가 확보될 때까지 용의자를 고양이 쥐 놀리듯 잡았다 놓아주곤 하였다.」

☞ 영국에서 1913년경 체포되었던 여성 참정권론자들이 단식 투쟁을 벌인 데서 시작된다. 정부에서는 보복으로 "Prisoners Temporary Discharge for Ill Health"라는 법을 만들어서 단식으로 죽어가는 죄수들을 풀어 놓아주고 이들이 집에 돌아가서 음식을 먹고 기운을 차리면 다시 잡아들였다. 이를 본 입바른 비판자들은 이 악법을 고양이와 쥐의 법령(The Cat and Mouse Act)이라고 냉소적 비난을 가했다. cat의 용례를 들어 본다.

☐ I called him a <u>copy cat</u> (imitator) just because his new shoes look just like mine.

「그의 신발이 내 것과 같기 때문에 난 그를 모방자라고 불렀다.」

☐ "<u>Curiosity killed the cat</u> (Getting too nosy may lead you into trouble)". Joon-ho's father said, when he found Joon-ho hunting around in closets just before Christmas.

「크리스마스 바로 전에 준호가 벽장 속을 마구 뒤져대자 아버지가 "호기심이 사람 잡는 법이란다"하고 타이르셨다.」

130

☐ Soon-mi <u>was a fraidy-cat</u> (was eaily frightened) and wouldn't go in the water.
「순미는 겁보라서 물 속에 들어가려고 하지 않았다.」

☐ We wanted to surprise Soon-mi with a birthday gift, but Sung-soo <u>let the cat out of the bag</u> (disclosed the secret) by asking her what she would like.
「우리는 순미의 생일 선물을 몰래 준비하여 그녀를 놀라게 하려 했으나 성수가 순미에게 무슨 선물이 갖고 싶으냐고 묻는 바람에 허사가 되어버렸다.」

☐ During the busiest season, the merchants tried to get rid of all their <u>cats and dogs</u> (slow selling goods).
「대목철에 상인들은 평소에 잘 안 나가는 물건들을 처분하려고 안간힘을 쓴다.」

☐ When Mi-jung won the Olympic gold medal, she went home <u>looking like the cat that ate the canary</u> (looked very self-satisfied).
「미정이는 올림픽에서 금메달을 땄을 때 의기양양한 표정으로 집에 돌아왔다.」

☐ In the middle of the picnic it started to <u>rain cats and dogs</u> (rain very hard), and everybody got soaked.
「소풍이 한창 무르익을 때 비가 억수처럼 쏟아지기 시작하여 모두 함빡 젖었다.」

♣ **catch-22** : a condition or requirement hard to fulfill (모순된 규칙에 얽매이기, 진퇴양난인 상태)

That really puts me in *a catch-22*.
「그거 정말 날 이러지도 저러지도 못하게 하는군.」

☞ 미국 작가 **Joseph Heller**의 소설 제목 **Catch-22**(당초 Catch-18이었으나 발간 직전 바꿈)에서 부터다. 그의 소설 속에 미국 조종사는 과도한 모험적 임무를 억지로 수행케 되는데 이들이 나중에는 미치게 될 때에야 겨우 임무를 면할 수 있게 되었다. 하지만 조종사들은 임무 수행 중에 죽지 않으려고 미칠 수도 없었다. 이제 **catch**의 용례를 들어 본다.

☐ They went hitchhiking for a week and lived <u>catch-as-catch-can</u> (the best they could do whatever was available).
「그들은 일주일 동안 차를 얻어타고 다니면서 어떻게 해서든지 견뎌나갔다.」

☐ I'll <u>catch some forty winks</u> (get some sleep) before getting ready for the party.
「파티 준비를 하기 전에 잠깐 눈을 좀 붙여야겠다.」

☐ He <u>caught the devil</u> (was severely scolded) yesterday for being late.

「그는 어제 늦었기 때문에 호되게 꾸지람을 들었다.」

☐ He <u>caught hold of</u> (grasped) me just as I slipped and fell.

「내가 미끄러져 쓰러지려한 때 그가 붙들었다.」

☐ She thought that he wouldn't <u>catch on</u> (figure out).

「그녀는 그가 간파하지 못하리라고 생각했다.」

☐ Mi-young couldn't convince them she were innocent. They <u>caught her with her pants down</u> (caught her in the act).

「미영이는 그들에게 자신의 결백을 이해시킬 수 없었다. 현행범으로 붙들렸기 때문이다.」

☐ He ran so fast that it took ten minutes to <u>catch his breath</u> (resume his normal breathing).

「그는 너무 빨리 달렸기 때문에 숨을 돌릴 때까지 십분이 걸렸다.」

☐ The child <u>caught sight of</u> the robber (saw the robber briefly) as he ran out of the bank.

「도둑놈이 은행에서 달아날 때 그 아이는 도둑을 언뜻 보았다.」

☐ The robbers <u>caught Sung-min off balance</u> (surprised Sung-min) and stole his purse.

「도둑들은 성민이를 기습하여 지갑을 뺏아 갔다.」

☐ Woo-sung tried to cash a forged check at the bank, and the teller <u>caught him red-handed</u> (caught him in the act).

「우성이는 위조 수표 한 장을 은행에서 현금으로 바꾸려다가 은행원에게 현행범으로 잡혔다.」

☐ Min-soo <u>caught Sung-mi's eye</u> (attracted Sung-mi's attention) and waved to her.

「민수는 성미의 눈에 띄자 손을 흔들었다.」

☐ The blue car <u>caught up with</u> (ran faster in order to reach) the red one.

「파란색 차는 붉은색 차를 따라 잡았다.」

☐ Lots of innocent people are always <u>caught in the cross fire</u> (caught between two fighting people).

「많은 사람들이 언제나 고래 싸움에 새우등 터진다.」

☐ Song-hi and Min-woo tried to draw me into their argument, I don't like being <u>caught in the middle</u> (caught between two arguing people).

「송회와 민우는 그들의 말다툼에 나를 끌어들이려 하는데 난 그런 난처한 일에 끼어들고 싶지 않다.」

□ He needed eggs for his cake, but he was <u>caught short</u> (without eggs he need-
ed).
「그는 과자 만드는 데 계란이 필요했지만 계란이 없었다.」

□ Sang-soo <u>got it in the neck</u> (was blamed) because he left the door open when
the wind blew.
「성수는 바람이 부는데도 방문을 닫지 않아 꾸지람을 받았다.」

□ The song <u>caught on</u> (became popular) and was sung and played everywhere.
「그 노래는 인기가 올라가서 어디서나 불려지고 연주되었다.」

□ Soon-ho fell in the icy water and almost <u>caught his death of</u> (became very ill
with) cold.
「순호는 얼음물에 빠져서 초죽음이 되도록 감기가 걸렸다.」

□ The day after tomorrow I'll go to the beach and try to <u>catch some rays</u> (get
tanned).
「모레는 해변으로 가서 일광욕을 좀 해야겠다.」

♣ **chicken feed** : a very small sum of money (작은 돈)

> Mr. Jung is so rich he thinks three hundred million won is *chicken feed*.
> 「정씨는 워낙 돈이 많아서 삼억 원쯤은 과자 값으로 여긴다.」

☞ 미국의 개척 시대에 생겨난 말이다. 어렵게 살림을 꾸려가야 했으므로 보잘 것 없는 곡
식 낟알을 조금씩 닭모이로 줄 수 밖에 없었다. 지금은 소액의 돈이나 동전 등 값어치
없는 것을 비유적으로 표현하는 말로 쓰여진다. chicken의 용례를 들어 본다.

□ Sung-mi was going to go parachuting with us, but she <u>chickened out</u> (with-
drew from parachuting due to fear) at the last minute.
「성미는 우리와 함께 낙하산 타러 가기로 했으나 마지막 순간에 겁이 나서 꽁무니를
뺐다.」

□ You are <u>chicken-hearted,</u> (cowardly) but I still love you.
「넌 겁장이지만, 그래도 널 사랑한다.」

□ <u>Your chickens will come home to roost</u> (Your acts will come back to cause
trouble for you) some day.
「언젠가 너의 그 못된 짓이 널 망치고 말거다.」

□ Joo-in <u>pulled the chicken switch on</u> (surprised) his neighbors when the

grease started burning in the kitchen.
「주인이는 부엌에서 윤활유에 불이 붙자 온 이웃을 떠들썩하도록 놀라게 했다.」

☐ You may be disappointed if you <u>count your chickens before they are hatched</u> (plan how to utilize good results of something before those results have occurred).
「김칫국부터 마시다간 실망하기 쉬워.」

☐ I <u>go to bed with the chickens</u> (go to bed early at night) because I have to get up at 5 A.M..
「난 아침 다섯 시에 일어나야 하니까 일찍 잔다.」

☐ The player is no <u>spring chicken</u> (young person), but he can show the young players what to do.
「저 선수는 나이는 들었지만 젊은 선수들에게 시범은 보일 수 있어.」

♣ **clean up** : make a great profit (크게 벌다)

> Sung-man *cleaned up* by taking a job selling encyclopedias.
> 「성만이는 백과 사전 판매업으로 떼돈을 벌었다.」

☞ 19C 미국에서 clean up이라면 농작물을 수확(gathering)하는 것이었다. 19C 말 금광 붐이 일자 노다지 캐기라는 뜻으로 바뀌어 쓰였는데, 그 이유는 자갈(gravel)에서 금을 분리하기만 하면 되었기 때문이다. clean의 용례를 들어 본다.

☐ The laxative <u>cleaned out</u> (removed everything from inside) Mi-jung in a few hours.
「몇 시간 설사로 미정이는 뱃속이 텅 비었다.」

☐ If you don't <u>clean up your act</u> (reform your conduct), you'll be in prison.
「못된 버릇 고치지 않으면 교도소로 가야 돼.」

☐ The army surgeon gave him <u>a clean bill of health</u> (certificate that he has no infectious disease).
「군의관은 그에게 건강 증명서를 발급해 주었다.」

☐ Sung-woo grew up in a bad neighborhood, but he grew up <u>with clean hands</u> (innocently).
「성우는 나쁜 환경에서 자랐지만 때묻지 않게 자라났다.」

☐ Jung-soo was sent to the principal for chatting. He had <u>a clean slate</u> (a record of nothing but good conduct) so the principal didn't punish him.

「정수는 잡담을 했다는 이유로 교장 선생님에게 불려갔다. 그의 품행 기록에 이상이 없으므로 교장 선생님은 용서해 주셨다.」

☐ The man suspected of stealing the watch <u>came clean</u> (confessed) after long questioning.
「시계를 훔친 혐의를 받고 있던 남자가 오랜 심문 끝에 털어놓았다.」

☐ I said he could have the job as long as he <u>kept his nose clean</u> (stayed out of trouble) and worked hard.
「난 그 사람에게 "말썽 일으키지 말고 열심히 일하기만 한다면 일자리를 얻을 수 있다"고 말해 주었다.」

☐ The police caught the hit-and-run driver and he <u>made a clean breast of his crime</u> (admitted his guilt).
「경찰이 뺑소니 운전자를 붙잡자 자신의 잘못을 자백했다.」

☐ The new principal has changed many of the school rules. <u>A new broom sweeps clean</u> (A new person makes many changes).
「새 교장 선생님은 많은 학교 규칙을 바꾸셨다. 신임자는 개혁을 좋아하는 법이거든.」

☐ When Sung-soo heard the police coming, he <u>showed a clean pair of heels</u> (ran away).
「성수는 경찰이 오는 소리를 듣자 줄행랑을 쳤다.」

☐ I'll never forgive myself for becoming associated with Joo-ho ; he <u>took me to the cleaners</u> (cheated me out of my money and possessions).
「내가 주호같은 사람과 동업을 해서 빈털터리가 되도록 당한 것을 참을 수 없다.」

♣ **clear the decks** : make everything ready (활동 준비하다)

> I have already *cleared the decks* for anything.
> 「이제 어떤 일이라도 감당할 준비가 되어 있다.」

☞ 18C 경 해군에서 수병들에게 전투 준비를 명한 데서 비롯된다. 원래는 싸움이나 전투에 한정되었으나 이제 비유적으로 다른 일의 준비에도 쓰이게 되었다.
clear가 쓰여지는 몇 가지 예를 들어 본다.

☐ It'll be better if we <u>clear the air</u> (get rid of doubts).
「우린 의심을 떨쳐버리는 게 좋아.」

☐ Will you please help <u>clear the table</u> (remove the dishes from the table) after a meal?

「식사 후에 설거지 좀 도와 줄래?」

☐ I knew right then that it was time to <u>clear out</u> (leave).
「바로 그 때 떠나야 할 때라는 것을 알았다.」

☐ There is too much music stacked on the piano. Please <u>clear it off</u> (remove it from the top of piano).
「피아노 위에 악보가 너무 많이 쌓여 있어. 좀 치워.」

☐ We had to <u>clear out the closet</u> (make the closet empty) in order to find the broom.
「우리는 빗자루를 찾기 위해서 벽장에 있는 것들을 끄집어내야 했다.」

☐ I told you your pimples would <u>clear up</u> (cure itself) without special medicine.
「너의 여드름은 별다른 약을 쓰지 않더라도 저절로 낫는다고 내가 말했잖아.」

☐ I did all the reading, but it's still <u>clear as mud</u> (not clear at all).
「난 그것을 모두 읽었지만 아직도 전혀 이해가 안 간다.」

☐ Joo-hoo is very <u>clear-eyed</u> (wise). He always examine his own weakness and try to overcome it.
「주호는 총명해. 그는 언제나 자신의 약점을 돌아보고 그것을 이겨 나가려고 하거든.」

☐ When his father had disappeared around the corner, Moon-soo said, "Come on, <u>the coast is clear</u> (there is no one to see you)."
「아버지가 모퉁이로 사라지자, 문수는 "자, 이제 아무도 없다"라고 말했다.」

☐ The plane climbed above the clouds and was flying <u>in the clear</u> (with nothing to limit flying).
「비행기가 구름 위로 솟아오르자 거침없이 날고 있었다.」

☐ Soon-hi had to do her homework and help her mother before she could <u>see her way clear</u> (feel that she was free) to go to the movies with Soon-mi.
「순희는 마음놓고 순미와 같이 영화보러 가기 전에 숙제를 해치우고 어머니를 도와드려야 했다.」

☐ A ship <u>steers clear of</u> (go around without touching) a rocky shore in stormy weather.
「폭풍우가 치는 날에는 배가 암초가 많은 해안을 피해간다.」

♣ **close as a clam** : stingy (인색한)

> He is as *stingy as a clam.*
> 「그는 매우 인색하다.」

☞ 1916년경 미국에서 생겨난 말이다. **clam up**은 입을 다문다는 말이고 **close**와 더불어 인색하다는 말이다. 껍질(**shell**)을 오므린 채 말없는 조개(**clam**)에서 온 표현임을 어렵지 않게 알 수 있다. **close**의 용례를 간추려 본다.

☐ **When you are cooking, you should keep all ingredients close at hand (within reach).**
「요리를 할 때에는 모든 재료들을 가까이 두어야 한다.」

☐ **The wolves closed in on (surrounded) the elk.**
「늑대들이 큰 사슴을 에워싸며 다가왔다.」

☐ **He just closed his eyes to (ignored) the problem and pretended that it wasn't there.**
「그는 그 문제를 못 본 체하고 문제가 없는 체 했다.」

☐ **We can fight this menace only if we close the ranks (join with ourselves).**
「우리가 굳게 단합한다면 이러한 위협쯤 이겨낼 수 있다.」

☐ **They closed ten people out of (prevented ten people from joining in) the trip to Japan.**
「그들은 일본 여행에서 열 명을 제외시켰다.」

☐ **The manager closed down the factory (put the factory out of business) for the holidays.**
「지배인은 휴일 중에 공장을 닫았다.」

☐ **They have to close out (sell off) spring dresses in June.**
「그들은 6월에 봄옷을 싸게 팔아버려야 했다」.

☐ **It's time to close the books on (put an end to) the case.**
「그 사건은 이제 끝을 맺어야 할 때다.」

♣ **cock-and-bull story** : a story which is a lie (터무니없는 이야기)

> **Don't give me that *cock-and-bull story*.**
> 「그 따위 헛소리 하지마라.」

☞ 길게 횡설수설 되풀이하여 꾸며대는 허풍스러운 거짓말은 **1,600**년경부터 쓰여온다. 수탉과 황소가 사람의 말을 주고 받는다는 것인데 도저히 있을 수 없는 이야기다. 그래서 그저 꾸며댄 헛소리라는 말이 된다. **cock**의 용례를 들어본다.

☐ **Who came up with the cockeyed (crazy) idea, any way?**

「도대체 누가 이따위 얼빠진 생각을 해냈나?」
- [ ] I was thinking about quitting job, but my wife told me not to <u>go at half cock</u> (quit before ready).

「난 직장을 때려치울 생각을 하고 있었지만, 집사람이 나에게 성급히 서둘지 말라고 타일렀다.」

- [ ] The picture ends with a <u>cockamamie</u> (crazy) implication that love will conquer all.

「그 영화는 사랑이면 모든 것이 이루어진다는 시시한 의미를 함축하는 것으로 끝났다.」

♧ **cold shoulder** : a cool reception (냉대)

I got the *cold shoulder* at the office today.
「오늘 사무실에서 쌀쌀하게 대하던데.」

☞ Scotland의 작가 **Sir Walter Scott (1771-1832)**에 의해 19세기 초에 쓰여진 이 말은 당시의 손님을 접대하던 관습에서 온다. 주인이 반가운 손님에게 따뜻한 고기를 대접하고 반갑지 않은 손님에게는 차가운 양의 어깨고기를 대접한 데서이다. **Scott**의 이전 **Victoria** 시대에도 이러한 관습과 표현이 있어 왔다. cold의 용례를 살펴본다.

- [ ] He wants to be paid in <u>cold, hard cash</u> (cash), and he wants to be paid now!

「그는 수표나 어음 따위가 아닌 현금으로 받고 싶어해, 그것도 당장말이다.」
- [ ] You have to shake hands with <u>a cold fish</u> (a dull and unresponsive person) sometimes.

「넌 저런 소극적이고·냉담한 사람하고도 가끔씩 악수를 해야 해.」
- [ ] He stopped smoking cigarettes <u>cold turkey</u> (suddenly, without tapering off) and had to be hospitalized.

「그는 담배를 딱 끊고 병원 신세를 지게 되었다.」
- [ ] When Yoon-Hyun lost the game, it was <u>cold comfort to him</u> (something that made him feel very little better) to hear that he could try again in the next Olympic Games.

「윤현이 시합에 졌을 때 그에게 다음 올림픽에 다시 참가할 수 있을 것이라는 말은 달갑지 않은 위로였다.」
- [ ] The horror movie <u>made the children's blood run cold</u> (made the children terrified).

「그 괴기 영화는 아이들의 등골을 오싹하게 했다.」

☐ Sung-mi <u>blew hot and cold</u> (was changeable) about going to college;everyday she changed her mind.

「성미는 대학 진학 문제로 이랬다저랬다 하였다. 매일같이 마음을 바꿨으니까.」

☐ The deserters planned to shoot <u>in cold blood</u> (without feeling) anyone who got in their way.

「탈영병은 방해되는 사람들은 모조리 무자비하게 사살할 작정이었다.」

☐ All the other children were chosen for parts in the play, but Joon-ho was <u>left out in the cold</u> (not included).

「다른 모든 아이들은 놀이에서 편짜기에 들어갔지만 준호는 외톨이로 남았다.」

☐ The furnace went off and the radiators were <u>stone-cold</u> (completely cold).

「용강로는 꺼졌고 방열기는 완전히 식었다.」

☐ We had high hopes of victory but our opponents soon <u>threw cold water on</u> (discouraged) us.

「우리는 승리하리라는 낙관적인 희망을 가졌으나 곧 상대팀이 우리의 희망에 찬물을 끼얹졌다.」

♣ **come to a head** : come to a crisis point (때가 무르익다)

> The issue *came to a head* when the chairman was called on to disclose the name of the present keeper of the orchid folding screen if he really knew who he was.
>
> 「그 문제는 의장에게 난초 병풍 소유자를 정말 알고 있다면 현재의 소유자를 밝히라고 요구했을 때 절정에 이르렀다.」

☞ 종기가 곪게 되면 제일 윗부분(head)에서 물러터진다. 여기서 **come to a head**가 된다. 또한 배추를 가꿔 온 농부들은 배추잎이 오그라져 결구(bulb up)되기를 기다려서 수확하게 되는데, 이 결구(結球)는 잎이 머리모양으로 된다는(leaves come together and form a head) 말로서 몇 백년 전부터 있어 오던 말이다.

come의 용례를 몇 가지 들어 본다.

☐ I invested all my money in the stock market just before it fell. Boy, did I <u>come a cropper</u> (fail).

「난 주식값이 떨어지기 직전에 있는 돈 몽땅 주식에 투자했어. 아, 이제 나는 쫄딱 망했어.」

☐ This <u>came about</u> (happened) due to the severe weather.

「이것은 혹독한 날씨 때문에 일어났다.」

☐ In Gyung-gi-do, I <u>came across</u> (happened to find) this beautiful little stream just full of fish.
「난 경기도에서 우연히 물고기가 우글거리는 여기 자그마한 아름다운 내를 발견했어.」

☐ I was so upset that I almost <u>came apart at the seams</u> (suddenly lost my self-control).
「속이 뒤집혀서 정말 정신을 못 차릴 지경이었다.」

☐ He thought I'd never agree, but in the end I <u>came around</u> (agreed).
「그가 생각하기를 내가 동의하지 않을 줄 알았지만 난 끝내 동의하고 말았다.」

☐ The dog snarled and <u>came at</u> (threatened) me, but he didn't get bitten.
「개는 으르렁댔지만 그는 물리지는 않았다.」

☐ The five nuclear powers are called upon to seek a total and lasting ban of nuclear testing so as to muster wide support from the other members of NPT. They musn't <u>come away empty-handed</u> (return without anything this time).
「5개 핵 보유국은 다른 NPT 회원국들로부터 폭 넓은 지지를 얻어낼 수 있는 완벽하고 영속적인 핵실험 금지 조치를 강구할 것이 요망된다. 이번에는 이들이 성과없이 돌아와서는 안 된다.」

☐ You'd better stay at home, You don't have to <u>come between</u> (interfere with) Joong-gil and his brother.
「넌 집에 있는 게 나아. 중길이와 그의 형 사이에 끼어들어서는 안 되니까.」

☐ You are borrowing trouble if you <u>come clean with</u> (tell the whole story to) the police.
「경찰에게 털어놨다가는 사서 고생하게 돼 있어.」

☐ The boss <u>came down hard on me</u> (scolded me severely) for coming to work late this morning.
「사장은 오늘 아침 내가 출근을 늦게 했다고 호되게 나무랐다.」

☐ If I lost my job, I am sure I'd <u>come down in the world</u> (lose my social position), too.
「내가 실직한다면 내 꼴도 몰락하는 것이 빤해.」

☐ He has very good ideas, but he must <u>come down to earth</u> (be realistic).
「그의 생각은 좋기는 하지만 현실적이어야 해.」

☐ The matter <u>comes down to</u> (is reduced to) a power struggle between the trade union and the directors.
「사태는 노조와 회사측간의 힘겨루기로 귀결된다.」

- ☐ I am afraid I am <u>coming down with</u> (become ill with) a cold.
  「어쩐지 감기가 드는 것 같다.」
- ☐ He keeps goods that <u>come from far and wide</u> (come from many different places).
  「그는 여기저기서 온 상품들을 팔고 있다.」
- ☐ Joon-young <u>came in for</u> (received) a good dressing-down when he arrived home.
  「준영이는 집에 돌아와서 크게 야단을 맞았다.」
- ☐ A nice cool drink would <u>come in handy</u> (useful) about now.
  「이런 때에 정말 시원한 마실 거라도 있었으면 좋겠다.」
- ☐ Jin-gil will fail if he doesn't <u>come in out of the rain</u> (become alert and sensible) and study.
  「진길이가 정신을 똑바로 차리고 공부하지 않으면 실패한다.」
- ☐ I <u>came into my own</u> (achieved my proper recognition) since my parents left home, and am making a new life for myself.
  「부모님이 집을 떠난 후에야 나는 올바른 진가를 인정받게 되었고, 나 자신을 위한 새 생활을 하고 있다.」
- ☐ Soon-mi <u>came into</u> (inherited) a house and a new car when her rich aunt died.
  「순미는 그녀의 돈 많은 숙모님이 돌아가실 때 집과 새 차를 물려받았다.」
- ☐ When Sung-sik <u>comes of age</u> (reach lawful age) he will buy his own car.
  「성식이는 성년이 되면 자신의 차를 사려고 한다.」
- ☐ What time does this wedding <u>come off</u> (take place)?
  「결혼식은 언제 열리는 거냐?」
- ☐ Why do I always <u>come off second-best in an argument with</u> (lose out in an argument to) you?
  「어째서 난 언제나 입씨름에서 너에게 지는 걸까?」
- ☐ He hopes you <u>come out ahead</u> (end up with a profit) with your investments.
  「그는 네가 투자해서 성공하기를 바라고 있다.」
- ☐ Some workers <u>came out for</u> (announced their support for) a longer work week.
  「일부 종업원들은 주 노동 시간을 늘리는 것에 찬성을 표했다.」
- ☐ He'll come to himself again. It will <u>come out in the wash</u> (work out all right).
  「그는 다시 제 정신을 차리게 될 것이다. 그 일은 잘 될 것이다.」

☐ Song-mi, you should <u>come out of your shell</u> (be more sociable) and spend more time with your friends.
「송미야, 서름서름하게 굴지 말고 친구들하고 좀 더 어울리도록 해야 해.」

☐ You'd better <u>come out of your closet</u> (reveal your secret interests) and tell me everything.
「속 마음을 털어놓고 죄다 내게 말하는 게 좋아.」

☐ He was in a good mood, though, when he <u>came across an old letter</u> (found an old letter by chance) in the garage from his mother so he wasn't upset with his kids not paying attention to him.
「그러나 그는 차고에서 어머니의 편지를 우연히 발견하고는 기분이 좋아져서 아이들이 그를 본 척도 안했지만 화를 내지는 않았다.」

☐ Sometimes Joong-gil <u>comes out with</u> (says) the most interesting comments.
「가끔 중길이는 가장 재미있는 비평을 하기도 한다.」

☐ Sung-soo was formerly an enemy spy, but six years ago he <u>came over</u> (changed sides).
「성수는 전에 적의 간첩이었으나 육 년 전 전향하였다.」

☐ There is a tack in the sole of my shoe. It had better not <u>come through</u> (penetrate).
「신발 밑바닥에 압정이 꽂혀있다. 제발 발을 꿰뚫고 올라오지 말아야 할텐데.」

☐ He threw a little cold water in my face, and I <u>came to</u> (became conscious) immediately.
「그가 나에게 찬물을 약간 끼얹자 순식간에 정신이 들었다.」

☐ The building project <u>came to standstill</u> (stopped) because the workers went on strike.
「근로자들이 파업하는 바람에 주택 건설 공사는 중단되어 버렸다.」

☐ Mr. Jang <u>came to an untimely end</u> (came to an early death) in a car accident.
「장씨는 자동차 사고로 요절하고 말았다.」

☐ We got excited about the accident, but we never actually <u>came to blows over</u> (fought about) it.
「우리는 그 사건에 대하여 흥분하였지만 그런 일로 실제 주먹 다짐까지 가는 일은 결코 없었다.」

☐ The wedding party <u>came to grief</u> (had trouble) when the bride passed out.
「신부가 기절하자 결혼 잔치는 엉망이 되었다.」

☐ Most students have a hard time <u>coming to grips with</u> (comprehending) alge-

bra.
「대부분의 학생들은 대수와 씨름하는 데 애를 먹고 있다.」

☐ If too many bad things <u>come to light</u> (become known), he may lose his job.
「나쁜 일이 너무 많이 드러나면 그는 직장을 잃을지도 모른다.」

☐ In the morning he doesn't <u>come to his senses</u> (become conscious)until he has had three cups of coffee.
「아침에 그는 커피 세 잔을 마시지 않고서는 정신이 돌아오지 않는다.」

☐ He couldn't <u>come to terms with</u> (learn to accept) his wife's unchastity.
「그는 아내의 부정을 묵과할 수 없었다.」

☐ The question of salary <u>came to the fore</u> (became important) at that time.
「그 당시 급료 문제가 중요하게 대두되었다.」

☐ When his mother died in a car accident, he <u>came unglued</u> (lost emotional control) and cried and cried.
「자동차 사고로 그의 어머니를 잃게 되자 그는 자제력을 잃고 울고 또 울었다.」

☐ In his history class, he worked and worked and finally <u>came up from behind</u> (approached).
「역사 시간에 그는 열심히 공부하여 끝내 친구들을 따라잡았다.」

☐ My mom is always able to <u>come up with</u> (supply me with) a snack for me in the afternoon.
「우리 어머니는 언제나 오후에 내게 간식을 차려줄 수 있다.」

☐ He <u>came within an inch of</u> (came very close to) falling off the roof.
「그는 하마터면 지붕에서 떨어질 뻔 하였다.」

☐ Min-soo is <u>coming right along</u> (improving) on the piano.
「민수는 피아노 학습에 큰 진전이 있다.」

☐ Min-soo has <u>come a long way</u> (made great progress) since he broke his arm.
「민수는 팔이 부러진 후 상당히 회복되었다.」

☐ Min-soo's mother-in-law came to live in his home, and as time passed she <u>came between</u> (divided) him and his wife.
「민수의 장모는 민수의 집에 눌러 살려고 왔고, 세월이 지남에 따라 이로 인해 민수와 아내 사이에 파경을 몰고왔다.」

☐ Today's conservative businessperson has <u>come full circle</u> (totally changed his philosophy) from former radical student days.
「지금의 보수적인 실업가는 과거 그의 과격한 학창 시절과는 완전히 생각이 달라졌다.」

♣ **cook someone's goose** : ruin someone hopelessly (~를 망치다, ~를 악평하다)

> **Myung-ho's friend *cooked Myung-ho's goose*** by reporting what he knew to the police.
> 「명호의 친구는 그가 아는 사실을 경찰에 신고함으로써 명호의 희망은 산산조각이 났다.」

☞ 옛 **Greece**의 이야기에 황금알을 낳는 거위가 있었다. 이 거위를 기르는 농부 부부는 황금알을 한 개씩 밖에 낳지 않는 것이 너무나 성이 차지 않아 거위 몸 속에 한없이 들어 있을 것 같은 황금알을 한꺼번에 몽땅 뽑아내고 싶어서 거위를 잡았더니 거위 뱃속에 계란은 한 개도 없고 다만 덜 성숙한 계란만 자라고 있었다. 결국 성급하게 황금알을 낳는 거위를 잡는 일은 앞 일을 내다보지 못한 자신을 망치는 일이었다.
cook의 용례를 들어 본다.

☐ Let me see if I can <u>cook up</u> (improvise) a way to get you some money.
「너에게 돈을 좀 마련해주는 방법을 궁리해낼 수 있을 지 두고 보자.」
☐ Min-ho was sent to jail for <u>cooking the accounts</u> (cheating in book-keeping) of his uncle's store.
「민호는 삼촌의 가게에서 장부를 조작하다가 교도소로 갔다.」
☐ The new diner needs another <u>short-order cook</u> (cook who prepares food quickly).
「새로운 식당차에는 즉석 요리사가 한 사람 더 필요하다.」

♣ **cool as a cucumber** : calm and not agitated (냉정한, 침착한)

> **Moon-soo remained as cool as a cucumber** as the passengers boarded the lifeboats.
> 「승객들이 구명 보트에 탈 때 문수는 침착하기 이를 데 없었다.」

☞ **1970**년에 과학자들이 몇 백 년간 전해오는 민간 속설의 하나인 오이의 온도를 재어보기 전까지는 오이가 더운 날씨에 외기 온도보다 20도 낮은 것으로 알고 있었다. 이러한 옛 사람들의 믿음이 **as cool as a cucumber**로 표현된 것은 1610년 **Francis Beaumont**와 **John Fletcher**가 그들의 **Cupid's Revenge**라는 연극 작품에서 쓰기 시작하고 부터다. 이제 **cool**의 용례 몇 가지를 들어 본다.

☐ I wish all the heated labor disputes would <u>cool down</u> (lose heat) soon.
「열이 올라있는 노사 분규가 빨리 가라 앉았으면 좋겠다.」

☐ She spent all afternoon <u>cooling her heels</u> (waiting) in the waiting room while her husband talked on the phone.
「남편이 전화로 통화하고 있을 동안 그녀는 대기실에서 목이 빠지게 오후 내내 기다렸다.」

☐ Whatever you say to the judge in court, make sure you don't <u>blow your cool</u> (lose your temper).
「법정에서 판사에게 무어라고 말하든 자제력은 절대로 잃지 않아야 한다.」

♧ **corner the market** : buy up all the goods (매점(買占)하다)

> He has *cornered the stock* of wheat on the market for a long time.
> 「그는 시장에 나오는 밀을 오랫동안 매점해 오고 있다.」

☞ 19C 중엽 미국의 주식 시장에서 생겨난 말이다. 원래 한 종류의 주식 또는 상품(goods)을 사거나 팔려는 사람을 궁지(corner)로 몰아넣어 더 이상 선택의 여지를 주지 않는 drive someone into the a corner(궁지로 몰아넣다)에서 corner the market으로 발전하여 쓰이고 있다. corner의 용례를 몇 가지 들어 본다.

☐ We can't <u>cut corners</u> (reduce expenditures) when we are dealing with public safety.
「공공의 안전에 관한 한 비용을 절감할 수는 없다.」

☐ The fortuneteller told me that there was an adventure for me <u>just around the cornerer</u> (near at hand).
「점장이는 나에게 괴상한 일이 곧 닥칠 것이라고 했다.」

☐ People came from the <u>four corners</u> (all parts) of the world to see the Seoul Olympic Games.
「세계 각국에서 사람들이 서울 올림픽을 보러 왔다.」

☐ Sung-woo watched the boys across the street <u>out of the corner of his eye</u> (secretly) as he mowed the lawn.
「성우는 잔디를 깎으면서 길 건너편에 있는 소년들을 슬쩍 보았다.」

♧ **be on cotton** : feel pleased and happy (매우 기쁘고 행복한)

> **Sung-woo *was on high cotton*** when he found out that he got into college.
> 「성우는 자신이 대학에 들어가게 되었다는 사실을 알았을 때 너무도 기뻤다.」

☞ cotton(목화)은 원래 **Arab** 계열의 **algodon** 또는 **qutun**에서 온 **down**(솜털)이란 뜻이다. 푹신한 솜(cotton)을 높이 쌓아놓고 그 위에 올려 앉혀 비행기(**flattery**)를 태운다면 천하가 제 세상인 양 벙벙해질 것이다. **cotton**의 원뜻과 상관없어 보이는 **cotton to (like or agree to)**도 솜의 부드러움과 관계있으며, 또한 **knowtow**(고두 : 넓죽 엎드려 머리를 조아리는 절, 아부), **coition**(성교), **accost**(손님 끌다) 등의 영향도 있다. 이제 **cotton**의 용례를 간단히 들어 본다.

☐ Who is this <u>cotton-picking</u> (worthless) bigwig pushing us around?
「쥐뿔도 없이 잘난 체 우리를 못살게 구는 게 대체 어떤 작자냐?」
☐ I don't <u>cotton to</u> (like) your ogling my little sister.
「네가 내 어린 여동생에게 추파를 던지는 게 싫단 말이다.」
☐ I am sure I stand a good chance of being <u>in tall cotton</u> (successful) this time.
「난 이번에는 성공할 가능성이 클 것으로 자신한다.」

♣ **countdown** : a step-by-step process which leads to a launching of a rocket (로켓 발사 따위의 초읽기)

> ***Countdown*** starts at tomorrow midnight and continues for 24 hours.
> 「로켓 발사의 초읽기는 내일 밤 자정에 시작되어 24시간 계속된다.」

☞ **countdown**은 이제 비교적 일반화된 외래어로 볼 수 있으며 대체로 미국의 **Cape Canaveral**에서 생겨났다고 믿는 사람이 많을 것이다. 실은 독일의 과학 소설 **The Lady in the Moon**을 영화화한 감독 **Fritz Lang**이 만든 말이다. 그는 독일 **Nazis**의 탄압에 못 견뎌 1930년에 독일을 빠져나갔지만, 이 말은 여전히 독일의 로켓 발사에 쓰여졌고 나중에는 미국을 비롯한 세계 각국으로 퍼져나가게 되었다. **count**의 용례를 들어본다.

☐ Let's <u>count noses</u> (count people) so we can order hamburgers.
「햄버거를 주문하게 머리 수를 세어 보자.」
☐ He wants to buy a car he can <u>count on</u> (rely on) in winter weather.
「그는 겨울철에 믿고 탈 수 있는 차를 사기를 원한다.」
☐ If you are looking for a group to go mountain climbing, <u>count me in</u> (include

me) on it.
「등산할 사람들을 모집하고 있다면 나를 좀 끼워 주게.」

☐ Please <u>count me out</u> (exclude me) for the party next Saturday.
「다음 토요일 파티에서 나를 좀 빼 주게.」

☐ Please <u>count your packages up</u> (count your packages) and make sure you have them all.
「짐꾸러미 수를 모두 세어서 빠지지 않도록 챙겨라.」

☐ Father always told us to <u>count on ten</u> (wait a little while and calm down) before doing anything when we get angry.
「아버지는 우리들에게 늘 말씀하시기를 화가 나서 일을 저지르기에 앞서 잠깐 뜸을 들여 마음을 가라앉혀야 한다고 하셨다.」

☐ If you disagree with the party, you should be ready to <u>stand up and be counted</u> (let people know what you are for or against).
「당의 노선에 반대한다면 넌 기꺼이 자신의 입장을 밝혀야 한다.」

♣ **cross the Rubicon** : take an irreversible step (단호한 조치를 취하다)

Mr. Lee has already crossed the Rubicon to form a new political party.
「이씨는 이미 새로운 정당 창당을 위한 주사위를 던졌다.」

☞ Rubicon강은 Italy 중부에 있으며 Italy와 Gaul의 국경을 이루고 있었다. Caesar가 이 강을 건너 Rome Republic을 공격할 때 이미 되돌아 갈 길은 없었다. 따라서 결사 항전의 의지 표현으로 남게 되었다. cross의 용례를 살펴 본다.

☐ There is no sense in <u>corssing that bridge before you come to it</u> (worrying excessively before it happens).
「일이 닥치기도 전에 지레 걱정하는 것은 어리석은 일이다.」

☐ We hope you win the race this time. We are <u>keeping our fingers crossed for you</u> (hope for good outcome for you).
「우리는 네가 이번 경주에 이기기를 바래. 행운을 빌어.」

☐ I <u>crossed off</u> (eliminated) cabbages from the grocery list.
「나는 식료품 목록에서 양배추를 빼버렸다.」

☐ He <u>crossed me up</u> (gave me trouble) when he told Song-hi what I said.
「그는 내가 한 말을 송희에게 이야기함으로써 나를 궁지에 몰아넣었다.」

☐ Let me tell you what just <u>crossed my mind</u> (came to mind briefly).

「이제 막 생각난 것을 이야기해 줄 께.」

☐ He doesn't want to <u>cross swords with</u> (enter into an argument with) me.
「그는 나와 입씨름하기를 원치 않는다.」

☐ He sat on the bar stool, <u>cross-eyed</u> (drunk) and crying.
「그는 술집의 걸상에 앉아 술에 취해서 울고 있었다.」

☐ The soldiers on the bridge were caught in the <u>cross fire</u> (firing in a fight from several places at once).
「다리 위에 있던 병사들은 십자 포화를 받아 꼼짝 못하게 되었다.」

☐ Mr. Whang <u>crossed the wire</u> (finished a race) far ahead of Japanese runner.
「황 선수는 일본 선수보다 훨씬 앞서서 결승선에 들어왔다.」

☐ My parents are <u>at cross purposes</u> (with aims which get in each other's way) in advising me ; my father wanted me to become a doctor ; my mother wanted me to become a minister.
「우리 부모님은 각기 생각이 틀리다. 아버지는 내가 의사가 되었으면 하시고, 어머니는 목사가 되었으면 하신다.」

☐ The lawyer <u>double-crossed</u> (deceived) the inventor by manufacturing the gadget instead of fulfilling his promise to arrange a patent for his client.
「변호사는 고객의 특허 출원을 주선하겠다는 약속을 이행하기는 커녕 오히려 출원품을 자신이 생산함으로써 발명자를 속였다.」

♣ **crying towel** : a towel offered to one who laments undeserved ill fortune (엄살떨며 징징울 때에 눈물 닦기 위한 수건 : 비유적인 수건)

Now that your efforts were crowned with success. Please get out the *crying towel.*
「자, 이제 자네가 노력한 보람으로 성공도 거뒀겠다. 이제 그 우는 소리 좀 집어 치워라.」

☞ 제 2차 대전 초기에 군(軍)에서 생겨난 말이다. 젖먹다 떨어져나온 어린애 모양 노상 우는 소리만 하는 청승맞은 울보에게 쏘아주던 말이다. **cry**의 용례를 살펴 본다.

☐ Is there any point in <u>crying before you are hurt</u> (complain before you are injured)?
「그렇게 지레 겁낼 필요가 있을까?」

☐ Now that he is really hurt, he is <u>crying bloody murder</u> (screaming as if something serious has happened).

「이제 그는 진짜 다치더니 죽는다고 엄살 피우고 있다.」

☐ When we heard the news, we <u>cried our eyes out</u> (cried very hard) with sorrow.

「우리는 그 소식을 듣고 슬픔에 북받쳐 한없이 울었다.」

☐ Pay no attention. He's just <u>crying wolf</u> (crying when nothing is really wrong).

「모른척 해라, 저 녀석 또 거짓말로 세상을 시끄럽게 만들려는 짓이니까.」

☐ Lots of children are <u>crying for a playground</u> (need a playing ground badly).

「많은 아이들이 운동장을 필요로 한다.」

☐ Bong-soo fought for six minutes, but he had to <u>cry uncle</u> (give up).

「봉수는 6분 동안 싸웠으나 끝내 항복하고 말았다.」

☐ The politician's last statement was a <u>far cry</u> (something very different) from his first story.

「그 정치가의 마지막 말은 그의 처음 이야기와 사뭇 다르다.」

☐ The explosion was so terrible that people at a distance raised a great <u>hue and cry</u> (excited mass alarm or outcry) about an earthquake.

「폭발이 너무 굉장했기 때문에 먼 거리에 떨어져 있던 사람들도 지진이라도 난양 놀라서 고함을 질러댔다.」

♣ **cut off one's nose to spite one's face** : make things worse for oneself because one is angry (홧김에 자신에게 해로울 짓을 하다)

> When Sung-woo's mother wouldn't let him go to the ball game, he *cut off his nose to spite his face*. He wouldn't eat his pizza for dinner, even though he likes it very much.
>
> 「성우는 어머니가 야구 구경을 못 가게 하자 홧김에 밥그릇 차내버리는 짓을 하고 말았다. 그렇게도 먹고 싶어하는 pizza를 안 먹고 투정만 부렸으니까.」

☞ 이 표현이 기록상 나타난 것은 Gedeon Tallemant des Reaux의 Historiettes (1658) 이다. 신의 조화로 만들어 준 코(nose)를 못생겼다 하여 홧김에 잘라냈더니(cut off) 결국 얼굴만 망가뜨리고 말았던 데서 연유하며 대부분 비유적으로 쓰인다. cut의 용례를 살펴 본다.

☐ Soon-young <u>cuts a fine figure</u> (looks good) since she bought some new clothes.

「순영이가 새 옷 몇 벌을 사 입은 후 한결 예뻐보인다.」
- Dong-soo cuts a big swath (seems important) whenever he appears in his military uniform.
「동수는 군복을 입을 때면 언제나 잘난 체하며 으스댄다.」
- The government has to cut back on (reduce) its spending.
「정부는 지출을 삭감하지 않을 수 없게 되었다.」
- The telephone operator cut in on (interrupted) our call.
「교환수가 우리들 통화를 중단시켰다.」
- Jung-soon is finding it hard to cut loose from (break away from) her family.
「정순이는 가족들로부터 벗어나는 것이 쉽지 않음을 안다.」
- Do I know about cars? I cut my eyeteeth on (have much experience in) cars.
「날더러 차에 대해 아는 것이 있냐고? 내가 차에 대해 도사라는 것을 모르는 모양이지.」
- Joon-ho is cut out for (well-suited for) medical profession.
「준호는 의료업에 소질을 타고 났어.」
- Sung-mi is too conceited, I think I will cut her down to size (make her humble).
「성미가 너무 우쭐대고 있어서 그녀의 콧대를 꺾어놓을 작정이다.」
- They cut the picnic short (ended the picnic before it was finished) because of the storm.
「그들은 폭풍우 때문에 소풍을 중단했다.」
- His criticism cut me to the quick (hurt my feelings badly).
「그의 비판은 내 기분을 몹시 상하게 하였다.」
- Government workers who take bribes are cutting their own throats (experiencing failure).
「공무원들이 뇌물을 받는 것은 스스로 밥 그릇을 차버리는 짓이다.」
- If you spent more time studying than cutting up (acting wildly), you'd get better grades.
「소란 피우는 것보다 공부하는데 시간을 많이 쓴다면 보다 나은 점수를 받을 수 있을 텐데.」
- You are going to cut your wolf loose (get drunk) too often and really get into trouble.
「넌 너무 자주 술에 취해 진짜 골치 아픈 일을 저지르려고 하고 있어」
- Jung-soo wanted to be captain but we cut the ground from under him (made

him fail) by saying that Dong-yul was the best player on the team.
「정수는 주장이 되고 싶어하였으나 우리는 동열이가 팀에서 가장 잘하는 선수라는 점을 들어 정수의 계획을 뒤집어 엎고 말았다.」

☐ Her sisters helped Joon-ho through high school, but he couldn't <u>cut the mustard</u> (succeeded).
「준호의 누나들은 그에게 고등학교를 마치도록 도와주었으나 그는 기대에 부응하지 못했다.」

♣ **daylight** : work at a second job during the day (낮에 부업으로 일하다)

Who is *daylighting* in an agency as a producer of commercials?
「광고 회사에서 광고물 제작 일을 부업으로 하고있는 사람이 누구냐?」

☞ moonlight(달빛, 야간 부업하다)에 대응하여 비교적 새롭게 생겨난 말이다. 아직 표준어로 자리잡기에는 약간 이른감이 없지 않으나 동사(**verb**)로 재미있게 쓰여지고 있으므로 소개한다. 이제 **day, down, daily, daylight** 등 일족들의 용례를 몇 가지 들어 본다.

☐ It just <u>dawned on</u> (occurred to) him that he forgot his books.
「그는 책을 잊어버리고 온 것이 문득 생각났다.」

☐ He visits his wife's beauty parlor <u>day after day</u> (all the time).
「그는 부인의 미장원에 매일 들른다.」

☐ Both in time of peace and in time of war we should be guarded <u>night and day</u> (arround the clock).
「평화시에나 전시에나 우리는 밤낮으로 경계 보호를 받아야 한다.」

☐ Well, it's Monday. Time to start another week of <u>daily grind</u> (the tedious pattern of daily work).
「아, 벌써 또 월요일이네. 그 지겨운 한 주일 일과를 또 시작할 시간이군.」

☐ You need to do your <u>daily dozen</u> (a short set of daily exercises) before breakfast.
「넌 아침 식사 전에 매일 간단한 운동이 필요해.」

☐ Moon-soo's ghost story <u>scared the daylights out of the smaller boys</u> (frightened the smaller boys very much).
「문수의 유령 이야기는 좀 어린 소년들을 놀라게 하였다.」

☐ They thought they would never finish building the house, but now they can

<u>see daylight</u> (know that success is near).
「그들은 주택 건설이 요원한 일로 생각하였으나, 이제는 해결책이 보인다.」

☐ When a man becomes eighty years old, <u>his days are numbered</u> (he doesn't have long to live).
「사람이 여든까지 살았다면 이제 살 날이 얼마 안 남아있다는 것이다.」

☐ Setting a reasonable deadline for North Korea to clarify its final position on whether it'll accept special international nuclear inspections or not is <u>all in a day's work</u> (not unusual).
「북한이 국제 핵사찰을 받을 자세인지 아닌지를 명확히 하기 위해 적절한 시한을 정하는 일은 당연한 것이다.」

☐ Moon-young will be able to become a famous actress like her sister when she grows up. <u>Every dog has his day</u> (Everyone will have his chance).
「문영이도 자라면 언니처럼 유명한 여배우가 될수 있다. 사람 팔자 시간문제니까.」

☐ When they go to the beach they take a picnic lunch and <u>make a day of it</u> (spend the whole day there).
「그들이 해변에 놀러 갈 때면 거기서 점심을 먹고 온 종일 시간을 보낸다.」

☐ We met at the corner and paused to <u>pass the time of day</u> (have a chat or greeting).
「우리는 길모퉁이에서 만나 몇 마디 인사겸 이야기를 나누려고 잠깐 멈추어섰다.」

☐ Each month Mr. Joo save a little money for <u>rainy day</u> (time of need).
「주씨는 어려울 때를 대비하여 매월 약간의 돈을 저축하였다.」

☐ The house across the street was on fire when suddenly it rained heavily and <u>saved the day</u> (brought us success in controlling the fire).
「길 건너편 집에 불이 났을 때 갑자기 큰 비가 쏟아져서 다행히 불을 잡게 되었다.」

☐ If the government indeed follows up its words, we all shall <u>see better days</u> (enjoy a better life).
「정부가 약속한 말을 정말 끝까지 이행한다면 우리의 삶이 모두 나아질 것이다.」

☐ "Wouldn't it be nice if we had to go to work only one day a week?" "<u>That'll be the day!</u>" (That will never happen).
「한 주일에 단 하루만 직장에 나간다면 정말 근사한 일 아니겠어? 제발 꿈 좀 깨라!」

♣ **dead men** : empty liquor bottles (빈 술병)

Toss your *dead men* in the garbage, please.

「그 빈 병들을 쓰레기통에 좀 던져주게.」

☞ 1700년 이전부터 군(軍)에서 있었던 표현이다. 전쟁터에서 흔해빠진 것이 전사자라면 술집에 흔해빠진 것이 빈 술병이다. 군인은 영혼(spirit)이 있을 때 살아 있듯이 술병 또한 술(spirit)이 들어 있어야 술꾼들의 사랑을 받는다. 영혼(spirit)이 떠난 몸뚱아리인 시체나 술(spirit)이 없는 빈 술병은 모두 spiritless이므로 **dead man or dead soldier**는 빈 술병이라는 말이 되며 특히 1차 대전 이후 완전히 정착되기에 이르렀다. 이제 **dead**의 용례를 보기로 한다.

☐ They said that the town he wanted was <u>dead ahead</u> (straight ahead).
「그들은 그에게 그가 찾는 읍이 바로 앞에 있다고 말했다.」

☐ Their unkind words stopped her <u>dead in her tracks</u> (at that instant).
「그들의 불친절한 말투에 그녀는 그 자리에서 멈춰섰다.」

☐ I will continue to work even when I am <u>dead on my feet</u> (exhausted).
「비록 피곤해 죽을 지경이 되더라도 계속 일할 생각입니다.」

☐ We are all <u>dead set against</u> (totally opposed to) the new tax proposal.
「우리는 모두 새로운 세법 제안에 대하여 극력 반대한다.」

☐ Some <u>deadbeat</u> (person who doesn't pay debts) with the same name with yours is ruining your credit rating.
「너하고 이름이 같은 작자가 빚을 떼어먹고 돌아다녀서 엉뚱하게 네가 신용없는 사람으로 되고 있다.」

☐ The whole plan was a <u>dead duck</u> (thing doomed to failure) from the beginning.
「그 계획은 모두가 처음부터 가망이 없었다.」

☐ Chan-soo was a <u>dead-end kid</u> (youth with no future) from the day he was born.
「찬수는 태어날 때부터 싹수가 노란 아이였어.」

☐ The treasure was buried in the <u>dead center</u> (exact middle) of the island.
「보물은 섬의 한가운데에 묻혀 있었다.」

☐ He received the news of his wife's death <u>deadpan</u> (expressionlessly).
「그는 아내가 죽었다는 소식을 덤덤하게 받아들였다.」

☐ Father had Dong-moon <u>dead to rights</u> (without a chance of escaping blame), because he caught Dong-moon with his hands in the purse.
「동문이는 아버지에게 변명의 여지없이 덜미를 잡혔는데, 아버지의 지갑을 뒤지고 있을

□ 때 잡혔기 때문이다.」

□ Jung-soo was hit on the head by a baseball and was <u>dead to the world</u> (un-conscious) for three hours.
「정수는 야구공에 머리를 맞고 세 시간 동안이나 의식을 잃고 있었다.」

♧ **deaf as an adder** : completely deaf (아주 귀먹은)

> He has been *deaf as an adder* since he had his ears wounded in the Vietnam War.
> 「그는 월남전에서 귀에 부상을 입은 후 아주 귀가 먹었다.」

☞ 옛사람들은 뱀의 호신술을 이렇게 믿고 있었다. 즉 뱀부리는 사람의 음악소리가 들려오면 뱀은 한쪽 귀를 땅에다 대고 또한 꼬리를 치켜올려 남은 한쪽 귀를 막음으로써 뱀꾼의 소리에 홀리지 않고 몸을 보호한다는 것이다. 여기서 **deaf as an adder**가 생겨나며 찬송가나 성경에 인용되고 있다. 이러한 **deaf**의 용례는 별로 많지 않으므로 상용어법 하나만 들어 본다.

□ The teacher <u>turned a deaf ear to</u> (pretended not to hear) his excuse.
「선생님은 그의 변명을 들은 척도 안 하셨다.」

♧ **the devil dances in someone's pocket** : someone is penniless (한 푼없게 되다)

> He has already come down in the world and *the devil dances in his pocket.*
> 「그는 이미 몰락해 버렸고 한 푼없는 알거지가 되었다.」

☞ 15~19C에 걸쳐 생겨난 말이다. 옛 사람들은 십자가를 새긴 동전(coin)이 악마를 몰아내는 것으로 믿었다. 돈(coin)이 없는 곳만 숨어서 다닐 악마가 주머니에 들어가서 춤을 추고 있다면 텅텅 빈 주머니가 아니겠는가? 이제 **devil**의 용례를 살펴 본다.

□ We must get rid of our <u>devil-may-care</u> (casual) attitude if we want to suc-ceed.
「성공을 바란다면 우리는 될 대로 되라는 식의 태도를 버려야 한다.」

□ He had a <u>devil of a time</u> (very difficult time) with his taxes.
「그는 세금때문에 몹시 애를 먹었다.」

□ There'll be the <u>devil to pay</u> (great trouble) when the teacher finds out who broke the window.

「누가 창문을 깼는지 선생님에게 들키는 날이면 혼날거다.」

☐ The man was <u>between the devil and the deep blue sea</u> (between two difficulties) ; he had to go home and be scolded or stay in town all night and be picked up by the police.

「그 남자는 집으로 돌아가서 잔소리를 들어야 하거나 아니면 밤새도록 시내에서 노닥거리다가 경찰에 끌려가야 할 진퇴양난에 빠졌다.」

☐ I don't like Mr. Jung, but <u>to give the devil his due</u> (to be fair), I must admit that he is a good teacher.

「난 정 선생님을 좋아하지 않지만 공정한 입장으로 말한다면 정 선생님은 좋은 선생님이다.」

☐ His son got mixed up with bad company and began to steal and rob his friends. He <u>went to the devil</u> (became ruined).

「그의 아들은 나쁜 친구들과 어울리더니 남의 물건을 훔치기 시작하여 친구의 물건도 훔쳤다. 이젠 볼장 다 봤다.」

☐ Jong-soo's unexpected visit <u>played the devil with</u> (upset) our plans to travel.

「종수의 예기치 않은 방문으로 여행을 떠나려던 우리의 계획은 망가지고 말았다.」

♣ **diehard** : stick to it to the last (끝까지 저항하다)

Don't give up, but be *diehard!*
「포기하지 말고 끝까지 버티어라!」

☞ 1811년 5월 16일 Albuera 전투에서 영국군이 프랑스군에게 이겼다. 이 승리는 부분적으로 영국의 제57 보병 연대를 지휘했던 William Inglis 대령의 영웅적 전투에 힘입은 바 크다. 그의 연대는 스페인 마을을 중요 전략적 거점으로 확보하고 프랑스군의 포화에 꼼짝 못하고 있었다. Inglis 대령은 심한 부상으로 누워서 "Die hard fifty-seventh, die hard!"하고 독전하였다. 이에 그의 부하들은 응전하기 시작하였다. 579명의 병사 중 438명이 사상하였지만 57 연대는 Die Hards와 함께 전설로 남게 되었다. 이제 die의 용례를 살펴 본다.

☐ Everybody hopes to live to 100 and <u>die a natural death</u> (die by disease or old age).

「모두가 100 살까지 살아서 천수를 다하기 바란다.」

☐ You may give me a hard time, but I won't be overcome. I'll fight you and <u>die</u>

with my boots on (die fighting).

「나를 골탕먹일 수는 있겠죠. 하지만 절대로 굴복하지 않고 죽을 때까지 싸울 겁니다.」

☐ The joke was meant to be funny, but the audience didn't exactly <u>die laughing</u> (laugh long and hard).

「그 농담은 웃기느라고 한 것이지만 청중들은 그런 의도처럼 포복 절도하게 웃어주지 않았다.」

☐ In the radio drama, the hero appeared to <u>die of a broken heart</u> (die of emotional distress), but the listeners knew he was poisoned.

「라디오 드라마에서 남자 주인공은 화병(실연)으로 죽은 것같이 보이지만, 청취자들은 그가 독살되었다는 것을 알았다.」

☐ They sat there and listened politely, even though they almost <u>died of boredom</u> (were very bored).

「그들은 지겨워 죽을 지경이었으나 거기 앉아서 얌전히 들었다.」

☐ "I didn't tell the teacher what you said. <u>Cross my heart and hope to die</u> (I promise seriously what I said is true)."

「난 선생님에게 너에 관한 말을 하지 않았어. 절대로 안했단 말이다.」

☐ With a real <u>do-or-die (hard trying)</u> spirit, the team scored three runs in the first half of the ninth inning.

「그 팀은 사력을 다하여 9회 초에 삼 점을 얻었다.」

♣ **dirty dog** : low and sneaky person (비열한 사내)

That *dirty dog* tried to get fresh with me.
「저 야비한 녀석이 나에게 건방지게 굴었어.」

☞ 개가 미국에서처럼 호사스러운 대접을 받는 곳은 드물다. 중국, 한국, 일본 등지에서는 잡아먹고 있으며, 영국에서는 주로 사냥때 부려먹었다. 음식찌꺼기라도 던져주면 서로 먹겠다고 으르렁대는 것이 고작이다. 따라서 **lead a dog's life**(비참히 생활하다), **go to the dogs**(파멸하다), **die like a dog**(비참하게 죽다), **throw something to the dogs**(가치없는 것을 내버리다), **dirty dog**처럼 쓰여진다고 해서 이상할 것도 없을 것이다. 이제 **dirt, dirty**의 용례를 살펴 본다.

☐ The county mayor would never <u>get his hands dirty</u> (become involved with anything illegal) by taking bribes.

「그 군수는 불법으로 뇌물을 받는 따위의 일은 없다.」

☐ Another <u>dirty crack</u> (rude remark) like that and I'll leave.
「또 한 번 그 따위로 무례한 소리하면 난 갈거다.」

☐ Many customers got a <u>dirty deal</u> (unfair deal) at that shop, and they won't go back.
「많은 손님이 저 가게에서 속아 봤기 때문에 다시는 그 곳에 안 간다.」

☐ Nobody wish you would put your <u>dirty linen</u> (unpleasant private matters) out for everyone to see.
「내부 수치를 딴 사람에게 드러내 보이기를 원하는 사람은 없다.」

☐ Why do I always get stuck with the <u>dirty work</u> (mean work)?
「어째서 난 더럽고 힘든 일만 맡아야 하는가?」

☐ Sung-joo was so much afraid of losing his job that he would <u>eat dirt</u> (act humble) whenever the boss got mean.
「성주는 그의 일자리를 잃을까 두려워서 사장이 못되게 굴 때마다 기꺼이 굴욕을 참아 낼 생각이었다.」

☐ The man searched for gold many years before he found <u>pay dirt</u> (the dirt in which much gold is found).
「몇 년동안 금광을 뒤진 후 그는 노다지를 찾아냈다.」

☐ The teacher warned the children not to <u>dirty their hands</u> (do a shameful thing) by cheating in the examination.
「선생님은 학생들에게 시험에 부정 행위를 하여 창피당하는 일이 없도록 하라고 주의 시켰다.」

♣ **do the trick** : do exactly what needs to be done (목적을 이루다)

> If they give us three thousand dollars, we'll have enough to *do the trick*.
> 「그 사람들이 우리에게 3,000불을 준다면 우리 일을 이루어 내는데 충분할 것이다.」

☞ 위와 같은 do의 상용 어법이 매우 많으므로 실례를 들어보기로 한다.

☐ Without warning, the government <u>did a about face</u> (make a total reversal of opinion) on taxation.
「예고없이 정부는 조세 정책을 완전히 바꿨다.」

☐ The ice cream shop always <u>does a land office business on</u> a hot day.
「그 아이스크림 가게는 더운 날이면 언제나 장사가 잘된다.」

☐ Sung-woo <u>did a number on</u> (deceived) Mi-yun when he went out with Moon-sook.

「성우가 미연이를 따돌리고 문숙이와 데이트하러 나가 미연이의 마음을 상하게 하였다.」

☐ Sung-woo <u>did a snow job on</u> (deceived) the teacher when he said that he was sick the other day.

「성우가 일전에 아프다고 한 것은 선생님을 속인 것이었다.」

☐ The time has come to <u>do away with</u> (get rid of) that lingering trouble.

「그 질질 끌던 골치 아픈 문제에서 벗어날 때가 왔다.」

☐ When we <u>do our own thing</u> (do what we like), we have no one but ourselves to blame if things don't work out.

「우리가 좋아서 하는 일이면 일이 잘못된다 하더라도 우리들 자신 외에 아무도 탓할 수 없다.」

☐ All peopel everywhere must <u>do their bit</u> (do one's share of the work) to help get things under control.

「사태를 수습하는데 도움이 되도록 모든 곳에 있는 사람 모두가 소임을 다해야 한다.」

☐ He <u>did in</u> (cheated) me by talking me into giving him all the money in my bank account.

「그는 나의 은행 구좌에 있는 모든 돈을 그에게 주도록 꼬드겨서 날 속여넘겼다.」

☐ He <u>did the widow out of</u> (cheated the widow out of) her life savings.

「그는 미망인이 평생 모은 저금을 속여 뺏아갔다.」

☐ That fine looking, prize-winning hog ought to <u>do you proud</u> (make you proud).

「저 상으로 받은 잘 생긴 돼지는 너에게 자랑거리 임에 틀림없다.」

☐ It <u>does my heart good</u> (make me feel good emotionally) to hear you talk that way.

「네가 그렇게 말하니 내 마음이 기쁘다.」

☐ Nobody believes that the newspaper reporters have <u>done justice to a fine performance</u> (treated a fine performance fairly).

「잘 한 일에 대해서 신문 기자들이 공정하게 보도한다고 믿는 사람은 아무도 없다.」

☐ Myung-soon, you can't go out and play until you have <u>done the dishes</u> (washed the dishes).

「명순이 너 설거지 끝낼 때 까지는 놀러나가지 못한다.」

☐ "I am delighted to <u>do the honors</u> (act as host) this evening and propose a

toast to our friends.”
「오늘 밤 이 자리를 주최하게 된 것을 기쁘게 생각하며 우리의 친구들을 위하여 축배를 듭시다.」

♣ **dog days** : the hot and humid days of late summer (무더운 여름날)

> **I have been to Dae-chun for these *dog days*.**
> 「이번 복 중엔 대천에 다녀왔다.」

☞ 점성술에서 나온 말이다. 한여름의 복(伏)을 **dog days** 또는 **canicular days**라고 하는 데는 Sirius (Dog star)가 한여름 밤에 떠올라 모든 별 중에서 가장 밝게 빛나기 때문이며 Rome 시대에 관찰되었던 일이다. 이제 **dog**의 용례 몇 가지를 들어 본다.

☐ Joong-gil is there with his <u>dog and pony show</u> (demonstration) about the emergency call.
「중길이는 비상 소집에 관하여 시범을 보이고 있다.」
☐ In fact, nobody can avoid <u>a dog-eat-dog competition</u> (hot competition) in this world.
「사실 아무도 이 세상의 아귀다툼을 피해갈 수는 없다.」
☐ Mr. Gim has acted as North Korea's spy in South Korea, <u>doggo</u> (hidden away), for nearly forty years.
「김씨는 북한 간첩으로 남한에서 붙잡히지 않고 **40년** 가까이 암약하였다.」
☐ Joon-ho is <u>in the doghouse</u> (in disfavor), because he missed the easy ball, and the other team won because of that.
「준호는 쉬운 공을 놓쳐서 상대팀이 이기게되자 인기를 잃고 있다.」
☐ We waited for him for <u>a dog's age</u> (very long time), but he didn't come.
「우리는 그를 오랫동안 기다렸으나 그는 나타나지 않았다.」
☐ The team has <u>gone to the dogs</u> (gone to ruin) this year as its best players got hurt.
「그 팀의 주전 선수들이 부상하는 바람에 올해 팀의 성적은 말이 아니게 되었다.」
☐ Most farmers of forty years ago <u>led a dog's life</u> (lived a hard time).
「**40년** 전 대부분의 농민들은 비참한 생활을 하였다.」
☐ Don't tell the boss that I broke the window. <u>Let sleeping dogs lie</u> (do not cause trouble).
「사장님에게 내가 창문을 깼다고 말하지마. 미리 긁어 부스럼 만들 필요 없잖아.」

♣ **donkey's years** : a long time (오랫동안)

> **It's been *donkey's years* since we parted.**
> 「우리가 헤어지고 오랜 세월이 흘렀다.」

☞ 우리나라 고대 신라때 경문왕의 귀가 당나귀 귀처럼 길었다고 전해지고 있듯이 귀가 길기로 말하면 토끼와 더불어 빠짐없이 등장하는 주인공이 나귀다. 여기서 말하는 **donkey's years**는 이 처럼 귀가 긴 **donkey's ears**의 **ear**가 **year**로 변한 것이다. 이제 **donkey**의 용례를 들어 본다.

☐ **I don't want to sleep on <u>a donkey's breakfast</u>** (something made of straw).
「난 지푸라기 위에서 자고 싶지 않아.」

☐ **He uses computers to do what the whiz kids call their <u>donkey work</u>** (tedious work).
「소위 머리좋은 젊은이들이 말하는 지겨운 일을 하기 위하여 그는 컴퓨터를 사용한다.」

☐ **This afternoon he <u>talked the donkey's hind leg off</u>** (talked endlessly).
「오늘 오후 그는 사무실에서 쉴 새없이 지껄여댔다.」

♣ **double in brass** : serve two purposes (본업 외에 다른 일 하다)

> **The history teacher also *doubles in brass* as the baseball coach.**
> 「역사 선생님은 야구 코치까지 겸하고 있다.」

☞ 미국에서 생겨난 말이며 서커스에 출연도 하고 취주 악단(**brass band**)에서 연주하기도 한다는 뜻으로 1880년 경에 흔히 있었던 일이다. 처음에는 연예인들의 두 가지 역할에 주로 쓰여졌으나 지금은 무슨 일에나 두 가지 일을 하는 경우에 쓰여진다. 이제 **double**의 사용 예를 들어 본다.

☐ **The robber <u>doubled back on</u>** (reversed motion) **the police, and they lost track of him.**
「그 도둑은 쫓겨 달아나다가 돌아서서 경찰이 있는 쪽으로 되돌아서 달아나는 바람에 경찰은 도둑을 놓치고 말았다.」

☐ **When they get more books, they won't have to <u>double up</u>** (share books) anymore.
「그들이 책을 더 가질 수 있다면 더 이상 여러 사람이 책을 공통으로 사용할 필요가 없게 될 것이다.」

☐ Lots of people were shocked to learn that there were no laws against <u>double-dippers</u> (persons who collect two salaries).
「많은 사람들은 연금과 급료를 이중으로 받는데 대한 규제 법령이 없다는 것을 알고 놀랐다.」

♣ **down in the dumps** : depressed (풀죽은)

He has been *down in the dumps* for the past few months.
「그는 지난 몇 달동안 풀이 죽어지냈다.」

☞ 쓰레기 더미 따위를 쿵하고 내려놓을 때 울리는 소리가 dump, bump, thump이다. 쓸모없이 크고, 무겁고, 보기 싫다하여 언덕 밑으로 굴러 떨어뜨렸다면 기분 좋을 리 없을 것이다. 이제 **down**의 용례를 들어 본다.

☐ That hobo is really <u>down at the heels</u> (shabby).
「저 건달 녀석 진짜 거지 꼴이네.」

☐ Since his cows died, he is <u>down in the mouth</u> (depressed).
「그의 암소들이 죽고나서 풀이 죽어있다.」

☐ The gambler had to get a job because he had been <u>down on his luck</u> (without any money) and didn't earn enough money to live on.
「그 노름꾼은 빈털터리가 되고 생계가 어렵게 되자 일자리를 구하지 않을 수 없었다.」

☐ They just hate to see all that valuable grocery <u>going down the drain</u> (being wasted).
「그들은 그 아까운 식료품이 낭비되는 것을 보고 참을 수가 없었다.」

☐ We have to turn this in tomorrow, and we'll be working <u>down to the wire</u> (up to the very last instant).
「우리는 이걸 내일까지 제출해야되고 그러자면 마감 시간까지 낑낑대야 해.」

☐ The whole village has <u>come down with something</u> (become ill).
「온 마을 사람들이 무슨 병인지 걸려서 앓게 되었다.」

☐ The painful part of this procedure is over. It's <u>downhill from here on</u> (easy from this point on).
「이 일의 힘든 대목은 끝났다. 이제 쉬운 일만 남았다.」

☐ The teacher <u>jumped down her throat</u> (scolded her severely) when she didn't do her homework.

「선생님은 그녀가 숙제를 안해왔을 때 호되게 야단치셨다.」

♣ **draw in one's horns** : reduce one's boasts (꽁무니 빼다)

> He said he could beat any man there single-handed, but *drew in his horns* when Dong-soo came forward.
> 「그는 그 곳의 누구든 한 방에 때려 눕힐 수 있다고 큰소리 쳤지만 동수가 나타나자 슬그머니 꽁무니 **뺐다.**」

☞ 1,300년경 땅위로 기어다니던 달팽이한테서 생겨난 말이다. 이 달팽이가 아무런 장애물이나 두려움이 없다고 생각하면 뿔(더듬이)달린 머리를 내밀고 엉금엉금 기어다니지만 조금이라도 심상치 않은 일이 있다고 느끼면 금방 집(껍질) 속으로 머리를 움츠리고 마는 데서 비롯된다. 이제 **drag, draw**의 용례를 들어 본다.

☐ He hopes they don't <u>drag him in</u> (forcibly include him) this time.
「그는 이번 일에 그 사람들이 끌어들이지 않기를 바라고 있다.」

☐ The mother <u>dragged off the little girl</u> (carried the little girl away) to the dentist's office.
「어머니는 어린 소녀를 억지로 치과에 데려갔다.」

☐ They are <u>dragging this trial on</u> (making this trial longer than it should) much too long.
「그들은 이번 공판을 너무 길게 끌고있다.」

☐ Jung-hi wants to get married, and she has <u>drawn a bead on</u> (aimed at) Moon-tae.
「정희는 결혼을 원하고 있고 문태를 신랑감으로 생각하고 있다.」

☐ They asked me about his financial problems, and they just <u>drew a blank</u> (found nothing).
「그들은 나에게 그 사람의 재정 문제에 대해 물었지만 허탕만 쳤다.」

☐ Is it necessary to <u>draw a line between</u> (distinguish) bumping into people and striking them?
「사람들에게 부딪히는 것과 때리는 것을 구분할 필요가 있을까?」

☐ Sung-gil landed just one punch and <u>drew blood</u> (made a wound bleed).
「성길이는 단 한 방의 펀치로 상대에게 피를 흘리게 만들었다.」

☐ I had to <u>pull myself up by the bootstraps</u> (succeed without help).
「나는 자력으로 성공하지 않을 수 없었다.」

☐ I wanted to watch television, and <u>dragged my feet</u> (acted reluctantly) when my mother told me to go to bed.
「나는 TV를 보고 싶었기 때문에 어머니가 자러 가라고 하실 때 미적거렸다.」

☐ They <u>drew back</u> (moved back) from the fierce dog when it barked at them.
「사나운 개가 짖어대자 그들은 뒤로 물러섰다.」

☐ Two days off with pay, why the hell are they <u>dragging their tails</u> (working sluggishly)?
「이틀씩이나 유급 휴가를 주었는데, 그러고도 도대체 왜 그 놈들이 일에 농땡이를 부리고 있지?」

♣ **drink like a fish** : drink liquor excessively (술을 벌컥벌컥 마시다)

> He was fired by *drinking like a fish*.
> 「그는 술만 마셔대다가 해고되었다.」

☞ 물고기가 의식적으로 물을 마시는 것은 아니다. 살아서 헤엄치고 있는 물고기는 쉴새 없이 물을 마시고 있는 것처럼 보이지만 실은 물을 아가미 쪽으로 보내서 물 속에 들어있는 산소를 섭취하는 호흡 운동인 것이다. 무한정 술만 퍼마셔대는 술꾼을 물고기로 비유한 이 재미있는 표현은 17C 이후부터 쓰여졌다. 이제 **drink**, **drown**의 용례를 살펴 본다.

☐ Who <u>drank the orange juice up</u> (drank all of juice)?
「누가 쥬스를 다 마셔버렸나?」

☐ The actor's words were <u>drowned out</u> (impossible to be heard) by the applause of the audience.
「배우의 말은 청중들의 박수 갈채에 묻혀 들리지 않았다.」

☐ When his wife was killed in an auto accident, Mr. Jung tried to <u>drown his sorrows</u> in Sohjoo.
「정씨는 부인을 자동차 사고로 잃고나자 소주를 마시면서 슬픔을 달래려 애썼다.」

☐ A couple of days in <u>drunk tank</u> (a jail cell where drunks are kept) really made me think about alcohol.
「취객 보호실에 며칠 신세 졌더니 정말 술이란게 무엇인지 생각하게 되었다.」

♣ **at the drop of a hat** : immediately (즉각)

> Joo-sung was always ready to go hunting at the drop of a hat.
> 「주성이는 언제나 즉각 사냥 갈 준비가 되어 있었다.」

☞ Ireland에서 생겨난 말이다. 19C 경 권총, 나이프, 채찍, 주먹 등으로 결투를 할 때 심판이 모자를 벗는 것을 신호로 시작하는 것이 보통이었다. 따라서 at the drop of a hat (immediately), roll up one's sleeves (prepare to work hard), take off one's coat (prepare to wore seriously)와 같은 표현들이 생겨났다. 이제 drop의 용례를 살펴 본다.

☐ You must speak very carefully when you <u>drop a bomb</u> (announce shocking news) like that.
「그처럼 폭탄 선언을 할 때는 매우 주의해야 돼.」

☐ Many people start out to train for a career in medicine, but some of them <u>drop by the wayside</u> (give up and quit before the end).
「많은 사람들이 의료업에 대한 훈련을 쌓으려고 시작은 하지만 일부 사람들은 도중에 팽개친다.」

☐ Everything was going fine in the election until his campaign manager <u>dropped the ball</u> (made a blunder).
「그의 선거 사무장이 큰 실수를 저지르기까지는 선거의 모든 일이 잘 되고 있었다.」

☐ Mr. Moon has just failed six classes in school. We expect him to <u>drop the other shoe</u> (complete the remaining part) and quit altogether any day now.
「문 군은 여섯 번이나 강의를 빼먹었다. 그는 나머지 강의도 빼먹고 지금이라도 아주 학교를 그만 둘 것 같다.」

☐ I am pretty sure that you are the one who <u>dropped a dime</u> (informed the police of criminal activity).
「네가 경찰에 분 것이 틀림없어.」

☐ If you feel like you are going to <u>drop your cookies</u> (vomit), don't do it on the carpet.
「토할 것 같거든 카펫 위에 토하지 마라.」

☐ He almost <u>dropped his teeth</u> (react with great surprise) when his daughter told him her news.
「딸이 자기 사정을 이야기하자 그는 화들짝 놀랐다.」

☐ If I have no chance of promotion, I am always ready to <u>drop out</u> (quit).
「승진할 기회가 없다면 언제라도 그만둘 작정이다.」

164

□ When I learned of his firm conviction, I <u>dropped him like a hot potato</u> (dissociated myself with him instantly).
「그의 굳은 신념을 알고는 지체없이 그를 포기해 버렸다.」
□ Joong-ho's friend asked her to <u>drop a line</u> (write and mail a letter) while she was away on vacation.
「중호의 친구는 그녀에게 휴가중에 편지를 하라고 말하였다.」
□ The Jungs <u>dropped in on</u> (paid a short call on) some old friends on their vacation trip to Busan.
「정씨 내외는 휴가차 부산 여행에서 몇 사람의 옛 친구들에게 잠깐 들렀다.」

♣ **drumhead court-martial** : battlefield court-martial (전투지 군법 회의)

> At that time anyone remitted to the *drumhead court-martial* was sentenced to death.
> 「그 당시에는 누구나 즉결 군법 회의에 회부되기만 하면 사형을 당했다.」

☞ 1800년 대에 전쟁터에서 탈영하거나 버겁한 짓 등의 범죄를 저지른 병사(soldier)를 처벌하던 임시 군법 회의에서 생겨난 말이다. 북(drum)을 엎어놓고 그 위에 짐승 가죽을 팽팽하게 핀 다음 이 북을 table 삼아 둥그렇게 둘러앉아 죄과에 대한 심판을 하였으며 일단 군법회의에 회부되면 대개 처형으로 끝났다. 1835년에 처음 나타난 표현으로 기록되고 있다. 이제 **drum**의 용례를 살펴 본다.

□ They need to do something to <u>drum some business up</u> (stimulate people to buy what they are selling).
「그들은 사업을 선전할 방책을 강구해야 한다.」
□ You have to <u>drum it into your father's head</u> (make your father learn it through persistent repetition) day and night.
「넌 아버지께 그것을 밤낮 주입해야 해.」
□ Don't worry. I'll <u>drum up</u> (invent) some excuse.
「걱정마. 그럴듯한 변명을 꾸며대 볼께.」

♣ **dry goods** : cereals, drapery (곡물류, 직물류)

> **He has been dealing in *dry goods* since he was a little boy.**
> 「그는 어린 소년 시절부터 줄곧 직물류를 취급해 오고 있다.」

☞ 미국 New England에서는 영국 식민지 시절 영국에서 배(ship)로 직수입해 오던 주요 품목으로는 rum과 calico가 있었는데 calico는 바싹마른 상태로 수송해야 하므로 물(술)방울 하나 튀지 않게 완전 분리하여 선적(loading)한데서 wet goods(술), dry goods(직물류)라는 말이 생겨났다. 이제 dry와 어원성 일족인 drug의 용례를 들어 본다.

☐ Right now, black and white television sets are <u>a drug on the market</u> (something available on the market in abundance).
「이제 흑백 TV는 지천으로 남아 돈다.」

☐ Take my advice. You are <u>not dry behind the ears</u> (very young and immature). You'll go broke in a year.
「내 말 좀 들어. 넌 어린 철부지란 말이다. 넌 1년도 못가서 파산이다.」

☐ The sun came out and <u>dried up</u> (made liquid evaporate) the puddles left by the rain.
「해가 떠서 웅덩이에 고인 빗물을 말려 버렸다.」

♧ **lame duck** : a elected public official who has a short period of time left in office and his term can't be renewed (남은 임기만 채우고 있는 낙선자 또는 출마 불능자, 무능자)

In the last year of their second terms, American presidents are *lame ducks*.
「미국 대통령은 재선 집권 말년이면 임기만 채울 뿐이다.」

☞ 약 130년 전 영국의 증권 시장에서 생겨난 말이다. 주식 투자에서 알거지가 되도록 손해를 본 사람의 모습이 바로 재정적 절름발이며 이러한 lame duck은 금전 문제 뿐만 아니라 정치 등 여러 분야에서 몰락한 모습을 표현하는데 쓰이게 되어졌다. 이제 duck의 용례를 보기로 한다.

☐ When the pitcher broke his arm, he was dead duck (a person doomed to a failure).
「투수가 팔을 부러뜨렸을 때 그는 가망없게 되었다.」

☐ He has been known to me ever since I was <u>knee-high to a duck</u> (very young).
「그는 내가 아주 어렸을 때부터 알고 있다.」

☐ Many people showed him they didn't like what he was doing, but their disap-

proval passed off him <u>like water off a duck's back</u> (without effect).
「많은 사람들이 그가 하는 일을 좋아하지 않는다는 내색을 하였으나 이런 불만 표시가 그에게는 아무런 효과가 없었다.」

☐ Soon-mi was <u>the ugly duckling</u> (the ugly child who grew up to be attractive) in her family, until she grew up.
「순미가 클 때까지만 해도 집에서는 미운 오리 새끼였다.」

♣ **ear to the ground** : attention directed to the way things are going (사태(민심)에 대한 주의)

> The president keeps *an ear to the ground* so as to know as soon as possible what will happen.
> 「대통령은 무슨 일이 일어날지 가능한 한 빨리 알아내려고 주의 깊게 지켜보고 있다.」

☞ 평원의 주민들은 비단 목도리를 땅에다 덮어 놓으면 몇 마일 밖에 마차 구르는 소리를 들을 수 있다는 허풍이 있다. 실제 개척 시대의 미국인이나 인디언들은 땅에다 귀를 대고 아무리 주의를 기울여도 멀리서 들려오는 발자국 소리도 들을 수 없었다. 먼 곳의 마차 소리, 발자국 소리가 들리건 안들리건 사태의 추이를 주의 깊게 살피거나 민심의 동향을 떠본다는 뜻으로 발전하기에 이르렀다. 이제 **ear**의 용례를 몇 가지 살펴 본다.

☐ I can be <u>an ear duster</u> (a gossipy person), I know, but have you heard about Soon-mi and her you-know-who?
「내가 좀 수다를 떠는 줄은 알지만, 너 순미와 거시기하고의 관계에 관해서 아니?」

☐ Sung-soon overheard the girls criticizing her and it made her <u>ears burn</u> (feel embarrassed).
「성순이는 여자 아이들이 자신을 힐뜯고 있는 것을 엿듣고는 너무나 창피했다.」

☐ I planned to have factories all over the country but the war brought my plans down <u>about my ears</u> (to complete collapse).
「나는 전국 곳곳에 공장을 세우려고 마음 먹었으나 전쟁으로 그 계획은 산산조각 났다.」

☐ I thought I heard a horn blowing in the distance, but I coud not <u>believe my ears</u> (trust my hearing).
「먼 데서 경적 소리를 들은 것 같았지만 설마 잘못 들었겠지하고 넘겨버렸다.」

☐ You'd better put <u>a flea in his ear</u> (an idea that's not welcome) if he bothers

you once more.
「그 녀석이 또다시 널 귀찮게 굴거든 따끔하게 싫은 소리 한 마디 해 주려므나.」

☐ The king <u>lent an ear to</u> (listened to) the complaints of his people.
「왕은 국민들의 소리에 귀를 기울였다.」

☐ The teacher's directions to the boy <u>went in one ear and out the other</u> (got no attention).
「그 소년에 대한 선생님의 가르침은 한쪽 귀로 들어가서 한쪽 귀로 나가 버렸다.」

☐ Be especially careful not to swear in front of little children. <u>Little pitchers have long ears</u> (Children often overhear things they are not supposed to hear).
「어린애들 앞에서 욕설을 안하도록 특히 주의해라. 못들을 소리를 듣고 배우니까 말이다.」

☐ When the manager telephoned to say I got the job, it was <u>music to my ears</u> (something I like to hear).
「지배인이 전화로 나의 취직을 알려 주었을 때 정말 반가운 소식이었다.」

☐ After winng three games in a row, the Tigers <u>had their ears pinned back</u> (were defeated) by the Twins.
「세 게임 연달아 이긴 다음 타이거즈팀은 트윈스팀에게 대패하였다.」

☐ Joon-soo decided to <u>play it by ear</u> (fit the situation) when he went for his interview.
「준수는 인터뷰할 때에 임기응변으로 대처하려고 작정하였다.」

☐ Young-mi <u>pricked up her ears</u> (tried to hear) when she heard him talking about you.
「영미는 그가 너의 이야기를 하자 바싹 귀를 기울였다.」

☐ We are <u>up to our ears in</u> (very busy with) business before Choosuck.
「우리는 추석 전에 처리할 일이 산더미같이 쌓여 있다.」

☐ He may be <u>wet behind the ears</u> (young and inexperienced), but he is well-trained and totally competent.
「그가 아직 철부지인지 모르지만 그는 훌륭하게 수련을 쌓았고 아주 유능한 사람이다.」

♧ **easy as a rolling off a log** : very easy (아주 쉬운)

> **Getting a chance of promotion is not *easy as a rolling off a log*.**
> 「승진 기회를 잡는다는 것이 식은 죽 먹기 같이 쉬운 일은 아니다.」

☞ 미국의 개척 시대에 생겨난 말이다. 어린이들을 데리고 여기저기 다니다가 아이를 잠깐 마른 통나무 위에 얹어놓고 주위를 살펴보고 돌아와 보면 영락없이 아이가 통나무에서 미끄러져 떨어져 있곤 한다(roll off a log). 또한 커다란 통나무를 쓰러뜨려 집을 지으려면 나무를 집터 있는 데까지 운반해야 하는데 이때는 반드시 이웃 친구가 도와 준다. 또한 이웃 사람이 통나무를 운반하면 그 품앗이로 통나무 굴리기를 도와준다. 그래서 통나무 굴리기란 쉬운 일이기도 하고(easy as a log-rolling) 협력(log-rolling)이란 뜻이 되기도 한다. 여기서는 easy의 용례를 살펴 본다.

☐ Please **ease off on** (put less pressure on) employees. They are getting tired.
「종업원들에게 심히 다그치지 말게. 모두 피곤해 하니까 말이야.」

☐ All the world say we must find a cure for AlDS, but it's <u>easier said than done</u> (easier to talk about than to do).
「전 세계 사람들이 말하기를 AlDS 퇴치법을 찾아내야 한다고 하고 있지만 말은 쉬워도 실행은 어렵거든.」

☐ <u>Easy street</u> (a place in life where living is easy) is no place for an active fellow like Joo-young.
「주영이같은 활동적인 녀석에게 여유 있는 생활이란게 어울리지 않는다.」

♣ **eat one's words** : take back one's statements (먼저 한 말을 취소하다)

You shouldn't say that to me. I'll make you *eat your words*.
「나한테 그런 소리하면 안 돼. 네가 한 말을 취소하도록 만들겠어.」

☞ 1370년에 처음 이 말이 나타난 사건을 보면 당시 교황이 **Bernabo Visconti**에게 사자(使者)를 보내어 **Visconti**의 파문을 알려 주었다. 노발 대발한 그는 사자들이 갖고 온 파문 명령이 적힌 양피지 두루마리를 사자들에게 먹게 하였다. 그러니까 파문 명령 그 자체를 무효화시키겠다는 것이다. 여기서 **eat one's words**가 생겨난다. 이제 eat의 용례를 몇 가지 들어 본다.

☐ The poisonous gas in Yuntan slowly <u>ate away at</u> (removed the parts bit by bit of) lots of metal goods.
「연탄에서 나오는 독가스가 많은 금속 제품들을 부식하였다.」

☐ The Moon family has been <u>eating high on the hog</u> (eating good food) since they had a good rice harvest.
「문씨네 가족은 벼농사를 잘 지은 다음 풍족하게 살고 있다.」

☐ Why do I always <u>eat humble pie</u> (accept humilitaion) all the time?
「어째서 난 언제나 억울한 일에도 참기만 해야 합니까?」

☐ Gwi-soon is very slim because she <u>eats like a bird</u> (eats only small amounts of food).
「귀순이는 아주 조금씩 먹어서 매우 호리호리하다.」

☐ Dong-moon works like a horse and <u>eats like a horse</u> (eats large a - mounts of food), so he never gets fat.
「동문이는 억척같이 일하고 억척같이 먹어대도 결코 몸이 늘지는 않는다.」

☐ He bragged that he had a rich uncle, but he <u>ate his heart out</u> (was very sad) when he had to sell his car and house.
「그 녀석 돈 많은 아저씨가 있다고 큰소리 쳤지만 차와 집을 팔 수밖에 없게 되자 몹시 상심했다.」

☐ The President has Congress <u>eating out of his hands</u> (obeying him eagerly).
「대통령은 의회를 시녀로 만들어 버렸다.」

☐ All my three kids have a huge appetite and always <u>eat us out of house and home</u> (eat a lot of food).
「우리집 세 아이는 모두 먹성이 좋아서 늘 기둥뿌리가 빠지게 먹어댄다.」

☐ You'll be <u>eating crow</u> (displaying total humility) when you are not shown to be right.
「네가 옳지 않다고 드러나는 날이면 부득이 잘못을 인정해야 할 것이다.」

☐ I'll <u>eat my hat</u> (do something extraordinary) if Korean semiconductor makers fail to enjoy a boom in their exports despite antidumping charges slapped on their memory chips by the United States.
「미국이 기억 소자(素子)에 반 덤핑 관세라는 타격을 가한다해서 반도체 업자들이 늘어나는 수출 수요에 대처하지 못한다면 말도 안 된다(내 손에 장을 지지겠다).」

☐ Sung-mi told a lie about Joo-sil, and when she was found out, she had to <u>eat humble pie</u> (accept insult).
「성미는 주실이에 대한 거짓말을 늘어 놓았다가 들통이 나자 그 창피를 고스란히 참아야 했다.」

☐ Joo-sil wants to buy a beautiful dress she saw at the store, but she also wants to save her birthday money for camp. She wants to <u>eat her cake and have it too</u> (have both when she must choose one of two things).
「주실이는 가게에서 눈에 띄는 예쁜 옷을 사고도 싶고, 캠핑을 가기 위해 생일 때 생긴 돈을 아끼고도 싶다. 그녀는 이것도 저것도 다 하고 싶다.」

170

♣ **eavesdrop on** : overhear (엿듣다)

> He looks for a chance to *eavesdrop on* your talk.
> 「그는 네가 하는 소리를 엿들으려고 혈안이 되어 있다.」

☞ 고대 영국에서는 이웃간에 처마 끝이 2피트(too feet)이상 떨어져야 하는 것으로 법규화되어 있었고 그래야만 이웃땅에 낙숫물 피해를 끼치지 않을 수 있었다. 그러나 이 정도 거리라면 이웃집에서 하는 말소리가 처마끝(eaves)을 넘어 이쪽까지 들려오기 일쑤이고 그것도 들릴락 말락하면 더 호기심이 나서 엿듣게 되어 eavesdrop이 생겨난다.

이러한 eaves(처마)는 어원상 of, epi, off, up, super, hyper, over, above등의 일족이나 여기서는 이 중 above의 용례를 간단히 들어 본다.

☐ The Chinese teacher helped students after school everyday, even though it was above and beyond the call of duty (in addition to what is required).
「중국인 선생님은 자신이 해야 할 의무를 넘어서는 일이지만 매일 학교를 파한 후 학생들을 도왔다.」

☐ I was at work at the time of the accident, so I am above suspicion (honest enough).
「난 사건이 났을 때 직장에서 일하고 있었으므로 나에 대한 의심의 여지는 눈꼽만큼도 없다.」

☐ Children need many things, above all (most especially) they need love.
「어린이들은 많은 것이 필요하지만 무엇보다 사랑이 필요하다.」

♣ **put all one's eggs in one basket** : risk everything at once (한 군데 몽땅 걸고 모험하다)

> Don't *put all your eggs in one basket*. Then everything won't be lost if there is a catastraphe.
> 「한 군데 몽땅 걸고 모험하지 마라. 그래야 재난이 닥쳐도 몽땅 잃지는 않을 것 아니냐.」

☞ 인류가 언제부터 닭을 길러 왔는지 정확히 알 수 없으나 대단히 오래된 것만은 틀림없고, 그래서 닭과 계란이 밥상에 오르는 것 외에도 우리의 언어 표현을 살찌우는데도 적지않게 기여해 왔다. 한 바구니에 계란을 전부 담아 놓아 무사하다면 다행이지만 깨지

는 날이면 바구니 안에 있는 계란 거의 전부가 깨어질 것이 뻔하다는 말이다. 이제 **egg**의 용례 몇 가지를 들어 본다.

☐ My brother is an <u>egghead</u> (intellectual person), but nobody in his office thinks he knows very much.
「우리 형은 머리에 든게 좀 있지만 형의 사무실에시는 아무도 형을 그다지 식사로 보지 않는다.」

☐ Who's the <u>egg-sucker</u> (sycophant) who brought the expensive birthday present for our boss?
「사장님에게 비싼 생일 선물을 가져온 알랑쇠가 누구냐?」

☐ Dong-soo is such a <u>good egg</u> (nice fellow), that everyone wants to be his friend.
「동수는 멋진 녀석이어서 모두가 친구 삼고 싶어한다.」

☐ Mrs. Bahk gives me a sweet and juicy pear from her tree whenerer I go by her house, so I don't want to <u>kill the goose that laid the golden eggs</u> (spoil something good by being greedy) by bothering her too much.
「박씨 아주머니는 내가 그 댁에 갈 때마다 달고 물기많은 배를 나무에서 한 개 따서 주시는데, 한꺼번에 여러 개 따달라고 졸라대다가 한 개마저 못 얻어먹고 싶지는 않다.」

☐ Sometimes I am a successful joker, but sometimes I <u>lay an egg</u> (fail to win the interest).
「때로는 나도 남을 웃기지만 어떤 때는 영 씨알이 안 먹힌다.」

☐ He sure has turned out to be a <u>rotten egg</u> (bad person).
「그 녀석 아주 글러 먹었어.」

☐ He has been <u>walking on eggs</u> (very cautious) ever since he started working here.
「그는 여기서 일한 이래 살얼음 밟듯 조심하고 있다.」

☐ Soo-chul <u>had egg</u> on his face (embarrassed because of his own error) as he wore jeans to the party and everyone else wore formal clothing.
「다른 사람들은 모두 정장을 했는데 수철이 혼자 진을 입고 파티에 나갔기 때문에 창피를 당했다.」

♧ **elbow grease** : effort (끈기, 힘든 일)

> **All this job needs is a little more *elbow grease*.**
> 「이 일에 필요한 것은 끈기뿐이다.」

☞ 기계도 오래오래 손질하지 않고 사용하면 삐걱대다가 탈이 난다. 기름(**grease**)이 필요하게 된다. 팔꿈치(**elbow**)를 한없이 굽히고 펴는 중노동에도 기름(휴식, 영양 섭취)이 필요하기는 마찬가지다. 뿐만 아니라 힘들여 팔굽혀펴기(힘든 일)를 하고나면 팔꿈치에 미끈미끈한 기름(땀)이 흐른다.
1639년 Dictionary of Canting Crew에 수록된 것이 첫 기록으로 전해진다. 이제 **elbow**의 용례를 몇 가지 모아 본다.

☐ I don't care to rub elbows with (associate with) someone acting like that!
「저따위 행실머리인 녀석하고는 상종도 하기 싫다.」

☐ He spends quite a bit of time at elbow-bending (drinking).
「그는 허구한 날 술이나 마시면서 지낸다.」

☐ Yoon-hi practiced for four years to become a champion swimmer, and her father was always at her elbows (nearby) to help her.
「윤희는 수영 챔피언이 되려고 4년 간 훈련을 하였고, 그동안 아버지가 언제나 훈련을 도우려고 옆에 와 계셨다.」

♣ **end of one's rope** : the limits of one's endurance (견딜 수 있는 한계점)

> **These kids are driving me out of my mind. I am at the *end of my rope*.**
> 「이 애들이 나를 정신없이 들볶는다. 난 이제 어찌해야 할지 모르겠다.」

☞ 교살형을 당하는 강도의 모습에서 생겨난 말은 아니다. 오히려 **at the end of one's tether**(at the limits of one's endurance)에 이어서 생긴 말이다. 그러니까 고삐의 한쪽 끝을 말뚝에 매인채 아무리 발버둥 쳐도 움직일 수 있는 범위가 한정된다는 말이다. 16C 경부터 있었던 이 말은 **give him enough rope and he'll hang himself**(망하든 말든 제멋대로 내버려 두라)에 이르러 좀더 의미를 구체화해 두는 것 같다.

☐ He will never find us here at the end of nowhere (at a remote place).
「이런 외딴 곳에서 그가 우리를 찾아낼 리 없지.」

☐ For me, writing a book is end in itself (for its own sake). I do not hope to make any money.
「나로서는 책을 쓴다는 자체가 목적이다. 결코 돈을 벌 욕심은 아니다.」

☐ They rode the train to the end of the line (the end).
「그들은 종점까지 기차를 타고 갔다.」

☐ Mother wants me to end my game up (bring my game to an end) and come in for homework.

「어머니는 나에게 놀이를 끝내고 숙제하러 들어오라고 하신다.」

☐ I guess that's <u>the end of the ball game</u> (the end of everything). The car broke down.

「이제 끝장인 것 같다. 차가 고장이니 말이다.」

☐ The box turned <u>end for end</u> (other way around) as it fell, and everything spilled out.

「상자가 떨어지면서 거꾸로 뒤집혀서 안에 든 것이 모두 쏟아져 나왔다.」

☐ Feeling <u>at loose ends</u> (without a regular job) I went for a long walk.

「별로 할 일도 없어서 한참동안 산책을 하였다.」

☐ I had approached every friend and acquaintance for help in vain, and now I am <u>at my wit's end</u> (feeling puzzled).

「난 모든 친구와 아는 사람에게 도움을 청하였으나 허사여서 이제 어째야 할지 모르겠다.」

☐ Some girls <u>go off the deep end</u> (act excitedly and without careful thinking) for handsome movie and television actors.

「어떤 여자 아이들은 영화와 TV 배우(텔런트)들에게 무작정 홀딱 빠져 버리는 일이 있다.」

☐ To <u>make an end of</u> (put a stop to) rumours that the house was haunted he spent three nights there.

「그 집에 유령이 나온다는 소문을 막으려고 그는 그 집에서 사흘 밤을 새웠다.」

☐ Both husband and wife had to work to <u>make ends meet</u> (earn what it costs to live).

「부부가 모두 생계를 꾸려가기 위해 일해야 했다.」

☐ Nam-soo was <u>no end</u> (exceedingly) upset because he couldn't go camping.

「남수는 캠핑을 못가게 되자 너무나 속이 상했다.」

☐ I spent hours <u>on end</u> (seemingly endlessly) writing and re-writing my poems.

「나는 시를 쓰고 또 쓰느라 계속 몇 시간을 보냈다.」

☐ The girls who served the refreshments at the party got <u>the short end</u> (the most unpleasant part) of it.

「파티에서 손님에게 다과를 시중들던 아가씨들에게는 자투리만 돌아갔다.」

☐ In fact, the waves of intensive probes have caused even able officials to become disspirited and take easy-going attitudes, however, we must go on world <u>without end</u> (forever).

「사실상 강력한 사정의 한파로 유능한 공직자마저도 움츠러들고 무사 안일에 빠지게 되었지만 우리는 영원히 사정 작업을 계속해야 한다.」

♣ **enough to make the angels weep** : so foolish that it causes one to lose all hopes
(너무나 멍청해서 희망이 다 깨진)

I was stupid *enough to make the angels weep* when I bought hundreds of lotteries.
「내가 복권을 몇 백 장씩이나 산 것은 망하려고 작심한 멍청한 짓이었다.」

☞ 1604년 Shakespeare가 "Measure for Measure"에서 만든 말이다. 너무나 멍텅구리 짓을 하기 때문에 도와주려던 천사조차도 어이가 없어 눈물을 흘리고 두 손 들게 된다는 말이다. 이제 **enough**의 용례를 몇 가지 들어 본다.

☐ I have heard all the complaining from you that I can take. Stop! <u>Enough is enough</u> (That's enough)!
「이제 내가 참을 수 있을 만큼의 불평은 다 들었다. 그만해! 이제 신물이 나니 그 이상 더 말하지 마!」

☐ A very bright idea just <u>entered his mind</u> (came to his mind).
「근사한 생각이 막 그에게 떠올랐다.」

☐ Song-mi cooked some extra potatoes, so there should be <u>enough to go around</u>.
「송미가 감자 요리를 더 만들었으므로 충분히 돌아갈 수 있을 것이다.」

☐ Moon-young is always stealing and hasn't been caught. But <u>give him enough rope and he'll hang himself</u> (give him enough time and freedom to do as he pleases and he may get into trouble).
「문영이는 노상 도둑질이나 하고 다니면서도 붙들리지 않고 있다. 이제 그 녀석 죽이 되든 밥이 되든 언젠가 혼이 나게 될 때까지 내버려 두자.」

☐ Soo-chul does so many foolish things that his mother says he doesn't <u>know enough to come out of the rain</u> (have good sense).
「수철이가 너무나 바보짓을 많이 저지르자 어머니는 아직 철이 덜 나서 그렇다고 하신다.」

☐ Moon-soo wanted to make his kite go higher, but his father told him to <u>let well enough alone</u> (be satisfied with what is good enough) because it was too windy.
「문수는 연을 더 높이 날리고 싶었지만 아버지가 문수에게 타이르기를 바람이 세게 불고 있으니 지금 높이 이상 올리지 말라고 하셨다.」

♣ **equalizer** : gun (권총 등의 무기)

> Doo-Jung carried an *equalizer,* but wouldn't dream of using it.
> 「두정이는 권총을 지니고 다녔지만 그걸 사용하겠다는 것은 전혀 생각도 안했다.」

☞ **Daniel B. Wesson**과 **Horace Smith** 두 사람은 **Massachusetts**의 **Springfield**에서 **Smith and Wesson Company**를 세우고 3년 후인 1854년 무기류를 다룬 잡지를 창간하였다. 그 후 유명한 갱단의 일원인 **Tim Smith**가 1928년 6월 26일 죽을 때 "**Smith and Wesson made all men equal**"이라고 절규하였다. 죽음(무기) 앞에 누구나 똑같다(equal).
이제 **equal, even (uniform)**의 용례를 보기로 한다.

☐ That's a very difficult task, but I am sure Sung-joo is <u>equal to</u> (able to handle) it.
「그건 매우 어려운 일이지만 성주라면 틀림없이 해낼 수 있을 것이다.」

☐ It is foolish and unrealistic to <u>equate money with happiness</u> (consider money as being equal to happiness).
「돈을 행복과 동일시한다는 것은 어리석고 비현실적이다.」

☐ The ground <u>evens out</u> (becomes level) on the other side of the mountain.
「산 너머 가면 땅이 평평해진다.」

☐ A little more weight on this side will <u>even up</u> (make more equal) the balance.
「이 쪽에 조금 무게를 더 얹어주면 균형이 맞을 거다.」

☐ We can <u>even up on</u> (return a favor to) Mrs. Bang by looking after her children next time.
「우리는 다음 번에 방씨 아주머니의 아이들을 돌봐주어서 품을 갚을 수 있다.」

☐ He has a lot of debts, but in a few years he will <u>get even</u> (owe nothing).
「그는 빚을 많이 지고 있지만 몇 년 안 가서 청산할 것이다.」

☐ When the football game seemed almost ready to become a riot, the principal stepped to the platform and got things back <u>on an even keel</u> (in a well-ordered way).
「축구경기가 폭력으로 치닫는 듯한 기세가 보이자 교장 선생님이 나와 교단으로 올라가서 원상태로 질서를 바로 잡으셨다.」

♣ **every dog has his day** : everyone will get a chance (쥐 구멍에도 볕들 날 있다)

> I may become famous some day. *Every dog has his day.*
> 「나도 언젠가 유명해질 수 있다. 쥐 구멍에도 볕들 날이 있는 법이거든.」

☞ Don Quixote (1605-1615)를 쓴 Cervantes가 이 속담을 만들어 냈다. India의 북부 Himalaya의 골짜기에는 실제 Dog's Day가 있었다. 이날 만은 개를 예쁘게 장식하고 맛있는 먹이를 주고 기쁘게 경하해 주었다. 물론 일 년중 나머지 **364**일은 천대받는 비참한 생활을 면치 못하지만(lead a dog's life). 이제 every의 용례를 살펴 본다.

☐ When you take a test, you must work rapidly because <u>every minute counts</u> (time is very important).
「시험을 칠 때는 시간이 천금같으니 빨리빨리 답안을 써야 한다.」

☐ If we all go on <u>every which way</u> (in all directions), nothing can be attained of the goals the reform package was put together for.
「우리 모두가 사방으로 흩어진다면 총체적 개혁을 종합한 목표가 하나도 이루어질 수 없을 것이다.」

☐ Dae-gil orders <u>everything but the kitchen sink</u> (almost everything he can think of) when he goes out to dinner, especially if someone else is paying.
「대길이는 외식으로 저녁을 먹게 되면 생각나는 거의 모든 것을 다 주문하는데 특히 남이 저녁을 살 때면 더 그렇다.」

☐ You can't buy <u>everything from soup to nuts</u> (everything imaginable) when consumer prices are skyrocketing.
「소비자 물가가 하늘높이 오르는데 이것저것 마구 살 수는 없잖아.」

☐ Doo-whan looked <u>every inch</u> (in every way) a soldier.
「두환이는 어느모로 보나 군인 같았다.」

☐ Every other jack (every single man) of you must do his duty.
「너희들 모두가 각자의 책임을 다 해야 한다.」

☐ On Choosuck Day, it seems as if <u>every other</u> (every second) man we meet is wearing a Hanbock.
「추석 날이면 두 사람에 한 사람꼴로 한복을 입는 것 같다.」

☐ I can't give you money <u>every time I turn around</u> (very often).
「난 언제나 마냥 너에게 돈을 줄 수 있는게 아니다.」

♣ **cut one's eyeteeth** : have much experience at something (경험하다, 철들다)

> I suppose he has begun to *cut his eyeteeth.*
> 「그 사람 이제 철들기 시작한 모양이다.」

☞ 사람은 태어날 때 아래 위 앞니 두 개씩 먼저 나고 차츰 바깥쪽 이가 나기 시작한다. 따라서 사랑니(wisdom teeth or eyeteeth)가 나게 될 때면 제법 철이 들어간다는 말이 된다. 이제 eye의 용례를 들어 본다.

☐ We approached each other eyeball to eyeball (face to face) and frowned.
「우리는 서로 다가가서 마주 보고는 얼굴을 찌푸렸다.」

☐ The girls across the street were an eye-filling (beautiful) sight.
「길 건너편에 있는 여자들은 정말 볼만한 눈요기감이었다.」

☐ We went through the woods very quietly, with an eye out (watchfully) for poisonous snakes.
「우리는 독뱀이 나올까바 주의하면서 조용히 숲속을 걸어갔다.」

My wife must have eyes in the back of her head (have ability to know what happens when her back is turned), because she knows when I do something wrong.
「집 사람은 내가 조금이라도 잘못하면 눈으로 안 보아도 꿰뚫어 보고있어.」

☐ Mi-young had her eyes open (had a full understanding) when she got married.
「미영이는 결혼한 뒤에야 여러 가지를 알게 되었다.」

☐ When he found a diamond ring on the street, his eyes popped out (he was very much surprised).
「그가 길거리에서 다이아몬드 반지를 발견했을 때 눈이 휘둥그래졌다.」

☐ Young-soo's first car was his apple of his eyes (cherished object). He was always polishing it.
「영수는 첫 번째 차를 눈에 넣어도 아프지 않을 만큼 아꼈다. 노상 차 닦는게 일이었으니까.」

☐ When I told him the price of the car he never batted an eye (show surprise).
「내가 차의 값을 말했을 때 그는 전혀 놀라는 기색이 없었다.」

☐ I saw her there but I could hardly believe my eyes (believe my eyesight).
「난 거기서 그녀를 보았지만 내 눈을 거의 믿을 수 없을 지경이었다.」

☐ I feasted my eyes on the beautiful painting (looked at the beautiful painting and enjoyed very much) this morning.

「오늘 아침 아름다운 그림을 보고 몹시 즐거웠다.」

☐ My daughter <u>got the eye</u> (was looked at with interest) as she walked past the people on the street corner.
「내 딸은 길 모퉁이에 있는 사람들을 지나칠 때 그들의 시선(주목)을 받았다.」

☐ The teacher could see <u>with half an eye</u> (at a slight glance) that she was going to have trouble with the class.
「선생님은 언듯 보아도 수업을 이끌어가기가 힘들다는 생각이 들었다.」

☐ <u>Have an eye on</u> (watch carefully) the stove in case the tea boils.
「차가 끓는지 난로를 지켜보고 있거라.」

☐ He <u>has an eye for</u> color and style in clothes.
「그는 옷의 색상과 유행에 대한 안목이 있다.」

☐ This is a wonderfully life-like picture, and it <u>hits me right between the eye</u> (makes a strong impression).
「이 그림은 놀랄 만큼 실물같아서 나를 깜짝 놀라게 만드는구나.」

☐ <u>In my mind's eye</u> (in my memory) and dreams I see again and again the house I lived in when I was a boy.
「소년 시절에 살던 그 집이 추억과 꿈 속에 자꾸만 떠오른다.」

☐ Famous ballplayers are naturally <u>in the public eye</u> (widely known).
「유명한 야구 선수들은 당연히 사람들의 이목을 끈다.」

☐ When they walked through the woods, they <u>kept their eyes skinned</u> (watched carefully) for snakes.
「그들은 숲속으로 걸어 들어갈 때 뱀에게 물리지 않으려고 주의하였다.」

☐ She didn't know the man. In fact, she had never <u>set eyes on</u> (seen) him.
「그녀는 그를 몰랐다. 실은 그를 본 일조차 없다.」

☐ We often believe a person who <u>looks us in the eye</u> (looks bravely) but it does not prove he is truthful.
「우리는 종종 얼굴을 빤히 쳐다보는 사람을 믿는 경우가 많지만 이것이 그가 신뢰성이 있다는 증거는 아니다.」

☐ The other boys disliked his way of <u>making his eyes at their girls</u> (looked at their girls to attract them to him) instead of finding one of his own.
「그가 자기 애인을 구해볼 생각은 안하고 다른 아이들의 여자 친구에게 추파나 던지는 꼴을 그들은 싫어하였다.」

☐ When I turned round the bend a clear blue lake <u>met my eye</u> (appeared clearly).

「모퉁이를 돌았을 때 맑고 푸른 하늘이 눈에 들어왔다.」

☐ She didn't believe that her cousin could be mean until the cousin <u>opened her eyes</u> (make her understand the truth) by scratching and biting her.
「그녀의 사촌이 할퀴고 물어서 본색을 드러낼 때까지 그가 설마 그렇게 비열하리라고는 믿지 않았다.」

☐ Dong-soo tried to <u>pull the wool over his partner's eyes about</u> (deceived his partner about) their financial position.
「동수는 자기네들의 재정 상태를 동업자에게 속이려 들었다.」

♣ **face the music** : receive punishment (당하게 되다)

> I broke a dining room window and had to *face the music* when my mother got home.
> 「나는 식당방 유리창을 깨뜨려서 어머니가 집으로 돌아오시자 한바탕 당해야 했다.」

☞ 1850년경 미국의 군(軍)에서 생긴 말이다. 못된 짓을 하고 쫓겨나는 군인이 북을 둥둥쳐서 추방식을 당해야 하는 이른바 **Rogue's March**에서 생겨난 말이다.
이제 **face**의 용례 몇 가지를 들어 본다.

☐ The teacher <u>faced the angry student down</u> (overcame the angry student down by being bold) without saying anything.
「선생님은 성난 학생을 말 한 마디없이 위압했다.」

☐ Today I have to <u>face up to</u> (confront bravely) going to the dentist.
「오늘은 큰 마음 먹고 치과에 가야 되겠다.」

☐ I took his story at <u>face value</u> (seeming truth) and didn't notice he was joking.
「난 그의 이야기를 액면대로 받아들였고 그가 농담을 하고 있었다는 것을 몰랐다.」

☐ Walking on the street, she found herself <u>face-to-face</u> (with her face looking toward) a policeman.
「그녀는 길거리를 걷다가 경찰관과 딱 마주쳤다.」

☐ Nobody can <u>fly in the face of</u> (ignore) good business rules and expect to be successful.
「훌륭한 사업상 규칙을 무시하고서는 아무도 성공하기를 바랄 수 없다.」

☐ The teacher found out that Moon-ho had cheated, and Moon-ho <u>hid his face</u> (lowered his face because of shame).

「문호는 시험에 부정 행위를 하다가 선생님에게 발각되자 부끄러워서 고개를 숙였다.」

♧ **fall in love with** : develop the emotion of love for (반하다)

> **Doo-sung** *fell in love with* **Myung-soon, but she only wanted to be friends.**
> 「두성이는 명순이에게 반했지만 그녀는 그저 친구 관계이기를 원했다.」

☞ 1423년 처음으로 이 표현이 나타났을 때에는 **fall into love's dance**였다. 그 후 100년이 넘어서야 **fall in love**로 단축되었다. 말할 것도 없이 몸을 가누지 못하게 사랑에 빠져들었다는 말이다. 이제 **fall**의 용례를 들어 본다.

☐ **Doo-sung <u>fell all over himself</u> (did everything to please her) trying to make her feel at home.**
「두성이는 그녀를 편안하게 해 주려고 안달이었다.」

☐ **It began to <u>fall apart</u> (become disorganized) this summer when most of members quit.**
「그 조직은 올여름 대부분의 회원들이 불참함으로써 깨어지기 시작했다.」

☐ **Doo-sung ran out of ink and had to <u>fell back on</u> (turn to) his pencil.**
「두성이는 잉크가 떨어져서 연필을 쓸 수밖에 없었다.」

☐ **I <u>fell behind in my work</u> (failed to do a work on time) and had to explain to the manager.**
「나는 맡은 일에 뒤졌기 때문에 지배인한테 변명을 늘어놓아야 했다.」

☐ **I <u>fell by the wayside</u> (gave up and quit before the end) and didn't finish college.**
「난 대학을 끝내지 않고 도중에 팽개쳤다.」

☐ **My brother was fired because he <u>fell down on the job</u> (failed to do his job adequately).**
「우리 형은 일을 제대로 해내지 못해서 해고되었다.」

☐ **In fact he <u>fell flat on his face</u> (was completey unsuccessful) when he tried to give his speech.**
「실은 그가 연설하려고 한것은 완전히 실패였다.」

☐ **When we get older the different parts of our life begin to <u>fall into line</u> (fit together in line).**
「우리가 나이를 먹으면 우리 삶의 편린들이 줄줄이 생각날 것이다.」

☐ **Byung-sun is not able to <u>fall in with</u> (agree with) her ideas about painting

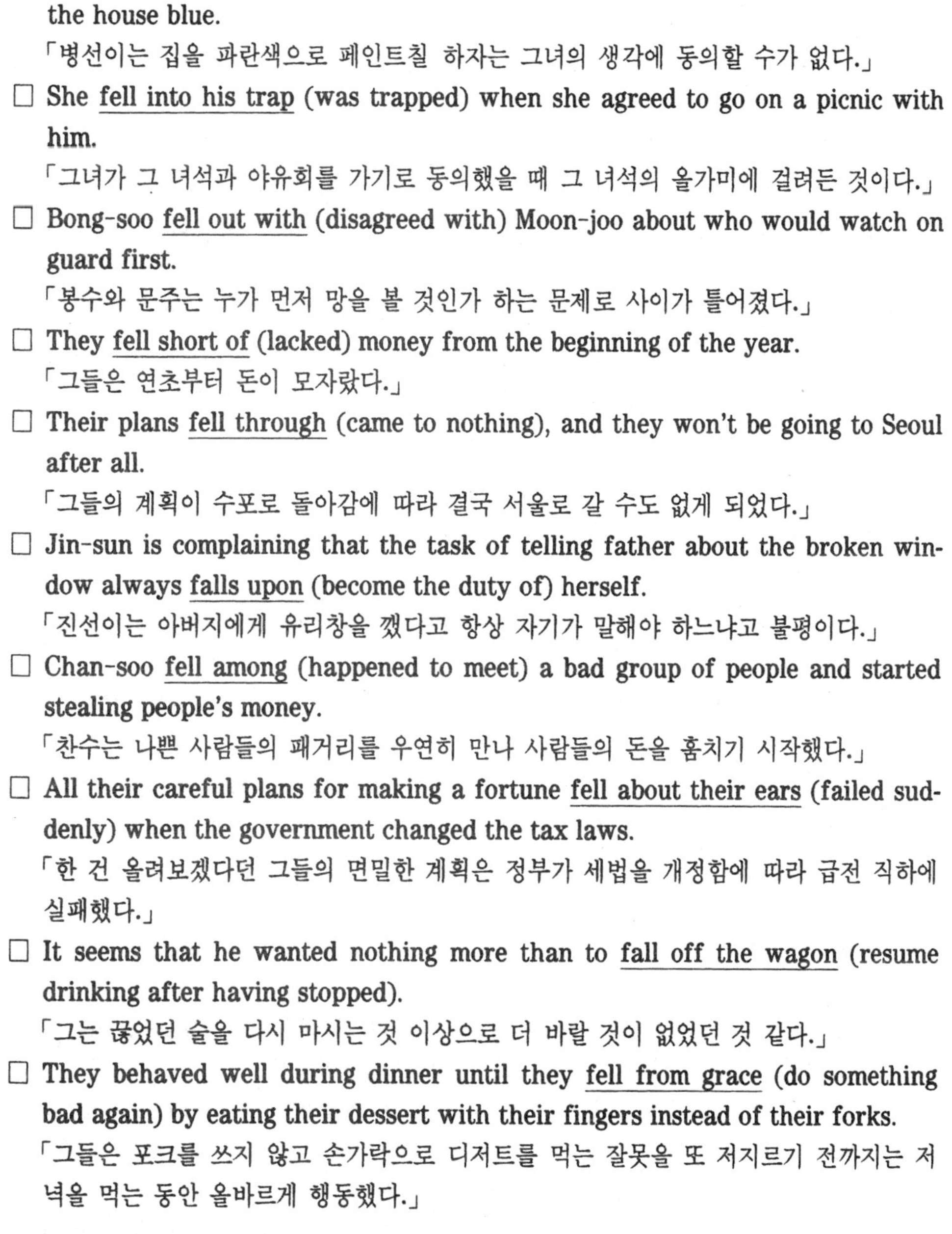

the house blue.

「병선이는 집을 파란색으로 페인트칠 하자는 그녀의 생각에 동의할 수가 없다.」

☐ She <u>fell into his trap</u> (was trapped) when she **agreed to go on a picnic with him.**

「그녀가 그 녀석과 야유회를 가기로 동의했을 때 그 녀석의 올가미에 걸려든 것이다.」

☐ Bong-soo <u>fell out with</u> (disagreed with) Moon-joo about who would watch on guard first.

「봉수와 문주는 누가 먼저 망을 볼 것인가 하는 문제로 사이가 틀어졌다.」

☐ They <u>fell short of</u> (lacked) money from the beginning of the year.

「그들은 연초부터 돈이 모자랐다.」

☐ Their plans <u>fell through</u> (came to nothing), and they won't be going to Seoul after all.

「그들의 계획이 수포로 돌아감에 따라 결국 서울로 갈 수도 없게 되었다.」

☐ Jin-sun is complaining that the task of telling father about the broken window always <u>falls upon</u> (become the duty of) herself.

「진선이는 아버지에게 유리창을 깼다고 항상 자기가 말해야 하느냐고 불평이다.」

☐ Chan-soo <u>fell among</u> (happened to meet) a bad group of people and started stealing people's money.

「찬수는 나쁜 사람들의 패거리를 우연히 만나 사람들의 돈을 훔치기 시작했다.」

☐ All their careful plans for making a fortune <u>fell about their ears</u> (failed suddenly) when the government changed the tax laws.

「한 건 올려보겠다던 그들의 면밀한 계획은 정부가 세법을 개정함에 따라 급전 직하에 실패했다.」

☐ It seems that he wanted nothing more than to <u>fall off the wagon</u> (resume drinking after having stopped).

「그는 끊었던 술을 다시 마시는 것 이상으로 더 바랄 것이 없었던 것 같다.」

☐ They behaved well during dinner until they <u>fell from grace</u> (do something bad again) by eating their dessert with their fingers instead of their forks.

「그들은 포크를 쓰지 않고 손가락으로 디저트를 먹는 잘못을 또 저지르기 전까지는 저녁을 먹는 동안 올바르게 행동했다.」

♣ **go too far** : behave or speak unreasonably (이성을 잃은 행위(말)를 하다)

This time he has *gone too far!* I will not listen to his rude remarks any

> **longer.**
> 「이번엔 그 사람이 너무 심했다. 이제 더 이상 그의 무례한 말투를 듣고만 있지 않
> 을 것이다.」

☞ 제 2차 세계 대전 중 연합군 병사들에게는 현지 주민들을 가까이하지 못한다는 명령이 내려졌다. 동정이나 우정은 사랑으로 변하고 결국에는 피를 섞게 된다는 것이 이유였다.

이와 같이 점령지 여자와의 사귐(fraternization)은 정도가 지나치면(go too far) 당사자 뿐만 아니라 여기서 태어나는 자식에게까지 불행을 가져오기 쉬우므로 이를 막으려 한 것이다. 따라서 이 fraternize나 go too far는 make love라는 완곡 어법으로 되기도 한다.

이제 **far**의 용법을 몇 가지 살펴 본다.

☐ This camera is <u>far and away the best</u> (unquestionably the best).
「이 카메라는 단연 최고다.」

☐ Don't get me wrong. <u>Far be it from me to</u> (It is not my place to) attempt to advise you, but you are making a big mistake.
「오해하지 마라. 너한테 충고할 생각은 추호도 없지만 네가 큰 실수를 저지르고 있는 건 사실이다.」

☐ Now I realize what I did was <u>a far cry from</u> (a thing which is very different from) what I said I was going to do.
「내가 하겠다고 한 말과 실제 내가 한 행위에는 큰 차이가 있었다는 것을 이제야 깨닫게 되었다.」

☐ It seems the party went on <u>far into the night</u> (late into the night).
「파티가 밤 늦게까지 계속된 것 같다.」

☐ A lot of people came from <u>far and near</u> (everywhere) to hear him sing.
「여기저기서 많은 사람들이 그의 노래를 들으려고 모여들었다.」

☐ <u>As far as</u> (to the degree that) the food is concerned, they do not think it matters.
「음식에 관한 한 그들은 중요한 일이 아니라고 여긴다.」

☐ As this road is a lonely road, I haven't met another man <u>so far</u> (until this time).
「여기는 한적한 도로여서 아직껏 한 사람도 더 만나지 못했다.」

☐ Places where we can get water are <u>few and far between</u> (not many) in the de-

sert.
「사막에서는 물을 구할 수 있는 곳이 극히 드물다.」

♣ **fast one** : deception (속임수)

> **What makes you think you can pull a _fast one?_**
> 「어떻게 네 속임수가 통할 것 같은 생각이 드니?」

☞ 우리 나라에도 프로 야구가 시작된 지 십년이 넘었다. 야구에서 투수의 비중이 막중함은 말할 필요가 없는데, 투수가 느린 볼을 여기저기 맥빠진듯 던지다가 갑자기 강속구 스트라이크를 던진다면 타자가 헛치게 되는 일이 십상이므로 야구에서 생겨난 말이다. 그러나 이 **fast one**은 영국의 **cricket**으로 넘어가서 영국에서 처음으로 **pull a fast one (outsmart a person by a clever maneuver)**이 나타나게 되었다. 이제 **fast**의 용례를 보기로 한다.

☐ No matter what I do, I am just <u>getting nowhere fast</u> (not making progress).
「무슨 일을 하거나 난 도무지 진척이 없어.」
☐ We should have our project completed by tomorrow, but it's a <u>hard-and-fast</u> (strict) rule.
「우리는 이 계획을 내일까지 완료해야 하는데 이건 너무 심한 일이다.」
☐ If you want to succeed in your business, you shouldn't expect to <u>make a fast buck</u> (make money with little effort).
「네가 사업에 성공하려거든 손쉽게 돈을 벌 생각을 해서는 안 된다.」
☐ If you <u>play fast and loose</u> (act carelessly) like that, you can get into a lot of trouble.
「그렇게 함부로 행동하다가는 사고뭉치가 될 수도 있어.」

♣ **a feather in one's cap** : an honor (자랑거리)

> **When he got an A in statistics, he earned _a feather in his cap._**
> 「그가 통계학에서 A학점을 받았을 때 큰 자랑거리를 얻은 셈이다.」

☞ **American Indian**들은 전쟁에서의 무용을 자랑하기 위하여 깃털을 달고 다니는 경우가 흔히 있었다. 여기서 미국 영어에 "자랑할만한 업적"이라는 뜻으로 쓰여지게 되었다.

이제 **feather**의 용례를 보기로 한다.

☐ He seemed to be helping you, but was really <u>feathering his own nest</u> (using power to provide for himself).
「그는 너를 도우고 있는 것처럼 보였지만 실은 자기 사복을 채우고 있었어.」

☐ Fine weather and lots of sleep put me <u>into fine feather</u> (in good health).
「좋은 날씨와 충분한 수면이 나를 건강하게 해 준다.」

☐ When my father gets home and sees what I have done, he will really <u>make the feathers fly</u> (cause an outburst).
「아버지가 집에 돌아와서 내가 저지른 일을 보신다면 진짜 큰 소동이 일어날 것이다.」

☐ We threatened to <u>tar and feather him</u> (chastise him severely) if he ever came back to our village.
「우리는 그가 다시 우리 마을로 돌아온다면 단단히 혼을 내준다고 을렀다.」

☐ Mi-gyung is pretty and she wears pretty clothes, but she is very mean. <u>Fine feathers do not make fine birds</u> (A person who wears fine clothes may not be as good as he looks).
「미경이는 예쁘고 좋은 옷을 입고 있지만 성격이 천박하다. 옷만 잘 입으면 다가 아니라는 말이다.」

♣ **fed up** : disgusted (역겨운)

I was *fed up* with my pet dog and sold him to my friend.
「난 애완용 개가 지겨워서 친구한테 팔아 버렸다.」

☞ 아무리 재미있는 일도 한없이 되풀이하면 진절머리가 나게 된다. 배고플 때 맛있던 것도 얼마 안 가서 물리게 된다. 그러니까 feed(먹이다)가 filled(꽉찬)의 상태가 되어 더 이상 주는 것은 오히려 역겨워 게우고(**vomit**) 싶을 정도가 된다. 유사한 표현으로 **fed up to the back teeth, fed up to the eyelids**등이 있다. 이제 **feed**와 **food**의 용례를 몇 가지 들어 본다.

☐ If she keeps <u>feeding her face</u> (eat) all the time, she'll get fat.
「그 여자 자꾸 먹어대면 뚱보가 되고 말거다.」

☐ I don't pay any attention to you. You are always <u>feeding me a line</u> (deceiving me).
「네 말이라면 귀도 들썩이지 않겠다. 언제나 날 속이기만 하니까.」

☐ Come on, Joo-sung. <u>Feed the kitty</u> (Contribute money). You can afford ten thousand won for a good cause.
「애, 주성아, 돈 좀내라. 좋은 일 하는데 만 원 정도야 낼 수 있잖아.」

☐ He already <u>put on the feed bag</u> (ate a meal) as early as 6 : 00 last night.
「어젯밤 그는 6시 경에 일찌감치 저녁을 먹었다.」

☐ He doesn't like your idea very much, but it's <u>food for thought</u> (something to think about).
「그는 네 생각을 별로 좋지않게 여기지만 실은 생각해 봐야 할 일이다.」

☐ He seemed to be <u>off his feed</u> (moody) ; he didin't joke and laugh with his friends.
「그는 기분이 언짢은 것 같았다. 그는 친구들과 농담도 않고 웃지도 않았다.」

☐ Chang-soo depended on his father for all decisions because <u>he had been spoon-fed</u> (he had been told what to do).
「창수는 이래라 저래라 하면서 과보호 속에 자랐기 때문에 모든 결정을 아버지에게 의존하였다.」

☐ You must <u>feed back</u> (return) information to the firm about the sales.
「넌 판매에 관한 정보를 회사에 보고해야 해.」

♧ **feel one's oats** : be eager and excited (들뜨고 흥분하다)

> When we first got to camp, we were *feeling our oats*.
> 「우리는 처음 야영지에 도착했을 때 마음이 들떠있었다.」

☞ 미국에서 1843년 Thomas Haliburton이 처음 사용한 말이다. 활기찬 말(horse)에게 귀리(oats)를 주면 더욱 신이 난다는 말이며 **full of oats**라고도 한다. 이제 **feel**의 용례를 보기로 한다.

☐ All the persons in bureaucratic society are called upon to buckle down to the devising of policies to get our potential for economic dynamism back on normal track and to make everyone <u>get the feel of</u> (become used to) this cleanup drive.
「모든 공직자들은 우리의 경제 활성화를 위한 잠재력을 본궤도에 올리고 이 사정 운동을 모든 사람이 피부로 느낄 수 있는 정책 수립에 본격적으로 나설 것이 요망된다.」

☐ He asked me to shake hands with him, just to show that there were no <u>hard feeling</u> (bitter feeling).

「그는 나에게 서로 앙금이 없다는 표시로 악수하자고 청했다.」

☐ I felt in my bone (have an idea but not know why) that the Lotte would win the game yesterday.
  ·「난 Lotte가 어제 시합에 이기리라고 직감했다.」

☐ Moon-soo felt out his father (talked carefully to his father and found what he thought) about letting him have the car that afternoon.
「그 날 오후 민수는 아버지가 차를 내어 주실지 슬며시 떠보았다.」

☐ Do you feel up to jogging (feel strong enough to jog) two miles every day with me?
「넌 매일 나와 같이 2 마일 씩 조깅할 수 있겠니?」

☐ If you run too much, you end up feeling dragged out (feeling exhausted).
「너무 많이 뛰면 나중에는 녹초가 되고 말 것이다.」

☐ We must eat the proper food and get enough rest to feel fit (feel well and healthy).
「몸의 상태를 좋게 유지하려면 적당히 먹고 충분히 휴식해야 한다.」

☐ Our boss feels it beneath him to (feels that he would be lowering himself to) drive his own car.
「우리 사장님은 자신의 차를 손수 운전하는 것을 사장 답지 못한 일이라고 여긴다.」

☐ She bought a new dress, and now she feels like a new person (feels refreshed and renewed).
「그녀는 새 옷을 사서 이제 딴 사람이 된 것처럼 기분이 좋다.」

☐ As I know nothing about statistics, I feel out of place (feel that I don't belong in) at the discussion on probability.
「난 통계학에는 문외한이라 확률에 대한 토론에는 생소하기만 하다.」

☐ I refused to help because I felt put upon (felt taken advantage of).
「난 이용만 당한 느낌이 들어서 협조 요청을 거절했다.」

☐ He felt small (felt ashamed) when he learned how badly he had misjudged me.
「그는 자기가 나를 얼마나 나쁘게 잘못 보았는지 깨달았을 때 부끄러워 어쩔 줄 몰랐다.」

♣ **mend one's fences** : do something to make people follow one (인기(선거구) 관리하다)

> He went home from Seoul to *mend his fences*.
> 「그는 선거구 관리를 위하여 귀향하였다.」

☞ 미국의 재무 장관이었던 John Sherman은 당시의 대통령 Rutherford B.Hayes가 재출마하지 않을 것을 알았고 멀지않아 자신의 국무 위원 자리도 잃게 되리라는 것을 알고 1879년 상원 의원에 출마하였다. 그가 Ohio의 농장을 찾아왔을 때 기자들에게 말하기를 "I have come back to mend my fences."라고 했다. 물론 여기서의 울타리 (fences)는 농장의 울타리가 아닌 정치적 울타리이다. 이제 fence의 용례를 들어 본다.

☐ Students don't like to be <u>fenced in</u> (restricted).
「학생들은 구속당하기를 좋아하지 않는다.」
☐ Jong-soo is <u>on the fence</u> (undecided) about going to Japan.
「종수는 일본에 갈 것인지 말 것인지 망설이고 있다.」
☐ They need to find a way to persuade <u>the fence hangers</u> (those who can not decide which side to be on) to come over to their side.
「그들은 관망자들을 자기편으로 설득할 방법을 찾아야 한다.」
☐ He is an expert at <u>fencing with</u> (giving skillful answers to) reporters at press conference.
「그는 기자 회견에서 기자들 질문을 재치있게 받아넘기는 데 선수다.」
☐ Moon-joo is always changing his job because <u>the grass always looks greener to him on the other side of the fence</u> (other jobs always seem better to him than the one he has).
「문수의 눈에는 남의 떡이 항상 커보여서 자꾸만 일자리를 바꾸기만 한다.」
☐ This part of the field has been <u>fenced off</u> (separated with a fence) to keep the cattle out.
「밭의 이 부분은 소가 못 들어오게 울이 막혀 있다.」
☐ The goats keep wandering into the potato field so we shall have to <u>fence them out</u> (keep them out with a fence).
「염소들이 감자 밭을 헤매고 다니고 있어서 울을 막아 못 들어오게 해야겠다.」

♣ **five fingers** : a pickpocket (소매치기, 도둑)

> Quite a few passengers had their pockets picked of their money in the bus

> **by *five fingers*.**
> 「여러 사람들이 버스 안에서 주머니에 든 돈을 소매치기당했다.」

☞ 다섯 손가락을 갈퀴(hook) 모양으로 오그리고 있다가 살며시 싹 긁어내는 소매치기를 **five fingers, mechanics, picks, forks** 등으로 부르는 경우가 있으며, 물론 표준어는 **pickpocket**이고 이들 표현은 양념이다. 거짓말과 도둑이 없는 세상은 없다. 문제는 이들 손님의 봉(mark)이 되지 않도록 현명하게 대처해 나가는 것 밖에 없는 것 같다. 이제 **five**의 용례를 들어 본다.

☐ The pickpockets split the money <u>fifty-fifty</u> (into two equal parts).
「소매치기들은 훔친 돈을 반반으로 나누었다.」

☐ If you don't want a <u>nine-to-five job</u> (job regular and normal hours), you will never get one.
「정규 시간 근무하는 일자리를 마다하면 아예 취직은 안 되는 일이다.」

☐ Chang-ho used his <u>five-finger discount</u> (stolen money) to get the kind of necklace Boon-soon liked.
「창호는 훔친 돈으로 분순이가 좋아하는 종류의 목걸이를 샀다.」

☐ If you <u>take the Fifth</u> (decline to answer any questions) on that one, I will take you to the police.
「네가 이 문제에 대답하지 않는다면 경찰에 끌고가겠다.」

☐ He may feel like a <u>fifth wheel</u> (unneeded person) around here.
「그는 여기서 자신을 쓸모없는 사람처럼 느낄지도 모른다.」

♣ **fight fire with fire** : fight back in the same way one was attacked (같은 수법으로 받아치다, 이열치열하다)

> I am determined to *fight fire with fire* in the debate.
> 「난 토론에서 상대방의 수법으로 역공하려고 작정했다.」

☞ 미국의 개척 시대에 생겨난 말이다. 넓은 초원이나 산에 불이 나면 걷잡을 수 없이 퍼져나가게 되어 보통 일이 아니다. 따라서 불길과 상당한 거리를 두고 맞불(backfire)을 미리 놓아서 원래의 불이 번져도 더 이상 태울 것이 없어 꺼지게 하는 방법을 사용하곤 했다. 하지만 맞불 자체도 자칫하면 큰불이 될 수 있으므로 여간 위험한 일이 아니었다. 여기서 위험을 무릅쓰고 단호한 조치를 취한다는 말이 생겨났다. 이제 **fight**의

용례를 살펴본다.

☐ All the students <u>fought against time</u> (made haste) to complete the test.
「모든 학생들은 시험 답안지를 다 쓰려고 서둘렀다.」

☐ We must <u>fight against robbers tooth and nail</u> (fight against the robbers with great determination).
「우리는 도둑들에게 단호하게 맞서 싸워야 해.」

☐ He <u>fought off</u> (defeated) the challenger and won the election.
「그는 도전자를 물리치고 선거에서 이겼다.」

☐ Chang-soo, who was very determined, <u>went down fighting</u> (continued the struggle until he was completely defeated).
「단단히 마음 먹은 창수는 끝까지 싸웠다.」

☐ If you don't stop calling each other names, you are going to end up wtih a real <u>knock-down-and-drag-out fight</u> (serious fight).
「너희들이 제각기 남 욕하기를 그치지 않으면 심각한 싸움으로 끝나게 된단 말이다.」

☐ We never realized <u>fish-fights</u> (fights between females) could get cruel.
「우리는 여자들 싸움이 잔인해지리라고는 전혀 깨닫지 못했다.」

☐ He is grouchy, and we can tell he has been <u>spoiling for a fight</u> (asking for a fight) all afternoon.
「그 녀석은 토라져 있고, 우리는 그 녀석이 오후내내 트집 잡아 싸우려고 으르렁댄 것도 알고 있다.」

☐ You should bear in mind you can only <u>fight evil with</u> (oppose evil using) good.
「넌 오로지 악을 선으로 맞설 수밖에 없다는 것을 명심해야 해.」

☐ Nothing seemed to be in favor of me, but I had to <u>fight back to</u> (struggled to returned to) old position of strength.
「아무것도 나에게 희망적인 것이 없었지만 이전의 기력을 되찾으려고 애썼다.」

☐ Choon-soo <u>fought down</u> (struggled to control) his terror as darkness descended, and walked on through the wood.
「어두움이 깔리자 찬수는 두려움을 떨쳐버리고 숲속으로 걸어 나갔다.」

☐ Our teacher <u>fought for his life</u> (was dangerously ill) for two months before he died.
「우리 선생님은 돌아가시기전에 두 달 동안 몹시 앓으셨다.」

☐ As the crowd was so thick, I had to <u>fight my way out of</u> (struggled to leave) the theater.

「사람들이 빽빽히 들어차서 극장에서 기를 쓰며 비집고 나와야 했다.」

☐ You'd better live an honest life, and <u>fight shy of</u> (avoid) evil companions.
「정직한 생활을 하고, 나쁜 친구들을 가까이 하지 않는게 좋아.」

☐ The only way to settle a quarrel was to choose a leader from each side and let them <u>fight it out</u> (fight to a finish).
「싸움을 해결할 유일한 방법은 각 편의 우두머리를 뽑아 그들에게 끝까지 싸우게 하는 것이었다.」

♣ **figurehead** : a person who heads an organization but has no real duties in it (명목상의 우두머리)

> I realized later thery were going to make me *a figurehead*.
> 「나중에야 알았지만 그들은 나를 허울뿐인 사장으로 앉힐려고 했어.」

☞ 배의 선수상(船首像)은 뱃머리 근처에 붙여 놓는 것이지만 이것은 배의 항해와는 전혀 관계없고 다만 장식품일 뿐이었다. 그러나 이 조각품은 선원들에게는 일종의 자존심과 위신을 높여주었다. 여기서 선수상은 "이름뿐인 우두머리"로 쓰여지게 되었다. 이제 **figure**의 용례를 들어 본다.

☐ We don't wish to <u>figure in</u> (play a roll in) your future.
「우린 너의 장래 문제에 끼어들고 싶지 않아.」

☐ It's hard to <u>figure him out</u> (understand him).
「그를 이해하기 어렵다.」

☐ All you have to do is to <u>figure our cost up</u> (total up a list of prices) and send us a statement.
「네가 할 일은 다만 세목별 합계를 내어서 명세서를 우리한테 보내기만 하면 돼.」

☐ You'd better tell me <u>in round figures</u> (as an estimated number).
「대략 어림 수치로 내게 말해 주는 게 낫겠다.」

☐ I don't <u>figure on</u> (expect) having so many people at the picnic.
「소풍에 그렇게 많은 사람이 오리라고 기대하지 않는다.」

♣ **fill the bill** : be exactly the thing that is needed (요구, 표준에 맞다)

> That old pair of trousers seems to *fill the bill* nicely.
> 「저 헌 바지가 꼭 맞을 것 같다.」

☞ 19C 경 연극 공연이 있을 때면 공연에 몇 주일 앞서서 포스터와 전단(**handbill**)을 배포하고 야단스럽게 선전을 하였다. 이 포스터와 전단에는 주연 배우의 이름과 사진이 가득 채워져 있고(**fill the bill**) 나머지 사람들의 이름과 얼굴은 아예 없었다. 따라서 1860년 이후 **fill the bill**은 **be very competent, effective**, 또는 **do all that is desired, expected, or required**의 뜻으로 쓰이게 됐다. 이제 **fill**의 용례를 보기로 한다.

☐ They <u>filled the gap</u> (filled in an open place) between the sessions of seminar by having chats.
「그들은 세미나의 쉬는 시간을 잡담으로 메꿨다.」

☐ As he did his job very well, it'll be difficult to <u>fill his shoes</u> (take his place).
「그가 맡은 일을 너무 잘 했기 때문에 그를 대신하기는 어려울 것이다.」

☐ As Moon-soo is on a business trip to China, Chan-ho has to <u>fill in for Moon-soo</u> (take Moon-soo's place) in the office.
「찬수가 중국으로 출장중이므로 찬호가 사무실에서 찬수의 일을 대신해야 한다.」

☐ I used to be very thin in my youth, but now I am beginning to <u>fill out</u> (grow fuller).
「난 젊을 때 몸이 호리호리했지만 지금은 자꾸 몸이 굵어지고 있다.」

☐ You'd better not <u>fill him in on</u> (inform him about) what happened to his sister.
「넌 그 사람에게 그 사람의 여동생에게 일어났던 일을 알리지 않는 게 좋아.」

☐ By all accounts the word "New" appears to be synomym for the first nonmilitary government. We've had fill of(received enough of it).
「모든 사람들이 "신(新)"이란 말을 처음으로 맞는 문민 정부와 동의어로 쓰는 것 같다. 이제 그 "신"자도 지겹게 들어 본 소리다.」

☐ The theater began to <u>fill up</u> (completely full) just before the performance.
「공연 직전에 극장은 만원이 되기 시작했다.」

♧ **a fine kettle of fish** : a real mess (혼란)

This is *a fine kettle of fish*. The cat has eaten the steak we were going to have for dinner.
「이거 정말 난처하게 됐네. 저녁으로 먹으려던 스테이크를 고양이가 먹어 버렸으니 말이다.」

☞ 댐에서 흐르는 수로에 통발(kiddle)을 놓아 물고기를 잡아 왕실의 관리들이 부수입을 올리던 시절이 있었다. 이것을 아는 침입자들(poachers)이 슬쩍 물고기가 든 통발을 훔쳐가곤 했다. 나중에 이를 알게 된 왕실 관리들(royal officials)은 기가차서 "That's a pretty (fine) kiddle of fish."라고 소리쳤다. 여기서 pretty (fine)는 좋다는 뜻이 반의어로 쓰여서 "빌어먹을" 정도의 뜻이며 또한 kiddle은 와전되어 kettle로 되어 오늘날에도 쓰이고 있다. 이제 fine과 일족인 finish의 용례를 몇 가지 든다.

☐ He couldn't find his history book, he <u>went over the place with a fine-tooth comb</u> (searched through the place very carefully).
「그는 역사책을 찾을 수가 없어서 그곳을 샅샅이 뒤졌다.」

☐ The worker <u>fined the metal down</u> (made the metal thinner).
「일꾼은 쇠붙이를 가늘게 폈다.」

☐ The motorist was <u>fined for</u> (made pay money as a punishment for) dangerous driving.
「운전사는 위험한 운전을 했다는 이유로 벌금을 물었다.」

☐ A long drive like that could <u>finish the car off</u> (destroy the car).
「저렇게 오랫동안 운전을 해서야 차가 망가지고 말지.」

☐ He began his army life as private soldier and <u>finished up as</u> (finished by becoming) ruler of Korea.
「그는 사병으로 군대 생활을 시작해서 나중에 한국의 지도자가 되었다.」

☐ If we take for granted the propensity for irregularity, we'll <u>finish up nowhere</u> (gain no success).
「우리가 부정에 빠지는 경향을 당연한 것으로 여긴다면 아무 것도 얻지 못할 것이다.」

♣ **point the finger** : single out a guilty person (범인을 지적하다)

He is an expert at *pointing the finger* at pickpockets in a jampacked bus.
「그는 만원 버스 안에서 소매치기를 알아내는데 선수다.」

☞ Shakespeare가 Othelo(1604)에서 사용한 것이 처음이다. 수상한 사람을 골라내거나 밀고하는 사람이 finger man이다. 손가락이란 묘한 일에도 쓰인다. 이제 finger의 용례를 몇 가지 든다.

☐ As long as you <u>have your finger in the pie</u> (are involved in it), things will go on slowly.

「네가 그 일에 관여하는 한 일의 진행이 늦어질 것이다.」

☐ His little son <u>has sticky fingers</u> (has a tendency to steal) and is always taking his father's small change.

「그의 아들은 손버릇이 나빠서 아버지의 잔돈을 늘 꺼내 간다.」

☐ Don't <u>lay a finger on</u> (touch) my new car.

「내 새 차에 손 대지 마.」

☐ Can you imagine she wouldn't <u>lift a finger</u> (do something to help)?

「그 여자 손가락 하나 까딱 안 한다는 것을 상상할 수 있겠니?」

☐ I alway <u>have a dictionary at my fingertips</u> (have a did ctionary within my reach).

「난 사전을 언제나 가까이 둔다.」

☐ There was policeman following them but they managed to <u>slip through his fingers</u> (got away from him).

「경찰이 그들을 미행했으나 그들은 용케 그의 손아귀에서 벗어났다.」

☐ Nang-rang really fell for Hoh-dong. Hoh-dong could <u>twist her round his little finger</u> (control her).

「낙랑은 호동에게 홀랑 빠져있었다. 호동은 낙랑을 마음대로 할 수 있게 되었다.」

☐ He <u>worked his fingers to the bone</u> (worked very hard) so that his children could have everything they needed.

「그는 아이들에게 필요한 모든 것을 갖게 하여 주려고 뼈빠지게 일했다.」

♣ **set the Thames on fire** : do something outstanding (대단한 일을 하다)

> **Soon-ho works hard, but he will never *set the Thames on fire*.**
> 「순호는 열심히 공부하고 있지만 대단한 일은 못 해낼 거다.」

☞ 영국의 Thames강에 불이 붙을 수 있을까? 말도 안 되는 소리다. set the Thames on fire는 Europe의 여러 강가 주민들간에 오래 전부터 있어 왔던 표현이다. 여기서의 Thames는 강(river)이 아니다. 18C 농민들이 옥수수 등의 곡물에 사용하던 체(sieve)를 temse라고 하였는데 이 체(temse＝sieve)를 너무 세게 계속 흔들어대다가 불이 나 버리자 여기서 생겨난 말이다. 이제 **fire**의 용례를 보기로 한다.

☐ When it came time for questions, the congressmen began to <u>fire away at</u> (ask many questions of) the minister.

「질문 시간이 되자 의원들은 장관에게 질문 공세를 펴기 시작하였다.」

☐ To threaten a crying child only <u>adds fuel to the fire</u> (makes a problem worse).

「우는 아이를 올러대는 것은 사태를 더욱 악화시킬 뿐이다.」

☐ He is no <u>ball of fire</u> (energetic person), but he does get the job done.

「그는 정열적인 사람은 아니지만 주어진 일은 제대로 한다.」

☐ I <u>had too many irons in the fire</u> (was doing too many things at once) and missed some important deadlines.

「난 여러 가지 일을 한꺼번에 서두르다보니 중요한 일을 시간내에 해내지 못했다.」

☐ The captain ordered the soldiers to <u>hold their fire</u> (refrain from shooting).

「지휘관은 병사들에게 사격하지 말라고 명령하였다.」

☐ I had to stay at office and <u>keep the fire burning</u> (keep things going) while he was out selling our products.

「그가 출장하여 우리 제품을 팔고 있을 동안 나는 사무실에 머물면서 일을 추스려 가야했다.」

☐ The taxi came roaring down the road <u>like a house on fire</u> (rapidly and with force).

「택시는 질풍같이 소리를 내면서 길을 달렸다.」

☐ When we <u>opened fire on</u> (started asking questions of) him, he was smiling, but not for long.

「우리가 질문을 퍼붓기 시작하자 그는 미소로 응대했으나 그 미소는 오래가지 않았다.」

☐ When he tried to argue about his ticket for a traffic violation, the judge charged him with contempt of court. He really <u>went out of the frying pan into the fire</u> (from a bad situation into a worse situation).

「그는 교통 위반 딱지를 떼인데 대하여 항의하다가 판사로부터 법정 모독죄로 기소되었다. 그는 여우를 피해 호랑이를 만나러 간 셈이다.」

☐ If she accuses me of stealing, she'll be <u>playing with fire</u> (taking a big risk).

「그녀가 나를 절도죄로 기소한다면 위험한 불장난을 하는 짓이다.」

☐ Now that you are leaving, <u>the fat is in the fire</u> (serious trouble has broken out).

「이제 네가 떠나고나면 큰일났지 뭐야.」

☐ There is a bad rumor in the office, and the boss is compelled to resign <u>under fire</u> (during an attack).

「사무실에 나쁜 소문이 나돌고 있고 사장이 비난에 못 이겨 사임하게 되었다.」

☐ There was a lot of noise coming from the office. There is probably something

wrong, <u>where there is smoke there is fire</u> (some evidence of a problem proba-
bly indicates that there really is a problem).
「사무실에서 시끄러운 소리가 많이 났다. 뭔지 잘못된 일이 있는 것 같다. 아니 땐 굴
뚝에 연기 날 리 있나.」

☐ What makes you so <u>fired up</u> (excited) at this time of the late evening?
「이런 밤 늦은 시간에 왜 그리 흥분하고 있나?」

☐ Making goo-goo eyes at any girl you see is sure to <u>draw fire</u> (bring criticism).
「너는 만나는 여자마다 추파를 던지니 욕을 안 먹을 수 있니.」

☐ Sang-soo pulled the trigger, but the gun <u>hung fire</u> (failed or was slow in fir-
ing) and the hare escaped.
「상수는 방아쇠를 당겼지만 총이 불발이 되고 토끼는 달아나 버렸다.」

☐ I am going to <u>heap coals on his head</u> (be kind to him who has done wrong to
me so that he is ashamed) by giving him a nice present after he gossiped
about me.
「그가 나에 대해 이렇쿵저렁쿵 한 다음이지만 나는 멋진 선물을 줌으로써 원수를 은혜
로 갚아 스스로 부끄럽게 느끼도록 만들 생각이다.」

☐ Dong-soo always liked to stay at parties <u>until the last gun was fired</u> (until
the end).
「동수는 언제나 파티에서 끝까지 남는 것을 좋아했다.」

♣ **first-string** : foremost (가장 뛰어난)

I have the least experience of the province's *first-string* lawyers.
「난 도내(道內)에 있는 일류 변호사 중 제일 경험이 없는 축이다.」

☞ 중세의 무사들에게 필요한 것은 칼과 활이었다. 활을 쏠 때면 활줄(bowstring)이 튼
튼해야 하며 만일을 대비해 예비 활줄(second string)을 갖고 다녔다. 예비 활줄은 첫
번째 활줄이 끊어졌을 때 일이고 당장은 **first string**이 중요함은 말할 나위 없다. 이
제 **first**의 용례를 몇 가지 들기로 한다.

☐ <u>First and foremost</u> (first and most important), I think the process of human
history has not broken out of the struggle and survival of the fittest.
「무엇보다 중요한 것은 인간의 역사가 이루어지는 과정이 투쟁과 적자 생존에서 벗어
나지 못했다고 생각한다.」

☐ We ran out of tickets before we got there. It was <u>first come, first served</u>(the first people to arrive will be served first), but nobody knew that.

「우리가 거기 도착했을 때 표는 동나고 말았다. 실은 선착순이었는데 아무도 그걸 몰랐어.」

☐ You'd better call me <u>first thing in the morning</u> (before anything else in the morning) I can't help you now.

「내일 아침 맨 먼저 나를 부르는게 낫겠다. 지금은 널 도와 줄 수 없어.」

☐ It's more improtant to do our duties than to insist on our rights. <u>First things first</u> (The most important thing must be taken care of first)!

「우리는 권리를 주장하는 것보다 해야 할 의무가 더 중요하다. 일에는 순서가 있는 법이다.」

☐ The problems appeared quite simple <u>at first glance</u> (when first examined), Later I learned how complex they really were.

「언뜻 보기에 문제가 단순해 보였다. 나는 나중에야 그 일들이 얼마나 복잡한가를 알게 되었다.」

☐ Nobody wants to be the one to <u>cast the first stone</u> (make the first criticism), but I pulled a terrible boner.

「아무도 맨 먼저 흠잡는 사람은 없었지만, 기실 난 형편없는 실수를 했다.」

☐ He wishes he could <u>get to first base with</u> (make a major advance with) this business deal.

「그는 이번 거래에서 첫 걸음을 내디딜 수 있기를 바란다.」

☐ He doesn't <u>know the first thing about</u> (know anything about) making a speech.

「그는 남 앞에 연설하는 것이 무척 생소하다.」

☐ Are you <u>on a first-name terms with</u> (good friends with) her?

「넌 그녀와 야 자 할 정도로 친한 사이냐?」

☐ I joined the army because <u>first and last</u> (all the time) I wanted to help my country.

「난 언제나 나라에 충성하고 싶기 때문에 군에 입대하였다.」

☐ He chose diamonds <u>of the first water</u> (of the finest quality) for her birthday present.

「그는 그녀의 생일 선물로 최고급 다이아몬드를 골랐다.」

♣ **fish in troubled waters** : try to get advantage out of other people's difficulties
(혼란을 틈타 이득을 취하다)

> **You are always been good at *fishing in troubled waters* ; you made a lot of money by buying cars that were sold during the cleanup drive.**
> 「그는 늘 혼란을 틈타 이익을 구하는데 명수다. 사정 바람에 팔려나오는 차들을 마구 사서 큰 돈을 벌고 있다.」

☞ 물고기들은 거친 물 속에서도 입질을 잘 한다. 노련한 어부들은 당연히 이러한 물고기의 성질을 잘 안다. 물론 이 때를 놓치지 않고 물고기를 잡는다. 이제 **fish**의 용례를 살펴 본다.

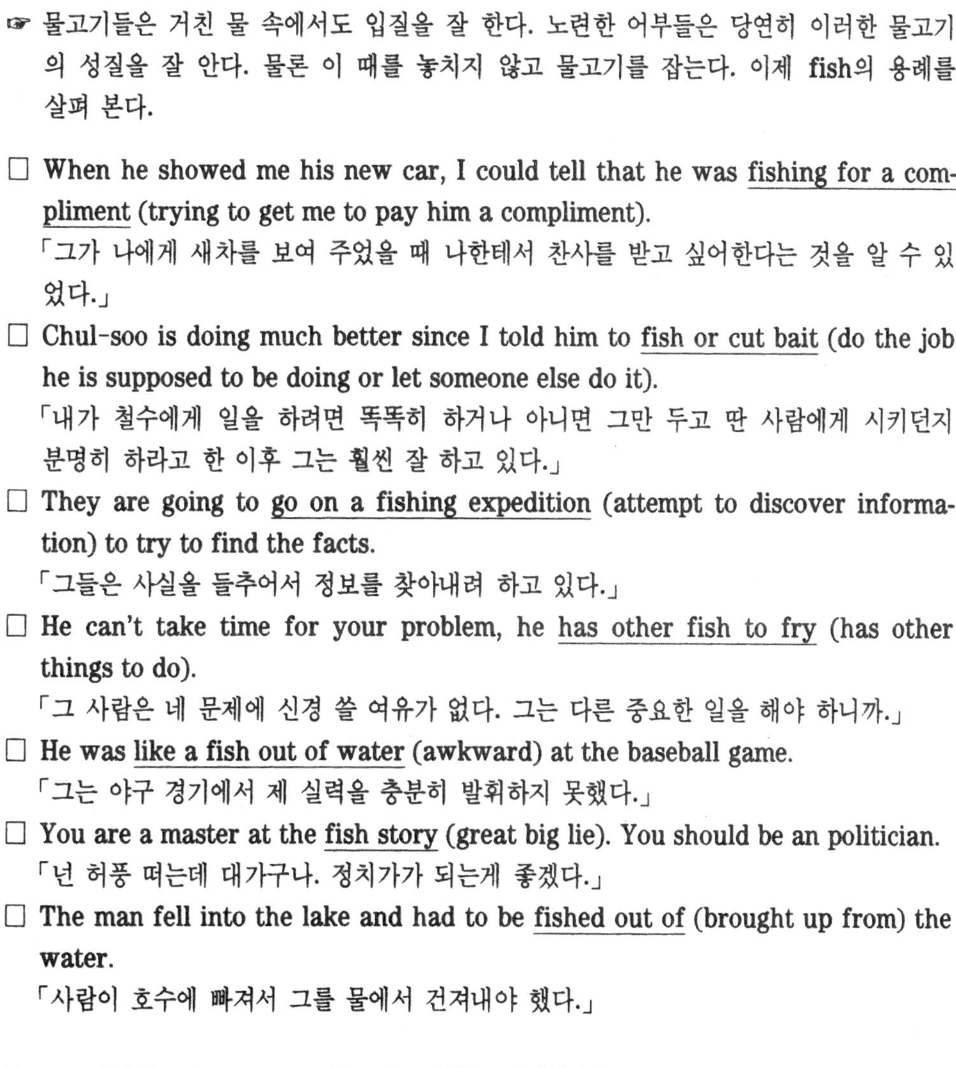

☐ When he showed me his new car, I could tell that he was <u>fishing for a compliment</u> (trying to get me to pay him a compliment).
「그가 나에게 새차를 보여 주었을 때 나한테서 찬사를 받고 싶어한다는 것을 알 수 있었다.」

☐ Chul-soo is doing much better since I told him to <u>fish or cut bait</u> (do the job he is supposed to be doing or let someone else do it).
「내가 철수에게 일을 하려면 똑똑히 하거나 아니면 그만 두고 딴 사람에게 시키던지 분명히 하라고 한 이후 그는 훨씬 잘 하고 있다.」

☐ They are going to <u>go on a fishing expedition</u> (attempt to discover information) to try to find the facts.
「그들은 사실을 들추어서 정보를 찾아내려 하고 있다.」

☐ He can't take time for your problem, he <u>has other fish to fry</u> (has other things to do).
「그 사람은 네 문제에 신경 쓸 여유가 없다. 그는 다른 중요한 일을 해야 하니까.」

☐ He was <u>like a fish out of water</u> (awkward) at the baseball game.
「그는 야구 경기에서 제 실력을 충분히 발휘하지 못했다.」

☐ You are a master at the <u>fish story</u> (great big lie). You should be an politician.
「넌 허풍 떠는데 대가구나. 정치가가 되는게 좋겠다.」

☐ The man fell into the lake and had to be <u>fished out of</u> (brought up from) the water.
「사람이 호수에 빠져서 그를 물에서 건져내야 했다.」

♣ **fit as a fiddle** : in very good health (매우 건강하여)

> **He is 90 years old but *fit as a fiddle*.**

> 「그는 아흔 살에 이르렀지만 매우 건강하다.」

☞ 명인은 연장(tool)을 탓하지 않는다는 말이 있기는 하다. 그러나 소리(음악)를 다루는 악기는 제아무리 명인이라 해도 악기 자체가 올바른 소리를 내주어야 한다. 이 말은 17C 경 영국에서 생겨난 말이며 당시의 Puritan들은 일하지 않고 즐기기만 하는 세상 풍조를 비웃어서 **fiddlesticks**(시시하다!), **fiddle around**(빈둥거리다), **play second fiddle**(단역을 맡아 하다), **fiddle-faddle**(시시한 일), **drunk as a fiddler**(곤드레만드레 취한)처럼 경멸적인 말을 만들어내기도 하였다. 이 **fiddle**은 물론 **violin**의 다른 이름이다. 이제 **fit**의 용례를 들어 본다.

☐ My room at the office is <u>fit for a king</u> (totally suitable).
「사무실의 내 방은 너무나 맘에 든다.」

☐ Her dress doesn't <u>fit in with</u> (in harmony with) the style in fashion.
「그녀의 옷은 유행과 너무 안 어울린다.」

☐ If she is not home on time, her parents will be <u>fit to be tied</u> (very angry).
「그녀가 시간 내에 집에 돌아오지 않으면 부모님들은 몹시 화를 내실 것이다.」

☐ Soon-mi put on her best clothes and <u>looked fit to kill</u> (looked very fancy).
「순미가 나들이 옷으로 쪽 빼입자 사람을 녹일만큼 예뻤다.」

☐ You people here need to have the courage of your convictions. <u>If the shoe fits, wear it</u> (you should pay attention to something if it applies to you).
「여기 있는 너희들은 자기 소신에 따라 행동할 필요가 있다. 내 말이 맞거든 귀담아 들어라.」

☐ In high school, it's <u>the survival of the fittest</u> (the idea that the most fit will survive). You have to keep working in order to survive and go on to the university.
「고등학교는 적자 생존이다. 학교 과정을 견디어 내고 대학에 진학하기 위해서 쉬지 않고 공부해야 한다.」

♣ **flash in the pan** : something (someone) which (who) draws a lot of attention for a very short time (용두 사미, 일시적 성공)

> He is afraid that his success as a singer was just *a flash in the pan*.
> 「그는 가수로서의 성공이 일시적인 일이 아니었던가 두려워하고 있다.」

☞ 옛날 부싯돌식 총(flintlock)에는 약실(pan)이 있었고, 이 약실에 장약이 들어 있었다. 방아쇠를 당기고 강철 공이가 부싯돌을 때려서 생긴 불꽃이 화약에 점화되면 불발하거나 불꽃이 약실까지만 생겼다가 발사되지 않고 끝나는 일이 많았다. 이러한 구식 소총의 약실(pan)에서 flash in the pan이 생겨난다. 이제 flash의 용례를 살펴 본다.

☐ Suddenly my purse was gone. It happened <u>in a flash</u> (quickly).
「갑자기 내 지갑이 없어졌어. 순식간에 일어난 일이었어.」

☐ He was trying to <u>flash on it</u> (remember it suddenly and vividly), but he couldn't bring it to mind.
「그는 그 생각을 퍼뜩 떠올리려고 하였으나 잘 생각이 나지 않았다.」

☐ <u>Flash your light around</u> (move your light in several directions) and see any-one is hiding here.
「불빛을 여기저기 비춰서 여기 누군가가 숨어 있는지 살펴보아라.」

☐ While the others were talking, Moon-soo <u>flashed a glance at her</u> (looked at her quickly for a moment) to see whether she agreed.
「다른 사람들이 이야기하고 있는 동안 문수는 그녀가 동의하는지 힐끗 훔쳐 보았다.」

☐ The drama <u>flashed back to the earlier scene</u> (returned suddenly to an earlier time), so that we understood her reasons.
「드라마의 장면은 회상 장면으로 들어갔으므로 우리는 그녀의 사정을 이해하게 되었다.」

☐ The traveller <u>flashed up</u> (displayed) a sign to show passing motorists where he wanted to go.
「여행자는 지나가는 자동차 운전자들에게 자기가 가려고 하는 곳을 알리기 위한 신호를 보냈다.」

♣ **fly-by-night** : untrustworthy (무책임한, 믿을 수 없는)

A ranking government official asked the U.S administration to clarify the *fly-by-night* strategy shift that could greatly affect Korean security and defense.
「정부의 고위 인사는 미국 행정 당국에게 한국의 안보에 크게 영향을 미칠 수 있는 무책임한 전략 변경에 대해 분명한 태도를 요구했다.」

☞ 동화에서나 나옴직한 이야기지만 원래 마녀가 빗자루(broom)을 타고 날아 다닌데서

생겼다. 남의 빚을 떼어먹거나 사기 행각을 저지르고 달아나는 사람, 또는 매춘부를 가리키는 말이기도 하다. 어두운 곳 또는 밤에 활동하기 때문이다. 이제 **fly**의 용례를 몇 가지 든다.

□ They enjoyed the play, but <u>the fly in the ointment</u> (a small unpleasant matter) was not being able to get a cab afterward.
「그들은 연극을 즐겁게 보았지만 그 후 택시를 잡을 수 없었던 것이 옥의 티였다.」

□ Don't <u>fly off the handle</u> (lose your temper) whenever things go wrong.
「일이 안 될 때마다 그렇게 화를 내지 마.」

□ We couldn't stand his speech, so we <u>flew the coop</u> (left sudden'y and secretly).
「우린 그의 연설이 싫어서 슬며시 자리를 떠버렸다.」

□ I passed the university entrance exam <u>with flying colors</u> (easily and excellenty).
「나는 대학 입학 시험에 당당히 합격하였다.」

□ It's eight kilometers to town on the highway, but only five kilometers <u>as the crow flies</u> (straight across the land).
「읍내까지는 차도로 **8km**지만 직선 거리라면 **5km** 밖에 안 된다.」

□ You can't stop the machine to oil it now. You'll have to do it <u>on the fly</u> (while the machine is moving).
「기름을 치려고 기계를 멈추어서는 안 돼. 기계가 돌아갈 때 쳐야 해.」

□ When Moon-soo called Sung-joo names, Sung-joo <u>flew at his throat</u> (attacked Moon-soo suddenly).
「문수가 성주의 욕을 하자 성주는 발끈하여 문수에게 대들었다.」

□ In the dense fog they had to <u>fly blind</u> (fly airplanes by instruments alone).
「그들은 짙은 안개 속에서 계기 비행(計器飛行)을 할 수밖에 없었다.」

□ Dong-hi was <u>flying high</u> (very happy) after his team won the game.
「동희는 팀이 시합에 이기자 너무나 기뻤다.」

□ When the jailor returned to the jail, he discovered that <u>the bird had flown</u> (the prisoner had escaped).
「교도관이 교도소로 돌아와 보니 죄수는 탈옥해 버렸다.」

□ I was tired of his advice and told him to <u>go fly a kite</u> (go away).
「난 그의 잔소리가 싫어서 꺼지라고 소리쳤다.」

□ I make it a rule to <u>fly light</u> (skip a meal) sometimes to lose some weight.
「난 체중을 줄이려고 가끔씩 끼니를 거르기로 하고 있다.」

☐ He always says he'll pay me back <u>when the eagle flies</u> (on payday).
「그는 언제나 내게 월급날 갚는다고 말한다.」
☐ He is really swift. <u>There are no flies on him</u> (He is energetic and active).
「그 사람은 정말 민첩해. 조금도 빈틈이 없으니 말이야.」
☐ You'd better <u>straighten up and fly right</u> (be serious and start behaving properly) before you get married.
「결혼하기 전에 철 좀 들어라.」

♣ **put one's foot in one's mouth** : say something someone regrets (실언하다, 실수하다)

> When he told me that my beautiful hair was more beautiful than he had ever seen it, he really *put his foot in his mouth*. It was a wig.
> 「그가 내 머리가 그가 보아온 어느 사람의 것보다 아름답다고 찬사를 보낸 것은 터무니 없는 실수였다. 실은 가발이었으니까.」

☞ 다 끓인 국(soup)을 구둣발로 차버린다면 처음부터 끓이지 않는 것이 낫다. 얼빠진 요리사가 주교(bishop)의 행렬을 넋 잃고 쳐다보다가 국을 다 태우자 애꿎은 주교를 욕하면서 You have put your foot in it.라고 한데서 비롯되었다. 이제 foot의 용례를 살펴 보자.

☐ If the bank goes broke, nobody <u>will foot the bill</u> (pay the bill).
「은행이 파산하면 아무도 변상할 사람이 없다.」
☐ He remained <u>bound hand and foot</u> (with hands and feet tied up) until the maid found him and untied him.
「그는 가정부가 그를 발견하고 묶인 것을 풀어줄 때까지 손발이 꽁꽁 묶여 있었다.」
☐ Let's work hard to be friends, I hate to <u>get off on the wrong foot</u> (start a friendship with negative factors).
「서로 친해지도록 노력하자. 난 우리의 친교가 안 좋게 시작되는게 싫으니까.」
☐ I am new at this job, but soon I'll <u>get my feet on the ground</u> (get firmly established).
「난 이 일에 처음이지만, 곧 확고한 자리를 잡게 될 거다.」
☐ She is looking forward to learning to drive, she can't wait to get behind the steering wheel and <u>get her feet wet</u> (begin to drive).
「그녀는 운전을 배우게 되기를 고대하고 있다, 운전대에 앉아 진짜 운전을 시작할 때를 참고 기다리지 못할 지경이다.」

☐ He thinks he could make it if he could only get his foot in the door (achieve a favorable position).
「그는 유리한 고지를 차지하기만 했다면 그 일을 해낼 수 있었다고 생각한다.」

☐ All men have feet of clay (a defect of character). No one is perfect.
「모든 사람은 결함이 있다. 아무도 완벽하지 못하다.」

☐ I used to be a novel reader, and now I am a novelist. Now I have the shoe on the other foot (experience the opposite situation).
「난 예전엔 소설 애독자였고, 이젠 소설가가 되었다. 이제 처지가 바뀐 셈이다.」

☐ Things are getting better. We don't have to hot foot it out of here (run away from here).
「일이 호전되고 있어. 우리가 여기서 달아나야 할 필요는 없어.」

☐ I wouldn't set foot in (enter) his room. I am angry at him.
「난 그 녀석 방에 얼씬도 안할 거다. 난 그 녀석에게 화가 나 있단 말이야.」

☐ I don't put my foot down (become adamant) very often, but when I do, I really mean it.
「난 자주 단호에게 행동을 하지는 않지만 일단 하면 정말 진지하게 한다.」

☐ Chang-soo was playing footsie with (flirted with) Soon-mi at the dinner table. I was appalled.
「창수가 저녁 식탁에서 순미와 시시덕거리고 있었어. 정말 놀랬지 뭐야.」

☐ He was determined to follow in his father's footsteps (follow his father's example) by becoming a lawyer.
「그는 변호사가 되어서 아버지의 뒤를 따르겠다고 결심하였다.」

☐ At that time I thought I had to get a load off my feet (speak my mind).
「그 땐 내 마음을 털어 놓아야 한다고 생각했다.」

☐ Perhaps he feels he's got one foot in the grave (been near death).
「아마도 그는 살아 있을 날이 얼마 안 된다는 것을 느낄 것이다.」

☐ Again, the government's wavering determination and a inconsistent defense policy shot ourselves in the foot (caused ourselves difficulty).
「또 다시 정부의 우유 부단과 일관성 없는 국방 정책이 우리 자신을 곤경에 처하게 했다.」

☐ They put him six feet under (burried him) three days after he died.
「그들은 그가 죽은 지 사흘 후 매장하였다.」

☐ Clearly no customer likes their goods. Lots of people are voting with their

<u>feet</u> (showing their displeasure by walking out).

「분명히 어느 손님도 그들의 상품을 좋아하지 않는다. 많은 사람들이 발길을 돌리니까 말이다.」

□ Far be it from me to <u>touch it with a ten-foot pole</u> (get involved with it).

「난 추호도 그 일에 관여하고 싶지 않다.」

□ I have seventy staff members <u>at my feet</u> (under my influence or power).

「나는 70명의 직원들을 거느리고 있다.」

□ I stumbled on the stairs but was able to <u>keep my feet</u> (keep my balance).

「나는 계단에서 헛디뎠지만 이내 균형을 잡을 수 있었다.」

□ When I was given the prize, it <u>knocked me off my feet</u> (surprised me so much) for a few minutes.

「나는 상을 받았을 때 얼마 동안 깜짝 놀라 어쩔 줄을 몰랐다.」

□ No matter what trouble I get into, I always seem to <u>land on my feet</u> (get myself out of trouble without damage).

「어떠한 곤란에 처하더라도 난 언제나 무사히 빠져 나오게 되는 것 같아.」

□ I joined the baseball team, made the honor roll, and picked up a girl friend during the first month of the school. I certainly didn't <u>let any grass grow under my feet</u> (waste time).

「난 야구팀에 들어갔고, 우등도 하였고, 그리고는 입학 후 첫달 동안에 여자 친구도 사귀었다. 난 정말 한 시도 허비하지 않고 지냈다.」

□ He <u>swept off her feet</u> (made her have feelings of love too strong to control) when he said so many sweet things to her.

「그는 그녀에게 달콤한 말을 많이 해서 그녀를 반하게 만들었다.」

□ He can <u>think on his feet</u> (think quickly) ; he always has an answer ready when they ask him questions.

「그는 임기 응변이 강한 사람이다. 그들이 질문을 할 때면 언제나 대답을 준비하고 있어.」

□ When Mr. Gim became president, almost all of his party members <u>threw themselves at his feet</u> (made a public display of serving him) and promised to obey him.

「김씨가 대통령이 되자 거의 모든 당원들이 그를 위해 일하겠다고 공언하고 그의 말에 복종하겠다고 약속했다.」

♣ **for crying out loud** : one is surprised or cross (놀람 또는 기분 나쁨을 나타내는 감

탄적 표현)

> For crying out loud! That's the fifth time you have done it wrong.
> 「한심하구나! 그걸 다섯 번씩이나 잘못하다니!」

☞ 원래 For Christ's sake (맙소사)!에서 Christ가 cry로 변하여 for crying out loud 로 되었으며, 유명한 미국의 만화가 Thomas Aloysius Dorgan(1877~1929)이 1924년에 만들어낸 말이다. 이제 **for**의 용례를 추려 본다.

☐ For all I care (I don't care), the whole city council can go to the devil.
「시 의회가 모조리 엉망으로 되거나 말거나 내가 무슨 상관이냐.」

☐ We'd better ask him to give us his opinion, for what it's worth (if it has any value).
「우리는 그에게 의견을 물어보는 게 좋겠는데, 그다지 가치 있는 의견이야 아닐지 모르지만.」

☐ He stood there looking for all the world (exactly) like he was going to cry.
「그는 금방이라도 꼭 울음을 터뜨릴 것 같은 모습으로 거기 서 있었다.」

☐ She is going to marry him for better or worse (no matter what happens).
「그녀는 어떤 일이 있어도 그 사람과 결혼하려고 한다.」

☐ Make sure you lock the door for fear of (out of fear for) being robbed.
「도둑맞지 않도록 자물쇠 채우는 것을 잊지 마라.」

☐ In my boyhood I used to put a additional salt in the soup for good measure (as extra).
「소년 시절에 나는 국에다 덤으로 소금을 더 넣었었다.」

☐ She sat there and waited for him for hours on end (for many hours).
「그녀는 거기 앉아서 몇 시간이고 그를 기다렸다.」

☐ How about driving over to the next village for kicks (for fun)?
「심심한데 이웃 동네로 드라이브나 하는게 어때?」

☐ For my part (From my point of view), I would rather die than live in disgrace.
「나로서는 살아서 창피를 당하느니 차라리 죽는 것이 낫다.」

☐ Every man have to earn a living for his family's sake (for his family's good).
「모든 남자는 자기 가족의 생계를 해결해야 한다.」

☐ He has a large extra farm that's mine for the asking (simply by asking).
「그는 내가 요구하면 줄 수 있는 여분의 큰 농장을 갖고 있다.」

☐ I couldn't get into the university I wanted, but I couldn't afford it anyway.
It's probably <u>all for the best</u> (better than I thought).
「내가 원하던 대학에는 못 들어갔지만 실은 내가 감당할 수도 없는 일이었다. 오히려 생각했던 것보다 낫지도 모른다.」

☐ This soap opera program is <u>for the birds</u> (worthless).
「이 연속극 프로그램은 정말 시시해.」

☐ <u>For the life of me</u> (Even in exchange for life), I couldn't remember my friend' phone number.
「아무리 해도 친구 전화 번호가 생각나지 않았다.」

☐ You will certainly understand why Korea is interested in having the U.S maintain its military presense here <u>for the time being</u> (temporarily).
「한국이 어째서 당분간 미군이 주둔하기를 원하는지 당신은 분명히 이해하게 될 것이다.」

☐ The magazine reporter turned in a story that was <u>one for the books</u> (a remarkable thing).
「그 잡지 기자는 굉장한 기사를 써냈다.」

☐ He bought the house <u>for a song</u> (cheaply) and sold it a few months later at a good profit.
「그는 집을 거의 거저 사서 몇 달 후 꽤 이익을 남기고 팔았다.」

♣ **forty winks** : a nap (낮잠, 잠깐 졸기)

When the bus driver felt sleepy, he stopped the bus by the side of the road to catch *forty winks*.
「버스 운전사는 졸음을 느끼자 잠깐 눈을 붙이려고 버스를 길 옆에 세웠다.」

☞ 깜박 잠이 들어 마흔 번 정도 눈을 깜박거리다가 잠을 깬다면 얼마만한 시간일까? 1820년대 까지만 해도 막연히 수가 많다는 뜻으로 **forty**를 습관처럼 사용하였다. **Shakespeare**가 말한 "I could beat forty winks." 나 Ali Baba and Forty Thieves" 등이 그 예이다. 이제 **four**의 용례를 들어 본다.

☐ I dropped my wedding ring and spent hours <u>on all fours</u> (on one's hands and knees) looking for it.
「결혼 반지를 떨어뜨려서 네 발로 기면서 몇 시간이고 그걸 찾았다.」

☐ People from <u>four corners</u> (all parts) of the world came to see Jejoo Island.
「세계 도처에서 제주도를 보러 왔다.」

☐ After only two beers, he is <u>four sheets in the wind</u> (alcohol intoxicated).
「겨우 맥주 두 잔에 그 녀석은 취했다.」(돛을 묶는 밧줄인 sheet가 바람결에 펄럭인다면 술취한 사람만큼이나 위험한 상태임.)

☐ He is <u>a four-flusher</u> (a cheater), among other unpleasant things.
「그 녀석은 다른 면에서도 불쾌하지만 특히 공갈쟁이다.」

♣ **foul play** : illegal activity, bad practices (불법 행위, 부정 행위)

All students got an A on the test, and the teacher suspected it was result of *foul play*.
「모든 학생들이 시험에 A 학점을 받자 선생님은 부정 행위로 인한 결과라고 의심했다.」

☞ 노름판에서 생겨난 말이라고 추정된다. 하지만 문헌상 첫 기록으로는 Shakespeare의 작품 King John에서 Salisbury가 It is apparent foul play.라고 한 것이다. 물론 Salisbury가 오해하여 Hubert가 Arthur 왕자를 죽였다고 의심하였다. 이와 같이 연극은 강도, 강간 등 범죄와 연관되면서 많은 유행어를 표준어로 만들어 주는 역할까지 한다. 이제 foul의 용례를 살펴 본다.

☐ From the very beginning he <u>fouled up</u> (messed up) and failed the race.
「그는 처음부터 경기를 엉망으로 만들더니 지고 말았다.」

☐ He is somehow turning into a real <u>foul-mouth</u> (person who uses obscene language habitually).
「그는 어쩐지 험구가로 변하고 있어.」

☐ One of our players has <u>fouled out</u> (taken no further part in play because of fouls) ; we shall have a struggle to win without him.
「우리편 선수 하나가 반칙으로 퇴장당했다. 이제 우린 그 선수 없이 게임에 이기도록 분투해야 한다.」

♣ **free lance** : self-employed writer (자유 기고자(自由寄稿者))

He's been working as a *free lance* ever since he was fired as a salesman.
「그는 판매원에서 해고된 후 줄곧 자유 기고자로 일하고 있다.」

☞ 중세 Italy와 France에서 생긴 말이다. 고용자의 하는 일이 옳고 그름을 가리지 않고 보수만 주면 자신의 기술과 능력을 누구에게라도 파는 무소속 기사가 있었다. 1820년에 Walter Scot경이 유명한 Ivanhoe라는 작품에서 쓰기 시작하였고, 그 후 60년이 지나 무사가 아닌 글쟁이(writer)로 쓰이기에 이르렀다. 이제 free의 용례를 보기로 한다.

☐ Now, take it easy. Just act <u>free and easy</u> (casual). Nobody will know you are nervous.
「자 마음 푹 놓아. 그저 스스럼없이 행동하란 말이다. 아무도 네가 초조한 줄 모를테니까.」

☐ The boxing match started out in an organized manner, but ended up being a <u>free-for-all</u> (disorganized fight).
「권투 시합은 질서있게 시작되었지만 나중에는 난장판으로 끝났다.」

☐ The suspect escaped from the police office and <u>was free as a bird</u> (carefree) for several days.
「용의자는 경찰서에서 도망쳐서 며칠 간 태평하게 지냈다.」

☐ I don't think my boss will <u>give me free rein with</u> (allow me to be completely in charge of) the new project.
「사장이 내게 신규 사업을 마음대로 처리하도록 허용하지 않을 것 같다.」

☐ Yesterday Chan-soo cheated on the test, but luckily he <u>got off scot-free</u> (went unpunished).
「어제 찬수는 시험에서 부정 행위를 했지만 다행히 처벌을 면했다.」

☐ I don't want you to come into my house and <u>make free with</u> (use freely) my school things.
「네가 우리 집에 와서 내 학용품을 함부로 쓰는 건 원치 않아.」

☐ I must order you to do it when you don't do it <u>of your own free will</u> (by your own choice).
「너희들이 그 일을 자진해서 하지 않는다면 그 일을 하도록 내가 명령할 수밖에 없다.」

☐ He has had a <u>free ride</u> (participation without contributing anything). He has to do his share of work now.
「그 사람은 지금껏 남의 덕을 보았어. 이젠 제 몫의 일은 해야지.」

☐ In my opinion entertainers are sort of <u>freeloaders</u> (parasitic persons) in our society, but they are a lot of fun anyway.
「내 생각으로 연예인들은 우리 사회의 식충이들이라는 생각이 들지만, 어쨌든 그들은 많은 웃음을 주고 있어.」

♣ **everything from soup to nuts** : amost everything one can think of (생각할 수 있는 거의 모든 것)

> In our office I do *everything from soup to nuts*.
> 「나는 우리 사무실에서 이것저것 다 한다.」

☞ 얼핏 보아도 식탁에 올라오는 모든 것이 빠짐없이 제공됐다는 것을 알수 있다. 그러나 이상한 것은 오랜 옛날부터 있었을 법한 이 표현이 1938년 미국에서 처음 나타나기 이전에는 보이지 않는다는 것이다. 이제 **from**의 용례를 들어 본다.

☐ **My house is just <u>across from</u> (facing) the barber shop.**
「우리 집은 이발소 바로 맞은 편이다.」

☐ **She is <u>away from her desk</u> (not available for a phone call), but if you leave your number she will call you right back.**
「그녀는 잠깐 자리를 비웠습니다. 전화 번호를 알려 주신다면 이내 그녀에게 전화하도록 하겠습니다.」

☐ **The diamond ring traveled <u>from hand to hand</u> (from one person to a series of other persons) until it got back to it's original owner.**
「그 다이아몬드 반지는 이 사람 저 사람 손으로 돌아 다니다가 원래의 주인 손으로 되돌아 갔다.」

☐ **He was a policeman and his family moved <u>from pillar to post</u> (from one place to a series of places) year after year.**
「그가 경찰관이었기 때문에 그의 가족들은 거의 매년 여기저기로 이사를 다녔다.」

☐ **Mr. Jung used to be quite poor. He certainly rose <u>from rags to riches</u> (from poverty to wealth).**
「정씨는 무척 가난했었다. 그는 정말 가난하다가 부자가 된 사람이다.」

☐ **My brother bought his car a few months ago and always polishes it carefully <u>from stem to stern</u> (from one end to another).**
「우리 형은 몇 달 전에 차를 샀는데 매일같이 차 전체를 샅샅이 닦는다.」

☐ **They knew about the unfriendly judge <u>from the outset</u> (from the beginning) of their trial.**
「그들은 처음부터 그들의 사건을 맡은 판사의 불친절한 태도를 알았다.」

☐ **When I can find time to spare, I am going to clean my house <u>from top to bottom</u> (from the highest point to the lowest point).**
「언제 좀 짬이 나기만 하면 집을 구석구석 빠짐없이 깨끗이 청소할 생각이다.」

☐ He stopped making a noise when he <u>got a dirty look from</u> (got frowned at by) me.
「내가 눈쌀을 찌푸리자 그는 시끄럽게 떠들다가 멈추었다.」

☐ Everyone wants to <u>get a fair shake from</u> (get fair treatment from) others.
「누구나 다른 사람한테서 공정한 대접을 받고 싶어한다.」

☐ Lots of workers just love the summer when they can take time off and <u>get away from it all</u> (get away from their work).
「많은 근로자들은 시간을 내어서 휴가를 갈 수 있는 여름을 정말 좋아한다.」

☐ I am planning to start my own business because I need to <u>get out from under my employer</u> (get free of my employer's control).
「나는 우리 사장으로부터 벗어나고 싶기 때문에 자영업을 시작할 계획이다.」

☐ If you want to succeed in life, you ought to <u>keep your distance from</u> (maintain cautious distance from) your idleness.
「네가 출세하기 바란다면 게으른 버릇부터 멀리해야 한다.」

☐ My father doesn't make much money, just enough to <u>keep the wolf from the door</u> (maintain himself at a minimal level).
「우리 아버지는 큰 돈을 벌지는 못하고 겨우 밥이나 안 굶을 정도다.」

☐ When his father was out of work, he <u>lived from hand to mouth</u> (lived in poor circumstances).
「그의 아버지가 실직하자 그는 어렵게 지냈다.」

☐ I had to <u>make the bread from scratch</u> (make the bread by starting with the basic ingredients), using no prepared ingredients.
「나는 준비된 재료도 없이 기초 재료 만드는 것부터 시작해서 빵을 만들어야 했다.」

☐ I knew you were going to <u>pull the rugs out from under me</u> (make me ineffective).
「네가 날 속여서 우스운 꼴로 만들려고 한 일을 알고 있었어.」

☐ Computer Programming is the kind of task that <u>separates the men from the boys</u> (separates the competent from those who are less competent).
「컴퓨터 프로그래밍은 유능한 사람과 그렇지 못한 사람을 구별하는 그런 일이다.」

☐ Working in a place like this really <u>separates the sheep from the goats</u> (divide peope into two groups).
「이런 데서 일하게 하는 것은 정말 사람을 차별하는 일이다.」

☐ Moon-soo has a tendency to <u>shoot from the hip</u> (speak directly and frankly), but he generally speaks the truth.

210

「문수는 성급하게 노골적으로 말하는 경향이 있으나 대체로 사실대로 말한다.」

☐ This information comes <u>straight from the horse's mouth</u> (from a dependable source), so it has to be believed.

「이 정보는 정통한 소식통에게서 온 것이다. 그러니까 믿어야 한단 말이다.」

☐ Mr. Yoo never speaks <u>straight from the shoulder</u> (sincerely). We can't guess what he really means.

「유씨는 결코 까놓고 말하지 않아. 그의 참 뜻이 무엇인지 알 수가 없어.」

☐ He <u>never takes off from work</u> (goes to work) even if he gets sick.

「그는 앓터라도 일을 쉬는 법이 없다.」

☐ Jong-soo, you don't know <u>where I am coming from</u> (my point of view)! You don't understand a single word I say.

「종수야, 넌 내 생각을 이해 못해. 도대체 내 말뜻을 한 마디도 이해하지 못하는구나.」

☐ There is nothing to be a simple con job like this. It's <u>money from home</u> (easily gotten money).

「이렇게 간단히 속여 먹기 쉬운 일은 없어. 이건 거저 돈 버는 일이야.」

☐ In my childhood I tried to <u>take a page from Edison's book</u> (emulate Edison) and began inventing useful little things.

「어린 시절에는 에디슨을 흉내내어 쓸모있고 자잘한 발명을 시작했던 일이 있다.」

☐ They are expecting a <u>visit from the stork</u> (birth of a baby) next month.

「그들은 다음 달에 출산을 기다리고 있다.」

☐ Well, <u>you can't get there from here</u> (where you want to go is in a very remote location).

「글쎄, 여기서 거기까지는 너무 먼 거리다.」

♣ **full of beans** : full of nonsense, high-spirited (허황된, 원기 왕성한)

> Don't pay any attention to Sung-soo. He is *full of beans*.
> 「성수한테 마음 쓰지마. 그 녀석은 순 허풍이야.」

☞ 영국에서 **1870**년 경에 생겨난 말인데, 당초에는 **full of bread beans**였으며 고단백질의 사료(음식)인 **bread beans**을 먹으면 확실히 원기 왕성해졌고, 오래 전부터 정력제로 여겨져 왔다. 또한 콩을 먹어서 **gas**가 뱃 속에 생기면 설사를 하게 되는데서 **full of beans**가 **full of nonsense**의 뜻이 되기도 한다. 미국 농무성에서는 최근에 **gas**가 생기지 않는 **a clean bean**을 생산하여 저녁 식탁에 올려놓고 있으나 옛날 사람들이

믿어왔던 정력제라는 효능이 증명되지는 않았다. 이제 **full**의 용례를 들어 본다.

□ Min-ho is a real rascal, he is sure <u>full of the devil</u> (always making mischief).
「민호 녀석 정말 개구장이야. 언제고 못된 짓만 저지르고 다니니까.」

□ At the party I ate and ate until I was <u>full as a tick</u> (full of food).
「나는 파티에서 잔뜩 배가 부를 때까지 먹고 또 먹었다.」(피를 잔뜩 빨아먹은 진드기 (tick) 모습에서)

□ I am afraid when you drive your car <u>at full speed</u> (as fast as possible).
「나는 네가 차를 최고 속도로 몰 때는 겁이 난다.」

□ In the fall months, things really <u>get into full swing</u> (move into the peak) around here.
「가을철이 되면 이 근처의 경기가 정말 때를 만나게 된다.」

□ In my office all my colleagues <u>have their hands full with</u> (are totally occupied with) their work.
「우리 사무실의 모든 동료들은 많은 일에 묻혀 있다.」

□ Please remember <u>the woods are full of</u> (there are lots and lots of) nice-looking girls who'll be yours when you succeed in life.
「네가 출세만 하는 날이면 흔해 빠진 예쁜 여자들을 얼마든지 네 것으로 할 수 있다는 것을 잊지 마라.」

□ She would be a nice girl if she would stop being so <u>full of herself</u> (interested only in herself).
「그 여자는 자기 생각만 하는 버릇을 고치기만 한다면 멋진 여자일텐데.」

♣ **badger game** : type of swindle where a man is seduced by woman (미인계)

> The rich man was taken for a bundle by a swindle called the *badger game*.
> 「그 부자는 소위 미인계라고 불리우는 사기에 걸려 여우같이 생긴 여자에게 홀랑 빠졌다.」

☞ **badger game**이란 얼른 보아도 짐작할 수 있듯이 오소리(**badger**)를 통(**barrel**) 속에 넣고 개를 풀어놓아 오소리에게 대들도록 부추기는 놀이인데, 이런 잔인한 짓을 계속 되풀이하면 결국 오소리는 죽고 만다.
이러한 놀이가 사람에게도 있으니 바로 미인(여인)계이다. 돈있고 지위가 괜찮은 남자를 유혹하여 놓고는 정부와 합세하여 마치 여자가 남자에게 당한 것처럼 남자를 올러대어 기름짜듯 알거지가 되게 짜 먹어 들어가는 상투적 수법이다. 이제 **game**의 용례

212

를 살펴 본다.

☐ When I go to the ball game, I always show up <u>ahead of the game</u> (early) and wait.

「나는 야구 구경을 가면 언제나 시합 전에 가서 기다린다.」

☐ Such being the case, there isn't much we can do <u>at this stage of the game</u> (currently).

「사정이 이렇고 보니 이 단계에서는 우리가 할 수 있는 방법이 별로 없다.」

☐ Everyone of us have to keep quiet. Please don't <u>give the game away</u> (reveal the plan).

「우리 모두 입을 다물어야 해. 우리의 계획을 발설하지 말자.」

☐ I know the <u>name of the game</u> (goal) for us is to work hard in our office.

「우리 사무실의 목표가 열심히 일하는 것이라고 나는 잘 알고 있다.」

☐ Since I took over this office, it has been a new <u>ball game</u> (set of circumstances).

「내가 이 사무실을 인계받은 후 상황이 일변하였다.」

☐ When my daughter flunked that examination, I guessed that was <u>the end of the ball game</u> (the end of everything).

「나의 딸이 그 시험에 실패하자 난 이제 끝장이라는 생각이 들었다.」

☐ From this standpoint, there seems to be little room for the rival political parties to <u>throw a game</u> (lose a game on purpose) or create a single party.

「이런 면에서 라이벌 정당들이 일부러 져 주거나 단일 정당으로 통합할 여지는 거의 없어 보인다.」

♣ **get a rise out of someone** : get a response from someone, usually laughter or **anger** (화나게 하다, 속이다)

> She really liked my joke, I could *get a rise of her* easily.
> 「그녀는 정말 내 농담을 좋아했고 그녀를 쉽게 웃길 수 있었다.」

☞ 낚시에서 처음으로 생겨난 말이다. 미끼를 향해 올라오는(rising) 물고기에서 생겼으며 약 300년 전쯤부터 쓰이기 시작하여 문학 작품 같은 데 자주 나타나곤 하였다. 사람의 경우에도 입질 잘하는 물고기처럼 재빨리 그리고 확실히 반응을 보이는 경우가 있다. 이처럼 덥석덥석 입질하다가는 봉이 김선달 밥 될라! 이제 용도가 다양한 **get**의 용법 중에서 용례를 간추려 보기로 한다.

☐ I got a big send-off (received a happy celebration) as I left for Japan for the first time.
「내가 일본으로 처음 가게 됐을 때 따뜻한 환송을 받았다.」

☐ Why don't I get a lucky break (have good fortune) when I need one badly?
「내가 그토록 간구하는 행운이 왜 이다지 안 온단 말이냐?」

☐ I realy got a bang out of (receieved a special pleasure from) the gift they gave me.
「그들이 준 선물이 난 정말 기뻤다.」

☐ Now that Moon-ho has a clean bill of health (is pronounced healthy by a doctor), he can go back to work.
「이제 의사가 문호의 건강이 이상 없다고 하니 직장으로 돌아가도 돼.」

☐ Lovelorn Soon-mi says she'll never get a crush on (become infatuated with) anyone again.
「실연한 순미는 이제 다시는 사랑을 하지 않겠다고 말한다.」

☐ Can you get a fix on (understand the direction of his discussion) what he is trying to say?
「그가 말하고자 하는 이야기의 방향을 알 수 있겠니?」

☐ You'd better have a good grasp of (understand) the principles.
「넌 원칙을 잘 이해해야 돼.」

☐ That kind of performance always gets a good hand (receives applause).
「저런 연기는 언제나 박수를 받게 마련이다.」

☐ I'd like to get a hand with (receive assistance with) this.
「난 이 일에 도움을 받고 싶다.」

☐ I guess you have a handle on (find a way to understand) the concept.
「넌 이제 그 개념을 이해하는 것 같구나.」

☐ I have to get there first because I'd like to get a head start on (start earlier than) everyone else.
「난 딴 사람들의 기선을 잡아야 하니까 거기에 맨먼저 가야 해.」

☐ If you don't go to school today, you'll get a licking (get a spanking).
「오늘 너 학교에 안 가면 매맞을 줄 알아라.」

☐ Get a load of (Look at) that guy. Have you ever seen such a arrogance?
「저 녀석 좀 봐. 저렇게 오만한 짓을 본 적이 있니?」

☐ I don't think you like what I am going to say, but I have to get a load off my mind (say what I am thinking).

「넌 내가 말하려는 것을 반기지 않으리라고 생각하지만 내 생각을 털어 놓아야겠다.」

☐ I <u>get a lump in my throat</u> (have the feeling of something in my throat) because we miss the old good days in the early 1970s.
「70년대 초반같은 좋은 시절을 그리워하다 보면 가슴만 뭉클해진다.」

☐ I would love to come to your house, I am busy next Sunday. Could I <u>get a rain check on your kind invitation</u> (accept a reissuance of your kind invitation).
「자네 집에 가고 싶지만 다음 일요일에 바쁜 일이 있어. 다음 기회에 초청해 주었으면 좋겠네.」

☐ He bought a used tape recorder, which worked for three days and quit. He sure <u>got a raw deal</u> (received an unfair treatment).
「그는 낡은 녹음기를 사서 사흘 동안 썼더니, 고장이 났다. 정말 억울한 일이었다.」

☐ I guess I won't <u>get a run for my money</u> (receive what I deserve) in the stock market.
「난 증권 시장에서 정당한 배당을 받을 수 없을 것 같다.」

☐ He practiced his tennis game so he wouldn't <u>get a shellacking</u> (be beaten) in the tournament.
「그는 선수권 대회에서 지지 않으려고 테니스 연습을 하였다.」

☐ She created quite a disturbance, but she only <u>got a slap on the wrist</u> (got a light punishment).
「그녀는 상당히 소란을 피웠지만 단지 가벼운 벌로 때웠다.」

☐ Although she is famous now, she <u>is never getting a swelled head</u> (isn't conceited).
「그녀는 지금 유명해졌지만 결코 자만하지 않는다.」

☐ It was such an exciting conversation that I could hardly <u>get a word in edgewise</u> (manage to say something when other people are talking).
「그 이야기는 너무 열띤 대화였기 때문에 나는 한 마디도 거들 수 없었다.」

☐ I have not taken out the garbage. Mother will have to <u>get after</u> (scold) me.
「난 쓰레기를 내다버리지 않았다. 어머니가 야단칠 게 뻔해.」

☐ We have had to <u>get along on a shoestring</u> (live on very small money) for years.
「우린 몇 년이고 쥐꼬리 같은 수입으로 겨우겨우 살아야 했다.」

☐ I always <u>get ants in my pants</u> (become nervous) before a trial.
「나는 심문전에 항상 불안해서 어쩔 줄 모른다.」

☐ I don't think I can <u>get around to buying a new car</u> (buy a new car after a long delay).

「난 도무지 고대하던 새 차를 사게 될 것 같지 않다.」

☐ I called him a jerk today, now I am afraid he'll <u>get back at me</u> (repay me for what I have done).

「난 그를 얼간이라고 욕해 주었지만 이제 그가 보복할까 봐 겁난다.」

☐ His parents helped a lot when he lost his job. He is glad <u>he gets on his own feet now</u> (becomes independent again now).

「그가 실직했을 때 부모님이 많이 도와주셨다. 이제 그는 자력으로 해나갈 수 있게 되어 기뻐한다.」

☐ Whenever she has to go on stage, she <u>gets butterflies in her stomach</u> (get a nervous feeling in her stomach).

「그녀는 무대에 오를 때면 언제나 흥분해서 속이 울렁거린다.」

☐ He usually <u>gets cold feet</u> (becomes frightened) when he has to sing in public.

「그는 대중 앞에서 노래를 할 때면 보통 겁을 먹는다.」

☐ Let's stop beating around the bush and <u>get down to the nitty-gritty</u> (get to the truth).

「이제 말을 빙빙 돌리지 말고 핵심을 거론하자.」

☐ When she sings, I <u>get goose bumps</u> (feel bumpy due to fear).

「그 여자가 노래를 하면 소름이 끼친다.」

☐ My wife is <u>getting gray hair</u> (has her hair turn gray) because we have three teenage daughters.

「우리는 셋이나 되는 십대의 딸을 두고 있어서 집사람은 머리가 셀 지경이다.」

☐ There is going to be a surprise party for Ho-sook's wedding, and I <u>get in on</u> (become associated with) it.

「호숙이의 결혼을 위해 기습 파티를 열 계획인데 나도 한몫 끼어 있다.」

☐ A new business is starting up, and I want to <u>get in on the ground floor</u> (become associated with the business at its start).

「신규 사업을 창업하고 있는데 나도 발기인으로 한몫 끼고 싶다.」

☐ Jin-hi is always <u>getting in her mother's hair</u> (irritating her mother).

「진희는 언제나 어머니를 괴롭힌다.」

☐ You have to <u>get in touch with</u> (make contact with) me and ask me to come over for a visit.

「넌 내게 연락을 해야 하고 또 놀러 오라고도 해야 해.」

☐ Soon-mi seems to be acting more normal now. I think she is <u>getting it all together</u> (organizing her thinking).
「순미는 이제 점점 철이 들어가는 것 같다. 그녀의 생각을 올바르게 정리해 나가고 있는 것 같다.」

☐ I didn't break the window. I don't know why I should <u>get it in the neck</u> (receive an punishment).
「난 유리창을 깨지 않았어. 그런데 왜 내가 혼이 나야하는지 모르겠다.」

☐ I have always had my own ideas about things. I am not the kind of person to <u>get on the bandwagon</u> (join the popular side).
「난 어떤 일에나 언제고 나름대로의 생각이 있다. 무작정 남따라 가는 사람이 아니다.」

☐ I have to behave properly to <u>get on the good side of my boss</u> (get in my boss's favor).
「사장님 마음에 들려면 나는 행동을 올바르게 해야 한다.」

☐ Tae-sub had a hard time <u>getting his act together</u> (getting himself mentally organized) after his wife's death.
「태섭은 아내를 잃고 나서 정신을 가다듬느라고 고통스러워 했다.」

☐ Hyun-moo is always insulting people, but he finally <u>got his comuponce</u> (got the punishment he deserved).
「현무는 언제나 사람들을 욕하더니 결국에는 그것 때문에 호된 벌을 받았다.」

☐ As soon as we <u>get our ducks in a row</u> (get things ready), we'll have our summer vacation.
「우리는 당면한 일을 정리하는대로 여름 휴가를 갈 것이다.」

☐ Work just keep piling up. I can't seem to <u>get my head above water</u> (catch up with my work).
「일이 계속 쌓이기만 한다. 이 일을 감당해 낼 수 있을 것 같지 않다.」

☐ He <u>got his just deserts</u> (got what he deserved). He got back exactly the treatment which he gave out.
「그는 당연한 대접을 받았다. 그가 베푼 것과 똑같은 대접을 되돌려 받았으니까.」

☐ Be sure you are <u>getting your money's worth</u> (getting everything which has been paid for). Weigh that package of meat before you buy it.
「돈 쓴 만큼의 값어치를 확실히 챙겨라. 덥석 사지말고 고기 꾸러미 무게를 달아 보란 말이다.」

☐ You just can't seem to <u>get your nose out of other people's business</u> (stop interfering other people's business).

「넌 정말 남의 일에 끼어들지 않고는 못배기는구나.」

☐ This time I want to <u>have my say</u> (be able to say what I think) on this matter.
「이번엔 이 문제에 대하여 할 말을 좀 해야겠다.」

☐ I was having a hard time running until I <u>got my second wind</u> (had my breathing stabilized after exerting myself).
「난 한참 달리고나서 가쁜 숨을 되돌리기까지 애를 먹었다.」

☐ He helped me <u>get my start</u> (receive the first major opportunity of my career) by recommending me to the boss.
「그가 나를 사장님께 추천해 줌으로써, 내가 호기를 만나도록 도와 주었다.」

☐ If you want to rise in your own way, you have to <u>get your teeth into your work</u> (start on your work seriously).
「네가 나름대로의 출세를 원한다면 너의 일에 몰두해야 한다.」

☐ In these days parents don't seem to <u>have their way with</u> (control) their children.
「현 사회에서는 부모들이 자녀들을 잘 다루지 못하는 것 같다.」

☐ If I hadn't <u>get my wits about</u> (pull myself together for action) during the fire, things could have been much worse.
「불이 났을 때 내가 바짝 정신을 차리지 않았더라면 사태가 훨씬 더 나빴을 것이다.」

☐ Please <u>get me off the hook</u> (free me from an obligation). I don't want to attend that meeting.
「난 좀 **빼** 줘. 그 모임에 가기 싫으니까.」

☐ I <u>got him over a barrel</u> (put him at the mercy of me), and he had to do what I said.
「난 그를 좌지우지하였고, 그는 내가 하라는대로 하였다.」

☐ Joon-soo <u>got his dander up</u> (made himself get angry) all day the other day, nobody knows what was wrong.
「준수는 요전날 내내 화가 났는데, 무엇이 뒤틀렸는지 아무도 모른다.」

☐ He is a real puzzle. I am going to <u>get his number</u> (find out about him) if I can.
「그는 알 수 없는 사람이다. 될 수 있다면 정체를 알아내려고 한다.」

☐ I hit him below the belt again. Now, I <u>got this off my chest</u> (told this that had been bothering me).
「나는 그에게 또다시 못된 짓을 했다. 그러나 이제 후련하게 털어놓았다.」

☐ I'll have a lot of free time when I <u>get the work off the ground</u> (get the work started).

「내가 일을 시작하기만 하면 여유 시간을 갖게 될 것이다.」

☐ If you get <u>something on him</u> (learn something potentially damaging to him), you'll have him over a barrel.

「네가 그 사람의 발목을 쥘 수 있다면, 넌 그를 마음대로 주무를 수 있을 것이다.」

☐ You had better <u>get this out in the open</u> (make this public) before the press get the wind of it.

「기자들이 낌새 채기 전에 이번 일을 공개하는게 낫겠다.」

☐ You'll be more active once you <u>get the alcohol out of your system</u> (evacuate the alcohol).

「일단 술이 좀 깨고 나면 가뿐해질 것이다.」

☐ Let me <u>get this straight</u> (understand this clearly). Do I have to get the whole deal sewed up by this morning?

「이건 확실히 해두자. 내가 오늘 오전까지 모든 협상을 마무리 지어야 하니까?」

☐ I have to study day and night. I have to <u>get a lot of algebra under my belt</u> (learn a lot of algebra well).

「난 밤낮으로 공부해야 해. 대수를 충분히 배워 두어야 하니까.」

☐ Lots of youngsters <u>get stars in their eyes</u> (are stage-struck) at this age.

「많은 젊은이들이 그 나이 때쯤이면 연예계에 빠진다.」

☐ It's physical strength that counts. You can <u>get the edge over</u> everybody, but if you don't have physical strength, you lose.

「중요한 것은 체력이다. 체력만 있으면 누구하고 겨루어도 우세할 수 있지만 그렇치 않으면 지게되어 있어.」

☐ What's wrong with me? Why do I always have to <u>get the air</u> (be ignored)?

「나한테 잘못이라도 있니? 어째서 난 언제나 따돌림만 받아야 하니?」

☐ He thought he should have <u>got the benefit of the doubt</u> (receive a judgement in his favor when the evidence is neither for him or against him), but the judge made him pay a fine.

「그는 증거 불명이 유리한 결과가 되리라고 생각했지만 판사는 그에게 벌금형을 선고했다.」

☐ She really <u>had the creeps</u> (was frightened) when she saw that old house.

「그녀는 그 낡은 집을 보자 섬뜩했다.」

☐ You said he liked you, but you <u>got the gate</u> (were rejected).

「그가 널 좋아한다더니 너 쫓겨나고 말았구나.」

☐ I expect I <u>get the green light on</u> (receive a signal to start) my business.

「난 사업 허가가 나기를 기대하고 있다.」

☐ Moon-soo beat me unfairly in gambling, but I'll get even. I'll <u>get the goods on</u> (find out something potentially embarrassing about) him and his cheating.
「민수는 놀음에서 비열한 수법으로 날 이겼지만 난 앙갚음을 하고 말 것이다. 난 그의 행동과 속임수에 대해 발목을 꽉 쥐게 될 것이다.」

☐ Once you <u>get the hang of</u> (learn how to operate) this machine, you'll be able to work faster.
「일단 이 기계를 다루는 요령이 생기면 너는 보다 빨리 일을 해낼 수 있을 것이다.」

☐ You have to work hard to catch up with him, because other students <u>get the jump on</u> (get ahead of) you.
「다른 학생들은 너보다 앞서 있으니까 그들을 따라잡기 위해 노력해야 한다.」

☐ He said I was foolish when I bought an old house. I <u>got the last laugh</u> (laughed at him who had laughed at me) when I sold it a few weeks later for twice what I paid for it.
「내가 헌 집을 샀을 때 그는 날 비웃었다. 몇 주 후 두 배의 값으로 팔자 이제는 내가 그 사람을 비웃어 주었다.」

☐ I have to <u>get the head out</u> (hurry) to catch a bus for Busan.
「부산행 버스를 잡기위해 나는 서둘러야 한다.」

☐ Young-ho <u>got the nod</u> (got chosen)as a candidate for the presidency, but he decided to withdraw his candidacy.
「영호는 회장 후보로 추천을 받았지만 입후보를 철회하기로 마음 먹었다.」

☐ He likes to go to fancy stores where he <u>gets the red-carpet treatment</u> (receive royal treatment).
「그는 성대한 대접을 받는 선물의 집에 가는 것을 무척 좋아한다.」

☐ Do I have to <u>get the third degree</u> (be questioned in great detail) every time I make a mistake?
「내가 실수할 때마다 미주알고주알 심문을 받아야 하니?」

☐ I <u>got two strikes against me</u> (got a number of things against me) when I tried to explain myself for poor marks.
「나쁜 성적을 갖고 변명을 늘어 놓으려니까 불리하기만 했다.」

☐ I was uncomfortable at first, but now I am beginning to <u>get in the groove</u> (become attuned) and things are going more smoothly.
「난 처음엔 서먹서먹했지만 이제 익숙해져가고 있고 일이 순조롭게 되어가고 있다.」

☐ I am sure I'll rise in the world when this project <u>gets off the dime</u> (start mov-

ing).
「이 사업이 시작되는 날이면 난 확실히 성공하는 거다.」

☐ Remember you are always <u>getting your bowels in an uproar</u> (overly anxious or excited about trifles).
「넌 언제나 시시한 일에 야단 법석을 떨고 있다는 것을 알아야 해.」

☐ If you are not on your guard, you'll <u>get your ticket punched</u> (be killed).
「너 정신 단단히 차리지 않으면 목숨이 위험해.」

☐ Soon hot, soon cold. You <u>get your nose out of joint</u> (take offence) too easily about stuff like this.
「쉽게 끓으면 쉽게 식는 법이야. 넌 어찌 이따위 일에 그리 쉽게 화를 잘 내니.」

☐ I am scolded harshly if I am late for the deadline, but Moon-soo is ready at <u>getting away with murder</u> (getting late without being caught).
「내가 마감 시간 내에 해내지 못하면 사정없이 꾸중을 받지만 문수는 늦게 해도 약삭 빠르게 걸려들지 않는다.」

☐ At the end of the movie the villain <u>got what was coming to him</u> (got what was due to him) and was put into jail.
「영화의 끝부분에는 악당이 당연한 응징을 받고 교도소로 끌려갔다.」

☐ It's good to <u>get back into circulation</u> (return to usual life) after spending so many weeks in hospital.
「몇 주일씩이나 병원에서 지낸 다음 평상시의 일로 되돌아 오는 건 좋은 일이다.」

♣ **give the hook** : dismiss (해고하다)

His boss *gave him the hook* for his careless behavior.
「그의 부주의한 행동으로 사장은 그를 해고하였다.」

☞ 옛날 희극적인 쇼의 일종인 **vaudeville**의 아마추어 연기자들은 고집통들이어서 관중들이 싫어하거나 말거나 마음대로 연기를 해댔다. 그대로 가만히 두었다가는 성난 관중으로부터 계란과 토마토 세례를 받아 무대가 엉망으로 변할 판이었다. 이 때에 사용되는 도구가 있었으니 곧 길다란 장대끝에 갈고리(**hook**)를 묶은 것이고, 이 장대 갈고리로 이 엉터리 배우들을 무대 양 옆으로 끌어당겨 화를 면하였다. 무대에서 배우를 퇴장시키던 **hook**이 "밥그릇(직장) 빼앗기"로 변한 채 오늘도 쓰이고 있다. 이제 **give**의 용례를 살펴보기로 한다.

☐ I could not <u>give a good account of myself</u> (do well) when I gave my speech

yesterday.
「어제 나의 연설은 도무지 잘 되지 않았다.」
☐ She gave me an account of (told me about) her boyfriend.
「그녀는 나에게 그녀의 남자 친구에 관한 이야기를 하였다.」
☐ Sung-gil can take care of himself in a fight. He can give as good as he gets (give as much as he receives).
「성길이는 싸움이라면 제 몫을 한다. 얻어 맞는 것 만큼 때려줄 수 있으니까.」
☐ A hare ran by, but the dog was too tired to give chase (chase the hare).
「산토끼가 한 마리 달려 갔지만 개는 너무 지쳐 쫓아가지 못했다.」
☐ You must give credit where credit is due (give credit to someone who deserves it). I am the one who wrote the report.
「너는 공이 있는 사람에게 공로를 인정해 주어야 해. 바로 내가 보고서를 작성했단 말이야.」
☐ Sung-soo has proved unsatisfactory. His boss decided to give him his walking papers (fire him).
「성수는 시원찮은 것으로 밝혀졌다. 사장은 그를 해고하기로 결정했다.」
☐ He is so friendly that he'd give anyone the shirt off his back (is generous to anyone).
「그는 매우 친절해서 누구에게나 후하게 대한다.」

♣ **go to pot** : go to ruin, deteriorate (파멸하다, 파산하다)

> The filling station *went to pot* when the new highway was built.
> 「새로운 도로가 생기게 되자 그 주유소는 망했다.」

☞ 영국 Elizabeth 여왕 시대에 생겨난 말이다. 고기를 난도질하여 스튜(stew)를 만들면 원래의 고기 형체를 알아볼 수 없게 된다. 그야말로 볼장 다 본 셈이다. 또 다른 이야기도 있다. Europe의 어느 작은 마을에 살던 양복쟁이가 묘지 근처에 살았다. 그는 장의 행렬이 지날 때마다 항아리(pot)에 돌을 하나씩 집어 넣었다. 그 자신이 죽게 되자 익살 맞은 한 사람이 "He too had gone to pot."이라고 비꼬았다. 이제 go의 용례를 추려 모아 보기로 한다.

☐ The computer age goes a long way toward (contributed greatly to) meeting our needs.
「컴퓨터 시대는 우리의 필요를 만족시키는데 크게 기여하고 있다.」

☐ I can't expect him to help me cheat. It <u>goes against the grain</u> (goes against the natural inclination).

「내가 속임수를 쓰려는데 그가 도와 주리라고 기대할 수는 없다. 이런 일은 그의 천성에 맞지 않으니까.」

☐ When he prepares a party, he really <u>goes all out</u> (uses all his resources).

「그는 파티를 준비할 때면 성심 성의를 다한다.」

☐ If you <u>go all the way</u> (go to bed), you stand a chance of getting pregnant.

「네가 남자와 잠자리를 같이하면 아이를 가질 가능성이 있어.」

☐ My son really <u>goes ape over</u> (becomes enthusiastic about) sweets.

「우리 아들은 단것을 무척 좋아한다.」

☐ She complains she can't work any more. She must be so tired that she <u>is going in circles</u> (is confused).

「그녀는 이 이상 더 일할 수 없다고 불평한다. 그녀는 정신을 못 차릴 만큼 피곤한 것이 틀림없다.」

☐ We have to <u>go at the robber tooth and nail</u> (fight against the robber with determination).

「우리는 도둑과 단호하게 싸워야 한다.」

☐ He came hoping for some money, but he had to <u>go away empty-handed</u> (depart with nothing).

「그는 돈이라도 바라고 찾아 왔지만 맨손으로 떠날 수 밖에 없었다.」

☐ There are plenty of valuable books in the library just <u>going begging</u> (unused) because people don't know they are really worth reading.

「사람들은 정말 읽을 가치가 있다는 것을 모르기 때문에 도서관에 있는 많은 귀중한 책들이 읽혀지지 않고 있다.」

☐ I hate to see good food <u>go by the board</u> (be lost). Please eat up so we won't have to throw it out.

「난 좋은 음식이 버려지는 것을 정말 참을 수 없다. 버리지 않도록 다 먹었으면 좋겠다.」

☐ I told him to stop smoking, so he <u>went cold turkey</u> (stopped without tapering off).

「내가 그에게 담배를 끊으라고하자 그는 딱 끊어 버렸다.」

☐ We have to take the bull by the horns to bring Korea under a single authority. We have to <u>go for broke</u> (try as hard as possible).

「우리는 나라를 통일하기 위해 용단을 내려야 한다. 우린 전력을 다해야 한다.」

☐ Day by day China is <u>going great guns</u> (goes energetically) selling their goods.
「중국은 나날이 그들의 상품 판매가 활기차게 늘고 있다.」

☐ The police can't disperse a demonstration which is <u>going hogwild</u> (behave wildly).
「경찰은 몹시 흥분하고 있는 데모대를 해산시킬 수가 없다.」

☐ You had better get your facts straight before you make your presentation. There is nothing worse than <u>going off half-cocked</u> (proceed without proper preparation).
「네가 주장하는 사실을 발표하기 전에 정리해 두는게 낫다. 성급하게 구는 것보다 더 나쁜 일은 없으니까.」

☐ I understand you have a crush on Moon-young, but don't <u>go off the deep end</u> (become deeply involved).
「넌 문영이 한테 빠져 있는 것 같은데 너무 깊이 빠지지 마라.」

☐ I really appreciate anything you can do, but don't <u>go out of your way</u> (make an effort to do anything).
「정말 네가 할 수 있는 것을 해 주는 건 고맙지만 일부러 그렇게 하지는 말아라.」

☐ Sweden's cradle-to-grave welfare state may <u>go over like a lead balloon</u> (fail to generate a positive response) under a mountain of debts.
「스웨덴의 평생 복지 주의 정책은 산더미 같은 빚으로 실패할지 모른다.」

☐ All that talk about hunting <u>went over our head</u> (too difficult for us to understand).
「사냥에 관한 그 모든 이야기를 우리로서는 이해할 수 없었다.」

☐ I don't think I am as good as my parents thought. I am not <u>going places</u> (have a good future).
「나는 우리 부모님이 생각했던 만큼 훌륭하게 되어 있지 못하다고 생각한다. 나는 성공 하지를 못했다.」

☐ This agar-agar <u>goes right through me</u> (pass through and out of my body rapidly), but I love it.
「이 우무는 내 몸에 들어와서 그냥 나가지만 난 그래도 그게 좋아.」

☐ Chul-soo has been having trouble for a long time. He finally <u>went round the bend</u> (lost his mind).
「철수는 오랫동안 고생을 했다. 결국에는 정신 이상까지 되고 말았다.」

☐ Nobody thinks Chul-soo is honest, but I wouldn't <u>go so far as to say</u> (risk saying) he is a thief.

「아무도 철수를 정직다고는 생각지 않지만 나는 그가 도둑이라고 까지는 말하고 싶지 않다.」

☐ His first song was beautifully sung, but I can <u>do him one better</u> (top him).
「그의 첫 번째 노래는 아름다웠지만 난 그 사람보다 한 수 위임을 보일 수 있어.」

☐ If you want to go abroad to study, you'll have to <u>go through channels</u> (proceed by consulting the proper persons or offices).
「네가 해외 유학을 원한다면 필요한 절차를 밟아야 할 것이다.」

☐ Most students spend their time <u>going through the changes</u> (experience a rough period in their life).
「대부분의 학생들은 곤경을 겪으면서 세월을 보낸다.」

☐ Sung-woo was supposed to clean the house, but he was just <u>going through motions</u> (cleaning the house insincerely).
「성우는 집안 청소를 하기로 되어 있었지만, 그저 건성으로 하는 시늉만 하고 있었다.」

☐ It's getting hot day by day. The temperature is <u>going through the roof</u> (going very high).
「매일같이 더워지고 있다. 기온이 무한정 올라가고 있다.」

☐ He'll <u>go to any length</u> (do whatever is necessary) to get a doctor's degree.
「그는 박사 학위를 얻으려고 온갖 노력을 다한다.」

☐ He tried to <u>go to bat for</u> (help) me, but I said I didn't want any help.
「그가 나를 도와주겠다고 하였지만 나는 어떠한 도움도 원하지 않는다고 말하였다.」

☐ If you let your success <u>go to your head</u> (make you conceited), you'll soon become a complete failure.
「성공했다고 자만하게 된다면 넌 아주 실패하고 말 것이다.」

☐ I want to be on the safe side. I don't want to <u>go to the wall</u> (be defeated) on that deal.
「난 안전을 기하고 싶다. 난 그 거래에서 망하고 싶지 않다.」

☐ Moon-soo didn't want to <u>go under knife</u> (have a surgical operation), but the doctor insisted.
「문수는 수술 받기를 원하지 않았지만 의사는 수술을 주장했다.」

☐ Are you ready to go on a picnic? Sure, <u>all systems go</u> (everything is ready).
「소풍갈 준비 되었니? 그럼, 모든 게 준비 됐어.」

☐ What you have prepared for is fine <u>as far as it goes</u> (actually). It doesn't seem to take care of everything, though.
「네가 준비한 건 그런대로 괜찮아. 그것으로 모든 준비를 다한 것은 아니지만.」

☐ He <u>has a lot going</u> (has many things working to his benefit). He has a pretty wife and a good job.
「그 친구 복이 터졌어. 예쁜 마누라에다 좋은 직장이 있으니.」
☐ I heard Moon-soo and So-young <u>have a thing going</u> (have a romance).
「문수와 소영이가 연애한다더라.」
☐ I had to make a speech today and began by saying "<u>Here goes nothing</u> (I am beginning to make a speech which will be poorly done)".
「오늘 나는 연설을 해야 했는데, "잘 하지 못하는 연설을 시작합니다"하고 운을 떼었다.」
☐ Just let's get together and have a good time. <u>Let ourselves go</u> (become less constrained).
「그저 모여서 즐겁게 놀아 보자. 이것저것 털어버리자.」
☐ He is a man who has had a stormy career of life or death, but still he has to <u>make a go of it</u> (make it work out all right).
「그는 죽을 고비를 수없이 넘어 온 사람이지만 아직도 그 일을 잘 처리해야 한다.」
☐ She looks as if she <u>doesn't know whether she is coming or going</u> (is very confused).
「그녀는 뭐가 뭔지 모르는 것 같다.」
☐ The computer has <u>gone on the blink</u> (failed to work) again ; I shall complain to the makers.
「컴퓨터가 또 고장이다. 내가 제조 회사에 항의를 해야 겠다.」
☐ The numbers of people who have had to <u>go on the dole</u> (paid by the government when unable to work) have risen since jobs became harder to find.
「일자리 구하기가 어려워진 후 실업 수당을 받는 사람들의 수가 늘어났다.」
☐ His doctor tells him he should <u>go on the wagon</u> (stop drinking alcohol for a period of time) until he has got the alcohol out of his blood.
「그의 의사는 그에게 알콜이 혈액 속에서 없어질 때까지 술을 끊어야 한다고 한다.」
☐ The salesman really had to <u>go through a hoop</u> (have trouble) to get that contract.
「그 외판원은 그 계약을 따내려고 정말 고생해야 했다.」

♣ **get on the good side of** : make oneself popular with, make a friend of (인기 얻다, 친구 삼다)

> Your boss is a nice man, so it is easy for you to *get on the good side of* him.
>
> 「자네 사장님 좋은 분이니까, 사장님 마음에 드는 일은 어렵지 않아.」

☞ 성경에서 따온 말이다. 덕행을 쌓은 사람은 하나님(God)의 바른편 (right or good side)에 앉게 된다는 것인데, 주인 또는 임금의 마음에 들어 오른쪽 반열에 앉게 된다는 말이다. 종교에 심취되었던 중세에 생겨난 말이다. 이제 **good**의 용례를 간추려 본다.

☐ I've never been able to make that trip in <u>allin good time</u> (so soon).
「난 그런 여행을 그처럼 빨리 할 수가 없었다.」

☐ You missed the bus, but it was <u>all to the good</u> (for your benefit) because the bus had a wreck.
「넌 버스를 놓쳤지만, 그 버스가 박살이 났으니 오히려 다행이었어.」

☐ This project is <u>as good as done</u> (almost done). It'll just take another month.
「이 사업은 완성된거나 다름없다. 이제 한 달만 걸리면 되니까.」

☐ Frankly you don't do well in school, but you <u>have got a good head on your shoulders</u> (have common sense).
「솔직히 넌 학교에서 별로지만 사리 분별은 있구나.」

☐ Sung-soo <u>has a good thing going in his business</u> (has his business arranged for his benefit), and he makes good money.
「성수는 사업이 잘 돼서 돈을 꽤 벌고 있다.」

☐ He couldn't <u>make good on</u> (repay) his debts, and he got in a lot of trouble.
「그는 빚을 갚을 수 없게 되어 매우 어려움을 당했다.」

☐ You'd better arrange all your affairs to <u>make yourself look good</u> (cause yourself to appear successful or competent).
「너는 유능하게 보이도록 모든 일을 조처해 두는 게 좋을 거야.」

☐ He knows he owes some money, but I don't think he'll <u>make it good</u> (pay or replace).
「그는 갚아야 할 돈이 있다는 것을 알고 있지만, 갚아 줄 것 같지 않다.」

☐ Sometimes I am proud of my success in life. I've <u>never had it good</u> (have never had so much good fortune).
「때로는 내가 출세했다는 것이 자랑스럽다. 정말 살다가 때를 만난 기분이다.」

☐ I am <u>on good terms with</u> (friendly with) him now. Yesterday we were not.

「이제 그 사람하고 사이가 좋다. 어제만해도 우리는 사이가 좋지 않았다.」

☐ If you do me a favor, I should do you a favor. <u>One good turn deserves another</u> (a good deed should be repaid with another good deed).
「네가 내게 잘 해주면 나도 네게 잘 해주게 되어 있어. 가는 정이 있어야 오는 정이 있을 거 아니겠나.」

☐ If you see the boss, <u>put in a good word for me</u> (say something to the boss in support of me).
「사장님을 만나거든 슬쩍 날 위해 한마디 해주시오.」

☐ Thank you for your nice present. I am sure I'll <u>put it to good use</u> (use it).
「좋은 선물을 주어서 고마워. 정말 유용하게 쓸게.」

☐ I am not <u>selling you a bill of goods</u> (deceive you). Please listen to me.
「난 널 속이려는 게 아니다. 내 말 좀 들어 봐.」

☐ Becoming a skilful worker will <u>show your ability to good advantage</u> (display the best features of your ability).
「숙련된 일꾼이 된다면 너의 능력이 돋보이게 될 것이다.」

☐ You helped him out with his work. I am sure it'll <u>stand him in good stead</u> (be useful or beneficial).
「넌 그 사람 일을 도왔어. 반드시 그에게 큰 도움이 될 것이다.」

☐ He bought a nice-looking car and then had to spend 3 million won on repairs in a month. That was <u>throwing good money after bad</u> (waste additional money after wasting money once).
「그는 멋진 차를 한대 사고서는 한달 동안에 3백 만원씩이나 수리비를 들였다. 그건 정말 돈을 까먹는 짓이었다.」

☐ When I passed the exam, it was <u>too good to be true</u> (almost unbelievable).
「시험에 합격했을 때 믿을 수 없을 만큼 기뻤다.」

☐ He finally ruined himself with his lewdness. He couldn't stand <u>too much of a good thing</u> (more of his lewdness than is good).
「결국 그는 바람기때문에 망하고 말았다. 그 바람기도 너무 심했던 게 탈이었다.」

☐ I can tell from your face that you are <u>up to no good</u> (doing something bad).
「네게 뭔지 못된 꿍꿍이가 있다는 게 네 얼굴에 쓰여 있어.」

☐ It is time for me to <u>get out while the getting is good</u> (leave while it is still safe).
「무사히 빠져 나갈 수 있을 때 떠나야 한다.」

☐ His teacher <u>gave him a good working over</u> (scolded him) for his carelessness.

「선생님은 그의 부주의를 크게 꾸짖었다.」

☐ Sung-soo is <u>in his father's good graces</u> (liked by his father) because he washed his father's car.

「성수가 아버지의 차를 세차하여 드렸더니 아버지는 마음에 들어하신다.」

☐ While the teacher was around, the students were <u>on their good behavior</u> (behaving right to make a good impression).

「선생님이 근처에 계실 때면 학생들은 얌전하였다.」

♣ **take with a grain of salt** : listen to something with considerable doubt (에누리하여 듣다)

> We must *take* anything he says *with a grain of salt*. He doesn't always tell the truth.
>
> 「우리는 그 사람 말을 액면대로 믿어서는 안 된다. 그 사람이 언제나 참말을 하는 것은 아니니까.」

☞ 소금이 우리 식탁에 오른지는 매우 오래되었다. 뭐라고 해도 소금이 없이는 음식이 목구멍으로 넘어가지 않는다. Rome 시대에는 독이 든 음식에도 소금을 뿌려 먹었다고 한다. 그러나 소금도 마구잡이로 뿌렸을 때를 생각해 보자. 무엇이고 그렇듯이 적당히, 그리고 적게 넣어야 제 맛이 난다. 여기서의 **grain**은 알갱이라는 뜻이므로 동일 어족인 grind, grain 등을 간추리고 묶어 용례를 보기로 한다.

☐ Would it <u>go against the grain</u> (go against natural inclination) for you to call in sick for me?

「내가 아파서 출근을 못한다고 싫더라도 전화해 줄 수 있겠니?」

☐ The bus <u>ground to a halt</u> (stowed to stop), and we got out to stretch our legs.

「버스는 슬며시 멎었고 우리는 기지개를 켜려고 밖으로 나왔다.」

☐ I need to talk to you. I <u>have an ax to grind</u> (have something to complain about).

「네게 할 말이 있다. 너한테 따질 일이 있단 말이다.」

☐ When my vacation is over, I am getting tired of <u>the daily grind</u> (everyday work routine).

「휴가가 끝나고 나니 틀에 박힌 일과가 따분해지기만 한다.」

☐ The manager told us to <u>put our nose to the grindstone</u> (keep busy doing our work).

「지배인은 우리에게 쉴새없이 일하라고 다그쳤다.」

☐ The powerful lords were guilty of <u>grinding the villagers under heels</u> (controlling the villagers with power).
「지주들은 마을 사람들을 마구 다룬 못된 짓을 했다는 혐의를 받았다.」

♧ **grass widow** : a woman who is alone because of separation or rejection (별거중인 여자)

My wife becomes a *grass widow* when I am lost in Bahdook day and night.
「내가 밤낮으로 바둑에 빠져 있을 때면 집사람은 생과부가 되는 거다.」

☞ grass widow에 대하여는 여러 가지 설이 있으며 그 중 몇 가지를 소개한다.
영국의 관리들(officers)이 India에 근무할 때 여름 휴가 기간 중 부인들을 시원하고 풀이 덮힌 산(hills)으로 보냈었다. 물론 남편과 떨어지게 된다. 그래서 이들을 **grass widow**라 불렀다. 이상은 첫 번째 이야기이고 다음으로는 16C 초의 이야기로 처음에는 미혼모를 가리키는 말이었으나 세월과 함께 바뀐 것이다. 결혼하지 않고 아이를 가진 처녀가 풀밭에서 아이를 낳았기 때문이라는 말에서 비롯된다. 또 하나는 남편이 종일토록 풀밭(골프장)에 있게 되니 부인이 **grass (golf) widow**가 될 수밖에 없는 것이다.
마지막으로 남편이 아직도 풀(잔디) 밑으로 들어가지 않고(죽지 않고) 풀(잔디) 위에 멀쩡히 살아 있다는 것이다. 이제 **grass**와 **green, grow** 등 어원상의 동족을 묶어서 용례를 살펴보기로 한다.

☐ What's wrong? You are <u>looking green around gills</u> (looking sick).
「무슨 일이냐? 너 안색이 좋지 않구나.」

☐ He feels <u>green with envy</u> (envious) whenever I spend money.
「내가 돈을 쓸 때마다 그는 샘이 나서 어쩔 줄 모른다.」

☐ This hot pepper paste tastes hot, but it <u>grows on you</u> (becomes commonplace to you).
「이 고추장은 맵지만 넌 곧 괜찮아질 거야.」

☐ My son <u>grew out of</u> (grew too big for) his trousers.
「우리 아들은 너무 커서 바지가 작아 못입게 되었다.」

☐ I think my father is too lazy. He is <u>letting the grass grow under his feet</u> (doing nothing).
「우리 아버지는 너무 게으르신 것 같아. 그저 아무것도 안하고 지내시거든.」

☐ Moon-soo says that Moon-joo is a <u>snake-in-the-grass</u> (low and deceitful person).
「문수는 문주가 비열하고 못믿을 사람이라고 말한다.」

☐ We have to wait here until we <u>get the green light</u> (receive a signal to start).
「우린 허가를 받을 때까지 여기서 기다려야 해.」

☐ My wife <u>has a green thumb</u> (has the ability to grow plants well) when it comes to houseplants.
「정원수에 관한 한 우리 집사람은 원예 솜씨가 있어.」

♣ **make the great leap** : suicide, kill oneself (자살하다)

> At last he *made the great leap* when his play proved such a failure.
> 「그의 연극이 그처럼 실패하자 끝내 그는 자살하고 말았다.」

☞ 자살로 인생을 끝낸다는 것만큼 비참하고 허망한 일이 없겠으나 본인으로서는 충분한 이유가 있었을 것이다. commit suicide, take one's own life, put oneself to death 와 같은 교과서적 표현 외에도 self-deliverance, self-termination, take the pipe, take an overdose, do, defenestrate oneself, turn out the light, douse one's lights 등 재미있는 표현들이 있다. make the great leap은 물론 높은 절벽같은 데서 뛰어 내리는 것을 생각할 수 있고 take a great leap toward(대약진을 하다)에서 보 듯이 삶에서 죽음으로의 약진으로도 볼 수 있다. 이제 **great**의 용례를 보기로 한다.

☐ Battling inflation and an overheating economy, China this month has boosted interest rates <u>by a great deal</u> (by a lot).
「중국은 과잉 인플레이션과 과열되는 경제에 대처하여 이자율을 대폭으로 올렸다.」

☐ I always make myself ready to go to work <u>in great haste</u> (very fast).
「난 언제나 출근 준비에 매우 허둥댄다.」

☐ She displayed her irritation at his late arrival <u>by making a great show of</u> (in a showy fashion) serving the cold dinner.
「그녀는 그가 늦게 도착해서 식은 저녁을 먹게 되자 야단 법석을 떨었다.」

☐ I like you, but frankly you are <u>no great shakes</u> (nothing important) when it comes to music.
「난 널 좋아하지만, 솔직히 말한다면 음악에 관해서는 넌 아무것도 모르잖아.」

☐ He <u>sets great store by</u> (has positive expectations for) my ability to help him in his work.

「그는 그의 일을 도와 줄 수 있는 나의 능력을 크게 기대한다.」

☐ I don't <u>think a great deal of</u> (think well of) him and his ability.
「난 그 사람의 됨됨이나 능력을 별로라고 생각한다.」

☐ There is nothing important left to do because I have already finished my work <u>to a great extent</u> (largely).
「나는 일을 거의 끝냈으므로 중요한 일은 남아 있지 않다.」

♣ **in the groove** : exciting, satisfying, functioning smoothly (멋진, 잘 되고 있는)

Your dance is really *in the groove*.
「너의 춤은 정말 멋지다.」

☞ 지금은 약간 뜸해졌지만 1930~50년 대에 열광적으로 유행했던 표현이다. 낡은 re-cord 판을 돌릴 때 찍찍 긁는 소리가 나거나 홈(groove)을 벗어나 음악(노래)의 악절(구절)을 빼먹어 버리면 도저히 in the groove라 할 수 없을 것이다. 이보다 앞서 영국에서는 **groovy** 또는 in the groove를 in a rut(틀에 박혀)의 뜻으로 써서 **get into a groove**(버릇이 되다)처럼 썼는데 융통성 없이 홈(groove)을 벗어나지 못한다는 말이다. 이제 **groove**와 일족인 **grave (dig, cut, rub)**, scratch 등의 용례를 간추려 본다.

☐ You must <u>scratch around</u> (look here and there) for months and see what you can come up with.
「넌 어떤 방안이 있는지 몇 달 동안 찾아(궁리해) 보아야 한다.」

☐ We've only <u>scratched the surface</u> (examined only superficial aspects). Korean companies initially had little choice but to import environmental preservation technologies at high costs but this also rendered other problems including the lack of after service capabilities.
「우리는 이제 겨우 시작에 불과하다. 한국 기업들은 원칙적으로 환경 보존 기술을 비싸게 도입할 수밖에 없었고 게다가 이 또한 애프터 서비스 능력을 비롯한 다른 문제를 이야기하였다.」

☐ If Admiral Yi soon-shin heard what youngsters say today, he'd <u>turn over in his grave</u> (be shocked even in his grave).
「요즈음 젊은이들이 하는 말을 이순신 장군이 들으신다면 지하에서도 고히 잠들지 못하실 것이다.」

☐ I don't want to seem like <u>a grave-dancer</u> (someone who profits over someone

else's misfortune), but his defeat places me in line for a promotion.
「남의 불행으로 실속이나 차리려는 사람으로 비쳐지는 건 싫지만, 사실 그의 실패는 나의 승진길을 열어 주는 셈이다.」

♣ **on the ground** : escaping from prison (탈옥하여)

> A four-time escapee got *on the ground* last night.
> 「네 번씩이나 탈옥했던 사람이 어젯밤에 탈옥했다.」

☞ 탈옥이라면 jailbreak, prison breaking, prison breach 등의 표준 어법 외에 on the ground, gone over the hill, over the wall, hitting the fence, taking to the tall timbers, make a clean get away, unauthorized departure 등이 있다. on the ground는 물론 마음대로 땅을 밟게 되었다는 말이다. 이제 **ground**의 용례를 들어 본다.

☐ The history lecture <u>covered a lot of ground</u> (dealt with much information).
「그 역사 강의는 많은 사실을 알게 해 주었다.」

☐ It was a good joke at first, but you have <u>run it to the ground</u> (carried it too far).
「너의 농담은 처음엔 좋았지만 정도가 심했다.」

☐ The prosecutor tried to confuse me when I was giving testimony, but I managed to <u>hold my ground</u> (stand up for my rights).
「내가 증언할 때에 검사가 나를 혼란시키려 하였지만 가까스로 내 입장을 주장하였다.」

☐ We were recovering nicely in economy decades ago, but we are <u>losing ground</u> (falling behind) today.
「몇 십년 전 우리는 멋지게 경제 회복을 하고 있었지만 지금은 자꾸 뒤로 처지고 있다.」

☐ You should know about this place. It's near <u>your old stamping ground</u> (the place you have spent a lot of time).
「넌 이 곳을 알고 있겠지. 여기는 네가 어릴 때 늘 가던 곳 근처니까.」

☐ Many people believe that at death they go to the <u>happy hunting ground</u> (heaven).
「많은 사람들은 죽어서 천국으로 간다고 믿는다.」

☐ You have to find <u>a middle ground</u> (a compromise) between two proposals.
「넌 두 가지 제안에서 절충안을 찾아야 해.」

♣ **gunboat diplomacy** : getting one's way by force (군함, 힘 외교)

> The superpowers of the world today make nothing of appealing to frequent *gunboat diplomacy*.
> 「오늘날의 강대국들은 잦은 무력 시위 외교를 예사로 한다.」

☞ 1841년 미국이 중국 광동에서 군함을 앞세우고 중국으로부터 무역에서의 특허권을 얻어낸데서 비롯된다. 이보다 앞서 1793년 영국 함대가 역시 군함을 앞세우고 아편 전쟁을 일으켜 중국 역사에 치욕적인 조약을 맺게 한 일도 있다. 위의 두 사건은 **gunboat**를 사용했던 역사적 사건의 시발이고 실제 이 표현을 정착시키기까지는 미국의 전 대통령 **Theodore Roosevelt**의 **Latin America** 정책과 오랫동안 연관되면서 이루어 졌다. 이제 **gun**의 용례 몇 가지를 들어 본다.

☐ How fast will this thing go? I'll <u>give it the gun</u> (make it faster) and see.
「이게 얼마나 빨리 갈까? 이제 속력을 좀 내어서 얼마나 가는지 보자.」

☐ He is <u>gunning for you</u> (looking for you), I think he is going to bawl you out.
「그는 널 찾고 있어. 널 호되게 야단치려는 모양이다.」

☐ If you think I am <u>in the gun</u> (alcohol intoxicated), you are wrong.
「내가 술 취했다고 생각하면 오산이다.」

☐ Don't <u>jump out the gun again</u> (start too soon again). Wait till I tell you.
「또 성급하게 굴지마. 내가 일러 줄 때까지 기다려.」

☐ I believe that he should be found with the <u>smoking gun</u> (undisputable sign of guilt).
「나는 그에게 변명의 여지 없는 결정적 증거가 발견될 것이라고 믿는다.」

☐ Korea's foreign trade promotion policy is <u>under the gun</u> (under pressure) by the U.S.
「한국의 수출 진흥 정책은 미국의 압력을 받고 있다.」

☐ People laughed at Columbus when he said the world was round. He <u>stuck to his guns</u> (held on to his opinion) and proved he was right.
「콜럼버스가 지구는 둥글다고 말했을 때 사람들은 비웃었다. 그는 그의 생각을 꺾지 않았고 그 생각이 옳았음을 보여주었다.」

♣ **a hair of a dog that bit one** : a drink of liquor taken when one has a hangover
(해장술)

> This is some hangover I've got. I think I have to drink this. This is *the hair of the dog that bit me.*
> 「이건 굉장한 숙취인데. 이걸 마셔야겠다. 이건 해장술이니까.」

☞ 필자가 살던 시골의 이웃 마을에서 독사에게 물린 사람이, 응급 조치를 하거나 병원에 달려가지 않고, 기를 쓰고 그 독사를 쫓아가서 잡아 죽이고, 으적으적 씹어 분풀이를 한 것까지는 좋았으나, 그 동안에 독이 온 몸에 퍼져 죽은 일이 있다. 사람을 문 독사를 잡아 죽여야 물린 자리가 낫는다는 민간 속설을 믿었기 때문이다. **Rome** 시대를 전후하여 몇 세기 동안 믿어져 왔던 요법이 있다. 개가 사람을 물면 비록 그 개가 미친 개라 하더라도 그 개의 털을 뽑아 묶은 것을 물린 상처에 붙여야 낫는다는 것이었다. 그 후 중세기에 이르러서는 술(독)을 마셔 후유증(숙취)이 있을 때 원래 마시고 취했던(중독되었던) 그 술(독)을 마셔야 몸이 풀린다고 믿었다. 이렇게 **hair of the dog that bit one**은 원래의 "개에게 물린데 대한 민간 요법"에서 "해장술"로 변하여 오늘까지 쓰이고 있다. 이제 **hair**의 용법 몇가지를 들어 본다.

☐ Choon-soo sneaked up on Min-sun again in mask. He really <u>curled her hair</u> (frightened her).
「춘수는 다시 복면을 하고 민선에게 살며시 다가갔다. 정말 그녀를 오싹하게 만들었다.」

☐ He isn't failing this exam, but he is just <u>hanging on by a hair</u> (depending on something insubstantial).
「그는 이번 시험에 실패하는건 아니지만 겨우 될까 말까 할 정도다.」

☐ I hope you <u>let your hair down</u> (become intimate or frank) and tell me all about it.
「네가 마음을 터놓고 자초 지종을 내게 말해 주기 바란다.」

☐ The frightful story <u>made her hair stand on end</u> (caused her to be frightened).
「무서운 이야기는 그녀의 등골을 오싹하게 했다.」

☐ The plane flew so low that it nearly <u>parted my hair</u> (came very close to me).
「비행기가 너무 낮게 날아와서 내 머리에 닿을 만큼 다가왔다.」

☐ Let's not waste time <u>splitting hairs</u> (trying to make petty distinctions). Let's accept it the way it is.
「하찮은 일을 미주알고주알 따지지 말자. 현 상태를 인정하기로 하자.」

☐ Choong-hong is the boss's <u>fair-haired boy</u> (young man who receives favoritism), but he'll be just like the rest of us before long.

「충홍이는 사장님의 총애를 받지만 멀지 않아 우리들과 똑같아 질 것이다.」

☐ Sung-moon <u>got his friends out of his hair</u> (got relieved of an annoyance from his friends) so he could study.
「성문이는 귀찮은 친구들을 떼어버리고 공부할 수 있게 되었다.」

♧ **half-witted** : stupid（얼빠진）

It is quite usual with him to make such a *half-witted* thing.
「그 녀석이 그런 얼뜨기 짓 하는건 일쑤인 걸 뭐.」

☞ 영국의 시인이자 극작가인 John Dryden(1631~1700)의 1678년 작품 All For Love에서 "Halfwits are fleas."라고 한데서 비롯하여 1755년 경부터 **half-wit**은 wit가 전혀 없는 사람이란 뜻으로 변하였다. 이제 **half**의 용례를 간추려 본다.

☐ Sung-min <u>was half-hearted about</u> (was unenthusiastic about) the choice of me president.
「성민이는 나를 사장으로 선택하는데 미온적이었다.」

☐ When his salary was smaller than he expected, he said "<u>Half a loaf is better than none</u> (Having part of something is better than having nothing)".
「그는 봉급이 기대한 것보다 적자, "없는 것 보다 조금이라도 있는 것이 낫지 뭐."하고 말했다.」

☐ He <u>has half a mind</u> (has almost decided) to leave her now.
「그는 그녀를 떠날까말까 하고 생각하고 있다.」

☐ It doen't matter to him which way you do it. It's <u>six of one and half a dozen of the other</u> (about the same one way or another).
「네가 어떤 식으로 그 일을 하든 그에게는 상관없어. 그건 결국 엇비슷한 결과가 되는 거니까.」

☐ The North Korean defector has begun to understand <u>how the othe half lives</u> (how other people live).
「북한에서 온 귀순자는 사람들이 다르게 사는 모습을 알기 시작하였다.」

☐ When you make a report on your duty, making the outline <u>is half the battle</u> (is a large part of the work).
「네가 업무에 관한 보고서를 작성할 때 개요를 작성하는 것만으로도 절반 이상 된거나 마찬가지다.」

♧ **live from hand to mouth** : live without saving for the future (그날 벌어 그날 먹다)

These poor people *live from hand to mouth* on the roots of herbs and the barks of trees.

「이 사람들은 초근 목피로 그날그날 연명하고 있다.」

☞ 16C 영국의 기근에서 생겨난 말이다. 흉년이 들어 먹을 것이 없고 보니 **빵** 한 조각이라도 눈에 띄면 게눈 감추듯 목구멍에 쑤셔넣기 바빴으니 어찌 내일을 위한 절약이나 저축을 생각할 수 있었겠는가? 지금의 우리나라 젊은 사람들이 보릿고개를 알지 못하듯이 그 후의 영국인은 그와 같은 극심한 가난에 허덕인 일은 없었지만 **from hand to mouth**는 비유적 표현으로 오늘날까지 쓰여지고 있다. 이제 **hand**의 용례를 들어 보기로 한다.

☐ The very fact that the sly manager and the boss work <u>hand in glove</u> (closely together) makes us sick.
「그 교활한 지배인과 사장이 죽이 맞아 일하고 있다는 사실 자체가 속이 메스껍다.」

☐ Let's walk down the street <u>hand in hand</u> (holding hands).
「손잡고 거리를 걸어가자.」

☐ I must <u>hand it to you</u> (give credit to you). You did a fine job.
「난 너를 칭찬하지 않을 수 없구나. 그 일은 정말 잘 해냈어.」

☐ Don't buy unnecessary things <u>hand over fist</u> (very rapidly).
「불필요한 물건들을 성급하게 자꾸 사지 말아라.」

☐ He climbed the rope <u>hand over hand</u> (one hand after the other).
「그는 손을 바꾸어 잡아가며 줄을 타고 올라갔다.」

☐ I hope my father will <u>hand down this house to me</u> (give this house to me) when he dies.
「아버지가 돌아가실 때 이 집을 내게 물려 주었으면 좋겠다.」

☐ Have you <u>handed in</u> (submit) your term paper?
「넌 기말 논문을 제출했어?」

☐ Would you please <u>hand the tray of food on to</u> (pass the tray on to) the next person?
「이 음식 트레이를 다음 사람에게 건네 주시겠습니까?」

☐ I know I have to <u>handle him with kid gloves</u> (be very careful with him).
「나는 그를 매우 세심히 다루어야 한다는 것을 알고 있다.」

☐ I am afraid what I have done is <u>going to hell in a basket</u> (getting totally worthless).

「내가 해 놓은 일이 완전히 쓸모없게 될까 봐 걱정스럽다.」

☐ It was so dark that we <u>couldn't see our hands in front of our face</u> (were unable to see very far).

「너무 어두워서 바로 우리 코 앞도 안 보일 정도였다.」

☐ He didn't know what I was doing until the policeman <u>forced my hand</u> (forced me to reveal plans).

「경찰이 내 계획을 억지로 밝히게 할 때까지 그는 내가 무엇을 하는지 몰랐다.」

☐ He wants to <u>keep his hand in</u> (retain his control of) the running of the business.

「그는 사업 경영에 참여하기를 원한다.」

☐ <u>I know him like the back of my hand</u> (know him very well).

「난 그를 속속들이 안다.」

☐ I don't want to <u>raise my hand against</u> (threaten) you.

「난 너를 올러대고 싶지 않아.」

☐ I think he was <u>paying me a left-handed compliment</u> (giving me a false compliment which was really an insult).

「그는 나에게 겉발림 칭찬을 하고 있었던 것 같다.」

☐ He <u>played into my hands</u> (assisted me on my scheming without realizing it) by taking money he found in my room. I caught and had him arrested.

「그는 내 방에서 돈을 집어감으로써 내 계략에 걸려들었다. 난 그를 덥쳐 붙잡았다.」

☐ I am sure you can do an excellent job if you only <u>put your hand to the plow</u> (begin to do a big task).

「네가 큰일을 시작하기만 한다면 훌륭하게 해낼 수 있을 것으로 믿는다.」

☐ Are you going to <u>sit on your hands</u> (do nothing) when I need your help so badly.

「이토록 절실히 너의 도움이 필요한데도 넌 보고만 있을 셈이냐?」

☐ Nobody could put an end to this quarrel <u>with one hand tied behind his back</u> (easily).

「아무도 이 싸움을 손쉽게 끝낼 수가 없었다.」

☐ If I don't improve my performance, they'll fire me. I can <u>see the handwriting on the wall</u> (know that it is certain to happen).

「내 업무 실적이 나아지지 않으면 해고하겠지. 보나마나 뻔한 일이니까.」

☐ He didn't **tip his hand** (reveal what he was going to do). He left us guessing.
「그는 속을 털어놓지 않았다. 우리를 애태우기만 했다.」

☐ The lazy worker expected his salary to **be handed in on a silver platter** (come to him easily).
「그 게으른 일꾼은 월급 봉투가 저절로 쉽게 주머니에 들어 올 것으로 기대했다.」

☐ Nobody thinks Chan-soo is a handsome fellow, but he is very nice. **Handsome is as hamdsome does** (A person must act well and generously so that he will be truly worth respecting).
「아무도 찬수를 괜찮은 녀석으로 생각지 않지만 실은 멋진 녀석이다. 외양보다야 마음 씨거든.」

♣ **hang by a thin thread** : be subject to imminent danger (풍전 등화의 위험에 빠지다)

Joo-young isn't failing statistics, but he is just *hanging by a thread*.
「주영이가 통계학에 실패한건 아니지만 꼭 달랑달랑할 정도다.」

☞ Greece 신화에 나오는 이야기다. Dionysius 왕의 유명한 아첨장이 신하 Damocles에 관한 이야기다. Damocles가 왕에게 끊임없이 군주의 권능과 행복에 관해서 지껄여대자 은근히 화가 난 왕은 왕의 권능이 얼마나 대단한 것인지 깨우쳐 주고 싶었다. 왕이 그를 으리으리한 잔치에 초대하여 양껏 대접하자 그는 마음껏 지껄여댔다. 그러다가 우연히 힐끗 머리 위를 쳐다보게 된 그는 머리카락 한 가닥에 대롱대롱 매달린 칼이 금방이라도 머리 위에 떨어질 것만 같아 공포감에 몸서리쳤다. 무서워서 먹는 것도, 말하는 것도, 움직이는 것도 잊은 채 꼼짝않고 있었다. 여기서 **hang by a thread**가 생겨났다. 이제 **hang**의 용례를 보기로 한다.

☐ You'd better stop **hanging around with** (waste away time with) such a good-for-nothing fellow.
「그런 쓸모없는 녀석과 어울려 빈둥거리지 않는게 좋아.」

☐ Quite a lot of workers **hung back** (stayed behind) and talked to each other.
「꽤 많은 근로자들이 뒤에 남아 서로 이야기하고 있었다.」

☐ You are wrong if you think things will come out okay by your **hanging in there** (keeping trying).
「니가 버티어서 일이 잘 될 것으로 생각하면 오산이다.」

☐ Nobody thinks I can pass the test if I just **hang loose** (relax).

「내가 마냥 긴장을 풀고 있으면 아무도 내가 시험에 합격할 거라고 생각하지 않을 것
이다.」

☐ **Man-soo is really <u>hung up on</u> (obssessed with) Myung-soon.**
「만수는 정말 명순이에게 홀랑 빠져 있다.」

☐ **Many people just have to <u>hang on to somebody else's coattails</u> (make their
success depend on another person).**
「많은 사람들은 그저 남의 신세를 질 수밖에 없다.」

☐ **The child <u>hung on to his mother</u> (kept his mother in his grasp) and cried and
cried.**
「아이는 어머니에게 매달려서 자꾸만 울어댔다.」

☐ **Your parents hope you are not <u>hanging about with</u> (waste time in the compa-
ny of) bad friends.**
「너의 부모님은 니가 나쁜 친구들과 어울려 다니지 않기를 바라신다.」

☐ **Lots of angry people hanged <u>Gim Il-sung in effigy</u> (hanged a hated Gim Il-
sung's dummy).**
「많은 성난 사람들은 김일성 초상 화형식을 가졌다.」(참고:우리식 이름은 Il-sung
Gim이 아닌 Gim Il-sung이어야 하며 서구인들이 우리나라 사람의 이름을 부를 때 우
리식으로 부르도록 만들어 나가야 할 것이다. 분명히 우리말로 김치(Gimchi)인데 영
어로는 어째서 킴치(Kimchi)로 발음되어야 하는지, 우리말로 김(Gim)씨가 어째서 영
어로는 킴(Kim)씨 인지 묻고 싶다. 한글로는 외래(국)어 표기에 제한이 있는 것이 사
실이나, 우리말이 외국어로 또는 외국(래)어가 우리말로 표기될 때 그 언어가 허용하
는 최대한의 범위내에서 원음에 가깝게 표기하여야 할 것이다. 예컨대 성이 전(全)씨
라면 반드시 Jun(Juhn)으로 표기하여 천(千)씨의 Chun과 구별해야 한다. 김(Kim),
전(Chun)따위는 절대로 우리말의 불완전성 또는 외래어 표기의 어려움 등으로 탓할
수 없는 것이며, 한글을 모독하고 우리들 자신을 스스로 멸시하는 일이다. 올바른 언어
생활을 통하여 나라 사랑과 언어의 논리성을 확립해 나가야 한다.)

☐ **He kept worrying about getting drafted. He hates to have something like that
<u>hanging over his head</u> (bothering him).**
「그는 징병에 끌려가지 않을까 늘 걱정을 하였다. 그는 그런 걱정으로 골머리 않는 일
은 질색이다.」

☐ **He is always <u>leaving his story hanging in midair</u> (leaving his story unfin-
ished).**
「그는 언제나 이야기를 하다 말고 감질나게 한다.」

☐ **As he went on the speech, his auditors, deeply interested, <u>hung on his lips</u>**

(listened very attentively).

「그가 연설을 계속하자 청중들은 깊은 관심을 가지고 주의 깊게 그의 연설을 들었다.」

♣ **hard-boiled** : tough, heartless (무정한)

> Do you have to act so *hard-boiled*.
> 「넌 꼭 그렇게 딱딱하게 굴어야겠니?」

☞ 그저 손쉽게 찬물에 푹 담가서 빨래하는 **shirts**와 따뜻한 물에 삶아서 풀을 먹이는 흰 셔츠(white shirts)를 비교하는 데서 생긴 말이다. 그러니까 boiled shirts(격식차리는 사람)에서 hard-boiled(무정한, 현실적인)으로 변한 것이다. **1886**년 미국의 작가 **Mark Twain**이 사용하였다. 이제 **hard**의 용례를 보기로 한다.

☐ You are really getting me down. Your question is a <u>hard nut to crack</u> (difficult to deal with).
「넌 정말 날 애먹이는구나. 너의 질문은 답하기 어렵구나.」

☐ He ran as fast as he could, but his brother was still <u>hard on his heels</u> (following very closely to his heels).
「그는 있는 힘을 다해 달렸으나 그의 형은 여전히 발꿈치에서 달리고 있었다.」

☐ Once in a while every one is <u>hard put</u> (in a great difficulty).
「가끔 누구나 어려운 일을 당하게 된다.」

☐ I am <u>hard up for</u> (greatly in need of) the money to support my family.
「나는 가족을 부양할 돈이 없어 쪼들리고 있다.」

☐ He made me work so hard that I <u>had hardly time to breathe</u> (was very busy).
「그가 나를 어찌나 부려먹는지 숨돌릴 틈도 없이 바쁘다.」

☐ He saved two million won by <u>driving a hard bargaining</u> (working hard to negotiate prices) when he bought his new house.
「그는 새 집을 살 때에 악착같이 흥정을 하여 이백만 원을 깎았다.」

☐ His story is <u>hard to swallow</u> (difficult to believe), but I am beginning to believe it.
「그의 이야기는 믿기 어렵지만 난 이제 그 말을 믿기에 이르렀다.」

♣ **have something up one's sleeve** : have a secret or surprise plan (비책을 준비해 두다)

> She *has got something up her sleeve*, and it should solve all your prob-

lems.
「그녀가 따로 생각해 둔 것이 있는데, 그것이 너의 모든 문제를 해결해 줄 것이다.」

☞ 18C의 옷에는 주머니(pocket)가 거의 없었다. 자질구레한 물건을 허리띠에 매달고 다니는 것이 보통이었으나 그것도 너무 많으면 소매에 매달고 다녔다. 또한 마술사는 소매 속에 토끼, 비둘기, 계란, 구슬 따위를 무한정 넣어 두었던 것처럼 끄집어 낸다. 카드 마술사 또는 노름꾼은 카드를 소매 속에 숨겼다가 필요할 때 귀신같이 끄집어 낸다. 이제 **have**의 용례를 간추려 본다.

☐ I <u>had sooner</u> (prefer to) stay home than go on a picnic.
「소풍을 가느니 차라리 집에 있는게 낫겠다.」

☐ The party was fantastic. I <u>had a ball</u> (had a really great time)!
「파티는 멋졌어. 정말 즐거운 시간이었어.」

☐ If you <u>have a bee in your bonnet</u> (have an idea) he is a good manager, you are wrong.
「그가 좋은 지배인이라고 생각한다면 오산이다.」

☐ He makes nothing of saying things like that all the time. Everyone says he <u>has a big mouth</u> (is a gossiper).
「그는 언제나 그런 말을 예사로 한다. 모두 그를 수다쟁이라 한다.」

☐ In fact I <u>had a bone to pick with</u> (had a matter to discuss with) her, but she was so sweet that I forgot about it.
「실은 그녀에게 따질 것이 있었지만, 그녀가 너무나 상냥해서 무얼 따지려고 했는지 잊어버리고 말았다.」

☐ Moon-ho and Dong-soo <u>had a brush</u> (had a small battle), but they are friends again now.
「문호와 동수는 약간 다투었지만 이제 다시 친하게 되었다.」

☐ As the controversial big sums may be only the tip of iceberg of the power-related corruption, we must <u>have a case against</u> (collect much evidence which can be used against) the corrupted officials.
「문제의 거금은 권력형 비리로서는 빙산의 일각에 불과할지도 모르므로, 우리는 부정한 공직자들이 법정에서 꼼짝 못하게 하는 증거를 확보해야 한다.」

☐ Moon-soo <u>has a chip on his shoulder</u> (has a quarrelsome nature) ever since he got bankrupt.
「문수는 파산하고 나서 아무하고나 곧잘 싸우려 든다.」

- [ ] Your writing <u>has a familiar ring</u> (sounds familiar). I think it has been copied.
「너의 작문은 낯익어 보인다. 그건 베낀 것 같다.」

- [ ] Put up a good fight. Don't let anyone say you <u>have a glass jaw</u> (are susceptibe to collapsing when struck on the head).
「좋은 시합을 보여 줘라. 아무도 네가 맷집이 약하다는 말을 못하게 해 주어야 한다.」

- [ ] I's like to <u>have a go at</u> (make a try at) it, playing all my cards.
「무슨 수를 써서라도 꼭 그건 해보고 싶다.」

- [ ] Actually I don't <u>have a good command of statistical theory</u> (know statistical theory well).
「사실 난 통계학 이론에 대하여 잘 모른다.」

- [ ] That man in the play <u>has a heart of gold</u> (is generous and friendly).
「저 연극에 나오는 사람은 정말 좋은 사람이다.」

- [ ] You'd better <u>have a heart to heart talk with</u> (have a sincere talk with) your parents before you get married.
「결혼 전에 부모님에게 터놓고 이야기 하는게 낫다.」

- [ ] He is still leading a dog's life, but he <u>has a lot of promise</u> (has a good future ahead).
「그는 아직은 가난하게 살고 있지만 앞길이 열려있다.」

- [ ] I forgot to go to my appointment because I <u>had a lot on my mind</u> (was preoccupied).
「내가 마음 쓸 일이 많다 보니 약속 장소에 가야한다는 걸 잊어버렸다.」

- [ ] I hardly said anything, and she got angry. She surely <u>has a low boiling point</u> (angers easily).
「난 거의 아무말도 안했는데 그 여자는 화를 내었어. 그 여자 성깔깨나 있는게 틀림없어.」

- [ ] He <u>had a near miss</u> (nearly crashed) while driving over there.
「그는 거기서 운전을 하다가 충돌할 뻔했다.」

- [ ] Today people <u>have a penchant for</u> (have a inclination for) eating light foods.
「요즈음 사람들은 가볍게 식사를 하는 경향이 있다.」

- [ ] Do you like to <u>have a pick-me-up</u> (have something stimulating)?
「맥주(술, 음료수)라도 한잔 할래?」

- [ ] The brave citizen captured a thief who <u>had a price on his head</u> (was wanted by the authorities who have offered a reward for his capture), and the police gave him the rewared.

「용감한 시민이 지명 수배된 도둑을 붙잡자 경찰 당국은 그를 포상했다.」

☐ Nobody <u>has the right</u> (has the freedom) to enter my room without my permission.
「내 허락 없이는 아무도 내 방에 들어올 수 없다.」

☐ Moon-ho is such an idiot. He acts like he <u>has a screw loose</u> (is silly).
「문호는 정말 멍청이다. 마치 나사 빠진 것처럼 행동한다.」

☐ I am well aware that I <u>have a snowball's chance in hell of</u> (have no chance at all of) her agreeing to marry me.
「그녀가 나와 결혼하기로 동의 할 가능성이 거의 없다는 것을 나는 잘 알고 있다.」
(불꽃이 이글거리는 지옥에 눈덩이가 있다면 한순간에 녹아 없어질 것은 뻔한 일).

☐ I guess you <u>have a soft spot for Myung-hi</u> (are fond of Myung-hi).
「보아하니 넌 명희를 좋아하는 것 같구나.」

☐ You'd better be frank with me. You must <u>have a thing going with Soon-mi</u> (have a romance with Soon-mi).
「내게 솔직한게 좋아. 넌 순미하고 연애하고 있는게 틀림없어.」

☐ He'd like to <u>have a voice</u> (have a part) in choosing your job.
「그는 너의 직장 선택에 결정권을 가지고 싶어한다.」

☐ I hope we will <u>have a whale of a time</u> (have an exciting time) at your birthday party.
「너의 생일 파티에서 우리가 즐겁게 놀 수 있기를 바란다.」

☐ My boss asked to <u>have a word with</u> (speak privately to) me when I was free.
「사장님이 내가 한가할 때 조용히 할 말이 있다고 하셨다.」

☐ Father asked Sung-soo to go to the bathroom before they left so that he wouldn't <u>have an accident</u> (lose the control of the bowls or the bladder) on the way.
「아버지는 성수에게 도중에 화장실을 가게 될 일이 없도록 떠나기 전에 화장실에 갔다 오라고 하셨다.」

☐ Would you please <u>have an eye on</u> (keep watch on) my house while I am absent?
「내가 없을 동안 집 좀 봐 주겠니?」

☐ I <u>had an eye out for</u> (watched for the arrival of) the bus for two hours.
「난 버스가 오기를 두 시간이나 눈이 빠지게 기다렸다.」

☐ If you <u>have an in with</u> (have influence with) mayor, I have to ask him a favor.

「네가 시장(市長)과 연줄이 있다면 시장에게 부탁이 하나 있다.」

☐ Day by day he has been corrupted as to <u>have an itching palm</u> (tend to ask for tips).
「날이 갈수록 그는 타락하여 뇌물을 바라기에 이르렀다.」

☐ No matter what happens, he always <u>has an out</u> (has an excuse).
「무슨 일이 일어나도 그는 구실을 준비하고 있다.」

☐ I boast that I <u>have been around</u> (am experienced in life).
「난 세상 물정에 밝다고 자부한다.」

☐ The police took him in, but let him go because he <u>had clean hands</u> (was guiltless).
「경찰은 그를 검거했지만 그가 결백했기 때문에 방면했다.」

☐ I <u>have come a long way</u> (have advanced much) in my study.
「나는 공부에 많은 진전이 있었다.」

☐ My new car <u>has it all over</u> (is much better than) your jalopy.
「너의 고물차보다 내 새 차가 훨씬 낫다.」

☐ You must be shameless to <u>have it both ways</u> (have both of incompatible things). You want the security of marriage and the freedom of being single.
「넌 양다리를 걸치려고 하는 걸 보니 양체로구나. 넌 결혼 생활의 안정과 독신처럼 자유를 한꺼번에 누리려고 하고 있어.」

☐ I have to study hard. My father <u>has it in for me</u> (has something against me).
「난 열심히 공부해야 해. 아버지가 날 혼내려고 단단히 벼르고 계시니까.」

☐ Young-jo could not run fast for a short distance, but he <u>had a staying power</u> (had endurance).
「영조는 단거리에 빨리 뛸 수는 없었으나 지구력이 있었다.」

☐ She <u>has no use for</u> (dislike) me. I can't see why she likes you.
「그녀는 날 좋아하지 않아. 그녀가 어째서 너를 좋아하는지 모르겠다.」

☐ I wish to <u>have none of</u> (endure no amount of) your constant nagging.
「너의 그 끝없는 잔소리가 지긋지긋하다.」

☐ To have compassion is to <u>have one's heart go out to</u> (have compassion for) those who are suffering.
「동정심을 가진다는 것은 고통받는 사람들에게 연민을 느낀다는 것이다.」

☐ You don't always have to do what's right, but <u>your heart should be in the right place</u> (you should have good intentions).
「넌 언제나 옳은 일만 해야 하는 것은 아니지만 마음은 선의여야 한다.」

☐ It scared the life out of me. I hate to <u>have my heart miss a beat</u> (be excited that my heart flutters).

「난 깜짝 놀랐다. 난 가슴이 두근거리게 하는 건 질색이다.」

☐ The teacher <u>set his heart dead against</u> (was totally against) breaking school regulations.

「선생님은 학칙 위반에 단호하셨다.」

☐ Don't <u>have your heart on</u> (expect) going to college without studying hard.

「공부는 열심히 안하고 대학을 가겠다는 건 꿈도 꾸지 마라.」

☐ <u>He had his heart stand still</u> (his heart stopped beating) when he heard the news of his mother's death.

「그는 어머니가 돌아가셨다는 소식을 듣고 가슴이 북받쳐 심장이 멎는 것 같았다.」

☐ I hate to <u>have my luck run out</u> (have my good luck stop) just when I need it.

「정말 행운이 필요할 때 운수가 막히는 건 싫어.」

☐ You <u>have your nose in a book</u> (read books all the time).

「넌 언제나 책만 읽고 있구나.」

☐ You seem to lack courage. Whenever there is an argument you <u>have your tail between your legs</u> (are cowed).

「넌 용기가 부족한 것 같아. 무슨 입씨름이 있을 때마다 꽁무니만 빼잖아.」

☐ Whenever my mother hears of her children, she <u>has her words stuck in her throat</u> (is overcome by emotion that she can hardly speak).

「우리 어머니는 자식들한테서 소식을 들을 때면 언제나 목이 메이신다.」

☐ At the end of the year, we sure <u>have our work cut for us</u> (have a large and difficult task prepared for us).

「연말이면 우리는 꼭 힘든 일을 많이 해야 해.」

☐ I made a big mistake in trusting you. You seem to <u>have rocks in your head</u> (be crazy).

「널 믿은 건 나의 큰 실책이었다. 넌 제정신이 아닌 것 같다.」

☐ She did just what you told her. You seem to <u>have her in your pocket</u> (have control over her).

「그녀는 네가 시킨 그대로 해 놓았어. 넌 그녀를 마음대로 쥐고 흔드는 모양이야.」

☐ I <u>have you on the strings</u> (have you waiting for my decision). You want to get a job with our company, but I can't find a right one for you.

「난 너에 대한 결정을 유보하고 있어. 넌 우리 회사에서 일자리를 원하지만 적당한 자리가 없는 것 같아.」

□ I run a book store, I sometimes <u>have a large number of unwanted books on hands</u> (am burdened with a large number of unwanted books).
「난 서점을 하고 있는데 때로는 많은 불필요한 책이 쌓이기도 한다.」

□ If they ever do that again, I'll <u>have their hide</u> (scold or punish them).
「그 놈들이 또 그런 짓을 하면 혼을 내줄테다.」

□ Do you <u>have anything against</u> (have prejudice against) eating dog meat?
「너 개고기 먹는 것을 반대하니?」

□ You have spoiled our flower garden, so you <u>have a spanking coming</u> (are due to receive a spanking).
「네가 우리 화단을 망가뜨렸으니 매를 좀 맞아야 해.」

□ You and I both have black eyes. We <u>have that in common with each other</u> (resemble each other in that way).
「너나 나나 검은 눈을 가졌다. 그런 점에서 우린 공통점이 있구나.」

□ Sung-soo <u>has a large fortune in store for him</u> (have a large fortune for his future) when stock prices go up.
「증권 시세가 오르는 날이면 성수는 떼돈을 벌게 되어 있다.」

□ I guess your company <u>has my application on file</u> (have my application in storage).
「본인의 응시 원서는 귀사에 제출되어 있을 것입니다.」

□ I <u>have my official duties on the brain</u> (am obssessed with my official duties). I have to work as much as possible.
「나는 공무로 여념이 없다. 나는 할 수 있는 데까지 열심히 일해야 한다.」

□ I have been mad at Sung-soo for a month, I finally <u>had it out</u> (settle ithe complaint) with him today.
「난 성수에게 한 달 동안이나 화가 나 있었다. 결국 오늘 나는 성수와 화해했다.」

□ I don't want to <u>have your words stick in my craw</u> (have your words irritate me).
「난 네 말에 속상해 하고 싶지 않다.」

□ You can't always get ahead in life. Sometimes you <u>have the cards stacked against you</u> (have luck against you).
「넌 언제나 인생에서 성공만 할 수는 없다. 때로는 운이 없을 수도 있으니까.」

□ I am sure he has the best jokes you have ever heard. He'll <u>have you rolling in the aisles</u> (make you roll in the aisles with laughter).
「네가 지금까지 들었던 어느 농담보다 재미있는 농담을 그가 해 줄게 틀림없어. 정말 그는 널 포복 절도케 할 것이다.」

☐ The patient __has turned the corner__ (has passed a critical point).
「환자는 이제 고비를 넘겼다.」

♣ **head over heels in love** : very much in love (완전히 사랑에 빠져)

You seem to be *head over heels in love* with her.
「넌 그녀에게 완전히 빠져있는 것 같구나.」

☞ 이 표현은 수백년 전부터 있었던 것으로 거꾸로 재주넘기하는 공중제비(somersault)
에서 생겼다는 설이 유력하다. 또 다른 이야기로는 중세에 범죄에 대한 경고로서 죄인
을 거꾸로 매달아 꼼짝하지 못하게 욕을 보인데서 heels over head로 표현되었다가
세월의 흐름과 함께 head over heels로 변했다고 한다. 이제 head의 용례를 보기로
한다.

☐ You have to be __head over shoulders above__ (clearly superior to) your friends.
「넌 친구들 보다 단연 앞서야 한다.」

☐ The bus driver __headed the bus into__ (aimed the bus in the direction of) the
beach.
「운전사는 버스를 해변쪽으로 몰았다.」

☐ The authorities concerned worked round the clock to __head the epidemic off__
(prevent the epidemic from arriving).
「관계 당국은 전염병이 들이닥치지 않도록 철야 근무를 하였다.」

☐ Nobody asked him to __head up the meeting__ (serve as leader at the meeting).
「아무도 그에게 모임을 주관하라고 요구하지 않았다.」

☐ When the teacher find who did this, __heads will roll__ (someone will be pun-
ished).
「누가 이런 짓을 했는지 선생님에게 들키면 혼이 날 것이다.」

☐ Do I have to come in there and __knock some heads together__ (scold you), or
will you kids keep quiet?
「내가 들어가서 야단을 좀 쳐줄까, 아니면 너희들이 좀 조용히 할래?」

☐ For a moment after the accident, I __was out of my head__ (was senseless).
「사고 직후 잠깐 동안 나는 정신을 잃었다.」

☐ He boasted that he could pass his driver's test __standing on his head__ (easily
and quickly).

「그는 운전 면허 시험쯤 손쉽게 합격할 수 있다고 자랑을 해댔다.」

☐ He didn't say much, but every now and then he <u>hits the nail right on the head</u> (does exactly the right thing).
「그는 그렇게 말을 많이 하지 않지만 가끔 정곡을 찌른다.」

☐ I have nothing to be ashamed of or embarrassed with. I can always <u>hold up my head</u> (have my self-respect).
「난 아무것도 부끄러워하거나 당황할 일이 없다. 언제나 자존심은 유지할 수 있으니까.」

☐ Mathematics is very hard for me. I <u>am in over my head</u> (have more difficulties than I can manage).
「수학은 정말 너무 어려워. 수학이라면 나로서는 감당할 수가 없어.」

☐ You seem unable to <u>keep a civil tongue in your head</u> (speak politely).
「넌 품위있게 말할 줄 모르는 것 같구나.」

☐ Don't <u>lose your head over</u> Jin-sub (be crazy about Jin-sub). He is not worth it.
「진섭이한테 너무 빠지지 마. 그 녀석은 네가 빠질 만한 값어치가 없어.」

☐ Your talking really <u>makes my head spin</u> (confuses me).
「네 이야기를 들으면 무슨 소린지 종잡을 수 없어.」

☐ He couldn't think of my name <u>off the top of his head</u> (without having to think or remember).
「그는 내 이름을 금방 머리에 떠올리지 못했다.」

☐ He spent all day <u>running around like a chicken with its head cut off</u> (run around fanatically and aimlessly).
「그는 하루종일 미친듯이 여기저기 돌아다니는데 시간을 다 보냈다.」

☐ You <u>talk your head off</u> (speak too much) and don't seem to know what you are saying.
「넌 너무 지껄여대서 네 스스로도 무슨 말을 하고 있는지 모르는 것 같아.」

☐ The hotel manager learned that the quiet man taken from his room by the police was a murderer with a <u>price on his head</u> (reward offered to anyone who catches a criminal).
「호텔 지배인은 경찰에 붙들려 방에서 나오는 그 조용한 사람이 현상금이 걸린 살인범이었다는 사실을 알았다.」

♧ **live high on the hog** : live well and eat good food (호의 호식하다)

> **After he stroke a bonanza, he *lived pretty high on the hog*.**
> 「그가 노다지를 만나고서는 떵떵거리고 살았다.」

☞ 돼지고기는 돼지 몸의 부위에 따라 등급이 나뉘어진다. 돼지고기 품질의 기준은 상부에 위치하는 햄, 갈비, 베이컨, 안심 등이 고급이고, 족발, 턱, 하복부 등은 질이 낮은 고기로 친다. 형편이 괜찮다면 족발이나 꼬리 따위를 먹을 필요가 없다는 말이다. high on the hog에 대칭이 되는 low on the hog는 당연히 반대의 뜻이다. 이제 high의 용례를 보기로 한다.

☐ I don't want to talk to a secretary, I demand to talk to the <u>high man on the totem pole</u> (the person in charge of the organization).
「난 비서와 이야기하고 싶지 않고, 이 회사의 책임자와 이야기하고 싶습니다.」

☐ Here comes the policeman. You guys had better <u>hightail it out of here</u> (ride a horse away from here fast).
「경찰관이 온다. 너희들은 여기서 말을 타고 내빼는게 낫겠다.」

☐ Why do you always have to <u>act so high and mighty</u> (act proud and powerful)?
「어째서 넌 언제나 그렇게 교만하게 행동하니?」

☐ Consumer prices are rising <u>high as a kite</u> (very high).
「소비자 가격이 매우 치솟고 있다.」

☐ When your car is <u>in high gear</u> (in its high speed), it goes very fast.
「네 차에 고속 기어를 넣으면 매우 빨리 달린다.」

☐ I don't like to discuss the entire report. I am going to <u>hit the high spots</u> (do only the important things).
「난 보고서 전부를 다루고 싶지 않다. 중요한 부분만 다룰 작정이다.」

☐ He has two sons, both <u>knee-high to a grasshopper</u> (not very tall).
「그에게는 두 아들이 있는데 모두 아주 조그만하다.」

☐ Whoever made false reports will face punishment in accordance with the law and be <u>left high and dry</u> (left helplessly).
「허위 신고를 하는 사람은 누구나 법에 따라 처벌 받을 것이고 달리 구제받을 길이 없을 것이다.」

☐ I have <u>looked for my notebook and textbook high and low</u> (looked everywhere for my notebook and textbook), but I can't find them.
「나는 공책과 교과서를 사방으로 찾았으나 아무데서도 찾을 수 없었다.」

☐ I'll have to <u>go through hell and high water</u> (go through all sorts of severe efforts) to accomplish my goal, but it'll worth it.
「나는 목표 달성을 위하여 온갖 어려움을 이겨내야하지만 그만한 가치는 있을 것이다.」
☐ He is <u>high, wide, and handsome</u> (happy) after his success.
「그는 성공하여 더없이 행복하다.」

♧ **hit the jackpot** : have a success, win at gambling (성공하다, 땡잡다)

> I really *hit the jackpot* in the book store, I found just what I needed.
> 「서점에 들러서 재수 좋은 일이 있었어, 내가 그토록 필요로 하던 책을 구했거든.」

☞ **card** 놀이에서 생겨난 말이다. 판(dealing)을 여러번 되풀이하여도 승부가 나지 않고 계속하여 판돈이 커져서 한계점에 달했을 때 판돈을 싹 쓸어오는 맛이란 이러한 놀음판을 경험하지 않은 사람은 가히 짐작할 수 없을 것이다. 이와같이 계속 태우는 돈 (jackpot)을 따게 되는(hit) 행운은 놀음판에서 시작하여 아무곳이나 대성공을 거두는 일이면 비유적으로 쓰이기에 이르렀다. 이제 hit의 용례를 들어 본다.

☐ You should be careful not to <u>hit a snag</u> (run into a problem) with your plan.
「너의 계획에 장애가 생기지 않도록 주의해야 한다.」
☐ This plan has been well organized. This is not a <u>hit-or-miss</u> (aimless) project.
「이 계획은 잘 짜여진 것이다. 결코 아무렇게나 짜여진게 아니다.」
☐ You have to <u>hit it off with</u> (quickly become good friedns with) your new friends when you are away from home.
「객지에 나갈 때는 새로운 친구들과 잘 사귀어야 한다.」
☐ I <u>hit on</u> (think up) an idea of seeing my uncle on my way home.
「나는 집으로 돌아오는 길에 아저씨를 뵈어야겠다는 생각이 들었다.」
☐ I listened carefully and didn't think she <u>hit close to home</u> (affected anyone personally and intimately) at all.
「유심히 그녀의 말을 들었지만 전혀 감명을 줄 말은 아니었던 것 같다.」
☐ I tried a number of jobs until I <u>hit pay dirt</u> (discovered something of value).
「나는 괜찮은 일자리를 찾을 때까지 여러 직장을 전전하였다.」
☐ The sky-rocketing consumer prices <u>hit like a ton of bricks</u> (surprised people).
「하늘높이 솟아오르는 소비자 물가는 사람들의 얼을 빼놓았다.」
☐ If you don't start <u>hitting the books</u> (studying), you're going to fail.
「네가 공부를 시작하지 않으면 성공할 수 없어.」

☐ The singer <u>made a hit with</u> (pleased) the audience.
「그 가수는 청중들의 마음을 기쁘게 했다.」
☐ Don't <u>hit the panic button</u> (panic). Relax and keep your eyes open.
「너무 겁내지 마. 마음 푹 놓고 눈을 떠 봐.」
☐ Young-jo was <u>hitting on all cylinders</u> (using all his power) and made a big victory.
「영조는 전력을 다해 값진 승리를 거두었다.」

♣ **leave someone holding the bag** : leave someone to take all the blame (책임만 몽땅 떠맡기고 도망가다)

> **They all ran off and** *left me holding the bag*. **It wasn't my fault.**
> 「그들은 내게 책임을 다 뒤집어 씌워놓고 달아났다. 실은 내 책임도 아닌데.」

☞ 주범은 멋지게 한탕 해먹고 달아나고 조무래기나 엉뚱한 사람이 책임만 몽땅 뒤집어 쓰게 된다는 말이다. 명백한 증거는 들고 있는 가방이니 무어라고 변명할 수가 없는 데서 생겨난 말이다. 이와같이 조작된 증거(dirty dishes)가 수사진을 혼란에 빠뜨려서 무고하게 유죄 선고를 받게 되는(jobbed) 사람을 victim of hummer라 한다.
이제 hold의 용례를 간추려 보기로 한다.

☐ How can you advance in your job when your enemy <u>holds all the aces</u> (is in a favorable position)?
「너의 상대가 유리한 조건을 모두 가지고 있는데 어떻게 직장에서 앞서 나갈 수 있겠니?」
☐ He <u>holds no brief for</u> (dislikes) a multilateral security system to maintain peaceful coexistence and change through a cooperative process among nations.
「그는 국가간의 협조적 과정을 통해 평화적 공존과 변화를 유지하기 위한 집단 안보 체제를 달가워하지 않는다.」
☐ You'd better <u>hold off on</u> (refrain from) cleaning the house until I have time to spare.
「나한테 여가가 날 때까지 집안 청소는 미루는게 낫겠다.」
☐ The whole project will fail if you don't <u>hold your end up</u> (do your part as agreed).
「네가 약속대로 해내지 않는다면 모든 계획이 실패할 것이다.」

252

☐ If you are not able to hold your own (do as well as anyone else), you have to quit.
「네 입장을 유지할 만큼 해낼 수 없다면 그만두는 수 밖에 없다.」

☐ I don't think you can hold your peace (remain silent) because your tongue wags freely.
「넌 말을 참지 못하는 성미이니 가만히 입다물고 있을것 같지 않다.」

☐ We could hardly believe the news that he held out (endured) twenty three days without food.
「그가 23일간이나 먹지 않고 버티었다는데 놀라웠다.」

☐ I was the first to hold out the olive branch (offer reconciliation) after our argument.
「우리가 다툰 이후 내가 먼저 화해를 제의했다.」

☐ I should open the store at 9 : 00 and hold the fort (take care of it) until he gets back at 11 : 00.
「난 아홉 시에 가게를 열어서 열한 시에 그가 돌아올 때까지 봐야 해.」

☐ This room seats thirty, but I think you should hold the line at (limit the number to) twenty.
「이 방에는 서른 명이 앉을 수 있겠지만 스무 명으로 제한해야 해.」

☐ As I can't find my glasses, I have to hold up on (delay) my reading.
「안경을 찾을 수가 없어서 그걸 읽는걸 뒤로 미루고 있다.」

☐ When he negotiates a contract, he goes in with no holds barred (with no restraints) and comes out with a good contract.
「그가 계약 협상을 할 때면 조건없이 참가하여 큼지막한 계약을 따낸다.」

☐ I walk much faster than everyone else in my office. Nobody holds a stick to (is nearly as good as) me.
「난 우리 사무실에 있는 누구보다도 빨리 걷는다. 누구도 나를 따라올 사람이 없다.」

☐ Your plan won't work because it won't hold water (make sense).
「너의 계획은 이치에 맞지 않아서 될 것 같지 않다.」

☐ Let me put you up on hold (leave you waiting on a telephone call) while I look up the information.
「내가 자료를 찾을 동안 전화 끊지 말고 기다려.」

☐ You like to hold the stage (be active in a group) at any party or meeting, so you do and say anything.
「넌 어느 파티나 모임을 좌지우지 하려고 해. 그래서 생각없이 행동하고 말하는 거야.」

☐ You have twenty thousand won and I have no money, so you <u>have all the trumps</u> (have all the advantages) and can buy whatever you want with it.
「넌 이만원을 가졌고 내겐 돈이 없으니, 네가 물주가 되어 그 돈으로 네 맘대로 사야지 뭐.」

☐ Even at seventeen, my daughter was <u>holding court</u> (acting like a queen) for members of charmed boys.
「우리 딸은 열입곱 살 때 벌써 그 애에게 빠진 남자 친구들에게 여왕 행세를 하고 있었어.」

☐ You have to <u>hold fire</u> (keep back facts) until you have enough information to convince them.
「그들을 납득시킬 수 있는 충분한 자료를 얻기까지는 아무말도 하지 말아야 해.」

♣ **money from home** : something very welcome and useful (매우 반갑고 유용한 것)

The UN's military aid to Korea in 1950 was *money from home*.
「1950년 UN의 한국에 대한 군사 원조는 정말 반갑고 유용한 것이었다.」

☞ 집을 떠나 외롭고 어렵게 지내고 있을 때 집에서 돈이 온다면 그 기쁨이 어떻겠는가? 특히 어려운 집안 사정을 생각하여 송금하라는 말도 못하고 속만 태우고 있을 때 전혀 기대하지 않았던 돈을 넉넉히 받았다면 아마 어깨에 힘이 들어가고 이제 살 것만 같은 기분이 들 것이다. 이제 home의 용례를 들어보기로 한다.

☐ The policeman walked in the room and <u>homed in on</u> (aimed exactly at) the thief.
「경찰관은 방안으로 걸어들어와 도둑을 정확히 겨누었다.」

☐ You seem to be very much <u>at home with</u> (comfortable with) your car.
「넌 네 차에 꽤 숙달되어 있는 것 같구나.」

☐ Do I always have to shout at you to <u>drive something home</u> (make something clearly understood)?
「뭐든지 너에게 분명히 이해시키려면 언제나 소리를 버럭버럭 질러야 하니?」

☐ I have been busy all day, but <u>nothing to write home about</u> (nothing exciting or interesting).
「난 하루종일 바빴지만 별로 이렇다할 일을 한 것도 아니다.」

☐ They were having so much fun that they decided to stay away <u>till the cows come home</u> (until the last).

254

「그들은 너무나 즐거워서 끝까지 놀다가 오기로 작정하였다.」

☐ You had better be careful on this camping trip, or you'll <u>go home in a box</u> (be shipped home dead).

「이번 야영에는 주의하는 게 좋아. 그렇지 않으면 죽어서 돌아와야 해.」

☐ You are <u>on the homestretch</u> (on the last stage of the process) with this project and can't change it now.

「넌 이 사업의 마지막 단계에 와 있는데 이제와서 변경은 할 수 없어.」

♣ **hook, line, and sinker** : totally (전적으로)

You seem to believe every word *hook, line, and sinker*.
「넌 한마디 한마디를 깡그리 믿는 것 같구나.」

☞ 못잡은 가오리가 멍석만큼 크다는 말이 있다. 어부, 낚시군의 허풍은 예나 지금이나 다를 바 없다. 이들의 이야기는 전혀 믿을 것이 못된다는 말이다. 그러나 때로는 남의 말을 털끝만큼의 의심도 없이 그대로 믿어주는 경우가 있으니 바로 hook, line, and sinker이다. 너무나 배가 고팠던 물고기가 낚싯밥 끼운 hook(낚시)은 물론, line(낚싯줄), 그리고 sinker(낚싯봉)까지 몽땅(totally) 집어삼키는 모습을 머리 속에 그려 볼 수 있을 것이다. 이제 hook의 용례를 살펴 본다.

☐ When you buy a computer, you have to ask someone to <u>hook it up</u> (install it).
「컴퓨터를 살 때면 누군가에게 설치해 달라고 해야 한다.」

☐ I am really <u>hooked on</u> (addicted to) Badook.
「난 정말 바둑에 **빠져있다**.」

☐ I have other important plans. Please <u>let me off the hook</u> (release me from a responsibility) for Sunday.
「난 다른 중요한 계획들이 있어. 일요일엔 날 좀 **빼줘**.」

☐ I think you can find time for the sales meeting, I can't overlook your <u>playing hooky</u> (not going to meeting) this time.
「넌 이번 판매 회의에 참석할 정도의 시간은 있을 것 같은데, 이번에도 불참하면 그냥 봐 넘길 수 없어.」

☐ He wants to <u>get his hooks into</u> (gain control of) the operation of this organization.
「그는 이 기관의 운영권을 가지고 싶어한단 말이다.」

☐ Please <u>hook down</u> (swallow down) one of these white pills and see what you

think about them.
「이 하얀 알약 한 개를 삼켜보고 어떤지 말해 봐.」

☐ The subject persons need to make honest and precise reports <u>on their own</u> <u>hook</u> (all by themselves) so as to avoid possible penalties.
「대상자들은 벌금을 물게 될지도 모를 일을 피하기 위해 자진해서 정직하고 정확한 신고를 해야 한다.」

♣ **horse of another color** : another matter altogether (전혀 별개의 문제)

> Investment in the stock market is not the same as spending money in merry-making. It's a *horse of a different color.*
> 「증권에 투자하는건 유흥에 돈을 낭비하는 것과 같은 건 아니다. 그건 전혀 다른 성질의 일이다.」

☞ Saxon족이 영국을 정벌하였을 때 흰 말(white horse)은 이들의 표상(emblem)이었다. 정복당한 원주민들은 흰 말의 과잉 번식을 견제하였다. 여기서 이 흰 말을 가리키는 horse of a different color가 생겨난다. 또 다른 이야기로는 중세의 경마 토너먼트에서 철갑한 무사들이 저마다 다른 색깔의 말을 타고 시합에 나섰다. 응원자들이 결승점을 주시하며 열심히 응원하지만 다른 말에게 우승을 뺏기는 것이 일쑤여서 저절로 That's a horse of a different color.라는 말이 생겨났다. 문헌으로는 Shakespeare의 Twelfth Night에 쓰여졌다. 이제 horse의 용례를 살펴 본다.

☐ The students were on the playground <u>horsing around</u> (playing around) when the bell rang.
「학생들이 운동장에서 놀고 있을 때 종이 울렸다.」

☐ The building is half-built. It's too late to hire a different architect. We can't <u>change horses in midstream</u> (make major changes in an activity which has already begun).
「그 건물은 반쯤 지어졌다. 이제와서 다른 건축기사를 채용하기엔 너무 늦다. 도중에 중요한 일을 변경해서는 안 된다.」

☐ Don't complain that the television set you got for your birthday is black and white rather than color. You'd better keep in mind. "<u>Don't look a gift horse in</u> <u>the mouth</u> (You shouldn't expect perfect gifts)."
「넌 생일 선물로 받은 **TV**가 컬러가 아니고 흑백이라고 불평하지 마라. 받은 선물은 좋고 나쁨을 따지지 않는 법이라는 걸 명심해야 해.」

☐ Joo-sung always <u>puts the cart before the horse</u> (have things in wrong order) in most of his projcets.

「주성이는 거의 모든 계획 추진에서 언제나 본말을 전도시킨다.」

☐ Wild horses couldn't <u>drag me to the marriage</u> (nothing could force me to marry).

「항우가 끌고가도 나를 억지 결혼시킬 수는 없을 것이다.」

☐ I prefer to relax more. I am too old to <u>work like a horse</u> (work very hard).

「난 좀 쉬엄쉬엄하고 싶다. 물불을 모르고 일하기엔 너무 늙었다.」

☐ We grew up in a <u>one-horse town</u> (very small town), and we liked it very much.

「우린 아주 조그만 마을에서 자라났고, 우리는 그 곳을 매우 좋아했다.」

☐ He is well educated and reads many books, but still doesn't have much <u>horse sense</u> (good judgement).

「그는 좋은 교육을 받았고 독서도 많이 하지만 분별력이 없다.」

☐ To depend on an unreliable politician like you looks like <u>betting on the wrong horse</u> (misreading the future).

「당신같은 못믿을 정치인을 믿는 것은 앞일을 잘못 판단하는 일과 같다.」

☐ He bet on the Italian team to win the game. I think he <u>put his money on a scratched horse</u> (bet on a certain failure).

「그는 이탈리아 팀이 게임에서 우승할거라고 걸었다. 내 생각으로는 그가 확실히 지는 쪽으로 건 것 같다.」

♣ **hot as hell** : very hot (몹시 더운)

I don't like to get into a car that has been parked in the sun. It's *hot as hell*.

「햇볕에 세워두었던 차에 타기가 싫다. 너무 더우니까.」

☞ 성경책 또는 불경에서는 더운 것을 지옥(hell)으로 비유하는 경우가 많다. 지옥의 불구덩이에서 악마에게 시달리는 모습은 흔히 이승에서의 업보라고 표현되기도 한다. 그러면 어째서 지옥이 뜨거운 것으로 인식되었는지 생각해보자. 땅 속에는 뜨거운 용암이 있다. 땅 속으로 깊이 파고들어갈수록 따뜻해지고 끝내 불구덩이에 이르게 될 것이기 때문이다. 이제 hot (heat)의 용례를 들어 본다.

☐ The two horses finished the race <u>in a dead heat</u> (at exactly the same time).

「두 말(horse)은 정확하게 동시에 결승선에 들어왔다.」

☐ When your dog is <u>in heat</u> (in a period of sexual excitement), you must keep her locked in the house.

「너의 개가 암내가 나면 개를 집에 가두어 놓아야 해.」

☐ The murderer wouldn't talk, so the police were <u>putting the heat on</u> (put pressure on) him to confess.

「살인자가 입을 열지 않자 경찰은 그에게 자백을 강요했다.」

☐ Now don't get <u>hot and bothered</u> (anxious) about the consumer price indexes.

「소비자 가격 지수에 대하여 안달하지 마라.」

☐ I am really <u>hot under the collar</u> (very angry) as my daughter has flunked the test.

「우리 딸이 시험에 낙방해서 정말 화가 난다.」

☐ Don't <u>get yourself in hot water</u> (get yourself in trouble) by being late.

「늦게 와서 고생하지 않도록 해라.」

☐ Sung-soo is <u>in the hot seat</u> (in a difficult position), no one is paying attention to what he does.

「성수가 어려움에 처하자 아무도 그가 하는 일을 거들떠 보지 않는다.」

☐ You seem to <u>make it hot for</u> (make things difficult for) people.

「넌 사람들을 괴롭히는 것 같아.」

☐ Please study hard this time! You have got to <u>strike while the iron is hot</u> (study when the time is ripe).

「이번에는 좀 열심히 공부해라. 기회가 왔을 때에 열심히 해야한다.」

☐ It is not easy for you to be promoted this time. <u>If you can't stand the heat, keep out of the kitchen</u> (If you can't accept the problems of involvement, do not get involved).

「이번에는 네가 승진하기는 어려워. 끼어들어서 안될 일이라면 아예 끼어들지 말아.」

☐ I think I can't <u>take the heat</u> (receive criticism), I'd better stay out of the kitchen.

「난 그 비난을 감당할 수 없을 것 같아서 아예 끼어들지 않겠어.」

☐ I hope you <u>take the heat off</u> (relieve the pressure on) me by removing the deadline.

「마감 시간을 없애서 나를 덜 괴롭혔으면 좋겠다.」

☐ The labor-management dispute has been a <u>hot potato</u> (difficult problem) since tens of thousands of unionists held a joint mass rally and resolved to struggle

unless their far-flung demands are met.
「수많은 노조 가입자들이 연합 집회를 개최해서 그들의 많은 요구 사항이 충족되지 않는다면 투쟁하기로 결의를 함으로써 노사 분규는 큰 난제가 되었다.」

♣ **in a hole** : in some trouble (궁지에 빠진)

> When the restaurant cook left at the beginning of busy season, it put the restaurant owner *in a hole*.
> 「식당의 요리사가 바쁜 철에 떠나버리자 식당 주인은 궁지에 빠지고 말았다.」

☞ 19C의 poker game에서 생겨난 말이다. poker판에 돈을 건 노름꾼들이 한 판의 승부를 낼 때마다 일정 비율의 개평을 poker 판의 가운데 있는 구멍(hole)에 넣도록 되어 있었다. 막판이 가까워지거나 승리에 대한 확신이 서면 가진 돈을 거의 다 걸 수도 있는데 이때 그 돈을 잃게 되는 날이면 구렁텅이에 빠지는 꼴이므로 그야말로 in a hole이 된다. 이제 in의 용례를 들어보기로 한다.

☐ Whenever he gets into a bind (gets into a tight situation), he asks his father for help.
「그는 어려운 일이 생기면 언제나 그의 아버지에게 도움을 청한다.」

☐ I haven't seen him in a coon's age (in a very long time).
「아주 오랫동안 그를 만나지 못했다.」

☐ You always seem to be in a fog (preoccupied).
「넌 언제나 뭔가에 정신이 팔려 있는 것 같아.」

☐ The lightening struck, and in a split second (in just an instant) the house burst into flames.
「벼락이 떨어지자 순식간에 집이 불덩이에 휩싸였다.」

☐ I am in such a stew about (bothered about) my exam. I am afraid I may fail this time.
「난 이번 시험 때문에 속이 탄다. 이번 시험에 실패할 것 같아 겁이나.」

☐ Please put everything in apple-pie order (in very good order) before you leave.
「떠나기 전에 모든 것을 잘 정리해 두어라.」

☐ We want it in black and white (in writing) that we are entitled to three weeks of vacation each year.
「우리는 매년 3주간의 휴가를 얻을 수 있도록 문서화 하기를 원한다.」

☐ He is in cahoots with (in conspiracy with) the construction company which got the contract for the new building.

「그는 새로운 건축 계약을 따낸 회사와 한패다.」

☐ I have saved sufficient money, so when I retire I will be in clover (in a comfortable situation).

「난 돈을 충분히 저축했으니까 퇴직한다면 편안하게 지내게 될 것이다.」

☐ Soon-soo is in deep water (in trouble). He owes a lot of money to the bank.

「순수는 곤경에 처해있다. 그는 은행에 잔뜩 빚을 지고 있다.」

☐ I went through a new car in mint condition (in perfect condition) and decided to buy it.

「나는 흠잡을 데 없는 새 차를 쭉 훑어보고는 사기로 작정했다.」

☐ I put my demands in no uncertain terms (in very specific and direct language), and then he listened to me.

「내가 분명한 어조로 요구 사항을 제시하자 그는 내 말에 귀를 기울였다.」

☐ In the near future we will cover the distance between Busan to Seoul in nothing flat (in exactly no time at all).

「멀지않아 우리는 부산과 서울간의 거리를 순식간에 갈 수 있게 될 것이다.」

☐ The ruling party was due to defeat the bill, and he went to Seoul so he could be in on the kill (present at the end).

「여당은 그 법안을 무효화하기로 되어 있었고 그는 그 결말을 지켜보려고 서울로 올라 갔다.」

☐ They used to go down to the river and swim in their birthday suit (naked).

「그들은 강물로 내려가서 알몸으로 헤엄을 치곤 하였다.」

☐ In my book (In my opinion), this house is the best that money can buy.

「내 생각으로는 이 집이 이 돈으로 살 수 있는 최선인 것 같다.」

☐ He doesn't make much sense when he is in his cups (drunk).

「그는 취했을 때 제정신이 아닌 것 같다.」

☐ You seem to be in your element (in a natural situation) when you are working on your computer program.

「넌 컴퓨터 프로그램을 짤 때면 마치 물고기가 물을 만난 것 같구나.」

☐ When my son passed the examination successfully, I was in my glory (at my happiest).

「우리 아들이 시험에 합격했을 때 기분이 최고로 좋았다.」

☐ You can work long hours, as you are in your prime (at your best time).

「넌 한창때이니 좀 오랫동안 일해도 괜찮을 거야.」

☐ Frankly I always think of something like that happening to someone else. I never expect to find it <u>in my own backyard</u> (very close to me).
「솔직히 난 언제나 그런 일은 다른 사람에게나 일어나는 일쯤으로 생각한다. 내 주변에서 그런 일이 있으리라고는 전혀 생각하지 않는다.」

☐ This boy can't go to war and carry a gun, but he can help <u>in his own way</u> (using a different and private strategy).
「이 소년이 전쟁터에 나가 무기를 가지고 다닐 수는 없겠지만 나름대로 도움은 줄 수 있을 것이다.」

☐ My grandfather bought himself a doll, and my grandmother said he was <u>in his second childhood</u> (interested in things which normally interst child).
「우리 할아버지께서 인형을 사시자 할머니께서 말씀하시기를 할아버지께서 다시 어린 애같아 진다고 하셨다.」

☐ You'd be <u>in seventh heaven</u> (in a very happy state) if you inherit your father's estate.
「넌 아버님 재산을 물려 받는다면 더이상 바랄 것이 없겠구나.」

☐ I think you can straighten out this mess <u>in short order</u> (very quickly).
「너라면 이런 복잡한 일을 잽싸게 정리할 수 있다고 생각한다.」

☐ Fresh fruits and vegetables are <u>in short supply</u> (scarce) at this time of the year.
「이맘 때면 신선한 과채류가 부족하다.」

☐ He told her <u>in so many words</u> (explicitly) to leave him alone.
「그는 그녀에게 자신을 가만히 내버려두라고 단호히 말하였다.」

☐ I heard that the Gims lived <u>in that neck of the woods</u> (in some remote place).
「김씨 내외는 약간 외딴 곳에 산다고 들었다.」

☐ I know I might feel different if I were <u>in your shoes</u> (see from your point of view).
「내가 너의 입장이라면 생각이 달라질 수도 있다는 걸 알아.」

☐ They often went swimming <u>in the altogether</u> (naked) down at the creek.
「그들은 가끔 개울에 알몸으로 수영을 하러 갔다.」

☐ He always talks big that he's got the election <u>in the bag</u> (assured).
「그는 늘 선거에서 당선이 확실하다고 큰소리치고 다닌다.」

☐ When he bought a house, he asked the seller to include the furniture <u>in the bargain</u> (in addition to what was agreed on).

「그는 집을 살 때 주인에게 가구까지 덤으로 넣어 달라고 요구했다.」

☐ We asked the boss if there was a raise <u>in the cards</u> (in the future) for us.
「우리는 사장에게 봉급 인상을 할 예정인지 물어보았다.」

☐ Chang-soo is bound to <u>come into the chips</u> (become wealthy) when his father dies.
「창수는 아버지가 돌아가시게 되는 날이면 당연히 부자가 될 것이다.」

☐ I have been <u>in the dog house</u> (in trouble) for months, I don't know why I can't stay out of trouble.
「난 몇 달 동안 줄곧 골치만 썩혀 왔는데 어째서 이런 어려움에서 벗어날 수 없는지 모를 일이다.」

☐ He got a pink slip yesterday, which put him <u>into the doldrums</u> (in low spirits).
「그는 어제 해고 통지를 받고 맥이 빠졌다.」

☐ He has wanted a new car for years, and now he has got one <u>in the flesh</u> (in person).
「그는 몇 년 동안이나 차를 가지고 싶어했는데 이제 정말 한 대 갖게 되었다.」

☐ I think I'd better straighten my life, or I'll end up <u>in the gutter</u> (in a low state).
「이제 내 생활을 정리해야 할 것 같은 생각이 든다. 그렇지 않으면 비참한 꼴로 끝날 것 같다.」

☐ He has no knowledge of how to use this computer, I think he can get <u>into the know</u> (knowledgeable) very quickly though.
「그는 이 컴퓨터를 어떻게 작동하는지 모르지만 매우 빨리 사용법을 숙지할 수 있을 것 같다.」

☐ I found a nice place to eat, but it's out <u>in the middle of nowhere</u> (in a very remote place).
「나는 좋은 식당을 찾아냈지만 그곳은 너무 외딴 곳에 있다.」

☐ I will be generous if I am ever <u>in the money</u> (wealthy).
「내게 돈만 있다면 후하게 쓸 것이다.」

☐ It is easy to tell what's <u>in the offing</u> (happening in the future) if you keep track of things.
「사태의 추이를 지켜보고 있으면 일이 어떻게 될 것인지 쉽게 알 수 있다.」

☐ I have to excercise hard to get <u>into the pink</u> (in very good health).
「아주 좋은 건강을 유지하려면 난 열심히 운동을 해야 해.」

☐ I don't think I can afford to buy a house later. I cant' decide to rent an apartment <u>in the short run</u> (for the immediate future).
「나중에 내가 집을 살 여유가 생길 것 같지는 않다. 당장 아파트에 세를 얻어야할지 결정을 못하겠다.」

☐ You've been sick for months, but soon you'll be back <u>in the swim of things</u> (participating in events).
「넌 몇 달간 앓아 누워 있었지만 이제 곧 원래처럼 일할 수 있을 것이다.」

☐ Lots of people say that there are some major changes <u>in the wind</u> (about to happen).
「몇 가지 중요한 변화가 눈앞에 닥쳤다고 많은 사람들이 말하고 있다.」

☐ The jailbird slipped his guard <u>in the shake of a lamb's tail</u> (quickly).
「죄수는 간수의 눈을 피해 순식간에 도망쳤다.」

☐ I'd like to ask a favor of you. I've heard you are <u>in with</u> (friends with) the mayor.
「너한테 부탁이 하나 있다. 너 시장하고 친하다면서.」

☐ Young-joo knows the <u>ins and outs</u> (correct and successful way) of politics.
「영주는 정치의 진수를 속속들이 알고 있다.」

☐ You are barking up the wrong tree if you think I am <u>instrumental in</u> (playing an important part in) getting the contract to build the new building.
「새로운 건물을 짓는 계약을 따는데 내가 큰 도움을 줄 것이라고 생각한다면 아주 헛다리짚는 거다.」

☐ Then you'll have to pay me what you owe me <u>in dribs and drabs</u> (bit by bit).
「그렇다면 넌 내게 빚진 것을 조금씩 갚아야겠구나.」

☐ He won some money at the lottery, and he is really <u>in tall cotton</u> (successful).
「그 사람은 복권에서 돈을 좀 따서 진짜 부자가 되었다.」

☐ Now you have all the aces. You are <u>in the catbird seat</u> (in a dominant position).
「이제 유리한건 네가 다 차지했어. 넌 정말 모두가 부러워하는 입장이 되었어.」

☐ At last I am <u>in the driver's seat</u> (in control), and I get to decide who gets promoted.
「드디어 나는 윗자리를 차지했고, 이제 누가 승진을 할 것인지 내가 결정하게 된다.」

☐ No more orders for a while. There's a lot of goods <u>in the pipeline</u> (in process).
「당분간은 주문은 안 받는다. 많은 주문품이 생산 공정에 들어가 있으니까.」

☐ Soon-sung stopped dead <u>in his tracks</u> (abruptly), turned around and ran back

home.
「순성이는 갑자기 멈춰서더니 되돌아서서 집으로 뛰었다.」
☐ Once my book is <u>in the can</u> (ready), I'll go for a vacation.
「일단 내 책이 완성되면 휴가를 떠날 생각이다.」
☐ I was looking out the window, not at the blackboard ; my head was <u>in the clouds</u> (in dreams) then.
「난 칠판은 보지 않고 창문 밖을 내다보고 있었다. 나는 그 때 공상중이었다.」

♣ **jump the gun** : start before the starting signal (출발신호 전에 출발하다, 서두르다)

> **You all have to start the race again because Jung-mo** *jumped the gun*.
> 「정모가 신호 전에 출발했기 때문에 너희들 모두 출발을 다시해야 한다.」

☞ 1920년 대에 도보경기 또는 사냥에서 생겨난 말이다. 트랙경기에서 출발을 알리는 총소리가 나기 전에 뛰어나가거나, 사냥꾼이 총을 쏠 준비도 하기 전에 꿩이 놀라서 푸드득 날아오르는데서 생겼다. 매사에 너무 조급하게 서두르는 일이면 어떤 경우에나 쓰인다. 이제 **jump**의 용례를 들어 본다.

☐ When we heard about your chance to go to Jeju-Do, we knew you'd <u>jump at</u> (seize the opportunity of) it.
「네가 제주도에 갈 기회가 생겼다는 말을 듣고 우리는 네가 쾌히 응하리라는 것을 알았다.」
☐ Not only was Jung-soo arrested for murder, he <u>jumped his bail</u> (failed to appear in court for trial and gave up his bail bond) and left his home town.
「정수는 살인죄로 체포되었을 뿐 아니라 보석중에 도망하여 고향마을을 떠났다.」
☐ I was so startled I almost <u>jumped out of my skin</u> (reacted strongly to shock).
「난 너무 놀라서 펄쩍 뛸 지경이었다.」
☐ The night train <u>jumped the track</u> (fall off the rails) causing many injuries to the passengers.
「야간 열차가 탈선해서 승객들에게 많은 피해를 입혔다.」
☐ Don't expect me to <u>jump through hoops</u> (do everything possible) for you.
「내가 널 위해서 무엇이든 시키는대로 하리라고 기대하지 마라.」
☐ You should find out all the facts so you won't <u>jump to conclusions</u> (reach unwarranted conclusions).
「속단하지 않도록 모든 사실 자료를 찾아봐야 할 것이다.」

☐ You have to stay <u>one jump ahead of</u> (one step in advance of) the customer to prepare yourself for dealing with problems.
「넌 문제를 처리하는데 있어 미리 준비해서 손님보다 한 발 앞서야 한다.」

☐ Columbus's sailors were afraid they would arrive at the <u>jumping-off place</u> (end of the world) if they sailed further west.
「콜럼버스의 선원들은 더 서쪽으로 항해한다면 이 세상의 끝에 닿을까봐 겁이 났다.」

☐ He <u>jumped out of the frying pan into the fire</u> (got out of something bad into something worse). After he escaped from the robbers, he was run over by car.
「그는 여우를 피하려다 호랑이를 만났다. 도둑놈들을 피해 달아나다가 차에 치었으니 말이다.」

☐ When I missed the last bus home, I <u>didn't know which way to jump</u> (didn't know what to do to get out of trouble).
「나는 집으로 오는 마지막 버스를 놓치고 어떻게 해야할지 몰랐다.」

♣ **keep the ball rolling** : get some process going (일, 이야기를 잘 풀어가다)

> If you can just *keep the ball rolling*, then I will help you.
> 「네가 일을 잘 끌어가기만 한다면 널 도와줄게.」

☞ 18C 경 영국에서 생겨난 말이다. 당시의 하키경기(bandy)에서 사용하던 공(ball or puck), 또는 럭비(rugby)의 공은 얼마나 팽글팽글 구르는 가에 따라서 관중들을 즐겁게 하였고 구르지 않고 가만히 있다면 너무나 따분한 일이었다. 따라서 당시의 keep the ball up이란 표현에서 공이 끊임없이 구른다는 keep the ball rolling으로 변모하였다. 이제 keep의 용례를 들어 본다.

☐ I think you can <u>keep a stiff upper lip</u> (be cool and unmoved) in any difficulties.
「넌 어떤 어려움이 있더라도 냉정하고 흔들림이 없을 것 같다.」

☐ It is easy for me to <u>keep a straight face</u> (make my face stay free from laughter) when somebody tells a funny joke.
「누군가가 우스운 농담을 할 때 웃음을 참는 것쯤은 쉽다.」

☐ You should <u>keep an account of</u> (keep a record of) everything you spend.
「네가 지출한 모든 것을 기록해 두어야 한다.」

☐ I have five mouths to feed, so I hardly have enough money to <u>keep body and</u>

soul together (feed, clothe, and house ourselves).

「나에게는 부양할 가족이 다섯이나 되다보니 겨우 연명해 가기에도 돈이 부족하다.」

☐ You'd better keep your chin up (keep your spirits high) and tell the police exactly what happened.

「용기를 내어서 어떻게 된건지 정확히 경찰에게 말하는게 낫다.」

☐ If I want to get along in my office, I have to keep my eye on the ball (remain alert to the events occurring around me).

「내가 우리 사무실에서 원만히 지내자면 사무실에서 일어나는 일을 주의깊게 지켜보아야 한다.」

☐ I know you are trying to keep your nose clean (keep out of trouble) by staying away from those rascals.

「네가 저런 악당들하고 멀리해서 말썽을 일으키지 않으려고 애쓰고 있다는 것을 안다.」

☐ You'd better keep your counsel (keep your plans to yourself) for a little longer.

「넌 조금만 더 비밀을 지키는게 낫겠어.」

☐ I had to struggle to keep them in line (make certain that they behave properly).

「난 그들을 근신하게 하는데 애를 먹어야했다.」

☐ The teacher kept the class in stitches (caused the class laugh loud and loud) for nearly an hour, but the students didn't learn anything.

「선생님은 거의 한 시간 동안 학급의 학생들을 포복절도하게 웃겼지만 학생들은 아무것도 배운게 없었다.」

☐ We keep him on tenterhooks (keep him anxious) now. Shall we let him worry, or shall we tell him now?

「우린 지금 그 사람을 애태우고 있어. 그를 고민하도록 내버려두어야 할까, 아니면 이제 말해버릴까?」

☐ The hunters kept the wildcat at bay (kept the wildcat unable to advance or escape).

「사냥꾼들은 삵괭이를 오도가도 못하게 만들었다.」

☐ If the consumer prices go up or down, I need to know. Please keep me posted (keep me informed).

「나는 소비자 가격이 오르고 내리는 것을 알아야 겠어. 내게 계속 알려주었으면 좋겠다.」

☐ I am getting married, but keep it under your hat (keep it a secret).

「난 결혼을 하게 되지만 좀 비밀로 해주었으면 좋겠어.」

☐ After I retired from working, I <u>kept my hand in</u> (continued to take part in) by working once in a while.
「난 퇴직한 후에도 계속해서 가끔씩 일을 하였다.」

☐ My wife never fails to <u>keep tabs on</u> (keep watch on) my daughters to be sure they are clean and neat.
「우리 집사람은 딸들이 깔끔하고 단정한지 항상 주시하는데 게을리하지 않는다.」

☐ A successful politician is one who is able to <u>keep his finger on the country's pulse</u> (is fully informed about the country) and knows what to offer the voters.
「정치가로 성공하는 사람은 국내 사정에 정통하고 유권자들에게 무엇을 해주어야 하는지 잘 아는 사람이다.」

☐ We Koreans should be <u>kept on the hop</u> (kept busy) again.
「우리 한국인은 다시 정열적으로 일해야 한다.」

☐ You have to <u>keep the contract on ice</u> (save the contract for a later time) until you have the supplies to fulfil it.
「넌 그 계약을 이행할 자금을 갖출 때까지 체결을 보류해야 한다.」

☐ If you <u>keep your children under your thumb</u> (control your children firmly), they will leave home as soon as they can.
「네가 아이들을 손 안에 넣고 울러댄다면, 아이들은 틈만 있으면 가출하려고 할 것이다.」

♣ **kick the bucket** : die (죽다)

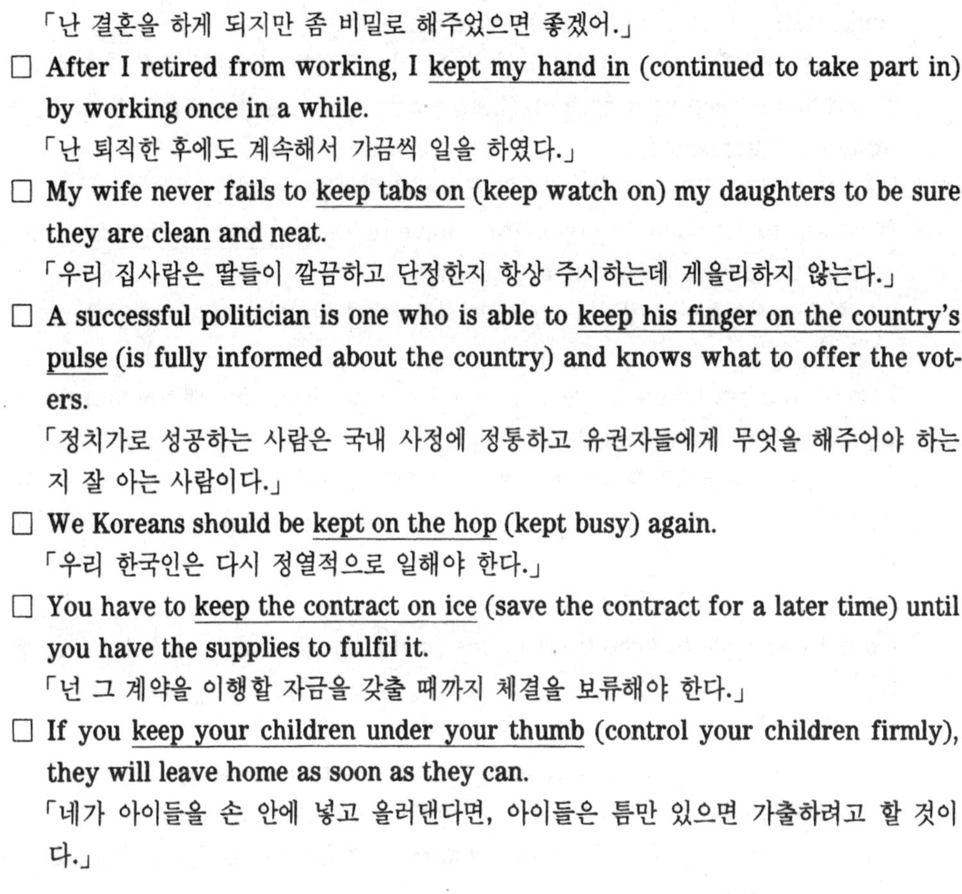

I know you want a huge funeral with lots of flowers and crying when you *kick the bucket*.
「네가 죽을 때 많은 꽃다발과 통곡 속에 거대한 장례식을 치루고 싶어하는 것을 알고 있다.」

☞ 얼핏 보아도 밧줄을 목에 매단 사형수 또는 자살자가 bucket 위에 섰다가 준비된 후 bucket을 차버리면 공중에 매달려 숨을 거두는 끔찍한 모습을 연상할 수 있다. 실은 16C 경 돼지를 도살할 때 사용하던 방법에서 왔다는 것이 유력한 설이다. 도살할 돼지의 허벅지를 묶어 도로래 힘으로 거꾸로 매달아놓고 목을 찌르게 된다. 관용적 표현의 유래를 찾는 것도 중요한 일이겠지만 사람이나 동물이나 **kick the bucket**으로 귀중한

생명을 잃는 것은 너무나 끔찍한 일이다. 이제 kick의 용례를 들어 본다.

☐ It's not easy to <u>kick a habit</u> (break a habit), but it can be done. I stopped smoking.
「습관을 고치기는 쉽지 않지만 할 수는 있다. 난 담배를 끊었다.」

☐ Now my car is stolen. I could just kick <u>myself for</u> (regret) not locking the car door.
「이제 차는 잃어버렸다. 나는 차에 자물쇠를 채우지 않은 것이 후회된다.」

☐ My boss wouldn't stop <u>kicking me around</u> (treating me badly). I am going to quit now.
「우리 사장은 계속해서 나를 못살게 군다. 이젠 그만둬야겠다.」

☐ Joon-young <u>kicked up such a fuss</u> (became such a nuisance) about the food that the manager came to apologize.
「준영이가 음식때문에 너무 법석을 떨자 지배인이 사과하러 왔다.」

☐ Students came back to village to <u>kick up their heels</u> (have a merry time) when exams were over.
「시험이 끝나자 학생들은 신나게 뛰어놀려고 마을로 돌아왔다.」

☐ The news was <u>a kick in the guts</u> (severe blow), and I haven't recovered yet.
「그 소식은 치명타였고 난 아직 회복되지 못하고 있다.」

☐ I worked hard to clean up our office, but all I got for my trouble was <u>a kick in the pants</u> (an unexpected insult when praise was expected).
「난 사무실을 청소하는데 애를 썼지만 칭찬은 커녕 욕만 얻어먹었다.」

☐ When the boss was absent, the workers <u>kicked over the traces</u> (broke the rules).
「사장님이 출타하자 근로자들은 말을 안듣고 멋대로였다.」

☐ Soon-mi <u>kicked against pricks</u> (fought against rules in a way that just hurts herself) in her foster home until she learned that she could trust her new family.
「순미는 양부모의 가족들을 믿을 수 있다는 것을 알기 전까지 공연히 앙탈을 부려 손해만 보았다.」

♧ **kill with kindness** : be too kind to someone, so doing them harm unintentionally
(지나친 친절로 사람잡다)

> If you help your children with their homework too much, you will be

> *killing them with kindness*, as they will not be able to pass the examination.
> 「네가 아이들의 숙제를 너무 많이 거들어주면 지나친 열성이 아이들을 망치게 될 거야. 그렇게 하다보면 아이들은 시험에 합격할 수 없을 거야」

☞ Shakespeare가 1953년 The Taming of Shrew에 사용한 것이 최초 문헌으로 전해진다. 그러나 실은 이보다 천 년이나 앞선 B. C 590년 Athene의 입법자 Draco로부터 생겨났다고 하는데 그는 엄격한 **Draconian laws**를 제정하였음에도 불구하고 매우 인기가 좋았다. 그가 Aegina에 있던 한 극장에 들어갔을 때 그에게 경의를 표하여 관객들이 입고 있던 망토와 모자를 마구 벗어 던지면서 환호하는 바람에 너무나 많은 망토와 모자에 짓눌려 질식해서 목숨까지 잃고 말았다. 이제 **kill**의 용례를 들어 본다.

☐ I am going to <u>kill off</u> (put an end to) that silly idea very soon.
「나는 곧 그런 멍청한 제안을 폐기해 버릴 것이다.」

☐ When my son finished his study abroad, we <u>killed the fatted calf</u> (prepared an elaborate banquet) and threw a great party.
「우리 아들이 해외 유학을 마쳤을 때 우리는 근사한 연회 준비를 하고 성대한 잔치를 열었다.」

☐ Soo-ji learned the words to her part in the play while peeling onions. She was <u>killing two birds with one stone</u> (solving two problems with one solution).
「수지는 양파를 벗기면서 연극에서 맡은 역의 대사를 외었다. 수지는 일석 이조의 일을 하고 있었다.」

☐ <u>Curiosity killed the cat</u> (It is dangerous to be curious). Don't ask too many questions.
「호기심이 사람잡는다는 말 있지. 너무 많은 것을 묻지마라.」

☐ You are not supposed to go to school <u>dressed to kill</u> (dressed in stylish clothes).
「넌 화려하게 차려입고 학교에 가는 건 아니겠지.」

☐ Under his capable mangement the business <u>made a killing</u> (had a great success).
「그 사람의 뛰어난 경영으로 사업은 크게 성공하였다.」

♣ **kissing cousin** : a relative close enough to be kissed (만나면 키스할 정도의 먼 친척)

> **The two species will prove to be *kissing cousins* for they will crossbreed.**
> 「그 두 종을 잡종 교배할 것이므로 그것들은 먼 일족이 될 것이다.」

☞ 우리 말로 간단히 설명하기 어려운 표현의 하나이다. 이 말은 미국의 남북전쟁 때 남부에서 생겨났다. 원래는 혈연상 먼 친척을 가리켰던 것이었으나 지금은 가족처럼 친한 친구를 가리키는 경우도 많다. 혈연이라 하더라도 결혼이 허용되는 정도의 친척에 해당한다. 연애하다 들킨 숫처녀에게 "저 사람이 누구냐?"하고, 물으면 "오촌 오빠예요." 라고 얼떨결에 대답했다면 바로 이 "오촌 오빠"와 비슷한 것으로 생각할 수 있다. 요즈음은 친밀감을 표시하느라고 아무에게나 아버님, 어머님, 형님, 누님 등을 남발하다 보니 호칭에서 진짜 가짜를 구분하기 어려울 때가 많다. 이제 **kiss**의 용례를 들어 본다.

☐ **We were angry, but in the end we <u>kissed and made up</u>** (forgave and were friends again).
「우리는 화가 났지만 결국은 용서하고 다시 화해하였다.」

☐ **As I have left my suitcase on a park bench, I can <u>kiss it goodbye</u>** (anticipate the loss of it).
「나는 손가방을 공원 벤치 위에 놓고 왔기 때문에 아예 잃어버린 것으로 생각하는 것이 옳을 것이다.」

☐ **I am afraid you may <u>kiss the dust</u>** (die) before he will.
「그 사람보다 네가 먼저 죽게 될까 봐 걱정이다.」

☐ **She fled the classroom and <u>kissed the porcelain god</u>** (empted her stomach).
「그녀는 교실에서 뛰어나가 구토를 하였다.」

♣ **knock on wood** : a phrase said to cancel out imaginary bad luck (가상의 액운이 닥치지 않게 축원하는 말)

> **My car has never given me any trouble—*Knock on wood*.**
> 「내 차는 아직 한 번도 말썽을 일으킨 일이 없단 말이야. 제발 아무일 없기를.」

☞ 이 말은 연대를 알 수 없을 만큼 몇 천년 전부터 있었던 표현이다. 또한 기원에 대하여도 여러 가지 설이 있다. 이교도들이 나무를 톡톡 두드리면서 나무 속에 살던 친절한 신령에게 액막이를 부탁했다는 설이 있다. 또한 **Christian**들이 나무로 된 십자가를 어루만진데서 생겼다고도 한다. 또한 숨바꼭질에서 나무에 손대면 붙잡히지 않았던데서

비롯되었다고도 한다. 이제 **knock**의 용례를 들어보기로 한다.

☐ He likes to take off a year and <u>knock about</u> (travel around) Europe.
「그는 1년 쯤 말미를 내어 유럽을 돌아보고 싶어한다.」

☐ I've heard enough of your talking-to. <u>Knock it off</u> (Stop it).
「네 잔소리는 신물나게 들었다. 그만 좀 해둬라.」

☐ If you guys don't quiet down and go to sleep, I am going to come up there and <u>knock some heads together</u> (scold you).
「너희들 조용히 하고 자지 않으면 내가 올라가서 호되게 야단칠거다.」

☐ Our band is going to do great tonight. We are going to <u>knock them dead</u> (put on a stunning performance for them).
「우리 악단은 오늘밤 멋지게 해 낼 것이다. 우리는 관중들을 열광시키고 말 것이다.」

☐ This news really <u>knocked my socks off</u> (surprised me).
「이 소식은 정말 나를 놀라게 했다.」

☐ The rumor has it that it was Moon-soo who <u>knocked her up</u> (made her pregnant).
「문수가 그 여자를 임신시켰다는 소문이 돈다.」

☐ I was shocked. <u>You could have knocked me over with a feather</u> (I was completely surprised).
「난 놀랐어. 난 정말 놀라 자빠질 뻔했단 말이야.」

☐ I have to <u>knock myself out</u> (work very hard) planning my daughter's wedding.
「난 딸의 결혼식을 준비하느라고 녹초가 되도록 일해야 한다.」

☐ Moon-soo was proud of his strength and ability to fight, but the old experienced fighter <u>knocked him for a loop</u> (defeat him in a fight).
「문수는 힘이 세고 잘 싸운다고 과시하였으나 노련하고 경험많은 싸움꾼한테 늘씬하게 얻어 맞았다.」

☐ Their best man was <u>knocked out of the box</u> (caused to be removed by hitting successfully against him) by our new player.
「우리 팀의 새로운 타자가 멋지게 안타를 쳐서 상대팀 최고 투수를 강판시켰다.」

☐ The way he tells his jokes will <u>knock us in the aisles</u> (amuse us greatly).
「그 사람이 농담하는 모습은 우리를 포복 절도시킬 것이다.」

♣ **know like a book** : understand completely (정확히 알다)

He *knows* this kind of business *like a book*.
「그는 이런 일을 너무나 잘 안다.」

☞ 미국의 개척 시대에 거의 책을 구할 수 없었던 시절에 생겨난 말이다. 어쩌다 성경책이라도 눈에 띄면 읽고 또 읽어 모조리 외어버렸다. 따라서 know like a book을 비롯하여 speak by the book(정확히 이야기하다), talk like a book (speak by the book) 등의 표현이 생겨났다. 이제 know의 용례를 들어 본다.

☐ At least he <u>knows a thing or two about</u> (is well-informed about) politics.
「적어도 그 사람은 정치에 대해 밝다.」

☐ If you <u>knew all the tricks of the trade</u> (possessed the skills and knowledge necessary you could be a better worker).
「네가 사업에 요령이 생긴다면 훨씬 나은 사원이 될텐데.」

☐ You have to <u>know your place</u> (know the behavior appropriate to your position), you don't have to speak unless spoken to.
「넌 분수에 맞게 행동해야해. 말을 걸어오는 경우가 아니면 굳이 말을 하려고 하지 말아.」

☐ He doesn't <u>know his onions</u> (know what he is expected to know). He can't handle the assignment.
「그 사람은 자신이 해야 할 일도 제대로 모르고 있어. 맡은 일 하나 처리하지 못하니 말이다.」

☐ I studied and studied for my exams until I felt I <u>knew everything inside and out</u> (know everything thoroughly).
「나는 모든 내용을 철저히 알았다는 느낌이 들 때까지 시험에 대비해서 열심히 공부했다.」

☐ Since this is my first day on the job, I don't <u>know the ropes</u> (know how to do things).
「오늘은 첫 출근이어서 아무런 요령을 모른다.」

☐ He had an old one and a new one, but he couldn't <u>know which is which</u> (be able to distinguish one thing from another).
「그는 헌 것과 새 것을 가지고 있었지만 어떤 것이 새 것이고 어떤 것이 헌 것인지 분별할 수 없었다.」

☐ We have to do anything if our boss tell us to. Everyone <u>knows which side his bread is buttered on</u> (know what is most advantageous).

「우리는 사장이 시키는 일이면 무엇이고 해야 한다. 누구나 무엇이 자기에게 이로운지 잘 아니까.」

☐ If he keeps spending money like that, he'll be broke <u>before he knows it</u> (almost immediately).

「그 사람이 그런 식으로 돈을 마구 써대면 순식간에 빈털터리가 되고 말거다.」

☐ When it comes to making a speech in public, he <u>doesn't know beans</u> (knows nothing) about it.

「대중 앞에서 연설하는 일이라면 그 사람은 전혀 아무것도 모른다.」

☐ At that time I needed help, but I <u>didn't know which way to turn</u> (had no idea about what to do).

「그 때 난 도움이 필요했지만 어떻게 해야 할지 몰랐다.」

♣ **land-office business** : a large amount of business done in a short period of time (단기간에 벌이가 좋은 장사)

> They always do a *land-office business* at this time of year.
> 「이맘때면 그 사람들은 언제나 떼돈을 번다.」

☞ 미국의 남북전쟁 전 서부 지역에 **Land Office**를 설치하고 개척민들을 위하여 정부에서 토지를 분배하여 주었다. **Land Office**에서는 지원자들을 등록하였는데 시민들이 아침부터 얼마나 긴행열을 이루었던지 여기서 **land-office business**라는 말이 생겨났다. 처음에는 토지 분배 사업에 한정되었으나 이후 광업, 수산업, 농업, 금융업 등 모든 분야에 번창하는 사업이면 모두 **land-office business**란 비유적 표현을 쓰기에 이르렀다. 이제 **land**의 용례를 들어 본다.

☐ He <u>landed a blow on</u> (struck) her cheek in his great dudgeon.

「그는 격분하여 그 여자의 뺨을 갈겼다.」

☐ My first month was terrible, but I managed to <u>land on both feet</u> (recover satisfactorily from a trying situation).

「첫달에는 끔찍히도 힘들었지만 겨우 어려운 고비를 잘 넘겼다.」

☐ He must be happy to retire soon and <u>live off the fat of the land</u> (live on store -up resources).

「그는 이제 퇴직하여 저축한 것을 편안히 먹고 살게 됐으니 행복할거야」

☐ When he <u>landed a job</u> (got a job) and started to bring in some money, he bought a stereo.

「그는 취직을 해서 약간 돈이 들어오자 스테레오를 샀다.」
☐ My boss <u>landed all over</u> (scolded) me because I made a careless mistake.
「내가 부주의한 실수를 하자 사장님은 몹시 꾸짖었다.」
☐ I have to check <u>the lay of the land</u> (the important facts) before buying the stock.
「난 증권을 사기 전에 사태를 점검해야 헌다.」

♣ **last straw** : the final limit or act (견디지 못하게 하는 마지막 한계 또는 행위)

> It's the *last straw* that breaks the camel's back.
> 「비록 작은 짐이라도 한도를 넘으면 낙타 등골이 부러진다.」

☞ 필자도 할아버지 할머니로부터 "게으른 놈이 짐 많이 진다"는 말씀을 수없이 들었었다. 조금만, 조금만 또는 설마, 설마 하다가 탈이 나고 만다. 언듯보아도 뻔한 내용에 대한 설명은 생략하고 문헌상 처음 쓰인 기록으로는 영국의 **Charls Dickens**의 작품 **Dombey and Son**에서 "As the last straw breaks the laden camel's back"이라고 쓴 것으로 되어있다. 이제 **last**를 비롯하여 어원상 일족인 **late**의 용례를 정리해 본다.

☐ Our boss said, "And now, <u>last but not least</u> (last in sequence, but not last in importance), I'd like to present Mr. Choi who will give us some final words."
「사장님은 "자 이제 끝으로 중요한 순서는 우리들에게 마지막 말씀을 하여 주실 최선 생님을 소개할까 합니다"하고 말하였다.」
☐ It was <u>a last-ditch effort</u> (final effort), I didn't expect it to work.
「그건 마지막 노력이었고 난 그게 효과가 있으리라고 기대하지도 않았다.」
☐ I am awfully tired. I don't think I can <u>last out</u> (endure) today.
「난 너무나 지쳤어. 오늘 하루를 견디어낼 것 같지 않다.」
☐ It was rather <u>late in life for me</u> (when I was old) to buy a house.
「내가 집을 사게 된 것은 상당히 나이를 먹었을 때였다.」
☐ My friend wishes I'd come here sooner, but <u>better late than never</u> (better to come late than not at all).
「친구는 내가 되도록 빨리 오기를 바라며 안 오느니보다는 늦더라도 와주기를 바란다.」
☐ <u>As a last resort</u> (as the last choice), I had to transfuse my blood into my mother.
「최후 수단으로 내 피를 어머니에게 수혈해 드릴 수밖에 없었다.」
☐ Why do you have to make reservations only <u>at the last minute</u> (at the latest

possible chance)?
「넌 어째서 마지막 순간에 가서야 예약을 하니?」

☐ He had pulled many tricks on me. Finally I pulled a very funny trick on him and said, "He who laughs last, laughs longest (Whoever succeeds in making the last move has the most enjoyment)"
「그는 내게 많은 장난을 걸어왔다. 맨 나중에는 내가 그에게 아주 재미있는 장난을 걸고는, "최후에 웃는 자가 진정으로 웃는 자이다"라고 해주었다.」

☐ I am really all in. I feel like I am on my last legs (almost finished).
「이젠 정말 지쳤어. 아주 기진맥진인 것 같아.」

☐ Chang-whan caused a lot of troubles before he left. The people at their office were happy to see the last of him (see him for the last time).
「창환이는 떠나기 전에 많은 사고를 저질렀다. 사무실에 있던 사람들은 그와 결별하게 되어 기뻤다.」

♣ **in one's laughing water** : in one's cups (술에 취하여)

> You may drink if you want to, but you must not get drowned *in your laughing water*.
> 「술을 마시는 건 좋지만 술이 사람을 마시면 못쓴다.」

☞ 이것은 교과서적인(문어적인) 표현이 아닌 재미있는 표현이다. 술이란 즐거우라고 마시는 거니까. 술 취하는 것 중에도 재미있는 구어적 표현 몇 가지를 들어보면 juiced (drunk), wet one's whistle(한잔 마시다), juice head(주정뱅이), liquid fuel(술), giggle water(샴페인), stagger juice(술), tiger milk(술), 뜻을 음미하면 금방 알 수 있을 것이다. 이제 laugh의 용례를 들어 본다.

☐ You were so proud that you won the election. Now you are laughing out of the other side of your mouth (changing sharply from happiness to sadness).
「넌 선거에 이겼다고 우쭐댔었지. 이제 넌 웃다가 우는 꼴이 되었지.」

☐ When I made my suggestion, the rest of the committee laughed in my face (treated me not seriously).
「내가 제안을 하자 위원회의 다른 위원들은 거들떠 보지도 않았다.」

☐ You listened to my proposals with a straight face, but I knew that all the time you were laughing in your sleeve (enjoying a secret joke).
「넌 내 제안에 대하여 정색을 하고 들어 주었지만 네가 내내 속으로 웃고 있었다는 것을 알았다.」

☐ He claimed that he had seen travellers from outer space but his story was laughed out of court (regarded as untrue).
「그는 외계에서 온 여행자를 보았다고 주장했지만 그의 이야기는 일소에 부쳐졌다.」

♣ **lay an egg** : give a bad performance (흥행에 실패하다)

> The cast of the soap opera made all possible efforts not to lay an egg this time again.
> 「연속극의 배역진은 이번에 다시 흥행에 실패하지 않도록 최선을 다했다.」

☞ 흔히 연극, 쇼, 영화, 드라마 등에 실패했을 때, 쉽게 말해 빵점을 받았다는 말이다. 그렇다고 원래 흥행 계통에서 생겨난 말은 아니고 영국의 국기(國技)인 cricket 경기에서 점수판에 영점이 나왔다는데서 시작된다. 지금도 반드시 흥행 사업에 국한하는 것은 아니며 무슨 일이고 진척없이 실패하는 경우 빵점이라는 뜻으로 쓰여진다. 이제 **lay**의 용례를 들어 본다.

☐ I am always willing to lay down my life for (sacrifice my life for) my country.
「난 언제라도 나라를 위하여 목숨을 내놓을 용의가 있다.」

☐ In my office, it's up to me to lay down the law (state firmly what the rules are). All my staff members know exactly what to do.
「우리 사무실에서는 내가 규칙을 정한다. 우리 직원들은 어떻게 할지 정확히 안다.」

☐ I know you are going to lay for (lie in ambush for) Soo-ji on her way home.
「수지가 집에 돌아가는 길목에 숨어서 기다리려는 네 속셈을 안다.」

☐ He was laying it on thick (exaggerating praise or blame) when he said that Chan-soo was the best movie star he had ever seen.
「그가 보아온 어느 영화 배우보다 뛰어나다고 찬수를 추켜 세운 것은 너무 과장된 찬사였다.」

☐ I have to lay it on the line with (speak very frankly to) you.
「너한테 솔직히 말해야겠다.」

♣ **lead by the nose** : force to go somewhere (남을 마음대로 끌고 다니다)

> You can't *lead* me *by the nose* to get me to the theater.

> 「네 마음대로 나를 극장으로 끌고 갈 수는 없어.」

☞ 얼핏 보아도 말이나 소를 굴레 씌우고 재갈 물리고 코뚜레 꿰어서 마음대로 끌고 다니는 모습을 연상할 수 있다. 코를 꿰는 것은 가축에 한하는 것이 아니고 Rome의 투기장에는 곰과 사자도 코에 고리를 꿰어 끌고 다니면서 다루기도 하였다. 일단 코가 꿰이고 나면 고분고분하는 것만이 최선의 방책이고 그밖에 별수가 없다. 이것은 동물과 사람과의 관계에 끝나지 않고 사람과 사람의 관계에서도 이루어지고 있으며 이렇게 하여 이 표현은 긴 생명을 유지하게 되었다. 이제 **lead**의 용례를 들어 본다.

☐ You really led me on a merry chase (led me in a purposeless pursuit).
「넌 정말 내가 수고하게 했어.」

☐ The politicians have been leading us down the garden path (deceiving us) all these years.
「요 몇 년간 정치인들은 우리들을 속이고 있다.」

☐ You really deserved to be dismissed for making such unfortunate remarks ; you had always been headstrong, tending to lead with your chin (behave so as to invite trouble).
「넌 그런 불길한 말을 해서 쫓겨난게 정말 당연하다. 넌 노상 고집스럽게 행동해서 경솔히 처신한단 말이야.(권투에서 턱을 치켜드는 일은 KO패를 자초하므로).」

☐ The reform program without revision of its course is sure to lead nowhere (reach no result).
「그 진로를 수정하지 않는 개혁은 아무것도 안될 것이 틀림없다.」

☐ He ran into the burning building and led many people out (brought many people out).
「그는 불타고 있는 건물 안으로 뛰어들어 많은 사람들을 무사히 끌어내었다.」

☐ It's sleeping late in the morning that leads to (causes) being late for work.
「출근이 늦도록 만드는 것은 아침에 늦잠을 자는 것이다.」

♣ **learn by heart** : memorize (기억하다)

> We have to go over it many times before we *learn it by heart.*
> 「우리는 그걸 암기하려면 여러 번 복습해야 한다.」

☞ 고대 **Greece** 사람들은 심장에서 모든 감정과 지능이 나온다고 믿었다. 이러한 믿음은

오랫동안 전해져서 영어의 **learn by heart**가 만들어졌고, 영국의 Chaucer가 1374년에 사용한 기록이 있지만 그 기원은 기억할 수 없을 만큼 오래전으로 거슬러 올라간다. 마음의 터전이라고 믿어졌던 **heart**에서 re (again)＋cord (or heart)＝record로 되는 것도 같은 맥락이다. 이제 **learn**의 용례를 들어보기로 한다.

☐ If you <u>learn mathematics by rote</u> (learn mathematics without giving any thought to what is being learned), you can't pass the test which requires you to think.
「네가 수학을 기계적으로 암기한다면 사고력을 요하는 시험에는 합격하지 못한다.」

☐ He started out sweeping out the floors and <u>learned everything from the bottom up</u> (learned everything thoroughly).
「그는 마룻바닥 청소하는 것을 시작으로 모든 것을 철저히 배웠다.」

☐ When we go into business, we have to <u>learn the hard way</u> (learn by unpleasant experience) that it is difficult to become successful.
「우리는 사업을 시작했을 때 성공하는 것이 어렵다는 것을 경험으로 배워야 한다.」

☐ Once you <u>learn the ropes</u> (learn how to do), you'll be able to do your job.
「일단 요령만 터득하면 네가 맡은 일을 해낼 수 있을 것이다.」

♣ **leave no stone unturned** : search in all possible places (모든 수단을 찾아보다)

> The prosecutors' office should make it a point of honor to thoroughly investigate all those involved in the scandal, *leaving no stone unturned*.
> 「검찰청은 명예를 걸고 온갖 수단을 동원하여 추문에 연루된 사람들을 철저히 조사해야 한다.」

☞ 고대 Egypt의 장군 Polycrates가 옛 Greece의 Delphi라는 도시에 있는 Apollo 신전에서 계시한 "Move all thing(백방으로 찾아라)"에 따라 구석구석 빠짐없이 뒤져서, B. C 479년 Plataea 전쟁에서 패배한 Persia 인들이 들판 어딘가에 묻어둔 매장물(보물)을 찾아내는데 성공하였다. 16C 이후 이 표현은 대단한 인내심에 대한 찬사의 말로 쓰여졌다. 사실 당시에는 들판이 지푸라기로 덮여 있었기 때문에 **leave no straw unturned**에서 straw가 stone으로 와전되어 자리를 잡게 된 것으로 보고 있다. 이제 **leave**의 용례를 들어 본다.

☐ My daughter failed the exam again. She always <u>leaves a bad taste in my mouth</u> (leaves a bad feeling with me).

「내 딸은 이번에도 시험에 실패했다. 그 아이는 언제나 나를 입맛 씁쓸하게 한다.」

☐ I have to fire you. Your work leaves a lot to be desired (is inadequate).
「자넬 내보낼 수 밖에 없네. 자네 일하는게 만족스럽지 못하네.」

☐ They couldn't rescue the miners and were forced to leave them to their fate.
「그들은 광부들을 구조할 수가 없었고 광부들을 운명에 맡길 수 밖에 없었다.」

☐ Today you carried your joke too far, so you left yourself wide open for it (invited joke or criticism about yourself).
「오늘 넌 농담이 지나쳤고, 그래서 넌 언젠가 똑 같이 당할 빌미를 남겼단 말이다.」

☐ Nobody paid any attention to his lecture because it left everyone flat (failed to stimulate anyone).
「그의 강의는 모두 지루해했기 때문에 아무도 귀를 기울이지 않았다.」

☐ The anticorruption campaign is of course essential as a means of exterminating decadent practices in officialdom and establishing clean government but its side-effects left the general public high and dry (left the general public helpless).
「물론 부정 척결 운동은 공직 사회의 퇴폐적 행위를 근절하고 깨끗한 정부상을 확립하는 본질적 방법이지만 이 운동의 부작용으로 일반 국민은 골탕을 먹게 되었다.」

☐ I thought we had cancelled our meeting. I didn't mean to leave you in the lurch (desert you alone in trouble).
「난 우리의 모임을 취소했다고 생각했어. 너를 난처하게 내버려둘 생각은 아니었어.」

☐ My mother didn't know what to do about the broken car, so my punishment was left hanging in the air (left undecided) until my father came home.
「어머니께서는 차가 부서진데 대해 어찌해야 할지 모르셨고, 나에 대한 벌은 아버지께서 돌아오실 때까지 미루어두셨다.」

☐ You can take it or leave it (accept it or forget it). It's not much, it's the only food we have.
「먹던지 말던지 좋을대로 해도 좋아. 변변치 않지만 우리한테 있는 유일한 음식이다.」

☐ It was enough to make us take leave of my senses (become irrational) when we heard the news that the Japanese correspondent was accused of obtaining a great number of military-related documents.
「일본의 특파원이 군사 기밀 문서를 빼냈다는 이유로 기소되었다는 소식은 우리들을 놀라게 하고도 남을 일이었다.」

♣ **let's see the color of your money** : you have to verify that you have money (돈

이 있다는 증거를 보여주어야 한다)

> *Let us see the color of your money* before we go any further with this business deal.
>
> 「이 거래를 더 진행하기 전에 귀측에 돈이 있다는 증거를 보여주기 바랍니다.」

☞ 18C 경 지폐가 널리 사용되지 않았던 시대의 이야기다. 당시의 붉은 돈(금화)과 흰 돈(은화)은 모두 동전이었지만 돈도 가짜가 많아 색깔을 보고 양화와 악화를 구분하기도 하였으므로 여기서 생겨난 말이다. 이보다 유력한 설명으로는 장사꾼이 물건을 팔 때 손님의 주머니에서 흰 돈이건 붉은 돈이건 두둑하게 들어있어서 쩔그렁쩔그렁 소리가 나야 흥정할 맛이 난다는 뜻에서 생겨났다는 설인데 훨씬 더 실감나는 말이다. 이제 let의 용례를 들어보기로 한다.

☐ I have no secrets. I <u>let it all hang out</u> (reveal everything) all the time.
「내겐 비밀이 없어. 난 언제나 무엇이고 숨김없이 말하거든.」

☐ I like the way you sing and just <u>let yourself go</u> (become less constrained).
「난 니가 그렇게 노래하고 그저 자유 분방하게 지내는게 좋아.」

☐ It's almost forgotten. <u>Let sleeping dogs lie</u> (You should not search for trouble).
「그건 거의 잊혀졌어. 긁어 부스럼 만들지 말자.」

☐ I have to confess that I have been so careless as to <u>let our wedding anniversary slip by</u> (miss our wedding anniversary).
「난 너무 무관심해서 우리의 결혼 기념일마저 깜박 잊어버렸다는 걸 고백할 수밖에 없소.」

☐ All his colleagues were planning a surprise party for him. They were very careful not to <u>let the cat out of the bag</u> (reveal a secret).
「그의 모든 동료들은 그를 위해 기습 파티를 열려고 준비하고 있었다. 그들은 비밀이 새지 않도록 세심히 주의했다.」

☐ You are making me nervous. I can't work any faster. Please <u>let up on</u> (take it easy on) me.
「당신은 나를 초조하게 만들고 있어. 더이상 빨리 할 수가 없다니까요. 제발 좀 봐 주세요.」

☐ I don't think there's much more I can accomplish here, so I am going to <u>let well alone</u> (leave things as they are).
「내가 여기서 이렇다 하게 더 해낼 수 있는 일은 없다고 생각하므로 끼어들지 않을 생각이다.」

☐ He still won't talk to me. He is unwilling to <u>let bygones be bygones</u> (forget the problems of the past).
「그는 아직도 내게 말을 안하려고 해. 지난 일을 잊어 버리려고 하지 않아.」

☐ You can just <u>sit back</u> and let him waste all his money (relax and not interfere with his wasting all his money).
「넌 그 사람이 가진 돈을 다 써 버리든 말든 수수 방관해도 상관없어.」

☐ He told his men to give tickets to all speeders and <u>let the chips fall where they might</u> (pay no attention to the displeasure caused others by their actions).
「그는 부하들에게 말하기를 모든 속도 위반자에게 딱지를 떼고 소신껏 처리하라고 하였다.」

♣ **lay down one's life** : sacrifice one's life for someone or something (누구 또는 무엇을 위해 목숨을 버리다)

> I am always willing to *lay down my life for* my country.
> 「난 나라를 위해서 언제라도 목숨을 내놓을 용의가 있다.」

☞ 목숨과 바꿀 정도의 애착은 말은 쉬워도 실행은 어렵다. 영국의 1330년대 시(詩)인 **Arthur and Merlin**을 비롯하여 용감한 기사들이 목숨을 바쳐 왕에게 충성했던 옛 이야기에서 온 말이다. 조금더 재미있게 죽음을 표현하자면 **lay down one's shovel and hoe, lay down one's knife and fork, kick the bucket** 등이 있는데 우리말 표현에도 "밥 숟가락 졸업하다"따위가 있는 것을 보면 사람의 감정이란 어디로 가나 비슷한 모양이다. 이제 **life**와 **live**의 용례를 살펴 본다.

☐ Young-joon is always <u>the life of the party</u> (the type of person who is lively and helps make a party fun and exciting).
「영준이는 언제나 모임의 꽃이 되어 주도해 나간다.」

☐ The Bahks are deeply in debt because they are <u>living beyond their means</u> (spending more money than they can afford).
「박씨 부부는 분수에 넘게 낭비하여 큰 빚을 지고 있다.」

☐ Joo-young left his home at the age of ten and grew up <u>living by his wits</u> (surviving by being clever).
「주영이는 열 살 때 집을 떠나 슬기롭게 처신해서 잘 성장했다.」

☐ Many ancient scholars <u>lived in ivory towers</u> (were aloof from the realities of

living).
「많은 고대 학자들은 현실과 동떨어진 세상을 살았다.」

☐ He spent two weeks in Hawaii <u>living it up</u> (having an exciting time) and came back broke.
「그는 이 주일 간 하와이에서 흥청거리고는 빈털터리가 되어 돌아왔다.」

☐ My grandfather has a terminal disease, and he is <u>living on borrowed time</u> (living longer than circumstances warrant).
「우리 할아버지는 벌써 돌아가실 병이 있는데도 새로운 생명을 얻은 듯이 살아계신다.」

☐ I want to go to just one place and stay there the whole time for my next vacation. I hate <u>living out of a suitcase</u> (live briefly in any place, never unpacking my luggage).
「다음 휴가 때는 한 곳에만 가서 거기서 줄곧 있고 싶다. 난 여장도 풀지 않고 이곳저곳 들르는 것은 싫다.」

☐ He'll never be able to <u>live down</u> (overcome or forget with the passage of time) what happened at the party last night.
「그는 어젯밤 파티에서 있었던 일을 세월이 지나도 결코 잊지 못할 것이다.」

☐ I just can't <u>live through</u> (endure) another day like this.
「난 정말 이런 날은 하루도 더 견디어 낼 수가 없다.」

☐ Recognizing that the present reform drive is our historical mission, we are oblilged to <u>live up to</u> (behave according to) a sense of justice through thick and thin.
「우리는 현재의 개혁 운동을 역사적 사명으로 인식하고 어떤 일이 있어도 정의감에 따라 살아야 한다.」

☐ You can see people there from <u>all walks of life</u> (all kinds of groups).
「넌 거기서 온갖 종류의 사람들을 볼 수 있다.」

☐ My jacket is terrible, and it is <u>making life miserable for me</u> (making me unhappy over a long period).
「내 웃옷이 너무 초라해서 두고두고 속을 썩히고 있다.」

☐ My father said that <u>never in his life</u> (not in his experience) had he had such a unlucky day.
「아버지는 평생 그렇게 재수없는 날을 당해본 일이 없다고 하셨다.」

☐ When my mother got out of the hospital, she felt like she had a <u>new lease on life</u> (renewed and vitalized outlook on life).
「어머니께서 병원에서 퇴원하셨을 때 새로운 삶을 얻은 것처럼 기분 좋게 느끼셨다.」

□ When I was seriously ill in bed, I came <u>within an inch of my life</u> (almost to death).

「나는 몹시 앓아 누웠을 때 거의 죽을 고비까지 갔었다.」

□ He used to sit by the river fishing, <u>all the live-long day</u> (throughout the whole day).

「그는 강가에 앉아 하루종일 낚시하는 것이 예사였다.」

□ Most people don't care <u>how the other half lives</u> (how poor or richer people live).

「많은 사람들은 자신보다 잘 살거나 못사는 사람들이 어떻게 사는지 관심없다.」

♣ **lightening never strikes twice** : anything, either bad or good, that happened once won't happen again (나쁜 일이든 좋은 일이든 반복해 일어나지 않는 법이다)

> "That's just one of those things." *"Lightening never strikes twice."*
> 「그건 그저 있을 수 있는 일일 뿐이다. 하지만 그런 일이 두번 다시 오지 않는 법이다.」

☞ 우리나라에서 벼락을 맞아 죽었다면 하느님의 노여움을 사서 천벌을 받았다고 한다. 서양 사람들은 그게 아니었던 모양이다. 뿐만 아니라 실제 벼락은 한 번 떨어졌던 곳에 몇 번이고 반복해서 떨어질 가능성이 큰데 그 이유는 전기를 띤 구름이 지나갈 때 전기가 통하는 도체(導體)가 있는 곳에 떨어지게 되어 있기 때문이다. 그러나 옛날 사람들은 벼락이 한 곳에 두 번 이상 떨어지지 않는다는 미신을 믿었다. 뿐만 아니라 벼락을 맞아 죽는 사람은 청백하기가 대쪽같이 곧은 사람이라고 믿었고 존경의 대상이 되었다. 그러면서도 자신들은 벼락맞지 않기를 기원하는 부적(charms)을 사용하였다. 미국에만해도 한 해에 벼락맞아 죽는 사람이 150명 정도에 이른다고 한다. 이제 light(빛, 가벼운)의 용례를 보기로 하겠는데, light(빛)와 light(가벼운)은 뜻과 어원에서 전혀 다른 내용이나 철자가 같고 식별에 어려움이 없을 것이므로 편의상 묶어서 정리한다.

□ People must act on this matter <u>according to their own lights</u> (according to the way they believe).

「사람들은 각자의 생각에 따라 이 문제에 대처해야 한다.」

□ My English class was very hard, but I·was beginning to <u>see the light</u> (beginning to understand).

「나는 영어 시간이 매우 어려웠지만 차츰 이해하기 시작하였다.」

☐ I know you have some good ideas, but you don't speak very often. You always <u>hide your light under a bushel</u> (conceal your good ideas or talents).
「난 네가 좋은 의견을 가지고 있으면서도 말을 그리 자주하지 않는걸 알아. 넌 언제나 좋은 생각이나 능력을 내세우지 않으니까.」

☐ He <u>lighted into</u> (devoured) a big meal of pork and hamburger.
「그는 대량의 돼지고기와 햄버거를 게눈 감추듯 해치웠다.」

☐ I expect to <u>see the light at the end of the tunnel</u> (forsee an end to my work after a long period of time) the next year. At that moment I'll be a million-naire.
「내년이면 내 사업의 결말이 보일 것 같다. 그때 나는 백만 장자가 될 것이다.」

☐ When the holiday season was over, I could <u>see the light of day</u> (come to the end of a very busy time). I had been so busy.
「휴가철이 지나서야 나는 바쁜 일에서 벗어날 수 있게 되었다. 그 때까지 무척 바빴거든.」

☐ Mal-goo eats really fast. He is <u>as quick as greased lightning</u> (very fast).
「말구는 정말 빨리 먹어댄다. 꼭 번갯불에 콩 구워 먹는 것 같다.」

♣ **like a house on fire** : very quickly or energetically (급속히 또는 정열적으로)

> Lots of teen-agers stormed him for autographs *like a house on fire*.
> 「많은 십대 소년 소녀들이 그에게 사인을 해달라고 와락 몰려들었다.」

☞ Abraham Lincoln이 살았던 집과 같은 통나무집은 초기 미국의 개척민들에게는 없었던 것이고, 1638년 Delaware에 정주하였던 Sweden 사람들이 처음으로 지었던 집이다. 그리고 18~19C에 걸쳐 서부 개척지에 흔히 볼 수 있는 집이 되었다. 통나무 집은 실용적이지만 마치 불쏘시개를 안고 있는 것같이 불이 날까 봐 겁나는 것이기도 하였다. 일단 불이 붙으면 너무나 순식간에 잿더미가 되어 버리므로 그들의 생활에 빼놓을 수 없는 말(horse)의 날쌘 모습과 비유하게 되었고 여기서 변한 like a house on fire가 생겨났다. 이제 like의 용례를 들어 본다.

☐ My birthday party was <u>like a three-ring circus</u> (exciting and busy).
「내 생일은 여간 벅적댄 것이 아니었다.」

☐ He tried to find his lost diamond on the lawn ground, but it was <u>like looking for a needle in a haystack</u> (engaged in a hopeless search).
「그는 잔디 운동장에서 잃어버린 다이아몬드를 찾으려고 하였지만 그건 도저히 가망없는 일이었다.」

☐ Everyone <u>avoids him like the plague</u> (avoids him totally). What's wrong with him?
「모두가 그 사람을 벌레 보듯 질색이야. 그에게 무슨 잘못된 일이라도 있는 거냐?」

☐ I know what's on your mind. I <u>read you like a book</u> (understand you very well).
「네가 무슨 생각을 하고 있는지 알아. 네 마음을 꿰뚫고 있으니까.」

☐ When I was a schoolboy, I was so tall that I <u>stuck out like a sore thumb</u> (was obvious and visible) in my class.
「나는 학생 시절에 키가 너무 커서 반에서 두드러지게 눈에 띄었다.」

☐ My grandfather <u>smoked like a chimney</u> (smoked a great deal of tobacco) when he was living.
「우리 할아버지는 생존해 계실 때 골초셨다.」

☐ I got so much fresh air and excercise that I <u>went out like a light</u> (fell asleep very quickly) as soon as I lay down.
「신선한 공기를 잔뜩 마시면서 운동을 했더니 드러눕자마자 금방 곯아떨어졌다.」

♣ **line one's pockets** : make money for oneself in a greedy or dishonest fashion (욕심 많고 부정직하게 사복(私服)을 채우다)

> **You'll get in serious trouble if you *line your pockets* while in public office.**
> 「네가 공직에 있으면서 사복을 채운다면 곤경에 처할 것이다.」

☞ 예로부터 영국에는 멋쟁이들이 수없이 많이 있어 왔지만, 19C에 George 4세의 인정과 후원을 받던 Beau Brummell만이 멋쟁이의 대명사로 남게 되었다. 그는 왕의 절대적인 후원에 힘입어 London에서 멋쟁이의 기준을 판정하는 권위자 (arbiter elegantiarum)로서 20년간 군림하였다. 그는 행사에 한번 참석하기 위하여 하루종일 준비하느라 부산을 떨었는데, 예컨대 장갑(gloves)을 만드는데 세 사람의 숙련공이 필요했으니, 한 사람은 손, 한 사람은 손가락, 또 한 사람은 엄지손가락부분 전문가였다. 그를 후원하는 쪽에서도 꽤 비싼 비용을 치루어야 했는데 어느 양복쟁이가 그에게 양복을 선물했을 때 안주머니 속에 두둑히 돈을 넣어 주었다. 물론 미(美)의 판정관으로서 잘 봐달라는 부탁이다. 이와같이 line(채우다) one's pockets(호주머니)에서 보듯이 원래 line (or linen)은 옷의 안감을 댄다는 뜻인데 눈에 안 보이는 안쪽에 주머니를 달아주고 나아가서 그 주머니에 돈까지 채워준다는 뜻으로 되었다. 이제 line의 용

례를 들어 본다.

☐ The books <u>line up with</u> (are in line with) the edge of the bookshelf and look really nice.
「책들이 서가의 모서리와 나란히 정리되어 있어서 정말 멋있게 보인다.」

☐ We'll be paid when we reach the <u>end of the line</u> (end of the whole process) on this project.
「우리는 이번 일을 끝내면 보수를 받을 것이다.」

☐ The most renowned actor sometimes <u>fluffs his lines</u> (forgets his lines).
「최고로 이름있는 배우라 하더라도 때로는 극중 대사를 엉망으로 외우는 수가 있다.」

☐ Your behavior is quite <u>out of line</u> (improper). I don't wish to speak further about this matter.
「자네 행동은 건방져. 이제 그 일에 대해서는 더 이상 말하고 싶지 않아.」

☐ She <u>put it on the line</u> (spoke firmly and directly), and we have no doubt about what she meant.
「그 여자가 단호하고 솔직히 말한 이상 우리는 그녀가 말한 것에 대해 의심하지 않는다.」

☐ You can see what I really mean if you <u>read between the lines</u> (infer from what's left unsaid) after listening to what I said.
「내가 한 말을 잘 듣고나서 그 숨은 뜻을 찾아내기만 한다면 정말 내가 무슨 말을 했는지 알 수 있을 것이다.」

☐ If you <u>step out of line</u> (misbehave) again, I'll skin you alive.
「다시 못된 짓을 하는 날이면 호되게 혼날줄 알아라.」

☐ He <u>takes a hard line with</u> (is firm with) people who show up late.
「그는 늦게 오는 사람들에게 엄격하다.」

☐ <u>The bottom line</u> (The final result) is that we have to take a decisive step.
「결론은 우리가 과감한 조치를 취해야 한다는 것이다.」

☐ Just <u>toe the line</u> (follow the rules), and everything will be okay.
「규칙을 지키기만하면 만사가 오케이다.」

☐ He was just standing there <u>running down some lines with</u> (trying to seduce) her when those guys broke in.
「그가 그녀를 꼬시는데 열을 올리느라고 마냥 거기 서 있을 때 그 녀석들이 끼어들었다.」

☐ In some classes the students play and talk, but Mr. Joo makes them <u>walk the chalk line</u> (behave properly).

「어떤 반에서는 학생들이 놀고 떠들지만, 주선생은 학생들을 올바르게 행동하도록 이끌어간다.」

♣ **lock horns with** : get into an argument with (…와 싸우다, 논쟁하다)

> **I don't want to *lock horns with* the boss. Let's settle this peacefully.**
> 「난 사장님하고 다투고 싶진 않아. 좋게 해결하잔 말이다.」

☞ 북미주나 유럽의 큰 사슴(moose)은 뿔이 복잡하게 얽혀있다. 이들 수컷들이 암컷을 확보하려고 맹렬하게 싸울 때면 뿔이(horns) 깍지 끼워져(lock) 떨어지지 않는다. 소, 염소, 들소 등 뿔가진 짐승들의 싸우는 모습은 비슷하다. 여기서 비약하여 말다툼을 비롯한 온갖 싸움을 뿔싸움으로 비유하기도 한다. 그리고 **go at it with tooth and nail**(악착같이 싸우다)에서 보듯이 손톱, 발톱, 이빨 등을 총동원하여 악착같이 싸우는 모습도 있다. 이 밖에 **have high words**(열띤 입씨름을 하다), **vent spleen**(화를 내다), **tick off**(성나게하다, 꾸짖다), **throw a scene**(화를 터뜨리다)처럼 싸우기 전의 사나운 모습을 표현하는 말도 있다. 이제 lock의 용례를 들어 본다.

☐ **He locked his key in** (caused his key locked within) **the car, and he could not get it out.**
「그는 열쇠를 차 안에 넣고 잠궜기 때문에 끄집어낼 수가 없었다.」

☐ **After Chang-soo failed the examination, he said he would study hard after that. He tried to lock the barn door after the horse was stolen** (be careful when it was too late).
「창수는 시험에 떨어지자 이후로 열심히 공부하겠다고 말했다. 그는 소도둑맞고 난 뒤에 외양간을 고치려 했던 것이다.」

☐ **After the death of his son, he locked himself up** (chose to be alone) **and hardly spoke to anyone.**
「그는 아들을 잃고 난 후 틀어박혀서 거의 누구하고도 말조차 건네지 않았다.」

♣ **look one way and row another** : aim at one way, but in reality seek something quite different (어떤 것을 노리는 체하며 딴 것을 노리다)

> He pretended to look out for a tutor's position, actually trying to find a nice-looking girl to woo. He *looked one way and row another*.
> 「그는 실제로는 예쁘게 생긴 여자를 찾아내어 연애를 해 볼 속셈으로 가정 교사 자

> 리를 찾는 체 했다. 그는 속셈이 따로 있었던 것이다.」

☞ 별로 설명이 필요없을 만큼 선명한 표현이다. 천로역정(Pilgrim's Progress)에서 John Bunyan (1628~1688)이 처음 사용한 것이 문헌상 기록되어 있으나 실은 그 기원을 찾을 수 없을 만큼 오래된 것이다. 이제 look의 용례를 들어보기로 한다.

☐ I know you **look as if butter wouldn't melt in your mouth** (appear to be cold and unfeeling).
「난 네가 점잔빼며 다니는 걸 알고 있어.」

☐ I used to lose my temper if anyone so much as **looked at me cross-eyed** (did something slightly provocative).
「나는 누가 거슬리는 내색을 조금만 해도 발끈 화를 내곤 하였다.」

☐ He is **looking for trouble** (trying to get into trouble) if he asks the boss for a promotion.
「그가 사장에게 승진을 요구한다면 화를 자초하는 일이다.」

☐ Why did you **look the other way** (ignore on purpose) when you could have prevented the problem?
「그런 문제쯤 막을 수 있었는데 어째서 일부러 모르는 척 했니?」

☐ Few minor enterprises **look to the banks for** (expect the banks to supply) a loan.
「은행에 대부를 기대하는 중소 기업은 거의 없다.」

☐ I **looked up and down the railroad tracks** (examined the railroad tracks from end to end), but I didn't see a train.
「난 철로를 샅샅이 훑어보았지만 열차가 없었다.」

☐ **Things have been looking up** (conditions have been looking better) since I got a promotion.
「승진되고 나서 형편이 좋아지고 있다.」

☐ You have to **look after number one** (take care of yourself first). Who else will?
「너 자신부터 먼저 챙겨야 해. 남이 너를 어떻게 돌봐 주니?」

☐ Soo-jin **looked in on** (made a call on) me on her way downtown.
「수진이는 시내로 가는 도중에 내게 들렀다.」

☐ Young-jo won the marathon, but he had to **look to his laurels** (protect his good name).

「영조는 마라톤에서 우승했지만 영예 유지에 힘써야 했다.」

♣ **lose one's shirt** : lose all of one's assets (가진 것을 모두 잃다)

> I have to invest more wisely in light that I almost *lost my shirt* on that deal.
> 「그 거래에서 무일푼이 될 뻔 했던 것을 돌이켜 보면 더 현명하게 투자해야겠다.」

☞ 마지막 하나의 옷가지인 shirt를 벗어준다면 알몸뚱이 외엔 남는 게 없다. 따라서 bet one's shirt(확신하다), have not a shirt to one's back(매우 가난하다), put one's shirt on(있는 돈 모두 걸다)처럼 쓰이는가 하면, 화가 나서 shirts을 벗어부치고 본격적으로 덤비는데서 have one's shirt off(화내다), keep one's shirt on(화내지 않다)처럼 쓰이기도 한다. 참고할 것은 lose one's shirt (lose everything)은 미국에서만 사용되며 영국이나 다른 나라에서는 lose everything이라는 뜻보다 be very angry의 뜻으로 통하는 경우가 많다는 것을 덧붙인다. 이제 lose와 loose의 용례를 살펴본다.

☐ Because of my age I can't seem to remember anything. I think I am <u>losing my marbles</u> (go out of my mind).
「난 이제 나이 탓에 아무것도 기억이 안 되는 것 같다. 분별력이 떨어지고 있는 것 같다.」

☐ Things will go better if you can explain to him where he was wrong without making him <u>lose face</u> (become less respectable).
「그의 체면이 깎이지 않고도 그가 잘못했다는 점을 설명해 줄 수 있다면 사태는 나아질 것이다.」

☐ Chang-soo seems to have <u>lost his reason</u> (lose his power of reasoning) when he struck me.
「창수가 날 때렸을 때에는 이성을 잃었던 것 같다.」

☐ I have to be on my guard not to <u>lose touch with</u> (lose my ability to handle) the stock market.
「나는 증권 시세에 뒤지지 않도록 정신을 바짝 차려야 한다.」

☐ What I was talking about? I <u>lost my train of thought</u> (forgot what I was talking).
「내가 무슨 말을 하고 있었지? 무슨 말을 하다 잊어버렸는지 모르겠네.」

☐ I used to have a tendency to <u>lose myself in</u> (become deeply involved in) my

work.
「난 일에 아주 몰두하는 경향이 있었어.」

☐ Jong-pal lost out to (lost a competition to) In-chul in the boxing match.
「종팔이는 권투시합에서 인철이에게 졌다.」

☐ Sometimes I lose sleep over (worry about) my stock market investment.
「때로는 증권 투자 때문에 매우 걱정이 된다.」

☐ Just before the construction works start, all the workers are at loose ends (unemployed).
「건설 공사가 시작되기 직전이어서 모든 일꾼들이 놀고 있다.」

☐ My dog enjoys being on the loose (running around free) when he is out.
「우리 개는 밖으로 나가면 제맘대로 뛰어다니는 것을 좋아한다.」

☐ I knew I had to do something to cut my losses (do something to stop a loss), but it was almost too late.
「난 손해를 줄이기 위해 어떤 조치를 취해야한다는 걸 알았지만 그 땐 거의 너무 늦어 버렸다.」

♣ as mad as a wet hen : angry (화가 난)

> What I said made our boss *as mad as a wet hen*.
> 「내가 한 말이 우리 사장님을 굉장히 화나게 만들었다.」

☞ 암탉(hen)이 물에 젖었다고 해서 기분 상해하는 일은 거의 없으므로 이 표현은 사실 상 적절하지 못하다. 이 말은 19C 초 미국에서 생겨났다. 당시 사람들의 생각으로 닭 은 오리와 달라서 뭍에서만 살기 때문에 물을 끼얹거나 비에 맞으면 발광을 할 만큼 화를 낸다고 믿었던데서 비롯된다. 이제 mad의 용례를 들어 본다.

☐ All these shouting crowds are driving me as mad as a hatter (crazy).
「이렇게 고함을 질러대는 군중들이 나를 미치게 만들고 있다.」

☐ He makes me so angry, I am as mad as a hornet (angry).
「그 녀석이 나를 약올려서 화가 나 죽겠다.」

☐ When things get tough, we all tap dace like mad (get busy continuously).
「상황이 어려워질 때면 우리는 모두 끈기있게 열심히 해나간다.」

♣ make someone's gorge rise : make someone sick (메스껍게하다)

> **The mere sight of you *makes my gorge rise*.**
> 「네 꼴만 봐도 속이 뒤틀린다.」

☞ 사냥에 부려먹는 매(falcon)는 사납고 식탐도 많다. 중세의 매 조련사들이 살펴본 바에 의하면, 매가 먹이를 꾸역꾸역 목구멍에 넘겨 모이주머니(crop or gorge)에 저장하였다가, 이 먹이를 토해내는 때가 많다. 이런 꼴을 옆에서 보고 있자니 웬만큼 비위가 좋은 사람이라도 속이 뒤집힐 수 밖에. 이제 **make**의 용례를 간추려 본다.

☐ My daughter is <u>made for</u> (well-suited for) drawing pictures.
「우리 딸은 그림에 소질이 있다.」

☐ Gab-doll and Gab-soon were <u>made for each other</u> (well-suited romantically).
「갑돌이와 갑순이는 천생 연분이었다.」

☐ After school, they all <u>made a beeline for</u> (headed straight toward) Ho-sung's mother who was serving ice cream.
「그들은 방과 후에, 아이스크림을 준비해놓고 계시는 호성의 어머니한테 곧장 달려갔다.」

☐ Joh-joh got frightened and <u>made a break for</u> (ran quickly to) the west.
「조조는 깜짝 놀라 서쪽으로 도망쳤다.」

☐ Jung-soo really <u>made a bundle</u> (made a lot of money) on that deal.
「정수는 그 거래에서 떼돈을 벌었다.」

☐ I went to Jiri-san and then decided to <u>make a day of it</u> (spend the whole day).
「나는 지리산에 가서 하루를 보내기로 결정했다.」

☐ I have sufficient oil in my car. I hardly <u>made a dent in</u> (begin to consume) it in an hour.
「내 차에는 충분한 기름이 있다. 한 시간쯤 썼는데 거의 줄지 않았다.」

☐ He just stepped on your toe. Don't <u>make a federal case out of it</u> (exaggerate the seriousness of it).
「그 사람은 단지 네 발등을 밟았을 뿐이야. 그만한 일로 죽을 죄를 지은 것처럼 호들갑을 떨지마.」

☐ It's not that important. Don't <u>make a mountain of a molehill</u> (exaggerate the importance).
「그건 그리 중요한 게 아니야. 하찮은 일로 법석 떨지마.」

☐ It's hard to <u>make a name</u> (become famous) without a lot of talent and hard work.

「많은 재주와 열성이 없이는 이름을 내기가 어렵다.」

☐ I hate to <u>make a nuisance of myself</u> (be a constant bother), but I need an answer to my question.

「자꾸 귀찮게 하고 싶지 않지만 내 질문에는 대답이 필요해.」

☐ You must have been shocked when he <u>made a pass at</u> (flirted with) you.

「그 녀석이 너에게 치근댔을 때 놀랐겠구나.」

☐ When he found a hair in his soup, he started to <u>make a scene</u> (make a public display).

「그는 국 속에서 머리카락 하나를 찾아내자 소란을 떨기 시작했다.」

☐ It looks like it will rain, but I wouldn't <u>make book on</u> (accept bets on) it.

「보아하니 비가 올 것 같지만 내기에 응하고 싶진 않다.」

☐ Korean soccer team <u>made hamburger out of</u> (beat up) Japanese team.

「한국 축구팀은 일본팀을 묵사발로 만들어버렸다.」

☐ She is trying to <u>make points with</u> (gain favor with) him by smiling and telling him how handsome he looks.

「그녀는 미소를 지으며 그의 모습이 멋지다고 부추기면서 그에게서 점수를 따려고 애쓰고 있다.」

☐ He took apart the watch to find out what <u>made it tick</u> (caused it to run).

「그는 시계가 어떻게 작동되는지 보려고 시계를 분해하였다.」

☐ We <u>made him the scapegoat for</u> (made him take the blame for) what happened today.

「우리는 오늘 있었던 일에 대해 그에게 책임을 뒤집어씌웠다.」

☐ People say that he <u>made time with her</u> (flirted with her).

「그가 그녀와 놀아났다는 소문이다.」

♣ **mark time** : be idle (제자리 걸음하다, 게으름 피우다)

He *marked time* until all the soldiers were ready for firing.
「그는 모든 병사들의 사격 준비가 될 때까지 뜸을 들였다.」

☞ 처음 이 말이 나타난 것은 **1833**년 영국군의 열병식에서였다. 시간은 흐르고 행진은 계속되지만 진행은 되지 않는 제자리 걸음을 가리키는 말이다. 처음에는 군사 용어에 한정되었지만 지금은 지지 부진한 모든 진행 상황에 널리 쓰인다. 이제 **mark**의 용례를

들어 본다.

- [ ] If you <u>mark down the price of</u> (lower the price of) this, it'll sell faster.
「이 값에서 내려받으면 훨씬 잘 팔릴 것이다.」
- [ ] I know your efforts were sincere but <u>wide of the mark</u> (inadequate).
「너의 노력은 진지했지만 엉뚱한 일이었다는 것을 알고 있다.」
- [ ] Joo-young looks like an <u>easy mark</u> (likely victim), but he is really quite savvy.
「주영이는 어수룩한 봉 같지만 꽤 약다.」
- [ ] Guh-jung <u>made his mark</u> (become known to many people) as a scholar.
「거정은 유명한 학자가 되었다.」
- [ ] You have to study hard to bring your grade <u>up to the mark</u> (up to the usual level).
「넌 성적을 보통 수준으로 올리기 위해 열심히 공부해야 해.」
- [ ] After the car crash, his face was <u>marked for life</u> (became a lasting wound).
「차 사고 이후 그의 얼굴에는 지워지지 않는 상처가 남았다.」

♣ **meet a deadline** : finish before a closing time (마감 시간에 대다)

I have to work hard to *meet a deadline*.
「마감 시간에 대려면 열심히 해야 해」

☞ 최종 시간이 정해졌다면 그 이상 초과하는 것이 허용되지 않는다는 말이고 1920년대 미국에서 나타났다. 그러나 실제 이 말은 이보다 훨씬 이전 남북 전쟁 때 포로 수용소에서 생겨난 말이다. 감옥의 안쪽 철책으로부터 **17feet**를 넘어가면 즉시 사살하도록 되어 있었던 것이다. 세월이 지나면서 이 표현은 여러 가지 비유적 표현에 쓰이게 되는데, 특히 원고 마감 시간에 대는 것을 사선(死線)을 지키는 것으로 비유하곤 한다. 이제 meet의 용례를 살펴 본다.

- [ ] Myung-woo played table tennis with Sung-gil today, and it looks like Myung-woo has finally <u>met his match</u> (met his equal).
「오늘 명우는 성길이와 탁구를 쳤는데 마침내 호적수를 만난 것 같았다.」
- [ ] Jong-goo was more than Myung-hi could handle. She has finally <u>met her Waterloo</u> (met her final and insurmountable challenge).
「종구는 명희가 만만히 다룰 수 없는 사내였다. 드디어 명희가 임자를 만난 것이었다.」

☐ We had to settle the argument by agreeing to <u>meet each other halfway</u> (offer to compromise with each other).
「우리는 서로 타협하기로 합의하여 문제를 해결하는 수밖에 없었다.」

☐ I couldn't bring all the committee members to reach <u>a meeting of the minds</u> (an agreement).
「난 위원회 위원 모두를 농의하게 할 수는 없었다.」

☐ When Sung-joo turned round the corner, he <u>met up with his teacher</u> (met his teacher by accident).
「성주는 모퉁이를 돌다가 우연히 선생님을 만났다.」

♧ **mind one's P's and Q's** : mind one's manners (언행에 조심하다)

> I was told to *mind my P's and Q's* when I went to my boss's reception.
> 「우리 사장님의 리셉션에 갔을 때 언행을 조심하라는 주의를 들었다.」

☞ 한글의 ㄱ을 거꾸로 하면 ㄴ이 된다. 영국에서 어린이들이 **alphabet**을 배울 때 **p**와 **q**를 구분하지 못하여 혼동을 일으키는 경우가 많았기 때문에 특히 주의깊게 **p**와 **q**를 구분하도록 강조하면서 가르쳤다. 또한 인쇄공들도 **p**와 **q**를 구분하여 조판해야 하며 **p**를 거꾸로 하면 **q**가 아닌 **d**가 되기도 한다. 아무튼 세심한데까지 주의하라는 말이다. 이제 **mind**의 용례를 들어보기로 한다.

☐ He said that her arrogance <u>boggled his mind</u> (confused him).
「그는 그녀의 오만이 그를 어리둥절하게 한다고 말했다.」

☐ Let me tell you what just <u>passed through my mind</u> (occurred to me).
「이제 막 생각나는 것을 말해줄게.」

☐ I can't sleep when I am worried. I hate to have things <u>weighing on my mind</u> (bothering my thinking).
「난 걱정거리가 있으면 잠이 안 와. 마음을 괴롭히는 일이 있다는 것은 싫어.」

☐ A successful businessman must <u>have a mind like a steel trap</u> (be quick to catch an idea).
「사업가로 성공하려면 이해 판단이 빨라야 한다.」

☐ Why are you standing right in the middle of the path? Please <u>mind out of the way</u> (move to one side).
「어째서 넌 길 한가운데 서있니? 길 좀 비켜 줘.」

♣ **money doesn't stink** : one has no money to burn (돈이 썩어나게 많은 게 아니다)

> You are wrong if you think I am willing to go to any expense. *Money doesn't stink.*
> 「내가 돈을 얼마든지 내놓을 것으로 생각한다면 오산이다. 돈이 썩어나는건 아니니까.」

☞ Rome의 Vespasian (A.D 9~79) 황제가 처음 말했던 것으로 기록되어 있다. 가혹한 세금, 심지어는 공중 변소 사용에까지 과세된데서 이 말이 생겨났다. 대소변 냄새나는 곳에서 걷어들인 세금(돈)이니 썩어 냄새나는 돈으로 비유되었던 것이다. 이제 money의 용례를 들어보기로 한다.

☐ My father can't seem to save anything. <u>Money burns a hole in his pocket</u> (He spends as much money as possible).
「아버지는 절약이라는 걸 모르시는 것 같다. 돈이 주머니에 들어오자마자 나가버리니까.」

☐ I want the oldest mountain ginseng you have. Don't worry about how much it costs because <u>money is no object</u> (it doesn't matter how much the mountain ginseng costs).
「당신이 가진 가장 오래된 산삼을 원합니다. 가격이 얼마든 돈 걱정은 마세요.」

☐ Remember <u>money is the root of all evil</u> (money is the basic cause of all wrongdoing). Why do you work so hard to make money?
「돈은 모든 악의 근원이라는 걸 명심해. 어째서 넌 그런 돈을 벌려고 기를 쓰고 일하니?」

☐ He has a way of getting things done. <u>Money talks</u> (Money gives him power and influence to help get things done).
「그 사람은 일을 처리하는 요령이 있어. 돈이 말하는 세상이니까.」

☐ I don't like to <u>fork out a lot of money</u> (pay a lot of money) for that stereo.
「저 스테레오를 사기 위해 목돈을 쓰고 싶진 않다.」

☐ I don't want to buy any more of that low quality commodities. That's just <u>throwing money down the drain</u> (throwing money away).
「난 더이상 그런 저질 상품들을 사고 싶지 않아. 그런 걸 사는 건 돈 낭비니까.」

☐ There is a limit to bragging. <u>Put your money where your mouth is</u> (stop talking big and make a bet).
「허풍을 떨어도 분수가 있어야지. 큰소리 그만치고 돈을 걸고 증명을 해봐.」

♣ **there is more than one way to skin a cat** : there is more than one way to do something (모로 가도 서울만 가면 된다)

I'll figure out a way to get it done. *There is more than one way to skin a cat.*

「그걸 해내는 방법을 생각해볼 께. 모로 가도 서울만 가면 되는 법이니까.」

☞ 오래 전부터 영국에서는 There are more ways of killing a cat than choking it with cream.이라는 말이 있었는데, 세월의 흐름과 함께 지금과 같은 표현으로 변하였다. 고양이가 cream을 좋아하는 것은 예나 지금이나 다를바 없지만, 고양이가 cream을 먹었다 해서 질식(choke)할리도 없으니 어딘가 잘못된 것 같으나 약간의 왜곡된 변천을 거쳐 오늘날까지 널리 쓰이고 있다. 이제 much, more의 용례를 보기로 한다.

☐ There is <u>more to that problem than meets the eye</u> (hidden facts in that problem).
「그 문제는 눈에 안 보이는 내용이 숨겨져있다.」

☐ In fact I was exhausted, but I <u>bit off more than I could chew</u> (was overconfident).
「사실 난 지쳐 있었지만 자신을 너무 과신했다.」

☐ The prime minister is also the congressman. He <u>wears more than one hat</u> (hold more than one office).
「국무 총리는 국회 의원이기도 하다. 그는 하나 이상의 직위를 가지고 있다.」

☐ You seem to <u>take too much on</u> (undertake to do too much) and get exhausted.
「넌 일을 너무 많이 맡아서 지쳐 쓰러질 것 같다.」

☐ There were <u>more people at the game than you could shake a stick at</u> (a great many people at the game).
「그 시합에는 네가 생각한 것보다 훨씬 더 많은 사람들이 모였다.」

♣ **straight from the horse's mouth** : from a dependable source (믿을 만한 소식통에서)

You have to believe what I say. It is *straight from the horse's mouth.*
「내가 하는 말을 믿어야 해. 정통한 정보니까.」

☞ 말의 이빨을 들여다보면 나이를 속이지 못한다. 예컨대 첫 영구치는 두 살 반쯤 되어야

돋아난다. 맘보 나쁜 말장수들이 말의 나이를 속이고 싶어도 증거가 드러나 들통날 수 밖에 없다. 1830년 대에 경마에서 생겨난 말이 이제는 널리 다른 상황에 비유적으로 쓰이고 있다. 이제 mouth의 용례를 들어 본다.

☐ You must be happy you were born with a silver spoon in your mouth (born to a wealthy family).
「넌 부잣집에서 태어나 좋겠다.」

☐ Since his father died, Chang-soo has been down in the mouth (sad-faced).
「창수는 아버지를 여읜 후 침울해졌다.」

☐ Chan-soo was raving, foaming at the mouth (getting very angry). I've never seen anyone so angry.
「찬수는 입에 게거품을 내면서 격노했다. 난 아직 그렇게 화를 내는 사람을 본 일이 없다.」

☐ This oyster is so delicious it'll melt in your mouth (taste very good).
「이 굴은 너무 맛있어서 입에 들어가면 살살 녹을거야.」

☐ He'll keep his secret. He won't even open his mouth (tell something to any-one).
「그는 비밀을 지킬 것이다. 결코 누구에게도 입도 벙긋 안할 것이다.」

☐ You don't have to put words into my mouth (speak for me without permis-sion). I can take care of myself.
「내가 할 말을 네가 나서서 그러지 마. 내 일은 내가 알아서 할 테니까.」

☐ My boss was so angry and ran off at the mouth (talked excessively).
「우리 사장님은 너무 화가 나서 한없이 잔소리를 늘어놓았다.」

☐ Don't give any attention to him. He's always shooting off his mouth (talking too much).
「그 사람한테 신경쓰지 마. 그 친구는 노상 지껄여대거든.」

☐ You said exactly what I was going to say. You took the words out of my mouth (said what I was going to say).
「자넨 바로 내가 하려던 말을 했어. 나는 자네가 말한 그 얘기를 하려고 했어.」

☐ "What's done can't be undone." "We should take a decisive step." "You said a mouthful (said something meaningful)."
「"과거지사는 돌이킬 수 없는 법." "우리는 과감한 조치를 취해야 해." "지당한 말씀."」

☐ Mother is getting diarrhea of the mouth again (an imaginary disease involv-ing constant talking).

「어머니가 또 잔소리병이 나시는 모양이다.」

☐ Don't pay any attention to her. She is regular <u>foul mouth</u> (person using obscene language habitually).

「저 여자에게 신경쓰지 마. 저 여자의 입버릇 사나운 건 습관이니까.」

☐ Your tongue wags too freely. Quiet, you <u>motor-mouth</u> (incessantly talktative person).

「자네 수다가 지나치다는 걸 알아야 해. 이제 수다쟁이 노릇 그만 해.」

☐ When North Korea want something, it's likely to <u>take the bit in its mouth</u> (have its own way) and we can do nothing with it.

「북한이 뭔가를 원할 때면 그들 마음대로 할 가능성이 크며, 우리로서는 그들에게 대처할 수가 없다.」

☐ I accused my cousin of drinking and gambling—<u>taking bread out of his children's mouths</u> (taking away his children's rightful support).

「사촌이 술과 놀음에 빠져서 아이들을 돌보지 않는데 대해서 나무랬다.」

☐ What's up? You sound like you <u>have marbles in your mouth</u> (talk with indistinct pronunciation).

「뭐라고? 무슨 소린지 알 수가 없잖아.」

♣ **no great shakes** : nothing important (대단한 일이 못 되는)

He is a famous baseball player, but *no great shakes* when it comes to playing golf.

「그는 유명한 야구 선수지만 골프는 별로야.」

☞ 유명한 Oxford English Dictionary에 의하면 이 표현은 17C 경 주사위놀이에서 왔다고 한다. 주사위를 던지기 전에 야단스럽게 흔들어대며 큰소리치다가 막상 던져놓고 보니 낮은 점수가 나와 큰소리가 무색하게 되어버린 일이 자주있었다. 그러니 허풍보다 실속이 제일이지. 이제 no, none, not의 용례를 들어보기로 한다.

☐ She intended to argue it out with me, with <u>no holds barred</u> (with no restraints).

「그녀는 제멋대로 나를 설득하려 했다.」

☐ He said it was <u>no skin off his teeth</u> (no difficulty for him) if I wanted to buy the car.

「그는 내가 그 차를 사고 싶어해도 그런 일쯤 아무것도 아니라고 말했다.」

☐ As he is <u>no spring chicken</u> (not young anymore), he can't play baseball.
「이제 그는 더이상 젊은 나이가 아니므로 야구를 할 수가 없다.」

☐ We all have to join the army whether we like it or not. There is <u>no two ways about it</u> (no choice about it).
「우린 모두 좋던 싫던 군에 입대해야 해. 선택의 여지가 없어.」

☐ I have used my audio set for five years. It is still <u>none the worse for wear</u> (no worse because of use).
「내 오디오는 오년이나 썼다. 그래도 아직 말짱하다.」

☐ We have been so busy that we <u>have not been able to call our time our own</u> (have been too busy).
「우린 너무 바빠서 눈코 뜰 새 없을 지경이었다.」

☐ He <u>couldn't make anything out of</u> (was unable to understand) the secret code.
「그는 그 암호를 전혀 이해할 수 없었다.」

☐ Please stop the bus! I <u>can't wait</u> (have to go to bathroom urgently) because I drank several glasses of beer.
「버스 좀 세워 주세요! 맥주를 몇 잔 마셨더니 화장실에 가야겠어요.」

☐ Gwang-sun is <u>not what he is cracked up to be</u> (not so good as he is supposed to be).
「광선이는 생각보다 못하다.」

☐ You act like you are <u>not all there today</u> (crazy today).
「넌 오늘 좀 정신이 나가 있었던 것 같아.」

☐ He is <u>not such a fellow to beathe a word about it</u> (not such a fellow to tell a secret about it).
「그는 그런 비밀을 말할 사람이 아니다.」

☐ Did I get the winning number in the housing lottery? <u>Not by a long shot</u> (Not at all).
「주택 복권에 당첨되었냐고? 전혀, 근처에도 못갔어.」

☐ Can you make an appointment with him? No, he does <u>not give me the time of day</u> (ignores me).
「넌 그분과 면회 약속을 할 수 있니? 아니, 나 같은 건 거들떠보지도 않아.」

☐ I think I am in the right, but I <u>don't have a leg to stand on</u> (have no support).
「난 내가 옳다고 생각하지만, 아무도 나를 지지하지 않고 있다.」

☐ You are <u>not in the same league with</u> (not anywhere good as) me in patriotism.
「넌 애국심에 있어서 내 발꿈치에도 못온다.」

☐ I can't expect very much from him who <u>doesn't know enough to come in out</u> <u>of the rain</u> (is stupid).
「저런 지각없는 사람에게 많은 것을 기대할 수 없다.」

☐ This month I am going to give my old car to my son with <u>no string at- tached</u> (unconditionally).
「이달에는 우리 아들에게 조건없이 헌 차를 줄 생각이나.」

☐ You are acting pretty self-important and I have to say you are <u>not the only</u> <u>fish in the sea</u> (not the only one available).
「넌 너무 도도하게 굴어서 하는 말인데, 세상에 사람이 너 혼자만 있는게 아냐.」

♣ **count noses** : count numbers (수를 세다)

> Will you tell me how many students are here after our teacher *counts-noses?*
>
> 「선생님이 인원 파악을 하신 후 여기에 학생들이 얼마나 오는지 알려주었으면 좋겠어.」

☞ 옛날 북 Europe 사람들은 호전적이어서 남의 나라를 침략하는 경우가 많았다. 아일랜드에 침입한 덴마크 사람들은 아일랜드 사람들을 한 줄로 세워놓고 코(nose)의 수를 센 다음 코의 수에 따라 세금을 부과하였다. 이에 그치지 않고 세금을 못내는 아일랜드 사람들의 코를 칼로 찢는 잔인한 형벌을 가한데서 **pay through the nose (pay too much money)**라는 말도 생겨났다. 일본인들이 우리 조상들의 코를 베어 코무덤이 생기기까지 했다니 이들의 잔인성은 Europe 사람보다 더 했던 것 같다. 이제 nose의 용례를 들어보기로 한다.

☐ If you don't have an answer to my question, please <u>nose around</u> (investigate) and see what you can find out.
「내 질문에 응답할 수 없으면, 응답을 찾아낼 수 있는지 이리저리 궁리해 봐.」

☐ If you keep lying down on your job like that, somebody is trying to <u>nose you</u> <u>out</u> (push you away).
「자네가 그처럼 직장에서 계속해서 농땡이나 치고 있다가는 누군가 자넬 밀어내려고 할 거야.」

☐ What I said is <u>as plain as nose on your face</u> (obvious).
「내가 말한 것은 명확하다.」

☐ The post office you want is just straight ahead. Just <u>follow your nose</u> (go

straight ahead).
「당신이 찾는 우체국은 바로 앞에 있어요. 곧장 가면 있어요.」

☐ I am going to shop around so as not to <u>pay through the nose</u> (pay too much money).
「나는 바가지를 쓰지 않기 위해 여기저기 물건값을 물어봐야겠다.」

☐ He was so angry for her to <u>stick her nose in</u> (be nosy) and ask what was wrong.
「그 여자가 일일히 간섭하고 뭐가 잘못되었느냐고 묻는 통에 그는 몹시 화가 났다.」

☐ They've <u>had their noses to the grindstone</u> (kept busy doing their work) since they started working there.
「그들은 거기서 일을 시작한 후 뼈빠지게 일해왔다.」

☐ You must be afraid he <u>puts your nose out of joint</u> (offends you) by not inviting you to the party.
「그가 너를 파티에 초대하지 않아 화나게 할까 봐 두려워하는 게 틀림없어.」

☐ Chang-soo <u>has his nose in the air</u> (is snobbish) and he never even greets us.
「창수는 너무 속물이라 우리한테 인사도 안 해.」

♣ **off the cuff** : without preparation (준비없이)

> Dae-joong is very good at making speeches *off the cuff*.
> 「대중이는 즉석 연설의 명수이다.」

☞ 19C에서 20C로 넘어올 무렵 미국의 술집에는 빳빳하게 풀 먹인 소맷부리 달린 와이셔츠를 bartender들이 입었으며 손님들의 술값 계산 또는 외상값을 그때그때 이 소맷부리(cuff)에 적어두었다가 나중에 정리하였다. 여기서 on the cuff(외상으로)가 생겨났다. 이와 비슷한 경우가 있었으니 Hollywood의 영화 감독들이 예행 연습을 하면서 대본에 없는 참고 사항들을 소맷동(cuff)에 적어두었다가 재촬영 때 이것을 보고 배우나 관계자에게 추가 지시를 하게 되었다. 여기서 off the cuff(즉석에서)가 생겨났다. 이제 off와 of의 용례를 모아본다.

☐ Soon-shin was <u>of the first water</u> (of the first quality) in loyalty.
「순신은 충절에 있어서 비길데 없이 뛰어났다.」

☐ I am not <u>off base</u> (wrong) when I say that I take an optimistic view about the future.
「내가 앞일을 낙관한다 말할 때 정신나간 소리를 하고 있는게 아니다.」

☐ You can say anything when you are off the air (not broadcasting).
「방송에 내보내지 않을 때는 무슨 소릴 해도 괜찮아.」

☐ I like to stop here and admire the scenery. This is off the beaten track (an unfamiliar place), but it worth the trip.
「여기서 쉬면서 경치를 구경하고 싶어. 여기는 한적한 곳이지만 한번 와볼만한 곳이야.」

☐ He sent his son to a kindergarten to make him get off to a running start (with a head start).
「그는 아들을 남보다 앞서게 할 마음으로 유치원에 보냈다.」

☐ After Jong-soo told the boss that he had been absent without leave, he was happy because it was off his chest (told to the boss and so not bothering him any more).
「종수는 자신이 무단 이탈했다고 사장에게 말해버리고 나자, 이제 홀가분하게 털어놓았으므로 오히려 개운했다.」

☐ To be frank with you, Moo-ho was off the beam (wrong) when he said that I didn't like him.
「솔직히 말하면 무호가 날더러 자기를 좋아하지 않는다고 한 것은 잘못된 생각이다.」

☐ Now, you have to answer my question off the top of your head (without thinking hard).
「이제 내 질문에 즉시 대답해야 해.」

♣ **old stamping ground** : one's favorate or customary location (잘 가는 곳)

> Inchon is his *old stamping ground*. He was born and raised there.
> 「인천은 그가 자주 가는 곳이다. 거기서 태어나 자랐으니까.」

☞ 1836년 경 미국에서 생겨난 말이다. 봄이 되면 수탉들이 암탉들을 찾아 언덕빼기로 올라가 멋진 자태를 뽐내면서 구애(courtship)의 춤을 춘다. 어쩌나 열심히 구애를 했던지 땅이 반질반질하게 된다. 넓은 초원에서 풀을 뜯는 암말(mare)에게는 수말(stallion)이 달려간다. 여기서 요란한 짝짓기가 이루어진다. 딸기같이 싱싱한 아가씨에게는 뭇 남성들이 침을 흘리며 우루루 몰려들어 짝이 되어 달라고 따리를 붙인다. 이것이 삶을 이어가는 원천이다. 수컷(남자)들이 암컷(여자)들을 찾아 우루루 몰려가는 꼬락서니에서 **stamping ground**가 생겨났다는 말이다. 이제 **old**의 용례를 살펴 본다.

☐ He is old hand at (experienced at) getting in right with children.

「그는 어린애들을 다루는데 선수다.」

☐ You may say I <u>am a chip off the old block</u> (resemble my father).
「내가 아버지를 닮았다고 해도 무리가 아닌 것 같다.」

☐ My wife is not so attractive, but she is <u>comfortable as an old shoe</u> (very comfortable).
「우리 집사람은 별로 매력적이지 않지만 내겐 아주 편안해.」

☐ I can't seem to learn to operate the computer for the life of me. <u>You can't teach an old dog new tricks</u> (Old people can not learn anything new).
「난 도무지 컴퓨터 조작을 배울 수 있을 것 같지 않아. 머리가 굳은 다음 새로운 것을 가르치기란 어려운 법인가 봐.」

☐ He is no longer <u>common as an old shoe</u> (modest) since he established himself as a politician.
「그는 정치가로서 이름깨나 얻은 이후로는 전처럼 겸손하지 못해.」

☐ We have never had such <u>a rare old time</u> (an enjoyabl time) as this in our lives.
「저희들은 이처럼 즐거운 시간을 가져본 일은 평생 처음입니다.」

♣ **on the house** : given away free by a merchant (무료의)

My brother went to a theater yesterday, he was the 100th customer, so his admission was *on the house*.
「우리 형은 어제 극장에 갔었는데 백 번째 입장객이 되는 바람에 무료로 입장했어.」

☞ 손님을 끄는 방법도 여러 가지가 있다. 영국 Elizabeth 왕조 시대의 이야기다. 당시의 술집(tipping house)주인은 세 잔 이상 마신 손님에게 무료로 한 잔씩 서비스를 해주었으며, 당국에서도 이를 금하지 않았다. 그렇다고 세 잔(three glasses)씩 마실 때마다 덤으로 한 잔씩 주는 것은 아니었다. 이와같이 술집에서 생겨난 이 말은 무엇이고 공짜로 줄 때 쓰는 표현으로 확대되었다. 이제 on의 용례를 간추려 본다.

☐ Please <u>put my name on the waiting list</u> (put me on a list of people waiting for an opportunity) if there is no vacancy for me.
「빈자리가 없으면 대기자 명부에라도 올려주기 바랍니다.」

☐ I am sorry to have kept you waiting. I forgot to tell you I was <u>on call</u> (ready to serve when called) at my office.

「기다리게 해서 죄송합니다. 회사에서 제가 대기하고 있다는 것을 알려드리지 못했습니다.」

☐ When she got her promotion, she was <u>on cloud nine</u> (very happy).
「그녀는 승진을 하게 되자 좋아서 어쩔줄 몰랐다.」

☐ I called you up and ended up <u>on hold</u> (waiting on a telephone line) for ten minutes. What happened?
「너한테 전화를 걸고서 전화기를 잡고 10분씩이나 기다렸어. 어떻게 된 거냐?」

☐ You can do it <u>on my say-so</u> (with my permission).
「내 허락만 있으면 넌 그걸 할 수 있어.」

☐ I've got to be <u>on the ball</u> (alert and efficient) to succeed in this business.
「내가 이 사업에 성공하려면 기민하고 유능해야 해.」

☐ His house is <u>on the block</u> (on sale at auction) because he can't afford to keep it up.
「그는 집을 관리할 여유가 없어 그 집을 경매에 내놓은 상태다.」

☐ I bet my bottom dollar he will be here <u>on the button</u> (at exactly right time).
「그가 정확한 시간에 여기로 올 것이 틀림없어.」

☐ Nobody knows what's <u>on the horizon</u> (soon to happen) in North Korea.
「북한에 어떤 조짐이 일어나고 있는지 아무도 몰라.」

☐ You can expect to see me at the office <u>on the hour</u> (at each hour on the hour), not one minute and not one minute later.
「나를 바로 정각에 사무실에서 만나게 될 거야. 일분이라도 빠르거나 늦지 않게 말이다.」

☐ To be honest with you, I have never been <u>on the take</u> (accepting bribes).
「솔직히 말해 난 여태 뇌물이란 걸 받은 적이 없어.」

☐ I have the answer <u>on the tip of my tongue</u> (about to be said). I'll think of it in a jiffy.
「난 대답이 혀끝에 맴돌고 있어. 금방 생각날 것 같아.」

☐ I don't think the mayor is <u>on the up and up</u> (honest).
「나는 시장이 정직하다고 생각지 않아.」

☐ No, thank you. I've been <u>on the wagon</u> (I have not drunk alcohol) for six months.
「고맙지만 사양하겠네. 술을 끊은지 여섯 달 되었거든.」

☐ As I passed my exams, I've been <u>on top of the world all day</u> (feeling wonderful all day).

「시험에 합격되었기 때문에 하루종일 기분이 찢어지게 좋았다.」

☐ He never knows from day to day whether he will survive, as he runs his business <u>on a shoe string</u> (on practically no money).
「그는 쥐꼬리만한 밑천으로 사업이랍시고 하고 있으니 그날그날 살아갈 수 있을지 말지 알 수 없을 지경이다.」

☐ The U.N is going to keep Iraq <u>on a tight leash</u> (under very careful control).
「U.N은 Iraq의 목을 조를 작정이다.」

☐ He has two girl friends. One we see every Sunday, and the other he keeps <u>on ice</u> (in reserve) for a rainy day.
「그 녀석 애인이 둘이야. 하나는 우리가 일요일마다 보는 여자고, 또 하나는 아쉬울 때를 생각해서 숨겨놓은 여자야.」

☐ You have to <u>keep that fellow on tail</u> (keep following that fellow closely) and don't lose track of him.
「저 놈을 바싹 따라가서 놓쳐서는 안 돼.」

☐ He is just the kind of person you have been wanting <u>on tap</u> (immediately aviailable).
「그 사람은 자네가 그토록 원하던 당장 쓸 수 있는 사람이야.」

☐ He has been <u>on the make</u> (ambitious) to establish himself as a school teacher.
「그는 학교의 교원으로 입신하려고 무척 애써왔다.」

☐ I am going to keep my girl friend <u>on the back burner</u> (out of the way) until I can decide what to do about her.
「여자 친구에 대해서 어떻게 해야 할지 결정할 수 있을 때까지는 그녀를 뒷전에 둘 생각이다.」

☐ After the election, so many people climbed <u>on the band wagon</u> (with the majority) in the hope for the distribution of honors.
「선거후 많은 사람들이 논공 행상을 바라면서 이긴 편에 붙었다.」

☐ I went out and got <u>on the blink</u> (on a drinking spree) last night.
「난 어젯밤에 나가서 술판에 빠져버렸어.」

☐ Last night I couldn't return your call as I was <u>on the juice</u> (drinking heavily).
「난 어젯밤 진탕 마시고 있었기 때문에 전화할 수가 없었어.」

☐ You'd better stay <u>on the safe side</u> (taking the risk-free path) and call the doctor about this cold.
「신중을 기해서 이번 감기에는 의사를 부르는게 낫겠다.」

☐ I am glad we are <u>on the same wavelength</u> (thinking in the same pattern).

하여 만든 조그만 배이며 급류를 따라 저어가야 한다. 생명이 왔다갔다할 정도의 모험인 것이다. 일단 배를 타기만 하면 자신외에는 믿을 것이 없다. 이제 **own**의 용례를 살펴 본다.

- [ ] He is always <u>afraid of his own shadow</u> (easily frightened).
「그는 늘 겁이 많다.」
- [ ] Sung-min is so unfriendly to anyone. I am going to give him <u>a dose of his own medicine</u> (the same kind of treatment which he gives to other people).
「성민은 누구에게나 아주 불친절해. 난 그에게 똑같이 갚아줄 생각이다.」
- [ ] I simply don't have the resources to <u>pull myself up by my own bootstraps</u> (achieve through my own efforts).
「난 정말 자력으로 해낼 만한 재원이 없어.」
- [ ] He <u>signed his own death warrant</u> (signed the paper which called for his death) by walking into the police and giving himself up.
「그는 제 발로 경찰에게 가서 자수해서 파멸을 자초 하였다.」
- [ ] She decided to apologize to us after she <u>stewed in her own juice</u> (suffered the deserved result of her own action) for a month.
「그녀는 한 달 동안이나 자기가 저지른 일로 고생한 다음에야 우리에게 사과할 결심을 했다.」
- [ ] Nothing will succeed with you if you can't do anything <u>under your own steam</u> (by your own effort).
「무엇이고 자력으로 할 수 없으면 넌 아무것도 해낼 수 없을 거야.」
- [ ] I am afraid you are <u>talking to hear your own voice</u> (talking too much).
「넌 아무래도 말이 너무 많은 것 같다.」

♣ **pass under the yoke** : suffer a humility, or defeat (패배하다, 굴욕당하다)

> You have to study hard so as not to *pass under the yoke*.
> 「창피당하지 않으려면 열심히 공부해라.」

☞ **Rome** 사람들이 적을 격파하고 그들에게 굴욕을 안겨준데서 생겨난 말이다. **Rome** 사람들은 창 두 개를 양 옆으로 꽂아 놓고 양쪽 창 끝에 또 하나의 창을 수평으로 걸쳐놓고 패배한 적으로 하여금 **arch**같이 생긴 이 창(**spear**) 밑으로 기어나가게 하였다. 여기서부터 이 말은 굴욕적인 상황을 나타내는 비유적 표현으로 널리 쓰여지기에 이르렀다.

☐ Soo-geun was arrested when he tried to <u>pass as</u> (succeed in being aceepted as) a surrendered espionage.
「수근은 귀순 간첩 행세를 하다가 잡혔다.」

☐ I don't think he wants to have a lot of flowers and a big funeral when he <u>passes away</u> (dies).
「그분은 돌아가실때 많은 조화나 성대한 장례식을 원하지 않을 것 같다.」

☐ **You are bound to <u>pass muster</u> (measure up to the required standards) if you are ready to do your level best.**
「네가 최선을 다할 마음만 먹으면 틀림없이 합격할 것이다.」

☐ Yesterday, I went to a party at my cousin's house, and one of my friends <u>passed out</u> (fainted) after having only two drinks, because he can't hold his liquor.
「어제 사촌 형님댁 파티에 갔었는데, 술에 약한 친구 하나가 겨우 술 두 잔에 KO되어 버렸다.」

☐ I <u>passed over</u> (overlooked) you. I didn' ever see you sitting there.
「난 너를 보지 못했어. 네가 거기 앉아 있는 것을 전혀 보지 못했거든.」

☐ I had to <u>pass it up</u> (ignore it) because I was so busy with my homework.
「난 숙제 때문에 너무 바빠서 그걸 포기할 수 밖에 없었다.」

☐ I <u>passed out</u> (distributed) new forms to everybody and said to be sure to completely fill them out, and this time, everybody caught on to my instructions.
「내가 새로운 서식을 모든 사람에게 나누어 주고는 정확히 완전히 기입하라고 했더니, 이번에는 모두 내 말을 제대로 알아들었다.」

☐ Some people never know how to <u>pass the time</u> (fill up time) when they are on vacation.
「어떤 사람들은 휴가 때 어떻게 시간을 보내야할지 모른다.」

☐ Somebody just happened to <u>mention in passing</u> (mention casually) that you had taken bribes.
「어떤 사람이 무심결에 말하기를 자네가 뇌물을 받았다고 하던데.」

☐ Since I came to Seoul <u>a lot of water has passed under the bridge</u> (many changes have taken place).
「내가 서울로 온 이후 많은 변화가 있었다.」

☐ He is not exactly handsome, but he would <u>pass in a crowd</u> (be satisfactory).
「그는 썩 잘 생긴 건 아니지만 그런대로 괜찮다.」

☐ After the angry words that <u>passed between</u> (were spoken by) us last Christmas, I doubt if we shall ever speak to each other again.

「지난 크리스마스에 우리 둘 사이에 험한 말이 오고간 다음에, 다시 서로 말을 하게 될 것 같지 않다.」

♣ **pay through the nose** : pay too much (바가지 쓰다)

> You need experience, but this job seems like *paying through the nose* for it.
> 「넌 경험이 필요하지만, 그러기엔 이 일은 너무 많은 비용이 들 것 같다.」

☞ 침략자인 **Denmark** 사람이 세금을 못내는 **Ireland** 사람들의 코를 베거나 찢었던데서 생겨났다는 것은 nose편에서 설명하였다. 여기서는 또다른 이야기를 소개한다. 17세기의 놀음꾼(gambler)들이 상대방이 알거지가 되도록 돈을 딴다는데서 **bleed a victim**이라는 말을 자주 쓰게 되었다. 처음에는 어수룩한 봉에게 푼돈을 슬슬 잃어주다가 나중에는 속임수를 써서 한 푼없이 따버리는 것이다. 보통 사람의 몸에서 피가 제일 먼저 나는 곳이 코(nose)인데 심하면 창백해져서 끝내는 목숨까지 잃게 되니 놀음에서 알거지가 되는 것과 다를 바 없다. 이제 **pay**의 용례를 들어 본다.

☐ I don't think you'll pay too much if you <u>pay as you go</u> (pay costs as they occur).
「네가 현금으로만 물건을 산다면 그렇게 많은 돈을 쓰지는 않을 것이다.」

☐ I was in good mood, though, when I came across an old letter in my room from my mother so I wasn't upset about my kids not <u>paying attention to me</u> (watching me attentively).
「그래도 나는 내 방에서 오래된 어머니 편지를 발견하고서는 기분이 좋아서 애들이 나를 거들떠보지도 않았지만 화를 내지 않았다.」

☐ The cruel prisoner will <u>pay for his crimes</u> (be punished for his crimes).
「잔인한 죄수는 죄값을 치루어야 할 것이다.」

☐ I would like to place an order. Do I have to <u>pay in advance</u> (pay before the commodity is delivered)?
「난 주문을 하고 싶습니다. 선불해야 합니까?」

☐ Few people really care about politics. People are just <u>paying lip service</u> (expressing loyalty or support insincerely) to the candidate.
「정치에 정말 관심있는 사람은 별로 없어. 사람들은 후보자에게 건성으로 지지하는 척 할 뿐이다.」

☐ As he has committed a capital crime, he has to <u>pay his debt to society</u> (serve a sentence for a crime).
「그는 중죄를 저질렀기 때문에 형을 살아야 한다.」

☐ I like to buy a new car, but my father says I have to <u>pay my own way</u> (pay the costs).
「난 새 차를 한 대 사고 싶지만 아버지가 날더러 비용을 대야 한다고 하신다.」

☐ We can't put off paying our debts so long. Eventually we'll have to <u>pay the piper</u> (pay our debts).
「우리는 빚 청산을 그렇게 질질 끌 수는 없다. 결국에는 우리가 갚아야 할 빚이다.」

☐ I have to borrow a large amount of money to pay off my debts. I know that's only <u>robbing Peter to pay Paul</u> (taking from one in order to give to another).
「난 거액의 돈을 꾸어서 빚을 갚아야 할 형편이다. 그것은 빚으로 빚을 갚는 것이라는 것쯤은 안다.」

♣ **pick someone up** : meet someone of the opposite sex (여성과 사귀다)

I am tired of going to night clubs to *pick up girls*.
「아가씨들을 사귀려고 매일 클럽에 가는 것이 지겹다.」

☞ 지체 높은 남자가 잠깐 즐기는 대상으로 여자를 고른다는데서 생겨났다. 1689년 이전까지만 해도 pick up이라 하면 make an acquaintance를 뜻하는 표준 영어였으나, 그 이후의 pick up은 차(배)에 태워주는 것으로 되었고 언제부터인가 잠깐 즐기기 위하여 이성을 사귀게 된다는 뜻으로 되었다. 일반적으로 남자가 여자를 찾는 것을 hunting이라 하고 여자가 남자를 찾을 때 fielding이라 하기도 한다. pick up을 요즈음은 cruise(이성을 찾아 돌아다니다)라고도 한다. 이제 pick의 용례를 보기로 한다.

☐ You'd better not <u>pick a quarrel with</u> (start an argument with) anyone.
「누구하고도 다투지 않는 게 좋아.」

☐ You don't look like yourself today. You are just <u>picking at</u> (eating only little bits of) your meal.
「넌 오늘 평소의 너답지 않다. 음식을 먹는 시늉만 하고 있으니 말이다.」

☐ I don't think anybody will <u>pick holes in my argument</u> (criticize my argument).
「아무도 내 주장을 반박하지 않으리라 생각한다.」

☐ You have to <u>pick your way</u> (move along a route full of obstacles) slowly through the thorny bushes to get to the ripe raspberries.

「익은 산딸기를 따기 위해선 가시덤불을 헤치고 천천히 길을 골라가면서 가야 해.」

☐ Can you <u>pick a running hare off</u> (kill a running hare with a carefully aimed gunshot)?
「넌 달리는 토끼를 쏘아 맞힐 수 있니?」

☐ He used the telephone book to <u>pick out</u> (choose) a house-finding agency.
「그는 복덕방을 고르려고 전화 번호부를 사용했다.」

☐ I am always ready to <u>pick over</u> (sort through) the book I need.
「난 언제나 필요한 책을 골라낼 준비가 되어있다.」

☐ The other day, Sung-min had lunch with Moon-ho, but Moon-ho didn't have much money so Sung-min <u>picked up the tab</u> (paid the bill).
「일전에 성민은 문호와 점심을 같이 먹었는데 문호가 돈이 적어서 성민이가 냈어.」

☐ My son <u>is a regular picky eater</u> (is very selective about what he eats).
「우리 아들은 식성이 몹시 까다롭다.」

☐ I'd like to <u>pick your brains</u> (get ideas) about the personal computer when you have time.
「네가 시간 있을 때 개인용 컴퓨터에 대해 좀 배우고 싶다.」

☐ Why are you always <u>picking me to pieces</u> (finding fault with me)?
「어째서 넌 내 꼬투리 잡지 못해 늘 안달이냐?」

☐ I am very happy to be able to <u>pick up the threads of</u> (make a fresh start in) a former friendship after such a long silence.
「오랫동안 소식이 없다가 이제 다시 옛 우정을 찾게 되어서 매우 기쁘다.」

☐ You have never done your share of household jobs. This time I am going to <u>pick a bone with you</u> (suggest a disagreement with you).
「넌 네 몫의 집안 일을 한 적이 없어. 이번에는 네게 좀 따져야겠다.」

♣ **give someone a piece of one's mind** : bawl someone out (호되게 야단치다)

> He has already had enough from you. You don't have to *give him a piece of your mind* any more.
> 「자네는 그 친구에게 충분히 할 만큼 했네. 더이상 그 친구에게 야단칠 필요는 없네.」

☞ 원래 이 말은 **give someone one's candid opinion**이란 뜻이었으므로 나무라거나 비판한다는 뜻은 아니었다. 1864년 영국의 **London Times** 지(誌)에서 이 표현을 사용

했을 때 "비난의 소리"라는 뜻으로 사용한 것으로 되어 있으며 반드시 London Times가 최초로 사용했다고는 할 수 없다. 어쨌든 사전에 나와 있는 뜻풀이만으로는 이해되지 않는 용법상의 변천이므로 여기에 소개한 것이다. 이외에 **tell someone off, call someone down** 등 비슷한 뜻으로 자주 쓰이는 말이 있음을 덧붙인다. 이제 **piece**의 용례를 들어본다.

- [ ] I came home from the playground <u>all in one piece</u> (safely), even though I had been in a fistfight.
  「나는 놀이터에서 한바탕 치고 받고 싸웠는데도 별로 탈없이 집으로 돌아왔다.」
- [ ] No Koreans think that it <u>is a piece of cake</u> (is very easy) to bring South and North Korea under a single authority.
  「남북 통일을 이루는 것이 식은 죽 먹기라고 생각하는 한국 사람은 없다.」
- [ ] I am going to <u>speak my piece</u> (say frankly what I think), and then you have to follow my advice.
  「난 솔직히 말하겠는데, 그 땐 넌 내 말을 따라야 해.」
- [ ] Myung-soon <u>thrilled Sun-ho to pieces</u> (excited Sun-ho very much) by agreeing to marry him.
  「명순이 선호와 결혼할 것을 승락하자 그는 떨듯이 기뻤다.」
- [ ] I have to drive my <u>abbreviated piece of nothing</u> (insignificant thing) over to the service station and a have a muffler put on.
  「내 고물차는 정비소로 가져가서 소음기를 달아야 해.」
- [ ] Your going to study abroad is <u>of a piece with</u> (the same kind of conduct as) breaking off your engagement.
  「네가 유학을 간다는 것은 파혼을 하는 것과 같은 행위다.」

♣ **play fast and loose** : act carelessly and irresponsibly (방종하게 행동하다)

> Leave me alone. I am sick and tired of your *playing fast and loose* with me.
> 「날 내버려 둬. 나를 함부로 대하는 데 정말 넌더리 난다.」

☞ 이렇게 해주겠다고 해놓고 저렇게 해버리거나 오리발 내밀기를 밥 먹듯 하며, 신뢰성이 없이 방탕한 행동을 할 때 쓰는 말이다. 우선 여기서의 **fast**는 "빠른"의 뜻이 아닌 "매듭을 굳게 맨"의 뜻이며, **loose**는 "매듭이 쉽게 풀리는"의 뜻이다. 시골 장터 같은 데는 으레 야바위꾼들이 어수룩한 봉들을 울리곤 한다. 사기꾼은 혁대(**belt**)의 가운데

를 접어서 천천히 사리고는 봉(easy mark)에게 가운데를 꼬챙이로 찔러보라고 한다. 봉이 어디에다 찌르느냐에 따라 이 사기꾼은 슬쩍 장난을 친다. 정확히 **fast**가 될 곳을 찔렀는데도 번번이 허탕을 쳐서 **loose**로 끝날 수 밖에 없다. 이와 같은 믿을수 없는 행동을 비유적으로 표현한 것은 **1547**년을 전후해서이다. 이제 **play**의 용례를 들어본다.

☐ If he <u>plays ball with</u> (cooperate with) you, everything will work out all right.
「그가 너와 협력한다면 모든 일이 잘 될 것이다.」

☐ Don't <u>play around with</u> (mess around with) my new car.
「내 새 차를 함부로 만지지 마.」

☐ Now I can have the car this weekend by succeeding in <u>playing both ends against the middle</u> (pitting two sides against each other).
「이제 용케도 어부지리격으로 이번 주말에 차를 가질 수 있게 되었다.」

☐ He is giving us <u>a play-by-play description</u> (an on-the-spot description) of the family quarrel going on next door.
「그는 이웃집에서 벌어지고 있는 집안 싸움을 우리들에게 상세히 말하고 있다.」

☐ The speaker of the National Assembly resigned yesterday who had <u>played first chair</u> (acted as a leader) for many years.
「몇 년간이나 지도자로 군림하던 국회 의장이 어제 사임했다.」

☐ He wants to <u>play at dice for keeps</u> (take an action which is final).
「그는 진짜로 돈 따먹기 주사위 놀이를 하고 싶어한다.」

☐ When I have a cold, I make it a point of <u>playing it safe</u> (acting safe) and going to bed.
「난 감기가 들면 안전을 기하여 잠자리에 드는 것을 습관으로 하고 있다.」

☐ Let me try to get him to confess by <u>playing on</u> (having an effect on) his unpleasant feeling.
「그 사람의 언짢은 기분을 이용해서 털어놓도록 해볼게.」

☐ We have to settle the dispute diplomatically by <u>playing our cards close to our vest</u> (working in a careful and private manner).
「우리는 신중을 기해서 분쟁을 외교적으로 해결해야 한다.」

☐ He can get whatever he wants if he <u>plays his cards well</u> (work correctly and skillfully).
「그가 일을 잘 처리하면 무슨 일이든 원하는대로 얻을 수 있다.」

☐ Everyone thought that the whole situation was hopeless until I <u>played my trump card</u> (used a special trick) and solved the whole problem.
「내가 비책을 써서 모든 문제를 해결할 때까지는 누구나 사태가 절망적이라고 생각했다.」

☐ My little brother is so clever that he always <u>plays mom off against dad</u> (schemes in a manner that pits mom and dad against one another) and ended up getting his own way.
「내 동생은 아주 맹랑해서 엄마 아빠를 싸움 붙여놓고 언제나 마음먹은대로 하고 만다.」

☐ Sung-sam is a true eager beaver, but the boss tries to <u>play Sung-sam down</u> (lessen the importance of Sung-sam) as just another ordinary worker.
「성삼은 진짜 일벌레지만 사장은 그를 그저 보통 일꾼 중의 한 사람으로 대수롭지 않게 보려고 한다.」

☐ Young-ho is a regular play boy. He makes no bones about <u>playing the field</u> (dating many girls rather than going steady).
「영호는 진짜 바람둥이야. 그는 이여자 저여자 바꿔가며 교제하거든.」

☐ I lost a fortune. Now I've learned my lesson <u>playing the market</u> (investing in the stock market).
「난 큰 돈을 날렸어. 이제야 증권 투자에서 좋은 경험을 했어.」

☐ When I make a joke on you, I am just <u>playing to the gallery</u> (perform in a manner that will get the strong approval of the audience).
「내가 너를 놀릴 때면 다만 보는 사람들을 재미있게 하려고 그럴 뿐이다.」

☐ It's of no use <u>playing up to Bong-ho</u> (trying to gain Bong-ho's favor).
「봉호의 환심을 사겠다는 건 헛일이다.」

☐ This candle is just about <u>played out</u> (worn out).
「이 양초는 거의 다 타버렸다.」

☐ Competition is <u>a game at which two can play</u> (a manner of competing which two competitors can use).
「경쟁이란 상대가 있어야 하는 법이다.」

☐ The sailors behaved very badly when the master mariner was absent. <u>When the cat's away the mice will play</u> (some people will get into mischief when they are not being watched).
「선장이 없을 때 선원들은 멋대로 행동했다. 고양이가 없으면 쥐들이 날뛰는 법이다.」

☐ This time I am going to <u>play hardball on</u> (act strong and aggressive about) the issue.
「이번에는 그 문제에 대해 강경한 수단을 쓸 생각이다.」

☐ The rain <u>played hell with</u> (destroyed) my picnic.

「비 때문에 소풍이 엉망이었다.」

☐ The secret of his success as a businessman is his ability <u>to play many leading figures in politics like a fish</u> (control many leading figures in politics easily).
「그가 사업가로 성공한 비결은 정계의 많은 거물들을 맘대로 주무를 수 있기 때문이다.」

♣ **pull up stakes** : move to another place (퇴거하다, 직업을 바꾸다)

> I am tired of *pulling up stakes* four times in two years.
> 「2년 동안에 네 번씩이나 이사를 하고 보니 진저리난다.」

☞ 여기서 말하는 말뚝(stakes)이란 경계선을 둘러치는 울을 말하며 서커스 같은 가설 극장이 천막을 칠 때 사용하는 말뚝 따위는 아니다. 미국 1640년 대의 개척민들은 살기 좋은 곳에 말뚝을 치고 살다가 또 더 좋은 곳이 있으면 말뚝을 뽑아 딴 곳으로 옮겨갔다. 필자가 자라났던 시골에서는 "지게자리 옮긴다"고 하였는데 비슷한 표현일 것이다. 이제 **pull**의 용례를 들어 본다.

☐ I am afraid you have <u>pulled a boner</u> (did something stupid) this time.
「이번엔 네가 바보짓을 한 것 같다.」

☐ I knew you were <u>pulling a fast one</u> (succeeded in an act of deception) when you called in sick yesterday.
「어제 네가 아파서 못 나온다고 전화했을 때 네가 감쪽같이 속이고 있다는 것을 알았어.」

☐ This time I am going to <u>pull a trick on</u> (deceive) that wise guy.
「이번엔 저 건방진 녀석에게 장난을 좀 쳐봐야겠어.」

☐ Jang-gang <u>pulled ahead of</u> (surpassed) everybody in acting the villain in any soap opera.
「장강은 TV 연속극의 악역으로 아주 뛰어났다.」

☐ She'll be all right as soon as she can <u>pull herself together</u> (becomes emotionally stabilized).
「그 여자는 정신을 차리는 대로 괜찮아질 것이다.」

☐ Be careful not to <u>pull your rank on</u> (assert your rank or authority over) others even though you can't get your own way.
「일이 마음대로 안된다 하더라도 지위를 이용해서 남들을 위압하지 않도록 주의해라.」

☐ I could <u>pull my mother through her illness</u> (help my mother survive her ill-

ness) with the help of the doctor.
「의사 덕분에 나는 어머니께서 병환을 이길수 있도록 해드릴 수 있었다.」

☐ The President succeeded in <u>pulling the teeth of</u> (reducing the power of) the corrupt conservatives.
「대통령은 타락한 수구 세력의 기를 꺾는데 성공했다.」

☐ We have nothing to worry about it. I will manage to <u>pull a solution out of a hat</u> (produce a solution as if by magic).
「그 문제는 아무 염려 없습니다. 내가 기적 같은 해결책을 마련해 보겠습니다.」

☐ You can get it done without <u>pulling strings</u> (using influence).
「배후에서 조종하지 않고도 그 일을 해낼 수 있어.」

☐ In fact I was doing a fine job until the accountant <u>pulled the plug</u> (revealed it out of jealousy).
「회계사가 샘이 나서 비밀을 폭로하기 전까지만 해도 사실상 난 성공적으로 일을 추진하고 있었다.」

☐ You don't have to <u>pull out the stops</u> (make all possible efforts) in the first round. You'd better wait till he's tired in the fourth and clobber him nicely.
「첫째 라운드에 전력을 다할 필요는 없다. 넷째 라운드에서 지칠 때를 기다렸다가 멋지게 해치워 버려.」

☐ It's important that each man <u>pull his weight</u> (do his part).
「각자가 자기 역할을 다하는 것은 중요한 일이다.」

☐ As my father advances in years, he has to <u>pull in his horns</u> (reduce spending).
「아버지께서는 연세가 드시자 씀씀이를 줄이셔야 했다.」

☐ We all have to <u>pull our socks up</u> (make greater effort) if we are to meet the expected standard.
「우리가 기대하는 수준에 도달하려면 모두가 더욱 노력해야 해.」

☐ Who are you <u>pulling for</u> (cheering) in the game?
「이 게임에서 누굴 응원하니?」

♣ **push the panic button** : panic, become panicky (당황하다)

> He *pushed the panic button* and went to pieces.
> 「그는 당황해서 자제력을 잃었다.」

☞ 이미 Gulf전쟁 때 보았듯이 이제는 누름 단추식 전쟁(push-button war)의 시대가 왔다. 제2차 세계 대전 당시 B-17이나 B-24 폭격기들이 위급하게 되었을 때 button 을 눌러 승무원들에게 낙하산 탈출이나 물 위에 착수(着水)하라는 신호를 보냈었다. 사전에 신호를 해서 인명이나 기체(機體)의 손실을 줄여보자는 것이다. 그러나 너무 성급하게 button을 눌러버리면 당황해서 어쩔줄 모르게 되고 낙하산을 타고 헛고생을 하게 된다. 그 후 당황해시 어쩔줄 모르는 혼란에 빠뜨린다는 뜻으로 이 말을 쓰게 되었다. 이제 push의 용례를 들어 본다.

☐ If you <u>push your good luck</u> (expect continued good luck) too much, you will get into a deep trouble.
「네가 계속해서 지나치게 행운을 기대하다간 어려운 곤경에 빠지고 말 것이다.」

☐ He will have to tell us everything if we <u>push him to the wall</u> (force him into a position where there is only one choice to make).
「우리가 그를 궁지로 몰아넣는다면 그는 모든 걸 말하게 될 것이다.」

☐ You'll be <u>pushing up daisies</u> (dead) if you don't drive safely.
「안전하게 운전하지 않으면 염라 대왕을 만나게 돼.」

☐ Don't <u>push petty officials around</u> (be bossy with petty officials) when you becomes a congressman.
「국회 의원이 되면 하급 공무원들을 깔보려 하지 마시오.」

☐ I was <u>pushed for time</u> (had very little time), so I couldn't see you.
「난 너무나 시간에 쪼들려 너를 만날 수 없었어.」

♣ **put someone on the spot** : ask someone embarrassing questions (난처한 질문을 하다, 위험한 상태에 몰아 넣다)

> I can give you an answer if you try to *put me on the spot*.
> 「나를 괴롭히는 질문을 하더라도 대답은 할 수 있어.」

☞ card놀이에서 ace는 죽음(death)을 뜻하는 나쁜 패로 인식되어 왔다. 월남전쟁 때 미군 조종사들이 Vietcong에게 폭격을 가하면서 많은 ace card를 적진에 뿌렸는데 물론 죽인다는 위협이었다. ace가 죽음이라는 미신은 오래 전 해적들이 죽인다는 위협으로 ace card를 보낸데서 비롯되었다. 여기서 spot이란 card의 spade를 표시하는 「점」 이란 뜻이다. 이제 put의 용례를 들어보기로 한다.

☐ I'll teach you if you don't <u>put a stop to this bad behavior</u> (bring this bad behavior to end).

「이런 나쁜 행동을 고치지 않으면 혼을 내줄테다.」

☐ I am going to <u>put all my eggs in one basket</u> (risk everything at once). Name your wager this time.

「난 한번에 끝장을 볼테다. 이번엔 있는대로 다 걸겠다.」

☐ Sung-soo will get along all right if you don't <u>put ideas into his head</u> (suggest something bad to him).

「네가 성수를 나쁘게 물들이지만 않는다면 그 애는 괜찮을 것이다.」

☐ I know he can't stay for the whole conference. He will just <u>put in an appearance</u> (appear for just a little while) and leave.

「그가 회의에 줄곧 머무르지 않으리라는 것을 안다. 그는 얼굴만 내밀고 나갈 것이다.」

☐ Can I <u>put in my two cents worth</u> (add my comments)?

「한마디 의견을 제시해도 됩니까?」

☐ Please accept me the way I am. I never <u>put on an act</u> (pretend that I am something other than what I am).

「현재의 나를 그대로 믿어주기 바랍니다. 나는 결코 연극을 꾸며대지는 않습니다.」

☐ Let's <u>put on our thinking cap</u> (start thinking in a serious manner) and figure out the solution.

「깊이 생각해서 해결책을 찾아보자.」

☐ I have to <u>put you in your place</u> (remind you of your rank) for getting a word in edgeways.

「자네가 주제넘게 나선데 대해 주제를 알게 해줘야겠다.」

☐ Are you going to <u>put me through my paces</u> (make me demonstrate what I can do)?

「저의 능력을 시험해보시려고요?」

☐ North Korea never <u>puts its cards on the table</u> (reveal everything).

「북한은 결코 속을 털어놓지 않는다.」

☐ We won't accomplish anything unless we <u>put our shoulder to the wheel</u> (get busy).

「우리가 열심히 하지 않고서는 아무일도 해낼 수 없다.」

☐ We have to <u>put out our feelers to see</u> (test without being too obvious) what changes in the tax law are necessary to encourage people to vote for us in the coming election.

「우리는 다가오는 선거에서 유권자의 표를 모으려면 세법을 어떻게 바꾸는 것이 필요한지 반응을 살펴야 한다.」

☐ I am not so black as I am painted. Don't <u>put me down as</u> (assume that I am) someone to be avoided.
「난 겉보기처럼 나쁜 사람이 아닙니다. 나를 멀리해야 할 사람으로 깎아내리지 마십시오.」

☐ Your car has a lot of wear in it yet. I am afraid you are too hasty to <u>put it out to pasture</u> (scrap it).
「네 차는 아직 한참 굴리겠어. 넌 아무래도 성급하게 폐차하는 것 같다.」

☐ We are bound to <u>be put through the wringer</u> (have a hard time) in the office.
「우리는 사무실에서 꽤나 추궁받게 생겼어.」

☐ You should <u>put me wise to</u> (inform me about) the way you do things here.
「네가 여기서 어떻게 지내는지 내게 알려줘야 해.」

☐ We must <u>put our failure down to our carelessness</u> (explain our failure as being caused by our carelessness).
「우리는 실패를 우리들의 부주의한 탓으로 돌려야 해.」

☐ He is afraid they'll have to <u>put their project on ice</u> (postpone their project) for two months.
「그는 그 사람들이 계획을 두 달씩이나 뒤로 미루게 되면 어쩌나 조바심한다.」

☐ We'll have no doubt if you <u>put it on the line</u> (speak very firmly and directly).
「네가 솔직히 말한다면 우린 널 의심하지 않을 것이다.」

☐ I have made such a mess of the report. It'll take all day long to <u>put it straight</u> (straighten out).
「난 보고서를 엉망으로 만들어 버렸어. 그걸 제대로 추스려 정리하자면 하루종일 걸릴 것이다.」

☐ The U.S.A is always trying to <u>put the arm on</u> (apply pressure to) Korea under the cloak of their unfavorable trade balance.
「미국은 그들의 무역 역조를 구실로 한국에게 끊임없이 압력을 가해온다.」

☐ He <u>put the bite on me</u> (tried to get money from me) yesterday to have a date.
「그는 어제 나에게 데이트 자금을 꾸어 달라고 졸랐다.」

☐ I think you are getting out of hand. I must <u>put the clams on</u> (restrict) you unless you are on good behavior.
「넌 점점 말을 안 듣는구나. 얌전하게 굴지 않으면 널 꼼짝 못하게 해야겠다.」

☐ I know you are always boasting of your competence for any work in the office. Now, do it! <u>Put up or shut up</u> (Prove it or stop talking about it)!

「자네가 사무실에서 무슨 일이든 잘 한다고 늘 자랑하고 다닌다는 걸 알고 있네. 자, 이제 한번 그걸 보여줘 봐. 증명해 보이든지 아니면 입을 다물고 지내든지 해.」

☐ Cut that namby-pamby story out or put some balls on it (make it more powerful).
「그 맥빠진 소리 집어치우던지 아니면 좀 박력있게 이야기해 봐.」

☐ Jong-mo is seeing the manager tonight, and he'll put in a plug for you (say something good about you).
「종모는 오늘밤 지배인을 만나게 되어 있는데, 널 위해 한마디 슬쩍해줄 것이다.」

☐ You'd better be careful not to put your oar in (add your opinions).
「넌 쓸데없이 참견하지 않도록 주의하는 게 좋아.」

☐ You don't have to keep such a problem under your hat! Just put it on the street (make it known publicly) right away!
「그런 문제를 숨겨서는 안돼! 당장 모든 사람에게 널리 알리란 말이다!」

☐ If nobody puts the moves on (attempted to seduce) you, I think you are a complete failure.
「아무도 너에게 따라붙지 않는다면 넌 아주 한물간 것이라고 생각해.」

☐ The president began to put his hand to the plow (start doing something importance), but I don't like it if he quits.
「대통령이 진지하게 일을 시작하였지만 그 일을 중단한다면 달갑지 않다.」

☐ He really put his hometown Busan on the map (made his hometown Busan well known).
「그는 고향 부산을 정말 유명하게 만들었다.」

☐ I have moved so often that I find no difficulty in putting down new roots (settle in a new place), making friends and finding a place in the society.
「난 이사를 워낙 자주해서 친구를 사귀고 사람들 속에 적응해서 새로운 뿌리를 내리는 데 어려움을 느끼지 않는다.」

♧ **rain cats and dogs** : rain very hard (비가 억수로 오다)

> I am not going out today. It's *raining cats and dogs*.
> 「오늘은 밖에 안 나갈 것이다. 비가 억수같이 오거든.」

☞ 영국의 극작가 Richard Brome의 작품 The City Whit (1652)에 It shall rain cats and pole cats.라는 말이 있다. 비가 억수로 온다는 말이다. 너무나 비가 와서 고양이

와 개가 죽어서 강물에 떠내려 온다는 말이다. 또 다른 이야기로는 북유럽 신화에서 온다. 지식·문화·군사·폭풍우의 신 **Odin**의 시종이 개였으며 고양이는 폭풍우를 일으키는 것으로 믿었다. 그러니 고양이와 개의 조화가 아니고서야 어찌 사나운 폭풍우가 몰아칠 수 있겠는가. 이제 **rain**의 용례를 보기로 한다.

☐ I'll get behind you <u>rain or shine</u> (no matter whether it rains or the sun shines).
「날이 좋으나 궂으나 널 후원해줄 께.」

☐ The weather looks nice, so I don't think we have to <u>rain out the picnic</u> (spoil the picnic by raining).
「날씨가 좋아 보여서, 비 때문에 소풍을 망칠 일은 없을 것 같다.」

☐ I am going to <u>save for a rainy day</u> (reserve money for future need) as much as possible while I am in office.
「직장에 다닐 때 뒷일을 생각해서 되도록 많이 저축할 생각이다.」

☐ Although your plans are all wrong, I hate to <u>rain on your parade</u> (spoil your plans for you).
「자네 계획이 모두 잘못되어 있지만 그 계획에 초를 치고 싶지는 않네.」

☐ We have a drought for over two months, so we wish eagerly it will <u>rain pitchforks</u> (rain very hard and heavy) right now.
「가뭄이 두 달 넘도록 들어 있어서 우리는 당장이라도 장대같은 비가 쏟아지기를 간절히 바란다.」

☐ Even after the storm, water still <u>rained down</u> (fall in large amounts) from the roofs where it had collected.
「폭풍우가 지난 후에도 지붕에 배어있던 물이 대량으로 떨어졌다.」

☐ Please shut the window, or it's <u>raining in</u> (rain is entering the room).
「유리창을 닫아야겠어, 안 그러면 비가 안으로 들어오니까.」

♣ **raise Cain** : cause trouble (소동을 일으키다.)

When the teacher gave the class five more hours of homework, the class *raised Cain*.
「선생님이 학생들에게 다섯 시간 더 숙제를 내주자 학급의 학생 모두가 발끈했다.」

☞ 기독교를 믿는 사람이라면 누구나 잘 아는 **Adam**의 아들 **Cain**에서 생겨난 말이다. 큰 아들이었던 **Cain**은 농사를 지었고 둘째 아들 **Abel**은 양을 길렀다. 두 형제가 곡식과

양을 여호와께 드렸더니 Cain의 제물을 받아들이지 않자, 화가 난 Cain이 아우 **Abel** 을 돌로 때려 죽인 사건에서 **raise Cain**은 소동을 일으킨다는 말이 된 것이다. 이제 **raise**와 **rise**의 용례를 들어보기로 한다.

☐ No one will <u>raise objection to</u> (mention objection about) your staying for the party.
「자네가 남아서 파티에 참석한다고 누가 뭐라고 하겠는가.」

☐ You must have been under false impression that I meant to <u>raise havoc with</u> (cause chaos with) you.
「넌 내가 네 일을 엉망으로 만들려고 했던 것으로 오해하고 있는 게 틀림없어.」

☐ When I was young, I tended to <u>raise my sights</u> (set higher goals for myself).
「나는 젊었을 때 포부를 크게 가지려는 경향이 있었다.」

☐ Moo-ho <u>caused eyebrows to raise</u> (shocked people) when he failed in his exams.
「무호가 시험에 떨어지자 사람들은 놀랐다.」

☐ <u>Early to bed, early to rise, makes a man healthy, wealthy, and wise</u> (going to bed and getting up early is good for you).
「일찍 자고 일찍 일어나야 모든 일이 잘 된다.」

☐ I think we are able to <u>rise to the occasion</u> (meet the challenge of the event) and repulse the attack by the enemy.
「나는 우리가 위기에 대처해서 적의 공격을 물리칠 수 있을 거라고 생각한다.」

☐ Somebody says you plan to <u>raise a stink about</u> (make a big issue about) my achievements.
「어떤 사람이 말하기를 내가 이루어놓은 일을 네가 헐뜯으려고 한다던데.」

☐ Your playing the gangster must have <u>raised hackles among</u> (upset) those who stick to a tradition.
「너의 그 망나니짓은 틀림없이 전통을 고수하는 사람들의 비위를 건드려놓았을 것이다.」

☐ My brother <u>raised the roof</u> (made a noise) when he saw the dog's footprints on his new bedspread.
「내 동생은 새 침대 덮개 위에 개 발자국을 보고는 소리를 질러댔다.」

♣ **read between the lines** : understand all of a writer's meaning by guessing at what he has left unsaid (숨은 뜻을 이해하다)

> A sly writer can often avoid censorship by careful wording, leaving his readers to *read between the lines*.
> 「약삭빠른 작가는 종종 독자들의 상상에 맡기는 수법을 쓰는 세심한 문장 구성으로 검열을 피할 수 있다.」

☞ 남이 알아서는 안될 내용을 전달하는 방법은 여러 가지가 있다. 쉽게 볼 수 있는 것이 야구장에서의 작전 지시다. 옛날의 문서에 흔히 썼던 수법으로 암호 사용자들은 비밀스러운 내용을 편지의 첫 줄, 셋째 줄, 다섯째 줄에 끼워넣어 얼핏보아 알 수 없게 하는 위장술을 쓰곤 하였다. 이와같이 한 줄씩 걸러서 쓰던 수법에서, 이제는 줄(行 : line) 사이에 눈에 안보이는 잉크로 글을 써서 보내게 되었다. 물론 편지를 받은 사람은 아무도 없을 때 약품을 칠하거나 하여 글 줄(line)사이에 안보이는 잉크로 쓴 글을 판독한다. 이로부터 눈에 안보이는 뜻(글)을 읽는다는 read between the lines가 생겨났다. 이제 **read**의 용례를 들어 본다.

☐ They have to **<u>read him his rights</u>** (make the required statement of legal rights to him who has been arrested) before putting him in jail.
「그들은 그를 투옥하기 전에, 법률이 체포된 사람에게 허용하는 권리에 대하여 필요한 사항을 들려 주어야 한다.」

☐ We have to **<u>read you out of</u>** (expel you from) our committee when you neglect your duties again.
「다시한번 업무를 소홀히 할 때는 우리 위원회에서 쫓아낼 수밖에 없어.」

☐ The boss **<u>read him the riot act</u>** (gave him a severe scolding) for being lazy.
「사장은 그가 게으른데 대해서 호되게 나무랐다.」

☐ You can't be out of your wife's thumb as long as she **<u>reads you like a book</u>** (understands you completely).
「자네 부인이 자네 마음을 꿰뚫어 보고 있는 한 부인의 손아귀를 벗어날 수는 없어.」

♣ **red tape** : bureaucratic forms and procedures (관료적 형식주의)

> When we deal with the government, we will have to put up with lots of *red tape*.
> 「정부를 상대로 일을 하자면 골치 아픈 형식 절차를 감수해야 한다.」

☞ 1800~1900년 대에 변호사와 공무원들은 문서를 붉은 리본으로 묶어두곤 했다. 지나

친 형식주의와 시간 낭비, 경색된 규칙은 바로 변호사와 공직자를 가리키는 말이기도 하였다. 이 말을 대중화하는데 크게 기여한 사람은 Scotland의 평론가 Thomas Carlyle이며, 그는 특히 공무원들에 대하여 **red tape**이라고 호되게 비난했다. 이제 **red**의 용례를 보기로 한다.

☐ If you cut down the expenses, you can get <u>out of the red</u> (out of debt) fairly soon.
「너는 지출을 줄이기만 하면 얼마 안 있어 적자는 면할 것이다.」

☐ Where have you been? I have been out all night <u>painting the town red</u> (having a wild celebration during the night).
「어디 있었어? 나는 밤새도록 나가서 신나게 놀았어.」

☐ When I found Sung-ho hiding in his friend's home, he became <u>red in his face</u> (embarrassed).
「성호는 그의 친구집에 숨었다가 나에게 들키자 몹시 당황해 했다.」

☐ Whenever I read the news of running contraband goods in the newspaper, I <u>see red</u> (am angry).
「금제품을 밀수한다는 기사를 신문에서 볼 때마다 분통이 터진다.」

☐ Corrupted ranking officials are a <u>red hot</u> (important) issue today.
「부정한 고위 공직자는 요즈음의 중요 쟁점이다.」

☐ There is too much <u>red ink</u> (debt) on Korea's balance of trade.
「한국의 무역 수지는 적자가 너무 많다.」

☐ Chu-suck is a <u>red-letter day</u> (an important day that might well be marked in red on the calendar) in our tradition.
「추석은 우리 전통상 큰 명절날이다.」

♣ **ride roughshod over** : treat someone with disdain (짓밟다, 함부로 다루다)

> We shouldn't have come into their village to *ride roughshod over* their laws and traditions.
> 「우리는 그 마을로 몰려가서 그들의 법과 전통을 짓밟아서는 안 된다.」

☞ 17C 경의 전투에서 쓰던 군마(軍馬)의 편자에서 생긴 말이다. 말의 발바닥에 박은 징은 거칠게(**rough**) 삐죽삐죽 나와 있어서 전투가 벌어져 적군들을 마구 짓밟고 지나가면 죽고 다치기가 부지기 수였고 말의 발은 피투성이였다. 비단 전쟁터뿐만이 아니라 복잡한 도시의 보행자들도 이러한 거친 편자(**rough shod**)에 짓밟혀 피투성이가 되는

일이 일쑤여서 이러한 표현이 생겨났다. 이제 **ride**의 사용례를 들어보기로 한다.

☐ I am tired of having to <u>ride herd on</u> (supervise) my staffers and make sure everything is done right.
「난 직원들을 감독하고 모든 일이 제대로 되도록 확인해야 하는 일에 지쳤다.」

☐ Slow and steady wins the race. Don't <u>ride off in all directions</u> (try to do everything at once).
「느려도 착실히 해야 해. 모든 일을 한꺼번에 하려고 하지 마.」

☐ Jong-soo was in a hard situation, but he tried to <u>ride it out</u> (endure it).
「종수는 어려운 상황에 빠졌지만 이겨내려고 애썼다.」

☐ It is reported in the paper today that many wealthy people have enjoyed <u>riding the gravy train</u> (living in luxury).
「오늘 신문에 의하면 많은 부유층 사람들이 일하지 않고 편하게 즐기면서 살고 있다고 한다.」

☐ You drive too fast, and you seem too sure of yourself. I am afraid you are <u>riding for a fall</u> (risking failure or accident due to overconfidence).
「넌 너무 속력을 내어 운전을 하는데 너무 자신을 갖는 것 같다. 아무래도 무모한 짓을 하는 것 같아 걱정이다.」

☐ I want no members in my office who are <u>just along for the ride</u> (just for the credit without doing any of the work).
「난 우리 사무실에서 대충 일하는 직원을 원하지 않아.」

☐ People will accuse you of <u>running with the hare and riding with the hounds</u> (appearing to support both parties in a conflict).
「네가 양편에 대하여 애매한 태도를 취한다고 욕할 것이다.」

♧ **get on the right side** : get in someone's favor (남의 마음에 들다)

I have to work hard to *get on the right side* of the boss.
「나는 사장님 마음에 들도록 열심히 일해야 해」

☞ 아첨이라도 해서 적극적으로 남의 환심을 사서 질투의 대상이 될 때 하는 말이다. 우리 나라에는 옛날 좌의정, 우의정이라 하여 왼쪽이 더 높은 자리였는데 왼손잡이가 많은 서양에서는 오히려 오른쪽이 높은 자리가 된다. 성경에서 말하기를 덕망을 쌓은 사람은 하늘 나라로 가서 하느님의 오른쪽에 앉는다고 되어 있으며 여기서 중세 이후 **get on the right side**가 "마음에 들다"라는 뜻으로 쓰여왔다. 이제 **right**의 용례를 들어보기

로 한다.

□ After spending three hours there, my feet got tired so I came home <u>right away</u> (without delay) and went to bed.
「거기서 세 시간을 보낸 뒤 다리가 아파서 즉시 집으로 돌아와 잠자리에 들었다.」

□ When I found out that it was upside down, I turned it <u>right side up</u> (in the correct position).
「그게 거꾸로 되어 있는 것을 알고는 똑바로 돌려놓았다.」

□ Singing is just <u>right down my alley</u> (ideally suited to my interests or abilities), I love it.
「노래하는 건 정말 취미에 맞아. 노래가 진짜 좋아.」

□ When I was learning to ride a bicycle I fell on my head <u>right off the bat</u> (immediately), so I quit.
「난 자전거 타는 걸 배우다가 곧바로 거꾸로 떨어졌어. 그래서 자전거 타기는 그만둬버렸어.」

□ She thought I felt that way about her, but she never thought I'd <u>say it to her face</u> (say it directly to her).
「내가 그 여자에 대해서 그렇게 생각할 것쯤은 그녀도 알았겠지만, 내가 그런 싫은 소리를 대놓고 할 것이라고는 생각지 못했다.」

□ He dawdles away his time all the time. It will <u>serve him right</u> (punish him fairly) if he gets the sack from his office.
「그는 언제나 빈둥거리기만해. 그런 사람이 해고된다면 당연한 벌이지 뭐.」

□ <u>When it comes right down to it</u> (All things considered), I can't really afford a new car.
「이것저것 생각해보니 난 정말 새 차를 살 여유가 없어.」

□ I make it a point to <u>yield right-of-way</u> (give the move forward to another person) when I am making a right or left turn.
「난 좌회전이나 우회전할 때 상대방에게 꼭 먼저 가도록 양보한다.」

□ He talked through his hat that he could <u>sail right through</u> (get through) the examination with no difficulty.
「그는 시험쯤 문제없이 합격할 수 있다고 큰소리쳤다.」

□ You'd better <u>straigten up and fly right</u> (get serious and start behaving properly) before you get into difficulty.
「어려운 일을 당하기 전에 정신차려서 올바르게 행동하는 게 좋아.」

♣ **ring a bell** : cause someone to remember something (생각나게하다, 성공하다)

> I have never met Jong-soo, but his name *rings a bell.*
> 「난 종수를 만난 일은 없지만 이름은 생각난다.」

☞ 미국에서 생겨난 말이다. 사격을 할 때 표적을 맞히면 종을 쳤다. 목적을 이루었다는 표시다. 또한 힘을 시험하느라고 나무공을 큰 망치로 힘껏 때리면 나무공에서 종소리가 울렸다. 이런 이야기와는 달리 그저 교회나 학교의 귀에 익은 종소리가 잊었던 일을 생각나게 해준다는 데서 왔다고 주장하는 설이 있다. 이제 **ring**의 용례를 들어보기로 한다.

☐ He is planning a big party to <u>ring in a new year</u> (celebrate the beginning of the new year at midnight on December 31).
「그는 새해맞이 축제를 위해 큰 잔치를 준비하고 있다.」

☐ The cashier <u>rang up</u> (recorded the cost of) the items and told him how much money he owed.
「출납 점원은 상품값을 금전 등록기로 계산하고 나서 그에게 얼마라고 말해주었다.」

☐ In fact you are a much better worker than I. You can <u>run rings around me</u> (outrun me).
「사실 넌 나보다 훨씬 나은 사원이다. 넌 나보다 훨씬 잘 해낼 수 있으니까.」

☐ Joo-il wanted to run for assemblyman, so he <u>tossed his hat into the ring</u> (stated that he is running for an elective office).
「주일씨는 국회 의원으로 입후보하기를 원했고, 그래서 그는 선거 출마를 선언했다.」

☐ I wanted to buy a new car and I kept <u>ringing the changes</u> (changing the same thing in different ways) all day until my father agreed on it.
「난 새 차를 사고 싶어서 아버지가 승락하실 때까지 계속해서 여러 가지 방법을 써보았다.」

☐ The government intended to <u>ring up the curtain on</u> (make a start on) a whole new range of plans to bring down the prices.
「정부는 물가를 잡기 위해 일련의 아주 새로운 계획을 시작할 생각이었다.」

☐ When that stupid fellow has to decide between two people arguing about facts, he pays attention to the one whose story <u>rings hollow</u> (sound insincere).
「진상에 대해 입씨름하고 있는 두 사람을 저 멍청이 같은 녀석이 심판하게 될 때면, 그 녀석은 허황된 소리를 하는 사람에게 귀를 기울이고 있어.」

♣ **coil up one's ropes** : die (죽다)

> He coiled up his ropes with a smile.
> 「그는 웃으며 죽었다.」

☞ 우리는 어른이 죽으면 "돌아가신다"고 말한다. 새로운 환생을 위해 원래 왔던 곳으로 되돌아가셨다는 말이다. 뱀도 죽은듯이 가만히 있을 때면 또아리를 튼다(coil itself up). 뱃줄을 사리고(coil up) 있다는 것은 죽은 것과 같다는 말이다. 우리 말의 "죽는 다"는 말도 「돌아가다, 돌다, 둘다, 듈다, 죪다, 죽다」로 변해왔으니, 잠깐 또아리 트 는 뱀이나 뱃줄의 사린 모습이 다시 환생해서 새로운 삶을 시작하기 위해 죽는 모습과 같을지도 모르겠다. 이 외에도 죽음에 대한 완곡 어법으로는 launch into eternity, be under sailing orders, hit the rocks, be gone under, check out, strike out, take a count, take the long count, be kayoed, be down for good, bite the dust 등 재미있는 표현이 있다. 이제 rope의 용례를 들어본다.

☐ She'll be able to do her job very well as soon as she <u>learns the ropes</u> (learns how to do her job).
「그 여자는 요령만 배우면 맡은 일을 잘 해낼 수 있을 것이다.」

☐ Somebody must have <u>roped him into</u> (tricked him into) baseball game, but I don't want him to be a baseball player.
「누군가가 그를 꾀어서 야구를 시킨 게 틀림없다. 하지만 난 그를 야구 선수로 만들고 싶지 않다.」

☐ Since this is your first day on the job, our managerial staffers are supposed to spend a lot of time <u>showing you the ropes</u> (tell you how your job is to be done).
「오늘은 자네가 직장에 처음 나오는 날이니까 우리 간부진들이 많은 시간을 들여 일하 는 요령을 가르쳐주게 되어 있어.」

☐ The students <u>roped off the playing ground</u> (separated the playing ground with ropes) where they were playing volley ball to keep the children out.
「학생들은 그들이 배구경기를 하고 있는 운동장에 아이들이 못들어오게 로우프로 둘러 막았다.」

☐ <u>Rope the three pieces of wood together</u> (Fasten the three pieces of wood together) to make them stronger.
「세토막 나무를 같이 묶어 튼튼하게 만들어라.」

♧ **round the bend** : crazy, alcohol intoxicated (미친, 술취한)

> From the look in your eye, you must be completely *round the bend*.
> 「자네 눈 표정을 보아하니 고주 망태가 된 게로군.」

☞ 술잔을 들었다 놓았다 하는 것은 팔굽혀펴기 운동이다. 술이 들어가면 갈짓자 걸음으로 비틀거리게 되고 생각도 비틀거린다. 그러니 굽은 것(bend)과 술은 궁합이 맞을 수 밖에 없을 것이다. 여기서 술취한 것처럼 정신이 오락가락하는 것을 완곡하게 나타내는 몇 가지 표현을 소개하면 lacking some pence in one's shilling, not the full quid, shell-shocked, be gone 등이 있는데, 우리말의 "팔푼이", "살짝 갔다" 따위와 비슷한 말이다. 이제 round의 용례를 들어 본다.

☐ He had to <u>round up</u> (collect) the cattle for feeding.
「그는 사료를 주기 위해 소들을 불러 모아야 했다.」

☐ You just can't seem to get along with the people you work with. You will get a pink slip if you are branded as <u>a round peg in a square hole</u> (a misfit).
「넌 정말 같이 일하는 사람들과 잘 어울릴 수 없는 것 같다. 적합한 사원이 아니라고 낙인 찍히는 날이면 해고 통지를 받게 돼.」

☐ We hope they don't mind if we <u>pop round for a visit</u> (pay an unexpected visit) on our way to Seoul.
「우리가 서울로 가는 도중에 예고없이 잠깐 들러도 그 사람들이 꺼리지 않았으면 좋겠다.」

☐ The firm operated <u>round the clock</u> (all day and all night) until the order was filled.
「그 회사는 주문을 완수할 때까지 밤낮으로 가동했다.」

☐ Jung-ho was knocked out, but the doctor <u>brought him round</u> (brought him to consciousness).
「정호는 KO되었지만 의사가 그의 정신을 들게했다.」

☐ My daughter <u>cast round for</u> (seeked) a way to win the beauty contest in vain.
「우리 딸은 미인 선발 대회에 입상할 방법을 찾아 보았으나 헛수고였다.」

♧ **rub someone the wrong way** : irritate someone (약 올리다)

> I am afraid I *rubbed you the wrong way*. I didn't mean to upset you.
> 「기분을 언짢게 해드린 게 아닌지 모르겠습니다. 마음 상하게 해드리려던 건 아닙니다.」

332

☞ 영국 Elizabeth 시대의 가정집은 참나무 마루를 깔았고 이 참나무 마루가 손질이 덜되고 마르지 않았을 때에 하인들이 참나무 마루의 결(grain)을 거슬러 걸레질을 할 때면 걸레가 결에 걸려 찢어졌다. 고양이, 개, 닭 같은 짐승도 털의 결을 거슬러 쓰다듬으면 화를 내고 대든다. 기록상 1848년에 나타난 이 표현은 사람을 잘못 다루어 화나게 할 경우까지 확대되었다. 이제 rub의 용례를 들어 본다.

☐ Sun-woong won a large sum of money by gambling. The luck will <u>rub off on</u> (seem to transfer to) someone else next time.
「선웅은 놀음에서 큰 돈을 땄어. 그런 행운은 다음엔 다른 사람에게 넘어가겠지.」

☐ I had to <u>rub down myself</u> (massage muscles of myself) before and after swimming.
「난 수영 전후에 몸을 마시지해야 했어.」

☐ Your life is in their hands and they try to <u>rub you out</u> (kill you).
「너의 생살은 그들 손에 달렸고 그들은 널 해치우려 하고 있어.(19C 미국 서부 인디언들이 동료들에게 말없이 신호로 문지르는 시늉을 하면 죽이라는 뜻이었던데서).」

☐ I hate to <u>rub in</u> (nag about) anything you have done wrong.
「네가 잘못한 어떤 일에 대해서도 싫은 소리를 되풀이하고 싶지 않아.」

☐ There's a lot of dirt on your face. You'd better <u>rub it off</u> (erase it by rubbing).
「네 얼굴이 진흙투성이다. 문질러 없애는 게 좋겠다.」

☐ What is the use of <u>rubbing his nose in his mistakes</u> (reminding him of his mistakes constantly)?
「그 사람 잘못을 아무리 타일러준들 무슨 소용이 있겠는가?」

♣ **run hot and cold** : be changeable (변덕스러운)

> The government always *runs hot and cold* on any decision making process.
> 「정부는 의사 결정 과정에서 언제나 이랬다 저랬다한다.」

☞ 유명한 이야기꾼 Aesop은 B.C 6C 중엽의 사람으로 많은 이야기를 남겼다. 많은 이야기 중에 하나를 골라 이 표현과 관련된 부분만 소개한다. 숲의 신 Satyr가 겨울철에 추워서 손을 호호 불고 있는 나그네에게 뜨거운 죽을 한 그릇 주자, 이번에는 손 대신 죽그릇을 불고 있었다. Satyr가 까닭을 묻자 나그네는 "죽이 뜨거워서 식히고 있다"고 하자, Satyr는 "한 입에서 따뜻한 바람도 나오고 찬 바람도 나오는 그런 사람하고

는 별볼일 없으니 나가라"하고 소리쳤다. 차가운 손을 불 때에는 따뜻한 바람이 나오고 뜨거운 죽그릇을 불 때에는 찬 바람이 나오는 것으로 생각한 것이다. 이와같이 이랬다 저렸다한다는 blow hot and cold가 최근에는 run hot and cold로 되어 쓰이기도 한다. 이제 run의 용례를 들어 본다.

☐ Now I want to be quite a new man by <u>running a tight ship</u> (running our organization in an orderly manner).
「이제 난 우리 조직을 똑바로 운영해서 면목을 일신하고 싶다.」

☐ I have <u>run into a stone wall</u> (come to a barrier against further progress) in my exams.
「난 시험에서 벽에 부딪쳤다.」

☐ This supermarket <u>is not running on all cylinders</u> (is not running well and smoothly) these days.
「요즈음 이 슈퍼마켓은 잘 돌아가지 않고 있어.」

☐ Your father hopes you don't <u>run out of gas</u> (lose interest) before you finish what you set out to do.
「자네 아버지는 자네가 시작한 일을 끝내기도 전에 흥미를 잃지 않기를 바라고 계신다네.」

☐ She loves looking after your children, but you seem to <u>run her off her feet</u> (make her work too hard).
「그 여자는 기꺼이 자네 아이들을 돌보고 있지만 자네가 그 여자를 혹사하는 것 같다.」

☐ I <u>ran out of soap</u> (used soap completely) this morning and I couldn't go to the store because I was in a hurry today.
「오늘 아침 비누가 떨어진데다 오늘은 너무 바빠서 가게에 갈 수가 없었다.」

♣ **save face** : preserve one's good standing (체면세우다)

> **Everybody thinks you are more interested in *saving face* than winning the prize.**
> 「모든 사람들은 네가 입상보다 체면치레에 보다 관심이 크다고 생각하고 있다.」

☞ 원래 영어에는 save one's face또는 lose one's face라는 말이 없었다. 체면(體面)을 밥먹는 것보다 중히 여겼던 중국, 한국, 일본에서 전해진 것이다. 19C 영국과 중국간의 아편전쟁이후 영국사람이 중국사람과 거래를 하면서 중국사람에게 철저히 배어있는 얼굴(體面)의 참뜻을 이해하게 되면서 save (lose) face라는 영어가 생겨나게 되었다.

이제 **save**의 용례를 살펴 본다.

☐ What's the use of trying to persuade him? You'd better <u>save your breath</u> (refrain from talking).

「그 사람한테 설득해 본들 무슨 소용이 있나? 잠자코 있는게 낫지.」

☐ She would have fallen down the rock if I had not <u>saved her skin</u> (saved her from injury) by holding her shoulder.

「내가 그 여자의 어깨를 붙들어 무사했기 망정이지 그렇지 않았으면 바위에서 떨어질 번 했다.」

☐ The boss was going to call me on the carpet, but the manager put in a good word for me and <u>saved the day</u> (produced a good result when a bad result was expected).

「사장님이 나를 혼내주려고 했지만 지배인이 나를 위해 한 마디 해주어서 오히려 전화 위복이 되었다.」

☐ She had to do her dishes, but her friend knocked on the door and she didn't have to do it. She was <u>saved by the bell</u> (saved by her friend's timely intervention).

「그녀는 설거지를 해야했지만 친구가 현관문을 두드리자 설거지를 면하게 되었다. 때마침 친구가 찾아와서 일을 면하게 되었던 것이다.」

☐ She told me she had to go to the restroom and asked me to <u>save the seat</u> (preserve the seat) while she was gone.

「그녀는 내게 화장실에 간다면서 자기가 자리 비울동안 자리좀 봐 달라고 부탁을 했다.」

♣ **say uncle** : give in (항복하다)

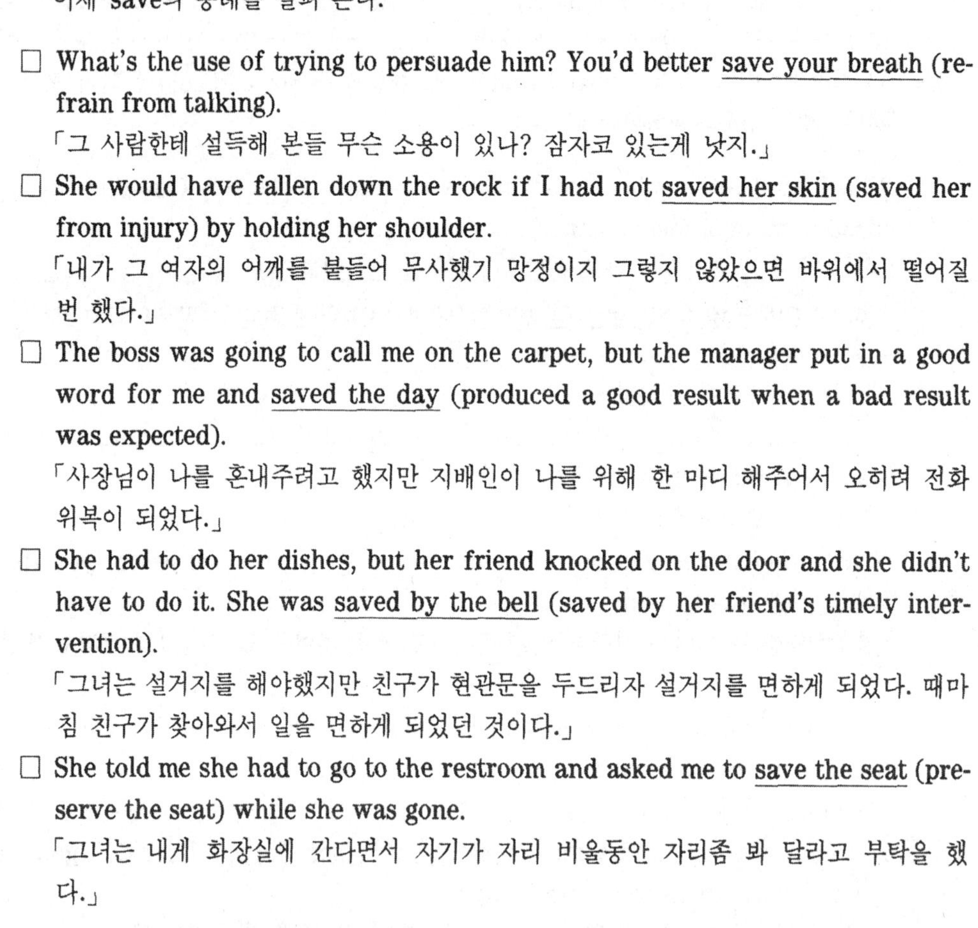

☞ 미국 New York에서 널리 쓰고 있는 이 말은 원래 어린 학생들에게서 생겨났다. 둘이서 맞붙어 싸우다가 한사람을 땅에 쓰러뜨리고 꼼짝 못하게 제압하여 입에서 "uncle" 이라는 말이 나올때까지 눌러댄다. 어째서 이런 말이 생겼는지 정확하지 않으나 원래 이긴 사람이 진 사람에게 가족의 욕을 할것을 요구했다 한다. 이때 가장 만만한 사람이 **uncle**이므로 미안한 일이지만 **uncle**의 욕을 한바탕 해주고는 치욕적인 싸움을 끝낸다. 하긴 우리나라에도 친한 친구끼리 "야 임마 삼촌한테 그 따위로 밖에 못해?"하고 친근

감을 표시하는 수가 있는데 어른이 되고 싶어하기는 서양사람도 마찬가지였던것 같다. say의 용례를 들어 본다.

☐ She was glad I <u>said it under my breath</u> (said it so softly that almost no one could hear it), If I said it out loud, it would have created an argument.
「내가 소근소근 이야기하자 그 여자는 안심했다. 큰소리로 말했다면 말싸움을 일으켰을 번 하였다.」

☐ We must wisely cope with a difficult situation, but it is <u>easier said than done</u> (easier to talk about than to do).
「우리는 난국을 현명하게 대처해 나가야 하지만 말은 쉬워도 실행은 어렵다.」

☐ My wife's had enough difficulty cleaning the house, <u>to say nothing of</u> (to not even mention the importance of) the windows which have been very much in need of wiping.
「집사람은 더러워진 유리창 닦는 것은 물론 온집안 청소로 지겹게 힘든 일을 해냈다.」

☐ <u>When all is said and done</u> (when everything is considered), Seoul is not so good a part of the country to live in.
「이것저것 종합해볼때 서울이 그렇게 살기 좋은 곳이 못된다.」

☐ "The fact that radiation leaked into the environment can cause serious, long-term contamination to people must undoubtedly be viewed as a serious problem." "<u>You can say that again</u> (That's true)!"
「"방사선물질이 생활환경으로 누출되는 것은 사람들에게 심각하고 장기간에 걸친 오염을 가져온다는 사실은, 두말할 여지없이 중요한 문제로 여겨야합니다." "그렇고 말고!"」

☐ <u>I hear what you are saying</u> (I know what you trying to say), and I am with you.
「네가 무슨 소리하려는지 알아, 그리고 네 말을 듣고 있단 말이야.」

☐ She told me I'd better <u>smile when I say that</u> (give some sort of a signal that I am only joking when I say something potentially offensive), or I am going to get into trouble.
「그 여자는 나에게 「얼핏 들어 약을 올릴수도 있는 일을 단지 농담으로 할때에는 눈짓을 해달라, 그렇지 않으면 코다치게 된다」고 말하였다.」

☐ If you need any money or something, <u>say the ward</u> (let me know).
「돈이나 다른게 필요하거든 말만해.」

☐ Soo-ho told me that he thought I was wrong and I was angry. I said "You have <u>said your piece</u> (said openly what you thought), so go on home."

「수호는 내가 잘못했다고 했고 나는 화를 냈다. 내가 말했다. "너 말 다 했겠다, 됐으니 이제 날좀 내버려 둬."」

♣ **see the elephant** : become wordly-wise (세상 물정에 밝게 되다)

Sa-yong migrated from Korea to America and *saw the elephant.*
「사용이는 미국으로 이민을 가서 세상 물정을 알게 되었다.」

☞ 필자가 어려서 시골에서 살때 만해도 서울 남대문 구경을 해보았다면 굉장히 출세한 사람으로 여기던 시절이었다. 미국의 남북전쟁때 살벌한 실전 경험을 쌓을 때 "saw the elephant"라고 자랑스럽게 말한 적이 있다. 이 말은 시골 농부가 어쩌다가 서커스 구경에서 코끼리를 한번 보기만해도 눈이 둥그래질만큼 놀랍게 여겼던데서 생겨난 말이다. 이제 see의 용례를 본다.

☐ You and I <u>see eye to eye about the new manager</u> (view the new manager in the same way).
「너나 나는 새 전무에 대해 같은 생각을 가지고 있어.」

☐ If he <u>sees fit to</u> (decides to) correct himself, he'll be home tonight.
「그가 마음 고쳐먹기로 했다면 오늘저녁 집에 돌아올게다.」

☐ My daughter tried hard to pass her exams, but she couldn't <u>see her way clear</u> (find it possible to do so).
「우리 딸은 시험에 합격하려고 무척 노력하였으나 그 일이 그리 쉬운 것이 아니었다.」

☐ When he got to the point of <u>seeing snakes</u> (getting drunk), he realized that something had to be done.
「그는 어지간히 술이 오르게 되자 무슨 조치를 해야겠다는 생각이 들었다.」

☐ He <u>saw stars</u> (was knocked unconscious) for a couple of minutes, and then she threw cold water in his face.
「그는 눈에 불이 번쩍하게 얻어맞고 난 몇 분 뒤에 그 여자가 그의 얼굴에 찬물을 끼얹었다.」

☐ Jong-ho said he <u>sees through</u> (recognizes) the boss's deceitful actions of trying to falsely encourage the workers, and that brings about a lot of distrust for the boss.
「종호는 사장이 거짓으로 종업원들을 격려하는 기만적인 행동과 그 결과 사장에 대한 깊은 불신을 일으키고 있다는 사실을 알고 있다고 말했다.」

♧ **sell the pass** : betray one's own for money or other gain (중요한 정보를 팔다)

> Sung-moon told the hiding place of his compaions and *sold the pass.*
> 「성문이는 친구들의 숨은 곳을 알려주어 그들을 팔아 넘겼다.」

☞ Ireland에 이런 전설이 있었다. Irish의 Crotha 군은 적병 Trathal 군의 침입에 대비하여 요충지를 수비하고 있었다. 그러던 어느날 Crotha의 병사 하나가 돈에 팔려 요충지를 적에게 넘겨주어 버렸고 침략자 Trathal 군은 승리하여 Ireland의 왕이 되었다. 여기서 **sell the pass**가 생겨났다. 이제 **sell**의 용례를 보기로 한다.

☐ I like to <u>sell you on</u> (convince you of) the value of statistics.
「자네에게 통계의 가치를 이해시키고 싶네」

☐ Sung-min informed the police of everything he knew about me, and that <u>sold me down the river</u> (betrayed me).
「성민이는 경찰에게 나에 대한 모든 사실을 불어버렸고 이로서 그는 나를 배신하고 말았다.」

☐ When he says that he is poor in sports, she is <u>selling him short</u> (underestimating him). Did she know he is a passable baseball player?
「그 여자가 그를 운동경기에 약하다고 하는 건 그를 잘못 본 것이다. 그가 쓸만한 야구선수라는 걸 그 여자가 알기나 했을까?」

☐ It's strictly cash and carry. We don't <u>sell clothing on credit</u> (sell clothing now and let you pay for it later).
「거래는 엄격하게 현금 거래입니다. 옷 가지를 외상으로 팔지 않습니다.」

☐ At least I can see right through your flimsy trick to <u>sell a wolf ticket</u> (bluff) again.
「적어도 나는 니가 다시 허풍이나 쳐보려고 하는 얄팍한 속셈이 빤히 보인다.」

☐ Nobody every bothers listening to a <u>soft selling</u> (a polite attempt to sell something).
「정중히 사달라고 권유해봤자 아무도 거들떠 보지도 않는다.」

♧ **send someone off with a flea in his ear** : dismiss someone with a scolding (싫은 소리해서 돌려보내다)

> He just came to ask my advice, but I was out of sorts, and *sent him off with a flea in his ear.*

> 「그는 다만 나의 조언을 들으러 온것 뿐이지만 난 심사가 비틀려 있어서 싫은 소리 한 마디해서 쫓아보내 버렸지.」

☞ 14C의 프랑스, 그리고 15C의 영국에서 생겨난 말이다. 이처럼 딱 잘라 거절을 당해. 뭐라고 변명 한 마디 못하는 억울한 꼴도 가끔씩은 당하면서 참아야만 할 때도 있다. 이러한 꼴은 마치 개(dog)의 귀에 벼룩이 들어가서 나오지도 않고 자꾸만 간지럽게 해서 어쩔줄 모르고 당황하게 되는 것으로 비유하였던 것이다. 이제 **send**의 용례를 든다.

☐ I have to send away for a copy of book (order a copy of book by mail) from the publishing company.
「나는 출판사에 책을 한권 우편 주문해야 해.」

☐ So-young, we can't clean up the office with you running around. We have to send you about your business (send you away).
「소영아! 니가 여기저기 뛰어 돌아다니기만 하니 우리가 사무실 청소를 할 수가 없어. 너를 밖으로 쫓아내야겠다.」

☐ The manager is always ready to send me packing (dismiss me) when I prove to be incompetent.
「내가 시원찮다는 것이 드러나면 지배인은 언제라도 해고시킬 태세다.」

☐ Ho-yun played so badly that the head coach sent him to the showers (sent him out of the game) after the second half of the sixth inning.
「호연이가 형편없는 경기를 보여주었으므로 감독은 6회 말 이후 그를 교체시켰다.」

☐ When you do that again, the judge will send you up the river (send you to prison) for five years.
「또 그런짓 했다가는 판사가 너에게 5년 형을 선고해서 교도소로 보낼 것이다.」

☐ They had a plausible idea, but when I sent up a trial balloon (tested public opinion), the response was negative.
「그들은 괜찮은 생각을 가지고 있었지만 내가 여론을 한 번 떠보았더니 반응은 부정적이었어.」

☐ Nobody is in charge there and red tape everywhere I go. They send me from pillar to post (send me from place to place), but I can't complain for fear they'll start me all over again.
「아무도 자기 책임이라는 사람은 없고 가는 데마다 절차만 까다롭다. 사람들은 여기 가면 저기 가보라하고 저기 가면 여기로 가보라고 하지만 그나마 처음부터 다시하라고 할까봐 불평도 못한다.」

☐ The Buddhist priest <u>sent Jong-soo's mother to glory</u> (officiated the burial services for Jong-soo's mother) amidst the sobs of her children.
「상제들의 호곡속에 스님은 종수 어머님의 장례식을 거행했다.」

♣ **set one's cap for** : attempt to win the love of (여자가 남자의 호감을 사려고 하다)

> My daughter has already been well past the marriageable age, but she never *sets her cap for* any bachelor.
> 「우리 딸은 시집갈 때가 훨씬 넘었는 데도 총각들한테 관심을 보이는 일이라곤 없어.」

☞ 18C 경 아가씨들은 머슬린(muslin)으로 만든 모자(cap)을 실내 외에 항상 쓰고 다녔다. 특히 마음에 드는 남자를 만나면 모자를 매혹적으로 삐딱하게 쓰고 그를 홀려서 확실한 남편으로 굳히기 작전을 폈다. 반한 눈으로 봤을 때 이래도 예쁘고 저래도 예쁜 법이지 모자를 삐딱하게 썼다고 예쁘게 보일것도 없겠지만, 남자에게 잘 보이려는 성의만이라도 가상하게 여길만한 일이긴 하다. 이제 set의 용례를 들어보기로 한다.

☐ You have to show up <u>at a set time</u> (at a particular time) by all means.
「어떤 일이 있어도 지정된 시간에 와야한다.」

☐ I can't make an exception of you because we have already <u>set a precedent</u> (establish a pattern) in matters such as these.
「우리는 이미 이런 일에 대한 선례를 마련해 두었으므로 너라고 해서 예외로 할 수 없다.」

☐ She noticed when she <u>set eyes on me</u> (saw me for the first time) that I was not her Mr. Right.
「그 여자가 나를 처음 보았을 때 나를 결혼 상대로는 부적당하다고 느꼈다.」

☐ The manager's bombshell notice of my fire <u>set me back on my heels</u> (surprised me).
「지배인이 느닷없이 해고 통지를 해서 깜짝 놀랐다.」

☐ At least I have something to live for, but I don't <u>set my sights on something</u> (select something as a goal) which I can't possibly do.
「난 적어도 인생을 사는 목표는 세우고 있지만 해낼 가능성이 없는 목표를 세우지는 않는다.」

☐ This seems to be confusing, but with a little explaining I can <u>set it straight</u>

(make you understand).
「이건 좀 혼동되는 것처럼 보이지만 조금만 설명해주면 이해시킬수 있다.」

☐ When he had an interview with an perspective bride, he tried to <u>set him self</u> <u>up as</u> (establish himself as) a rich man.
「그가 맞선을 볼때 그는 마치 부자나 되는 것처럼 보이려고 애를 썼다.」

☐ The very thought of my fire <u>sets my teeth on edge</u> (gets on my nerves).
「내가 해고된 것을 생각만 해도 약이 오른다.」

☐ I am just doing my job. I don't want to <u>set the world on fire</u> (do exciting things to bring fame).
「난 내가 할 일을 할 뿐이다. 세상에 이름을 내는 건 원하지 않는다.」

☐ You don't have to <u>settle a score with</u> (get even with) your old friend.
「넌 친구에게 앙갚음을 해서는 안된다.」

☐ My son wanted to set up in business at the age of eighteen, but I <u>set my face</u> <u>against it</u> (strongly disapproved it).
「우리 아들은 열여덟 살에 사업을 하겠다고 하였지만 내가 단호하게 반대했다.」

☐ I <u>set my heart on</u> (am very much desirous of) marrying her.
「난 꼭 그 여자와 결혼하고 싶어.」

☐ Moo-ho and Young-gyu who called in sick yesterday were not sick, but going on a picnic ; one of his colleagues said this in the managers hearing, that really <u>set the cat among the canaries</u> (caused trouble).
「무호와 영규는 아프지도 않은데 아파서 회사에 못간다고 해놓고서는 야외로 놀러가버렸다. 동료 한 사람이 전무가 듣는 데서 이런 말을 해버렸고 그 일때문에 소동이 일어났다.」

☐ North Korea's denial to answer has <u>set the UN at defiance</u> (refused to obey the UN), and North Korea must be punished.
「북한의 응답 거부는 UN의 말을 듣지 않겠다는 것이며 그들은 응분의 제재를 받을 것이다.」

☐ All our efforts are <u>set at naught</u> (considered to be little value) if we lose track of the times.
「세상 돌아가는 일을 모른다면 우리의 노력은 무의미하게 된다.」

♧ **shake a leg** : hurry (서두르다)

> You'd better *shake a leg,* or you'll be late for work.

> 「서둘러야지 그렇지 않으면 지각하겠다.」

☞ 19C 초 배(ship)에서 생긴 말이다. 항해할 때 뱃사람들은 여자들과 같이 배에 탔다. 아침에는 승무원들을 모두 깨워 일을 시작해야 한다. 이때 여자들은 남자들이 모두 일어나 일하러 나간 다음까지 잠을 잘 수가 있었다. 이불을 덮고 잘때 남자인지 여자인지 알 수 없으므로 아침이면 여자들이 hammock 옆에 다리를 걸쳐서 여자임을 표시한다. 빨리빨리 다리를 보이든지 스타킹을 보여주어야 편한 잠을 잘 수가 있는 것이다. 여기서 show a leg or stocking (hurry up) 또는 shake a leg이 생겨났다. 이제 shake의 용례를 보기로 한다.

☐ I guess you are <u>shaking in your boots</u> (shaking from fear) because you have to go see your teacher.
「넌 선생님한테 불려가야하니까 무서워하고 있는 것 같구나.」

☐ Joo-ho has made a living from <u>shaking down</u> (extorting money from) innocent easy marks since his father died.
「주호는 아버지가 돌아가신 후 어수룩한 봉을 골라 등쳐먹고 살아왔다.」

☐ Do you have to give me a <u>body shake</u> (shakedown of the body) when I pass through this door?
「이 문을 통과할 때 몸수색을 받아야 합니까?」

☐ I've never seen any <u>movers and shakers</u> (people who get things done) work very hard in this office.
「우리는 사무실의 관리직에 있는 사람들이 열심히 일하는 걸 본일이 없다.」

☐ A criminal escaped from prison and <u>shook off</u> (got rid of) the police trying to arrest him.
「죄수 한 사람이 탈옥해서 그를 붙잡으려는 경찰을 따돌렸다.」

♣ **a shot in the arm** : something that gives energy (기운 도우는 것)

> I am grateful to you for your cheering me up. It was a real *shot in the arm*.
>
> 「격려해 주셔서 감사합니다. 그 격려는 정말 나를 기운차리게 해주었습니다.」

☞ 1920년 대에 미국에서 생긴 말이다. 말 그대로 주사를 한 대놓아 비록 일시적이지만 활력을 되찾게 해 준다는 말이다. 추리 소설가 Arthur Conan Doyle이 쓴 소설의 주인

공 Sherlock Holms로 부터 나온 말이라고도 한다. 여기서 말하는 주사(shot)란 환자를 치료하기 위한 것이 아니라 마약 주사를 말한다. 이제 shoot, shot, shout의 용례를 들어 본다.

☐ You should aim carefully and take a shot at (shoot at) the target.
「신중히 조준해서 목표물을 쏘아야 한다.」

☐ You don't need to shoot out the problem (settle the problem by the use of guns).
「그 문제를 총으로 해결할 필요는 없다.」

☐ Myung-hee is constantly shooting the breez about (spending time chatting about) Joon-sung's recent trouble with his parents.
「명희는 늘 준성이가 부모님에게 말썽을 부린 일에 대해 수다를 떨고 있다.」

☐ In fact it was only a shot in the dark (a wild guess), but he got the right answer to my question.
「사실상 그가 억측을 해본 데 불과하지만 내 질문을 바로 맞혔다.」

☐ I heard that you shot the works (did everything) on your sister's wedding reception.
「자네 여동생 결혼 피로연에 온갖 일을 다했다고 하더군.」

☐ You had always been a small girl, but when you were fifteen years old you began to shoot up (grew quickly).
「넌 항상 어린 소녀였지만 열다섯 살이 되더니 갑자기 성숙해지기 시작했어.」

☐ When I brought up and bright idea, the manager shouted me down (overwhelmed me by shouting).
「내가 괜찮은 생각을 제의했을 때 지배인이 큰소리로 나를 입다물게 만들었다.」

☐ Don't settle for second best. shoot for the sky (set your goal high).
「차선으로 만족하지 말아라. 큰 뜻을 품어야한다.」

☐ I must have shot my cookies (vomited) more than fifteen times all day.
「난 온종일 열다섯 번이 넘도록 구토를 했다.」

☐ I was so happy when my son was born that I shouted the news from the housetops (told the news to everyone).
「우리 아들이 태어났을 때 너무 기뻐서 만나는 사람마다 다 알려주었다.」

☐ Jin-soo and Myung-ho tried to win Sung-hi, but after Myung-ho's joining the army it was all over but the shouting (brought to an end).
「진수와 명호는 성희와 결혼하려고 경쟁했었지만 명호가 군에 입대하고 보니 진수를 택하는 것으로 끝나버렸다.」

♣ **show the white feather** : exhibit cowardice (꽁무니 빼다)

> He always *shows white feather* at the last moment.
> 「그는 끝에 가면 언제나 꽁무니 뺀다.」

☞ 옛날에는 수탉의 꼬리에 흰털이 섞여 있으면 훈련이 안되고 겁이 많은 닭으로 여겼다. 싸움닭에게 필요한 것은 불굴의 투지와 담력인데 겁을 먼저 먹는다는 것은 도저히 안 될 말이다. 여기서부터 show the white feather는 겁을 낸다는 비유적 표현으로 쓰이게 되었다. 이제 show의 용례를 본다.

□ Everyone thought Jung-soo was coward, but he <u>showed his colors</u> (showed what he was really like) when he rescued lots of people from the burning apartment house.
「모두가 정수를 겁보라고 여겼지만 불이 난 아파트에서 많은 사람을 구출할 때에는 참 모습을 보여주었다.」

□ Our boss is motorious for underpaying and sweat his workers until they begin to <u>show signs of</u> (show indications of) quitting.
「우리 사장은 일꾼들이 그만둘 기미를 보일 때까지 싼 급료로 혹사하기로 유명하다.」

□ After Sung-hi and Moo-ho finished their chat, Sung-hi <u>showed Moo-ho to the door</u> (led Moo-ho to the door).
「성희와 무호가 이야기를 끝내자 성희가 무호를 문까지 안내해 주었다.」

□ That Assemblyman uses a large vocabulary and lots of adopted words to <u>show his intelligence to good advantage</u> (display the best features of his intelligence).
「저 국회 의원은 자신의 유식함을 과시하기 위해 풍부한 어휘와 많은 외래어를 사용한다.」

□ Joo-hyun always tries to <u>steal the show</u> (get attention for himself) when he and I show up in public.
「주현이와 내가 사람들 앞에 나타나면 언제나 그가 인기를 가로채려고 든다.」

□ I have the misfortune to be taken ill just before graduation. <u>That's show business for me</u> (That's the way the life really is).
「난 불행히 졸업 직전에 아프다. 이게 나의 인생살이인가 봐.」

□ It's disappointing to <u>have nothing to show for</u> (have no result from) all my three year efforts.
「3년 간이나 노력해도 아무런 소득이 없으니 실망스럽다.」

♣ **shut the shop** : die, close the shop (죽다, 폐업하다)

> You will never *shut the shop* so long as you continue to talk of dying.
> 「자네가 죽겠다 죽겠다 하는 동안은 좀처럼 죽지 않는 법이라네.」

☞ 1950년대 이후 미국에서 생겨난 죽음에 대한 둘러치기 표현법 몇 가지를 살펴본다. 사람이 태어나서 살아가는 것은 개업하고 영업하는 셈이고, 죽는 것은 가게문을 닫는 셈이 되는 것이다. 따라서 quit the scene, call it quits, call it a job, call it a day 등은 물론 shut the shop과 마찬 가지로 die의 뜻이 된다. 그러므로 have notice to quit이라면 one's illness is fatal이니 염라대왕이 모시러 온다는 말과 같을 것이다. 이제 shut의 용례를 본다.

☐ They tried to get into the theater, but we <u>shut them out</u> (refuse entrance to them) because there was no more room.
「그들은 극장에 들어오려고 하였으나 우리는 자리가 없어서 거절했다.」

☐ The terrible service at that restaurant <u>shut the door on</u> (obstructed) any more business from our office.
「저 식당의 형편없는 손님 접대가 우리 사무실 손님 발길을 더 이상 못오게 끊어 놓았다.」

☐ I really like to <u>be shut of</u> (get rid of) such an unwelcome duty.
「난 정말 그런 달갑잖은 일을 면했으면 좋겠다.」

☐ If we <u>shut our eyes to</u> (pretend not notice) the injustices in the world, no laws would ever be changed.
「우리가 불의를 보고도 못본척 한다면 법률 개정은 결코 없을 것이다.」

♣ **the wrong side of the tracks** : the poor part of a town (가난뱅이들이 사는 지역에)

> He was born on *the wrong side of the tracks*, but he rose from humble family.
> 「그는 가난하게 태어났지만 개천에서 용나듯 출세했다.」

☞ 이 미국식 표현은 19C의 철도에서 생겨났다. 마을을 가로지르는 철도의 왼편에는 가난한 사람들이 살았고 오른편에는 부자들만 살았다. 지금은 이 경계가 아예 읍이나 군의 행정구역 경계선으로 변해 버렸고 빈부 격차는 더욱 커져 버렸다. 하여간 이렇게 하여

wrong side는 가난한 사람이 사는 지역을 가리키는 말이 되어버렸다. 이제 side의 용례를 들어 본다.

☐ My exam <u>is a thorn in my side</u> (is a constant to me). I wish I had pass it without any difficulty.
「내 시험은 항상 나를 괴롭히고 있다. 큰 어려움없이 합격했으면 좋겠다.」

☐ When Sung-moon <u>chose up sides</u> (took one side of a game), his best friend didn't end up on the same team.
「성문이가 게임의 편 나누기를 했을 때 그의 가장 친한 친구와 한편이 되지 않았다.」

☐ Myung-goo thinks I am his best friend, so he never thinks I will <u>side against</u> (be against) him.
「명구는 나를 가장 좋은 친구로 생각하고 있으므로 내가 반대편에 서리라는 것은 전혀 생각지 않고 있다.」

☐ He needs to hear the <u>flip side</u> (other side) of this before he makes a judgement.
「그가 판단을 내리기 전에 다른쪽 말도 들어야 한다.」

☐ Moon-sook's books are neatly lined up <u>side by side</u> (one side the other in a row) on the window seat.
「문숙의 책은 창문쪽에 가지런히 옆으로 정돈되어 있다.」

♣ **out of sight, out of mind** : if you do not see something, you'll not think about it
(떠난 사람은 날로 멀어진다)

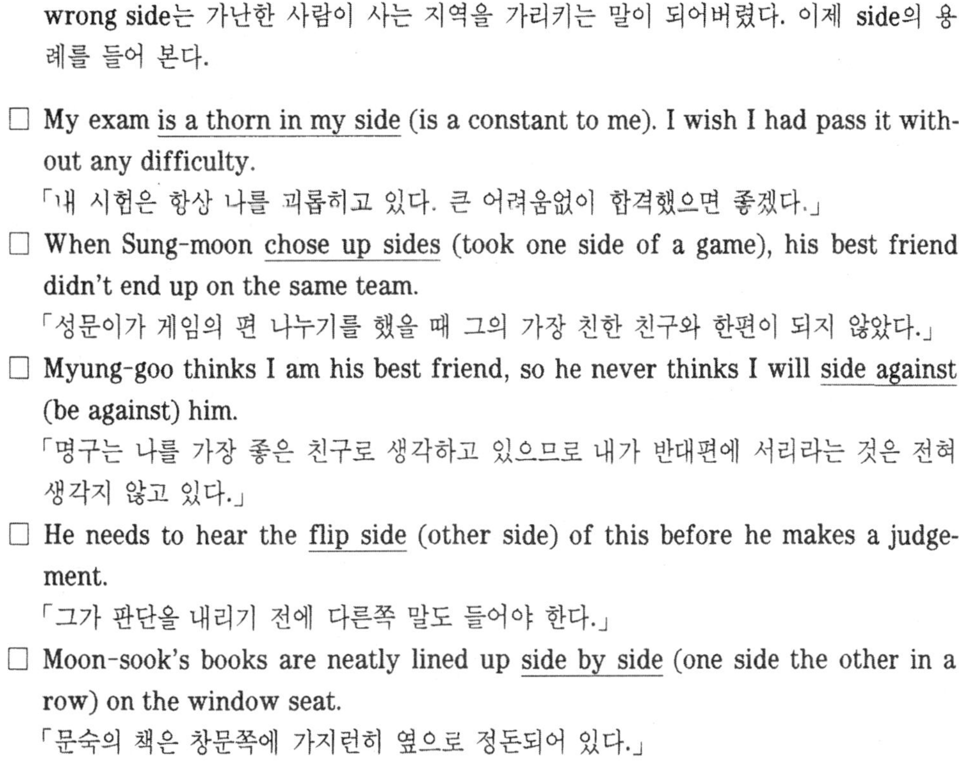

When my daughter comes home, she puts her school books away so she doesn't worry about doing her homework. After all, *out of sight, out of mind.*
「내 딸은 학교에서 돌아오면 교과서 따위는 한쪽에 치워두고 숙제같은 건 걱정도 안한다. 눈에 안보이면 잊혀지는거니까.」

☞ 내용은 쉬우므로 해설은 생략하고 언제부터 이 말이 쓰였는지 살펴보자. 미국의 시인 **Thomas Haynes Bayly (1797–1839)**가 그의 작품에서 "absence makes the heart grow fonder"라고 쓴 일이 있으며, **Francis Davison**이 1602년에 "Out of sight, out of mind"라고 쓴 일이 있다. 안 보면 멀어지는 수도 있어서 이웃 사촌이란 말도 있지만, 안 볼수록 더 생각날 수도 있다. 이제 **sight**의 용례를 보기로 한다.

□ He was so frustrated and <u>lowered his sights</u> (set his goals lower).
　「그는 너무나 좌절감을 느끼고는 목표를 푹 낮추어 잡았다.」
□ The weather is not great, but it's <u>damn sight better</u> (considerably better) than yesterday.
　「날씨가 썩 좋은 건 아니지만 어제보다는 상당히 좋다.」
□ After his long, dusty hike, the well was <u>a sight for his eyes</u> (a welcome sight).
　「그의 긴 먼지투성이 여행 뒤의 우물은 눈에 번쩍 띄는 것이었다.」
□ Dong-woo met Moon-hi when he was a high school boy. It was <u>love at first sight</u> (love established when two people first saw one another).
　「동우는 고등학교 시절에 문희를 만났다. 그는 첫눈에 반했던 것이다.」

♧ **sit on the fence** : be undecided (미정의)

> I *sat on the fence* for a month last winter before I finally joined the army instead of the enrollment in the university.
> 「난 최종적으로 대학대신 군 입대를 결정하기 이전까지 지난 겨울 한 달 동안이나 결정을 못하고 있었다.」

☞ 울타리에 걸터 앉아 어느쪽으로 뛰어내려야 할지 망설이는 상황이다. 1897년도 미국 재무장관이었던 John Sherman은 상원의원에 출마하기로 결정했다. 재무장관직에서 물러나야 한다는 것을 알고 있었던 그는 Ohio농장으로 낙향하였고, 기자들이 그의 낙향 이유를 묻자 "I have come back to mend my fences (restore good relations or gather political support)"라고 대답했다. sit on the fence와는 다르지만 fence-mending도 널리 쓰이는 말이므로 유의하기 바란다. 이제 sit의 용례를 들어 본다.

□ This tearoom can serve only twent people <u>at a sitting</u> (at one time).
　「이 다방은 한 번에 고작 20명을 접대할 수 있다.」
□ I am going to be absent, and you have to <u>sit in for me</u> (take my place).
　「난 거기 안가니까 네가 내 대신 참석해 주어야겠다.」
□ You can't sign up for the math class, but you'll get a permission to <u>sit in on it</u> (observe it without participating).
　「넌 수학 시간에 정식 등록은 못하더라도 참관 허가는 받게될 것이다.」
□ Sung-moon is supposed to be demoted, but the boss is <u>sitting on him</u> (holding him back) because of a disagreement.

「성문이는 강등을 당하기로 되어있으나 사장이 보류하고 있다.」
☐ You have to <u>sit out of</u> (not take part in) the game when you get hurt.
「넌 부상을 입으면 게임에서 빠져야 해.」
☐ Sung-mo like the drama so much that he <u>sat through</u> (watched all of) it.
「성모는 그 드라마가 너무 좋아서 끝까지 보았다.」
☐ They were waiting in line for the gate to open when someone came out and told them to <u>sit tight</u> (wait patiently) because it wouldn't be much longer before they could go in.
「그들은 문이 열리기를 기다리고 있는데 어떤 사람이 와서 말하기를 이제 입장할 때까지 얼마 안남았으니 참고 기다려 달라고 했다.」
☐ Much ado about nothing in the office this morning caused everyone <u>sit up and take notice</u> (become alert and pay attention).
「오늘 아침 사무실에서 별것도 아닌 소동으로 모든 사람들을 긴장시켰다.」
☐ The explosion next door and the fire across the street seems to be under control, but all my family are <u>sitting on a powder keg</u> (in a risky situation).
「옆집의 폭발과 길 건너편의 불은 사그러진 듯하지만 우리 가족 모두는 마음 졸이고 있다.」
☐ My grandfather died and left enough wealth for my father to be <u>sitting pretty</u> (living in comfort) for the rest of his life.
「우리 할아버지가 돌아가실 때 아버지 여생은 편안하게 살수있는 재산을 남기셨다.」
☐ Do you expect me to <u>sit still for</u> (tolerate) such a disgrace?
「넌 내가 그런 망신을 참고만 있으리라고 생각하니?」
☐ The soldiers who patrolled the DMZ were <u>sitting on a volcano</u> (in a place where trouble might start).
「비무장 지대를 순찰하는 군인들은 위태로운 곳에 있었던 것이다.」
☐ When I asked Moon-ho for help with my homework, he was just <u>sitting on his hands</u> (refused to do anything).
「내가 문호더러 숙제를 좀 도와 달라고 했을 때 그는 그저 모른척하고 있었다.」
☐ The ever dwindling government budget didn't <u>sit well with</u> (find favor with) the government workers.
「자꾸 줄어지기만 하는 정부 예산은 공무원들을 속상하게 만들었다.」
☐ You shouldn't expect me to <u>sit at your feet</u> (eager to learn from you) without questioning any of my opinions.
「내 생각에 대한 질문없이 내가 열심히 가르침만 받기를 바라서는 안됩니다.」

♣ **skin someone alive** : scold someone severely, be very angry with someone (몹시 꾸짖다, 몹시 화를 내다)

> **I'll be *skinned alive* by my parents if I flunk my exams again this time.**
> 「이번에 다시 시험에 낙방하는 날이면 난 부모님한테 혼날 것이다.」

☞ 기록으로는 1869년에 쓰여졌던 것으로 되어 있으나 실은 이보다 훨씬 이전 미국의 개척시대에 생겨난 말이다. 단순히 말로만 남을 위협하는 것이 아니라 늑대를 생포해서 산채로 껍질을 벗기고서는 늑대들이 우굴대는 곳으로 풀어 놓아 보내면 늑대들이 기절초풍을 해서 달아나곤 했다는 것이다. 이제 **skin**의 용례를 보기로 한다.

☐ He knows she look like a million dollars, but beauty is only skin deep (looks are only superficial).
「그는 그 여자가 굉장하다고 알고 있지만 사람은 겉만 보고는 모르는 법이다.」

☐ On my way home I was caught in a shower an soaked to the skin (wet through the skin).
「집으로 돌아오다가 소나기를 만나 흠뻑 젖었다.」

☐ Doo-yul came through the game with a whole skin (safely).
「두열이는 무사히 게임을 치루었다.」

☐ Jong-soo's cat used to escape by skinning through (just passing through) the bars of his fence.
「종수의 고양이는 울타리 가로장을 겨우 빠져나가 도망가곤 했다.」

♣ **sleep like a top** : sleep very soundly (푹 자다)

> No one in his family *slept like a top* last night, so everyone heard a sharp scream in the middle of the night.
> 「어젯밤 그의 가족들은 아무도 깊이 잔 사람이 없었고 한밤 중에 날카로운 비명 소리를 들었다.」

☞ 문헌상으로는 1616년부터 쓰인 말이다. 팽이(**top**)가 잘 돌아갈 때면 움직이지도 않고 깊은 잠을 자는 것처럼 보인다. 힘이 빠져 약간 비틀거리면 영락없이 팽이채로 얻어맞고는 다시 잠자듯 돈다. 프랑스에서는 **taupe** (mole), 즉 두더지같이 편안하게 잔다는 말이 있었다. 하긴 두더지란 놈은 눈이 안보이니까 눈을 뜨고 경계하고 있는지 한가롭게 잠을 자는지 알기도 어렵다. 이제 **sleep**의 용례를 본다.

☐ As the weather is getting warmer and warmer, I usually <u>doze off to sleep</u> (go slowly and gently to sleep).
「날씨가 차차 풀리면서 슬며시 졸음이 오는 때가 많다.」

☐ You don't have to give me an answer right now, but you have to <u>sleep on it</u> (think about it overnight).
「당장 응답을 하지 않아도 되지만 자면서 숙고해봐야 돼.」

☐ You have already drunk too much and you'd better go home to <u>sleep it off</u> (sleep while the effets of liquor pass away).
「자넨 이미 술이 과했으니 집으로 가서 술이 깨도록 푹 자는 게 낫겠네.」

☐ Gang-hi is a beautiful girl and she never <u>sleeps around</u> (behaves promiscuously) with all sorts of fellows.
「강희는 예쁘고 또한 아무 남자하고나 난잡하게 어울리는 사람이 아니야.」

☐ When the Korean War broke out, I was a small child and soon learned to <u>sleep through</u> (fail to be woken by) lots of earsplitting noises.
「6 · 25 동란이 일어 났을 때 나는 어린 아이였고 귀청이 찢어지는 소음에도 끄떡없이 잘 자는 습관을 몸에 붙였다.」

☐ When I returned from my trip to Japan, I was so tired that I fell into bed and <u>slept round the clock</u> (slept for twenty-four hours).
「내가 일본 여행에서 돌아왔을 때 너무 피로해서 침대에 골아떨어져 밤낮없이 꼬박 잤다.」

☐ My father said if my brother wanted to sleep out, though, that we'd have to be quiet on Sunday because my father always <u>sleeps in</u> (wake up later than usual) on Sunday morning.
「아버지는 형에게 외박을 원한다해도 일요일날 우리 모두가 시끄러워서는 안된다고 하셨는데 왜냐하면 일요일날 아버지는 늘 늦잠을 주무시기 때문이다.」

♣ **have an ace up one's sleeve** : have something useful in reserve (비책을 준비해 두다)

> **We should *have an ace up our sleeve* to negotiate with North Korea about the nuclear problem.**
> 「핵 문제에 관하여 북한과 협상하기 위하여는 비책을 마련하고 있어야 한다.」

☞ 별로 어렵거나 신비한 뜻 또는 특기할 만한 유래가 있는 것은 아니다. 마술사 또는 카

드 사기꾼들이 아마추어 또는 봉(easy marks)에게 묘기를 보여주거나 등쳐먹을 때 소매 속에 카드를 미리 숨겨두었다가 기막히게 써먹는 데서 생겨난 말이다. 이제 sleeve와 slip의 용례를 살펴 본다.

☐ He almost slipped his trolley (lost his composure) when his wife died.
「부인을 잃었을 때 그는 마음의 평정을 잃었다.」

☐ I slippep him five (shaked his hand) and came down to brass tacks over the bottle.
「난 그 사람과 악수를 하고 나서 한잔하면서 본론에 들어갔다.」

☐ She told me she was sorry but she slipped up (made a small mistake) and didn't reallized what time it was, so she didn't have time to sober up, and especially not to sleep it off.
「그녀는 나에게 미안하다고 사과했지만 실수를 하여 시간이 어떻게 되었는지 생각도 못했고, 따라서 술을 깰만한 시간이 없었으며, 더더구나 잠을 자서 술을 깰만한 시간은 없었다.」

☐ This is work! Come on, roll your sleeves up (get ready to do some work) and get busy!
「여긴 직장이야. 자, 벗어부치고 열나게 일해.」

☐ Sung-mo always wears his heart on his sleeve (displays his feelings openly so that we know how he feels).
「성모는 언제나 속으로 숨기는 일이 없어서 우리는 그가 어떤 생각을 하는지 안다.」

☐ Sun-young failed to understand my instructions because I made a slip of the tongue (made an error in speaking) at an important point.
「내가 중요한 대목에서 말을 잘못하였기 때문에 선영이가 내 지시를 이해하지 못했다.」

☐ Man-gab meant to go to church on the way to his brother's home, but it slipped his mind (was forgotten).
「만갑이는 형님 집에 가는 길에 교회에 갈 생각이었으나 그걸 잊어버렸다.」

☐ You must have been slipping a gear (making a mistake) when you said you would marry such a romp.
「네가 그런 말괄량이하고 결혼하겠다고 한 것이 실수를 저지르고 있었던거야.」

☐ Sung-soo came in for a tremendous amount of money when his father died, but he didn't save a panny. Money only slipped through his fingers (escaped without his knowing how).
「성수는 아버지가 돌아가실 때 거액의 돈을 물려받았지만 한푼도 남기지 못했다. 돈이 그저 없어지는 줄도 모르게 새어 나가버린 것이다.」

♣ **have something up one's sleeve** : have a secret (몰래 숨겨놓다)

> That snake-in-the-grass's *got something in his sleeve,* and it should solve all the problems.
> 「저 속검은 녀석이 꿍꿍이가 있는데 그 꿍꿍이만 알면 모든 일이 풀리게 돼있다.」

☞ have an ace up one's sleeve와 비슷한 내용이다. 이 경우에도 소매 속에 숨겨두었던 카드나 물건이 마술사의 멋진 묘기에 사용된데서 비롯된 것으로 볼 수 있다. 또 한 가지 사실은 중세의 옷에는 거의 주머니가 없었고 허리춤에 차고 다닐 수 없는 물건은 소매 속에 넣어 다녔다. 게다가 소매가 큰 옷을 입을 때도 있었고, 웃음이 나올 때 때로는 상대방을 난처하게 만들지 않도록 얼굴을 가만히 소매 속에 숨기고 소리없이 잠깐 웃고 얼굴을 내미는 일도 있어서 laugh up one's sleeve (hide one's laughter)라는 말도 생겼다. 이제 some의 용례를 본다.

☐ The Opposition party <u>dug up some dirt on</u> (found out something bad about) the president and used it against him at election time.
「야당은 대통령에 대한 흠집을 만들어서 선거 때 대통령을 공격하는데 써먹었다.」

☐ The newly opened shop is trying to do something to <u>drum up some business</u> (stimulate people to buy what they are selling).
「새로 개업한 가게에서는 판촉 활동에 열을 올리고 있다.」

☐ At least you can help me understand the computer <u>to some extent</u> (to some degree).
「적어도 넌 내가 컴퓨터를 이해하는데 어느정도 도와줄 수 있잖아.」

☐ I <u>used some elbow grease</u> (used some effort), but it doesn't help get out of trouble.
「난 상당히 노력하였으나 어려움을 헤쳐나가는데는 별로 도움이 안됐다.」

☐ At last fortune began to smile on me. I mean <u>somebody up there</u> (God) sure loves me.
「드디어 내게도 재수가 트이기 시작했어. 하늘이 나를 도와주고 있단 말이다.」

☐ Admiral Lee Soon-Shin is <u>something else</u> (so good as to be beyond description) in our history.
「이순신 장군은 우리 역사상 말로는 표현할 수 없는 훌륭하신 분이다.」

☐ Sung-moon doesn't care if you use his pencil sharpner sometimes, but having it without permission and keeping it is <u>something else again</u> (something different).

「네가 성문이 연필깎이를 가끔 사용하는 건 성문이가 아무렇지않게 생각하지만 허락도 없이 갖고 있는 것은 빌려쓰는 것 하고는 다른 이야기다.」

♣ **speak with a forked tongue** : speak ambiguously (애매한 소리를 하다)

> Come clean and don't *speak in forked tongue*.
> 「솔직히 털어놓고 애매하게 얼버무리지 마.」

☞ 혓바닥이 갈라져서 발음이 똑똑하지 않다면 무슨 말을 하는지 알 수 없을 것이다. 또한 혀를 꼼짝도 않고 말을 하면 무슨 소리인지 알 수 없으므로 speak in tongues (utter unintelligible words)라는 말이 생긴다. 말은 의사전달 수단이므로 명확해야 한다. 그렇다고 함부로 안할 말을 하고 난 다음 I could have bitten my tongue off (I deeply regret having said something).이라고 후회해도 때늦은 일이다. 이제 **speak**의 용례를 들어 본다.

☐ The Assemblyman promised to create sufficient jobs for his contituents, but in reality, his empty election pledges are nothing but pie in the sky and <u>actions speak louder than words</u> (it is better to do something about the problem than just to talk about it).
「그 국회의원은 자신의 선거 구민들에게 충분한 일자리를 마련해 주겠다고 약속했지만, 실제 그의 허황된 공약은 그림의 떡일 뿐이고 말보다 행동이 앞서야 할 일이다.」

☐ Everyone <u>speaks highly of</u> (says good things about) you.
「모두가 자네를 높이 칭찬하고 있다네.」

☐ I need to prepare a speech for coming Monday, because I am not so good at <u>speaking off the cuff</u> (speaking in public without preparation).
「난 대중앞에서 즉석 연설을 하는 것이 서툴기 때문에 이번 월요일 연설을 위해서 준비를 해야 한다.」

☐ I am afraid if I am <u>speaking out of turn</u> (saying something imprudent), but what you have done is quite for show.
「내가 주제넘은 말을 하고 있는지 모르지만 네가 한 일은 아주 겉치레에 불과해.」

☐ If you are really willing to put yourself in my place, you'll <u>speak my language</u> (say something that I understand).
「정말 네가 내입장이 되겠다는 용의가 있다면, 네가 말이 통하는 소리를 하게 될 것이다.」

☐ The marvelous gift you gave me <u>spoke volumes</u> (was full of meaning) for what you think of me.

「나에게 주신 멋진 선물은 나를 각별히 생각해 주신다는 뜻이 담겨 있었습니다.」

♣ **stand pat** : remain as one is (고수하다)

> You shouldn't be spaced out like that again. You can't *stand pat*, but you have to keep progress.
>
> 「또 필름 끊어진 것같은 멍한 짓을 해서는 안돼. 제자리 걸음을 해서는 안되고 계속 전진해야 한다.」

☞ 19C의 미국에서 **poker game**을 할 때 최초에 가졌던 패를 만족스럽게 생각하고 끝까지 다른 패를 뽑아오지 않은데서 생긴 말이다. 여기서 pat은 in a manner that fits or agrees with purpose의 뜻이고 나아가 incapable of being improved의 뜻으로 발전한다. 또 다른 이야기로는 장사꾼들이 여기저기 다니지 않고 붙박이로 좋은 장소에서 장사를 하는 데서 **stand pad**가 되고 나중에 **stand pat**로 되었다는 설이 있다. 이제 **stand**의 용례를 보기로 한다.

☐ You'd better <u>stand behind</u> (place yourself in back of) this building where that policeman can't see you.
「저 경찰이 널 보지 못하도록 이 건물 뒤에 서 있는게 좋겠다.」

☐ The main opposition party, which made public the assets of its 95 lawmakers yesterday, faces the same problem as the ruling party had. They can no longer claim to <u>stand for</u> (support) their own honesty.
「어제 95명의 입법 관계자들이 재산을 공개한 제1 야당도 여당과 같은 문제에 직면하고 있다. 이제 그들은 더이상 자신들의 정직성을 뒷받침할 만한 주장을 펼수 없게 되어 있다.」

☐ When it comes to frugality, I sure <u>stand in owe of</u> (am overwhelmed in respect for) you.
「검약으로 말하면 정말 너에 대한 경외감이 드는구나.」

☐ The rookie was grateful to <u>stand in for</u> (substitute for) me for today's game.
「오늘 게임에는 나대신 신인 선수가 뛰게 되어서 고마워했다.」

☐ Ever aggravating political corraption and government-business collusion <u>stood in our way</u> (were a barrier to our desires).
「끝없이 심화되어 가고있는 정치적 부패와 정경 유착이 우리의 앞길을 가로 막고 있다.」

☐ Our boss doesn't <u>stand on ceremoney</u> (follow strict rules of politeness) in the office.
「우리 사장님은 사무실에서 격식을 따지지 않는다.」

☐ Yoon-wha is very tall and <u>stands out</u> (is conspicuous) in the crowd.
「윤화는 키가 매우 커서 사람들 속에서 표가 난다.」

☐ I think it <u>stands to reason</u> (is logical) that you'd become hard of hearing if you blew up buidings all the time with dynamite.
「항상 건물을 다이너마이트로 폭파하는 일을 했다니 귀가 멍해지는 것도 당연한 일이라고 생각됩니다.」

☐ We were glad when Hyung-man told us he'd <u>stand us to a treat</u> (pay for food and drink for us) after a long time.
「형만이가 모처럼만에 우리들에게 한턱 내겠다고 해서 우리는 기뻤다.」

☐ If I <u>stand up</u> (fail to meet) people again this time, I'll have no friends at all.
「이번에 또 내가 사람들을 바람 맞힌다면 이젠 친구도 없어지고 말것이다.」

☐ Sung-ho is not generally in favor of me, but to my surprise, he was favorable enough to <u>stand up and be counted</u> (announce his support for me) today.
「성호는 보통 때 내편은 아니지만 놀랍게도 오늘은 나에 대한 지원을 선언할 만큼 호의적이었다.」

☐ After Sun-ho learned to <u>stand up against</u> (resist) his boss, he found that his job was more pleasant and less threatening.
「선호가 사장에게 항의하고 난 이후 직장의 일이 쾌적해졌고 스트레스도 줄었다.」

☐ The layer asked me to <u>take the stand</u> (sit in a witness chair in a courtroom), which I didn't.
「변호사가 날더러 법정의 증인석에 서라고 요구했지만 난 서지 않았다.」

☐ My wife and I just <u>stood in the room with our bare face hanging out</u> (stood in the room looking helpless and stupid) when I had my pocket picked of a large amount of money.
「내가 거액의 돈을 소매치기 당했을 때 집사람과 나는 방에서 꼼짝못하고 멍청하게 서 있었다.」

☐ We can <u>stand tall</u> (be brave and proud) in the light that we did our level best.
「우리가 끝까지 최선을 다했다는 점에서 우리는 용기있고 자랑스럽다.」

☐ You can't get very far unless you can <u>stand the gaff</u> (stand rough treatment).
「네가 고난을 참고 견딜 수 없으면 그다지 성공할 수 없다.」

♣ **start from scratch** : start from the beginning (처음부터 다시하다)

> In skiing lesson, Sung-ho knew how to ski a little, but I had to *start from scratch*.
>
> 「스키 교습에서 성호는 약간 할줄 알았지만 난 처음부터 시작해야 했다.」

☞ 원래 경마에서 생겨난 말이다. 영국에서는 경마의 출발선을 scratch라 하였다. 일단 출발하면 달리는 능력이 말해주는 것이고 어떠한 핸디캡도 없다. 여기서 scratch race (핸디캡 없는 경기)라는 말도 생겨났다. 이제 start의 용례를 들어 본다.

☐ I am afraid I have spread myself too thin. Now I have to work <u>by fits and starts</u> (irregularly).
「아마 내가 너무 설치고 다니는 게 아닌가 싶다. 이제 가끔씩만 일해야겠다.」

☐ I didn't think this was an accident, so I tried to smell a rat, and <u>started out with a clean slate</u> (started out again sfresh).
「이 사건이 우연한 일이라고 생각되지 않아서 낌새를 좀 떠보고 새롭게 시작했다.」

☐ I tried to sound out my boss about two days off from my job, but ended up <u>starting something</u> (making trouble).
「나는 사장에게 이틀간 휴가를 얻으려고 하였으나 오히려 화근만 일으킨 꼴이 되었다.」

☐ It was starting to get late, so I told Moon-ho that we should <u>start back</u> (begin the return trip).
「그때 출발이 늦었으므로 나는 문호에게 발걸음을 돌려 다시 해야 한다고 말했다.」

☐ Don't come up behind me quietly like that and <u>startle me out of my wits</u> (shock me very much).
「그렇게 살며시 내 뒤로 다가와서 간떨어지게 하지 말아라.」

♣ **stave off** : keep from hurting you (피하다, 막다)

> Let me take you to a big hamburger. I guess you have to *stave off* starvation.
>
> 「큼직한 햄버거 하나 사줄 게. 보아하니 허기는 면해야 할 것 같다.」

☞ 17C에 황소(bull)를 골리던 놀이에서 온 말이다. 개를 시켜 소를 약올리거나 공격하면 날렵하지 못하고 우직한 소가 화를 내며 덤비다가 제품에 부딪쳐서 뿔(horn)의 끝이 잘려나가 투우로서는 쓸모없게 되는 수가 일쑤였으므로 이런 상황에 이르면 소의

주인이 막대기(staff or stave)로 개를 때려 소를 공격하지 못하게 함으로서 소의 뿔을 온전히 유지할 수 있고 다음에 또 소를 써먹을 수 있게 된다. 여기서 "피하거나 개를 때린다"는 뜻이 함축된 stave off가 생겨 났다. 이제 stave, state, stay 등의 용례를 본다.

☐ While the president lay in state (was on display in a public place), many people walked by and paid their respects.
「대통령 시신이 장례식장에 안치되자 많은 사람들이 다가와서 조의를 표하였다.」

☐ This is a pretty state of affairs (an unpleasant state of affairs), and it is all my fault.
「일이 엉망으로 돼버렸고 모두가 내 불찰이다.」

☐ They needed to stop and find a comfort station (restroom) in the next town.
「그들은 다음 마을에서 화장실을 찾기 위해 걸음을 멈추어야 했다.」

☐ How about stopping at the next thirst-aid station (place to purchase liquor) and on our way home.
「집에 가는 길에 주류점에 들르는게 어때.」

☐ Hopefully in the future scientists will be able to develop a truly safe form of energy that could meet our modern day needs. Stay tuned (Watch for further developments).
「앞으로 과학자들은 현대 생활의 수요에 응할 수 있는 정말 안전한 형태의 에너지를 개발할 수 있었으면 좋겠습니다. 잘되어 나가기를 기대해 봅시다.」

☐ After I came home from my trip to Je-joo-do, I wanted to stay put (didn't want to leave) for a while.
「난 제주도 여행에서 돌아온 후 한동안 가만히 있고 싶었다.」

♣ **step out of line** : move briefly out of a line where one was standing. do something offensive(열(列)에서 잠시 이탈하다, 촐싹거리다)

> It's better not to *stay out of line* *if* you aren't sure you can get back in.
> 「원래 있던 자리에 되돌아 오는 것이 확실치 않다면 열을 떠나지 않는게 좋다.」

☞ 대열을 혼자 벗어난다는 것은 질서를 깨뜨리는 일이다. 특히 해전에서 전함들의 질서 정연한 움직임은 매우 중요한 일이다. 우리가 잘 아는 이순신 장군의 학익진과 같은 포진법도 대열과 질서의 한 표본이다. 여기서 **line-of-battle ship**(전열함)이란 말도 생겨 났다. 이제 **step**의 용례를 살펴 보기로 한다.

☐ I am ready to <u>step down from</u> (resign) office when I feel that I am spinning my wheels.

「내가 헛 일을 하고 있다는 느낌이 들면 직장을 떠날 생각이다.」

☐ You can't <u>step on the gas</u> (hurry up) there's much traffic.

「서둘러 갈 수가 없다, 교통 체증으로.」

☐ My wife can't keep up with me when I <u>step up my pace</u> (make my step go faster).

「내가 걸음을 빨리하면 집사람은 못따라 온다.」

☐ The President will <u>take steps</u> (make preparations) needed for public works, unemployment compensation and other programs aimed at ensuring the economy doesn't slip once again into recession.

「대통령은 경제가 다시 한번 불황으로 떨어지지 않을 것을 확실히 하는데 필요한 공공 사업, 실업 보상및 기타 사업 등을 위한 조치를 취할 것이다.」

☐ I want to settle this once and for all. <u>You want to step outside</u> (Do you intend to start a fight)?

「난 이번으로 이 일을 끝내고 싶어. 넌 한 판 싸우고 싶다 이거지?」

☐ You'll be <u>step off the curb</u> (die) when your report turns out to be smoke and mirrors.

「네 보고가 거짓일 때에는 죽을 줄 알아.」

☐ Bong-pal has been <u>stepping out Jong-mal</u> (betraying Jong-mal by going out with someone else), but she doesn't know it yet. He'll soon have a hard time smoothing it over.

「봉팔이는 종말이를 속이고 바람을 피웠지만 아직은 종말이가 모르고 있다. 얼마 안가 서 봉팔이는 이 사건을 잠재우느라 애를 먹게 될 것이다.」

♣ **have something stick in someone's craw** : have something irritate someone (괴롭히다, 괴로워 하다)

I am sick and tired of your *having this problem stick in my craw* and upsetting me.

「이 문제로 나를 괴롭히고 속을 뒤집어 놓는데는 진저리 난다.」

☞ 속이 메스껍고 기분 나쁜 일이 있으면 목구멍에 아무것도 넘어가지 않는다. 여기서 **craw**는 crop이라고도 하며 새들의 목에 있는 "모이주머니"이다. 새들은 모래, 돌, 사

금파리 등을 주워 먹어 모이주머니 안에서 먹이와 섞여 마찰되면서 소화를 돕는다. 사냥꾼들이 새를 잡으면 모래주머니에 큰 돌같은 것이 들어서 목이 막혀 죽는 새를 가끔 본다. 너무 큰 것을 먹으면 밑으로 빠져나가지도 않고 위로 토할 수도 없기 때문이다. 이런 모습의 새를 본 사냥꾼들의 입에서 이 말이 생겨났다. 이제 stick, stake의 용례를 본다.

□ I finally parted company with my friend and our friendship was <u>at stake</u> (at risk) then.
「결국 나는 친구와 헤어졌고 그땐 우리 우정도 깨어질 뻔했다.」

□ There is no need to spout off like that or <u>stake a claim</u> (make a claim).
「그렇게 마구 떠들어대거나 권리를 주장할 필요가 없어.」

□ I'll <u>stick my neck out</u> (take risk) because I think I can establish myself as an enterpriser.
「난 사업가로서 성공할 수 있다고 생각하기 때문에 모험을 걸어 볼 것이다.」

□ That fellow <u>stuck me up</u> (robbed me), but my brother sounded the alarm before anything was stolen.
「저 사람이 나한테 도둑질을 하려고 하였으나 물건을 훔치기 전에 동생이 초인종을 눌렀다.」

□ I should have stood in bed because a dishonest merchant <u>stuck me with</u> (burdened me with) a used calculator.
「엉터리 장사꾼이 헌 계산기를 떠 맡기는 바람에 그저 방구석에 틀어박혀 있었으면 좋았을 뻔했다.」

□ I am short of money at the end of the month, but I am ready to <u>stick it out</u> (endure it).
「난 월말이면 돈이 떨어지지만 버텨낼 각오가 돼 있다.」

□ I'll <u>stick to guns</u> (remain firm in my convictions) on this matter.
「이 문제에 대해서는 입장을 굽히지 않을 것이다.」

□ You can't <u>stick together</u> (remain together as a group) when you grow up.
「너희들은 자라면 같이 붙어다닐 수 없게 돼 있다.」

□ I want you to understand this completely, so I am going to spell all this out very carefully if you are ready to <u>stick up for me</u> (support me).
「당신이 이 사실을 완전히 이해하기 바라며, 그래서 당신이 만일 나를 변호해 줄 용의가 있다면 이 문제를 아주 세심하게 상세히 털어놓을 생각입니다.」

□ I am afraid I'll be <u>carrying the stick</u> (living as a hobo on the street) if I get a pink slip.

「만약 해고되면 쪽박차지 않을까 걱정된다.」

♣ **strike while the iron is hot** : do something when the time is ripe. (기회를 놓치지 마라)

> You didn't get a job because you are sort of slow on the draw. You've got
>   to *strike while the iron is hot.*
> 「넌 약간 판단이 느려서 취직을 못한 거야. 기회는 왔을 때 붙잡아야 해.」

☞ 쇠가 벌겋게 달아서 식기 전에 모루 위에 놓고 망치로 내려쳐야 한다. 마찬 가지로 매사에 절호의 기회가 왔을 때 놓치지않고 붙잡아야 한다. 영국 시인 Geoffrey Chaucer가 그의 유명한 작품 Canterbury Tales에서 "Iron is hoot men sholen smyte" 이라고 썼던 것으로 전해진다. 이제 strike, stroke의 용례를 보기로 한다.

☐ We argued for a while before striking a bagain (reaching an agreement on a price).
「우리는 흥정을 맺기 전에 한동안 옥신각신 했다.」

☐ You should strike a happy medium (find a compromise position) instead of stirring up a hornet's nest.
「긁어 부스럼 만들지 말고 중용을 택해야 한다.」

☐ The fact that radiation leaked and burning fossil fuels cause contamination to people and environment strike a sour note (signifies something unpleasant).
「방사능 누출과 화석연료(석유, 개스등) 연소가 사람들과 환경을 오염시키고 있다는 사실은 유쾌하지 않은 일임을 시사하는 것이다.」

☐ I wish to strike it rich (acquire wealth suddenly) and sock away lots of money.
「갑자기 부자가 되어 큰 돈을 저축하고 싶다.」

☐ Just because I struck out (failed) once, it doesn't mean I can't do better now.
「내가 한 번 실패했다해서 이제 내가 더 잘 할 수 없다는 건 아니다.」

☐ If you get into a bad habit that doesn't strike my fancy (appeal to me), I'll nip it in the bud.
「내 마음에 안드는 나쁜 습관이 네게 생기면 내가 미연에 고칠것이다.」

☐ I stopped by my uncle's on my way home and struck up a conversation (started a conversation) with him.
「집에 오는 길에 삼촌 댁에 들려서 삼촌하고 이야기를 나누었다.」

☐ I had a stroke of luck (a lucky happening) and rated with my boss at that time.
「그때 나는 다행스럽게도 사장의 마음에 들었다.」

☐ You can have your own way here. Different strokes for different folks (Different things please different peole).
「여기서는 마음대로 해도 돼. 사람이 다르면 취미도 다른 법이니까.」

☐ After a losing battle, the pirate captain struck down his colors (admitted he was beaten).
「해적 선장은 싸움에 진 다음 항복을 표시했다.」

♣ **string along with** : accompany (함께 해나가다, 충실히 따르다)

They used to *string along with* each other rain or shine.
「그들은 비가 오나 날이 좋으나 같이 어울려 다니곤 했었다.」

☞ 한 줄에 꿰매어 놓으면 별 수 없이 말을 들어야 한다. 인간을 구속하는 수치심, 도덕, 법률 등이 그것이다. 주로 북극 지방에 있는 일이지만 개들을 한 봇줄에 매어 짐을 끌게 하거나 썰매를 끌게 한다. 말, 나귀, 소 등도 굴레를 씌우고 봇줄과 고삐를 매면 꼼짝못하고 말을 듣게 된다. 사람에게도 이와 같이 구속하는 사슬이 있다. 이제 straight, string, strong, 등의 용례를 보기로 한다.

☐ I think that a few years at hard labor would straighten out (reform) the criminal.
「그 죄인을 몇년 간 중노동 형에 처한다면 개심할 것 같다.」

☐ Don't try to rip off that straight arrow (honest person).
「저런 정직한 분한테 바가지 씌우려 들지마.」

☐ They struggled to the death to get the straight dope (true information).
「그들은 진짜 정보를 얻으려고 죽을 고생을 했다.」

☐ At times I palled around with those strong-arm men (bullies) in my youth.
「젊었었을 때 한 때는 저런 깡패들 하고 어울려 다닌 적도 있었지.」

♣ **not enough room to swing a cat** : not very much space (매우 비좁다)

We use a very small room. There *isn't enough room to swing a cat.*
「우리는 아주 작은 방을 하나 쓰고 있다. 너무 비좁아서 몸을 움직일 수 없을 지경

> 이다.」

☞ 1600년 경에 있었던 놀이의 하나에서 온 말이다. 고양이의 꼬리를 잡고 흔들 동안 궁수(archer)가 화살을 쏘아 고양이를 맞히는 것이다. 너무 좁은 곳에서는 고양이 꼬리를 잡고 흔들 여유가 없기 때문이다. 또 다른 이야기로는 선원들의 침대(cot)에서 왔다는 설이 있으나 설득력은 약하다. 선원들이 침대(cot)를 놓고 흔들만큼의 여유가 없다는데서 cot이 cat으로 변했다는 말이다. 이제 swing, switch, swim, sweep의 용례를 살펴 본다.

☐ All over the country, drug abuse by youngsters is <u>swept under the rug</u> (hided casually).
「전국에 걸쳐 젊은이들의 마약 남용이 범람하고 있다.」

☐ You are <u>swimming against the stream</u> (going against the way things are happening) if you try to succeed today without an education.
「교육을 제대로 받지 않고 성공을 하겠다고 하는 것은 대세를 모르는 일이다.」

☐ Stealing other's thunder and <u>swinging one's weight</u> (using one's personal power to get something done) should be done away with.
「남의 공을 가로채고 개인의 영향력을 행사하고 다니는 일은 없어져야 한다.」

☐ I was <u>asleep at the switch</u> (inatentive to duty) when someone pushed the doorbell.
「누군가가 벨을 누를 때 나는 멍하고 있었다.」

☐ Now, we have to <u>swing into higher gear</u> (increase the rate of activity) and steal a march on other developing countries.
「이제 우리는 힘을 내어서 다른 개발 도상국들을 앞질러 나가야 한다.」

♣ **take someone to the cleaners** : take all of someone's money (빈털터리로 만들다)

> **If you don't swear your gambling habit off right away, *you'll be taken to the cleaners*.**
> 「넌 노름하는 버릇을 당장 끊지 않으면 맹세코 넌 알거지가 되고 말것이다.」

☞ 남한테 돈을 떼어먹히거나 사기에 걸리거나 또는 노름 따위에서 가진 돈을 몽땅 잃는 것을 말한다. 세탁업자(cleaner)는 물론 깨끗이 세탁을 해주니까 깨끗이 털리는 것과 비유된다. 이 말은 **clean out**(완전히 쓸어내다, 빈털터리로 만들다)에서 왔다. 이러한

경험을 한두 번씩 당해보지 않고 사는 사람은 드물 것이다. 이제 **take**의 용례를 보기로 한다.

☐ If you don't <u>take a back seat</u> (give control) and boss around here, the tail is wagging the dog.
「자네가 여기서 뒷전에 앉아 있지 않고 나서서 거득먹거리면 하극상(下剋上)을 저지르고 있는 셈이야.」

☐ My brother doesn't mind losing a little money now and then, but I am afraid he is going to <u>take a bath</u> (have large financial loss on an investment) this time.
「우리 형은 돈을 가끔씩 잃는 것 쯤 예사로 여기지만 이번에는 큰 손해를 입을까봐 걱정스럽다.」

☐ We gave the singer a big hand and demanded that he come out and <u>take a bow again</u> (bow and receive credit again for a good performance).
「우리는 그 가수에게 큰 박수를 보냈고 다시 나와서 환호에 답하라고 요청했다.」

☐ I am not sure whether I can rescue that child, but I'll <u>take a crack at it</u> (give it a try).
「저 아이를 구할 수 있을지는 모르겠지만 한 번 해 볼께.」

☐ Nam-hi always <u>takes a dig at you</u> (says something which will irritate you) for your gumming up the works, but she never really means any harm.
「남희는 늘 니가 일을 망쳐 놓는다고 빈정대지만 결코 속마음은 널 해롭게 하려는게 아니다.」

☐ You'll be able to take a joke when you begin to <u>take a shine to her</u> (develop a fondness for her).
「그녀가 좋아지게 되면 짖궂게 굴어도 웃어 넘기고 말게 될 것이다.」

☐ If you <u>take exception to</u> (disagree with) what I have said, I can't take it anymore.
「내 말에 이의가 있다면 더 이상 참고 넘어 갈 수 없다.」

☐ All my three children adapted to bottle feeding <u>as a duck takes to water</u> (easily and naturally).
「우리집 세 아이는 모두 쉽고 자연스럽게 분유에 길들여졌다.」

☐ If you can't <u>take a hint</u> (understand a hint and behave accordingly), you'll have to scrape the bottom of the barrel.
「눈치채고 알아서 처리하지 않으면 찌꺼기밖에 차지할 수 없다.」

☐ You'd better <u>take a leaf out of Chang-soo's book</u>(behave in the way that

Chang-soo would without screaming bloody murder.
「그렇게 우는 소리 집어치우고 창수가 하는 것 좀 본 받아라.」

☐ I am ready to pitch in any time you take a new turn (begin a new direction).
「네가 언제라도 새로운 길로 나간다면 내가 힘껏 도와 줄께.」

☐ When the conference got a little dull, we took a powder (sneaked out).
「회의가 좀 따분해 졌을 때 우리는 슬며시 빠져나왔다.」

☐ Wan-jo got so steamed up at Changsoo that Wan-jo took a punch at him (strike him).
「완조는 창수에게 너무나 화가나서 주먹으로 때려 주었다.」

☐ My friend took a stand against me (opposed me) today such is life!
「오늘은 친구가 나에게 반기를 들었어. 세상사란 그런 건가 봐.」

☐ Sung-mo took a turn for the better (started to improve) and began to steal the show whenever he and I work together.
「성모가 점점 나아지더니 나와 같이 일할 때마다 혼자 주목을 받기에 이르렀다.」

☐ I am going to steer clear of him because he is trying to take advantage of me (utilize me to his own benefit) all the time.
「그는 늘 나를 이용만 하러 들기 때문에 이제 그를 피할 생각이다.」

☐ Don't you think Jung-hi takes after (resembles) her mother? Yes, she is the spit and image of her mother.
「정희가 어머니를 닮은 것 같지 않아? 예, 아주 쏙 빼 닮았는 대요.」

☐ I think I'll go to bed and take forty winks (take a nap).
「이제 잠자리에 들어 한숨 자야 겠다.」

☐ I want to take issue with (dispute a point with) you on this matter and split the difference.
「이 문제에 대해 자네와 논의해서 타협점을 찾고 싶네.」

☐ Jang-ho felt he was going to get spanked, and he didn't want to take his medicine (accept the punishment).
「장호는 매를 맞게 될 것 같은 생각이 들었으나 그 매를 맞고 싶지 않았다.」

☐ He took great pains (made great effort) to live down what he had done because he had sown his wild oats.
「그는 젊었을 때 방탕했기 때문에 그가 저지른 일을 씻어 내려고 무척 노력하였다.」

☐ Myung-ho took Sung-hi by storm (attracted a great deal from Sung-hi) in the office, and they've got married.
「사무실에서 명호는 성희를 반하게 만들어서 결혼했다.」

- [ ] I had to race against time to finish before the deadline, because I <u>took it on myself</u> (made it my responsibility) to do that.
「내가 떠맡은 일이어서 마감 시간내에 끝내려고 시간에 쫓겨야 했다.」
- [ ] We have to <u>take into account</u> (remember to consider) all the things that are important in a situation like this.
「우린 이런 상황에 필요한 모든 것을 고려에 넣어야 한다.」
- [ ] Please don't <u>take me wrong</u> (misunderstand me), but I believe you have never racked your brains to solve the problem.
「오해는 하지 마, 하지만 넌 문제를 해결하기 위해 골머리 앓아 본 적은 없어.」
- [ ] Stop rambling on interminably. You should <u>take over</u> (take change of) your children. Nobody can seem to control them.
「장황하게 말만 늘어 놓지 마. 자네 아이들은 자네가 책임을 져야 해. 아무도 그 애들을 돌봐 줄 수 있을 것 같지 않아.」
- [ ] The manager lost a big contract, and the boss <u>took him to task</u> (scolded him) in front of everyone.
「지배인이 큰 계약을 못 따게 되자, 사장이 모든 사람들 앞에서 그를 나무랐다.」
- [ ] I believe you ratted on me again. I can't <u>take you under my wing</u> (take over and care for you) any more.
「네가 또 다시 나에 대해 고자질한 모양이구나. 이제 더 이상 너를 맡아서 감싸 줄 수가 없다.」
- [ ] Sung-hi looked so beautiful that she <u>took Moon-ho's breath away</u> (overwhelmed Moon-ho).
「성희가 너무 아름다워서 문호는 넋이 나갈 지경이었다.」
- [ ] Min-sung said he would come to the meeting, and I <u>take it at his face value</u> (accept it just as it is presented). I am sure he'll arrive soon.
「민성이는 모임에 온다고 했고 난 액면대로 믿어. 민성이는 틀림없이 곧 올거야.」
- [ ] She made rude remarks and shed crocodile tears, but I <u>took it in stride</u> (accepted it as natural).
「그 여자가 막된 소릴 하면서 거짓 눈물을 보였지만 으례히 그럴 것으로 받아 넘겼다.」
- [ ] Okay, mum's the word. I am not the kind of person who'll <u>take it lying down</u> (endure it without fighting back) when you spill the beans.
「좋아, 비밀을 지키기로 하지. 자네가 만일 비밀을 누설했을 때 가만히 참고만 있을 사람이 아니란 걸 알아야 해.」
- [ ] If you are ready to shift for yourself, then I can <u>take your story on faith</u> (ac-

cept your story on the basis of no evidence).

「자네가 혼자 꾸려갈 자세가 되어 있다면 자네 말만으로 믿어 줄 수 있겠네.」

☐ Just because I am not quick on the uptake, I always end up <u>taking it on the chin</u> (enduring a direct blow).

「나는 단지 이해가 좀 늦다는 것 때문에 언제나 고통을 당하게 되고 만다.」

☐ I don't care if you are mad at your sister, Don't <u>take it out on</u> (direct your anger onto) others!

「네가 여동생에게 화를 내거나 말거나 상관없지만, 다른 사람들 한테는 화풀이하지 말 아라.」

☐ Sustaining their state of alert, the authorities are honor bound to <u>take steps</u> (do what is necessary) to stabilize prices.

「관계 당국은 경계심을 늦추지 말고 명예를 걸고 물가를 안정시킬 조치를 취해야 한 다.」

☐ I have a tendency to ride off in all directions. I've had good days and bad days but everyday I've <u>taken the bitter with the sweet</u> (accepted the bad things along with the good things).

「나는 한꺼번에 이것저것 하는 경향이 있다. 내게도 좋은 시절 나쁜 시절이 있었지만 나쁜 일이 있어도 달게 참아왔다.」

☐ It's hard to <u>take the cake</u> (be most remarkable) when the cards are stacked against success.

「성공하는데 불리한 상황일 때 두각을 나타내는 것은 힘든 일이다.」

☐ You ought to speak softly to <u>take the edge off</u> (remove the essence and power of) the news when you tell him some very sad things.

「네가 그 사람에게 매우 슬픈 일을 이야기할 때에는 이야기 내용을 무디게 만들어서 부드럽게 말해야 할 것이다.」

☐ You don't have the right to <u>take the law into your own hands</u> (attempt to administer the law) like a bull in a china shop.

「넌 무뢰한같이 네 마음대로 법을 집행할 권한이 있는 게 아니다.」

☐ Now that I have <u>taken the lid off</u> (begun to deal with) this problem, but I can polish it off in no time.

「이 일은 이제 겨우 시작이지만 순식간에 해치울 수 있다.」

☐ Sung-moon broke the window, but I <u>took the rap for</u> (took the blame for) him.

「성문이가 유리창을 깼지만 내가 죄를 뒤집어 썼다.」

☐ You'd better make a little joke to <u>take the starch out of her</u> (make her less stiff) before popping the question.
「그 여자에게 결혼하자는 말을 하기 전에 분위기를 부드럽게 놓을 슬쩍 한 번 걸어보지 그래.」

☐ It's necessary to see where the responsibility lies before I <u>take the trouble to</u> (make an effort to) study this matter.
「내가 이 문제의 연구를 떠맡기 전에 책임 소재를 분명히 할 필요가 있다.」

☐ Realizing that she has been entirely wrong about that matter can really <u>take the wind out of her sails</u> (challenge her arrogance).
「그 문제에 관하여 그 여자가 잘못했다는 것을 느끼게 하는 일은 그 여자의 콧대를 꺾는 일이다.」

☐ The man was too pooped out to <u>take to his heels</u> (run away) to get to the bus stop before the bus left.
「그 사람은 너무 지쳐서 버스가 도착하기 전에 버스정류장으로 달려갈 수가 없었다.」

☐ Joon-young doesn't <u>take to</u> (become fond of) me because I have pointed out to him that he has been late several times a month.
「내가 준영이에게 한 달에 몇 번씩이나 늦게 온다고 지적을 해주었더니 나를 좋아하지 않는다.」

☐ The teacher popped the cork when nobody was <u>taking turns</u> (doing one at a time).
「아무도 순서를 지키지 않는 것을 보시고 선생님은 화를 내셨다.」

☐ I am not going to mince my words because we've <u>taken up</u> (become friends) with each other, so I have to say that you have behaved very badly.
「우리가 친하게 지내왔기 때문에 까놓고 하는 말인데, 넌 아주 못되게 굴었다고 할 수밖에 없다.」

☐ My father has spent all day dealing with that problem, and <u>that takes care of that</u> (that is settled).
「아버지는 그 문제 처리 때문에 하루 종일 걸렸고 이제 그것으로 끝났다.」

☐ More sacrifices from the haves and those having power are needed to construct a New Korea. <u>You can't take it with you</u> (You should enjoy your money now, because it's no good when you are dead).
「신 한국 건설을 위해서는 가진자와 권력층으로부터 보다 많은 희생을 필요로 한다. 인생은 맨손으로 왔다 맨손으로 가는거니까.」

☐ I am leveling with you I am most concerned with <u>taking care of number one</u>

(take care of myself) like everyone else.

「솔직히 말하자면 나도 다른 사람과 마찬 가지로 나 자신을 돌보는 일에 가장 관심이 크다.」

☐ The gangsters have already <u>taken it on the lam</u> (run away) before things get hot.

「갱들은 사태가 시끄러워지기 전에 벌써 달아나 버렸다.」

☐ I have not done anything wrong so far, but I am willing to <u>take the spear</u> (accept full blame) this time.

「아직 내가 잘못한 건 없지만 이번 일에는 총대메고 책임질 께.」

☐ As a matter of fact, you are not equal to him as a candidate for the next president in <u>taking the stump</u> (travel around to different places making political speeches) to attract votes.

「사실상 당신은 표를 모으기 위한 선거 유세에 나설 대통령 후보로서는 그 사람에게 못당합니다.」

☐ Many is the time he didn't want to run for the next president, but what he said should be <u>taken with a grain of salt</u> (accepted only in part).

「그는 여러 번 다음 대통령 후보에 나서지 않겠다고 했지만 그의 말은 대폭 에누리해서 들어야 한다.」

☐ I am too fat and smoke too much, so he told me I either had to quit smoking or <u>take off weight</u> (decrease my weight).

「내가 너무 살찌고 담배도 많이 피우자 그는 나에게 담배를 끊거나 살을 빼야 한다고 말했다.」

☐ I don't want to rock the boat. You can <u>take your pick</u> (make your own choice).

「나로 인해 문제를 일으키고 싶지 않다. 좋을 대로 해.」

♣ **Talk a blue streak** : talk very much and very rapidly (청산 유수같이 말하다)

> **Sung-moo didn't talk back to me yesterday, and today he started *talking a blue streak*.**
>
> 「성무가 어제는 내게 아무런 대꾸도 않더니 오늘은 청산 유수같이 지껄여 대기 시작했다.」

☞ 번갯불에 대한 미국 사람들의 표현에서 온 말이다. 따라서 **a bolt from the blue** (청

천벽력)과 같은 맥락에서 생긴 말이다. 구름 한 점없이 맑은 하늘에 번갯불이 번쩍한다면 너무나 뜻밖이어서 놀랄 수밖에 없고, 빠르기로 말하면 번개보다 빠른 것이 있으랴. 이러한 빠른 속도는 경마할 때 말의 빠르기로도 비유된다. 쉴새없이 이어지고 번개같이 빠르다는데서 이 말이 생겨났다. 이제 **talk**의 용례를 보기로 한다.

□ I can't understand anything you say, all you did was <u>talk in circles</u> (talk in a confusing manner).
「네가 하는 말은 하나도 모르겠다. 네가 한 말은 모두 되씹고 되씹어 핵심을 못잡겠다.」

□ He <u>taked himself out</u> (talked until he could talk no more) in the meeting, but no on would support his position.
「그는 모임에서 할 말을 다했지만 아무도 그를 지지하러 하지 않았다.」

□ Let's have a good time. We are not here just to <u>talk shop</u> (talk about business matters at a social event).
「모두 즐겁게 놀아 봅시다. 우리는 사업 이야기나 하려고 여기 온 것이 아니거든요.」

□ Mr. Jung was running for the election, and everyone at the party was <u>talking him up</u> (speaking in support of him).
「정씨는 선거에 나섰고, 파티에 참석했던 모든 사람들은 그를 지지하는 발언을 하였다.」

□ Joon-ho is always <u>talking through his hat</u> (bragging) although he has spent three months pounding the pavement.
「준호는 석 달 동안이나 일자리를 찾아 헤매었으면서도 언제나 큰 소리만 치고 다닌다.」

□ I always speak gently to my son, but when my son behave badly, I <u>talk turkey to him</u> (talk to him frankly).
「난 아들에게 언제나 부드럽게 말하지만 아들이 못되게 행동하면 솔직하고 진지하게 타이른다.」

□ Yesterday Sun-young spouted off about things that doesn't concern her, and today again she <u>talked until she was blue in the face</u> (talked until she was exhausted).
「어제 선영이는 자기하고 관계없는 일에 대해서 마구 지껄여 대더니 오늘 또 스스로 지칠 때까지 지껄여 댔다.」

□ Well, so far I bought two dogs, and my wife and I <u>talked over</u> (discussed) the possibility of buying another one.
「글쎄, 내가 그때까지 두 마리의 개를 사고서도 집사람과 의논해서 또 한 마리를 더 사는 게 어떨까 했다.」

☐ Look who's talking (You are just as much at fault). You called her names before I did.

「사돈이 남말하고 있네. 내가 그 여자 욕하기 전에 네가 먼저 했잖아.」

☐ "We have to encourage the adoption of a new attitude by motorists to alleviate traffic congestion in the metropolitan area". "Now you are talking (What you are saying is making sense!)!"

「우리는 자동차 운전자들에게 수도권 지역의 교통 완화를 위한 새로운 태도를 가질 것을 촉구해야 한다.", "이제야 말같은 소리 한 번 하는군."」

♣ **tall in the saddle** : proud (자랑하는, 오만한)

> I'll be *tall in the saddle* when you are experiencing the results of your folly.
>
> 「너의 어리석음으로 인한 결과를 맛보고 있을 때 나는 어깨에 힘주고 다닐거다.」

☞ 1660년 이후 미국에서 생겨난 말이다. 높은 사람이라고 하면 흔히 왕이나 대통령을 가리키게 된다. 높다(high or tall)는 것은 키가 크다는 뜻이기도 하다. 따라서 높은 말 위에 당당하게 앉아있는 사람이야 말로 높은 사람이 되는 셈이다. 이와 비슷한 표현으로 on a high horse, high flying, inflated, have one's nose in the air, on the high ropes 등이 있는데, 모두가 높거나 거만하다는 뜻이다. 이제 tale, tall, tell, 등의 용례를 보기로 한다.

☐ "Vital to the successful implementation of the new economic program and the five-year economic blueprint is the attainment of price stability.", "That's a tall order (request difficult to fulfill)."

「"새로운 경제 계획과 5개 년의 경제 청사진을 성공적으로 수행해 나가는데 핵심이 되는 것은 물가 안정을 달성하는 일이다.", "그건 그리 쉬운 일이 아니야."」

☐ "Where did you get that news?", "A little bird told me (I learned it from mysterious source".

「어디서 그런 소식 들었지? 어디에선가 들었어.」

☐ All told (Including all parts), I have read three books last month.

「모두 합해서 지난 달에 세 권의 책을 읽었다.」

☐ Nobody knows if things will improve. Only time will tell (it will become known in the course of time).

「일이 잘 풀려갈지 아무도 몰라. 다만 세월이 말해 줄 것이다.」

☐ I don't care how good you think your excuse is. <u>Tell it to me marines</u> (I don't believe you!).

「네 변명이 얼마나 그럴듯 한 건지 알바 아니다. 난 네 말을 믿을 수 없다.」

☐ It would be so much the better if you <u>tell it to my face</u> (tell it to me directly).

「자네가 내 눈앞에서 그걸 말해주면 훨씬 낫겠다.」

☐ My wife <u>told me where to get off</u> (scolded me) and the started in scolding my children.

「우리 집사람은 내게 야단을 치더니 애들에게까지 야단을 치기 시작했다.」

♣ **not all there** : stupid (바보같은)

You act like you are *not all there* today.
「넌 오늘 좀 멍청한 것 처럼 행동하고 있다.」

☞ 화투나 카드놀이에서 한 장이라도 빼놓고 친다면 어떻게 된다는 것은 뻔하다. 쉽게 말해서 무효가 되고 만다. card놀이에서 **play without a full deck**은 이러한 상황을 말해주는 것이며, 1821년 경에는 이와 같이 card가 빠진 것을 not all there (stupid)라고 하였다. 나사가 빠진 상태에서 기계를 돌리는 꼴이니 제대로 될 리가 없을 것이다. 이제 there의 용례를 보기로 한다.

☐ They wished to settle the matter <u>then and there</u> (right then) and not wait until Friday.

「그들은 그 일을 그 자리에서 해결하기 바랐고 금요일까지 미루기를 원치 않았다.」

☐ Don't tear your hair like that. <u>There are plenty of other fish in the sea</u> (There are many other choices).

「너무 그렇게 상심하지 마라. 좋은 기회는 얼마든지 있으니까.」

☐ Jung-tae is just quick on the trigger. <u>There is no arguing with him</u> (You are not permitted to argue with him).

「정태는 단지 성급하게 나섰을 뿐이야. 정태하고 다투어서는 안돼.」

☐ Many people seem to like mountainclimbing, but I think it is worse than waste of time. <u>There is no account for taste</u> (There is no explanation for people's preferences).

「많은 사람들이 등산을 좋아하지 만 나는 등산을 시간 낭비보다 더 나쁜 것으로 여긴다. 사람의 취미란 설명이 안되는 법이다.」

☐ You don't have to spell it out for me. I've been there (I know from experience what you are talking about).

「나한테 상세히 설명할 필요 없어. 네가 무슨 소리를 하는지 알고 있으니까.」

☐ There is lots of friendship in your head, but there is nobody home (there's no brains in your head).

「너에겐 우정은 많지만, 네 생각이 뭔가 좀 모자라는 것 같다.」

☐ What a rough time I had wooing her in vain. There's no such thing as free lunch (Nothing is really free of charge).

「그 여자에게 환심을 사려고 그토록 고생했건만 허사가 되고 말았다. 세상에 공짜는 없는 법이니까.」

☐ Another first class mess. Well, there you are (this is the result).

「또 엉망진창을 만들었구나. 글쎄 그것 보라니까.」

☐ I told you not to rope Sung-min in, and there you go (you are doing it again).

「성민이를 끌어 들이지 말라고 했는 데 또 끌어 넣다니.」

♧ **That's the way the ball bounces** : those things happen (세상일이 그런 거지 뭐)

> Joo-ho wrecked his car and then got divorced from his wife. *That's the way the ball bounces.*
>
> 「주호는 차를 박살내고 부인과 이혼을 했다. 딱하지만 세상일이 그런거지 뭐.」

☞ That's life. That's fate. That's the way things happen과 같은 유사 표현에서도 알수 있듯이 내용에 대한 설명은 별로 의미가 없을 것이다. 원래 프랑스에서 이런 말이 있었으며 한국 전쟁 때 미군들을 통하여 미국으로 건너가 관용어로 정착하기에 이르렀다. 이제 **that**의 용례를 보기로 한다.

☐ I guess that figures (that's usual), though, bucause we've had quite a few arguments lately.

「하지만 요즈음 우리가 상당히 많이 아웅다웅 했으니 그정도의 일은 당연하겠지.」

☐ "I'd like to render great services to academic world of Korea someday", "That makes two of us. (The same goes for me)".

"난 언젠가 한국의 학계에 크게 이바지하고 싶어", "나도 마찬 가지야."

☐ "Don't hold me cheap as a big frog in a small pond. Someday I'l be the greatest man that ever lived". "That'll be the day (That'll never happen)".

「"나를 우물 안 개구리로 얕보지 마. 언젠가는 불세출의 위인이 되고 말테니까.". "그래, 그날은 해가 서쪽에서 뜨는 날이겠지.”」

☐ If you do that again, I'll tell on you. <u>That's that</u> (It's permamently settled and need not be dealt with again).
「또 그짓하면 일러 바칠테다. 그게 전부다.」

☐ "Misconduct and corruption must be rooted out and sweeping reforms must start from above to cure the social disease". "<u>That's the ticket</u> (That's exactly what's needed)".
「“사회적 병폐를 치유하기 위하여는 불법과 부패를 근절하고 총체적 개혁은 상류층으로부터 시작돼야 해”. “바로 그거야”.」

☐ "All those ranking officials were chucked out for their irregularities". "<u>That's about the size of it</u> (That's the way things are)".
「“부정에 관련된 그런 고위 공직자들은 모두 쫓겨났어”. “그게 전부야”.」

☐ "At first Min-ho refused, but after I twisted his arms a little, he agreed to help". "<u>That's a new one on me</u> (That's truly amazing)".
「“처음에는 민호가 거부했지만 내가 약간 강하게 을러댄 다음 협조에 동의했어”. “야, 그건 놀랠 노자네”.」

♣ **put on one's thinking cap** : think in a serious manner (골돌히 생각하다)

> I told my daughter to *put on her thinking cap* before applying for a beauty contest.
> 「나는 딸 아이에게 미인 대회에 참가 하기 전에 신중하게 생각하라고 일렀다.」

☞ 17C에 영국에서 생겨난 말이다. 원래는 put on your considering cap이었다. 당시에는 지성인들 간에 모자를 쓰는 습관이 있었고, 모자를 쓴다는 것 만으로도 사려깊은 판단을 하는 사람이라는 신뢰감을 얻을 수 있었고, 사형 선고를 할 때면 반드시 모자를 썼다. 이제 think의 용례를 보기로 한다.

☐ I've got no bones to pick with you there, but I <u>think a lot of him</u> (think well of him).
「나도 그점에서는 너와 다를 게 없지만 그 사람을 대단하게 생각한다.」

☐ If you can't <u>think on your feet</u> (think while you are talking), you have to write out everything you are going to say.
「말하면서 생각해낼 수 없다면 말하고자 하는 것을 상세히 적어 두어야 한다.」

☐ I didn't mean to beef about my low salary. I was just <u>thinking out loud</u>

(saying my thoughts aloud).

「낮은 월급에 대해 불평하려는 게 아니었습니다. 그저 혼잣말을 했을 뿐입니다.」

☐ Then I said last night I <u>thought over</u> (considered) the idea of buying a house, but he told me I'd be better off buying a new car.

「그러자 나는 어젯밤 집을 살 생각을 하게 되었지만, 그는 나에게 차를 사는게 낫겠다고 했다.」

☐ I didn't <u>think fit</u> (believed it suitable) to open the meeting with the usual prayer, as I was not a Christian.

「난 기독교인이 아니었으므로 보통 때처럼 기도하면서 회의를 시작하는 것은 적절하지 않다고 생각했다.」

☐ You should <u>think twice before</u> (be cautious about) cramping your children's style.

「자녀들의 행동을 제한하는 데 신중해야 한다.」

☐ If you think you can get off with a warning, <u>you've got another think coming</u> (you've made an error).

「네가 경고 정도로 넘어갈 수 있을 것으로 생각한다면 오산이다.」

☐ I told my wife I wanted to quit the job, but later I <u>thought better of it</u> (changed my mind about it).

「난 집사람에게 직장을 그만둬야겠다고 했지만 나중에 생각을 바꾸었다.」

☐ I can help you with some strings attached, because I have to <u>think ahead</u> (consider the future).

「조건부로 도와 줄 수는 있어. 왜냐하면 뒷일을 생각해 두어야 하니까.」

♣ **put through the mill** : badly treated or exhausted (고생하는)

All young soldiers were *put through the mill* at the beginning.
「젊은 병사들은 처음에 고생을 했다.」

☞ 물방아간에서 찧어지는 곡식처럼 대접 받는다면 어떨까? 온통 으스러져서 껍질이 벗겨지고 매끌매끌한 알곡식이 되고 만다. 정말 죽도록 고생을 하게 되는 것이다. 사람의 고생도 물방아에 찧어지는 곡식과 같은 것이다. 물방아에 얽힌 표현으로는 이 외에도 **draw water to one's mill** (아전 인수격으로 처리하다), **much water runs by the mill that the miller knows not of** (코 앞에서도 알지 못하는 일이 얼마든지 일어난다), **The mills of God grind slowly.**(하늘이 무심한듯하나 빠짐없이 살피니라)처럼

우리들 시골의 물방아 돌아가던 옛 모습에서나 있음직한 일도 있다. 이제 **through**의 용례를 살펴 본다.

☐ I can sail through my homework (finish my homework quickly and easily) in a short amount of time.
「숙제 정도는 얼마 안 걸려서 순식간에 쉽게 끝낼 수 있다.」

☐ Legal segregation has been purged through and through (completely) from the body politic.
「법적 인종 차별은 국가의 통치 체제에서 철저히 추방되어 왔다.」

☐ They've been together through thick and thin (through good times and bad times) and they won't desert each other now.
「그들은 즐거우나 괴로우나 함께 하였으며 이제 서로가 버리지 않을 것이다.」

☐ He's just thumbed through this magazine (looked through this magazine without reading it carefully), but it looks interesting.
「그는 이 잡지를 대강 읽어 보았지만 재미있어 보였다.」

☐ Min-ho worked his way through college (held a job which paid part of his college expenses), and that made college seem more valuable to him.
「민호는 고학을 하였고 고학으로 대학 생활을 더욱 값지게 만들었다.」

☐ They have produced remarkable achivements, working through channels (trying to get things done by going through the proper procedures).
「그는 절차에 따라 일하면서 놀라운 업적을 이루어 왔다.」

☐ I've breezed through (passed through) Chung-soo's on my way to school but have never stayed there.
「학교에 가는 길에 창호네 집을 지나 갔었지만 거기서 지체하지는 않았다.」

☐ I tried to waltz through my work (get through my work easily) and save some time for reading, but it was too hard.
「일을 쉽게 해치우고 독서할 시간을 만들어 볼까 했으나 쉽지 않았다.」

♣ **throw someone to the wolves** : sacrifice someone (남을 희생시키다)

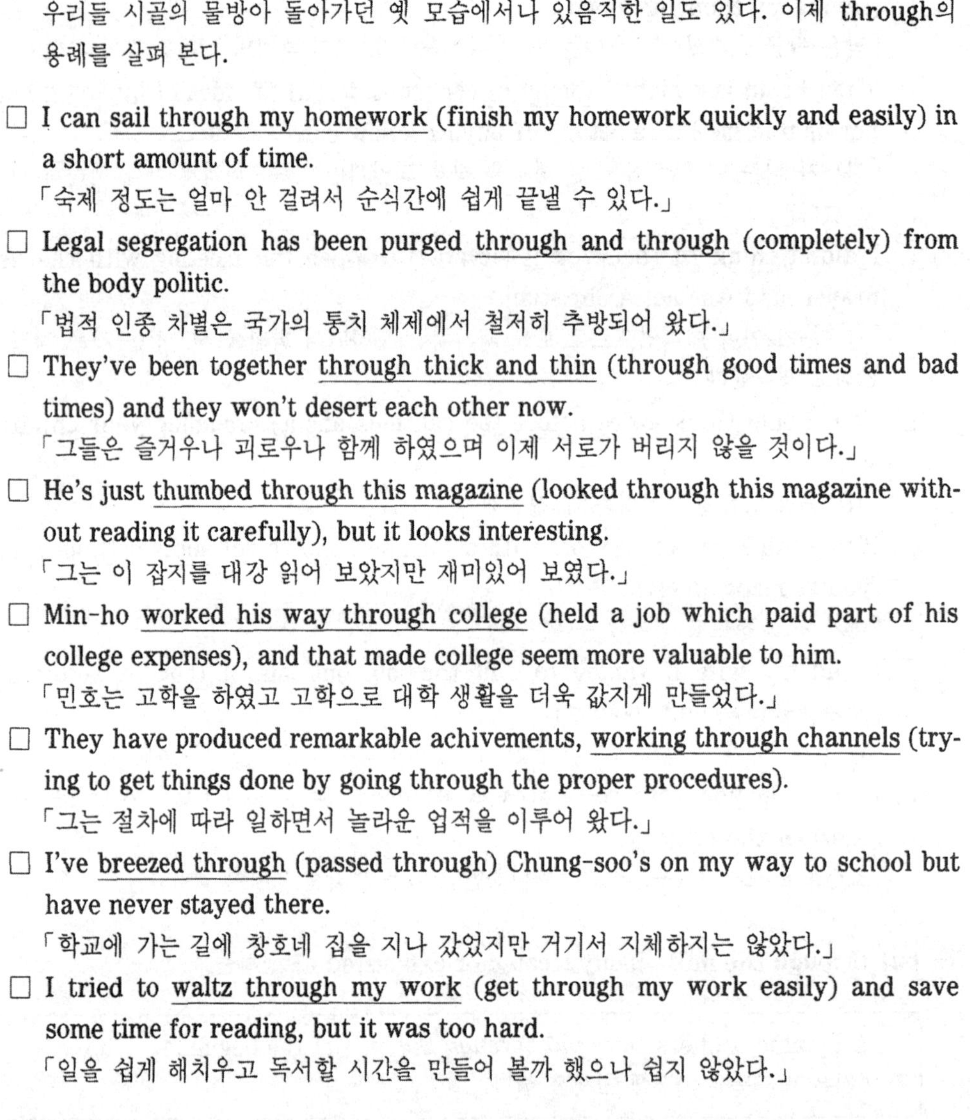

I did nothing wrong, and I won't take the blame for his errors. I can't have him *throwing me to the wolves*.
「난 잘못이 없어, 그리고 그 사람의 잘못으로 책임을 덮어쓰지는 않을 것이다. 그가 나를 제물로 삼는 것을 참고 있을 수는 없다.」

☞ Russia의 민간 설화에서 온 말이다. 한 가족이 썰매를 타고 가다가 사나운 이리 떼의 추격을 받고 다급한 나머지, 어린 아이를 중간 중간에 떨어 뜨려 이리 떼들이 달려들어 뜯어 먹을 동안 잠시나마 추격을 늦추면서 겨우 목숨을 구했다는 끔찍한 일이 있었다. 이후 자신을 위해서 남을 희생시키는 일을 가리키게 되었다. 고려장이 거꾸로 된 것 같다. 이제 throw의 용례를 보기로 한다.

☐ Japan is just a stone's throw away (a relatively short distance) from Korea by air.
「일본은 항공편으로 가면 우리나라에서 얼마 안되는 거리다.」

☐ In fact there was no love lost between us, so she threw a fit (became very angry) whenever we got together.
「실은 그 여자와 나 사이에 유감이 있었기 때문에 우리가 만날 때마다 그 여자는 내게 심통을 부렸다.」

☐ Although he refused to help us, he didn't mean to throw a monkey wrench into in the works (caused problems our plans).
「그가 우리를 도와 주기를 거부했지만 우리 계획에 문제를 일으키려는 건 아니었다.」

☐ He doesn't mind taking a little chance now and then, but he is not the type of person who throws caution to the wind (is very careless).
「그는 때때로 조그만 모험을 거는 것을 대수롭지않게 여기지만 전혀 부주의한 그런 사람은 아니다.」

☐ I am always ready for an argument when you throw down the gantlet (challenge me).
「나에게 따진다면 언제라도 시비를 가릴 준비가 되어 있다.」

☐ Don't try to throw your weight around (boss people around) or fling yourself at the boss's feet.
「거만하게 굴거나 사장의 환심이나 사려고 하지마라.」

☐ Sung-moon never owned up to having thrown himself at the boss's feet (bowed down humbly at the boss's feet).
「성문이는 사장에게 굽실 대었다는 사실을 결코 털어놓지 않았다.」

☐ Jung-soo says while profits will decrease, he expects to stay comfortably in the black, throwing himself at the mercy of (pleading for mercy from) the market.
「이윤이 줄어들 동안에는 시장의 판매 실적에 몸을 맡긴 채 편안한 마음으로 흑자만이라도 유지하기를 기대한다고 정수는 말한다.」

☐ They threw me (confused me) for a couple of minutes when they put me in an office without a window.

「그들이 나를 유리창도 없는 사무실에 가두자 잠간 동안 어쩔줄 모르고 당황했다.」

☐ Doo-young <u>threw me a curve</u> (confused me) when he asked me to make a speech without preparation, and I screamed bloody murder.

「두영이가 날더러 준비없이 연설을 해달라고 청했을 때 몹시 당황하여 제발 좀 살려달라고 애원했다.」

☐ The interruption <u>threw me off the track</u> (caused me to lose place in the sequence) for a minute, but I soon got started again with my presentation).

「그렇게 중단시키는 바람에 나는 잠시 순서를 잊어버렸지만, 이내 나의 발표를 다시 시작했다.」

☐ When I get to the meeting, I am going to <u>throw your name around</u> (impress people by saying I know you) to attract people's attention.

「내가 회의에 참석해서 사람들의 주의를 끌려면 자네 이름을 좀 팔아야겠다.」

☐ To encourage people to buy a new computer, he <u>threw a free tape-recorder into the bargain</u> (included a free tape-recorder into the deal).

「그는 사람들에게 새로운 컴퓨터를 사도록 선전하기 위해서 녹음기 한 대를 덤으로 주었다.」

☐ I had to swallow my pride when he said I assembled this device very badly, but soon I learned to <u>throw it together</u> (assembled it) nicely.

「내가 이 기계를 형편없이 조립한다고 했을 때 자존심을 꾹 참아야 했지만 곧 멋지게 결합하는 법을 배웠다.」

☐ I know I am a snake-in-the-grass. Do you always have to <u>throw it up to me</u> (mention it to me repeatedly)?.

「내가 비열하고 배은망덕하다는 건 알아. 그렇다고 언제까지나 그걸 장황하게 읊어대야겠니?」

☐ The police officer threatened to <u>throw the book at me</u> (charge me with as many crimes as possible) and make me sweat blood if I din't stop insulting him.

「나는 경찰관에게 욕설을 그치지 않는다면 엄벌에 처해서 호된 고생을 시키겠다고 을러 댔다.」

☐ My daughter <u>threw up her hands in despair</u> (gave up) because she missed out on the trip.

「우리 딸은 여행에 끼지 못하자 맥이 빠져 단념했다.」

☐ Ji-won moped around all day after <u>throwing in the towel</u> (quitting).

「지원이는 그걸 포기한 다음 하루 종일 울적하게 돌아다녔다.」

☐ It's no use <u>throwing millions at your divorce</u> (trying to solve your divorce by spending millions).
「자네 이혼 문제를 돈으로 해결하려는 건 아무 소용이 없어.」

☐ I am always ready to <u>throw in my lot with</u> (join)my country against any foreign influence.
「나는 언제나 외세에 대항해서 나라와 운명을 같이 할 각오가 되어 있다.」

☐ The whole country was <u>thrown out of gear</u> (confused) by assassination of the President.
「대통령의 암살로 나라 꼴이 말이 아니었다.」

☐ There are a number of weaknesses in our anti-corruption program, but if we act too hastily we may <u>cause the baby to be thrown out with the bath</u> (make our good program rejected because part of it is faulty).
「우리의 부정 방지 계획에는 몇 가지 취약점이 있지만 우리가 너무 조급히 군다면 빈대 한 마리 잡으려다 초가 삼간 태우게 될지 모른다.」

☐ He tried to warn me I was every so often <u>threw up</u> (vomitted) if I ate too much.
「그는 내가 과식하면 가끔씩 토하게 된다고 타일러주려고 애썼다.」

♣ **tie the knot** : get married (결혼하다)

> **Sung-moon and Hye-yun, spinned five years out before *tying the knot*.**
> 「성문이와 혜연이는 결혼 전 5년이나 허송 세월을 보냈었다.」

☞ 옛날 세계 몇 군데의 결혼식 풍속도에 의하면 결혼식에 승려나 족장만 참석하였고 이들이 신랑과 신부의 옷을 합하여 매듭을 맺어 주는 것으로서 결혼을 상징하게 되어 있었다. 이러한 풍속은 아직도 살아있으며 영국에서는 적어도 1275년 이후 인것으로 알려져 있다. Greece에서는 신랑이 신부의 매듭을 풀어주는 것으로 결혼을 선포하는 풍속도 있다. 이제 Tie의 용례를 보기로 한다.

☐ I'd like *to go mountain-climbing every Sunday*, but my wife <u>ties me down</u> (restricts me).
「난 매주 일요일마다 등산을 가고싶은 데 집사람이 꼼짝 못하게 한다.」

☐ I am going to have my home computer <u>tie in with</u> (connect to) the big one at the city office.

「나는 개인용 컴퓨터를 시청에 있는 큰 컴퓨터와 연결시켜려 한다.」

□ We all have to tide over this crisis which has <u>tied us in knots</u> (made us upset).
「우리를 괴롭혀 오고있는 이 난국을 우리 모두 극복해 나가야 한다.」

□ I don't want to <u>tie my employees hands</u> (prevent my employees from doing something) with unnecessary restrictions.
「종업원들에게 불필요한 제한을 가해서 꼼짝 못하게 하고싶지 않다.」

♣ **Time is money** : Time is valuable. (시간은 금이다)

That man always keeps saying *time is money*, but he never works hard.
「저 사람은 늘 "시간은 금이다"라고 말하지만 일을 열심히 하지는 않는다.」

☞ 1772년 경 미국의 Benjamin Franklin이 한 말이다. 과연 시간이 돈으로 연결되는 일이 많다. Time is of the essence라는 말이 있는데 비슷한 표현이다. 거액이 걸린 계약에서 시간을 지키느냐 못지키느냐 하는 것은 곧바로 돈벌이에 직결된다.
이제 Time의 용례를 들어보기로 한다.

□ I've told him <u>time and again</u> (repeatedly) not to do that.
「난 그에게 그러지 말라고 몇 번이고 타일렀다.」

□ Many people say that slow and steady wins the race, but I don't like it when <u>time hangs heavy on my hands</u> (time seems to go slowly when I have nothing to do).
「느려도 착실히 하면 이긴다는 사람도 많지만 너무 무료해서 견딜 수가 없다.」

□ We should stock up on sufficient firewood well <u>ahead of time</u> (beforehand).
「우리는 미리 땔 나무를 충분히 비축해 두어야 한다.」

□ I've been squirreling away a little money and <u>biding my time</u> (wait patiently) for years, just waiting for a chance like this.
「몇 년 간이나 이런 기회가 오기만을 기다리며 돈을 조금씩 저축하고 끈기있게 기다려 왔다.」

□ I pricked up my ears for good news <u>when the time is ripe</u> (at exactly the right time).
「때가 되자 나는 좋은 소식 있기를 기대하면서 두 귀를 쫑긋 세우고 있었다.」

□ Last time you were a room for rent. <u>Better luck next time</u> (I wish you luck when you try again).

「지난 번엔 자네가 멍청했어. 다음 번엔 잘될거야.」

☐ The government is going to deal a crushing blow to <u>the big-time spenders</u> (the people who spend a lot of money).
「정부는 호화 사치족들에게 철퇴를 가할 예정이다.」

☐ You'd better practice what you preach. <u>If I've told you once, I've told you a thousand times</u> (I know I have told you many, many times).
「말만하지 말고 실천을 해. 내가 이 말을 몇 백 번 했잖아.」

☐ You have to team up with your colleagues and <u>mark time</u> (wait) until things get better.
「세월이 좋아질 때까지 동료들과 협조하면서 세월을 보내고 있어야한다.」

☐ Since we have to wait for three hours for the pictures, why don't we <u>kill time</u> (spend time) at the vidio game room.
「영화가 시작되자면 세 시간이 남았으니 비디오 게임 오락실에 가서 시간을 보내는 게 어때.」

♣ **tooth and nail** : with great ferocity (필사적으로)

By the time of the election, the four candidates were competing *tooth and nail*
「선거 때가 되자 네 후보자는 필사적으로 경쟁하였다.」

☞ 무기도 없이 맨손으로 끝까지 싸울 때 사용하는 것이 이빨(tooth)과 손톱(nail)이다. 마지막 수단을 동원하여 목숨을 걸고 싸우는 것이다. 이 밖에 tooth에 관한 표현으로 **long in the tooth**(몰골 사나운)가 있는데 늙으면 이빨이 가늘고 길어져 볼품없이 보이는데서 생긴 말이며, **lie through one's teeth**(뻔뻔스런 거짓말하다)는 터무니없는 거짓말을 하고서는 입을 딱 닫고 이를 악물고 시치미 떼는 모습이며, **armed to the teeth**(완전 무장한)는 발끝에서 입언저리까지 완벽하게 무장했다는 말이다. 이 밖에 **tooth**에 관한 표현은 용례를 통하여 살표 보기로 한다.

☐ The kidnapper was <u>armed to the teeth</u> (armed completely) when he was arrested.
「유괴범은 붙잡힐 때 철저히 무장하고 있었다.」

☐ If you are so choosy like that, you can't find the girl to your liking. Such an ideal woman is <u>scarce as hen's teeth</u> (very scarce).
「그리 까다롭게 굴어서는 마음에 드는 여자를 만날 수 없다. 그런 이상적인 여자는 처녀 불알만큼이나 귀한거니까.」

☐ He was really determined to find her to the ends of the earth. He was <u>gritting his teeth</u> (grinding his teeth together in determination).
「그는 세상 끝까지라도 그녀를 꼭 찾아내고야 말겠다고 결심했다. 그는 다부지게 이를 악물었다.」

☐ I didn't know he was <u>lying through his teeth</u> (lying boldly), so I followed his instruction to the letter.
「그가 새빨간 거짓말을 하고있는 것을 몰랐기 때문에 그의 지시를 곧이 곧대로 따랐다.」

☐ To the victors belong the spoils, and I can't wait to <u>sink my teeth into it</u> (get actively involved in it).
「이기는 자에게 전리품이 돌아오게 되어 있다니 본격적으로 그 일에 뛰어들고 싶어 못 견디겠다.」

☐ "It's best not to touch a sore spot if possible". "He tossed me out for no other reason than that. <u>An eye for an eye, a tooth for a tooth</u> (punishment should equal the offense)".
「"가능하면 남의 상처를 건드리지 않는 게 상책이다". "그는 단지 그 한 가지 이유만으로 나를 쫓아 냈다. 눈에는 눈, 이에는 이다".」

☐ North Korea is always <u>showing its tooth</u> (hostile) and very difficult to touch base with.
「북한은 늘 적대감만 나타내고 있어서 협상 테이블로 끌어 내기가 매우 어렵다.」

☐ I had to face a constant stream of <u>kicks in the teeth</u> (severe and unexpected blow), but I managed to tough it out.
「난 끝없이 밀려오는 혹독하고도 예상치 못한 시련을 맞이해야 했지만 그럭저럭 견디어 냈었다.」

☐ He almost <u>dropped his teeth</u> (reacted with great surprise) when I showed up for his wedding <u>dressed to the teeth</u> (dressed very stylishly).
「내가 멋지게 차려입고 그의 결혼식장에 나타나자 그가 놀란 반응을 보였다.」

♣ **blow one's top** : become very angry (화를 내다)

Moon-hi's never heard such a mean thing, she's going to *blow her top*.
「문희는 그런 상스러운 말을 들어본 적이 없어서 분통이 폭발한 것 같다.」

☞ 미국의 대공황 이후에 생겨난 말이다. 원래 이 말은 산 꼭대기에서 터져나오는 화산을 가리킨다는 설이 있었다. 미국의 비평가 Heney Louis Mencken (1880-1956)에 의하면 화산 폭발과 같은 사랑 행위에서 비롯되었다고 한다. 좌우간 머리가 폭발하거나 깨어질 정도라면 얼마나 열이 올라 있다는 것쯤 충분히 알 수 있다. 이제 **top**과 **tip**의 용례를 보기로 한다.

☐ I've already <u>tipped Jung-moo off</u> (gave Jung-moo a hint) that Sun-young is going to suck him in.
「나는 선영이가 정무를 속이려 하고 있다는 것을 귀띔해 주었다.」

☐ I think you'd better take off weight if you want to stay healthy. You <u>tip the scales at</u> (weigh) nearly 78 kg.
「건강하게 지내려면 살을 좀 빼는 게 좋겠다. 넌 거의 78kg이나 나가잖니.」

☐ My car <u>tops yours</u> (is better than yours) when it comes to gas milage.
「내 차는 연료 효율면에서 자네보다 낫다.」

☐ Please listen to me and let' <u>top off</u> (complete satisfactorily) this delightful gathering with a drink.
「제 말을 들으시고 이 즐거운 모임을 한 잔 술로 기분좋게 끝냅시다.」

☐ That guy's rough up everyone in the office since he rose to <u>the top of the heap</u> (position superior to everyone else).
「저 녀석이 사장 자리에 오르더니 회사에서 누구나 마구 혹사시키고 있다.」

♣ **pour oil on troubled water** : calm things down (가라 앉히다)

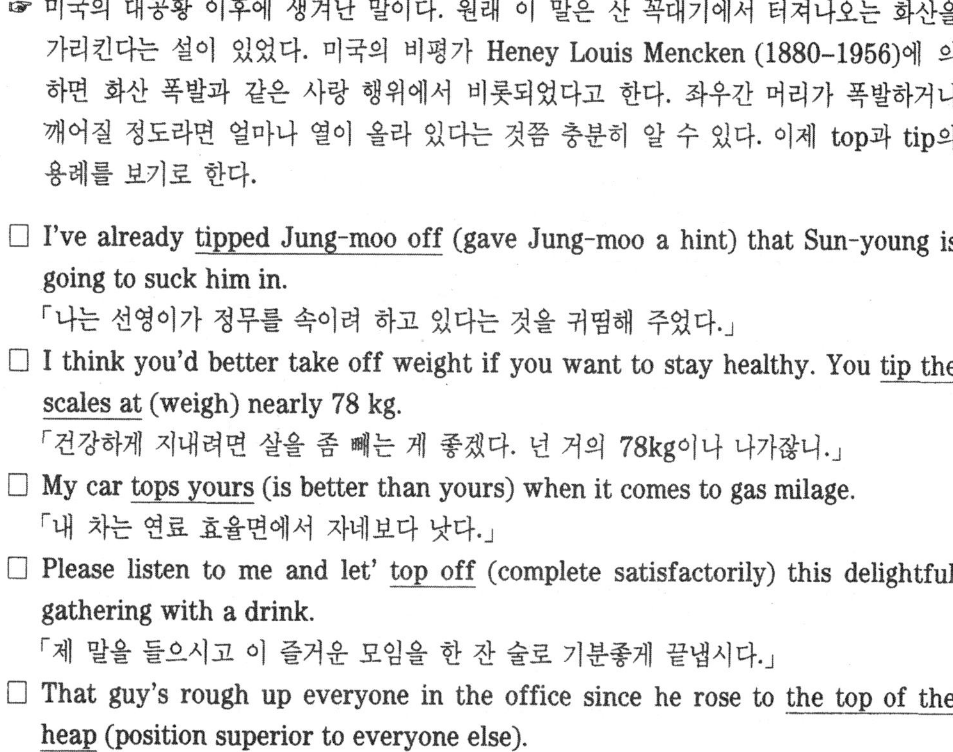

> You's d better pull your punches when it comes to scolding others, It will help *pour oil on troubled water*.
> 「남을 꾸짖을 때 심하게 하지마라, 그래야 쓸데없는 소란을 누그러뜨리는 데 도움이 된다.」

☞ 폭풍우가 몰아치는 사나운 물결을 잠재우려면 기름을 뿌려야 한다고 옛 사람들은 믿어 왔다.
영국의 신학자 Saint Bede는 그의 저서 Historia Ecclesiastica Gentis Anglorum (731년)에서도 폭풍우 속을 항해할 때 기름을 뿌려 파도를 잠재웠다는 이야기가 있다. 그후 미국의 Benjamin Franklin도 그의 편지에 **pour oil on troubled water**라고 썼던 일이 있다. 사실 이 표현이 다소 진부한 맛은 있으나 아직도 널리 쓰인다. 이제 **trouble**의 용례를 살펴 본다.

- ☐ Things are looking up. You'd better stop talking to him like that. You are only <u>asking for trouble</u> (doing something which will cause trouble).
「상황이 좋아지고 있다. 그 사람에게 그런식으로 말하지 마라. 그래서는 화를 자초할 뿐이다.」

- ☐ The shoe is on the other foot. He is in the pub <u>drowning his troubles (trying to forget his problems by drinking a lot of alcohol.</u>
「형세는 거꾸로 되어 있다. 이젠 그 사람이 술집에 앉자 술로 시름을 달래고 있다.」

- ☐ To put it mildly, the skyrocketing prices <u>spell trouble</u> (signify future trouble).
「호들갑을 떠는 게 아니라 하늘같이 솟아오르는 물가가 골치 아플 조짐이다.」

- ☐ If the bard·y North Korea is driven to the wall, it might resort to an extreme step. There is always <u>trouble brewing</u> (trouble developing) in North Kores.
「뻔뻔스런 북한이 궁지에 몰리면 극단의 조치를 취할지도 모른다. 북한에는 언제나 골치꺼리가 생겨나고 있다.」

- ☐ Please don't <u>trouble yourself</u> (worry yourself) about all these trifle things.
「이런 자질 구레한 일에 골머리 좀 썩히지 마.」

♣ **send up a trial balloon** : test public opinion (여론을 떠보다)

The President started the whole project without *sending up a trial balloon*.
「대통령은 여론을 살피지도 않고 모든 계획에 착수했다.」

☞ 원래 기구(氣球 : balloon)는 바람, 비, 구름 등 날씨를 알아보기 위해 공중에 띄워 왔다. 그러나 요즈음은 정치권서 여론의 동향을 알아보기 위한 수법으로 쓰이기에 이르렀다. 정치인이 너무 여론에 민감해서도 큰 일을 할 수 없겠지만 여론의 지지가 없이 아예 정치에 발을 들여놓을 수 조차 없으니 당연히 여론이 중시된다. 이제 **try**의 용례를 보기로 한다.

- ☐ When he learned that I was his boss, he began to <u>sing a different tune</u> (change his manner).
「내가 그의 상사라는 것을 알자, 그는 태도를 바꾸기 시작했다.」

- ☐ Their new relationship was nipped in the bud when she discovered that he had been in prison. It made her <u>dance to another tune</u> (shift quickly to different behavior).

「그가 전과자라는 것을 그녀가 알게 되자 그들의 새로운 관계는 시작되자마자 끝나고 말았다. 그것 때문에 그 여자는 재빨리 태도를 바꾸었다.」

☐ I hate to <u>tune the soap opera in</u> (set TV control so as to receive the soap opera).

「난 연속극을 켜놓키는 싫어.」

☐ The snow was so deep that I've been snowed in for two days and need to <u>tune my car up</u> (adjust an engine so that it runs the way it is meant to).

「눈이 깊이 쌓였기 때문에 이틀 간이나 눈에 갇혀 있었고 게다가 엔진을 손질해야 한다.」

♧ **turn the tables** : cause a reversal in someone's plan (역습하다, 역전시키다)

> I *turned the tables* on Min-ho when I took his squirt gun away and squirted him.
>
> 「내가 민호의 물총을 빼앗아 그에게 물총 세례를 퍼부어서 보복했어.」

☞ Rome의 부자들은 골동품을 모아 **table** 위에 진열해 놓는 것이 큰 유행이었다. 남편들이 부인들에게 왜 그렇게 돈을 헤프게 쓰고 돌아다니느냐고 질책을 하게 되면, 부인들은 골동품이 가득 쌓여 있는 **table**을 남편들 앞에 돌려놓고 "당신이야말로 이 귀신단지 같은 물건들에 너무 헤프게 돈을 쓰는 게 아니에요"하고 되받아 쳤다하니 그야말로 **turn the tables**이다. 이제 **turn**의 용례를 보기로 한다.

☐ He just <u>turned a deaf ear to</u> (ignored) my cries for food and shelter.

「그는 내가 음식과 잠자리를 청한데 대해 들은 척도 안했다.」

☐ He began to <u>turn against</u>(become opposed to) me after I tampered with his stereo one day.

「언젠가 내가 그의 스테레오를 만진 후 나를 적대하기 시작했어.」

☐ The robber <u>turned on a dime</u> (turned in a very tight turn) and headed the other direction.

「도둑은 즉각 방향을 바꾸어 다른 방향으로 가버렸다.」

☐ It was love at first sight when they met, but she <u>turned her back on</u> (ignored) her old flame.

「그들은 만났을 때 첫 눈에 반했지만 그 여자는 옛 애인에게 등을 돌리고 말았다.」

☐ Sung-jah tries to psyche Gwi-nam out if she can <u>turn him on</u> (excite him).

「성자는 귀남이를 유혹할 수 있을지 슬슬 떠보고 있다.」

☐ Our boss was thumbs down on hiring him any more and <u>turned him out</u> (sent him out).

「사장은 더 이상 그를 붙들어 두는 것을 반대하여 그를 내쫓고 말았다.」

☐ His promotion <u>turned his head</u> (distracted him) and he never stooped to typing.

「그의 승진은 그를 들뜨게 하였고 손수 타이핑 따위는 하려고도 않았다.」

☐ You are all talk and no action. Let me <u>trun up</u> (search for) somebody else who knows how to do the job.

「자네는 실천은 안하고 순전히 말뿐이야. 이 일을 할 줄 아는 다른 사람을 찾아 봐야겠다.」

☐ Too many cooks spoil the broth. All you guys <u>turn my stomach</u> (make me ill).

「사공이 많으니 배가 산으로 올라가는구나. 너희들 모두 내 속만 뒤집어 놓고 있다.」

☐ He is trying to establish himself as a politician, <u>turning his wealth to his advantage</u> (making an advantage for himself out of his wealth).

「그는 금력을 이용하여 정치가로 출세하려고 하고 있다.」

☐ His anger tapered off and he just <u>turned the other cheek</u> (ignore an insult).

「그의 분노는 차츰 사라졌고 그는 억울하게 당했던 일을 너그럽게 참았다.」

☐ At last I <u>turned the tide</u> (caused a reversal in the direction of events) and it was my turn to teach him a lesson.

「드디어 사태를 역전시켜 내가 그에게 단단히 혼을 내 줄 차례가 왔다.」

☐ Joo-sung tied himself in knots, but he didn't <u>turn up his toes</u> (die).

「주성이는 스스로 곤경에 빠지기는 했지만 죽지는 않았다.」

☐ You must <u>wait your turn</u> (keep from doing something until everyone ahead of you has done it).

「네 차례가 올 때까지 기다려야 해.」

☐ At times he felt that the whole thing would <u>turn belly up</u> (fail), but he was wrong.

「때때로 그는 모든 일이 실패할 것 같은 생각이 들기도 하였지만 그렇게는 되지 않았다.」

☐ He has already poured cold water on my plan to <u>turn off my water</u> (deflate me).

「그는 벌써 내 희망을 꺾어 버리려고 내 계획에 찬물을 끼얹었었다.」

☐ That job was not right up my alley and I was so afraid of the boss that I <u>turned tail</u> (ran away).

「그 일은 적성에 안맞고 사장이 너무 무서웠기 때문에 그만 두고 달아나 버렸다.」

□ I wish I could <u>turn the clock back</u> (return to an earlier period) to the days before the children were born.

「아이들이 생겨나지 이전의 옛 시절로 되돌아 갔으면 좋겠다.」

□ A politician who promises the moon during a compaign can nevere <u>turn the trick</u> (succeed in what he plan to do).

「선거 운동 때 공약이나 남발하는 그런 정치인은 결코 성공할 수 없다.」

♣ **under the counter** : illegally (불법으로), in secret (비밀리에)

That car dealer lies under suspicion for selling lots of cars *under the counter.*

「그 자동차 판매 업자는 많은 차를 불법 거래하고 있다는 혐의를 받고 있다.」

☞ 2차 대전 중 부정직한 상인들이 희귀한 상품들을 몰래 숨겨두고 비싸게 팔았던 일이 있다. 숨기는 곳은 counter 아래 또는 뒷방이나 광이다. 따라서 아무에게나 파는 것이 아니었다. 이로부터 지금 널리 쓰이는 **under the counter**가 생겨났다. 이제 **under**의 용례를 보기로 한다.

□ I <u>built a fire under my daughter</u>(did something to make my daughter start working), but she didn't start working.

「딸 아이에게 공부좀 열심히하라고 호되게 다그쳤건만 대들지 않았다.」

□ I didn't know you pitched me a curve ball when you said I had done a poor job. You are <u>sailing under false colors</u> (pretended to be what you are not).

「내가 일을 형편없이 했다고 자네가 말했을 때는 나를 속이고 있는 줄 몰랐다. 자네는 세상을 속이며 살고있군 그래.」

□ I have been really obligated to you for your timely help, because I've been <u>snowed under</u> (having too much work to do) day and night.

「때마침 도와 주셔서 정말 신세 많이 졌습니다. 사실 난 밤낮 일에 묻혀 지내왔거든요.」

□ It doesn't pay me to be scolded for my labor, and make the matters worse I am <u>under a cloud of</u> (suspected of) stealing money at work.

「애는 애대로 쓰고 욕은 욕대로 먹고 억울합니다, 게다가 엎친데 덥쳐서 직장에서 돈을 훔쳤다는 혐의까지 받고 있습니다.」

□ There's been an anti-corruptin drive going on all over the country, and a number of Assemblymen are forced to resign <u>under fire</u> (during an attack).

「전국적으로 부패 추방 운동이 진행되고 있고 다수의 국회 의원들이 빈축의 대상이 되어 의원직을 내놓게 됐다.」

☐ Nobody expects me to attend the meeting today <u>under the circumstances</u> (because of the circumstances).

「그런 사정이 있는데도 오늘 내가 모임에 참석하리라고는 아무도 기대하지 않았다.」

☐ Don't hope against hope thay somebody will pay you <u>under the table</u> (secretly).

「누군가가 뇌물이라도 줄 사람 없을까 하는 허망한 생각은 아예 버려라.」

☐ I finished my homework just <u>under the wire</u> (barely in time).

「가까스로 숙제를 끝냈다.」

☐ The president is so popular that he has the whole country <u>under his thumb</u> (under his control).

「대통령은 워낙 인기가 높아서 전국을 완전히 제어하고 있다.」

☐ He has done such a imprudent thing <u>under the influence of alcohol</u> (alcohol intoxicated).

「그는 술김에 그런 지각없는 짓을 했다.」

☐ That politician was forced out of his office <u>under the gun</u> (under pressure).

「그 정치인은 압력을 받고 사직을 강요당했다.」

☐ I don't have any skeleton in the closet and I hate to keep anything <u>under wraps</u> (in secret).

「난 숨길 만한 일도 없고 무엇이고 비밀로 숨기는 것도 싫다.」

☐ Nobody thought I could do it, but I've done my job <u>under my own steam</u> (without help).

「내가 그 일을 해내리라고는 아무도 생각지 못했지만 난 자력으로 해냈다.」

☐ The United Nations is no longer a strong powerful image for them, he said, the indications from the latest researsh are that they don't want to live <u>under the United Nations wing</u> (under the United Nations' protection).

「그는 말하기를, 그들에게 UN은 더이상 강한 인상으로 남아 있지 않으며, 최근 조사에서 나타난 바에 따르면 그들은 UN의 보호 아래 살기를 원치 않는다는 것이다.」

☐ The house my friend had wanted to bid on came <u>under the hammer</u> (up for sale at auction) soon after he arrived.

「내 친구가 도착한지 얼마되지 않아서 입찰을 원했던 집이 경매에 부쳐졌다.」

♣ **Up the creek** : in a bad situation (궁지에 빠진)

> I feel somebody has stacked the cards on the sly. I seem to be *up the creek*.
> 「누군가 몰래 훼방을 놓고 있는 것 같다. 난 궁지에 빠진 것 같다.」

☞ 1884년 경에 생겨난 말이다. 처음에는 Up salt creek이라 하였다. 소금물로 된 늪이 바다로 흘러들 때 노(paddle) 없는 배로 개울을 헤쳐나가자면 기가 막힐 노릇이었다. 더구나 찐득거리는 늪에 푹 박혀서 빠져나오려면 정말 진땀이 안날 수 없을 것이다. 이제 UP의 용례를 살펴보기로 한다.

☐ My father has been trying to find out something about our ancestors, but he's <u>up a blind alley</u> (at a dead end).
「아버지는 조상들에 대해 뭔가 찾아 내려고 애써 오셨지만 막다른 골목에 부딪쳤다.」

☐ I had to split the difference and close the deal at 2 million won. If we disagree to meet each other halfway, I'll be really <u>up a tree</u> (in a difficult situation).
「난 차액을 절충해서 2백만으로 거래를 매듭지어야 했다. 우리가 절충안에 합의하지 않으면 내 입장은 정말 난처해진다.」

☐ I never thought he would side against me. Now, I am really <u>up against</u> (having trouble with) a serious problem.
「그 사람이 반대편에 서리라고는 생각을 못했다. 이젠 정말 심각한 문제에 부딪치게 되었다.」

☐ The mayor resigned yesterday and his position is <u>up for grabs</u>(available to anyone).
「시장이 어제 사임하였고 그의 자리는 잡는 사람이 임자다.」

☐ We can't leave this question <u>up in the air</u> (undecided) until coming Friday.
「우리는 이 문제를 오는 금요일까지 미결로 둘 수 없다.」

☐ Don't <u>upset the apple cart</u> (mess up) by telling my wife the whole story.
「우리 집사람한테 미주알 고주알 일러바쳐 산통깨지 마.」

♣ **use some elbow grease** : use some effort (힘든 일을 하다)

> Come on, Moon-ho. This is no time for loafing around. Just *use some elbow grease*.

> 「이봐. 문호. 빈둥거릴 때가 아니야. 힘든 일에 좀 발벗고 나서 줘.

☞ 힘든 일을 한다는 것은 팔굽혀 펴는 것과 비유되며, 팔 굽혀 펴기가 원활하자면 팔꿈치에 윤활유를 쳐야 매끄럽게 잘 돌아 간다. 1639이후 ellbow grease라 하면 "힘든 일, 끈기"의 뜻으로 쓰여 왔다.

팔굽히기 운동은 술마시기 운동이기도 하다. 술(기름)이 들어가지 않고서는 신바람나게 일을 하지 못할 때도 있다. 따라서 bend one's elbow (drink)라는 말도 있고, 팔꿈치가 밖으로 나올 정도로 초라하다는 뜻의 out at elbows (shabby)라는 말도 있다. 이제 use의 용례를 들어본다.

☐ The government <u>used every trick in the book</u> (used every method possible) to stabilize prices.
「정부는 물가 안정을 위해 온갖 방법을 동원하였다.」

☐ I have to <u>use my noodle</u> (use my own intelligence) to make my term paper up to par.
「기말 논문을 보통 수준에 끌어 올리기 위해서는 머리를 써야 한다.」

☐ He always <u>uses his sick wife as an excuse</u> (blames his wife) for not coming to the party whenever I prevail on him.
「그에게 파티에 참석해 달라고 청할 때마다 언제나 그는 몸이 아픈 부인 핑계를 댄다.」

☐ When you feel like <u>using strong word with</u> (swearing at) the boss, perhaps you'd better have someboldy else do the talking.
「사장에게 심한 말을 하고 싶어질 때면 다른 사람을 시켜서 하는게 아마 나을 것 같다.」

♣ **walk the plank** : walk off a board extended over a side of a ship and be drowned (뱃전에서 바다 위로 걸친 널빤지 위를 걷다가 익사하다), resign from a job because someone makes you do it (강요에 의해 지위를 포기하다)

> Lots of ranking officials have to *walk the plank* because of the graft case.
> 「많은 고관들이 뇌물 사건으로 인하여 자리를 떠나야 한다.」

☞ 좀 과장된 허세를 부리는 소설이나 영화를 제외하고는, 실제 해적들이 뱃전에 널빤지를 걸쳐놓고 사람들이 널빤지 위로 걸어가다 바다에 빠져 죽게 한 일은 없었을 것으로 본다. 그러나 해적들은 포로나 계율을 어긴 해적들을 알몸으로 벗겨 바다에 버리거나 무

인도 같은 돌아올 수 없는 외딴 곳에 버려서 고기밥이 되게한 일은 있지만 널빤지를 사용하지는 않았다. 이와 유사한 walk the chalk (behave properly)는 17C경 미국에서 생겨난 말이며, 갑판에 분필선(chalk line)을 그어놓고 그 선을 따라 똑바로 걸으면 무사하고 비틀거리고 걸으면 술 취한 증거이므로 매를 맞거나 응분의 벌을 받았던 데서이다. 이제 **walk**의 용례를 들어보기로 한다.

☐ My wife's stomachache hurt too much that she got up and <u>walked the floor</u> (walked one direction and the other across the floor, again and again) all night.
「집사람은 배가 너무 아파서 밤새도록 왔다갔다 걸어다녔다.」

☐ I want a hard work, and you can <u>walk all over me</u> (treat me like a slave) for my job.
「힘든 일을 시켜주시면 좋겠고 직장을 위해서라면 종처럼 부려도 좋습니다.」

☐ He is not such a irresponsible man to <u>walk out on</u> (desert) his sick wife and parents.
「그는 병든 처와 부모를 버릴 그런 무책임한 사람이 아니다.」

☐ My daughter has been <u>walking on air</u> (feeling happy and excited) since she landed a nine-to-five job.
「우리 딸은 월급을 받는 직장을 어렵게 얻은 다음 들떠있다.」

☐ I want my daughter to marry a man in a different <u>walk of life</u> (way of living).
「나는 딸이 다른 분야의 청년과 결혼하기를 원한다.」

☐ You have to pick up <u>your walking papers</u> (a statement that you are fired from your job) when you louse up your effort to win the contract.
「계약을 따내기 위한 자네의 노력이 엉망으로 되는 날이면 자넨 모가진줄 알아.」

☐ My wife has a terribe case of gastritis, and I am afraid it's verging on gastric cancer. She's been <u>walking on a tightrope</u> (in a situaion where she must be very cautious).
「우리 집사람은 악성위염에 걸렸기 때문에 거의 위암이 되지 않을까 걱정이 된다. 집사람은 늘 주의해야 할 형편이다.」

☐ His only wish to <u>walk off with the election</u> (win the election) vanished in the air.
「선거에 낙승하려던 그의 유일한 소망은 허사로 끝났다.」

♣ **walls have ears** : we may be overheard (낮말은 새가 듣고 밤말은 쥐가 듣는다)

> Don't wag your chin any more. Somebody may be listening. *Walls have ears.*
>
> 「함부로 지껄여 대지 마. 누군가가 들을 수도 있어. 밤말은 쥐가 듣고 낮말은 새가 듣는다는 말이 있잖아.」

☞ 벽(walls)에 귀가 달려 있었던 때가 있다. Italy Sicily섬 동남부에 위치한 Syracuse 항구에 Greece 시대의 독재자 Dionysius (430-367 B.C)가 장본인이다. 그는 죄수들을 가둔 감방에 좁은 관(tube)을 연결하여 그들이 말하는 것을 엿들었다. 그가 귀를 대는 곳은 마치 사람의 귀처럼 만들었다. 그 후 프랑스나 영국에서도 이런 일이 있었다. 이로부터 **walls have ears**는 You'd better take care, there are spies any-where.라는 뜻이 되었다. 이제 **wall**의 용례를 살펴보기로 한다.

☐ He's wasting his time trying to fix up his car. He's only <u>beating his head against the wall</u> (wasting his time trying to fix up his car which is completely hopeless).
「그는 차를 고치느라 시간을 보내고 있다. 되지도 않는 일로 계란에 바위치기를 하고 있는 거야.」

☐ If they vote me out in the following election, I am ready to <u>climb the wall</u> (do it desparetely) this time.
「다음 선거에 나를 출마시켜준다면 전력을 다해 돌파구를 찾을 각오가 돼 있다.」

☐ Nobody would tell the truth until the authorities concerned <u>drove them to the wall</u> (pushed them to an extreme position).
「당국이 그들을 궁지에 몰아 넣기 전까지는 아무도 바른 말을 하지 않으려 했다.」

☐ All my problems up to my neck have <u>driven me up the wall</u> (made me insane) until all hours three nights in a row.
「산더미같이 쌓인 문제들이 사흘 밤 연속 늦게까지 나를 미치게 만들고 있다.」

☐ I went into that little <u>hole in the wall</u> (tiny shop) where they had the nicest little gifts.
「나는 아주 멋진 자잘한 선물을 팔고 있는 그 작은 구멍가게로 들어갔다.」

☐ I've heard you talk about this before, and it's all a pack of lies. Now, let me <u>nail you to the wall</u> (punish you severely).
「전에 네가 이런 소리 한 적이 있는데 모조리 거짓말투성이야. 이제 혼 좀 나 봐라.」

♣ **wash one's hands of** : end one's association with (…와 손 떼다)

> I've spent many games warming the bench. I want to *wash my hands of this team.*
> 「난 여러 게임을 못 뛰고 있습니다. 난 팀을 떠나고 싶습니다.」

☞ 신약성서의 마태복음 27장 24절에서 생겨난 말이다. so when Pilate saw that he was gaining nothing, but rather that a riot was beginning, he took water and washed his hands before the crowd, saying "I am innocent of this man's blood ; see to it yourself", Pilate가 아무 효험도 없이 도리어 민란이 나려는 것을 보고 물을 가져다가 무리 앞에서 손을 씻으며 가로되 "이 사람의 피에 대하여 나는 무죄하니 너희가 당하라"에서 자기 혼자 Jesus의 처형에 대해 결백한 체 했던 Pilate의 wash his hands 가 바로 우리의 관용어다. 이제 wash의 용례를 들어 본다.

☐ The flood <u>washed out</u> (washed away) the bridge over the stream.
　「홍수로 개울에 놓였던 다리가 유실되었다.」

☐ I seldom <u>take a drink of milk to wash down</u> (drink milk to aid the swallowing of) these vitamine pills.
　「이 비타민 알약을 목에 넘기려고 우유를 마시는 일은 거의 없다.」

☐ You are just wasting your breath. I am already determined to <u>wash you up</u> (put an end to your career).
　「내게 암만 말해도 소용없어. 벌써부터 자네를 내보내려고 생각하고 있네.」

☐ I don't want you to <u>wash your dirty linen in public</u> (allow all your private and personal business to be known to the public).
　「집 안의 추한 일을 남 앞에 드러내지 않기를 바란다.」

♣ **throw cold water on** : reduce enthusiasm for (김을 빼다)

> When my mother said I couldn't have the car, she *threw cold water on my plans.*
> 「내가 차를 쓸 수 없다고 어머니가 말씀하셨을 때 내 계획을 망가뜨린 거야.」

☞ 술이나 잠이 깨도록 머리에 퍼붓는 물을 **cold pig**라 한다. 찬 물을 끼얹는 것은 예로부터 치료 방법의 하나로 쓰여져 왔다. 지나친 흥분이나 정신 질환에도 찬 물을 끼얹는다. 이것은 분명히 치료법이지만 열기를 식히는 방법이다. 따라서 찬 물을 끼얹으면 처음의 열기도 식어지게 마련이다. 이제 **water**와 **wet**의 용례를 들어 본다.

□ My three children adapted to bottle feeding <u>as a duck takes to water</u> (easily and naturally).
「우리 집 세 아이들은 쉽고 자연스럽게 젖병 빨기에 적응했다.」

□ It's entirely up to you whether <u>water down</u> (dilute) the punch or not.
「펀치에 물을 타고 안 타고는 모두 네가 할 일이다.」

□ Why do you get so steamed up about nothing? What he said <u>didn't hold water</u> (was inadequate), but his intentions were good.
「어째서 그런 시시한 일에 화를 내고 있니? 그 사람 말은 이치에 안 맞지만 악의가 있었던 건 아니다.」

□ Stop jacking me around and <u>blowing me out of the water</u> (destroy me utterly).
「나를 괴롭히면서 구렁텅이로 밀어넣는 짓은 그만 좀 해.」

□ I think I could wet my tonsils as my business is <u>dead in the water</u> (stalled).
「사업이 안 되고 해서 술이라도 한 잔 했으면 좋겠다.」

□ If you count your chickens before they are hatched, you are <u>all wet</u> (mistaken).
「자네가 김칫국부터 마시고 앉아 있다면 헛다리 짚고 있는 거야.」

□ The victim was <u>mad as a wet hen</u> (angry) and wanted to stamp out the robbers without a trial.
「도둑 맞은 사람은 너무 화가 나서 도둑들을 기소하지 않고 죽여 없애기를 원했다.」

□ We had a really good time at our picnic, but Wan-joo threw a fit and became <u>a wet blanket</u> (someone who ruined the game).
「우린 야유회에서 정말 즐겁게 놀았지만 완주가 트집을 잡고 판을 깨어 버렸다.」

♣ **what's what** : one thing from another (사리, 진상)

> The flowers and the weeds are coming up together, I can't tell *what's what*.
> 「화초와 잡초가 섞여 자라고 있어서 뭐가 뭔지 모르겠어.」

☞ 뭐가 뭔지 실상을 안다는 것이 중요함은 새삼스러울 것도 없다. 영국의 시인 Samuel Butler(1612-80)가 그의 작품에 자주 사용했던 표현이다. 사태의 추이를 면밀히 파악하고 있어야 밀지지 않는다는 말이다. 이 밖에 What's the matter?에서 What's new? 또는 What's with you?로 변해가고 있는 요즈음의 추세임을 참고로 밝혀 둔

다. 이제 **what**의 용례를 보기로 한다.

☐ You always give me good advice. Why not <u>practice what you preach</u> (do what you advise other people to do?)
「넌 내게 언제나 좋은 충고를 해 줘. 넌 왜 말만하고 실천은 안 하는 거니?」

☐ "Times are hard, and prices are high, I can tighten my belt for only so long". <u>"What are you driving at</u> (What do you mean)?"
「"사정은 어려워지고 물가는 오르고 언제까지 허리띠를 졸라맬 수 있을 지 알 수 없는 형편이야". "무슨 소릴 하고 있는 거야?".」

☐ So Min-ho dropped out of the team. <u>What difference does it make</u> (Does it really matter)?
「민호가 팀에서 빠졌어. 그 까짓 게 무슨 상관이야?」

☐ If you get punished for tampering with the car, so should me. <u>What's sauce for the goose is sauce for the gander</u> (What's appropriat for you is appropriate for me).
「네가 차를 만지다가 혼줄이 나면 나도 벌을 받아야 해. 너에게 닥치는 일은 나에게도 닥치는 법이니까.」

☐ When you go out into the world, you find out <u>what makes people tick</u> (what motivates people).
「사회에 나가 보면 무엇이 사람들을 움직이게 하는 지 알게 될 거다.」

☐ Let's forgive and forget. <u>What's done is done</u> (It's final and in the past).
「이제 용서하고 잊어버리자. 이미 지나간 일을 되돌릴 수는 없잖아.」

☐ You seem upset, Jung-soo. <u>What's eating you</u> (What's bothering you)?
「정수 너 기분이 언짢아 보인다. 뭣 때문에 속상한 거니?」

☐ Jung-soo locked horns with the boss today for no particular reason. <u>What's gotten into him</u> (What has caused him to behave that way)?
「정수는 별다른 이유없이 사장하고 싸웠어. 무슨 일로 그렇게 된 거지?」

♧ **when one's ship comes in** : when wealth comes to one (운이 트이면, 돈이 생기면)

> **I want to take a trip to Baik-doo-san with my wife *when my ship comes in.***
> 「형편이 괜찮아지면 집사람 데리고 백두산에 가 볼 생각이다.」

☞ 이 표현도 몇 백년 전 해운업이 상업을 주도했을 때 생겨난 말이다. 큰 상선에 화물을 잔뜩 싣고 다니자면 사고를 당하기가 일수였다. 대신 무사히 장사를 잘 하고 귀향한다

면 거금을 만진다는 게 확실한 일이었다. 먼 지역에서 각기 특색있는 상품을 사고 팔았기 때문이다. 이제 **when**의 용례를 살펴보기로 한다.

☐ You'd better wait and <u>cross that bridge when you come to it</u> (deal with a problem only when you are faced with the problem).
「좀 기다리고 있다가 일이 닥쳤을 때 처리하는 게 낫겠다.」

☐ I have to respect the aged when I go back to my native place, <u>when in Rome do as Romans do</u> (one should behave in the same way that the local people behave).
「난 시골로 돌아가면 어른들을 공경해야 해. 그 고장에 가면 그 고장 방식에 따라야 해.」

☐ We had a good time, but we wore out his welcome <u>when it came right down to it</u> (all things considered).
「우린 즐거운 시간을 보냈지만 이것저것 생각해보니 그의 집에 너무 오래 눌러 앉아 있어서 그를 괴롭힌 꼴이 되었다.」

☐ I was fed up with him and told him where to get off, but he didn't stop his story <u>when the fat lady sang</u> (a long time from that time).
「그 사람 얘기가 지겨워서 웬만큼하고 끝내는 게 어떠냐고 해 봤지만 그때부터 한참이 지나도록 끝내지 않았다.」

☐ Somebody have to hit a home run in the last inning of the game <u>when the chips are down</u> (at the most important time).
「마지막 이닝의 막바지 결정적일 때 누군가가 홈런을 한 방 날려야 해.」

☐ You are a nice guy, but you <u>don't measure up to Jung-ho when hell freezes over</u> (never measure up to Jung-ho).
「넌 좋은 사람이지만 정호한테는 절대로 따라 갈 수 없다.」

♣ **with one's tail between one's legs** : be frightened (겁먹은, 꽁무니 빼는)

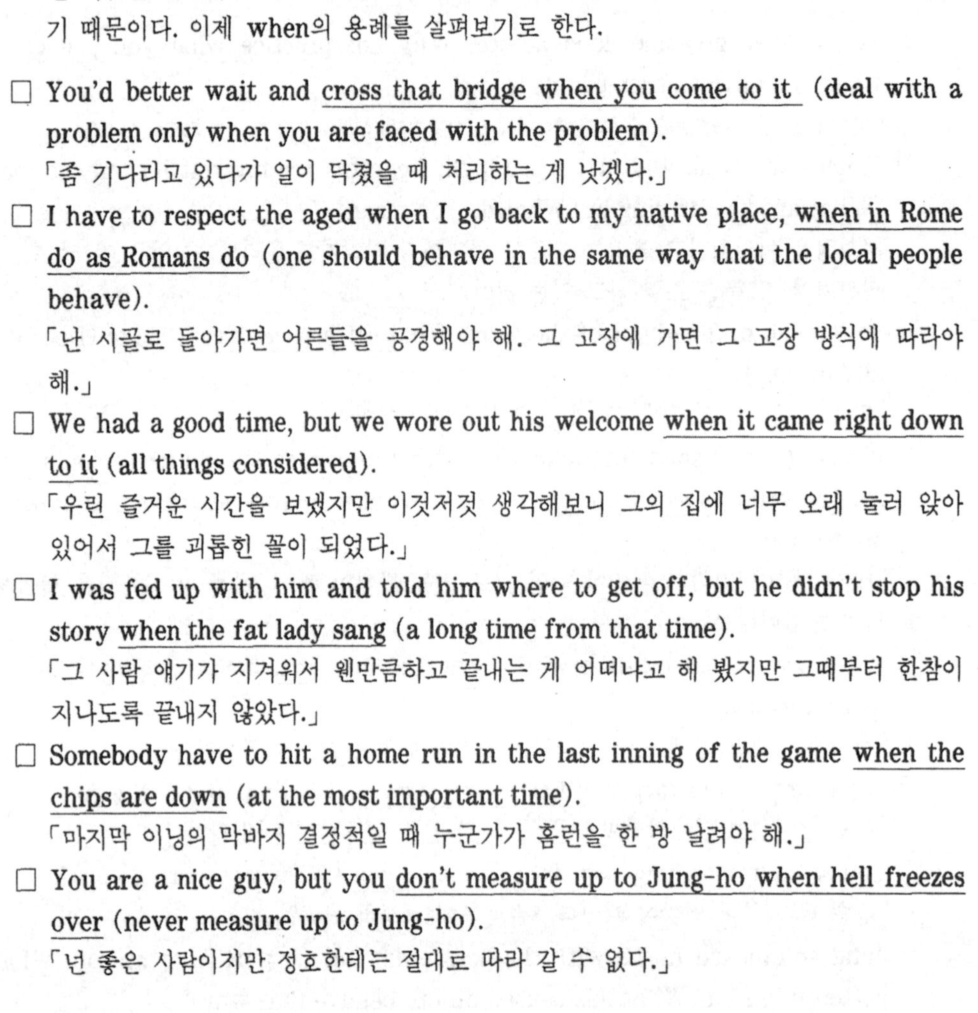

☞ 언제부터 이 말이 생겼는지는 알려져 있지 않지만 1400년 경으로 추정한다. 겁먹은 개는 아예 처음부터 꼬리를 내리고 여차하면 도망갈 궁리를 한다. 이렇게 가랑이 사이에 꼬리를 감추고 슬슬 눈치보다가 도망가는 꼴은 사람에게도 적용되게 된다. 여기서

turn tail(도망가다)이라는 말도 생겨났다. 이제 **with**의 용례를 보기로 한다.

☐ When the taxi came <u>within hailing distance</u> (close enough to hear someone call out), Sung-mi asked if she could get a ride.
「택시가 가까이 오자 성미는 탈 수 있느냐고 물었다.」

☐ It's not so hard to warm up to Sun-young, but you must keep your behavior <u>within bounds</u> (with certain restrictions) for a while.
「선영이하고 가까워지는 건 어려울 거 없지만 한 동안은 행동을 조심해야 해.」

☐ Sung-mi always tries to steal the show when she and her friend make a presentation, <u>without batting an eye</u> (without blinking an eye).
「성미는 친구와 함께 공연을 할 때면 언제나 인기를 독차지하려고 혈안이다.」

☐ You'd better steal a march on your colleague this time <u>without further ado</u> (without further talk).
「이번에는 딴소리할 것 없이 자네 동료 몰래 선수를 쓰는 게 나아.」

☐ When I had to scrape the bottom of the barrel in choosing my partner at the party, he must have shouted in his heart <u>with flying colors</u> (boldly).
「파티에서 내가 찌꺼기 파트너를 고르게 되자 그는 내심 의기양양했을 것이다.」

☐ Gang-soo and his wife have come <u>within an ace of being bankrupt</u> (very close to going bankrupt) ; they have to scrounge around from one place to the next until someone offers them something.
「강수 내외는 거의 파산 지경에 이르렀고 누군가 구호의 손길을 뻗치지 않는 한 떠돌아 다녀야 할 형편이다.」

♣ **put words into someone's mouth** : attribute an idea to someone that isn't really his (그사람 생각이 아닌데 그사람 발상으로 돌리다)

> You are *putting words into his mouth*. He just suggested that you practice what you preach.
> 「너는 그가 하지도 않은 말을 했다고 우기고 있어. 그는 단지 네가 말만하지 말고 행동으로 보여주라는 걸 암시했을 뿐이야.」

☞ 남의 입에 억지로 말(**words**)을 쑤셔 넣어서 마음에도 없는 말을 하게 한다는 말이다. 이와 달리 **take the words out of someone's mouth** (someone agrees with you) 는 입 속에서 나오려는 말(**words**)을 가로채서 제 것인 양 말해버린다는 말이다. 하기 싫은 말은 시켜도 안 되고 남이 할 말을 가로채서도 안 될 일이다. 이제 **word**의 용례

를 본다.

☐ He was so surprised that he was <u>at a loss for words</u> (unable to speak).
「그는 너무나 놀라서 뭐라고 해야할 지 몰랐다.」

☐ I am glad to see you safe and sound. I am grateful to God <u>beyond words</u> (more than I can say).
「네가 무사한 걸 보니 기쁘구나 하느님께 무어라 감사를 해야할 지 모르겠다.」

☐ I am not going to <u>mince my words</u> (be euphemistic), so I have to say that you did a lousy job.
「깨놓고 말하자면 자넨 일을 엉망으로 해놓았어.」

☐ You have to listen to what I say and <u>weigh my words</u> (consider carefuly what I say).
「내 말을 귀기울여 듣고 그 말을 신중히 생각해 봐야 해.」

☐ I haven't seen you for ages. <u>What's the good word</u> (Hellow, how are you)?
「야, 정말 오랜만이구나. 어떻게 지내고 있나?」

♣ **work like a navvy** : work very hard (열심히 일하다)

> You've been working all day like a navvy without eating anything.
> 「자넨 온종일 아무 것도 안 먹고 열심히 일만 하는 군.」

☞ 유사한 표현으로 work like a horse가 있으며 약간 진부한 표현이다. navvy는 도로 공사나 운하 공사 따위에 동원되는 육체 노동자다. 영국에서 18C 중엽 운하(도랑)파는 인부를 navigator라 불렀고 이런 힘든 일을 navigation이라 불렀다. 물론 원 뜻은 항해사나 항해를 말하던 것이었다. 이것이 짧아져 navvy로 된 것이다. 이제 work의 용례를 보기로 한다.

☐ I am sure my horse will win out over yours, this time I'll bet all my money and <u>shoot the works</u> (use up everything).
「내 말이 네 말을 이길 게 틀림없으니까 이번엔 가진 돈을 모두 다 걸고 전력을 다 할 것이다.」

☐ Stop working on weekends and start playing Bah-dook, because <u>all work and no play makes a Jack a dull boy</u> (you should have recreation as well as work).
「주말 같은 때에 일하는 건 그만 두고 바둑이나 두자, 너무 일만 하고 쉬지 않으면 못

쓰는 법이니까.」

☐ Many people are <u>worked up over</u> (excited and agitated about) the threats of a push-button war.
「많은 사람들은 버튼식 전쟁의 위협으로 안절부절 못하고 있다.」

☐ I failed to understand the instructions <u>at work</u> (at my place of work) today, because the boss made a slip of the tongue at an important point.
「오늘 사무실(직장)에서 지시 사항을 제대로 알아 듣지 못했다. 사장이 중요한 대목에서 잘못 말했기 때문이다.」

☐ You should <u>work on</u> (try to convince) Jung-mo by all means to change his mind.
「어떤 일이 있어도 정모가 마음을 돌리도록 설득해야 해.」

☐ I really want to <u>work my way up</u> (advance in my position from the beginning level to a higher level) and worm my way out of this job.
「정말 한 단계 한 단계 승진을 해서 이런 일에서 벗어나기를 원해.」

☐ Hye-yun <u>worked her way into</u> (squeezed into) this office, and she is a member in good standing.
「혜연이는 이 사무실에 비집고 들어와서 괜찮은 자리에 앉아 있다.」

☐ If you <u>work out</u> (exercise) three times today you'll really be tired out when you get home.
「오늘 네가 세 번씩이나 운동을 하면 집에 돌아갈 때 정말 녹초가 될 것이다.」

☐ The mayor's schedule was so busy today, but the secretary agreed to <u>work me in</u> (insert me).
「오늘 시장의 일정은 무척 바빴지만 비서가 나를 스케줄에 끼워 넣어준다고 약속했다.」

☐ I have to sweat blood to <u>work out</u> (settle) this problem.
「이 문제를 해결하려면 큰 고생을 해야 한다.」

☐ I am going to catch him off his guard. Don't <u>spill the works</u> (give away the secret).
「그 놈이 방심할 때 붙잡을 거야. 함부로 말하지 마.」

☐ I stacked the deck so I wouldn't have to <u>work my tail off</u> (work very hard) any more.
「더 이상 뼈빠지게 일하지 않도록 일을 꾸며 놓았다.」

☐ I have to <u>work off the fat</u> (make the fat go away) around my waist by doing execise everyday.
「나는 허리부근의 지방(살)을 빼기 위해 매일 운동해야 해.」

A woman with a small child in tow boarded a bus and dropped a single coin into the box. The operator stopped her. "That child is older than five, madam. You'll have to pay half-fare for him." The woman bristled. "But how could he be older than five? I've been married only four years."

"Madam," said the operator, "I'm taking fares, not confessions."

「 어떤 여자가 어린 아이를 데리고 버스에 올라가서 동전 하나만 요금함에 떨어뜨렸다. 운전사가 그녀를 정지시켰다. "저 아이는 다섯 살이 넘습니다, 부인. 그 아이를 위해 일반요금의 반을 내셔야 합니다." 그 여자는 화를 냈다. "허지만 어떻게 그 아이가 다섯 살 이상 될 수 있어요? 전 결혼한지 4년밖에 되지 않았는데요."

"부인," 운전사가 말했다, "제가 받는 것은 요금이지, 고백이 아니예요."(이 아저씨 너무 했군요.)

Part III

Miscellaneous Word Origins and Phrase Origins

Part Ⅲ. Miscellaneous Word Origins and Phrase Origins

the absent are always wrong :없는 사람이 죄를 쓰게 마련이다

　17C 경 France에서 생겨난 속담이다. 없는 사람에게 있는 죄 없는 죄 모두 뒤집어 씌우는 것은 동서 고금이 마찬 가지였던 모양이다.

ace :적기를 5대 이상 격추시킨 우수한 조종사, 주사위 1의 눈, 명인, 서브 득점

　Greece어에서 온 하나(one)라는 뜻이다. 주사위나 카드에서는 1점 밖에 안 되는 신통 찮은 점수지만 승패의 분기점에서는 그 1점이 아쉬운 것이다. 여기서 ace in the hole(비장의 술수), **have an ace up one's sleeve**(비책을 준비해 두다)는 말이 생겼다.

acknowledge the corn :제 잘못을 인정하다

　19C에 생겨난 말이다. 네 필의 말과 말을 먹일 옥수수(corn)를 훔치던 사내가 붙잡히자 하는 말, "I acknowledge the corn(옥수수를 훔친 건 인정합니다)"하면서 얼버무린 데서 온 말이다.

agree to disagree :견해 차는 어쩔 수 없는 일이라고 서로 단념하다

　영국의 신학자 John Wesley가 1770년에 썼던 것으로 되어 있지만 그 이전부터 있었던 말이다.

all at sea :항해 중에, 어쩔 줄 모르는

　옛날 선원들은 생명같이 귀중한 항해 장비의 성능이 말이 아니어서 육지가 안 보이는 먼 바다로 나가 항해를 하자면 육감에 따라 행동할 수밖에 없는 어려움이 있었다.

all washed up :못쓰게 된

　공장에서 일을 마친 사람들이 손을 씻는 데서 "모든 일이 끝나다"라는 뜻이었으나 "볼 일 다 보았다", "망가졌다"는 뜻으로 확대되었다.

also-ran :실격 선수, 낙선 후보자, 경기의 패자

　1904년 미국의 정치권에서 나타난 말이지만 이보다 앞서 경마에서 생겨난 말이다.

always be nice to people on your way up, you may meet them on your way down : 언제나 잘 나갈 때 남에게 잘해 주어라. 아쉬울 때 또 만날지 모르니까.

미국의 유머 작가 Wilson Mizner가 1920년에 만들어 Hollywood를 통하여 널리 퍼져나간 말이다.

angel dust : 가루로 된 마약의 일종

1970년대 이후 미국에서 널리 쓰이고 있는 말이며 천사(angel)의 색갈인 흰색(white) 가루가 마약이기 때문이다. white powder, peace pills, super joint, green tea, busy bee, long elephant, killer weed, crystal 등으로 부르기도 한다.

angle with a silver hook : 고기를 낚지 못해서 시장에서 산 고기를 낚았다고 하면서 돌아오다.

낚시꾼의 허풍을 액면대로 믿어줄 사람이 있을까? 큰 소리치고 나갔다가 맨손으로 돌아올 수가 없어서 시장에서 은화(silver coin)을 주고 물고기를 사가지고 와서는 낚은 것이라고 거드럭댄다는 말이다.

Annie Oakley : 무료 입장권

미국의 여자 사격수 Annie Oakley(1860-1926)는 트럼프 카드를 공중에 던져놓고 땅에 떨어지기 전에 카드의 점수 표지를 모조리 쏘아 맞혀 구멍을 낼 만큼 명사수였다. 이렇게 구멍이 숭숭 뚫린 카드는 마치 입장권에 펀치(punch)로 구멍을 뚫은 것 같았으므로 사람의 이름인 Annie Oakley가 free pass (ticket)라는 뜻으로 사전(dictionary)에 수록되자 Annie Oakley가 생전에 매우 기뻐하였다고 한다.

anxious seat : 참회자 석, 고민하고 있는 상태

19C 미국 서부 교회에서 생긴 말이다. 앞 자리에 앉은 사람들은 빨리 구원을 받으려는 마음에서 안절부절 못한다는 말이다.

appeal from Philip drunk to Philip sober : 술취할 때를 피하고 술이 깼을 때 호소하다

고대 Macedonia의 Philip 왕에게 한 여인이 남편의 정당한 재판을 요구하자 왕은 술에 취한 채 청을 거절했다. "이 재판에 불복하여 항소하겠습니다"라고 여인이 외치자, 왕은 "항소? 누구한테 항소냐?" 하자, 여인이 "To Philip sober"라고 대답했다. 나중에 이 여인은 승소하여 그녀의 남편은 풀려났다.

arena : 투기장, 시합장, 활동 장소

Latin어로 arena는 sand(모래)라는 뜻이다. Rome 시대의 원형 경기장은 모래로 덮여 있었다. 날마다 헤아릴 수 없는 무사들이 시합을 하다가 칼에 찔려 흘린 피가 흥건하게 고일 때마다 모래가 이를 흡수해서 없었던 일처럼 보일 수 있었다.

Are you a man or a mouse? : 자넨 사람이냐 쥐새끼냐?

20세기 초 미국에서 생긴 말이다. 무슨 일에나 꽁무니를 슬슬 빼는 겁쟁이 사내에게 핀잔을 주거나 용기를 불러 일으키기 위해 쓰는 말이다. 이에 대해 자주 나오는 대답이 "A man; my wife's afraid of mice(사람이라네, 집사람은 쥐를 무서워하거든)".

Argus-eyed : 눈이 날카로운, 빈틈없는

Greece 신화에 나오는 별들의 전쟁 이야기에서 온 말이다. 백 개의 눈을 가졌던 거인 **Argus**는 질투 많은 Juno(Hera)의 명에 따라 Io를 감시하게 된다. Io는 Juno의 남편인 Zeus가 사랑한 여신으로 Juno의 질투로 인하여 암소로 변해버렸다. 이때 **Mercury**(수성)가 Argus를 잠들여 놓고 죽였다. 이로 인해 새벽녘이면 별이 빛을 잃게 되었다 한다. Juno는 Argus를 살려서 공작의 꽁지깃에다 붙여 주었다. 많은 나라에서는 아직도 공작의 깃을 배신자라 하여 "나쁜 눈(evil eye)"으로 여기고 있다. 영국의 출판업자들은 아직도 공작을 불길한 새라하여 책의 표지 그림 같은 데 넣는 것을 피하고 있다.

arrant thief : 떠돌이 강도

원래 **knight-errant** (의협가, 편력 기사)에서 생겨난 말이다. 기사(knight)라면 전국을 돌아다니면서 불의를 보면 참지 못하고 용감하고 착한 행동만 하는 무사였지만, "기사는 착한 사람"이라는 등식을 너무나 써 먹다보니 지겨워졌던지 이젠 "철저한 악당"으로 변해 버렸다.

artichoke : 엉겅퀴, 뚱딴지

Spain에서는 영어의 정관사에 해당하는 **al** (the)와 **kharshuf**를 결합한 **alca-chofa**라고 불리는 식물이 있었는데 북부 Italy 사람들이 artichoke로 와전시켜 생겨난 말이다. 또 하나의 재미있는 얘기로는 예술가(artist)가 맛좋은 엉겅퀴를 먹고 억센 가시 때문에 질식하였기 때문에(choke)artist+choke에서 artichoke가 되었다고 한다.

ask a silly question and you'll get a silly answer : 바보같은 질문엔 바보같은 대답밖에 없다

19C 후반에 생겨나 아직도 널리 쓰이는 말이다. 이 보다 오래된 **ask no questions**

and you'll be told no lies(묻지 않으면 거짓말 따위는 안 들어도 된다)에서 진화된 말이다.

baby kisser：선거 운동 중인 정치가
미국의 **1884**년 대통령 선거 이전부터 생겨난 말이다. 선거 유세 때 표를 끌어 모으기 위해 유권자의 아이들에게 키스함으로써 친밀감을 표시하는데서 비롯된 말이다.

backbite：험담하다, 흉보다
중세에 있었던 곰 놀리기 놀이에서 생긴 말이다. 곰을 짧은 사슬로 기둥에 매어놓고 몇 마리의 개가 앞에서 공격하고 다른 개들이 뒤에서 공격하여 등을 무는 놀이다. 또 이런 이야기도 있다. Greece의 철학자 Diogenes에게 "어떤 동물이 가장 지독하게 뭅니까?"하고 묻자, "야생 동물로는 흉보는 사람(back-biter)이고 길든 동물로는 아첨꾼(flatterer)이라네."라는 명언을 남겼다.

back seat driver：참견하기 좋아하는 사람, 이래라 저래라 운전 지시를 하는 승객
자동차에 연관되어 생겨난 말 몇 가지를 보면 **step on the gas**(속력을 내다), **detour**(우회로, 우회하다), **hitchhiker**(자동차 편승 여행자), **hit-and-run**(사람을 치고 뺑소니 치는), **streamlined**(유선형의), **joyride**(장난삼아 하는 드라이브) 등이 있다. 아예 뒷자리에 앉아 얌전히 있으면 **take a back seat**(뒷전에 앉다. 낮은 자리에 앉다)이다. 뒷자리에 앉았어도 가만히 있지 못하고 운전사에게 이래라 저래라하는 사람이 **back seat driver**이다.

backwater：역류, 역류의, 역류하다, 영향주다
기선이 처음 나왔던 1800년대 초에 기선의 외륜 (**paddle wheel**)이 거꾸로 돌면 기선이 거꾸로 가게 되어 있었다. 이로부터 거꾸로 움직이는 것을 **backwater**라 하게 되었다.

bagman：수하물 담당, 뇌물 거두는 사람, 폭력배를 위해 돈 거두는 사람
영국에서는 단순히 "떠돌이 행상인"이란 뜻이다. 원래는 말을 타고 돌아다니는 행상을 가리키는 말이었으며, 안장 뒤쪽에 달고 다니던 양쪽의 자루가 너무 커서 말을 탄 사람이 거의 안 보일 정도였다 한다. 지금은 온갖 못된 짓을 하고 돈을 옭아내는 모리배란 뜻으로 쓰인다.

baksheesh：팁, 사례금
Persia에서 생긴 이 말은 선물이나 팁을 가리켰다. 하인, 관리, 거지 등이 끈덕지게 팁

을 요구하는 바람에 주는 사람 쪽에서 기분이 상하게 되었고 이제는 일종의 "강요"라는 뜻을 담게 되었다.

bald as a coot：머리가 벗겨진

쇠물닭(coot)은 보통 검은 깃털을 가지고 있지만 머리에서 부리에 이르는 부분은 하얀 색이 뚜렷하다. 실제 쇠물닭이 대머리(bald head)는 아니고 머리 부분이 흰 것 뿐이지만 15세기 이후부터 "머리가 벗겨진"이란 뜻으로 쓰고 있다.

ball the jack：급히가다, 한 가지 일에 모든 것을 걸다.

제1차 대전 중에 생겨난 말이며, 원래 highball(출발 신호)에서 ball the jack으로 변화하였다.

ballyhoo：소동, 엉터리 선전, 과장 선전을 하다

영국에 가면 Ballyhooly라는 마을이 있는 데 이곳 사람들의 입심이 사나워서 떠들썩하고 입씨름이라면 지지 않는 기질이 있어서 생긴 말이다. the whole bloody truth라는 뜻을 가진 이 말은 영국에서 1885년에 나온 pop song에 bloody hooly truth로 되어 있었으며 이것이 줄어서 지금의 ballyhoo가 되고 "엉터리 선전"이라는 뜻으로 쓰인다.

bamboozle：속이다, 애먹이다

원래 dazzling(아찔해지는), mizzle(도망치다, 가랑비 오다), dazzle(현혹시키다), confuse(어리둥절케하다) 등의 여러 말에서 변형된 말이다.

barber pole：이발소의 간판 기둥

이발소의 간판 기둥에는 흰색과 붉은색의 얼룩 무늬가 있고 얼핏 보아 피묻은 붕대 같이 보인다. 영국에서는 옛날에 이발소가 외과와 치과를 겸했다. 이발소 간판 기둥은 피묻은 붕대의 표시로 외과 치료를 해 준다는 표시였던 것이다.

bant：식이 요법으로 살을 빼다

영국에 살았던 가구쟁이자 장의사였던 지독한 뚱뚱보 William Banting(1797-1878) 이 그의 필자적인 살빼기 체험을 1860년 대에 책으로 펴낸데서 banting이라는 말이 생겨났다.

baptism of fire：첫 출전, 포화의 세례

1870년 프랑스와 프러시아의 전쟁 중 Searbuck의 전투에서 Napoleon 3세는 그의 유

일한 상속자인 왕자 Louis Napoleon (14세)을 적의 포화 속에 나가 싸우라고 명하였고 이에 왕자가 출정하자 프랑스 사람들은 이를 baptism of fire라 불렀다. 물론 왕자가 거절했다면 출정하지 않을 수도 있었다. 전쟁에서 프랑스는 패하였고 왕과 왕자는 영국으로 유배를 당했다. 왕자는 스물두 살 때 영국군에 종군하여 Africa의 Zulus 전투에서 전사하였다.

bar: 빗장, 술집, 법정

Shakespeare가 1572년에 처음으로 bar를 술집이란 뜻으로 썼다. 술집의 폐문시간 쯤이면 음식을 내오는 counter에 빗장을 지르기 때문이었다. 법정의 창살이나 격자도 bar로 비유되면서 behind bolt and bars(엄중히 구금되어), behind bars(투옥되어), go to the bar(변호사가 되다)처럼 쓰이기도 한다.

barbecue: 불고기틀, 통구이, 야외 연회

지금은 사라진 영국의 Haitian Tiano 족이 남긴 말이다. 이 종족들은 짐승을 통째 꼬챙이에 꿰어서 구웠는데 이 꼬챙이들을 Spain 해적의 이름을 따서 barbacoa라 불렀는데 그 후 영어에서는 American barbecue라고 알려지면서 자리를 잡게 되었다. barbacoa의 barb는 beard(수염)의 변형으로 볼 수 있다.

barnstorm: 지방 유세(공연)를 하다, 곡예 비행을 하다

고대 영어에는 보리(barley)를 bere라 하였고, 지금은 보리를 쌓아두는 곳간을 barn이라 한다. bere의 일족인 barn(곡식 창고)이 미국의 개척 시절에는 매우 커서 as big as a barn door(표적이 매우 큰), can't hit a barndoor(사격 솜씨가 서툰), chalk on a barndoor(대충 계산하다)와 같은 말이 생겨났다. 1815년 경에는 극단이 뉴욕의 북부 지방을 순회하면서 그 넓은 barn을 공연장으로 이용하였고, 나중에는 지방 유세를 한다는 뜻으로까지 확대되었다.

barnacle: 달라붙어 떠나지 않는 사람, 코집게, 굴등, 삿갓조개

미국 사람들은 굴 껍질처럼 배의 밑바닥에 달라붙은 것을 가리키지만 영국 사람들은 안경을 가리키기도 한다. 또한 barnacle goose(검은 기러기)는 목(neck)에 털이 없다(bare)는 bare+neck에서 생긴 말이고 또한 삿갓조개(barnacles)같은데서 태어나는 것으로 믿어 왔기 때문이기도 하고, 삿갓조개의 생김새가 검은 기러기를 닮은 때문이기도 하다.

barnburner: 과격파

1830~50년경 미국 뉴욕 주의 민주 당원으로부터 생겨났는데 그 당원은 당시에 노예 제도를 지지하는 당원들을 아예 없애버리려고 당사에 불을 지를만큼의 열성적 개혁파였기 때문이다. 그러니까 당을 **barn**으로 비유하고 수구 당원들을 **rat**로 비유하면 쥐를 잡기 위해 창고를 태운 셈이니 빈대 한 마리 잡기 위해 초가 삼간 태우는 것과 닮았다고나 하겠다.

basilisk: 이구아나과의 도마뱀, 전설상의 도마뱀 비슷한 괴물

옛날 Greece어에 **basiliscos**는 **little king**(작은 왕)이란 뜻이었다. 이 전설상의 도마뱀은 장닭의 머리, 용의 꼬리, 새의 날개를 가졌는데 머리 위의 볏이 왕관을 닮았기 때문이다. 이 괴물이 한번 노려보면 사람이 즉사했다 해서 지금도 창녀들의 날카로운 눈매에 비유된다.

bastard: 사생아, 모조품, 놈, 가짜의, 유사한

중세 Latin어에서는 길마(packsaddle)를 **bastum**이라 불렀고 정식 결혼을 하지 않고 아이를 길마 위에서 낳았다 하여 **bastard**란 말이 생겨났다. 이와 비슷한 **bantling**(꼬마, 애송이)은 **bench** 위에서 낳은 사생아란 데서 **bench**의 변형이다. **born on the wrong side of the blanket**(서자로 태어난)은 부부간의 **sex**가 담요를 덮은 어두운 곳에서만 이루어진다는 것을 암시하며, **wrong side**는 불륜의 관계가 담요 밑에서 이루어졌다는 말이다.

like a bat out of a hell: 맹렬한 속도로

박쥐(bat)가 어둠을 좋아하고 밝은 것을 매우 싫어한다는 것은 널리 알려진 일이다. 지옥에서 이글거리는 불을 만난 박쥐라면 혼줄이 나서 푸드덕거리며 달아날 수밖에 없을 것이다. 또한 눈먼 박쥐가 텅 빈 머리 속으로 날아 들어 왔다면 당황하여 정신을 못차릴 것이므로 **have bats in one's belfry**(괴짜다, 머리가 좀 이상하다)는 말이 되어 **have a bee in one's bonnet**(머리가 이상해지다, 골몰하다)와 비슷한 뜻이 된다. 또한 1615년경에 매(falcon)를 길들일 때 매가 홰(perch)나 주먹쥔 손(fist)에서 날아갈 때면 눈을 깜박인데서 **do not bat an eye**(눈 하나 깜박 안하다, 태연하다)라는 말이 생겨 났다.

battle royal: 격론, 일대 난투

중세의 무사들은 편을 나누어 마상 창시합을 할 때 왕의 명령에 따랐다. 왕의 명에 따라 싸운다는 뜻의 **royal battle**은 생명을 건 혈투였다. 싸움에 이긴 사람끼리 또 다시 싸우게 하고, 또 다시 이긴 사람끼리 싸우게하여 마지막으로 이겨야 **champion**으로 인정받았다. 닭싸움에서도 처음에는 여덟 마리를 넣어 1대1로 싸우게 한 다음 이긴 네 마리끼리 다시

싸우게하고 여기서 이긴 두 마리를 결승에 내보내어 **champion**을 가린 닭싸움도 **battle royal**이라 불렀다.

beanfeast : 잔치, 연회

1800년 경 영국에서 일꾼들에게 잔치를 열어줄 때 콩(**bean**)같이 생긴 부리가 달린 거위를 내놓았는데 여기서 **beanfeast**라는 말이 생겨났다. 미국의 **Boston**에는 콩이 많이 났다. 여기서 콩에 관해 흔한 표현이 생겨났는데 **He doesn't know beans about it.**(그는 그 일에 대해 아무 것도 모른다), **full of beans**(원기 왕성한) 등이다.

beat a retreat : 북을 쳐서 후퇴를 알리다, 후퇴하다

옛날에는 전투에서 후퇴할 때면 북을 쳤다. 나중에는 해질 녘에 하기식(下旗式)을 할 때도 북치고 나팔을 불게 되었다. 이제는 후퇴 또는 손떼고 물러 간다는 뜻으로 쓰인다.

beat loose end : 빈둥거리다, 작정없이

굴레를 벗은 말이 목장에서 한가로이 풀을 뜯는 모습에서 생겨난 말이다.

be at low tide : 썰물에, 쪼들려서

수위가 낮은 썰물이면 배가 마음대로 뜰 수 없고 얕은 물에 사는 조개류 따위는 사람들에게 잡히기 쉽다. 이런 어려움으로 생겨난 이 말은 17C 경의 속어에서 지금은 표준 영어로 자리잡고 있다.

be at the end of the rope : 속수 무책이 되다

얼핏 보아 밧줄 끝에 매인 말이나 소의 모습을 생각할 수 있다. 그러나 1686년의 프랑스 작품을 번역해 보면 사형수가 밧줄 끝에 매달려 죽음만 기다리는 모습에서 생겨난 것으로 확인되었다.

beat the living daylights out of : 죽도록 패 주다

또 다른 표현인 **I'll make daylight shine through you.**에서 볼 수 있듯이 칼이나 총으로 상대방 몸에 구멍을 내어 빛이 통하도록 만들겠다는 것이니 끔찍한 소리다. 1774년 경에는 비슷한 표현이 여럿 있었는데 **I'll fill him full of holes. I let daylight into you. I'll beat you to a pulp.** 같은 것이 그것이다. 그러나 이 말은 아주 친한 사이나 농담으로 할 수 있고 때로는 화가 머리 끝까지 올랐을 때 할 수 있는 말이고 일상 대화에서 남발할 말은 아니다.

beauty is only skin-deep：사람은 외모만 보고는 알 수 없다

1613년부터 있었던 속담으로 겉모습 만으로 사람을 판단해서는 안 된다는 말이다.

bedbug letter：불량한 서비스나 상품에 대한 사과 편지

옛날 어떤 사람이 어느 호텔에 묵었다가 그날 밤 빈대에게 물리고서는 집에 돌아와서 이에 대한 불평을 적은 편지를 보냈다. 얼마 후 사과하는 내용의 회신을 받아 보았더니 "그런 일은 전혀 없었던 일입니다"라는 것이었다. 이 손님이 원래 보냈던 편지도 함께 부쳐져 오면서 그 편지의 머리 부분에 "Send him the bedbug letter"라고 갈겨 써 놓았다. 덕분에 그 후 bedbug letter는 「불량 서비스나 불량 상품에 대한 사과 편지」라는 뜻으로 쓰였고, 그것도 대량으로 같은 편지를 인쇄하거나 복사하여 보내는 편지를 가리킨다.

bee：벌, 이웃끼리의 모임

벌이 공동 생활을 하면서 협력하여 살아간다는 것은 널리 알려진 일이고, 이를 비유적으로 사용하여 여럿이 모여 회의나 잔치를 열거나 같이 모여 일을 하는 것을 가리키게 되었으며, 미국의 Massachussettes를 비롯한 여러 곳에서 1769년 이후부터 생긴 말이다. 흔히 쓰이는 예로는 spelling bee(철자 경기회). husking bee(옥수수 껍질 벗기기 모임), candy bee(과자 만드는 모임), knitting bee(뜨개질 모임), logging bee(나무 베기 모임), quilting bee(누비 이불 따위를 만들기 위한 여자 들의 모임)등이 있다.

beefeater：영국왕의 호위병, 영국인, 쇠고기를 먹는 사람, 비만한 사람

Mrs. Markham이라는 부인이 주장한 바에 의하면 영국왕의 호위병들은 쇠고기를 먹지 않았다고 한다. 그런데 어째서 별로 아름답지 못한 beefeater란 이름이 붙었느냐 하면 프랑스 어인 buffetier(sideboard：식기 찬장)에서 생겨났다는 주장이다. 따라서 제대로 말하자면 잘 먹고 뚱뚱한, 천박한 하인에게나 걸맞을 말이라고 해야 할 것 같다.

beetlebrain：바보, 멍청이

영국에서 1604년에 생긴 말이다. 머리가 벌레(풍뎅이) 머리 만큼이나 작아서야 어디 올바른 생각을 할 수 있겠는가 하는 말이다. beetlehead도 마찬 가지지만 머리가 망치대가리 만큼이나 단단하다는 말이기도 하다.

before you can say Jack Robinson：순식간에

Italy의 어원 학자였던 Palpably Ben Travato에 의하면 Jack Robinson이라고 불리우는 재주 많은 사람이 살았는데 눈 깜짝할 사이에 너무나 빨리 여기저기를 돌아다녀서 생겨난 말이라고 한다. 또 다른 이야기로는 영국에 살았던 Jack Robinson이 무슨 일에고

먼저 나서서 참견하자 어느 모임의 사회자가 다른 사람들에게 **before Jack Robinson can say anything**이라고 다그친 데서 **before you can say Jack Robinson**(재빨리)로 변하여 지금도 쓰이고 있다.

beg:구걸하다, 간청하다

어원이 약간 불확실하나 **bigot**(광신자, 완고한 사람)의 일족이라 할 수 있다. **bigot**은 **by God**에서 왔거나, 바보스럽고 맹목적인 광신자였던 **Bi Got**이란 사람의 이름에서 딴 말이다. 또 **beggar on horseback**이란 말이 있는데 "갑자기 부자가 되어 거드럭거리는 사람"이란 말이다. 이외에도 **beg the question**은 원래 어떤 문제에 대하여 논쟁이 벌어질 때 처음부터 상대방에게 거지같이 비굴한 자세로 양보해 줄 것을 간청한 데서 생겨나서 지금은 "논점을 피하다"라는 뜻으로 쓰이고 있다.

bellwether:방울을 단 양, 지도자

앵글로색슨 시대 이래 **bellwether**라 하면 거세한 숫양으로 방울을 목에 달고 양떼를 선도하고 다녔다. 그 후 이 뜻이 사람에게 옮겨와서 **leader**라는 뜻으로 자리잡게 되었다.

berserk:광폭한(사람)

북유럽 신화에 의하면 곰가죽(**bear skin**)을 입은 용사(**warrior**)가 나타나서 무섭게 날뛰는 바람에 아무도 감당하지 못했다 한다. 아무리 창, 칼로 찔러도 끄덕없이 달려들어 닥치는대로 때리고 할퀴고 물어뜯다가 때로는 짐승으로 변신하여 불로 공격할 수도 없었다. 이러한 **bear skin**이 **berserk**으로 변했다고도 하며, 또 한편으로는 **bere-serce**(**bare of mail**)에서 볼 수 있듯이 갑옷(**mail**)을 입지 않고 덤빈다는 말이기도 하다.

bet one's bottom dollar:가진 돈 몽땅 걸다, 확신하고 있다

포커 게임에서 온 말이다. 달러 또는 칩을 수북히 쌓아 놓고 위에 있는 **dollar**부터 걸어 나가다가 확고한 자신이 생기면 밑바닥에 있는 마지막 달러까지 몽땅 거는데서 생긴 말이고 19세기 말부터 있었다.

better half:아내

원래는 남성 우월적 표현도 아니었고 남편이나 아내 양쪽 모두를 가리키는 말이었으며 우스개 소리가 아닌 진지한 말투였다. **Rome** 시대의 시인이었던 **Horace**가 그의 친구인 **Maecenas**를 **better half**라고 불렀다고 한다. 그 후 영국의 **Philip Sidney**경이 **Arcadia**(1580)라는 산문체 연애 소설에서 쓴 이후 자리를 잡기 시작했다. 이제는 그저 농담으로 아내를 가리키는 말로만 쓰여지고 있다.

between Scylla and Charybdis : 진퇴 유곡에

　Greece 신화에서 생겨난 말이다. **Scylla**라고 하는 아름다운 여인을 바다의 신 **Posei-don**이 사랑하게 되었다. 그녀의 라이벌이었던 **Amphiritrite**가 그녀에게 마법의 풀을 먹이자 당장 괴물로 변하고 말았는데 열두 개의 발이 달렸고, 머리가 각각 달린 여섯 개의 긴 목이 있었으며, 이빨이 세겹으로 되어 있었다. 그녀는 바다를 굽어보는 높은 동굴에 살면서 바다를 지나가는 선원들을 꿀꺽꿀꺽 집어삼켰다. 그녀가 살던 좁은 **Messina** 해협의 맞은 편에는 엄청나게 큰 무화과나무가 있었다. 그 무화과나무 밑에는 **Charybdis**라고 불리우는 위험한 소용돌이가 있어서 하루에 세 번씩이나 바닷물을 빨아 들였다가 내뿜곤 했다. **Greece**의 용사 **Odysseus**는 이 두 가지 위험을 무릅쓴 항해를 해야만 했고, 불행중 다행으로 그의 선원들과 배는 잃었지만 자신의 목숨은 건졌다.

between the cup and the lip there's many a slip : 다 돼가는 판에 망할 수도 있다

　바다의 신 **Neptune**의 아들 **Ancaus**가 포도를 가꾸어 포도주를 담궈 한 컵을 따라 마시려는 순간 큰 멧돼지가 포도원을 망가뜨린다는 소리를 듣고 기겁을 하여 달려갔다가 멧돼지에게 떠받혀 죽은 일이 있었다. 그의 일꾼중 한 사람이 예언했던 "주인님은 포도주를 마셔보지도 못할 것"이 맞아떨어진 것이었다. 근거가 좀 불확실한 이야기지만 이외에 반증할 설이 없으며 16C 이후부터 쓰여 온 말이다.

between wind and water : 흘수 선에, 급소에

　16C 이후 전해오는 배(ship)에 관련된 말이다. 배가 물에 떴을 때 수면과 닿는 부분에 폭탄 세례를 가하거나 어뢰로 파괴시킨다면, 부서진 부분이 물 속에 잠겼다 공중에 떠올랐다 하면서 잠깐 견디다가 이내 가라앉거나 뒤집어지고 말 것이다. 이 말은 반드시 항해에 한하지 않고 비유적으로 널리 쓰인다.

beyond the pale : 상궤를 벗어난, 범위 밖에

　Rome 시대 이후 전 **Europe**에 걸쳐 말뚝(pale)치기가 유행이었고 경계(말뚝) 밖의 사람들은 못들어오게 막았다. 처음에는 그저 나라의 국경을 표시하는 경계선에 불과했지만 경계 밖에 있는 사람은 음침한 곳에 사는 추방된 자로 여겼다. 조금 더 숨은 뜻을 캐면 "범위 밖에"에서 확대되어 "패배하여 쫓겨난"의 뜻이 된다.

birthday suit : 알몸

　1771년 경부터 쓰여진 말이며 그야말로 태어날 때 입었던 그대로란 말이다. 이외에 **in the altogether**(알몸으로), **go in stag**(발가벗다), **in the buff**(발가벗고), **au naturel**(발가벗은), **dressed in nothing but a fig leaf**(발가벗은), **show one's form**(발가벗

다), **without a stitch on**(발가벗고), **in the raw**(발가벗은) 등이 있다.

bitter pill to swallow：싫은 일

16C 경에 있었던 말이며 말 그대로 쓴 알약을 먹어야 하는 고충을 말해준다. 알약은 보통 당의를 입히거나 향료를 넣어 겉칠을 하지만 본질적으로 쓴 것이며, 특히 말라리아 약은 유달리 쓰다. 20C 초반부터는 의사를 **pill pusher**라고 꼬집어 부르기도 한다.

blackball：반대 투표(하다)

영국에서 1770년 이후 나타난 말이다. 신규 회원으로 가입 신청을 했을 때 찬성이면 흰 공, 반대라면 검은 공을 투표함에 넣도록 되어 있었다.

blackguard：건달, 욕지거리하다, 깡패 짓하다, 천한 욕지거리하는

중세의 주방 하인들이 지저분한 모습을 한 채 검은 항아리(pots)와 팬(pans)을 돌보던 데서 생긴 말이라고 하나 신뢰성이 약하다. 이보다는 검은 제복을 입은 병사들이 못된 짓을 저질렀기 때문이라는 말이 설득력이 있다. 이것은 검은 셔츠의 국수 당원인 **black shirts**를 보아도 추측할 수 있다.

black hole：영창

인도의 Calcutta에 악명 높은 Black Hole이라 불리우는 감옥에서 1756년 이곳에 수감되었던 영국인 포로 146명 중 23명만 살아 남았다고 하며, 영국 사람들의 애국심을 불러일으키기 위한 조작이라는 말도 있었으나 당시에 이 사실을 지켜보았던 인도인 세 사람은 아무도 부인하지 않았다. 당시의 영국인들은 프랑스의 지원을 받은 Bengal 주지사에게 체포된 사람들이었고, 영국인들은 6월 20일의 더위를 못이겨 죽은 것이었다.

blacklist：요주의 인물 명부, 블랙리스트에 싣다

1649년 영국의 Charles 1 세를 사형 선고한 58명의 판사와 법원 관리들에 대하여 Charles 2 세가 만든 명부에서 비롯된다. Charles 2 세는 1660년에 왕정에 복귀하였고, 이들 중 일부는 도망갔고, 25명은 종신 징역을 받았으며, 13명은 처형을 당했다. **white list**라는 것도 있는데 내용적으로 반드시 **blacklist**와 반대의 뜻은 아니고 "기업이 선호하는 인재 명부, 우수 고용자 명부, 우량 기업 명부, 정부 인가 단체 명부, 우량 영화 명부"의 뜻이다.

black magic：나쁜 목적을 위해 악마의 힘을 빌리는 흑(黑)마술

서인도 제도 중 히스파니올라 섬의 일부인 Haiti의 마을에서 생겨난 이 마법은 지금도

그곳 주민들간에 행해 지고 있다 한다. 악마의 힘을 빌려 목적을 달성하려고 주문을 거는 것이다. 그저 남몰래 어두운 곳에서 살며시 점을 쳐보는 **black art**(마법, 요술)하고는 다른 말이다. 이와 꼭 같은 것으로 미국이 **Africa**에서 노예를 수입할 때 같이 들어온 **voodoo**가 있는데, 흑(黑)마술의 주술사 **Peter Valdo(1217)**의 이름 **Valdo**에서 **voodoo**로 변한 것이며 **voodoo**에서 지금은 **hoodoo**라고도 한다.

blackmail : 공갈, 공물(貢物)

16C의 **Scotland** 농부들은 영국 지주들에게 지대를 바쳐야 했는데, 지대는 **white mail** (**silver money** : 은화) 또는 **black mail** (**product or livestock** : 농산물이나 축산물)이었다. 여기서 **mail**은 우편이나 갑옷이 아닌 공물(貢物)이라는 말이다. 현물(**black mail**)로 낼 경우 현금(**white mail**)보다 훨씬 비싸게 먹히는 것을 각오해야 했다. 후에 국경선을 넘어온 약탈자들이 금품을 요구했을 때 이러한 부담 또한 싸잡아서 **blackmail**이라 불렀고 지금 "공갈"이란 뜻으로 널리 쓰인다.

black sheep : 검은 양, 말썽꾼

검은 양은 털에 악마의 표적을 지닌 것으로 여겨져 왔다. 당시의 물감은 질이 낮았고 너무 비싸서 사실상 검은 양의 털을 염색해도 실익이 없었다. 검은 양은 아주 어쩌다가 생겨나는 것이고 시장에 가져가도 팔리지 않으니 아무짝에도 쓸모가 없었다. 세월이 흐름에 따라 이 천덕꾸러기 검은 양은 "골치덩어리"란 이름을 얻게 되어 지금도 그렇게 쓰이고 있다.

blacksmith : 대장장이

얼른 보기에 대장장이의 옷과 피부에 앉는 검정 때문에 생겨난 말 같아 보이지만, 그런 건 아니고 새까만 쇳덩이를 두드리는 직업이어서 생겨난 이름이다. 하얀 양철을 두드리는 사람은 그래서 **whitesmith**(양철공)라 한다.

blimp : 소형 비행선, 뚱보

1차 대전 때의 항공기 제작사 **Goodyear Company**는 처음에 **A limp** (**non-rigid** : 연식(軟式)) 모델의 비행선을 만들었으나 작동이 되지 않았고 **B limp model**을 만들어 성공을 거두었다. 이와 같이 원래의 **B limp**가 **blimp**로 변하여 지금도 쓰이고 있다.

blind pigs : 비밀 술집

사람들은 금주령 하에서 마실 수 있는 저급 혼합주를 마시면 하늘이 노랗게 취하는 줄 알았다. 1858년 경에 미국의 **Virginia**의 **Richmond**에서 근무하던 **Public Guard**라 불리우던 병사들을 **blind pig**라고 별명을 붙였다. 이들은 **P.G**라는 글자를 모자에 새기고 다녔기 때문인데 **P.G**란 **pig**(돼지)에서 가운데 글자인 **i(eye)**가 빠진 것이므로 눈이 없는 (**blind**) **P.G**가 된 것이다. 아니면 그저 저급술을 마시고 고주 망태가 되도록 취한다는 (**blind·drunk**)데서 온 말일 수도 있다.

blockhead : 멍청이, 바보

14세기 이후 종전의 두건(hood)의 자리를 차지하게 된 모자(hat) 덕분에 모자점에서는 참나무로 된 모자 본(head-shaped blocks of oak)이 대표적 장비가 되었다. 영국의 Henry 8세 때에 이 모자골(blockheads)이 모자나 가발을 만드는 모형으로 쓰여졌으며 그 때부터 **blockhead**는 "나무 대가리"라는 데서 발전하여 "멍청이"라는 뜻으로 썼으며 Shakespeare는 그의 작품 Coriolanus에서 「tis strongly wedged up in a blockhead」라고 인용한 바 있다.

blow off steam : 증기를 빼다, 울분을 풀다

Diesel이 증기 기관의 자리를 빼앗아 버리고는 원래의 비유(metaphor)가 묻혀가고 있다. 1830년 대에 사용했던 증기 기관차의 증기 밸브는 굉장한 힘을 지탱하던 마개였으며, 기관사가 폭발을 막기 위해 손잡이 레버를 잡아당겨 열어서 증기를 빼주곤 했다. 이 때 쏟아져 나오는 증기를 보고 "울분을 풀다"라는 뜻이 생겨나 지금도 쓰이고 있다.

blow one's own horn : 자화 자찬하다

1855년 경에 생겨난 말이다. 황제의 전령관(herald)이 왕족의 도착을 알릴 때면 trumpet을 불게 되어 있었지만, 평민들은 trumpet이 없었으므로 뿔피리(horn)로 왕족의 도착을 다른 사람들에게 알렸다. 그러던 것이 나중에는 **blow one's own horn**이나 **blow one' own trumpet** 모두 왕(족)의 도착을 알리던 원래의 용도가 아닌, 자신의 존재를 자랑하는 자기 자랑으로 변하고 말았다.

blue laws : 엄격한 법률

19세기 초반의 창녀들은 푸른 옷을 입는 것을 전통으로 물려받았고 이에 영향을 받아 각종 퇴폐적인 행위나 오락에 **blue**라는 형용사가 붙게 되었다. **blue**로 수식되는 사회적 병폐를 근절하기 위해 **blue laws**를 만들게 되었는데, **blue** 병을 근절하기 위해 붙여진 이름인 동시에 청교도 정신을 이어받았기 때문이기도 하다. 그러나 이 **blue laws**에는 돼먹지 않은 **Tory** 당원인 Samuel Peters 목사의 주장에 의하면 이 법에 「일요일에 부인에게 키스하는 것을 금한다」는 조항이 있었다 한다.

bluebeard:변태적인 남편, 잔인한 남편, 푸른 수염의 사나이

「잠자는 미녀(Sleeping Beauty)」, 「신데렐라(Cinderella)」와 같은 작품은 Charles Perrault가 Contes du Temps(1697)을 통하여 수집 발표한 것이다. 이 중 하나가 「Barbe Bleue (Blue Beard)」인데, 이 작품에서 푸른 수염의 변태적인 남편은, 매우 잔혹해서 그의 마지막 아내인 Fatima가 자물쇠가 채워진 방 안에서 여러 명의 전처(predecessors)들의 시체를 발견하고, 때 맞추어 찾아온 그녀의 오빠 덕분에 죽음을 면하고서 비극이 끝난다.

blue-chip stocks:우량주

1900년대 초기에 증권가에서 poker game으로부터 빌려온 말이다. 노름을 할 때에 돈 또는 chip을 거는데, 이때 푸른색 chip (counter)이 가장 값진 것이었으므로 "우량주"라는 뜻을 갖게 되었다. chip이란 노름판에 계산의 편의를 위해 돈 대신 사용하는 물건으로 우리 나라 말 중에는 blue chip과 반대가 되는 cats and dogs(하등주)가 있다.

bluenose:청교도적인 사람, 캐나다 Nova Scotia주의 주민

청교도적 기질 때문에 붙여진 이름이기도 하지만 캐나다 근처의 추운 지방에서 일하던 벌목꾼과 어부들의 코가 너무 얼어서 퍼렇게 멍든 것처럼 보인데서 생겨난 말이다. 또한 미국 동북부 Boston의 Back Bay 지역에 살던 주민들의 깐깐한 청교도적 기질 때문에 생겨난 말이기도 하다.

Blue Peter:출범기

푸른 바탕의 중앙에 흰빛 바탕의 사각형이 표시된 기로 출항을 알리는 신호기이다. 소리 없이 기를 높이 쳐들어 흔든다해도 잘 알아보지 못하는 배가 있을 것이므로 반복해서 흔들어댄다는 repeater가 peter로 줄어들어 Blue Peter로 된 것이다.

blue devils:우울증, 알콜 중독에 의한 섬망증

blue devil은 푸른 캡슐이 덮인 환각제를 가리킨다. blue around gills(고주 망태로 취한)에서 보듯이 죽음이 어른거릴 정도로 취하면 파랗게 보인다는 말이 있다. 블루스 음악이나 blues(우울증)가 모두 죽음과 관련하여 생겨난 말이다. 이외에도 술취했다는 뜻으로는 blind, blitzed, bombed, gassed, zonked, smashed, half-cocked, loaded, shot, blotto 등이 있다.

blue-sky law:부정 증권 매매 금지법

1912년 미국에서 제정된 이 법은, 명칭이 같은 사람들이 실속 없는 헛일을 한다는 데서

마치 텅빈 푸른 하늘에 비유되어 생겨난 법이다.

boloney：헛소리

1928년에 미국 대통령으로 출마해서 낙선한 **Al Smith**가 이 말을 대중화하는데 기여했다. 원래 **boloney**의 **bol**은 **ball**과 같은 어원으로서 공처럼 부풀어 내실 없는 공허한 말이라는 뜻이다.

bone up on：부지런히 공부하다

구두를 닦을 때 뼈를 사용하여 광을 내던 시절이 있었다. 광이 나도록 닦는다는 것이 마음을 닦는 공부에 비유되어 생겨난 말이다. 1860년 대에 대학가에서 처음 쓰이기 시작하여 처음에는 **Bhon**으로 철자되었는데, 영국의 학자 **Henry George Bhon(1796–1884)**의 이름에서 따와서 후에 **bone**으로 변한 것이다.

bone to pick：따질 일, 할 말

Italy 반도 남단 지중해 섬 **Sicily**의 옛 전통에 의하면 시집 보낼 딸의 아버지가 신랑될 사람에게 뼈를 주면서 얼마나 깨끗이 뼈를 발라 내는지 시험하여 신랑감으로서의 합격 여부를 결정한 일이 있었다. 이 풍습을 직접 연결하기는 어렵고 오히려 여러 마리의 개에게 뼈다귀를 한 개 던져 아귀다툼을 벌이는 장면에서 왔다고 보는것이 옳을 것이다.

bootlegger：주류 밀주(수)자

미국에서 1850년 경 생겨난 이 말은 길다란 장화 속에 불법 위스키를 숨겨 다닌데서 비롯된다.

born to the purple：왕후 귀족의 집에 태어난

오래 전부터 붉은색은 왕을 상징해 왔다. 특히 **Byzantium**의 전통에 의하면 왕비가 분만할 때면 **porphyra**라고 하는 호화롭게 꾸민 특실을 사용하였던 데서 생긴 말이다.

bowdlerize：삭제, 정정하다

영국 **Somerset**주의 온천지인 **Bath** 부근 **Ashley**에서 태어난 **Thomas Bowdler** **(1754–1825)**는 자칭으로 유명한 문학 검열관이었는데, 원래는 의사였다가 사람들이 피를 흘리거나 고생하는 것을 보고 사람의 몸에 칼질하는 의사 대신 문학 작품에 칼을 들이대는 직업으로 바꾼 것이다. **Shakespeare**나 **Gibbon**이 살아있었다면 무자비한 칼질에 비명을 질러댔을 것이다. 그는 **Europ**을 여행한 후 **Grand Tour**라는 작품을 썼지만 아무도 거들떠보지 않았다. 그는 독실한 성직자 집안 출신이면서도 성직의 작위를 얻어보지 못했다.

중년에는 the Isle of Wight라는 곳으로 은둔하여 1818년에는 His Family Shake-speare라는 열 권으로 된 책을 냈는데, 표지 설명란에 "본문에는 아무 것도 추가하지 않았음. 그러나 수록 내용 중 가족들에게 소리 높여 읽을 수 있는 대목 외에는 삭제하였음. 남자들이 숙녀 앞에서 읽을 수 있는 것 외에는 삭제하였음"이라고 변을 늘어놓았다. 그가 오래오래 살아 있었다면 문학 작품이라는 작품은 모두 칼질을 당했을지 모른다.

box the compass:나침반 방위 읽다, 출발점으로 되돌아오다

선원들이 방위를 확인할 때 사용하는 나침반(compass)은 한 바퀴 도는데 **32 point**가 있다. 원래의 곳에서 한 방위씩 읽어가면 한 바퀴 돌아서 원점으로 오게 된다. 다 보고나면 상자에 넣어 두었던 모양이다. 여기서 "출발점으로 되돌아오다"는 말이 생겨나 비유적으로 널리 쓰인다.

boycott:배척(하다), 거절(하다)

고집통이 영국 군인 Captain Charles Cunningham Boycott(1823-97)의 이름에서 따온 말이다. 그는 나중에 Ireland에서 남의 농장을 임대받아 사람들을 고용하였는데, 농장의 원 주인은 없고 현지 소작인들은 뼈빠지게 일해도 소작료를 제대로 물지 않으면 경작권마저 뺏기는 형편이었다. 이 때 격렬한 Ireland의 토지 개혁론자였던 **Charles Stewart Parnell**이 범국민 토지 연맹을 만들어서, 낮은 소작료를 거부하는 지주나 지대를 못내는 사람에게서 토지를 뺏는 지주를 추방시키기로 하였다. 이 때 Boycott은 지대를 낮추는데 반대하다가 모든 사람들로부터 따돌림을 받아 아무도 그를 위해 일하려는 사람도 없고, 농장을 파괴하고, 생명마저도 위협받고, 인간 이하의 멸시를 받았다. 이로부터 boycott은 "배척"이라는 명예로운 이름을 얻고 Boycott의 생전에 벌써 널리 쓰여지기 시작하였다.

brain trust:두뇌 위원회

New York Times의 기자였던 James M. Kieran이 1932년 당시 대통령 후보였던 Franklin Delano Roosevelt의 측근에 있던 전문인 그룹에게 붙여준 이름이고 이를 지상 보도한데서 비롯된다. 이보다 앞선 1901년에도 이 말은 있었지만 뜻은 달랐다. **brain trust**는 정부의 자문 위원뿐 아니라 기업의 기술 고문도 가리킨다.

brand-new:아주 새로운

brand-new는 상품의 brand(상표)와는 상관없는 말이다. 사실은 불(fire)과 관계되는 말이고 불 붙은 나무(firebrand)라 할 수 있다. 대장간의 모루(anvil)에서 막 나왔다는 말이고, Shakespeare가 그의 작품 Twelfth Night에서 말했듯이 fire-new가 더 옳은 말이다.

brass：놋쇠, 고급 장교, 철면피, 매춘부

brass는 burn 또는 fire의 뜻으로 불에 달구어 벼린다는 말이다. 여러 가지로 장식한 놋쇠는 빤질빤질할 지언정 얼굴을 붉히는 일이 없으므로 "철면피"를 가리키기도 한다. 20C로 접어들 무렵 영국군 장교들의 모자 테두리를 참나무 잎으로 장식했는데, 이 참나무 잎을 놋쇠로 사용했다. 이로 인하여 놋쇠가 높은 사람의 상징이 됨에 따라 brass hat(고급 장교, 고급 공무원)이란 말이 생기기도 하였고, 1,2차 내전을 통하여 미국으로 건너가 표준 영어가 되기에 이르렀다.

brass tacks：놋쇠, 못, 요점

실제로 놋쇠로 된 못은 없고 보통쇠의 녹을 방지하기 위해 못대가리만 놋쇠로 된 못은 있다. 1903년 경 미국에서 생겨난 come down to the brass tacks(핵심을 말하다)에 대하여 여러 가지 설이 있으며 그 중 한 가지를 소개하면, 시골의 포목상들이 놋쇠 못을 일정한 간격으로 꽂아서 천의 길이를 표시해 두면 손님들이 찾아와서 천을 선택하게 되고 포목점 주인은 "All right, now we'll get to the brass tacks"하면서 못이 박힌 길이에 맞추어 옷감을 끊어주곤 한 데서이다.

bread and circuses：대중의 마음을 잡는 방법

Rome 시대의 시인 Juvenal이 말하기를 정부가 사람들에게 빵을 주고 즐거움을 안겨주면 반란을 미리 막을 수 있다고 생각을 한 데서 생겨난 말이다. 정부에서 빵과 오락을 만족스럽게 제공하는 나라는 없겠지만, 제공하려는 노력은 예나 지금이나 다름없이 있었던 것 같다. 또한 빵과 관련하여, Anglo-Saxon에서 온 winnan(toil：힘써 일하다)에서 breadwinner(가족 부양자, 생업)이 생겨났고, 1935년 경 영국 London 사람들이 bread and honey의 honey를 운율에 따라 money로 바꾸어 쓴 데서 bread가 money라는 뜻을 가지게 되었다. 또한 New York에서 1870년 대에 Vienna Model Bakery라는 빵집을 하던 Lewis Fleischmann 은 밤 열한 시가 되면 가게에서 안 팔리고 남은 빵을 거저 주었고, 가난한 사람들은 빵을 얻어 먹으려고 줄을 지어 문앞에 서있어서 bread line(식량 배급을 기다리는 빈민의 줄)이라는 단어가 생겼고, 그로부터 50년 후 대 공황(the Great Depression)때 더욱 널리 쓰이게 되었다.

break：행운, 기회

19C 말에 있었던 일로, 죄수가 옥살이를 할 때에 친구들이 모금 운동을 해서 변호사를 사거나 모금한 돈으로 죄수를 새출발하게 도와주었다. 어두운 생활을 중단(break)시킬 기회를 준다는 데서 "기회(chance)"라는 뜻이 되며, 중세의 연예인들이 막간을 이용해 쉬는 시간(break＝pause)에 모금을 한 데서 생겨난 말이다. 또한 당구(billiards)를 칠 때

에 맨 처음 한 곳에 모아 놓고 치던 공들이 첫 번째 큐에 흩어지면서(break) 매번 칠 때마다 공이 pocket에 들어가면 쉽게 이기게 되므로 get a break(have some good luck)이란 뜻을 가지게 되었다.

broad:여자, 매춘부

여자나 매춘부의 뜻으로 쓰인 것은 1920년 대 부터다. 미국인들이 bawd(매춘부)에서 만들어 냈을 가능성도 있지만, 실은 매춘부들의 넓은(broad) 젖가슴과 엉덩이에서 생겨났다고 한다. 참고로 bawd에 대하여 살펴보면 bold(용감한)의 일족으로 이미 이런 여자들은 체면이고 무엇이고 집어치운 용감한(?)사람들이기 때문이다. 이와 비슷한 brothel(매춘굴)은 board의 일족으로 판잣집에서 매음 행위를 했기 때문이다.

broker:중개인, 고물상, 브로커

원래 broach(꼬챙이)와 같은 뿌리의 말이며 술 손님들에게 뾰족한 꼬챙이 같은 것으로 포도주병을 따주고 팁을 받다가, 나중에는 술을 팔게 되었고, 그 후 무엇이나 파는 사람 또는 중매하는 사람을 가리키게 되었다. 지금은 주로 주식 중매인이란 뜻으로 널리 쓰이고 있으며 buttock broker(중매 쟁이)처럼 여러 가지 합성어를 만들기도 한다.

broom:비(로 쓸어내다), 금작화

영국 사람들은 약 1000년 전에 잎이 붙은 작은 나뭇 가지들을 묶어 집안 청소에 사용하였는데 이것을 besom이라 하였다가 후에 broom으로 된 것이다. 동화나 만화 같은 데서 흔히 보는 일이지만 마녀들이 빗자루를 타고 날아다닌다. 영국 사람들은 대문 앞에 나뭇가지를 묶어서 만든 빗자루를 비스듬히 걸어 놓는다. 마녀가 날아와서 빗자루를 보고는 묶은 나뭇 가지 또는 지푸라기가 몇 개인지 세느라고 빗자루를 타고 날아 가거나 문을 열고 들어올 생각을 할 틈이 없다는 것이다. 또한 broomstick marriage(찬물 떠놓고 결혼식 하기)라는 것은 영국과 미국의 일부 지방에서 18C에 있었던 풍습이다. 처음에는 시골에서 번거로운 교회식 혼례를 꺼리거나 성직자에게 주어야 할 돈을 절약하기 위해서였지만 후에는 모든 약식 결혼, 모의 결혼식, 내연의 관계 등을 뜻하게 되었다. 신랑 신부를 잘 아는 두 사람이 빗자루의 양 끝을 잡고 신랑 신부가 빗자루를 뛰어넘은 jump over the broomstick(손쉽게 결혼하다)에서 생긴 말이다.

brushfire:소규모 전투, 관목 지대의 화재

미국 서부 개척 시대에 산간 오지 관목 지대에서 일어난 화재에서 생겨난 말이다. 작은 관목 숲의 불이어서 비교적 끄기가 쉬웠기 때문이다. 전쟁이라면 국지전에 불과하다. 개화되지 않은 오지라는 뜻도 내포되어 있다.

pass the buck：책임을 전가하다

poker 게임에서 다음 번에 선이 될 사람에게 잊지 않도록 갖다놓은 표시(marker)를 buck라 불렀다. buck과 관련된 다른 말 중 buckaroo(카우보이)는, 마구 날뛰어서 탄 사람을 떨어뜨리는(bucking) 말(horse)을 탄 사람이라는 데서 buck의 변형이다. 미국의 dollar는 동물의 가죽을 돈으로 환산한 데서 buck이 dollar를 가리키게 되었다.

bucket shop：무허가 중매점

미국에서 생겨난 말이며, 형편없는 술집에서 맥주를 bucket으로 살 수 있었다. 또한 Chicago의 상공 회의소는 1882년에 합법적인 영업을 하는 상회에서는 곡물을 5,000 bushel 이하의 양으로는 못 팔도록 하였다. 불법 중간 상회에서는 이보다 작은 양으로 거래하였고, bucket으로 곡물을 거래한 데서 생겨났다.

buckle down to work：일에 착수하다, 일에 온 힘을 쏟다

영국의 기사들이 한창 날리던 시절(1754) 이들이 전투에 임하기 전에 갑옷을 단단히 졸라매고 가죽 끈은 버클로 채웠던 데서 생긴 말이다.

bug out：도망치다

한국전쟁 때 UN 군이 후퇴할 때 생겨난 말이다. bug(곤충, 유령)은 보기만해도 몸서리 나서 몸을 홱 돌려 도망한다는 말이다. bug은 겁을 주고 귀찮게 괴롭히고 비열한 짓을 한다는 뜻이 담겨 있어서 "도청(하다)", "괴롭히다"의 뜻이 있는가 하면, bogy(요괴, 국적 불명 비행기), bogus(가짜의), boggle(겁먹다, 움찔하다, 망설임), buggy(너무 빨라서 사람을 놀라게 한 "자동차, 유모차") 등의 파생어가 있다. 좀더 거슬러 올라가면 bow (bend; 인사하다), fugitive(도망자)가 보여주듯 무서워서 몸을 홱 굽혀서(bow or bug ＝bend) 도망한다는 말이다. 이와 비슷한 bugger(비역쟁이)는 Bulgaria의 변형이며, 11C 경 Bulgaria의 어느 종교 집단에서 수녀와 수도사 사이에 비역 행위(sodomy)가 있었다고 전해지고 있고, 이들은 프랑스의 남부로 내려와 살았지만 프랑스에서 이를 근절시키기에 이르렀다.

bull in a china shop：서툰 사람, 난폭자

1936년 미국 뉴욕에서 악단장 Fred Waring이 배우 Paul Douglas에게 내기에 진 일이 있었고, 이로 인해 황소를 몰고 Plummer's China Shop이라는 도자기점 안으로 들어가야 했다. 황소가 피해를 입힌 것은 당연히 Waring이 변상해야 했다. 도자기가 진열된 통로로 조심스럽게 소를 몰고 들어갔으나 예상 외로 소는 전혀 도자기를 손상하지 않았고 Waring 자신이 도자기 테이블을 쓰러뜨렸다. 이 말은 1834년 이전부터 영국에서 있었던

말인데, 황소가 생각했던 것 만큼 미련하거나 부주의하지 않다는 것을 보여 준 것이다.

burn one's fingers: 참견했다가 혼나다

불 속에서 군밤을 꺼내다가 손가락을 데었다는 데서 온 말이다. 1710년 영국의 속담에 의하면 "The busybody burns his own fingers."였다.

이 외에 **burn the candle at both ends**(정력을 낭비하다)는 17C 이전부터 영국에서 있었던 말이고, **burn one's bridge**(배수진을 치다)는 Rome 시대에 Caesar를 비롯한 장수들이 자신들의 **boat(bridge)**를 불태우고 결사적으로 싸운데서 온 말이다.

bury the hatchet: 화해하다

북미 토인들이 전쟁에 쓰는 무기로는 큰 도끼(tomahawk)가 있는데, 거친 돌을 다듬어서 만든 도끼를 hatchet라 불렀고, 화해가 성립되면 양쪽 추장들이 hatchet을 땅에 파묻는 의식(ceremony)을 가졌으며, 다시 싸우게 되면 그 도끼를 파낸 데서 **take up the hatchet**(전쟁을 시작하다)라고 했다. 미국 작가 Samuel Sewall이 1680년의 편지에 이런 말을 쓴 일이 있다.

butter wouldn't melt in one's mouth: 점잔 빼다, 시치미 떼다

1536년 경부터 있었던 말이고 여자들이 너무 새침하고 차가워서 butter쯤 입에 들어가도 안 녹을 것 같다는 말이다.

buttonhole: 단추구멍, 붙들고 이야기를 길게 늘어 놓다

붙들고 늘어지는 건 단추 구멍과 관계된 것이 아니다. 19C의 영국과 프랑스에서 있었던 말인데 남자의 양복 저고리 맨 위에 있는 단추를 붙들고 늘어져서 물건을 한 두 가지 살 때까지 괴롭힌 일이 있었던 데서 생겨난 **button-holder**가 buttonhole로 변한 것이다.

carpet knight: 나약한 남자, 실전 경험 없는 기사

기사(knight) 제도가 전성기였을 때 carpet knight란 날이면 날마다 숙녀의 침대 또는 숙녀의 carpet에서 만 전투를 벌이는 졸장부를 가리켰다. 도대체 바깥 출입을 안 한다는 말이다. 1576년부터 나타난 이 말은 어떤 남자든 뒷짐 지고 몸소 일을 하지 않는 사람을 가리키게 되었다.

carry the ball: 책임지다

미식 축구에서 1920년 이후 생긴 말이다. 타원형의 공을 가진 선수가 잘 하느냐 못 하느냐 하는 것이 팀 전체의 승부와 직결되는 중요한 책임이기 때문이다.

이 밖에 **carry the banner**(선두에 서다)는 **carry(bear) the bell**(선두에 서다)와 맥을 같이하는 말이며 깃발을 들거나 목에 방울을 달고 무리들을 이끈다는 말이다.

casanova:호색가, 엽색가

　Italy의 작가 Giovannoi Jacopo Casanova de Seingalt (1725-98)의 유명한 회고록은 150만 단어에 달한다. 그의 자서전은 18C의 주된 자화상으로 믿어 주어야 하셌지만 세세한 사항까지 믿어선 안 된다. 그의 이름은　Don Juan, Cyrano, Valentino,Romeo, Lothario 등과 함께 색마의 이름으로 널리 알려져 있다.

catboat:이물에 돛대 하나인 종범선

　영국에서 17C에 석탄을 600톤씩 싣고 다니던 상선을 catboat라 불렀는데 어째서인지는 알려져 있지 않다. 오늘날의 작은 유람선 **catboat**는 작고 조용하고 날렵하게 움직이기 때문에 붙여진 이름이다.

catcalls:고양이 울음 소리같은 소리, 야유하다

　1659년에 생겨난 이 말은 밤에 야옹야옹 울어대는 고양이 소리를 흉내낸 극장 따위에서 소리치는 야유의 소리를 가리킨다. 영국의 음악 홀에서는 고양이 울음 소리를 내는 의음기를 사용하여 성급함 또는 불평의 표시를 하였다. 미국에서는 소리를 질러 대면 칭찬의 소리라고 한다.

catch a crab:헛저어 뒤집히다

　노젓는 사람이 **catch a crab**라 하면 물론 노로 게를 잡는다는 뜻은 아니다. 19C에 생겨난 이 말은 노를 헛저어 기우뚱 뒤집어지는 것을 말한다.

catchpenny(번드레한 것)는 영국의 인쇄업자 James Catnach가 1824년에 유죄 선고를 받은 살인범 Weare의 마지막 연설을 인쇄하여 1페니씩에 팔았더니 하루　만에 매진된 데서 생겨났다. 그 후 다시 **We are alive again**이란 제목의 글을 조작하여 **Weare alive again**으로 조판하여 흉악한 살인범 Weare가 되 살아난 것처럼 하였다. 독자들은 이내 Catnach의 얕은 꾀를 알아내고 이를 놀려댔고 그의 이름은 "번드레한"의 뜻으로 쓰이게 되었다. **caught flatfooted**(놀란, 불시에 습격받은)은 1910년부터 생긴 말로, 당시의 경마에서 다른 말들은 출발했는데 아직도 출발선에 남아 있는 말(horse)을 가리키는 말이었다. 이런 말은 발 끝을 땅에 대면서 뛰는 것이 아니라 발바닥 전체를 땅에 대면서 뛰니 제대로 나아갈 수 없었던 것이다. 말의 편평족(flatfoot)은 사람에게로 옮겨와서 발바닥이 판판하거나 발등이 밋밋한 사람을 가리키게 되었고, 나중에는 날렵하지 못해 쩔쩔매는 사람을 가리키게 되었다.

chauvinism : 열광적 애국주의, 남성 우월주의

프랑스 Napoleon 시대의 퇴역 육군 병사 Nicolas Chauvin은 열광적인 Napoleon 숭배자였고 프랑스 군이 전쟁에 졌음에도 불구하고 패배를 인정하지 않았고, 열일곱 번이나 상처를 입었지만 조금도 꺾이지 않았다. 이런 맹신적 충성심은 사람들로 부터 조롱의 대상이 되어 La Cocarde Tricolore(1831)라는 희극에서 Chauvin이 등장 인물이 되기에 이르렀고, 여기서 "열광적 애국주의 자"란 뜻을 갖게 되었다.

chickens come home to roost : 자기에게 되돌아 오다

curses come home to roost(누워서 침 뱉기)와 마찬 가지의 뜻이다. 나돌아 다니던 닭이 결국에는 닭장(roost)으로 되돌아 올 수밖에 없다는 말이고 1810년 경에 생겨났다. chicken scratch(알아볼 수 없는 글씨)는 1956년에 생겼지만, 이보다 오래된 crow tracks(알아볼 수 없는 글씨), 또는 hen tracks와 같은 말이 1875년 경에 있었던 것으로 보아 비슷한 말이 오래 전부터 전해온 것으로 보인다.

chime in : 끼어들다, 합류하다

영국의 시인 Lord George Gordon Byron(1778－1824)이 처음으로 사용한 것으로 알려져 있다. 교회의 종탑에서 종이 울리는 것을 들어보면 각각의 음색들이 모두 끼어들어 (butt in or chime in) 아름다운 화음(harmony)을 이루는 데서 생겨난 말이다.

Chinaman's chance : 거의 가망 없는 일

1849년 경 미국 California에 금광 러시가 있었을 때에 많은 중국인들이 이곳에 이주하여 왔고 많은 철도를 부설하였다. 이들은 백인 투기꾼들이 버리고 간 불하 토지나 개울에 가서 금을 찾아 헤매었지만 거의 헛수고였다. 그 후 이러한 중국인들의 가냘픈 희망을 빗대어 Chinaman's chance란 말이 생겨났다.

chip on one's shoulder : 싸울 기세, 불만

미국 New York 주에서 1830년 대에 있었던 투박하게 싸우는 모습에서 생긴 말이다. 두 소년이 싸울 것이냐 아니냐를 결정하기 위해서, 한 사람의 어깨 위에 나뭇조각(chip)을 올려 놓고 "떨어뜨리려면 떨어뜨려 봐"하고 을러댔다. 그걸 쳐서 떨어 뜨리면 즉각 싸움이 벌어졌다. 이로부터 have a chip on one's shoulder 하면 "툭하면 싸우려 한다"는 말이 되었다.

cleanse the Augean stables : 대청소하다, 일소하다

Greece 신화에 나오는 용사 Hercules가 떠맡았던 열두 가지 과제 중의 하나가 마구긴

청소였다. 그가 영원히 살기 위해서는 하루 만에 3,000 마리가 들어있는 **Augeus** 왕의 마구간을 청소해야 하고, 그것도 강의 물줄기를 마구간 쪽으로 틀어서 청소해야 했던 데서 생긴 말이다.

이 외에 미국 사람들은 19C에 **clean up**(크게 벌다, 청소하다, 숙청하다, 몸단장하다)을 "수확하다"라는 뜻으로 썼고, 후에 "크게 벌다"라는 뜻이 되었다.

comstockery:엄한 풍기 단속

미국 **New York**의 풍기 단속 협회 창설자였던 **Anthony Comstock**(1844-1915)은 16 톤에 해당하는 각종 불온 서적을 없애버렸다. 그 후에도 맹렬한 불온 문학 추방 운동을 통하여 무자비한 단속을 했다. 여기서 그의 이름을 딴 **comstockery**가 생겨났다.

con:사기(의), 속이다

미국 남북전쟁 직후 가짜 금광 주(金鑛株)를 파는 사기꾼이 많아서 어수룩한 봉들을 골탕 먹이곤 했다. 그러나 아무리 어수룩한 봉이라고해도 확인해 보지 않고는 선뜻 믿고 투자를 하려들지 않았기 때문에, 사기꾼들은 많은 봉들에게 "신뢰의 표시로 조금만 해 봐"라고 권하고 이들이 걸려들면 바람처럼 사라졌다. 이때 이들이 늘 입에 담던 **Just as a gesture of confidence**(그저 신용의 표시로)의 **confidence**에서 **con**(사기)이 생겨났다.

conk out:갑자기 정지하다, 죽다

conk는 머리라는 뜻이고 머리를 때린다는 말이기도 하여 "머리를 때려 죽게 하다"라고 생각 할 수도 있다. 1차 대전 때 공군 의용병들은 엔진 소리를 "콩콩(conk conk)"하면서 흉내 내었는데, 그 귀에 익은 콩콩 소리가 멎으니 **conk out** 되는 셈이고 엔진이 죽은 것이 되었다. 뿐만 아니라 **to be conquered**(당하다)에서 당하는 것도 결국 죽는 셈이니 **conquered**에서 **conker**로 연결되기도 한다.

constable:치안 담당관, 순경, 각종 고관

영국에서 438년 경 생겨난 말이다. 원래는 **count of the stable**(마구간지기 백작)이었으나 **constable**로 줄어든 것이다. 궁중이나 군(軍)의 지휘관을 **constable**이라고 하였으나 나중에는 경찰을 가리키게 된 것이다.

Cook's tour:주마간산식 관광 여행, 수박 겉핥기의 조사

영국의 **Thomas and Son**관광사를 세운 전직 선교사 **Thomas Cook**의 이름을 따서 1841년 경에 만들어진 말이다. 그의 첫 관광은 금주 회의에 참가하는 일이었는데 기차 여행으로 1실링씩 받았다. 나중에는 제법 호화롭고, 잘 조직된 여행을 준비하여 비싸게 받게

되었고 관광사로 널리 이름이 알려지면서 Cook's tour(주마간산식 관광 여행)라는 이름도 얻었다. 영국 정부로부터 능력을 인정받아 Gordon 장군과 그의 부대를 1884년에 Sudan으로 수송하기도 하였다.

cool as a cucumber: 차분한

유럽의 Cupid's Play라는 연극(1610)에서 냉정한 여자를 가리켜 as cool as cucumber라고 쓴 이래 오이(cucumber)가 찬 것으로 널리 알려졌고, 실제 차거운지 온도계로 재본 결과 외계 온도보다 20도나 찬 것으로 확인된 것은 1970년이다. Rome의 황제 Tiberius는 매일 식단에 오이를 빠짐없이 올리도록 했다고 한다. 철이 아닐 때에는 온상 재배를 해야 했음에도 불구하고 거르지 않고 먹었다 한다.

coolie: 저임금 노동자, 하급 노동자

1834년 경 영국의 식민지 시대에 인도와 중국의 노예 제도를 불법화했을 때 생겨 난 말이다. 인도의 북부 Gugerat 지방의 Kuli 종족을 5년 간 계약으로 싼 급료를 주고 형편 없는 대우를 하면서 고용한 데서 비롯되며, 종족 이름 Kuli가 coolie로 변한 것이다.

coon: 미국 너구리, 흑인, 사내

흑인을 가리키는 coon 또는 raccoon과 관계없다. Portugal어에 barracoos는 노예들을 팔기 위해 수용하는 건물이라는 뜻이고, 이 barracoos에서 흑인이란 말이 생겼다. coon's ago(기나긴 동안)는 1843년 경 미국에서 생겨났다. 이전에는 영국의 In a crow's age가 쓰였으나 raccoon(너구리)이 까마귀보다 13년이나 더 오래 살기 때문이다.

corned beef: 소금에 절인 쇠고기

corn(옥수수)은 고대 Teuton말인 kurnom(grain)에서 생겨난 말이다. corn이 알갱이 이듯이 소금 또한 알갱이이므로 알갱이(corn)를 뿌려서 간을 했으므로 "소금에 절여 보존하다"는 뜻이 되는 것이다. corny(진부한, 구식의, 하찮은)는 수준 낮고 투박한 comedian들이 미국의 옥수수 곡창 지대(Corn Belt)를 돌아다니며 시시껄렁한 웃음을 선사한 데서 생겼다. 또한 carn(flesh or meat)은 고기라는 뜻이고 이 carn이 cheap meat(싼 고기)의 뜻을 가지면서 carn, corn, corny의 과정으로 변한 것이기도 하다.

cotton to: 좋아하게 되다, 이해하다

무명(cotton)에서 생겨난 말이 아니다. 중국식 예법의 하나인 무릎 꿇고 머리를 땅에 대고 하는 고두(叩頭), 즉 kowtow에서 cotton으로 변했다는 설이 있다. 또 하나는

costa(늑골)에서 cote(side), cotton으로 변했다는 설이 있다. 갈비뼈(costa)가 있는 옆구리에 붙어서 온갖 아첨을 부려 호감을 사려고 안달하는 모습에서 왔다는 것이다.

cough up：털어 놓다, 마지 못해 내다

cough는 hiccup(딸국질), hitch(홱 움직이다), hook(고리), hake(건조대), hatch(선박의 승강구) 등과 일족이다. 갈고리에 걸어 홱 당기면 "히컵"하는 소리가 난다는 데서 생겨났다. 기침(cough)을 하면 몸 속에 든 것이 입을 통해 튀어나온다. 몸 속에 든 것을 내뱉는 것이니 속에 있는 말을 털어놓는 것이 된다. 19C 말쯤에 미국의 범죄 속어의 하나로 생겨난 것이 "마지못해 내다"이다. 범죄 혐의자들이 자백을 요구했을 때 자백(coughing up) 대신 돈으로 경찰의 입을 막으려고 했기 때문에 **pay up**의 뜻이 된 것이다.

countdown：초읽기, 최종 점검

아마 대부분의 사람들은 미국의 Cape Canaveral에서 생겨났으리라고 믿을 것이다. 실은 독일의 영화 감독 Fritz Lang이 그의 과학 소설 작품 The Lady In The Moon에서 rocket 발사시 다섯, 넷, 셋 처럼 거꾸로 초를 읽는 수법을 보여줌으로써 관객들을 전율 속으로 몰아 넣었던 데서 비롯된다. 그는 독일 Nazis의 박해로 1930년에 독일을 떠났지만, 독일의 rocket을 가지고 미국으로 간 독일 과학자들에 의해 countdown이 전해진 것이다.

crabby：심술궂은, 난해한, 알아보기 어려운

게(crab)는 집게발로 물면 놓아 주지 않는다. 아무리 급해도 옆걸음으로 만 다닌다. 이런 못된 게의 성격에서 "심술궂은"이라는 뜻이 생겨났다.

cracker-barrel：평범한, 시골식의

미국 Missouri 주에서 어떤 책장수가 많은 문학 서적들을 팔고 있었는데, 적어도 그 근처에서는 학교 선생님이나 성직자를 제외한다면 가장 유식한 체 할 수 있었다. 어느 가게에나 흔히 있는 cracker 통에 둘러싸인 가운데 온갖 이야기를 늘어놓았던 시골의 책장수로 인하여 생겨난 말이다.

crash：표없이 들어가다

1920년 경 미국에서 생겨난 이 말은 재미있는 sports 경기장으로 들어갈 때 실제로 문을 부수고 들어갔기 때문에 생겨난 말이다.

crate：낡은 차, 나무틀

그냥 crate라고 하는 것보다 old crate이라고 하는 경우가 많다. 1917년 이전부터 있었던 이 말은 구식 복엽 비행기(biplane)가 나무틀(crate)을 닮았기 때문에 생겨난 말이고 처음의 낡은 비행기에서 낡은 자동차도 포함되기에 이르렀다.

cretin：백치

중세에 정신적으로 덜 되고 일그러진 사람들이 산악 지방에 살았다. 스위스 사람들은 이들을 christians이라 불렀다. 그들의 생각에 이 불구자들은 너무나 천진 난만해서 죄(sin) 짓는 것과는 거리가 먼 사람들로 여겼기 때문이다. 후에 프랑스 사람들은 christians에서 따온 cretin이란 말을 "바보(idiot)"의 뜻으로 쓰게 되었고, 이 뜻이 영어로 정착되기에 이르렀다.

cricket：공명 정대

영국 사람들이 It's not cricket이라 하면 "그건 공정하지 않다"라는 말이다. cricket은 영국 사람들이 즐기는 경기로서, 배트로 공을 때리는 경기다. 이때 사용하는 배트의 한쪽 끝은 hockey의 스틱처럼 굽어 있으므로 crook(갈고리), cross(십자가), crutch(목발) 등과 일족으로 생겨난 말이지만, 배트의 한쪽 끝을 제외한 부분은 "곧은" 막대기 이므로 cricket의 자루와 같이 바르다는 데서 생겨난 말이다.

crocodile tears：거짓 눈물

Greece 말로 kroke는 벌레(worm)란 뜻이고 여기서 crocodile(악어)이 생겼는데, 나일 강둑의 자갈 밑에서 알을 까고 나타나는 모습은 마치 큰 벌레 같았기 때문이다. 악어가 실제로 눈물을 흘리는 건 아니고 구슬프게 우는 소리를 내어 주의를 끌어, 모여드는 먹이들을 사정없이 낚아채 먹으면서 또 울어댄다는 것이다. 여기서 crocodile tears가 생겨났다.

cross the Rubicon：중대한 결심을 하다

Italy 중부에 있는 강 이름이 Rubicon이고 옛 프랑스와 접경하고 있었고, Julius Caesar의 영토에 속했다. Caesar가 B.C 49년에 Rubicon 강을 건너 Rome를 공격할 때 되돌아오는 길이 없었기 때문에 생겨난 말이다.

crow-keeper：까마귀 쫓는 사람

scarecrow(허수아비, 초라한 사람)와 비슷한 말이다. crow-herd나 crow-keeper는 어린 소년 또는 노인을 임시로 고용하여 엉터리 활을 쥐어 줘서 들판에 까마귀나 새떼가

날아들지 못하게 한 데서 생겨난 말이다. **scarecrow**는 실제 사람이 아닌 허수아비지만 앞의 **crow-keeper**와 같은 역할을 하였다.

crow's-feet:눈초리의 주름살

　중년이 되어가고 근심 걱정에 찌들려 살다보니 어느덧 눈초리에 주름살이 지는 데 그 모양을 보면 까마귀 발같이 생겨서 붙여진 말이다. 영국의 문호 Geoffrey Chaucer(1340–1400)가 1372년에 그의 시 **Troylus and Cryseyde**에서 사용했던 말이다.

crud:싫은 녀석, 엉긴 침전물, 응유

　curdle(응고하다)에서 **u**와 **r**의 위치가 바뀌어서 생긴 말이다. 코딱지며 진흙이 엉겨붙은 형편없이 더러운 녀석이란 말이며, 싫은 것, 가치없는 것, 열등한 것을 가리키게 되었다.

cuckold:남편을 속여 서방질하다

　남편 있는 여자가 불륜의 관계를 맺는다는 것이 어째서 **cuckold**이며, 그것도 당사자가 아닌 간부(姦婦)의 남편을 끌어들였는지 확실치 않다. 간부(姦夫)가 여자집 근처에 와서 뻐꾸기(**cuckoo**) 소리로 신호를 보낸데서 **cuckoo**와 관련되는 이 말은 세월이 지남에 따라 엉뚱하게 간부(姦婦)의 남편을 가리키게 된 것이다.

cuckoo(뻐꾸기)는 **cock**(장닭)과 동족으로 목청 높여 울어댄 데서 붙여진 이름이다. **cuckoo**에는 바보라는 뜻도 있는데 정말 바보이기 때문에 다른 새의 둥지에다 알을 낳는지도 모르고, 그렇다고 단조로운 울음 소리 때문만은 아닐 것이다. 16C 이전부터 있었던 이 말은, 영국 Nottingham에서 바보들만 모여 살았다는 Gotham 마을 사람들이 여름을 보내는 아쉬움에서 여름을 늘여볼 셈으로, 높은 울타리를 쳐서 뻐꾸기가 날아 넘어가지 못하게 막으려고 했던 데서 생겨난 말이다. **cuckoo**와 **gook**(바보), **gag**(입마개, 사기, 개그), **gaga**(노망한, 열등한) 등은 동족이다.

cue:실마리 대사, 신호, 암시, 역할

　Latin어에서 온 **when, who, where, how, what** 등 일련의 의문사 **quote, quality, quantity** 등과 일족이다. 16C 경에는 때를 표시하는 **quando(when)**를 줄여서 **Q**라고 했는 데 이것이 오늘날의 **cue**로 되어 영화나 연극의 배우에게 지시하는 신호로 된 것이다.

curry favor with:비위 맞추다, 알랑거리다

　curry는 **co**(뜻을 강하게 하는 접두어)+**rry**(get ready＝brush)에서 보여 주듯이, 길

을 떠나기 전에 손질을 한다는 말이다. curry의 뒷부분인 rry는 ride, raid, road, ready, array 등과 일족이다. favor는 pale(창백한), fallow(담황갈색)와 일족이다. 이 두 단어를 묶어서 정리하면 fallow-colored(담황갈색)의 말(horse)을 빗질(curry)해 주는 것이 되므로, 사실상 말의 색갈이야 담황갈색이든 무슨 색이든 상관없는 일이다.

curtain lecture: 베갯밑 설교

18C로 거슬러 올라가면 침대에 흔히 curtain을 쳐두었고 여기서 아내가 남편에게 설교(꾸중)를 하였던 데서 생겨난 말이다. 때로는 남편이 아내에게 설교를 늘어놓는 수도 있었다.

customer: 단골, 고객

customer는 co(very)＋stom(one's own)이 보여 주듯 자신의 것으로 만든다는 데서 생겨난 말이다. 오랜 세월 동안 사용한 사람이 소유권을 얻게 된다는 말이었다. 그러므로 custody(보관, 감금)와 동족 어이다. 17C 경에는 "창녀"라는 뜻이기도 했고 Shakespeare는 이런 뜻으로 두 번이나 사용한 일이 있다. 신용이 있는 상인에게는 자주 가게 되고 모든 거래를 그 사람과 하게 되는 데서 생긴 말이다.

cut and dried: 미리 준비된, 무미 건조한

미리 잘라 놓은 목재(timber)를 말하는 것이 아니다. 17C 경의 영국에서는 약초를 베어 말려서 대량으로 저장했다가 팔곤 했다. 미리 베어서 말려둔 풀이므로 신선한 것과는 너무나 거리가 먼 얘기고 보니, 묵고 진부하다는 뜻이다.

cut a wide swath(멋 부리다, 잘난 체하다)는 낫(sickle)으로 한번 벤 자리인 swath를 넓고 크게 한다는 말에서 온 것이며, 혼자만 일을 잘하는 채 뽐내던 농촌 사람들의 모습에서 온 말이다. cut off one's nose to spite one's face(홧김에 자기에게 불리한 짓하다)는 신이 준 못생긴 코를 홧김에 잘라 버렸다가 얼굴만 더 망가뜨렸던 일이 있었는데, 영국의 Henry 4세는 당시에 파리를 공격하는 것이 바로 이런 난처한 경우라고 생각하여 고심했다.

cut the Gordian knot(비상 수단으로 해결하기 어려운 일을 해결하다)은 옛 소아시아 중서부에 있던 Phrysia에 살았던 농부 Gordias가 신의 명령(oracle)에 따라 Jupiter 신전으로 마차를 몰고가서 Jupiter에게 마차를 바친 것까지는 좋았으나 굴레에 매인 매듭을 풀 수가 없었는데 Alexander 대왕이 그 매듭을 칼로 두 조각을 내어 난제를 해결하였던 데서 생긴 말이다.

cut the painter(표류시키다, 손떼다)는 배를 매는 밧줄인 **painter**를 끊는다는 말이고, **painter**의 어원은 pend(hang;매달리다)의 일족이다.

cut up a melon(특별 배당을 주다)은 1906년 경 미국의 Wall Street에서 나온 말이며 맛있는 melon을 잘라서 나누어 주는 것을 주주(stockholders)에게 특별 배당을 주는 것으로 비유한 은어(jargon)에서 생긴 말이다.

daltonism:선천성 색맹

영국의 과학자 John Dalton(1766-1844)은 색맹에 대한 의문을 풀려고 대단한 열성을 보였으며 죽기 전 유언으로 그의 눈을 색맹 연구에 바치기까지 했다. 그의 논문 Extraordinary Facts Relating to the Vision of Colours(1794)는 자신과 형제 그 밖에 색맹에 걸렸던 사람들을 대상으로 연구했던 기록이다. 이러한 Dalton의 이름을 따서 **daltonism**이 생겨난 것이다.

Damon and Pythias:둘도 없는 친구

4C 초반 Greece에 Damon과 Pythias라는 절친한 친구가 있었다. 당시의 폭군 Dionisus 왕이 Pythias에게 사형 선고를 내리자 Damon이 친구를 위해 볼모로 붙들리고 대신에 Pythias는 집으로 돌아갔다가 다시 벌을 받으러 돌아 왔다. 그러나 Damon은 친구를 위해 자신이 죽겠다고 부득부득 고집을 세우자 이를 본 왕이 감복하여 두 친구를 모두 무죄 석방시키고 자신도 그 우정에 끼워달라고 간청하였다. 관중과 포숙아보다 더한 이 두 사람의 아름다운 이야기에서 생겨난 말이다.

D-day:공격(작전) 개시일

1차, 2차의 세계 대전을 거치면서 생겨난 말이다. 그저 **day of decision**을 줄여서 만들었다고도 하고, disembarkation(상륙), 또는 debarkation(상륙)의 첫글자인 **d**를 따서 **day**와 결합했다는 말도 있다.

dead as a doornail:완전히 죽은

1350년 경부터 있었던 말이다. 처음부터 없었던 것이라면 원래부터 죽어있는 것과 같다는 말이다. 대문(door)에는 아예 못을 사용하지 않았기 때문에 있지도 않는 것을 들먹거리는 것은 오래 전에 죽은 것을 들먹이는 것과 같다는 데서 생긴 말이다.

deadhead(무료 입장자, 무능한 사람, 빈차를 회송하다)는 1843년 경 미국의 철도 회사에서 차장들이 승객들의 머리 수를 세어서 무료 승차를 막은 데서 생겨난 말이다.

deadpan(무표정한, 덤덤한 얼굴을 하다)는 14C 이후부터 얼굴(face)이라는 뜻으로 쓰여온 **pan**이 활력빠진(unanimated) dead와 결합해서 생긴 말이다.

debut: 첫 출연, 최초

　debut의 뒷부분인 but은 butt(표적), beat(때리다)와 같은 어원이다. 첫 출전을 하여 과녁을 조준해서 공을 굴리거나 사격을 한다는 말이다. 프랑스말인 **debuter**는 load off in a game이란 뜻이므로 de(from)＋but(mark)이 말해주듯 표적에서 약간 떨어진 곳에서 표적을 향해 때린다는 말에서 시작되어 "처음으로 나타나다"는 뜻으로 되면서 1752년경에 생겨났다.

decibel: 데시벨(음향 크기의 단위)

　"Watson, come here ; I want you." 이것이 전화의 발명자 Alexander Graham Bell이 인류 처음으로 전화를 통해 대화한 내용이다. 이 때가 1876년 3월 10일이었다. 그는 Scotland에서 태어나 1871년에 미국으로 가서 Boston에서 음향학에 대한 연구와 강의를 하였다. 또한 인체에 탄환이 박혔을 때 음향으로 탐지할 수 있는 청력계(audiometer)를 만들어 음성의 크기를 재는 단위를 정하였는데, 이때 사용한 단위가 decibel이었으며, 10을 뜻하는 deci(ten)와 위대한 발명자 Bell의 이름에서 딴 bel을 합하여 decibel이 된 것이다.

　decimate(많은 사람을 죽이다)는 Rome 시대 군(軍)에서 반란을 일으키거나 비겁한 짓을 하는 자가 있을 때 한 분대(squad)에서 열 명당 한 명씩 뽑아내어 그의 동료들이 죽이도록 하였다. 이러한 징벌에 따라 10분의 1이라는 뜻의 decimate가 "대량 학살하다"는 뜻을 갖게 되었다.

deep-six: 폐기하다, 수장하다, 죽이다, 매장

　원래 항해상의 용어로서 물에 빠뜨린다는 말이었다. 팔을 벌린 한 길의 길이에 해당하는 **fathom**(길)은 대략 6 feet에 해당하는데, 6 fathom(여섯 길)만큼의 깊이에 빠뜨린다는 말이었고 나중에는 죽이거나 버린다는 뜻으로 확대되었다.

demijohn: 목이 가는 큰 병

　1769년 이후 프랑스에서 생긴 말이다. Jeanne 이라는 이름의 부인이 있었는데 너무나 뚱뚱하고 목이 홀쭉해서 꼭 커다란 병(bottle)처럼 생겼으므로 Dame(Lady) Jane이라고 불렀던 것이 demijohn으로 변한 것이다.

denouement: 대단원, 낙착

　프랑스에서 생겨나 영어로 된 말이다. denouement의 noue는 noose(knot:올가미 또는 매듭)과 동족이며, 사건이나 연극의 절정 또는 마지막 장면에는 엉켰던 매듭이 풀리게

되어 있으므로, de(from)＋noue(knot)의 untying of the knot(매듭풀기)라는 뜻에서 생겨난 말이다.

Derby : 더비 경마, 경주, 중산모

영국의 백작 **Edward Stanley Derby**는 대단한 경마광이어서 자기 부인보다 경마를 더 좋아했다. Derby 이후 미국에서 1875년 Kentucky Derby라는 이름의 경마가 있었는데, 물론 영국의 경마광 Derby를 기리는 뜻에서 그의 이름을 딴 것이다. 그 후 New York의 한 백화점 점원이 영국의 중산모(bowler)를 팔면서 "이 모자는 영국에서는 Derby(경마 대회)에서 쓰는 것입니다"고 선전을 해댔다. 여기서 중산모(bowler)가 derby라는 이름을 갖게 되었다.

derrick : 기중기, 유정탑, 이륙탑, 교수대

영국의 James 1세 때 유명한 사형 집행자 **Godfrey Derrick**은 약 3,000명 가량의 사형수들을 처형했다. 여기서 그의 이름에는 교수대(gallows)란 뜻이 붙여졌고, 후에 교수대의 모양이 기중기나 유정탑을 닮았다하여 생겨난 말이다.

devil : 악마

de또는 **dia**는 **across**라는 뜻이고, **vil** 또는 **ball**은 **throw**라는 뜻이므로 합하면 **throw across**, 즉 저쪽으로 던진다는 뜻에서 **abuse**(욕하다)라는 뜻으로 발전한 것이다. 또 쉽게 풀이하면 do＋evil＝devil이 보여주듯 나쁜 짓을 하는 **Satan**이란 뜻이다.

devil dogs(미 해병대원)는 1차 대전 때 독일군이 미국의 해병 제 4여단에게 붙여준 이름으로 당시 미국 해병은 사납기 그지 없었기 때문이다.

devil's darning needle(잠자리)는 괴상한 통방울 눈을 가져서 **devil**이라는 수식어를 얻었고 **needle**은 몸뚱이가 마치 바늘(needle)같기 때문이며, 역시 괴상한 모습에서 **devil's riding horse** 또는 **devil's mare**는 사마귀(mantis)란 뜻이다.

Devil's Island : 데블도(島), (불모지이며 유배지)

남미 프랑스령 **Guiana** 앞바다의 **Safety Islands**섬 중의 하나가 **Devil's Island**인데, 지옥같이 덥고 한번 유배를 당하면 악마나 지옥같이 느껴졌기 때문이다. **safety Islands**란 이름은 섬 주위의 조류가 너무나 험악해서 바다로 나가는 것보다 섬안에 가만히 있으면 안전하고 유배지로 안성 마춤이기 때문이다. **devil's picture books**(트럼프매)는 19C 중엽 청교도인들이 트럼프카 등에 붙여준 이름이다.

dewberry：덩굴성 나무 딸기의 일종

　원래의 뜻을 찾아준다는 의미에서 소개 한다. 아침 이슬(dew)을 머금은 딸기가 아니라 비둘기가 즐겨 따먹어서 생긴 doveberry를 영국 사람들이 dewberry라 하였으며 Shakespeare는 dewberry의 맛을 찬양한 일이 있다.

　dewlap(소의 목살, 사람의 턱살)은 사람이나 소의 군살 접힌 곳(lap)으로 이슬 맺힌 풀을 닦았으면 좋겠다는 생각을 하였던 사람이 만들어낸 말이다.

dharma：바른 행위, 율법, 본질적 특성

　우선 dharma는 firm, farm, fix 등과 일족으로 단단히 고정된다는 뜻임을 알아야 한다. "인내"란 뜻의 인도 사람들이 올바른 보상을 구할 때까지 굶어 죽는 한이 있어도 굴하지 않고 견딘 데서 생겨난 말이다.

dirk：단검(으로 찌르다)

　앞서 derrick에서 말했던 영국의 사형 집행인 Godfrey Derrick의 이름에서 온 말이다. Derrick의 손으로 저승에 보낸 3,000여 명의 사형수 중에는 교활한 도둑이나 소매치기들이 있어서 이들은 예외없이 단검을 가지고 다녔으므로 이 단검이 엉뚱하게도 Derrick의 이름을 딴 dirk으로 불리우게 되었다. 또한 dirk에서 더 나아가 남자의 penis란 뜻의 dick(penis)이 생겨났다.

dig：이해하다, 빈정댐

　Indo-European 어족의 하나인 Celt어에 twig이란 말이 있었는데 understand의 뜻이었으며 여기서 dig으로 변하여 1935년 경 표준 영어가 되었다. dig이 비꼰다는 뜻을 가지게 된 것은 땅을 팔 때처럼 쿡쿡 날카롭게 찌르기 때문이다.

　digger(Australia 군인)는 1850년대 Australia와 New Zealand에 금광 러시가 있었고, 이 금광 러시 때문에 Australia와 New Zealand 군인들에게 digger란 아름답지 못한 이름이 붙었다.

　digging one's grave with a knife and fork(식탐)은 언뜻 보아도 알 수 있듯이, 나이프와 포크로 무덤을 파고 있다는 것이니 먹는 것을 탐하는 것은 스스로 무덤을 판다는 경고이며, 영국에서 19C에 생겨났다. 지금은 몸무게에 더욱 관심이 큰 미국 사람들이 심심치 않게 사용한다.

dilly：우수한 것

　17C경 Europe에서 생겨나 1930년 이후 미국에서 널리 쓰이는 말이다. delightful

(즐거운) 또는 **darling**(애인)에서 생겨난 말이다. 또한 **delight**에서 **dildo**(모조 남근)
이라는 말이 생겨나기도 한다.

dine with Duke Humphrey : 끼니 거르다

영국에서 인심 좋기로 유명한 Goucester Humphrey(1391-1447) 공작은 London의
St. Paul's Cathedral에 묻혔다. 그가 죽은 지 여러 해 후에 저녁 끼니를 거르는 사람
과 빚쟁이들은 이 성당을 떠나지 못했는데 이를 두고 **dining with Duke Humphrey**란
말이 생겨났다.

discount : 할인(하다)

discount나 "할인"이라는 것은 일반화되어 있는 말이지만 원래 프랑스에서 1500년
경에 생겨난 말이다. 원래는 열 개를 살 때에 아홉 개 값을 주는 것을 말하며, 한 개는
덤으로 얹어주는 데서 생겨난 것이고 물건 값 자체를 깎아 주는 것은 아니었다. 그러
니까 **dis**(aside from)+**count**에서 생겨난 말이다. **dis**를 접두어로 한 말 중에는 "Dis-
cretion is the better part of the valor(용기의 대부분은 신중함이다)"는 영국의
Henry 4세 때 Shakespeare가 만든 말이고 때로는 자신의 비굴한 행동을 변명하는 말
이기도 하다.

do a number on : 속이다

옛날의 희가극 vaudivelle이 유행하던 시절에 연극의 막(act)을 **number**라 불렀다.
때로는 연극 프로그램의 번호만 요란하게 선전해 놓고 알맹이가 없는 엉터리였음이 드
러나 생겨난 말이다.

doesn't know beans : 아무것도 모르다

미국의 Boston에는 콩이 많이 났다. 콩을 가지고 아이들에게 산수를 가르치던 시절
에 **know how many beans make five**(영리하다)라는 말이 생겼는가 하면 아무리 가르
쳐도 잘 모를 때 **don't know beans**라는 말이 생겨났다. 콩이 산더미 같이 쌓였을 때
몇 알의 콩쯤이야 있으나 마나한 것이므로 **not worth a bean**(하찮은)이라는 말이 생
겼으며, 콩은 예로부터 단백질이 많은 정력제로 알려져 **full of beans**(원기 왕성한)이
라는 말이 생겨났다.

dog days : 삼복 더위

여름이면 유난히도 미친개가 많아져서 생긴 말이다. 또한 Rome 시대의 천문학에서
큰개자리의 별(Dog Star)라고도 불리우는 Sirius(또는 Procyon)가 떠오르면 더워진다

434

고 더욱 믿었던 데서 이기도 하다.

dogie(어미없는 송아지)는 dog(개)와는 관계없는 말이고, dough(반죽)+guts(창자)에서 보여주듯 못생긴 작은 송아지가 진흙(mud)반죽 투성이가 되어 돌아 다닌데서 온 말이다.

dog rose(찔레)는 Rome 시대 사람들이 찔레꽃을 먹으면 광견병이 낫는다고 믿었던 속설에서 유래한다.

dog's life(비참한 생활)은 중국, 한국, 일본 등지의 나라에서 개를 잡아먹기 때문이기도 하고, 영국에서는 사냥에 사용한 일도 있지만 애완용으로 기르는 일이 드물뿐 아니라 대우도 형편 없었던 데서 생겨난 말이며, dirty dog(비열한 녀석), go to the dogs(실패하다, 타락하다), die like a dog(비참한 죽음을 하다) 등은 비슷한 내용이다.

dog tags(개패, 군대의 인식표)는 1차 대전 후부터 생긴 말인데 군인들의 군번표가 개의 목에 달고 다니던 개패와 비슷했기 때문이다.

dogwatch(당직)는 선원들이 야간 당직을 서면서 선잠(dogsleep)을 잔 데서 생겨난 1700년대 이후의 말이다.

dogwood(산딸기나무)는 이 나무를 달여서 개에게 목욕을 시켜주면 벌레가 생기지 않는 데서 온 말이다.

dollar: 달러

어원으로는 dale(골짜기)의 일족이다. 성모 마리아(Blessed Virgin)의 아버지였던 성인 Joachim의 이름을 딴 광산촌 이름이 Joachimsthal인데 지금은 체코 땅인 Bohemia에 있다. 이 광산촌에는 대량의 은(silver)이 나왔고, 이 은으로 만든 주화에는 Joachim의 얼굴을 새겨 Joachimsthaler라 불렀다. Joachimsthaler의 thaler는 dale(valley : 골짜기)라는 말이다. 최초의 미국 dollar는 1792년 남북 전쟁 때 은으로 만들었다.

donkey's years: 오랫동안

귀가 길기로 말하면 당나귀 귀가 몇 손가락 안에 들 것이다. 원래 donkey's years가 아닌 donkey's ears에서 변한 것이다.

don't count you chickens before they are hatched: 떡줄 생각도 없는 데 김칫국부터 마시지 마라

1575년 이후 생겨난 말이지만 이보다 훨씬 오래전 **Aesop**의 이야기에서 비롯된다. 계란을 팔러 시장에 가던 한 여인이, 계란을 팔아 거위를 사고, 거위를 길러 얻은 이익금으로 소를 사고… 하는 식으로 끝없는 공상에 부풀어 있었다. 이러한 백일몽에 정신이 팔려 있던 여인이 시장에 가지고 가던 계란 바구니를 떨어뜨려 계란이 모두 깨져버렸다. 불론 그녀의 꿈도 사라지고 말았다.

don't make two bites of a cherry(일부러 늑장부리다)는 17C경 **Europe**의 사교계에서 생겨난 말이며, 남들 앞에서 체면차리느라고 버찌 한 개를 먹는 데도 두 번씩이나 베어먹었던 일을 비웃어서 생긴 말이다.

don't stick your neck out(위험을 자초하지 마라)는 19C 이후 미국에서 생겨난 말이며, 도살장에 잡혀가서 도마 위에 놓인 닭이 목을 쑥 내밀어 죽음을 청하는 데서 생긴 말이다.

don't wash your dirty linen in public(집안의 수치를 밖으로 드러내지 마라)는 프랑스에서 전해오던 속담이며, **dirty linen**은 집안의 창피스러운 일을 가리킨다.

dope：마약(을 먹이다), 정보
 전설에 자주 나오는 **dwarf**(난쟁이)의 바보같은 짓에서 "마약(을 먹이다)"이라는 뜻이 되며, 무엇이고 모르는 것이 없는 이들의 행동에서 "정보"라는 뜻이 된다.

doublecross：배신, 이중 교차
 19C의 영국 경마에서 생겨난 말이다. 질 것을 약속해 놓고 이겨버리는 2중의 속임수라는 말이다. 원래는 **put on the double double(double cross)**였던 것이 **doublecross**로 되었다.

double in brass(본업도 하면서 다른 일도 하다)는 1880년 대의 미국에서 소규모 서커스 공연단에서 생겨난 말이며, 광대나 줄타기를 하면서도 다른 한편으로는 금관 악기 (**brass**)를 연주하던 데서 생겨서 나중에는 다른 분야로 확대되었다.

down in the dumps：우울해서, 풀죽어서
 dump(쓰레기더미, 털썩)는 **bomb, bump, thump** 등의 의성어와 마찬 가지로 무거운 물건을 버렸을 때 나는 소리이다. 따라서 이러한 **dump**로는 뜻이 통하지 않고, **damp**(습기찬, 기운없는)가 **dumps**로 변한 것이다.

draw a blank: 빈탕을 뽑다, 실패하다

복권을 뽑았을 때 꽝(blank)을 뽑으면 헛일이다. 19C 에 이 말이 생긴 이후 뜻이 확대되어 무슨 일에나 애만 쓰고 성과가 없을 때 쓰는 말이다.

draw in one's horns(조심하다, 움츠러들다)는 1,300년 경에 생겨났는 데, 달팽이가 위험을 느끼거나 날씨가 나쁠 때 뿔을(horns) 움츠리는 데서 비롯 된다.

draw the line(반대하다, 한계를 두다)는 18C에 영국에서 **tennis court**에 선을 그어 선 밖에 나가면 안 되기로 양 쪽이 합의한 데서인데, 당시에는 일정한 규격의 **court**가 없었다 한다.

draw a bead on(겨냥하다)에서 **bead**(총의 가늠쇠)는 구식 **musket** 소총의 앞 가늠쇠가 구슬(bead)같이 생겼던 데서 생겨난 말이다.

draw it mild(온건하게 말하다) 또는 **draw it strong**(허풍떨다)는 술집(barroom)에서 술을 따르는(draw)모습에서 생긴 말이다.

a drop in the bucket: 창해 일속(滄海一粟)

구약성서의 이사야서 9장 15절에 나오는 말이다. 광대한 것 속에서 극히 작은 것을 뜻하는 말이다.

at the drop of a hat(신호와 동시에, 지체없이)는 **Ireland** 사람들의 19C 경 결투 방식에서 생긴 말이며, 손수건을 떨어뜨리거나 모자를 벗어 던지면 싸울 자세가 됐다는 의사 표시였고, 이와 유사한 **take off one's coat**(싸울 준비로 옷을 벗다), 또는 **roll up one's sleeves**(걷어붙이고 나서다)와 더불어 널리 쓰인다.

get the drop on(남보다 먼저 권총을 빼어들다, 남의 기선을 제압하다)는 남보다 먼저 상대방에게 총을 겨누어서 상대방의 총을 땅바닥에 떨어뜨린 데서 온 말이다.

drug on the market: 흔해서 팔리지 않게 된 상품

dross(쓰레기, 불순물), **drugget**(거친 융단)와 같은 어원이고, 약(drug)이란 뜻에서 생긴 말이 아니다. 쓰레기더미같이 많아 가지고서야 아무도 거들떠 볼 리 없기 때문이다.

drumhead court-martial: 즉결 군법 회의

옛날 군에서는 도망병이나 비겁자를 커다란 북가죽 옆에 둘러 앉히고 군법 회의를 열었다. 이 약식 군법 회의의 판결은 대개 즉시 사형을 처하는 것이 보통이었는 데

1835년 이후 생겨난 말이다.

drunk as a lord : 만취한

17C 경에는 **drunk as a lord**와 **drunk as a beggar** 두 가지 말이 있었으나 지금은 **drunk as a lord**만 남아있다. 팔자 좋은 거지지만 술에 취해서 거지가 되기보다는 귀족처럼 행세하고 싶을 것이기 때문이다.

drunk as a (David's)sow(곤드레만드레 되어)는 17C의 양돈가 **David Lloyd**에서 생겨난 말인데, 술 좋아하는 그의 처가 엉망으로 취하여 남편의 호통이 두려운 나머지 돼지 우리 속으로 들어가 발이 여섯 달린 돼지가 되어 잠이 들고 말았는데, 그 후 사람들이 엉망으로 취한 것을 보고 **drunk as David's sow** 또는 **drunk as a sow**라 하게 되었다.

dry goods : 직물류, 건물류

미국 식민지 시대에 **New England** 상인들의 주된 수입품은 **rum**과 **calico**였으며 전통적으로 이 두 가지를 따로 실었다. 세월이 흐르자 **wet goods**(rum, 주류)라는 말은 사라지고 **dry goods**란 말만 남게 되었는데 당연한 일이지만 옷감이 물에 젖으면 안되기 때문이다.

duck soup : 누워 떡먹기, 수월한 일

닭죽이나 칠면조죽이어도 될 것을 왜 하필 오리죽이냐 할 것이다. 오리 요리는 너무 깔끔해서 먹다가 남기더라도 도로 남비에 담기가 좋아 뒷처리가 쉽기 때문이다. 또한 **ducky**(사랑하는 사람 또는 여자)에서 **ducky**가 원래는 여자의 유방을 가리키는 말이었는데, 유방의 모양이 오리같기 때문이고 사랑하는 사이가 되면 고분고분 말을 잘 듣기 때문이다.

play ducks and drakes with money(돈을 물쓰 듯 낭비하다)는 1585년 이후 생겨난 말인데, 둥글납작한 작은 돌을 수면 위에 수평으로 던지면 수면에 떴다 가라앉았다 하며 물수제비가 되는데, 이때 자갈대신 동전을 사용한 물수제비 뜨는 모습에서 생겨난 말이며, 자갈이든 동전이든 물수제비 뜨면서 날아가는 모습이 마치 암오리(duck)와 수오리(drake)가 공중으로 날아가는 것 같다는 데서 생긴 말이다.

dust a person's jacket : 남을 때리다

웃옷(jacket)에 먼지를 터는 정도를 가지고 때린다고 하면 엄살맞다고 할 것이다. 원래는 **carpet**에 먼지가 잔뜩 앉았을 때 몽둥이로 때려서 먼지를 털었던 일이 있다.

그 후 carpet의 먼지를 털듯 팬다는 데서 dust a person's jacket와 dust a child's pants(아이를 벌주다)라는 말이 된 것이다.

eager beaver: 일벌레

동물의 특성에 관심있는 사람이면 beaver의 부지런함은 잘 안다. 따라서 work like a beaver(부지런히 일하다)나 eager beaver(일벌레) 정도의 말을 쉽게 알 수 있다.

earmark: 귀표, 특징, 지정하다

16C의 영국 양축업자들은 양과 소의 귀에 인두로 지져 표를 해서 도둑을 맞았을 때 증표로 찾아내었고, 도둑들도 이에 뒤질세라 훔친 가축의 귀에 다시 자기네 귀표를 해서 제 것이라고 우긴 일이 있다. 도둑들이 귀표를 한 것으로 인정되면 무거운 벌을 받았다. 여기서 귀표는 어떤 특정한 용도에 쓰려고 지정해 둔다는 뜻으로 확대되었다. earwig(집게벌레, 귀띔하다, 아첨하다)는 밤에 다니는 집게벌레 때문이 아니라 1000여년 전 영국에 ear-wicga라고 하는 벌레가 있었는데 사람의 귓구멍 속으로만 기어드는 습성이 있었던 데서 생긴 말이다.

easy as a rolling off a log: 아주 쉬운

미국의 개척 시대에 어른들이 아이들을 숲속으로 데리고가서 일단 아이를 통나무 위에 앉혀놓고 사방을 돌아 보고서 돌아와 보면 아이가 땅바닥에 굴러 떨어져 있곤 했다. 또한 이들이 큰 통나무를 베어넘기고는 이웃 친구끼리 협력하여 통나무를 굴리곤 했다. 아이들이 통나무에서 미끄러지는 것도 아주 흔하게 보는 일이고, 협력하여 통나무를 굴리는 일은 어려운 일이 아니었던 데서 생긴 말이다.

on easy street(넉넉한)는 1500여년 경 영국에서 생겨난 easy road에서 변화된 말이며, easy road란 여행하는데 아무런 불편함이 없는 길을 말한다.

eat humble pie: 수모를 당하다

1475년 경 영국에서 생긴 말이다. humble은 천하거나 겸손하다는 뜻이 아니다. Latin 어로 lumbulus라는 말은 "작은 허리, 또는 내장"이란 뜻이고 lumbulus에서 umble(사슴 내장)을 거쳐 humble pie(사슴 내장과 밀가루를 섞어 만든 파이)로 변한 것이다. 당시 어떤 사람들은 humble pie를 하인이나 먹는 천한 음식으로 여겼지만 Scotland의 시인 Walter Scott(1771–1832) 같은 이는 humble pie를 최고급 음식이라고 격찬한 일도 있다.

eat one's hat(손에 장을 지지다)는 1887년 경 생긴 말이며, 당시에 모자(hat)가 아닌

hat라고 부르는 먹기 거북한 음식이 있었는데 계란, 송아지 고기, 사프란(saffron), 야자, 소금, 양념 등을 섞어 만든 것이었다.

eat one's word(먼저 한 말을 취소하다)는 1370년 경에 생긴 말이며, 교황이 Bernabo Visconti라는 성직자를 파문하자, 화가 난 Visconti가 십부름꾼들에게 양피지로 된 파문장을 통째로 먹인 데서 생긴 말이다.

eavesdropper: 엿 듣는 사람, 도청자

영국에서는 집을 지을 때 적어도 2피트 이상 추녀가 떨어지게 짓도록 하는 법률이 있었다. 처마에서 떨어지는 빗물이 상대방의 재산에 피해를 줄 수 있다는 이유에서였다. 아무리 2피트의 거리가 있다 해도 가까운 옆집에서 이웃집의 도란도란 하는 이야기는 들리게 마련이어서 eavesdrop(엿듣다)이라는 말이 15C 이후 생겨났다.

elbow grease: 끈기, 힘든 일

1639년 이전부터 있었던 말이며, 힘든 일을 할 때 팔꿈치에 땀이 나서 마치 기름을 바른 것 같이 미끌미끌하기 때문이다. 이밖에 elbow-bender(상습적 술꾼)은 술잔을 들었다 놓았다 할 때 팔굽혀펴기 운동을 하기 때문이고, out at elbows(가난하여)는 팔꿈치가 헤어지도록 초라하다는 말이다.
elbow와 일족인 ell에서 If you give him an inch, he'll take an ell.(봉당을 빌려 주니 안방까지 달란다)라는 말이 되는데 팔꿈치에서 가운데 손가락 끝까지의 길이에 해당하는 ell과 inch는 비교가 안되는 차이가 있다는데서 비유한 말이다.

encomium: 칭찬, 찬사

Greece 시대에 게임(Bacchic Games)에 이긴 사람을 축하하는 찬사에서 온 말이다. encomium의 com은 Kome(마을:village)이란 뜻이며 home과 같은 어원이다. 승자는 이 마을 저 마을(from village to village) 돌아 다니면서 축하를 받았던 것이다. 이와 비슷한 말 중 하나인 comedy도 마을에 들어가서 아늑하고 재미있다는 뜻으로 encomium의 com(home)과 같은 뿌리의 말이다.

encore: 앙코르

이번 한 번만은 더하라는 관객의 주문이다. 말 뜻대로 to this hour이므로 재미없는 프로는 빼고 재미있는 프로는 예정 시간까지 하라는 말에서 재차 하라는 뜻으로 확대되었을 것이다. 프랑스에서 생긴 encore의 core는 hour(시간)의 변형이다.

end of one's rope：진퇴 양난

　원래 at the end of one's tether(한계에 달하여)에서 변한 말이다. 편하고 호화롭게만 살아온 사람에게는 상상이 안 가는 얘기지만 rope 끝에 매달린 사형수의 모습을 떠올릴 수 있다. 영국의 철학자 John Locke(1632-1704)는 이와 비슷한 **give him enough rope and he'll hang himself**(제멋대로 하게 해서 자업 자득의 꼴을 당하게 하라)라는 말을 그의 작품 Human Understanding을 통해 사용한 일이 있다. 이것의 개량형으로 볼 수 있다.

enough to make the angels weep：너무나 바보인

　1604년 경 Shakespeare가 만든 말이다. 이유를 따질 것 없이 이런 표현을 쓴다고 생각하면 될 것이다.

enter the lists：도전하다

　여기서 말하는 list는 명부가 아니다. 이랑, 색줄무늬, 가장자리 천, 가장자리를 가리키는 list이다. 게임의 터(field)에서 양쪽의 무장한 기사(knights)가 가장자리(lists) 안으로 들어오면 싸움이 시작되기 때문에 생겨난 중세의 게임에서 온 말이다.

epicure：미식가, 쾌락주의자

　Greece의 철학자 Epicurus(B.C 341-270)가 인생의 참된 행복은 쾌락이라고 한 데서 나온 말이다. 그의 주장에 의하면 쾌락이 인생의 행복을 말하지만 그 쾌락이란 마음의 평화 그리고 결핍과 고통에서 해방되는 일이며, 이러한 쾌락은 고결한 생각, 자제, 중용을 통해서만 얻을 수 있다는 것이다. 그는 도덕에 대해 별로라고 여겼으며, 그의 철학이 가진 맹점은 도피주의적이고, 결혼이나 자녀를 두는 일 따위 그리고 사회적 활동에 참여하는 따위의 일을 허용하지 않은 것이다. Epicurus라는 이름이나 epicure는 맛있는 과일 apple의 일족으로 추정된다.

eunuch：무기력한 사내, 환관, 거세된 남자

　Greece 어로 eune(bed)+echo(keep)에서 생겨난 말이다. 궁중에서 침실이나 지키는 나약한 사내라는 뜻이나, 실은 산아 제한의 일환으로 사춘기가 상당히 지난 후에 고환을 제거하는 수술을 받는 경우가 있었지만 모두가 수술을 받았던 것도 아니고 성행위도 지장없이 할 수 있었다 한다.

every man has his price：사람은 누구나 돈에 움직인다

　아마 영국 작가 Robert Walpole이 아닌 다른 사람이 만들어 낸 말이라고 생각된다.

William Coxe가 1798년에 Walpole에 대한 회고록을 쓴 것을 보면 Walpole이 "All those men have their price"라고 말했던 것으로 기록되어 있기는 하다. 말 뜻대로라면 "모든 사람이 각자의 값을 지닌다"는 것이므로, 그 값의 차이가 있을 뿐 돈에 흔들린다는 데는 똑 같다는 말이다. every man Jack(누구나 할 것 없이, 모두)는 흔해빠진 이름 Jack끼지 끌이넣었다는 데서 아무리 하찮은 사람도 다 포함되었다는 뜻이고 Shakespeare 이전부터 있었던 말이다.

fanny: 엉덩이

  bottom(하부, 아래쪽), fundament(엉덩이)와 일족이며 fun, fan을 거쳐 fanny로 된 것이다.

have feet of clay: 뜻밖의 결점이 있다, 치명적인 결점이 있다

  구약성서의 다니엘서 2장 31절과 32절에 있는 이야기에서 온 말이다. New Babylonian Empire를 세운 Nebuchadnezzar 왕은 거대한 신상(idol)을 보았는데 크고 강한 광채가 나고 모양이 무섭게 생겼고, 그 우상의 머리는 정금이고, 가슴과 팔은 은이고 배와 넓적다리는 놋이고 종아리는 철이고 발은 일부가 철이고 일부는 진흙이었다. 그러니까 이 진흙으로 된 발이 치명적 약점이었던 것이다.

fiddle while Rome burns: 위급한 상황에도 하찮은 일에 열중하다

  Rome의 황제 Nero는 A.D 64년 Rome에 불을 지르고 자신이 작곡한 노래를 부르면서 harp를 탔다. 그보다 몇 세기 전에 있었던 Troy 화재를 재현해보고 싶었던 것이다. fit as a fiddle(매우 건강하여)는 잘 만든 violin(또는 fiddle)을 영국인들은 매우 소중히 여겼던 17C에 생겨난 말이다.
이 밖에 fiddlesticks(부질없는 일), fiddle around(빈둥거리다), play second fiddle(단역을 맡다), drunk as a fiddler(곤드레만드레 취한), fiddle-faddle(엉터리 같은 짓, 하찮은 일) 등은 청교도인들이 violin 만지는 사람들을 경멸해서 생겨난 말들이다.

fifth column: 제 5부대, 제 5열(적국과 내통하는 사람)

  Spain내전 때(1936-39)반란군의 총수 Franco Falangist에게 동조한 사람들이 Madrid에 있어서 왕정 공화국을 전복시키려 했다. 이때 반란군 측은 선전을 통해 "우리는 4열(column)을 가지고 너희들과 맞서 싸우고 있고 제 5열은 너희들 열(column or rank)의 가운데 있다"하면서 근왕병들의 사기를 꺾는데 혈안이 되었다. 군(軍)에서 소대(platoon)는 네 개 분대로 되어 있고 한 분대는 한 줄을 가리킨다. fifth wheel(예비바퀴, 무용지물)은 평소에 안 쓰이는 예비 바퀴로 인하여 생겨난 말이다.

fight fire with fire : 맞불 놓다

 미국의 개척 시대에 넓은 초원의 불은 엄청난 피해를 주는 일이었다. 불이 붙은 지역에서 멀리 떨어진 곳에서 띠 모양 또는 고리 모양의 맞불을 놓아서 더 이상 탈 것이 없도록 하는 방법이 있긴 하지만 이 방법 또한 목숨을 건 위험한 일이었다.

figurehead : 명목상 우두머리, 선수상(船首像)

 뱃머리의 물결을 헤치는 부분 바로 위와 뱃머리 앞부분 돌출부 사이에 깎은 상(像) 또는 반신상을 붙여두는 뱃사람들의 관습이 있었다. 그 상은 매우 값비싼 장식품이었지만 있으나마나한 것이었다. 하지만 선원들은 선수상을 매우 자랑으로 여겼고 배에 위용을 주는 것으로 알았다. 19C 이후 이 선수상은 명목상 우두머리란 뜻을 가지게 되었다.

filibuster : 의사 진행 방해(하다), 해적, 약탈하다

 원래 freebooter란 말이다. free(자유로운), booty(전리품)가 보여주듯 해적들이 마음대로 약탈한 전리품이란 뜻이었다. 그 후 의회정치가 꽃피면서 의사 진행권을 마음대로 약탈해 가는 행위란 뜻으로 확대되기에 이르렀다.

fine kettle of fish : 혼란, 엉망인 상태

 영국의 Plantagenet 왕가(1154-1485)시대에는 강의 댐 수문에 통발(kiddle)을 놓아 고기를 잡았는데 수문 관리를 담당하는 관리들에게는 부수입이 되었다. 그러자 불법 어업자들이 살며시 찾아와서 통발을 엉망으로 망가뜨리고 고기를 다 가져가 버리는 일이 심심찮게 생겼다. 나중에야 이를 알게 된 관리들은 That's a pretty kiddle of fish (That's a pretty sorry state of affairs)! 하면서 발을 동동 굴렀던 데서 생긴 말이고, kiddle이 kettle로 변한 것이다. kettle과 kiddle의 일족으로는 cotyledon(cup:떡잎)이 있는데 통발은 마치 cup 모양으로 생겼기 때문이고, 물고기를 이끌어(lead)들인다는 데서 kiddle은 guide(lead:안내)와 동족일 뿐 아니라, 안내해서 보여준다는 데서 g가 v로 변한 video(비디오)와도 연결된다.

fire : 해고(하다)

 1895년 이후 미국에서 생겨난 용법이다. 총살(firing)시켜 버린다면 영원히 추방(expel)하는 결과가 되는 데서 약간 과장된 표현으로 생겨난 말이다.

firebug(개똥벌레, 방화광)에서 bug는 열광한 사람을 가리키는 경우가 많아서 shutter-bug(사진광), money bugs(돈 밖에 모르는 사람), slavery bugs(절대적 노예 제도 주창자)처럼 쓰인다.

firewater(독한 술)는 1817년 경 북미(North America) 지방의 인디언들이 **whisky**
맛을 보고는 **firewater**라는 이름을 붙였다.

first catch your hare : 토끼를 먼저 잡아라, 사실을 먼저 확인하라
  유명한 요리 전문가 Mrs Hannah Glasses가 Art of Cooking Made Plain and Easy.
(1747)을 통하여 "Take your harc when it's cased and make a pudding"이라고 hu-
morous하게 말한 데서 생겨난 말이다. 여기서 말하는 **case**는 **skin**(껍질을 벗기다)의
뜻이며, 먼저 재료(토끼)를 잡아와서 가죽을 벗기고 요리를 한다는 말이다.

first fruits(햇것, 최초 성과)는 성경에 나온 말이 일반화된 것이며 수확기의 첫 이삭
은 신에게 바치도록 되어 있었고, **first-rate**(일류의, 멋진)는 19C 이전의 영국의 군함
을 평가할 때 몇 문의 포를 장착했는가 그리고 얼마나 무거운 포인가에 따라 등급을
정하였고, 배 자체의 무게가 기준이 아니었던 시절에 1-6 등급 중 1 등급의 군함을
최고로 여겼던 데서 생긴 말이고, **first water**(보석류의 우량질, 최우수)는 보석류가
맑은 물 같이 투명해야 고급으로 여긴 데서 생긴 말이다.

first string(뛰어난, 1군의)은 활의 시위가 튼튼해야 사수(archer)가 제구실을 할 수
있기 때문에, 처음 활에 메운 **first string**을 강조한 것이며, 만일을 대비해서 예비 시
위를 준비한 데서 **second string to one's bow**(대안)이란 말이 생겨났다.

fish in trouble waters : 혼란한 틈을 타 이득을 얻다
  19C 이후 정착된 말이다. 바닷물의 파도가 셀수록 고기가 낚시를 잘 무는 데서 생
긴 말이다. **fish or cut bait**(태도를 분명히 하다)는 목이 좋은 곳을 선점한 낚시꾼이
제대로 낚시도 못하고 있을 때 옆사람이 핀잔을 주는 말에서 생겨났다.
fish out of water(물을 떠난 물고기)는 이미 4C 경 Greece에서 있었던 표현이고 물을
떠난 고기이니 환경에 적응하지 못해 고통 받는다는 말이다.

flea-bitten : 흰색 바탕에 밤색 얼룩이 있는, 벼룩에게 물린
  가축이 벼룩에게 물리면 그 자리가 밤색으로 얼룩이 지는 데서 생긴 말이다.

flea market(싸구려 시장)은 미국 New York의 Manhattan 중심가에 Netherland 식
민지 시대의 **Valley Market**이라 불리우는 시장이 있었고, 골짜기(valley)라는 뜻의
Valley Market이 나중에는 **flea market**으로 변하고 말았다.

floozy : 방탕한 여자, 창녀
  꽃같이 화려한 옷을 입고 향기로운 향수를 뿌리고 남자를 홀리는 데서 생겨난 말이

다. 간단히 말해서 **flower**(꽃)에서 **floozy**로 변한 것이다. 여자는 역시 꽃이었던 모양이다.

fly-by-night: 믿지 못할(사람, 것)

1822년부터 영국에서 있었던 말이다. 마녀는 빗자루를 타고 밤이면 여기저기 날아 다닌다. 한 곳에 가만 있지 않고 밤이면 싸돌아 다니는 사람을 누가 믿을 수 있겠는가. 빚을 떼어먹었거나 사랑에 미친 사람이 아닌 다음에야.

fornication: 간음, 간통

Rome 시대의 매춘 행위는 동굴 속 또는 아치(arches) 밑에서 이루어졌다. 동굴 또는 아치의 모양이 oven처럼 생겼기 때문에 fornication이란 뜻이 된다. 우선 oven은 뜨거운 것을 생각할 수 있어 **furnace**(용광로), **warm**(따뜻한), **therm**(열)이라는 동족 어원에 연결시킬 수 있으며, 뜨겁다는 뜻의 **furnace**에서 fornication이 생겨났다.

French leave: 모임에서 말없이 자리 뜨기

일본 사람이 말하는 조센징과 우리가 말하는 왜놈이 단순한 "한국인", "일본인"일수 없듯이 역사적으로 사이가 나쁜 영국인들이 프랑스 인들을 끌어들여 만들어낸 말이다. 원래 프랑스 사람은 예의가 밝아서 말없이 사라지지도 않았고 프랑스에서는 오히려 **English leave**라고 하였다. 아뭏튼 지금은 **take French leave**(인사없이 떠나다)로 되어 있으니 그대로 따를 수밖에.

funk: 겁(장이), 낙담, 겁먹다, 연기가 나다, 악취

skunk(스컹크, 싫은 놈)가 결코 용기 있는 동물이 아니라는 것은 천하가 아는 일이고, 이 **skunk**의 sk가 f로 변하여 **funk**가 되었다는 설이 있다. 또한 **funk**(연기를 뿜다)는 **focus**(초점)의 일족이며, 연기가 핀다는 것은 불이 있게 마련이고, 불이라면 지옥의 불을 빼놓을 수 없어, 결국은 지옥의 불을 보고 간이 오그라든다는 말이다.

gamesmanship: 위험한 수법

1947년 영국 작가 Stephen Potter가 만들어낸 말이다. 게임에서 완전한 속임수를 쓰는 건 아니지반 거의 반칙에 가까운 교묘한 수법을 써서 오로지 이기는 기술만 구사 하는 것을 말한다. **sportsmanship**과 대칭적인 말이다.

gandy dancer: 철도의 선로 공

gander(거위 수컷, 바보)는 **goose**(거위 암컷)의 일족이고, 이 **gander**에서 **gandy**로

된 것이다. 미국의 부랑자들이 대륙 횡단 철도 부설에 참여한 일이 있는데 이들의 몸 동작이 마치 **gander** 같은 데서 생긴 말이며, 또한 당시의 **Chicago's Gandy Manufac-turing Co.** 는 선로공들이 사용하는 철도 부설 공구들을 주로 만드는 회사였으므로 여기서 따온 **Gandy**가 **gandy**로 변한 것이다.

gasconade : 허풍

Spain에 접경하고 있던 프랑스의 Gascon이란 지방 사람들은 허풍이 세기로 유명했다. Gascon 지역 사람들의 허풍에서 **gasconade**로 자리잡게 된 말이다.

gerrymander : 속이다, 선거구를 자기에게 유리하게 개편하다

미국 Massachusetts주의 지사 Elbridge Gerry(1774–1814)는 1812년의 주지사 선거에서 사용했던 선거구 지도를 내보였는데 마치 도마뱀처럼 생긴 선거구였다. 자신에게 유리한 성향의 유권자가 있는 지역만을 선거구에 넣다보니 그렇게 된 것이다. 여기서 그의 이름 Gerry와 salamander(도룡뇽)이 합해진 **gerrymander**가 생겨났다.

get in one's hair : 괴롭히다, 초조하게 하다

Shakespeare가 그의 작품에서 **You get in my hair.**라고 한 것으로 보아 오래전부터 있었던 말이라고 보여진다. 미국의 Oregon주의 1851년 신문에도 게재한 예가 있는 것으로 보아 Europe 사람들의 미국 이주 후에도 써 왔던 말이고 지금도 널리 쓰이고 있다. 머리카락 속에 이(lice)가 득실거리면서 서캐를 슬면 짜증이 나는 데서 생긴 말이다.

get a person's dander up(약올리다)는 영국의 방언 **dander**(hot temper)에서 생겨난 말이지만, Netherland의 **donder**(thunder:천둥)의 영향을 받은 말이다.

get a person's monkey up(화나게 하다)는 영국에서 생겨난 말이고, 원숭이가 쉽게 화를 내지만 쉽게 가라앉기도 하는 데서 생겨났다.

get out the crying towel(우는 소리 그만두다)는 2차 대전 때 군(軍)에서 생겨난 말이다.

gild the lily : 사족을 달다, 불필요한 일을 하다

그냥 두어도 아름다운 **lily**를 도금(gilding)까지 할 필요는 없을 것이다. 이 말은 매우 진부한 표현이나 아직도 널리 쓰이고 있으며, 좀더 까다롭게 따져보면 **gild the lily**가 아닌 **paint the lily**여야 맞다. Shakespeare가 그의 작품 **King John**에서 **gild**라고 한 데서 변한 것이다.

gimlet: 나사 송곳, 라임 쥬스와 진의 칵테일

  나사송곳이라는 **gimlet**은 **wimble**(송곳, 구멍을 뚫다), **whim**(변덕)과 일족으로 어질어질하여 빙글빙글 돈다는 뜻이고 옛날에는 **g**와 **w**가 뒤섞여 쓰였다. 영국 해군의 군의관이었던 **T. O. Gimlet(1879~1917)**은 장병들이 **gin**을 그냥 마시는 것을 보고 건강을 염려하여 라임 쥬스를 섞어 마시도록 지시했다. 여기서 **gimlet**(라임 쥬스와 진의 칵테일)은 **gimlet**(나사송곳)과는 별개의 단어로 생겨난 것이다.

gird one's loins: 허리 띠를 졸라 매다, 태세를 갖추다

  힘든 일을 시작하려면 먼저 차림이 되어 있어야 한다. 바짓가랑이나 소매끝이 너울너울하고 땅바닥에 질질 끌린다면 옷도 더러워지고 일도 제대로 안 될 것이다. 원래 성경에 있었던 표현이나 지금도 **roll up one's sleeves**와 함께 널리 쓰이고 있다. **gird**는 **girdle**(혁대), **girt**(띠로 매다), **girth**(둘레의 치수), **garden**(정원), **yard**(마당), **orchard**(과수원), **horticulture**(원예) 등과 일족이며 둘러싼다(**enclose**)는 뜻이다.

girl Friday: 여비서, 여사무원

  Daniel Defoe의 소설 **Robinson Crusoe(1719)**에서 **Robinson Crusoe**의 충실한 하인이었던 사람은 남자였기 때문에 **man Friday**(충복)이라는 말이 생겨났고 그 후에 남자의 짝을 맞추다 보니 **girl Friday**가 등장하게 된 것이며, 일반적으로 **gal Friday**라고 친근감있게 부르는 일이 많다. 여자가 없는 세상은 생기가 없기도 하겠지만 수다스러운 여자가 너무 많은 것도 골칫거리이므로 **lots of girls**라는 뜻의 **galore**(풍부하게, 엄청나게)는 **girl**의 변형이다.

give and take: 의견을 교환하다, 타협하다, 서로 양보하다

  영국의 경마에서 1769년에 생긴 말이다. 공평한 시합을 하기 위해서 표준키보다 큰 말(**horse**)에게는 좀더 무거운 짐을 주고 표준보다 키가 작은 말에게는 가벼운 짐을 실어서 달리게 했다. 그러니까 키가 작은 말은 자신의 짐을 던 (**give**)셈이고 키가 큰 말은 남의 짐까지 떠맡은(**take**) 셈이 된 것이다.

give the gate(내쫓다, 해고하다)는 1440년 경 영국에서 성문을 통하여 사람들을 들여보내거나 내보낸 데서이며, **get the gate**(내쫓기다. 해고당하다)도 같은 이유에서 생겨났고, 미국에서는 1921년 이후 쓰여진다.

goatsucker: 속똑새과의 새

  이 새는 산양(**goat**)를 공격하여 젖통에 붙어서 피를 빨아먹고 산양의 눈을 멀게 한다고 한다. 산양의 젖통을 빠는 새라는 말이다.

scapegoat(희생자, 속죄의 염소)는 고대 유대인들이 염소에게 인간의 죄를 지워 황야에 내다버린 데서 비롯되며, 실은 이렇게 죄를 쓰고 쫓겨난 염소는 아무런 속박을 받지 않고 행복하게 살 수 있었다니 우스운 이야기가 되고 말았다.

gobbledygook: 딱딱한 말투

　미국의 하원 의원 **Maury Maverick**이 1944년에 만들이낸 말이다. **gobble**은 칠면조의 울음 소리인데, 특히 수컷은 도무지 알 수 없는 소리로 울어 대면서 양 날개를 쫙 펴고 거드름을 떠는 꼴이 꼴불견이어서 붙여준 이름이다. 칠면조의 행동은 마치 거만한 하급 관리들의 행동과 같이 보였기 때문이다. **gobble**은 입에서 나는 소리를 흉내낸 것이지만 "입(mouth)" 또는 입에 들어가는 음식의 "덩어리"라는 뜻도 있어서 **gob**(입), **gobble**(게걸스럽게 먹다), **gap**(갈라진 틈, 고백), **gape**(입을 딱 벌리고 바라보다), **job**(삯일, 직분, 직업)과 같은 일족이기도 하다.

go by the board: 실패하다, 바닷 속에 떨어지다, 버림받다

　영국에서 18C 중엽에 나온 말이다. 뱃 전에 널판지를 비스듬히 걸쳐놓고 그 위를 걸어야 한다니 결국 바닷물 속으로 빠져 죽는다는 말이다.

go on shank's mare(걸어가다, 터벅터벅 걷다)는 **Scottland**에서 생긴 말이고 **Edward** 1세가 조랑말(pony)을 탈 때면 너무나 긴 다리를 가진 왕의 정강이(shanks)가 땅바닥에 질질 끌려 간데서 생긴 말이다. 종마(stallion)에 비해 조랑말이나 암말(mare)은 작고 느리기 때문이기도 하다.

go into extra innings(오래 살다)는 야구 경기에서 정규 inning이 끝나도 동점일 때 연장전을 하는 것과 비유하여 보통 사람의 목숨보다 연장되었다는 뜻이다.

go a person one better(한 수 앞서다)는 poker에서 상대방보다 chip을 하나 더 거는 데서 온 말이다.

good wine needs no bush: 좋은 물건에는 간판이 필요없다

　약 2000여년 전 **Rome** 시대에는 술집 간판으로 담쟁이 가지를 사용하였는 데, 이들이 영국을 정벌하고서도 이 전통이 계속되어 **a good wine needs no bush**란 말이 생겨났다.

gook: 진흙, 점액, 바보, 아시아인에 대한 경멸적 별칭

　한자의 '나라 국(國)'자를 영어로 적은 것이다. 중국, 한국, 미국, 영국, 태국 등을 부를 때의 국(國)이 바로 **gook**이고 한국전쟁을 통하여 확고히 영어로 자리잡게 되었

다. 부분적으로 goo-goo eyes(추파), goo-goo는 진흙(dirt)이란 뜻이고, 동양인을 경멸하여 진흙과 나라를 뒤범벅으로 만든 것이다.

goose pimples:소름

거위의 털을 뽑으면 피부가 우둘두둘하다. 닭이나 오리나 비둘기 모두 다 그렇다. 추위에 웅크린 사람의 피부도 거위의 털 뽑은 자리와 비슷하고 또한 잔뜩 겁을 먹었을 때에도 이런 일이 일어나는 데서 17C 이후 생겨난 말이다.

goosestep:다리를 굽히지 않고 높이 들어 걷다. 2차 대전 때 독일의 신병 훈련 시 이런식의 훈련을 한 데서 온 말이다.

gourmet:미식가, 포도주에 정통한 사람

프랑스 말로 gourmet는 허드렛 일을 하는 하인을 가리켰다. 그것도 나이 어린 소년을 말하며 자라나는 아이라는 데서 grow의 영향을 받은 말이고 1820년 쯤 영어로 자리잡게 되었다. gourmet의 일족으로는 groom(마구간지기, 신랑, 궁내관, 하인), bridegroom(신랑), gourmand(대식가, 미식가)등이 있으며, groom은 더 나아가 gama, gom을 거쳐 homage(존경), homo sap(인류), human(사람), humanism(인도주의)처럼 되기도 한다.

graft:수뢰, 부정이득, 뇌물로 받다, 독직하다

미국에서는 1859년 이후 나타 났지만 영국에서는 훨씬 이전부터 있었던 말이다. 어원으로는 graft(접목)와 같은 것이며, 접순을 잘라와서 제것처럼 붙였으니 결국 남의 것을 알겨먹은 것과 같다는 말이다.

grand(give) quarter to:목숨을 건져주다

Spain과 Netherland가 교전 중이었을 때 쌍방의 포로에 대하여는 일삯의 사분의(quarter)일 만큼씩 지급하기로 약정했다고 하나 잘 지켜졌을 리 없고, 승자가 포로에게 관용을 베풀어 네모진 방(quarter)을 숙소로 주는 것만으로도 큰 선심을 쓰는 셈이라는 데서 온 말이다.

grapevine:포도 덩굴, 정보망, 헛소문

미국의 전신기 발명자 Samuel Finley Bresse Morse(1791–1872)가 1884년 5월에 사상 처음으로 전보를 보낸지 15년 이후 Virginia City에서 California의 Placerville까지 연결하는 전깃줄이 있었는데 너무나 엉망으로 조잡하게 되어있어서 사람들이 "축처진 포도덩굴"같다고 하였다. 남북전쟁 때에는 여기저기서 근거없고 무책임한 소문들

이 순식간에 퍼져 나갔는 데, 실제 이들이 전보를 사용하여 소문을 떠뜨린 것 아니고, 입에서 입으로 전하는 소문이 전보 만큼이나 빠르다는 데서 **grapevine**이 헛소문이란 뜻을 가지게 된 것이다.

greased lightening：번갯불에 콩 구워 먹기

천둥과 번개는 동시에 일어나는 거지만, 번갯불이 번쩍하고 한참 기다려야 천둥소리가 들려온다. 상상도 못할 만큼 빠른 번갯불에 기름을 쳤으니 그 빠르기란 말할 수 없을 것이다. 영국 사람들은 미국 사람들의 호들갑이라 하여 픽 웃겠지만, 실은 훨씬 이전부터 영국에서 있었던 말이다. 이 외에 **grease a person's palm**(돈을 슬쩍 집어 주다), **grease the wheels**(금력으로 일이 잘 돌아가게 하다)는 돈의 위력이 윤활유 만큼이나 크기 때문이고 1526년 이후 생긴 말이다.

greenroom：배우 대기실

17C에 영국 London에 있던 **Drury Lane Theatre**가 파란 페인트로 칠하였기 때문에 생겨난 말이지만, 배우들의 눈을 덜 피로하게 하느라고 파란색으로 하였다는 말은 별로 신뢰성이 없다. **green thumb**(식물 재배에 뛰어난 재능)은 **1910**년 경에 **Italy**에서 생긴 말인데, **Fra Antonio**라고 하는 나이 많은 수도사가 있던 수도원에는 너무나 나무가 잘 자라서 까닭을 알아보았더니 이 수도사의 오른손 엄지손톱이 파랗게 물들어 있었는데 하도 나무를 만지다 보니 푸른 물이 지워질 틈이 없어서였다 한다. **gringo**(외국인)는 푸른 웃도리를 입은 외국인이라는 **green coat**의 변형이며, **green, gringo**에서 **Greek**으로 변하여 **It's Greek to me**(뭐가 뭔지 모르겠다)가 되는데, 새파란 옷을 입은 외국인은 아무것도 모르는 멍텅구리라는 말이다.

grog：물탄 술, 독한 술

영국의 해군 제독 **Edward Vernon(1684-1757)**은 **Spain**과의 전투에서 서인도 제도의 **Porto Bello**를 점령할 때 거의 손실이 없어서 당시 영국의 영웅으로 존경받았다. 1740년 8월 그는 모든 부하들에게 엄명을 내려 **rum** 술에 물을 타서 마시게 했다. 군에서 비틀거리게 취해도 안 되고 돈도 절약해야 한다는 이유에서였다. 그렇지 않아도 부대 내에서 인기없던 그는 부하들의 미움을 사서 **grog**라는 별명을 얻고, 물탄술은 **grog**이라 부르게 되었다. 그가 비가 오나 눈이 오나 좋은 날이나 언제나 입고 다니던 **grogram**(올이 성긴 견과 양모를 섞어 짠 직물)에서 **grog**란 별명과 **grog**란 물탄 술, 그리고 **groggy**(술에 취한, 맞고 비틀거리는)처럼 된 것인데, **grogram**은 **grain**(낟알, 결)의 일족이다.

grueling:기진맥진케 하는, 대패, 엄벌

Italy의 Florence의 명문 Medici가(家)는 15-18C에 걸쳐 이름을 날렸는데 그 중에는 프랑스의 두 왕비도 있었다. Catherine de' Medici(1519-89)는 프랑스의 왕비였으며 정치적 암살자로 유명했다. 그녀는 독이 든 oatmeal 죽(gruel)으로 삼 만이 넘는 청교도와 적을 독살하였다. 여기서 give a person his gruel(엄벌하다, 죽이다), take one's gruel(엄벌을 받다, 살해되다)이 생겨났다. gruel은 groats(귀리의 낟알, 굵게 간 밀), grits(굵게 빻은 곡물), grain(곡물), grind(…을 갈다) 등과 일족이다.

haberdasher:잡화

17C 이후부터 쓰여지고 있는 말이다. 가게에 손님이 찾아오면 점원이 이것저것 만지면서 Have you that?이라고 물었다. 이 Have you that 이 줄어서 haberdasher가 된 것이다.

hail-fellow-well-met:의 좋은, 싹싹한

1550년 이후 쓰여지고 있는 말이다. Anglo-Saxon 말로 wes hal은 may you be in good health(건강을 축원합니다)이고 여기서 생겨난 말이다. hail은 "인사(하다)"라는 뜻이며 whole(완전한), health(건강), hale(튼튼한)의 일족이며, well met만으로 "반갑다(Glad I meet you)"는 뜻으로 쓰는 일은 거의 없다.

hairbreadth:털끝만한(간격)

머리카락의 지름을 재어 보면 사십 팔분의 일 인치 정도 되고 15C 이후 유태인들(Jews)이 사용하던 계량 단위이기도 하다. Shakespeare가 그의 작품 Othello에서 주인공을 통해 hair-breadth escape(구사 일생)란 말을 쓴 데서 비롯된 말이며, 16C 이후에는 hairsbreadth로 표기 하고 있다.

hair of the dog that bit you:해장술, 독푸는 독

Rome 시대에 개에게 물린 사람은 그 개의 털을 뽑아 상처에 싸매면 낫는 것으로 알았고, 비록 미친 개라 해도 마찬 가지라고 믿었다. 중세에는 물었던 개의 털을 태워서 사용하였다. 그 후부터 숙취로 앓거나 다른 독극물에 중독되었을 때 해장술 또는 같은 독(毒)을 먹어서 치료하는 방법을 가리키게 되었다.

hair-raising(소름끼치는)은 1910년 경 미국의 Indian들의 머릿가죽 벗기는 사냥에서 생겼다지만, 이보다 훨씬 전에 make a porson's hair stand on end(소름끼치게 하다)에서 생겼다고 보아야 한다.

halcyon days：평화로운 시대

Greece 신화에서 바람의 신 Aeolus의 딸이었던 Alcyone 여신의 남편이 폭풍에 죽자 그녀 자신도 스스로 물에 빠져 죽었다. 이에 노한 신들은 Alcyone와 남편 Ceyx를 halcyons(물총새)라 불리우는 새로 만들었다. 이들 물총새는 동지를 전후해서 둥지를 틀고 알을 까는데 이들 부부를 불쌍히 여긴 Aeolus는 동지 전후 2 주일 정도를 따뜻하고 평온하게 해주었다. 여기시 평화로운 시대리는 뜻이 생겨났다.

half-baked：설구운, 미숙한, 불완전한

half-baked(설구운)는 17C 이전부터 Europe에서 있었던 말이지만 half-baked(미숙한)에서처럼 half-witted 또는 uncultured의 뜻을 가지게 된 것은 1868년 이후 미국에서 부터였다.

half-seas over(항해가 반쯤 진행된, 취한)은 17C에 영국에서 생겨난 말이며, 폭풍이 몰아쳐서 배가 반쯤 한 쪽으로 기울었을 때처럼 걷는 모습에서 생겨난 말이다.

hallmark：품질 증명(하다)

1300년 대의 영국 Edward 1세는 London에 있던 Goldsmiths' Company에게 모든 금은 세공품에 품질 표지의 공식 스탬프를 찍도록 명하였다. 이 표지(mark)가 Goldsmith사의 hall에서 이루어졌으므로 hallmark란 이름을 가지게 되었다.

ham：돼지의 허벅다리, 연기가 서툰배우, 아마 추어 무선가

영국 London 사람들은 amateur actor를 hamateur라 불렀다. "사랑"이란 뜻의 am이 ham으로 변한 것이며 Shakespeare 이전부터 있었던 것으로 추정된다.

hand over fist：부쩍부쩍, 손을 교대로 잡으면서

선원들이 삭구(rigging)를 다룰 때 손을 번갈아 잡으면서 힘있게 끌어당긴다. 원래는 hand over hand였으나 19C 이후 미국 사람들은 hand over fist라 한다.

from hand to mouth(하루살이 생활로)는 16C에 영국에 유례없는 흉년이 들어 굶어 죽는 사람이 부지 기수였고, 어쩌다 빵조각이라도 생기면 입에다 쑤셔넣기 바빠서 저축 따위의 호사는 꿈도 꾸지 못할 지경에서 생겨난 말이다.

hangdog：비열한, 풀죽은

영국에서는 수백년 전부터 개에게 먹다 남은 음식찌꺼기나 던져주는 것이 고작이었고, 개들은 사슬에 매인 채 따뜻한 곳을 찾아 잠을 청하곤 했다. 걸핏하면 몽둥이로 얻

어 맞고 말을 듣지 않으면 목을 매달아 죽이기도 했다. 언제 죽을지 모르는 목숨이니 비실비실 비열해지고 풀 죽을 수밖에 없었을 것이다.

hang out(기 따위를 내걸다, 몸을 내밀다, 출입하다, 거주하다)에서 "출입하다, 거주하다"의 뜻은 영국에서 19C의 암흑 세계에서 주거 지역임을 표시하는 간판을 내다 걸고 그 지역에 집단으로 살았던 일이 있었고, 여기서 생겨난 말이다.

hang out one's shingle(개업하다)는 미국의 개척 시대에 의사와 변호사들이 실제로 지붕널빤지(shingle) 모양의 간판을 내걸었기 때문에 생겨난 말이다.

happy as a clam at high tide: 더없이 행복한
　미국에서 1834년에 처음 쓰여진 말이며, 만조 때 조개(clam)가 가장 편하고 행복하기 때문이며, 간조 때에는 사람들이 마구 파서 잡아 가버린다.

hard-boiled: 단단히 삶은, 현실적인, 완고한
　1886년 경 미국에서 생긴 말이다. 풀 먹인 예복용 와이셔츠나 격식 차리는 사람을 boiled shirt라 한다. 찬 물에 그냥 세탁하는 것이 아니라 뜨겁게 삶아서 풀을 먹였으니 빳빳해질 수밖에 없다. 1919년 New York의 술집 주인 Jack Doyle이 hard-boiled egg란 말을 쓴 일이 있는데 "무정한 사람"이란 말이다.

hard-up(쪼들리는)은 궂은 날씨에 항해할 때, **Hard up the helm!**은 바람을 피하여 나아가기 위해 키의 손잡이를 가능한 한 바람 오는 쪽으로 올린 위치를 유지하려는 배의 조종술을 가리키며, 사나운 날씨에 견디기 위한 항해술에서 온 말이다.

hard lines(곤경, 불운)는 16C의 찬송가에 수록된 말이고, 운명이 선(lines) 또는 운(lot)이라는 뜻에서이며, 오래 전부터 유태인들은 계량봉(measuring rod)을 lines라 불렀는데 성경 사전(Bible Dictionary)에서도 유태인의 용법에서 차용한 말이라고 수록되어 있다.

harp: 하프, 하프 별자리, 아일랜드 사람
　우리도 돈 맛을 본다고 할 때 "율곡 선생님 만난다, 이순신 장군 본다"는 등으로 말할 수 있다. 옛날 아일랜드 사람들은 그들의 주화였던 shilling의 한쪽 면에 하프를 새겼고 돈 던지기 놀음에서 그쪽 면이 나오면 harp라고 외쳤던 데서 아일랜드 사람을 가리키는 말이 되었다. 또한 하프로 늘 같은 곡만 지루하게 연주하는 데서 "자꾸만 되풀이 말하다"는 뜻도 있다.

haul over the coals：몹시 꾸짖다

　중세의 재판은 배심원 대신 불고문이었다. 혐의자는 석탄불 위에 이리저리 끌려다니다가 죽으면 유죄고 살아나면 무죄 석방이었다. 영국에는 15～6C에도 이런 야만적 재판이 있었다. 그 후 이 말은 꾸짖는다는 뜻으로 변하여 지금도 쓰이고 있다.

have a bear by the tail：이리지도 저러지도 못하는

　무서운 곰의 꼬리를 붙잡고 놓아버릴 수도 없고 그냥 붙잡고 있을 수도 없는 난처한 입장임을 말해주는 이 표현은 19C 중엽 미국에서 생긴 말이다. 개척 시대의 미국 사람들은 사나운 짐승과 접촉이 많았으므로 사람을 곰에 비유하여 **bear for work**이라 하면 “어려운 일에 잘 견디다”가 되고, **cross as a bear**는 “심기가 아주 나쁜”이 된다.

have something at one's fingertips(…에 정통하다)는 1870년 경 미국에서 생긴 말이고, 이보다 앞서 1553년 영국에서 있었던 **have something at one's finger ends**에서 개량한 것이고, 어느 쪽이나 손가락 끝으로 마음대로 할 수 있다는, 말이다.

have a person's nose out of his joint(밀어내다, 콧대 꺾다)는 16C의 **Europe**에서 생긴 것이며, 코를 관절에서 뽑아내어 납작하게 만든다는 말이다.

have the goods on(약점쥐다)에서 **goods**는 “훔친 물건(장물)”이므로 증거물을 들이대면 꼼짝할 수 없다는 말이고 1900년 경 생겨났다.

have words with someone(언쟁하다)는 1462년 경 **Europe**에서 생긴 이래 **fall at words with, have hard words with, have high(sharp)words with** 등과 함께 비슷한 표현이며 말의 유래보다는 말의 습관이라고 이해해야 할 것이다.

havoc(황폐, 대파괴)는 **heave**(들어올리다), **heavy**(무거운), **hefty**(무거운) 등과 더불어 **have**의 일족이며, 매 발톱처럼 날카롭게 움켜쥐거나 할퀸다는 말이고 **cry havoc**(파괴 신호 보내다, 난폭한 행동을 교사하다), **play havoc with**(…을 파괴하다, 혼란시키다), **work havoc with**(때려 부수다, 엉망으로 만들다)처럼 쓰인다.

haymaker：K.O 펀치

　예리한 낫으로 풀을 베어넘기면 거침없이 쓰러진다. 이와 같이 쉽게 쓰러뜨리는 모습을 본 미국의 **Jim Corbette**란 사람이 그의 자서전 **The Roar of the Crowd(1925)**에서 썼던 말이다. **haywire**(건초를 다발로 묶는 철사, 혼란한, 미친)는 농부나 목동들이 사용하는 건초 다발 묶는 철사인데, 건초 다발을 풀 때 이 가느다란 철사가 삐져나와 일하는 사람을 얽어매거나 상처를 입히고 옷을 갈갈이 찢어놓기도 하고 가축들의 몸에 엉켜서 엉망이 되었던 데서, 이미 1910년 이후 미국에서 생겨난 말이다.

hector: 허세 부리는 사람, 약자를 괴롭히는 사람, 허세 부리다, 겁주다

Greece의 서사 시인 Homer의 작품 Iliad에서 Troy 최고의 용사였던 Hector가 어째서 못된 이름을 뒤집어쓰게 되었는지 알아 본다. 17C에 영국 London에서는 자칭 Hectors라고 이름하는 건달 패거리가 있었는데, 닥치는대로 욕을 하고, 창문을 부수고, 남을 괴롭히고, 위협과 공갈이나 하는 못된 짓하기로 유명하여, 여기서 생겨난 말이다. 난도질을 하고 할퀸다는 데서 heckle(괴롭히다, 야유하다), hack(난도질하다), hay(건초), haggle(값을 깎다, 난도질하다), hew(자르다), hoe(괭이) 등의 영향을 받은 말이기도 하다.

heeler: 부하, 뒤축을 대는 직공

미국의 Texas 주에서는 bulldog을 비롯한 개를 길러서 훈련시키고 개에게 소몰이를 시켰다. 개가 소의 뒤꿈치를 꽉 물고 무섭게 을러댄 데서 생긴 말이다.

henpecked: 엄처 시하의

생물 학자 W. C. Allee에 의하면 닭의 세계에도 엄연한 질서가 있다고 한다. 17C 사람들이 널리 믿고 있었던 일은, 어린 장닭이 서열이 높은 암탉 옆에 있으면 쪼는 순서(pecking order)에 따라 깃털을 쪼아 뽑았다. 이런 모습을 본 영국 시인 Samuel Butler가 henpecked라고 부르게 되었는데, 가정에서 부인이 남편을 쥐고 혼드는 모습과 같아 보였기 때문이다. 닭들의 질서에서 pecking order(사회의 서열)이라는 말이 생기기도 한다.

Here's mud in your eye!: 건배(乾杯)!

1차 대전 때 영국군과 미군이 질퍽거리는 참호 속에서 건배를 했기 때문이라는 설이 있다. 또 하나는 bottoms up!(건배!)에서 보듯이 술잔의 밑바닥에 앉는 앙금까지 마시다가 그 앙금이 튀겨서 눈으로 들어올 수도 있으므로, 이 앙금을 mud라고 표현한 것이다.

hermaphrodite: 자웅 동체, 동성 연애자, 양성화의

Greece 신화에서 생겨난 말인데, 연금술사 Hermes와 사랑의 여신 Aphrodite 사이에 태어난 Hermaphroditus는 동물과 사람의 모습이면서 남녀 양성을 가지고 있었다. 예쁘게 생긴 요정 Salmacis가 그에게 반해서 사랑을 호소하지만 그는 사랑의 응답을 하지 못했다. 그녀는 끈질기게 그를 쫓아가서 양팔로 그를 껴안으며 신들(gods)에게 기원하기를 자신들의 몸을 녹여 하나로 합하게 해달라고 하자 둘은 하나로 합해져 버렸다.

연금술의 대가였던 Hermes신이 연금술에 대한 비법을 적은 책을 공기가 들어가지 않게 밀봉했던데서 hermetic(밀폐한, 연금술의)의 뜻이 되기도 한다.

hidebound：편협한, 보수적인, 피골이 상접한

16C에 영국에서 생겨난 말이다. 당시에는 수의사도 귀했고 가축을 치료하기란 여간 어려운 일이 아니었다. 겨울이면 먹일 사료가 없어서 굶기기만 하다보니, 살점이라고는 없이 뼈에 가죽이 말라 붙어서 이들이 굶어 죽을 때면 가죽마저 벗길 수 없을 정도였다 한다. 이런 처참한 모습을 사람의 모습으로 표현한 말이다.

in hide and hair(완전히, 모두)는 1857년 경에 생긴 말이며, 게걸들린 동물이 먹이를 가죽이고 털이고 할 것 없이 한 입에 넣고 먹어댄 데서 생긴 말이다. 숨긴다는 뜻의 hide에서 hide one's light under a bushel(겸손하게 자기의 재능을 숨기다)는 신약 성서의 마태복음 5장 14~15절에 나오는 Jesus의 가르침에서 온 말이다.

highball：위스키에 소다 따위를 섞은 음료, 진행 신호, 급행 열차, 전속력으로 달리다

1890년 경 미국에서 생긴 말이다. 당시에 길다란 유리컵이 있었는데 속어로 balls라 불렀고, 또 기차 속도를 조절하는 신호 도구로 금속으로 된 공(ball)을 사용하였는데, 양팔을 깍지 낀 채 들고 있던 쇠공을 높이 처들면 최대 속도로 달리라는 신호가 되고 낮게 들면 속도를 낮추어 정지하라는 신호였다. 기차의 속도를 높인다는 것이 술 마시는 속도를 높인다는 뜻으로까지 확대된 말이다.

highbrow：지식인(의), 지식인인 체하는

골상학의 창시자 Frenz Joseph Gall(1758-1828)은 옛날부터 전해오던 통념인 이마가 큰 사람이 큰 골을 가져서 영리할 것이라는 설을 지지했다. 19C에 이르러 골상학이 못 믿을 학문으로 낙인 찍히기 전까지는 모든 사람이 믿었던 설이다. 1875년 이후 이런 생물학적 연구 업적보다는 highbrow(지식인), middlebrow(교양이나 지식이 중간 정도인 사람), lowbrow(야비한, 저속한, 무지한 사람)처럼, 반드시 이마의 모양에 따라 붙여진 것이 아니라, 사람의 됨됨에 따라 쓰는 말로 변해버렸다.

high hat(실크 해트, 뽐내는 사람)은 야구 선수이자 Vaudeville 배우였던 Jack Conway가 Variety라고 불리우는 연예 잡지의 편집인으로 있으면서 1924년에 만든 말인데, silk hat을 쓰고 옷자락을 늘어뜨리고 콧대를 모자 높이 만큼이나 세우고 거드름부리며 걷는 속물 신사를 묘사한 데서 온 말이다.

high horse(거만, 불쾌한 태도)는 중세의 영국 귀족들이 높은 말을 타고 거드럭거린 데서 온 말이다.

highlight(강조하다, 밝은 부분, 하이라이트)은 17C의 예술인들이 미술 작품의 명암을 조절할 때 초점을 맞추는 지점이 있었던 데서 비롯된 말이다.

high-muck-a-muck 또는 high-muckety-muck(높은 사람, 중요 인물)은 세계를 정복했던 Mongol에서 생겨났다고 하지만, 한편으로는 major, macro, much, mickle등과 일족이기도 한 Great Mogul이라는 뜻을 가진 말이다.

high on the hog(호화롭게 살고)는 미국 남부 지방 사람들이 만든 말이고, 돼지를 잡을 때 윗부분에 해당하는 햄, 갈빗살, 베이컨, 안심, 갈빗대 등은 고급이고 족발, 관절, 턱, 복부 등은 soul food(흑인 음식)라고 천하게 여겼던 데서 이며, eat low on the

hog(천한 음식 먹다, 천하게 살다)는 반대말이 된다.

hightail it(급히 가다, 달려가다)는 야생마, 토끼를 비롯한 동물들이 위험하다고 느낄 때 재빨리 꼬리를 치켜 들고 도망치는 데서 생긴 말이다.

the hills are closing in on someone: 미칠 지경이 되다

  close in on은 가두거나(enclose), 다가온다(approach)는 말이다. 용도면에서 유용하다기보다 한국에서 생겨난 영어이기 때문에 소개한다. 한국전쟁에 참전했던 미국, 영국, 뉴질랜드, 호주, 캐나다 등지에 퍼져 있는 말이다. 우리 나라처럼 산이 많은 곳이 별로 없다. 도처에 있는 험준한 산에 질린 UN 군들의 입에서 저절로 생겨난 말이다.

hipped: 열중한, 우울한, 화난

  hypochondria(우울증)을 줄인 미국 사람들의 말이다. 이 병의 근원은 가슴뼈의 연골(軟骨)아래 복부에 자리잡고 있는 것으로 믿었다. 또한 chondros는 grind(빻다)와 grain(곡식)과 일족이다. 다시 말해 hypo(under)와 chondros(grind)의 결합은 하복부에 이상이 생겨서 우울해진다고 믿었기 때문이다.

hit on all six: 잘 달리다, 잘 해내다

  초장기의 자동차라면 네 개의 실린더를 모두 점화시킨다고 말했을 것이다. 기계류의 발달로 6기통이 넘는 엔진이 생길지 모르지만 여섯(six)이라는 말은 변하지 않고 언제나 hit on all six로 남아 있을 것이다.

hit the Jackpot(대성공하다)는 poker game에서 첫 번째 deal(패 도르기)에서 승부가 나지 않을 때 추가로 판돈을 계속 태워서 판돈이 커졌을 때 나중에 몽땅 쓸어가면 그야말로 땡을 잡는 데서 1884년 경 미국에서 생겨난 말이다.

hit the nail on·the head(핵심 찌르다, 똑바로 맞추다)는 옛날에 종기가 났을 때 바늘로 아픈 자리를 진단해 보았는데 바늘이 후에 못으로 바뀐 것이며 종기의 머리를 바르게 찾아야 제대로 치료할 수 있다는 것이다.

hobo:떠돌이, 뜨내기 일꾼, 부랑자

괭이를 둘러멘 시골 소년이 집을 나가 여기저기 떠돌아다닌다면 그야말로 hoc(괭이) boy(소년)일 것이고 hoe＋boy가 hobo된 것으로 생각할 수 있다. 미국의 남북전쟁 때 제대 군인들이 어슬렁거리며 집으로(home) 돌아오는(bound) 모습에서 home의 ho와 bound의 bo가 결합된 hobo도 생각할 수 있다. 이런 두 가지의 설명이 가능한 이 말은 1889년 경 미국에서 생겨났다.

hoe one's own row:혼자 힘으로 하다, 자기 일을 하다

18C경 미국의 시골에서 생긴 말이다. 당시에는 기계의 도움을 받을 수 없기 때문에 자신의 힘으로 괭이를 가지고 땅을 파야 했기 때문이다. William Henry Harrison 대통령이 재임중 사망함에 따라 이어서 1841년에 대통령이 된 **John Tyler**가 전임자의 정책을 따르지 않고 자신의 의지대로 새로운 정책을 펴자 이를 가리켜 he hoes his own row라고 평가한 것이 처음이다.

hogwash:돼지 먹이, 시시한 이야기

옛날에는 우리 나라에서도 그랬지만 돼지에게 주는 먹이란 사람이 먹고 남은 더러운 음식 찌꺼기이므로 여기서 생겨난 말이고 1440년 경 영국에서 있었던 말이다.

hogwild(몹시 흥분한)는 돼지가 흥분했을 때 고래고래 소리치는 데서 미국에서 19C 중엽에 생겨난 말이다.

go the whole hog(철저히 하다)는 회교 계율에 따라 특정 부위의 돼지 고기만 빼고 먹을 수 있다고 하였더니 신앙심은 있었지만 배가 고팠던 회교도가 금지된 특정 부위가 어디인지도 모르고 해서 돼지를 통째로 먹어버린 데서 생긴 말이다.

hold with the hare and run with the hounds:양다리 걸치다, 이편과 저편 다 사이좋게 지내다

아무리 사냥을 좋아하는 사람이라 하더라도 약하고 불쌍한 토끼가 사나운 사냥개에게 물려 죽는 것을 보면 측은한 생각이 든다. 그러니까 처음에는 개를 부추겨서 토끼 몰이를 시켜놓고 나중에 동정심이 생긴다는 말이다. 이와 같은 말로 **run with the hare and hunt with the hounds**에서 볼 수 있듯이 목숨을 걸고 달아나는 토끼의 심정이 되어 마음으로나마 토끼와 같이 달아난다는 말이고 **1562**년 경 생겨났다.

458

beat a person all hollow：남을 완전히 패배시키다, 남보다 월등히 뛰어나다

　hollow는 hole(구멍), hall(홀), cell(세포), color(색깔) 등과 일족으로 텅 빈 껍데 기라는 뜻이다. 그렇다고 껍질만 남도록 두들겨 팼다고 할 수도 없고, 전혀 어원이 다른 wholly(철저히)로 하여 beat someone wholly로 써놓고 보면 의미가 통한다는 것을 알 수 있다.

honkie：백인

　체코에 있는 Bohemia와 Hungary 사람들 때문에 생겨난 말이다. 동구권 사람들, 특히 Hungary 사람들은 Bohemian이라고 불리기도 하지만, Hungary의 변형인 hunkies 라고도 불리어지다가 honkies로 변한 것이다. 또한 Bohemia와 Hungary를 합한 bohunk (동유럽계 이민의 미숙련 노동자)가 되기도 한다.

honky-tonk：싸구려 카바레, 싸구려 술집

　1894년 미국의 Oklahoma 신문에 처음으로 나왔던 말이지만 미국과 영국이 서로 자기 나라에서 생긴 말이 아니라고 떠넘기고 있다. 결론부터 말해서 honk는 shake(흔 들다) 또는 idle about(빈둥거리다)의 뜻이고 tonk는 honk의 운율을 맞추기 위해 군 더더기로 붙어있고, honk(shake)의 일족인 hotchpotch(잡탕, 뒤범벅), hotchpot(재산 병합), hustle(밀치락달치락, 소동, 원기), hootchy-cootchy(스트립식의 춤)에서도 볼 수 있듯이 honky-tonk는 엉덩이를 혼들어대며 춤추는 곳이란 말이다.

hooch：주류, 밀주, 오두막

　1867년에 처음으로 Alaska를 점령한 미군들은 술을 마시지 못하도록 명령을 받았 지만 그곳의 밤은 무섭게 추웠다. 그들은 손수 만든 조잡한 증류기에 효모, 밀가루, 설 탕, 당밀 따위를 넣어 밀조주를 빚었다. 그들은 토착 인디언들에게서 그 술을 구했다고 변명을 하였는데, Indian들의 거처가 hutsnuwu라는 오두막이었기 때문에 그 이름을 따서 hooch로 변한 것이다. 또한 한국전쟁 때 미군들이 일본말인 uchi(우찌＝집)라는 말을 배워서 hooch로 만드는데 영향을 준 말이기도 하다.

hoodlum：망나니, 깡패

　깡패의 보복이 두려웠던 신문 기자가 깡패의 이름 Muldoon을 바로 적지 못하고 Noodlum으로 적었더니 편집자가 N을 H로 잘못 읽어서 hoodlum이 되었다는 이야기 가 있다. hoodlum은 hooligan(불량배)의 일족이기도 하다.

hoofer: 댄서, 탭댄서

　hoof는 소나 말 따위의 발굽이지만 사람의 발을 가리키기도 한다. 더 나아가서 "춤추다, 걷다, 차다"라는 뜻을 가진다. 원래는 **pad(beat) the hoof**(터벅터벅 걷다)에서 온 말이고 1928년에 생겨났다. **pad**는 **path**와 일족으로 길(road) 또는 걷는다(walk or amble)는 말이다. 사실 **pad the hoof**는 **hoof the pad**라야 맞지만 습관으로 굳은 것을 고칠 수 없다. 지금은 덜 쓰이지만 **footpad**(노상 강도)도 미국 사람들에겐 친근한 말이다. 또한 **stand pad(stand on the road)**에서 **stand pat**(결심을 고수하다, 포커에서 처음 받은 패를 바꾸지 않다)처럼 길(**pad**=**road**)을 벗어나지 않는다는 말이 생기기도 한다.

hook, line and sinker: 완전히, 아주

　너무나 배가 고팠던 물고기가 미끼 뿐만 아니라 낚시(hook), 낚싯줄(line), 낚시 추(sinker)뿐만 아니라 낚시 도구 전체를 꿀꺽 집어삼킨다는 데서 온 미국 사람들의 말이고 영국에서도 **swallow a gudgeon**(걸려들다)라는 16C의 표현이 있다. 보통 바보처럼 덥썩 물어서 낭패본다는 뜻이 담겨 있다.

　by hook or crook(어떻게 하든지간에)는 고대 삼림법에 따라 농부들이 죽은 나무 가지를 갈고리든 무엇이든 써서 잘라서 가져갈 수 있도록 규정되었던 데서 온 말이다. hooker(도둑, 매춘부, 네델란드 어선)에서 매춘부의 뜻을 갖게 된 것은 네델란드에 고리 모양(hook)으로 생긴 Hooker라는 항구가 있었는데, 영국과 Hooker로 왕래하는 배를 hooker라 불렀고, 19C에 Hooker 항에는 많은 창녀들이 대기하고 있다가 무역선 hooker 호가 도착하면 선원들을 자신들의 방으로 유인하여 갔던 데서 생긴 말이다.

hoosegow: 형무소

　Spain 말로 **juzgado**라 하면 법정(court)이란 뜻으로 **jury**(배심원), **just**(올바른), **judge**(판사) 등과 일족일 것이다. 이 **juzgado**에서 **jug**(교도소)란 말이 생겨나기도 한다. Spain 말을 쓰는 사람이 많은 Mexico에서 **juzgado**의 철자가 hoosegow로 변하여 **jug**처럼 "교도소"란 뜻을 가지게 된 것은 1860년 대의 일이며, 철자를 달리하여 **cala-boose**(유치장)이라고도 한다.

hoot: 가치 없는 것

　작은 고추가 맵다는 말은 있지만 일반적으로 작은 것을 하찮은 것으로 친다. Greece 자모의 아홉 번째 글자인 **iota(I)**는 작고 하찮다는 뜻이기도 해서 **not an iota of**(조금도 없다)처럼 쓰이기도 하고, **iota**에서 변한 **jot**(약간, 메모하다) 처럼 쓰이기도 한다. 남을 야유해서 휘파람을 불거나 남자들이 여자들에게 휘파람을 "후, 후" 불어 대는 일

이 있고, 이런 소리를 흉내낸 것으로 hue(고함 소리) 또는 hoot(야유하다, 부엉부엉 울다, 야유 소리)가 있다. 이 야유 소리 또한 한쪽 귀로 흘려버려야 할 하찮은 소음일 뿐이다. 이러한 iota와 hoot(야유 소리)에서 hoot(극소량, 무가치한 것)이 생겨 났다.

hop on the bandwagon : 시류를 타다, 유행을 따르다

1901년 미국의 제 2대 대통령 후보였던 William Jennings Bryan의 선거 유세가 시작되자 지방 정객들과 정치 건달들이 몰려들어 Bryan의 유세 지원 음악 밴드 마차에 홀쩍 뛰어올라 그의 지지를 선언한 일이 있은 후 hop on the bandwagon이란 말이 생겨났다.

horns of a dilemma : 진퇴 양난

dilemma에서 di는 two(둘)의 변형이고 emma는 sample(표본)과 일족으로 take의 뜻이다. 한 개의 뿔도 처리하기 어려운 판국에 두 개의 뿔을 맞이하게 됐으니 난처할 일은 뻔한 일이다.

come out at the little end of the horn(야단스러운 계획 따위에서 크게 실패하다)는 풍요의 뿔(cornucopia 또는 horn of plenty)인 줄 알고 들어갔다가 거지가 되어 돌아 온다는 뜻인데, 뿔나팔이나 나팔(horn)이 소리나는 곳은 넓지만 입으로 부는 곳은 좁은데, 넓은 아가리로 들어갔다가 좁은 주둥이로 나오게 되었으니 알거지가 되었다는 말이다.

horsefeather : 실없는 이야기

말(horse)에 깃털(feathers)이 나있다니 말도 안 되는 소리다. 있지도 않고 되지도 않은 것을 가리키는 방법도 여러 가지 있지만 생활 터전과 밀접하게 관계되는 동식물 또는 생활용품등에서 흔히 따오는 수법이다.

horse of a different color(전혀 별개의 것)는 영국의 기사도 시대에 생긴 말이며 열심히 응원하던 기사(knight)가 시합에서 지고, 생각지도 않았던 말(horse)이 결승선에 들어오면 분통이 터져서 "That's a horse of a different color."라고 했던 데서 생긴 말이다.

horse sense(생활의 지혜, 조잡한 상식)는 1850년 경 미국 서부에서 영리한 조랑말들이 사람이 시키지도 않은 소몰이를 해준 데서 생겨난 말이다.

horse and horse(대등하게)는 경마에서 말(horse)과 말(horse)이 같이 결승선에 들어 온다는 것으로 neck and neck(비등하게)와 비교해 보면 실감나는 말이다.

horseplay(난장판)는 말들이 날뛰는 난장판을 가리키고 여기서 더 나아가 **horse around**(법석 떨다)가 생겨난다.

닭의 볏은 머리위에 치켜 올려진 것이므로 **cock**에는 "장닭"이란 뜻 외에 "위로 세우기, 쫑긋 세우다"의 뜻이 있으며 **horse**와 합한 **cockhorse**(흔들목마)가 되면 흔들 목마를 탈 때 양발을 고리에 넣고 발끝을 위로(**cock**)하지 않으면 떨어지기 쉽기 때문이고 여기서 **ride a cockhorse**(기쁨에 취하다)가 오는데 주로 어린애들이 회전 목마를 타고 기뻐하는 모습에서 온 말이다.

hot as hell:몹시 뜨거운

18C 이전부터 있었던 말이며 기독교에서 말하는 지옥(**hell**)의 무서운 유황불 때문에 생긴 것이다. 하긴 꼭 종교가 아니더라도 땅 속 깊이 파고 들어가면 뜨거운 온천과 화산이 이글거리고 있어서 웬만한 것쯤 녹아 버리고 말것이다.

hot-blooded(성미 급한, 혈통 좋은)나 **cold-blooded**(무정한, 냉혈의)은 Shakespeare 가 그의 작품 **The Merry Wives of Winsor(1598)**와 **King John(1595)**에서 처음 사용했던 것으로 기록되어 있다.

hot dog(핫 도그)는 프랑스 군이 독일을 공격할 때 얕은 여울을 건넜으므로 프랑스 군의 여울(**ford of Franks**)란 뜻에서 **Fronkfurt**란 지명이 생겼고, **Frankfurt**에서는 소와 돼지고기를 섞은 **sausage**를 처음으로 만든 일이 있어서 이를 frankfurt(프랑크푸르트 소시지)라 부른다. 1880년 경 독일 **Frankfurt**에서 미국으로 이민간 독일인에 의해서 이 음식은 널리 퍼져 갔고, 1900년 경 이 소시지의 제조 특허를 받은 **Harry Stevens**에 의하면 만화가 **T. A. Dorgan**이 **hot dog**라 붙였다 한다. **Stevens**의 종업원들은 추운 날씨에 손님들에게 **Get your red hots!**라고 외쳐대면서 손님을 끌었고, 당시의 손님들은 소시지의 내용물이 개고기인 줄로만 알았기 때문에 **hot dog**이란 말이 된 것이다.

hound:맹렬히 추격하다, 끈질기게 괴롭히다

사냥개가 사냥감을 끈질기게 추격하여 기어코 사냥감을 물고 오는 모습에서 온 말이다. **run with the hare and hunt with the hound**에서 말했듯이, 사나운 개에게 사냥을 시켜놓고 보니 오히려 사냥감이 애처러울 정도로 동정심이 생겨나면서, 자신이 사나운 사냥개에게 쫓기는 기분이 들어서 생긴 말이다.

hue and cry : 추적의 고함 소리, 격렬한 비난의 소리

　영국에서 1300년 대부터 있었던 말이다. hue는 hoot(야유하다)와 동일 어원이고 고함 소리라는 뜻이다. 도둑을 만나면 우선 "도둑이야(stop thief)!"하고 소리치면서 가지고 있던 나팔을 부는데, 이 나팔 소리가 hue이고 "도둑이야" 소리치는 것이 cry이다. 남들이 화급한 일을 당해서 "도둑이야"라고 고함치며 도둑을 추적하는데 멍하니 쳐다보거나 못들은 척 했다가는 처벌을 받도록 되어 있었다.

humbug : 속임수, 사기꾼, 난센스, 사기치다

　humbug의 hum은 별로 의미없는 소리이다. 그리고 bug은 gogey(도깨비), bogy(요괴), bow(활, 뱃머리, 인사), fugitive(도망자) 등과 같은 어원이다. 처음에는 해를 끼치지 않는 도깨비라 불렀으나 이 도깨비가 hum, hum하면서 사람을 놀라게 하자 "속임수, 사기꾼"이란 나쁜 뜻을 갖게 되었다. 영국의 문호 Dickens가 그의 작품 Scrooge에서 Bah, humbug!라고 썼던 일이 있으며, 지금도 널리 쓰인다.

humdrum : 평범한, 지루함, 지루한 것

　1700년 대에 Europe에서 생겨난 말이다. hum은 벌이나 벌레들이 붕붕하는 것을 흉내낸 의성어이다. 지루하고 듣기 싫은 벌레 소리만 변함없이 들려오니 따분해질 수 밖에 없다. 또한 아무런 변화나 리듬이 없는 단조로운 북소리만 무한정 들어야 하는 것도 마찬 가지일 것이다.

in a pretty pickle : 곤경에 빠져

　네델란드에서 14C에 생겨난 말이다. 소금에 절인 음식이니 상하지는 않겠지만 제 맛이 나지는 않을 것이다. 짠 소금물에 사람이 들어갔다면 몸이 오그라들고 못 견딜 것이다. 14C 경 화란 사람 William Bukelz가 처음으로 생선을 절인 데서 Bukelz가 변하여 pickle이 되었다고 전하는 말이다.

in hock : 저당잡혀, 빚을 져서, 투옥되어

　faro라 불리우는 card game에서 상자 속에 든 마지막 카드를 hocketty card라 불렀다. 마지막 패에 돈을 거는 사람은 어쩔 수 없는 궁지에 몰린 사람이고, 이 마지막 승부에서 이기는 일은 거의 없고, 대개 빈털터리가 되어 전당포에 가서 귀중품을 맡기고 돈을 꾸는 신세가 된 19C의 놀음에서 생겨난 말이다. 이 hock(저당, 형무소)는 hook(갈고리)와 관련되어 갈고리에 걸려든 불쌍한 처지라는 말이라고 보아야 할 것이다.

in the bag: 성공이 확실하여

1925년 경 미국에서 생겨났지만 훨씬 오래 전부터인 15C 이전부터 있었던 말이다. 여기서 **bag**이란 사냥감을 담는 자루를 가리킨다. 잡아서 자루에 넣어 두었으니 "상황 끝"이란 말이다. 또한 최근에 생겨난 말이지만 닭싸움에서도 유래한다. 싸움터에 닭을 가져오기까지 편안한 자리에 앉혀 두는 것이 아니라 자루 속에 넣어가지고 와서 닭싸움이 시작될 때에야 풀어주었다. 이 때 쌈닭의 주인은 자루 속에 든 닭을 가리키며 'The victory is in the bag for me'.하면서 큰소리쳤다고 한다.

inkling: 암시, 어렴풋이 알아채기

Anglo-Saxon 말에 inca라는 말이 있는데 의심(doubt)이란 뜻이다. 원래는 trickle (물방울, 소량, 똑똑 떨어지다) 또는 sprinkle(소량, 흩뿌림, 가랑비, 끼얹다, 산재하다) 에서 앞 부분인 **tr** 또는 **spr**이 떨어져나간 **ickle**에서 **inkling**으로 변한 것이다.

iron curtain: 철의 장막

1946년 영국 수상 Winston Churchill이 처음 사용했던 말이라고 흔히 잘못 알려져 있다. 실은 이보다 앞선 **Belgium**의 **Elizabeth** 여왕이 "Between Germany and me there is now a bloody iron curtain which has descended forever(1914)"라고 한 데서 생긴 말이다. 지금은 이념의 세계가 사라지고 있어 의미가 퇴색하였지만 공산주의와 자유 민주주의간의 장벽을 가리키던 이 말은 쇠로 만든 포탄 방벽이라는 뜻이기도 하다.

The iron entered into a person's soul.(그는 대단한 고역을 맛보았다.)는 his soul entered into the iron을 잘못 해석한 성경 구절에서 온 말이다.

have too many irons in the fire(한꺼번에 많은 일에 손을대다)는 옷을 다릴 때 여러 개의 다리미를 불에 달구면 어떤 것은 너무 뜨겁고 어떤 것은 덜 뜨거워서 조절하기 어렵다는 데서 생긴 말이며, **bite off more than one can chew**(힘겨운 일을 하려고 하다)와 더불어 감당할 수 없는 욕심을 부리는 것을 빗대는 말이다.

it's all over but the shouting: 승부는 이미 났다

1842년 Welsh의 한 **sports** 기자가 쓴 것이 처음이다. 원래 영국의 시골에서 투표를 할 때 지지하는 사람은 찬성한다고 고함을 지르게 되어 있었다. 고함 소리가 큰 쪽은 확실히 이긴 편이었다. 여기서 생긴 이 말은 아직도 널리 쓰이고 있다.

it's a new ball game(새로운 상황이 되다)는 1940년 대에 미국에서 **sports** 경기의 방송원이 만들어낸 말이고, 특히 야구에서 "지난 건 털어버리고 새롭게 시작하자"라고

결의를 다지는 말에서 생겨났다.

It's not what's craked up to be(생각보다 못한)는, 깨지는 소리를 흉내낸 의성어 crack이 "자랑하다"라는 뜻으로 쓰이게 된 1700년 대를 거쳐 1835년 미국의 정치가 Davy Crockett(1786–1836)가 1835년에 처음으로 사용했던 말이다.

jape: 농담하다, 농담, 장난
  gab(잡담), gabble(재잘거리다)와 일족이다. 또한 joke(농담), jest(익살)의 영향을 받은 말이기도 하다.

jitters: 신경 과민, 불안해 하다
  정신을 못차린 채 횡설수설 지껄여댄다는 말이다. 어원으로 chatter(지껄이다, 잡담), chat(한담하다), chatty(수다스러운)의 일족이다.

joint: 싸구려 음식점, 무허가 술집
  미국에서 1880년 경부터 쓰게 된 용법이다. 사람들을 한 곳으로 불러 모으는 곳이라는 뜻에서 join(합하다)의 변형이다. 허가 없이 싸구려로 즐길 수 있는 곳이라는 말이다.

keep one's eyes peeled: 눈을 부릅뜨고 경계하다
  keep one's eyes skinned(눈을 부릅뜨고 경계하다)와 더불어 1833년 경 미국에서 생겨난 과장된 표현으로, 눈을 너무 크게 뜰 때 눈꺼풀이 벗겨져 없어질 정도로 되었다는 말이다.

put the kibosh on: 해치우다, 종지부 찍다
  고대 아일랜드 언어인 Gaelic 말에 의하면 cie bas는 cap of death의 뜻이다. cie는 cap(모자)에 해당하고, bas는 death(죽음)에 해당하겠지만 더 나아가 bosh(허튼 소리)와 혼동되었을 것이다. 죽음의 모자를 씌워 헛소리가 나오지 않게 영영 입을 틀어막는다는 말이다.

kick against the pricks: 반발하다가 상처만 입다
  성경에 나온 말이다. 날카로운 막대기로 소를 콕콕 찌르면서 몰아대자 못 견딘 소가 발길질을 해댔다. 소가 먼저 반발하거나 발길질을 해서 막대기로 콕콕 찌른 것이 아니었지만, 지금은 이렇게 쓰이고 있다.

kick the bucket(죽다)는 자살자가 목에 밧줄을 매고 양동이 위에 섰다가 양동이를 차버리고 대롱대롱 매달리는 데서 왔거나, 도살당하는 돼지가 뒷다리를 노끈에 묶인채 bucket이라 불리우는 도르래 달린 밧줄에 거꾸로 매달릴 때 필사적으로 발길로 찬 데서 생긴 말이다.

kick up a row(소동을 일으키다)는 발로 땅바닥을 긁어 차서 먼지를 일으키는 데서 생긴 말이다.

kick in(헌금하다, 결제하다)은, kick에 호주머니(pocket)란 뜻이 있기 때문인데, poker 게임을 할 때에 바지주머니에 있던 돈을 꺼내기 때문이고, 바지주머니, 다리(leg), 차기(kick)로 연결된 속어이다.

kill with kindness:지나친 친절로 망쳐놓다

Shakespeare가 그의 작품 Taming of the Shrew(1596)에서 처음 사용한 말이다. 이 이야기는 Athens의 입법자 Draco가 Draconian laws라고 하는 엄격한 법을 만들었던 데서 비롯되며, 그는 매우 인기가 있어서 B.C. 590년 경 Aegena에 있던 한 극장 안에 앉았을 때 다른 관객들이 그를 알아보고 모자와 망토를 마구 던져서 질식하여 죽은 데서 생겨난 말이다.

kilter:양호한 상태

Gothic 말로 kilthei는 자궁(womb)을 가리키며 여기서 kilter가 되었다. child(아이)는 kilter와 동족이다. 자궁이 제대로 되어 있지 않으면 아이가 생겨날 수 없다. 그래서 out of kilter라 하면 "나쁜 상태에서"라는 뜻이 된다.

King's English:영국 표준 영어

믿지 못할 얘기지만 영국왕 중에서 몇 사람은 영어를 할 줄 몰랐다. 정통 영어는 16C 이후 정립되어 왔다. **King's English**란 말 자체는「왕이라 하더라도 그 정도면 인정할 수 있는 수준의 영어」라는 뜻이다. Shakespeare와 Chaucer가 사용했던 말이기도 하다.

the king's evil(연주창)은 목의 임파선이 부어오르는 병인데 왕의 손이 닿으면 낫는다 해서 붙여진 이름이고, 프랑스의 Louis 9세가 처음으로 연주창을 치료한 후 영국의 Charls 2세는 무려 92,107명이나 되는 환자를 어루만져 치료했다 한다.

king's ransom(막대한 돈)은 1470년 경 생겨났으며, 영국의 Richard 왕이 십자군 원정에서 돌아오다가 Austria의 Leopold 공작에게 납치되어 지금으로 치면 5백만 불에

해당하는 몸값을 요구하자, 그런 막대한 돈을 치루자니 영국의 은행이 파산할 지경이어서 생겨난 말이다.

Kitchen police: 취사 근무, 취사병

경찰이 범죄를 막는다. 그래서 군(軍)에서는 영내의 청소 정돈을 police라 하고, 청소한다는 뜻도 있다. 부엌 청소를 담당하는 사람은 말할 것도 없이 취사병이다. KAT-USA에 근무해 본 사람이면 알겠지만 아침에 일제히 청소할 때 집합 명령이 police call이다.

knock a person into a cocked hat: 여지없이 해치우다, 때려눕히다

cocked hat은 차양을 위로 젖힌 모자 또는 정장용의 삼각모를 가리킨다. 옛날 게임의 일종인 구주희(ninepins) 게임에서 아홉 개의 핀을 삼각형으로 배열해 세우고, 다른 핀은 모르지만 적어도 삼각형을 이루는 지점에 있는 세 개의 핀을 모두 쓰러뜨릴 때 knock someone into a cocked hat라고 했다. 왜냐하면 아홉핀의 배열이 cocked hat(삼각모)처럼 삼각형이었기 때문이다.

이와 비슷한 knock someone galley-west(철저히 때려눕히다)는 영국 중부의 North-amptonshire에 있는 Colly Weston이라는 지역 이름에서 galley-Western으로 변한 것이며, 이 지역 이름은 유명한 말썽꾼 Colly Weston의 이름에서 딴 것이므로 Colly Weston처럼 패준다는 말이다.

knock-kneed(안짱다리의, 빈약한)은 다리가 안쪽으로 굽어 걸을 때마다 무릎이(knee)부딪치기 때문(knock)이며, 이와 비슷한 bandy-legged(다리가 바깥쪽으로 굽은)에서 bandy는 bend(굽다)의 일족이기 때문이다.

knock under(항복하다)는 논쟁에서 항복했다는 표시로 테이블 아랫부분을 탁탁 쳤던 데서 비롯되며, 원래는 술을 잔뜩 마셔서 KO된 채 테이블 밑으로 고꾸라진 것을 비유한 데서 비롯된 항복 표시이기도 하며, knock under에서 knuckle under(굴복하다)가 생겨났다.

knock for a loop(호되게 때리다, 강한 인상주다)는 강펀치를 맞은 몸이 고리(loop)모양으로 휘는 데서 생긴 말이고, 이 외에도 knock all of a heap(늘씬하게 패주다), knock cuckoo, knock cold, knock the spots off 등이 모두 비슷한 말이다.

know a hawk from a handsaw: 판단력이 있다

Shakespeare가 Hamlet을 통하여 확고히 정착시켰지만 오래전부터 있었던 말이다.

지금의 heron(왜가리)을 당시에는 hernshaw라 불렀고 매(hawk)와 왜가리(heron)를 구분할 줄 알 정도면 사리에 밝고 판단력이 있다는 말이다.

know-nothing(무식한 사람, 불가지론자)은 미국의 New York's Order라고 하는 협회 회원들이 협회의 비밀에 대해 함구한 것을 서약한 다음, 남들이 물으면 I know nothing about it.이라고 대답했던 데서 1850년 경 생긴 말이다.

know the ropes(요령을 알다)는 경마에서 흔히 쓰이는 말이지만 실은 항해에서 생긴 말이며, 배가 완전히 장비를 갖추자면 얼키고 설킨 돛줄과 닻줄을 치거나 푸는 요령을 알아야 한다는 데서 1840년에 생겨났다.

knuckle down：일에 정성을 쏟다, 손가락 마디를 땅에 대고 돌 튀길 자세를 취하다
　17C의 영국에서 있었던 돌치기 놀이에서 생겨났다. 게임을 하는 사람은 자기 돌 (marble)이 있는 곳에서 돌을 똑바로 쏘아야 했고, 그러자니 무릎을 땅바닥에 꿇어야 했다. 어른 아이 할 것 없이 즐기던 놀이고 보니 열심히 일에 착수한다는 뜻으로 확대 된 것이다. 또 한 가지 추리로는 등뼈(spine)를 knuckles라고도 하며, put one's back into a task(본격적으로 일에 착수하다)에서 말하는 등(back)은 바로 knuckles를 가리 키는 데서 생겨난 말이기도 하다.

kobold：집의 요정, 땅의 요정
　cove(cave：숨는 곳, 동굴) wield(rule：지배하다)의 두 단어가 합해진 단어이므로 집을 지켜주는 도깨비란 뜻이다. cove는 alcove(작은 방, 정자), coop(새장, 교도소), cave (동굴) 등과 일족이다.

kowtow：고두(叩頭), 아첨하다
　중국 사람들은 예를 올릴 때 무릎을 꿇고 머리를 땅에 댄다. 여기서 고(ko：叩)는 때린다(knock)는 말이고, 두(tou：頭)는 머리이므로 머리를 땅에 부딪칠 만큼 굽실댄 다는 말이다.

labyrinth：미로, 뒤얽힌 것
　원래 labyrinth란 양날 도끼를 가리킨다. Greece 신화에 의하면 손재주 있는 Daedalus가 사람 몸에 소의 머리를 한 괴물 Minotaur를 가두기 위해 지은 미궁이 labyrinth였다. 빠져나가는 유일한 길은 실타래를 따라가는 일이었다. 그 후 Daedalus에게 미궁을 만들도록 시켰던 Crete 섬의 왕은 Daedalus와 왕의 아들인 Icarus를 가두어 버렸다. Daedalus는 두 사람이 날 수 있는 날개를 만들었고, Icarus가 이 날개를 달고

하늘높이 태양까지 날아 올라 갔다가 날개에 붙였던 밀랍(wax)이 녹아 날개가 떨어져 나가는 바람에 죽고 말았다. 무엇이고 잘 만드는 Daedalus의 이름에서 daedal(교묘한, 가지 각색의)이 되기도 한다.

lampoon: 풍자문, 풍자시

술 마시며 짓는 시(詩)이다. 프랑스말로 lampons는 let us drink란 말이다. 여기서 영어로 정착한 때는 17C 경이다. lampoon과 동족으로는 lap(핥다, 씻다), lambent(흔들리는, 경묘한)등이 있다.

learn the ropes: 요령을 배우다

앞서 know the ropes(요령을 알다)에서도 말했듯이 항해할 때 돛에 얽힌 밧줄을 제대로 다룰 줄 알아야 훌륭한 선원이 된다는 데서 생겨났다. 또한 말(horse)을 몰 때 고삐(rein or ropes)를 잘 조종해야 하기 때문이기도 하다. 이와 비슷한 get the hang of(요령을 알다)에서 hang(요령)은 도끼(ax)를 들 때 균형을 잘 잡아야 들기가 편하고 마치 도끼가 손에 매달려 있는 것 같다는 데서 온 「hang(매달린 모양)」에서 「hang(요령)」이 생겨난 것이다.

learn by heart(기억하다)는 고대 Greece 사람들이 심장(heart)을 기억의 창고로 생각하였기 때문이고 영국의 문호 Chaucer가 1374년에 사용한 바 있다.

ledger: 원장, 장부

ledger는 lie(드러눕다), lay(눕히다), log(통나무) 등과 일족이다. 물론 통나무(log)도 쓰러져서 드러눕는다는 말이다. 그러면 어째서 ledger가 "장부"를 가리키게 되었는가 하면, 16C의 영국 장부는 너무 커서 들고 다닐 수도 없고 언제나 지정된 장소에 눕혀놓은 데서 lie(눕다)의 일족인 ledger(장부)가 생겨난 것이다.

left-handed compliment: 겉발림 칭찬

중세에 왕족이나 귀족인 남자가 평민인 여자와 결혼을 하려면 남편의 명예와 작위는 물론 아무런 재산도 받지 않기로 서약한다. 결혼식 첫날 밤을 치루고 난 다음 신부에게 돌아오는 것이라고는 morning gift(결혼 다음 날 아침 남편이 아내에게 주는 선물)가 전부일 뿐이다. 이 morning gift에서 morganastic(귀천 상혼의), morganastic marriage(귀천 상혼)이라는 일족의 말이 생긴다. 신분 차이가 나는 신부는 오른쪽 팔이 아닌 왼쪽 팔로 끼었다. 여기서 left-handed는 "신분 차이 나는 결혼의", "성의 없는"의 뜻으로 쓰이게 된 것이다. 양반 나으리의 오만이 우리 나라에만 있었던 것이 아니었던 것이다.

let down : 실망시키다, 낮추다

　거센 도전을 맞이할 때 정면으로 맞서는 대신 상대방으로 하여금 스스로 양심에 호소하여 타협의 길로 이끄는 것을 말한다. 이렇게 함으로써 높고 거센 도전이 낮고 부드러운 협상의 테이블로 가는 기반이 만들어지는 것이다. 강하고 힘있는 것이 언제나 이기는 법이 아니어서 얇은 얼음을 타고 가자면 부드럽게 조심조심하지 않으면 빠지고 말 것이다. 따라서 원래는 누그러뜨린다는 뜻이었으나 지금은 실망시킨다는 뜻으로 된 것이다.

let(테니스, 배드민턴에서 네트를 스치고 들어간 서브 공)은 late(늦은)의 일족이며, **without let or hindrance**(아무런 장애없이)는 지체나 방해없이 진행된다는 말이다.

let in(속이다)는 올가미를 놓아서 걸려 들어오기를 기다리는 속셈으로 손님이나 친구를 맞이한다는 말이다.

let George do it(남에게 맡겨라)는 프랑스의 Louis 12세가 그의 뛰어난 고문이었던 Cardinal George d' Ambois(1460~1510)에게 중요한 일을 너무 자주 맡기면서 "Let George do it."이라고 말 한데서 비롯된다.

let the cat out of the bag(비밀을 누설하다)은 옛날 상인들이 고양이를 자루에 넣어다니면서 돼지새끼라고 속여 팔다가 들통이 나서 생긴 말이다.

let the dead bury their dead죽(지난 일은 지난 일이다)는 마태복음에 나오는 말이고, 은자는 죽은 자가 처리 한다는 Jesus의 비유담이다.

lick into shape : 형체를 갖추게 하다, 제구실을 하게 하다

　수세기에 걸쳐 전해온 사실은 곰이 새끼를 낳아 엄마곰 아빠곰이 번갈아 핥아서 곰의 모양으로 만들어 나간다는 것이다. 처음에 낳을 때에는 그저 메주덩어리처럼 아무렇게나 생긴 괴상한 모양이라고 생각했다. 그도 그럴 것이 곰은 새끼를 낳아 한달 정도는 깊은 굴 속에서 내보내는 일이 없기 때문이고, 그 누구도 터무니없는 소리라고 반론을 내놓거나 다른 증거를 내놓지 못했다. 그러는 동안 lick into shape은 "제 구실을 하게 하다"는 뜻으로 자리 잡아가게 되었고 지금도 널리 쓰이고 있다.

lick your flint(신중하게 대비하다)는 부싯돌(flint)을 켜기 전에 물기가 있으면 마찰이 잘 되어 불이 잘 켜지기 때문이며, **skin(flay) a flint**(아주 인색한 짓을 하다) 또는 **skinflint**(지독한 구두쇠)는 혹시 값나가는 것이라도 있지 않을까 하는 희망으로, 또 단순한 부싯돌이 아닌 값진 보석이라도 된다면 내다 팔 생각으로 부싯돌을 문질러 본다는 말이다.

life is just a bowl of cherries: 인생은 덧없는 것

17C 경 영국의 봄철 연중 행사인 Cherry-fair에서 생긴 life is but a cherry-fair라는 말에서 변한 것이다. 당시의 과수원에서 팔던 버찌는 너무나 짧은 기간에 없어졌으므로 이것을 보면서 허방한 세월의 흐름이 한스러워 이른바 "젊어서 노세"의 뜻을 담게 되었다.

lift yourself up by the bootstraps: 자력으로 출세하다

영국의 장군 Oliver Cromwell (1599-1658) 시대에 있었던 얘기다. 승마용 장화는 윗부분에 고리 또는 가죽끈이 붙어 있어서, 신발에 발을 넣고 이 가죽끈을 힘껏 잡아 당기면 자신이 마치 땅위로 들려 올라오는 것 같은 상쾌한 느낌을 갖게 된다. 자기 손으로 끌어당긴 것인 만큼 순전히 자기 힘으로 얻어낸 기쁨이다. lift(훔치다, 표절하다)는 kleptomania(절도광)에서 k가 떨어져나간 lepto, lift로 변한 것이다.

lily-livered: 겁 많은

사람의 감정이 일어나는 곳을 옛 사람들은 간(liver)이라고 믿었다. 보통 사람과는 달리 겁쟁이의 간에는 피가 한 방울도 없는 줄 알았다. 그래서 Shakespeare는 겁쟁이의 간을 livers white as milk라고 말했다. 여기서 white-livered(겁 많은, 창백한)와 더불어 lily-livered가 생겨난 것이다.

lock horns: 싸우다, 격투하다

New England 사람들은 큰 사슴들이 암컷을 차지하려고 필사적으로 싸우는 모습을 자주 볼 수 있었다. 수컷 두 마리가 맞붙어 싸우면 뿔(horns)이 엉켜서(locked) 떨어지지 않는다. 1839년에 생겨난 이 말은 사슴만이 아니라 소가 싸우는 모습 또는 염소가 싸우는 모습도 비슷하기 때문에 여러 곳에서 생긴 말이기도 하다.

lock the barn door after the horse is stolen(소 잃고 외양간 고치다)는 1300년 대에 영국의 시골에서 생겼으며 다른 설명은 필요 없을 것이다.

long in the tooth: 나이 먹어가는

말(horse)이 늙으면 사료를 먹어댈 때마다 잇몸이 닳아서 쑥 기어들어가고 그 대신 이빨의 노출이 많아지면서 길어 보이게 된다. 여기서 long in the tooth는 말의 나이에 그치지 않고 사람이 나이를 먹는 것을 가리키게 되었다.

loophole: 작은 창문, 빠져나가는 구멍, 총구멍

중세의 성이나 요새는 안쪽 창문이 넓직한 반면 바깥쪽 창문은 그저 수직으로 찢어

진 틈이 있을 뿐이었다. 이 틈 사이로 화살을 쏘아 맞춘다는 것은 거의 불가능할 정도로 어려운 것이 공격측이고, 수비측에서는 그 좁은 틈으로 얼마든지 화살을 쏠 수 있었다. 이 틈을 loophole이라 불렀던 것이다. 그 후 대포와 폭탄이 생기자 성채도 loophole도 아무런 소용이 없게 되자 loophole 자체도 없어졌지만 "빠지는 구멍"이라는 뜻은 지금도 남아 널리 쓰이고 있다.

love apple: 토마토

Europe 사람들은 tomato를 정력제라고 믿었다. 여기서 love apple이라는 이름이 붙게 된 것이다. 여자는 남자에게 사랑의 대상이다. 여기서 tomato는 "여자, 처녀"의 뜻을 가지게 되었다.

테니스에서 0점을 가리키는 love는, 시합을 할 때 점수에 구애받지 않고 재미로(for love) 친다는 데서 love가 0점을 가리키게 된 것이다.

lovebird(모란잉꼬, 사이좋은 부부)는 한 쌍이 사이좋게 살아가는 잉꼬의 모습에서 생긴 말이다.

on the make: 애인을 구하려고 애쓰는, 성공하려고 애쓰는

불경기가 되면 돈벌이 할 데가 없어진다. 이런 때에는 돈벌이보다 이성을 상대로 사랑을 구하는 것이 훨씬 수월한 일이다. 불경기가 심하던 시절(1930년대) 미국에서 생긴 말이다.

make a pass at(손으로 찌르다, 여자에게 찐득거리다)는 여자의 입장에서 남자에게 희롱을 당할 때 그 남자를 떼쳐버린 다음 그 남자를 가게 했다는 데서 **make a pass**가 생겨났으나, 지금은 남자가 여자에게 지분거리는 행위를 가리키는 말이다.

mark time: 주저하다, 제 자리 걸음하다

행진을 하되 시간만 걸리고 한 발자국도 앞으로 나아가지 않는 군대의 제자리 걸음에서 생긴 말이다. 처음에는 제자리 걸음 자체만을 가리켰지만 나중에는 무슨 일이고 정체될 때 비유적으로 쓴다.

mash: 사랑에 열중한 사람, 짓이긴 것, 으깬 엿기름, 으깨다, 연애하다

사나운 남자의 마음을 부드럽게 녹일 수 있는 건 여자 밖에 없다. 거대한 사랑의 힘으로 남자를 부드럽고 노골노골하게 눌러 놓는 데서 생긴 말이고 주로 남자에게 쓰이며 **masher**를 "난봉꾼"이라 한다. 여기서 **be mashed on**(반하다), **have crush on**(반하다)와 같은 gypsy 풍의 말이 생겨난 것은 1860년 이후이다.

masterpiece:걸작, 뛰어난 것

  masterpiece가 훌륭한 예술 작품을 가리키는 말로 자리잡게 된 Renaissance 시대보다 훨씬 이전에 영국에서는 guild 제도하의 apprentice(도제:徒弟) 제도가 있었다. 견습 기간에 해당하는 도제 생활을 마치고 거장(巨匠)이 되려면 완벽한 작품을 만들 수 있는 경지에 달해야 했으므로 여기서 생긴 말이다.

maverick:무소속 정치가, 소유주 낙인 없는 송아지, 무리에서 벗어나다

  미국 Texas 주의 변호사였던 Samuel Augustus Maverick(1803~70)은 1845년에 내키지 않는 목장주가 되었는데, 빚을 받지 못해 잡은 목장이었다. 그는 전문 목장주도 아니었고 다른 일에 바쁘다보니 Toutant de Beauregard라는 사람에게 모든 가축을 팔아 버렸다. Maverick이 기르던 소는 대부분 표지가 되어 있었으나 어떤 소는 목동들의 부주의로 아무 표지가 없었다. 그러자 Beauregard의 목동들은 누구의 송아지건 표지가 없으면 Maverick의 것이라 하여 자기네들의 소유를 주장했다. 여기서 Maverick의 이름을 딴 "낙인 없는 송아지, 무소속 정치가"란 뜻이 생겨났다.

may your shadow nerer grow less:더욱 번영하기를 빌다, 오래 건강하기를 빌다

  늙으면 허리가 굽고 키도 작아진다. 키가 작아지면 죽음이 가까워진다는 말이다. 이런 간단한 설명과 더불어 영국에는 이런 이야기도 있다. 마법을 배우는 사람은 악마를 따라 땅 밑으로 내려갔다 와야 제대로 마법을 배울 수 있다 한다. 악마를 따라 갈 때에는 악마의 그림자를 꽉 붙들어야 하고 그리하여 일류 마법사가 될 수는 있지만 그들의 그림자를 잃게 된다는 우화에서 온 말이기도 하다.

measly:홍역에 걸린, 비열한, 하찮은

  measly는 measles(홍역), miser(구두쇠), mazer(금속제의 큰 술잔), miserable(비참한) 등의 일족이다. 좀더 어원을 더듬어보면 much, more, macro, mickle, master, major 등으로 연결시킬 수 있는데, 그 뜻은 많이 가진 부자이면서도 항상 거지 같이 우는 소리만 늘어 놓는데서 원래의 "크다(major)"는 뜻이 "비열하다, 더럽다"는 뜻으로 변한 것이다. measles(홍역) 또한 지저분한 병이기 때문이며 상당한 치사율이 있지만 페스트에 비하면 하찮은 병이므로 "하찮은"이라는 뜻을 가지게 된 것이다.

middle of the road:중용

  19C 중엽부터 미국에서 생겨난 말이고 주로 정치인들이 양 극단에 치우치지 않고 중간 노선을 지키는 경우를 가리킨다. 당시의 도로는 포장이 되지 않았고, 큰 비가 오면 길의 좌우 양편이 씻겨 내려가서 울퉁불퉁하지만 중앙부는 덜 패여서 약간 높고 걷

기에 편한 길이었기 때문이다.

might as well be hanged for a sheep as a lamb : 바늘도둑이나 소도둑이나 매 한 가
지다

19C 이전의 영국에서는 양을 훔친 사람이나 새끼양을 훔친 사람이나 구분하지 않고
사형에 처하는 무서운 법이 있었다. 기왕 저지를 바에야 좀 큰 것을 훔치다가 걸리는
것이 덜 억울하다는 소리가 나올 수밖에 없다.

milliner : 여성 모자 가게

Italy 북부의 항구인 Milan에서는 16C에 여성용 의상의 유행을 만들어내는 곳이었
다. 여기서 프랑스와 영국 등의 유럽 각국으로 많은 여성용 의상을 수출하였다. 영국의
상점에는 Milan 사람들이 들어와서 여성 모자 따위를 팔기도 했는데 그들을 Millaners
라 불러온 것이 milliner로 변한 것이다.

a miss is as good as a mile : 약간 빗나가도 빗나가기는 매일 반

프랑스의 왕 Charlemagne(742-814)의 충직한 부하였던 Amis와 Amile은 너무나
닮은 점이 많았다. 여기에 연관시키는 사람도 있지만 실은 그렇지 않다. 원래는 An
inch in a miss is as good as an ell이었던 것을 Walter Scott경이 ell을 mile로 바꾼 것
이다. 적게 빗나가나 많이 빗나가나 마찬 가지라는 말이다.

nail one's colors to the nail : 입장을 분명히 하다

군함에 탄 선원들이 항복하지 않고 싸우겠다는 표시로 돛대에다 깃발을 못으로 치고
는 전의를 불태웠다. 여기서 생겨난 말이 자신의 태도를 분명히 한다는 뜻으로 확대되
었다.

nasty : 몹시 더러운, 메스꺼운, 싫은, 음란한, 불쾌한, 성가신

새들이 예쁘게 둥지를 짓기도 하지만 형편없이 어질러 놓기도 한다. 뿐만 아니라 새
집은 고약한 냄새를 풍긴다. 새의 둥지를 뜻하는 nest에서 nesty로 되었다가 nest이며
낮다는 뜻의 nasty로 된 말이다. nest는 nid(low)+sit에서 보여주듯 공중에 높이 날던
새가 밑으로 내려앉는 곳이 nest이며 낮다는 뜻의 nid에서 nide(둥지), nether(지옥
의, 아래의), Netherlands(네델란드)처럼 되기도 한다.

neck : 애무하다, 목 졸라 죽이다

1927년 전까지만 해도 neck이 가졌던 유일한 동사적 의미는 "목 졸라 죽이다" 뿐이

었다. "애무하다"라는 것은 남자가 여자의 목을 감싸안고 애무하기 때문이다.

neck-verse(라틴어 성서 시편 제 51편)는 1827년까지 영국에 있었던 법이고, 성직자는 무슨 죄를 지어도 이 성경 구절을 외우기만 하면 목숨만은 건질 수 있었기에 **benefit of the clergy**라는 특혜를 받았으나 나중에는 속인이라 하더라도 성경만 외우면 적어도 목숨만은 건질 수 있었다.

neither hide no hair: 아무것도 없는, 전혀 아닌

in hide and hair(완전히)와 반대되는 말이다. in hide and hair는 영국의 Chaucer시대에 있었던 말이고 neither hide no hair은 19C에 미국에서 생긴 말이다. 맹수나 맹금이 먹이를 먹을 때 가죽이고 털이고 할 것 없이 먹는 모습에서 생긴 말이다.

Never-never land: 공상의 나라

처음에는 Australia를 가리키는 말이었지만 나중에는 외딴 곳을 가리키고 더 나아가 공상의 나라를 가리키는 말이 되었다. 왜냐하면 Australia를 방문한 사람들은 맹세코 되돌아가지 않으려는 "never, never to return"을 외쳐댔기 때문이다. Scotland의 문호 James M. Barrie(1860–1937)가 쓴 희곡 Peter Pan에서 주인공 Peter Pan이 아이들에게 상상의 나라로 날아갈 수 있는 법을 가르쳤다. 여기서 **go to the land of never-never**(의식을 잃다)로 확대되었다. 또한 공상의 나라란 도무지 가볼 수 없는 먼 나라로만 느껴지는 데서 **never-never plan**(월부로 사기)이 생겨나서 **on the never-never**(월부로)처럼 쓰이기도 한다.

nibs: 높으신 양반, 나리

nibs또는 nabs가 His Highness(나으리)를 뜻하게 된 것은 knob(head:손잡이, 옹이, 머리), knop(작은 손잡이, 둥근 장식), knap(꼭대기)의 일족인 동시에 noble(귀족의, 당당한, 숭고한), notable(현저한, 유명한), know(알다) 등의 영향을 받았기 때문이다.

nifty: 멋진(계집아이), 멋있는 것

Greece어로 크다는 것을 macro라 하고 여기에 **master, major, mister, much, more, mickle** 등의 말이 연관된다. 이 중 하나가 **magnificent**(장대한, 고상한, 멋진)인데 앞부분인 **mag**가 없어지고 **nific**가 남아서 **nifty**로 된 것이다.

nigger in the woodpile: 숨은 사실

흑인과 관련된 전설에 의하면 이상스럽게 줄어드는 나뭇더미(woodpile)와 흑인을 연관시키는 일도 있지만 이 보다는 없어진 병아리와 연계시키는 일이 흔히 있다. 검은

색이라는 것만으로도 수상스럽다는 뜻을 담고 있기 때문이다. 원래 **a skeleton in the closet**(남의 이목을 꺼리는 집안의 비밀)에서 **a black man in the closet**으로 변하였다가 **a nigger in the woodpile**로 되었다고 볼 수 있다.

night soil : 똥거름.

18C의 분뇨는 밤에 쳐내서 밭에다 거름으로 뿌렸다. 흙에다 거름을 보태준 것이므로 soil이라고 하게 된 것이다. 또한 밤에 분뇨를 쳐내는 사람을 **nightman**이라고 한다.

nincompoop : 바보, 멍청이

Latin어인 non compos mentis (of unsound mind)가 보여주듯 올바른 정신 상태가 아니라는 말이다. non은 not 또는 no의 뜻이고, compos의 com은 강조 의미 pos는 “두다”라는 뜻이며, mentis는 mind(마음)의 뜻이므로, 마음이 안정되게 정리해 두지 못한 상태이므로 바보라는 말이 된다.

nine days' wonder : 일시적으로는 큰 화제가 되나 곧 잊게 되는 일

개, 고양이, 그 밖에 동물들이 새끼를 낳을 때 새끼들은 처음에는 눈을 뜨지 못하고 지내다가 9일 후에 눈을 떠보니 놀라운 일들이 벌어지고 있는 것을 보게 되지만 이내 별로 놀라지도 않고 시들해져버리는 데서 생겨난 말이다. 사실 아홉이라는 것은 정확한 것도 아니고, 신비로운 것을 말할 때면 흔히 아홉을 끌어넣는 습관 때문이었다. Ni-agara 폭포를 처음 보는 사람은 얼빠진 눈으로 쳐다보겠지만 그 근처에 사는 사람이라면 전혀 그런 감흥은 없을 것이다. 신비라는 느낌은 덧없는 것이다.

nineteenth hole(골프장 내의 클럽)은 1920년 대의 미국에서 생긴 말인데, 원래 **golf course**에는 18개의 hole이 있기 때문에 열아홉 번째 hole이 술집으로 될 것은 뻔한 일이다.

ninny : 바보, 멍청이

nincompoop에 앞서서 생겨난 말이다. innocent(청순한, 결백한, 호인의, 바보)에서 ninnocent, ninno, ninny로 되었다고 생각하면 된다. innocent 자체는 그저 순진하다는 뜻에 불과하지만 **ninny** 쯤 되면 누구든 그냥 듣고 홀려버릴 바보도 많지 않을 것이다.

nip and tuck : 비등하게, 막상막하로

neck and neck(목을 나란히, 비등하게)에 해당하는 1832년 경의 미국 표현은 rip and tuck이었다. 여기의 nip은 rip(대단한 속력으로 돌진하다)를 사용한 let him rip이

고, tuck은 chuck(throw:팽개치다)에서 변한 것이다.

nip in the bud(미연에 방지하다)는 영국 Elizabeth 여왕 시대부터 있었던 말이며, 작약, 토마토 등의 큰 꽃이나 큰 과일을 얻으려면 꽃눈이 생기기 전에 많은 꽃눈을 미리 따서(nip) 남은 눈들이 충실히 크도록 하는 재배 기술에서 생겨난 말이다.

no-account: 쓸모없는 건달

  account가 "셈"이므로 "셈"에도 들지 못하니 쓸모없다는 말이다. 1845년 경의 작품에 있었던 말이나 별로 안 쓰이다가 1922년 이후 널리 쓰이게 되었다.

no man's land(중간 지대, 임자 없는 땅)은 옛날에 죄인들을 목 베거나 교수형에 처한 다음 버렸던 곳이어서, 지독한 냄새와 함께 범법자들의 말로를 보여주는 섬뜩한 곳이기도 하여 아무도 가까이 가지 않으려 했던 땅이었던 데서 생긴 말이다.

no room to swing a cat(매우 비좁은)은 1670년 대에 고양이 꼬리를 잡고 공중에 빙글빙글 돌리면 활을 쏘아 맞혔던 놀이에서 생겨난 말이다.

no skin off my back(관계 없다. 알 바 아니다)는 1900년대 초 미국에서 생긴 말이며 원래 no skin off my nose였는데, 남의 일에 코를 들이밀었다가 코만 까지고 말았다는 말이다.

not a dry seat on the house(눈물없이 못 보는, 옷에 오줌 싸게 하는)는 좀 진부한 말이긴 하지만 영국에서 1930년 대에 생긴 말이고 팬티가 흠뻑 젖도록 울거나 웃는다는 말이다.

not by a long shot(어림없는)은 19C 영국의 경마에서 생긴 말이며, 당시의 경마 기록을 백묵(chalk)으로 했던 데서 not by a long chalk라는 원형에서 변한 것이다.

not to be sneezed at(상당한, 깔볼 수 없는)는 19C의 재채기 재료에서 생긴 말인데, 당시의 상류층에서는 속시원히 재채기를 하기 위해서 담배, 후추 등 재료를 섞어 콧구멍에 밀어넣었던 데서 비롯되었고, 우리말의 "코방귀 뀐다"는 것과 비슷한 표현이다.

not to turn a hair(꿈쩍도 않고, 피로한 기색없이)는 경마에서 말이 땀을 흘려 털이 거칠어지는 일 없이 달리는 데서 생긴 말이다.

no man is a hero to his valet(자기 하인에게 영웅으로 보이는 사람은 없다)는 1700년 이전부터 있었던 말이고, 직접 시중을 드는 하인이 주인의 가치를 그다지 높게 볼 수 없다는 말이다.

of the same kidney : 같은 성격(기질)의

18C 초 영국에서 생겨난 slang의 하나이다. Irland 태생 영국 풍자 소설가 Jona-than Swift(1667-1745)에 의해 banter(희롱, 희롱하다, 도전하다), bamboozle(속이다, 애먹이다.)와 더불어 표준어로 자리잡기에 이르렀다. 신장(kidney)이 기질이라는 뜻을 갖게 된 것은 당시의 영국 사람들이 생각하기를 신장에 애정이 자리잡고 있는 곳으로 알았기 때문이다. kidney 자체는 cud(bag)+egg의 합성어로서 알(egg) 모양의 자루(bag)라는 뜻이고 앞부분의 kid는 quid(한 번 씹는 분량), cud(되새김질 거리), cod(대구, 주머니) 등의 일족이다.

ogre : 사람 잡아 먹는 귀신, 귀신과 같은 사람

A.D. 900년 경 중국 북방의 위구르(Uigurs) 족들이 유럽을 침공하여 Hungary에서 정착하여 살았다. Uigurs에서 H가 추가된 Huigur, Hugary, Hungary로 되고, 더 나아가 ogre로 되었다는 말이다. 당시의 위구르 인은 워낙 무서워서 귀신같이 느껴졌기 때문이다. 또 다른 어원으로는 augment(증가하다)를 들 수 있는데 점쟁이들(soothsay-ers)은 별것 아닌 일도 어마어마하게 부풀려 겁 주는 사람이기 때문이며 이 augment에서 aug, ogre로 되었다고도 한다.

old hen : 기분 나쁜 여자

여자에게 나이를 묻는 것조차 모욕인데 old라는 형용사까지 붙인다면 어떻겠는가는 알 만한 일이다. 1800년 대에 미국에는 The Ladies Aid Society라고 하는 단체가 있었는데, 여기서 과자를 팔아 모은 돈을 은행에 예금하려고 현금 출납 직원에게 협회의 회계원이 "Here's some Aid's money"라고 하자 은행 직원이 Aid money를 egg money로 잘못 알아듣고는 "The old hens did pretty well, didn't they(늙은 암탉이 알을 꽤나 잘 낳는 모양이죠)?"한 데서 생겨난 말이고 1881년부터 쓰인 이 말은 주로 보기 흉한 여자를 가리키게 되었다.

omelets can't be made without breaking eggs : 희생 없이 달성할 수 없다

1859년 이후 정식 영어로 채택된 말이다. omelet을 만드는 재료가 계란이니 계란을 깨지 않고 omelet을 찾으니 우물에서 숭늉찾기일 수밖에.

on ice : 투옥되어, 보류하여, 성공이 확실한

성공이 확실하거나 포로로 잡힌 것을 in the bag라 한다. 사냥감을 잡아서 부대 속에 (bag) 넣었으니 일은 끝났다는 말이다. 한데 이 보다 더 확실한 일이 있다면 아예 요리하여 ice-box에 넣어두는 것이다.

on the bum(엉망이 되어, 떠돌이 생활을 하여)는 엉덩이를 끌며 느릿느릿 돌아다니는 건달이라는 말이고 bum은 bottom(밑바닥, 엉덩이)에서 짧아진 말이다.

on the cards(있음직한)은 카드를 사용하여 점을 친 데서 생겨난 말이다.

on the qui vive(경계하여)는 Who goes there(누구냐)?에서 온 말, 즉 qui는 who의 일족이고 vive는 vitamin과 일족인 life(person)의 뜻이기 때문이고, 누군가 하고 귀를 쫑긋 세우고 경계한다는 말이다.

on the spot(현장에서, 난처해져서, 빈틈없이, 위험한 상황에서, 당장)은 총을 가진 사람에게 그 자리에서 정조준 당해 꼼짝 못하는 상황을 말한다.

one foot in the grave: 죽음에 가까이 다 가다

　Rome의 황제 Julian이 I'll learn this even if I have one foot in the grave.라고 한 것이 처음이다. 한쪽 발을 무덤 속에 디디고 있으니 다른 한쪽 발도 따라 가는 것은 한 순간의 문제다.

on over the eight(술취함)은 여덟 잔까지 마셔서는 취하지 않는다 하여 군대에서 허용했던데서 **have one over the eight**(술취하다)라고 했으며, 여덟 잔이란 다분히 미신적이고 주로 영국에서 많이 쓰이는 말이다.

one swallow doesn't make a summer(제비 한 마리 왔다고 여름이 되는 것은 아니다, 속단하지 마라)는 오랜 Greece 시대에 있었던 속담이고, 우리 나라의 흥부전에서처럼 제비가 사람을 위로해 줄 뿐 아니라 좋은 선물을 갖다 주기도 하고 어떤 곳에서는 제비집을 뜯어서 해초를 골라내어 요리를 해먹기도 하지만, 무엇보다도 제비가 왔다는 것만으로 여름이 왔다는 증거지만 고통을 겪고 있는 사람에게는 단 하나의 문제가 해결되었다고 마음을 놓았다가는 큰 곤욕을 치루게 될 것이라는 경고의 속담이다.

open sesame: 열려라 참깨(난관을 빠져나가는 주문)

　The Arabian Nights에서 Ali Baba가 어째서 "열려라 보리, 열려라 쌀, 열려라 옥수수"라고 하지 않았을까. 참깨의 기름은 요리할 때 조미료로 쓰이고, 비누 원료로도 쓰이며, 배탈이 났을 때 변비를 막는 설사약으로도 쓰인다. 간단히 말해 참기름의 매끄러움으로 바위문을 열었다는 말이다.

open-and-shut(명백한, 첫눈에 알 수 있는)은 1848년 미국의 **poker game**에서 생긴 말이고 돈을 거는 항아리(pot)에 판돈을 걸고나면 항아리를 닫고 승부의 판결만 남게 되는 데서 생긴 말이며, "안면 몰수, 판돈은 판돈"을 선언하는 것과 비슷한 것이다.

ostracism：추방

Greece의 Athens 사람들은 범법자에 대하여 추방할 것인가를 결정할 때 기와 모양의 굴껍질(oyster shell)을 사용하였다. 종이가 귀했기 때문이다. ostracism이나 oyster(굴)나 모두 os(bone：뼈)라는 뜻에서 온 말이다.

ostrich stomach：튼튼한 위장

중세의 연금술(alchemy)에서는 ostrich stomach을 황산(vitriol)이라 불렀던 때가 있었다. 당시의 사람들은 타조가 위장에서 황산을 분비하기 때문에 무엇이든 목구멍에 넘기기만 하면 소화가 된다고 믿었기 때문이다. 이러한 소화력 때문에 타조는 괴조로 여겨져 왔고 심지어는 말(horse)의 편자를 먹어치운 일도 있다. have the digestion of an ostrich(위장이 아주 튼튼하다)는 말이 생겨나는 것도 당연한 일이다.

out of sorts：기분이 좋지 않은, 화가 난, 활자가 갖추어지지 않은

sort는 종류, 형태, 모양을 가리키지만 여기서는 인쇄소에서 쓰는 용어인 "어떤 형의, 한 벌의, 한 벌의 활자 중 각 활자"를 가리킨다. 활자가 제대로 안 갖추어진 상태에서는 아무것도 안 되기 때문에 그 뜻이 확대되어 "기분이 언짢은"으로 된 것이다.

out of the red(적자를 벗어난)는 술을 잔뜩 마셨을 때 온몸이 빨갛게 되고, 이것은 더 나아가 술값으로 돈을 썼다는 결과가 되는 데서 생겨난 말이다.

palooka：약한 선수, 바보스럽고 서툰 사람

권투 선수가 허세만 부리고 막상 시합에 나가서는 금방 K.O 당한다면 무엇에 쓰겠는가. palooka란 쉽게 말해서 솜방망이라는 말이다. palooka의 일족으로 periwig(가발의 일종), peruke(가발), pile(털, 솜털), depilation(탈모) 등이 있는데, 모두 hair를 뜻하는 말이다. 머리카락(털)이나 솜으로 된 주먹을 아무리 휘둘러 보았자 뻔한 일이다.

pan out：금이 나다, …의 결과가 되다

미국 California 금광 rush 훨씬 이전에 미국 사람들은 선광 남비(pan)로 개울바닥의 자갈과 모래를 퍼서 금과 자갈이나 모래를 가려내는데 익숙해 있었다. 선광 남비를 아무리 흔들어대도 금이 나오지 않을 때 이들은 "It didn't pan out."이라고 툴툴 거렸다. 이 말은 무슨 일이고 잘 안 될 때 쓰게 되는데 예컨대 무대에서 인기를 끌지 못해도 쓰이는 말이다.

panhandler(거지)는 거지들이 동냥을 얻을 때 **pan**을 내밀기 때문이다.

pants or panties: 팬티

Rome 시대에 Pantalone라고 하는 기독교 신자인 의사가 있었는데 가난한 사람들을 무료로 치료해 주었다. A.D. 305년에 그는 참수형을 받았지만 놀랍게도 그를 여섯 번씩이나 처형하려고 했지만 그를 죽이지 못했다. 이 용기 있고 자비심 깊은 성자는 Venice 사람들로부터 큰 존경을 받았다. 많은 소년들이 그의 이름으로 세례받는 것을 영광으로 생각했다. 그의 이름이 너무나 유명해지고보니 어릿광대의 이름도 Pantalone라고 부르게 되었는데, 15세기 경에는 말라깽이이고 안경 잡이였던 Pantaloon이라는 나이가 든 어릿광대가 슬리퍼를 신고 무릎까지 오는 착 달라붙은 바지를 입었던 데서 pantaloons는 바지를 가리키는 말이었으나, 나중에는 바지가랑이의 길이도 짧아지고 pantaloons란 말도 pants 또는 panties로 짧아지게 되었다. Rome 시대의 Pantalone 는 pan(all)+lion이 말해주듯 사자라는 말이고 존경하는 Pantalone의 이름을 연극을 통해서라도 잊지 않으려는 이들의 마음이 보인다.

paper chase: 토끼 사냥놀이, 점수 따기

옛날의 사냥놀이에서 생긴 말이다. 토끼라고 지정된 아이가 종이를 뿌리면서 달아나고 조금 있다가 사냥개라고 지정된 아이가 토끼의 냄새 자국(paper)을 따라 쫓아가서 지정된 목표 지점에 도달하기 이전에 붙잡아야 하는 놀이에서 생긴 말이다.

pay on the nail: 맞돈으로 지불하다

중세의 nail은 단순한 못이 아니라 일종의 작은 기둥이었다. 시장 바닥에 나가서 nail을 박아 놓고 장사를 시작했다. 흥정이 이루어지면 군말없이 못대가리 위에다 돈을 놓고 갔다. 외상이란 생각할 수 없고 거래의 뒤끝이 깨끗하고 빨랐다.

peach on: 밀고 하다

rat on(밀고하다, 염탐하다)와 비슷한 말이다. 없어진 영어 appeach에서 ap가 떨어져 나간 것이며 Shakespeare 시대부터 있었던 말이다. 이와 비슷한 impeach(규탄하다, 고발하다)를 보면 im(on)+peach(foot)에서 보듯이 발(peach or ped=foot)에 족쇄를 채우는 것이니 고발하거나 밀고한다는 말이 된다. impeach의 im이 생략된 말이라고 생각하면 된다.

pencil pusher: 사무원, 기자, 서기

1890년 대에 미국에서 생긴 말이다. 별로 설명이 필요 없는 말이지만 이 말은 사무원을 경멸하여 쓴다는 것을 잊지 말아야 할 것이다.

peter out : 점차 소멸하다

　peter는 돌(stone)이라는 뜻이다. 미국의 California에 금광 rush가 있었지만 아무리 금이 많이 나더라도 결국은 금맥이 사그라지고 만다. 신약성서에 나오는 Jesus Christ의 제자 베드로 (Peter:피터)는 검을 손에 쥔 채 끝까지 Christ를 버리지 않겠다고 맹세했지만, 나중에 Christ가 체포 되자, Christ의 예언대로 닭이 울기 전에 세 번씩이나 Christ를 모르는 사람이라고 부인한 데서 Peter의 이름을 따서 생긴 말이기도 하다. 어원을 간략하게 살펴보면 bat(치다), beat(때리다), debate(토의), abate(줄다), butt(머리로 받다), buttress(지지, 버팀벽)처럼 b로 시작되는 말도 p 자로 시작된 것과 같으며, petrify(석화하다, 굳어지다), petroleum(석유), pier(부두, 교각), Pierrot(어릿광대), parrot(앵무새)처럼 p 자로 시작되는 것도 있다.

phony : 가짜의, 모조품, 사기꾼

　옛날 Ireland에서는 가짜를 fawney라 했다. 가짜 반지를 살며시 떨어뜨려 놓고 숨어 있다가 누군가가 주으면 달려가서 협박하거나 달래어서 반지값의 일부를 받아 챙긴 사기 수법이 있었다. 물론 반지를 주은 사람은 진짜 반지라고 믿었다. 가짜라는 fawney가 phony로 된 것이다. phony의 일족으로 fond(좋아하는, 다정한, 맹목적인), fondle(귀여워하다), fun(장난, 재미), funny(우스운, 이상한, 기묘한) 등이 있다.

piffle : 허튼 소리(하다)

　piddle(쪼아먹다, 허송하다, 오줌싸다)와 trifle(시시한 것)의 두 단어를 합한 것이다. piddle은 콕콕 찌른다는 데서 poke(콕콕 찌르다), pick(쪼다)와 연관되며, piss(오줌누다), pissed(화난, 술 취한)와도 연관된다.

piggy bank : 돼지 저금통

　1945년 이후 미국에서 생긴 말이다. 1909년 이후 은행 건물의 모양은 마치 돼지 모양으로 생겼다. 욕심 많은 돼지가 하는 일이라곤 먹는 것 밖에 없다. 이와 같이 돈을 먹어대기만 하니 돼지 저금통일 수밖에.

pig iron(선철:銑鐵)은 쇳덩이가 생긴 동물의 모양을 따서 부른 것이며 1575년 경에 생긴 말이다.

pink slip : 해고 통지

　20세기 초, 한 이름없는 회사에서 회사원에게 빨간 쪽지를 주어서 해고를 통지한 일이 있었고, 이것이 다른 회사에 널리 퍼지면서 **pink slip** 자체가 「해고 통지」로 변하게 되었다.

pin money：용돈, 푼돈

14C에 생겨난 말이고 실제로 가정에서는 무시못할 지출 품목이었으므로 가계부에 적어두어야 할 지출 내역이었다. 1월이면 남편이 아내에게 1년 동안 두고두고 쓸 pin을 충분히 살 수 있는 돈을 주었던 것이다. 지금은 그저 원래의 말뜻도 모르고 pin money가 pocket money인 줄 알고 사용하고 있다.

pitched battle：정규전, 대접전

그저 오다가다 적과 부딪쳐 싸우는 소규모 전투가 아니다. 제대로 싸움을 하자면 며칠 전부터 양진영에서 tent를 치고(pitch) 만반의 준비를 한 다음 흥망을 걸고 싸우게 된다. 여기서 pitch는 pitch a tent 또는 pitch a camp에 해당하므로 "노점상이나 걸인의 정위치, 세일즈맨 따위의 설득 사설"과 같은 말이 생기기도 한다.

plug ugly：깡패, 건달

1856년 미국에서 생긴 말이다. 발끝에다 삐죽삐죽 나온 spike를 달고 다니면서 사람들이 많이 모인 곳이면 아무 데나 끼어들어 마구 차는 깡패를 가리킨다. 여기서 plug은 strike의 뜻이다.

plushed to the scuppers：술 취한

scupper는 항해 용어로 「갑판 배수구」를 가리킨다. plush는 플러시 천이 아니라 flush(같은 높이의)에서 f가 p로 변한 것이다. 배수구가 넘칠 만한 높이의 술이 들어갔으니 안 취하고 배길 장사가 없을 것이다. 이 flush는 "왈칵 흐르다"의 뜻과도 같은 뜻으로 질펀하게 흘러서 천지가 물바다로 되면 모두가 같은 높이로 된다는 것이므로 flood, fow, flux, fly 등과 일족이다.

point-blank：직사의, 단도 직입의, 솔직히

16C의 영국에서는 활을 쏠 때 한 가운데 흰 과녁을 향해 직선으로 쏘았다. 그 후 대포가 나오게 되었는데 대포로 짧은 거리에서 바로 맞히면 박살이 날 것은 뻔한 데서 생겨난 말이다.

police action：군사 행동

한국전쟁에서 U.N.군 75,000 명이 전사했고 25만 명 이상이 부상당했지만 공식적으로는 「전쟁」이라고 하지 않는다. 미국 의회가 전쟁으로 선포하지 않았기 때문이고, 역사의 공식적 기록으로는 The Korean Police Action, The Korean Emergency, The Korean Conflict 등으로 불리운다. 이 중에서도 Police Action은 Truman 대통령이 한

국 전쟁에 대해 기자들에게 설명할 때 만들어낸 말이다.

political plum : 정치적 돈방석

plum은 「서양 자두, 건포도, 근사한 것, 수입 좋은 일자리, 횡재」 등의 뜻을 가지는데 원래의 맛좋은 자두에서 확대된 것이고 특히 영국에서 1887년 경이라면 서금에 해당하는 10만 파운드를 가리키게 되었다. 별로 하는 일 없이 정치를 한답시고 쉽게 큰 돈을 벌 수 있는 기회를 가리키는 말로 확대된 것이다.

pony up : 청산하다

원래 pony(조랑말, 작은 말, 참고서, 작은 컵)는 fowl(가금), poltroon(겁쟁이), pu-erile(어린이의), pullulate(싹트다, 번식하다), pedagogic(교육학의, 교육자의) 등의 일족에서 볼 수 있듯이 어리다는 뜻이다. 여기서 말하는 pony(pay up)는 이런 것과는 좀 다른 과정을 거치는데, after, apology, of, off 등의 일족은 "벗어나다"라는 뜻을 가지며, off에서 op, po, pon, pone, pony로 철자 변형이 되더라도 「분리」의 뜻을 유지하여 「나에게서 떼어 너에게로 넘겨 주는」 pay up의 뜻이 된다.

pooped out : 녹초가 된

배의 뒷 부분(船尾)을 poop이라 하는데, 산더미 같은 파도가 선미에 들이닥치면 혼줄이 날 것은 당연한 일이고 나중에는 맥이 빠져 뱃바닥에 널부러져 쓰러지고 말것이다. 이 poop은 pump(지치게 하다, 상하로 움직이다), plump(쿵하고 떨어지다), plunge(찌르다, 빠뜨리다, 뛰어들다)와 일족이며 특히 pump와 밀접하게 연관된다.

poor as Job's turkey : 몹시 가난한

구약성서에 나오는 성실한 하나님의 종 Job이 Satan에게 잡혀 그가 가졌던 많은 종과 재산을 뺏기고 마지막으로 칠면조 한 마리가 남았는데, Job이 너무 가난해져서 제대로 먹이지 못해서 털이 다 빠지고 꼬리 근처에 깃털 하나만 남아 있었다. 너무나 기운이 없었던 칠면조는 울타리에 몸을 기대면서 힘없이 울었다 한다. 19C에 Canada의 humour 작가 Thomas Haliburton이 만들어낸 말이다.

poormouth(가난 타령하다)는 19C 초 Scotland에서 생긴 말이고 원래 make a poor mouth였던 것이 짧아진 것이며, 입을 가난하게 한다는 것은 결국 입으로 가난을 불러들인다는 말이다.

poppycock : 허튼 소리

1865년 미국에서 생겨났고, 화란의 pappekak에서 따온 말이다. 한글의 「밥」은 pop

(빵죽, 젖꼭지)과 같은 어원일 것이다. 음식을 가리키는 pap은 pope(Rome 교황), pastor(주임 목사), pasture(목장), patrial(모국의, 본국인), pattern(모양, 양식, 귀감), patriot(애국자), father(아버지), food(음식), feed(공급하다). pan(팬) 등과 일족이다. Spain과 Netherland를 통하여 일본을 거쳐 들어온 「빵」도 pan에서 온 것이다. 본론으로 들어가서 poppy(food)+cock(defacate : 똥누다)는 soft dung(물컹한 똥)이란 말이니 허튼 소리일 수밖에 없다.

pork barrel：의회의 의원이 인기를 끌려고 정부로 하여금 지출케 하는 토목 공사 등의 지방 개발 보조금

미국에서 남북전쟁 직전에 생겨났다. 어째서 pork(돼지고기)냐 하면 돼지고기에는 기름(fat)이 많아 먹고 살찔 수 있는 음식이기 때문이고, 또 이 pork에는 "정부가 정략적으로 내주는 보조금 또는 직위"라는 뜻이 있는 것도 이 때문이다.

posh：멋진, 호화로운

영국이 India를 지배할 때에 port outward starboard home이라는 말의 첫글자를 하나씩 따서 만들었다는 설이 있다. 영국의 관리들이 India로 나들이를 갈 때에 우현(starboard) 쪽의 자리를 잡아야 바람을 덜 받아 아늑한 항해를 할 수 있었다는 말이다. 실은 이런 어려운 이야기에 맞추어 추리할 것 없이 polish(닦다, 윤내기)에서 p다음의 oli가 없는 posh를 추려내면 윤이 나서 "멋진" posh가 된다.

possession is nine points of the law：점유한 자에게 9할의 승산이 있다

손가락과 발가락은 각각 열 개고 그래서 십진법이 생겨났다. 전체가 열 개인데 아홉 개를 가졌으니 승산은 확실한 것이다.

post-haste：황급히, 화급

영국에서 16C에 생겨났다. 당시의 역참(post)에는 말(horse)이 대기되어 있었고 다른 역참에서 우편물이 오면 즉시 말에 실려서 최대한 빠른 속도로 다음 역참까지 건네주어야 했다. 이러한 우편 사무(postal service)가 post-haste란 말을 만들어낸 것이다.

potboiler：생계를 위한 문학 작품(작가)

겨우 냄비(pot)나 끓이기에(boil) 급급할 정도의 예속된 저급 문학 작품 또는 작가를 가리킨다. go to pot(파멸하다), keep the pot boiling(살림을 꾸려가다)을 비롯하여 1759년 경에 생긴 말이다. the pot calls the kettle black(서로 상대방에게 죄를 뒤집어 씌우다)은 17C에 생겨났는데, 당시에는 냄비(pot)고 주전자(kettle)고 할 것 없이

불에 그을러 새카맣기는 매 일반이었기 때문이다.

potluck(있는 것만으로 장만한 음식)은 1592년 프랑스에서 생겨난 말인데, 중세에는 sirloin(소의 허리 상부고기) 같은 것은 일반 농부들에게 돌아갈 틈도 없었고, 커다란 쇠 냄비(iron pot)에 여러 가지 재료를 넣은 음식을 뭉근하게 끓여 넣고, 먹고 남은 것은 냄비에 넣어 또 끓이고 하여 식구들이 그걸 떠서 저녁으로 먹게 되는데 간혹 손님이 오더라도 같이 먹게 되었으며, 이 때 식기에 무엇이 담겨 올 것인가는 순전히 재수(luck)에 달려 있으므로 potluck이 된 것이다.

pothunter(마구 쏘는 수렵가, 상품 노리는 경기 참가자)와 pot shot(식용 위주의 총사냥, 난사), 그리고 make a pot at(겨누어 쏘다) 등은 냄비에 들어갈 사냥감을 쏘아 잡는 데서 생긴 말이다.

potter's field(무연고 묘지)는 Jesus Christ의 제자 Judas가 스승을 팔아 받은 은화 30냥(30 pieces)을 대제사장과 장로들에게 도로 갖다 주며 "내가 무죄한 피를 팔고 죄를 지었다"라고 후회하였으나 그들이 그 부정한 돈을 받기를 거절하자 Judas는 목을 매어 자살을 하고, 대제사장들은 그 돈으로 도기장이의 밭 (potter's field)을 사서 나그네들의 묘지로 사용했던 데서이며, Judas가 목을 매었던 딱총나무(elder)를 Judas tree라 한다.

practice what you preach: 남에게 설교하는 바를 스스로 행하라

　신약성서의 Matthew(마태복음) 23장 3절에 의하면 so practice and observe whatever they tell you, but not what they do; for they preach, but do not practice(그러므로 무엇이든지 저희의 말하는 바는 행하고 지키되 저희의 해는 행위는 본받지 말라, 저희는 말만 하고 행치 아니하며)에서 생겨난 말이다.

prairie oysters: 요리한 송아지 불알

　이제 말을 갓 배우기 시작하는 어린이가 조화(造花)를 보고 무생화(無生花)라고 부르는 것을 들은 적이 있다. 살아 있는 꽃을 생화(生花)라 부르니 무생화라고 부르는 것이 오히려 더 자연스러울 것 같다. Europe이나 미국의 시골에서도 황소를 a cow's father, a cow creature, a male cow, a Jonathan, a gentleman cow처럼 부르기도 한다. 미국 사람들은 송아지 불알이 요리되어 식탁에 올라오면 prairie oysters, mountain oysters, Rocky Mountain oysters, Spanish kidneys처럼 부르기도 한다. 송아지 불알은 의약계에서는 대단한 정력제로 알려져 있었고 75세 된 할아버지가 복부에 송아지의 불알을 이식했던 일도 있다. prairie oysters가 아닌 prairie oyster처럼 단수가 되면 "조미료를 친 날달걀"을 가리키기도 한다.

private eye : 사립 탐정

　괴기 소설가 Raymond Chandler가 널리 보급한 말이다. 이 외에 Scotland의 항구도시 Glasgow에서 1842년 미국으로 이민 가서 노예 밀매업에 종사했던 Prinkerton의 이름을 딴 Prinkerton Detective Agency의 motto가 "We Never Sleep"이었던 데서 온 말이다.

privateer(민간 무장선, 민간 사략선으로 행동하다)는 원래 민간의 배였으나 정부의 승인을 받고 적의 배를 나포하던 영국 배이며, 16C의 Fransis Drake은 Spain배들을 괴롭힌 유명한 민간 무장선 선장이었다.

pukka : 훌륭한, 진짜의

　India 사람들이 쓰던 말이다. 쉽게 식별되는 동족으로 pumpkin(호박), peptic(소화의)이 있고 그 뜻은 ripe 또는 mature이므로 잘 익었다는 말이다. pukka는 ka를 거쳐 kitchen(부엌), cook(요리사)가 되기도 한다.

pumpernickel : 호밀빵

　Napoleon이 독일로 진격했을 때 마부(groom)에게 조제한 거친 호밀빵을 먹으라고 준 일이 있었다. 그러자 그는 「이건 사람의 음식이 아니고 황제의 말인 Nickel에게나 줄 음식이다」라면서 분개해서 받지 않았다. poppycock에서도 말했지만 빵은 Portugal이나 Spain에서 일본을 거쳐 우리 나라에 들어온 말이다. Napoleon의 마부가 내뱉은 말은 pain for Nickel인데, pain은 빵이고 Nickel은 황제의 말(horse) 이름이다. pain for Nickel을 한 단어로 합한 것이 pumpernickel인 것이다.

quack : 돌팔이 의사, 꽥꽥 울다

　돌팔이 의사는 quacksalver의 축약형이다. salve는 save나 safe의 일족이고 상처에서 구출(save)하여 준다는 데서 연고(ointment)를 가리킨다. 16C 경 아무 것도 모르는 약장수가 여기저기 돌아다니면서 만병 통치약이라고 떠벌리며 연고를 팔아 온 데서 생겨났다. 그리고 quack은 오리가 「꽥꽥」 우는 소리를 흉내낸 의성어이며 job(일, 직업), gobble(칠면조 울음 소리, 게걸스럽게 먹다), gag(입을 막다, 사기, 개그), giggle(킬킬 웃다), cackle(꼬꼬 우는 소리), cock(장닭), coo(비둘기 우는 소리), gaggle(꽥꽥 울다) 등과 일족이다. 우리 나라에 60년 대를 전후해서 성행하던 동동 크림 장수나 시골 약장수와 비슷했던 것 같다.

quack grass(개밀)은 couch grass라고도 하며 엉터리(quack) 또는 오리 울음 소리(quack)와 연관된 것이 아니고, 너무나 빨리 자라서 순식간에 퍼져나가는 데서 생긴 것이고 quack이나 couch는 모두 quick(빠른)이 변한 것이다.

quail: 메추라기, 매력있는 소녀, 창녀, 움츠리다, 풀 죽다

창녀나 매력있는 소녀라는 뜻은 Shakespeare가 그의 작품 Troilus and Cressida에서 사용했던 섯으로 보아 매우 오래된 말이다. 메추라기가 너무나 바람기가 많은 새이기 때무이다. 또한 매우 겁이 많아서 걸핏하면 놀라서 움츠리거나 도망간다. 그러면 여기서 quail이 생겨난 경위를 보면 co(int: 강세 접두어)+act(do)로 분해할 수 있어서 quash, squash, coagulate, cogent 등과 일족이다.

racket: 라켓, 소란

영국에서 있었던 소매치기들의 수법에 대한 이야기다. 한 쪽에서 싸움판이나 소동을 일으켜 놓고 사람들이 거기에 정신이 팔려 있을 때 다른 패거리들이 모여든 사람들을 상대로 일을 저지른다. 그 후 1697년 경 폭죽을 터뜨리거나 하는 소란 행위를 금하는 법을 만들었다. 폭발물을 터뜨리거나 고함을 지르거나 싸움판을 벌이는 racket은 crack(날카로운 소리)에서 c가 떨어져 나간 것이다. crake, creak, croak, crow, crash, gnash, knock, racketeer, crane, crazy 등이 모두 일족이며 의성어적인 말이다.

rack one's brains: 머리를 짜다

1470년 경 영국에 사람을 고문하는 기구가 나타났다. 가죽(leather) 공장에서나 쓰는 나무로 만든 틀(frame)에 사람을 비끄러매고, 매여 있는 팔다리 끝부근에 붙어 있는 로울러(rollers)를 돌려 사지를 비틀면서 온몸을 잡아늘이는 것이다. 이런 잔인한 형벌은 1640년에야 폐지되었지만 영국 사람들의 뇌리에는 생생히 살아 있어서 rack(고문하다, 괴롭히다)이란 말이 생활 속에 남게 된 것이다. 그러면 어째서 rack이냐 하면 right, rigid, regular, correct 등의 reg, reg, rig에서 볼 수 있는 "바르고(正), 잡아늘이고, 경직된 모습"에서 생겨났으며 "선반"이라는 말도 regular, rail(철도)를 거쳐 rack으로 되는, 말하자면 규정된 일정한 넓이의 rail과 일족인 것이다. 따라서 off the rack(기성의), on the rack(몹시 시달려), put someone to the rack(따끔한 맛을 보여주다), stand up to the rack(운명을 감수하다), rack up(때려 눕히다)같은 말이 생기는 것은 당연한 것이다.

rake-off: 구전, 할인

rake을 넓게 보면 collect 또는 heap up의 뜻을 가지고 있으며 원래는 삽(shovel)을 가리키는 말이었다. 삽은 땅 속으로 쭉 뻗(꽂)는 것이므로 rack의 경우처럼 rig, right로 연결시킬 수 있다. 여기서의 주제는 그것 보다도 rake-off가 어째서 "할인, 몫"이냐

하면 노름을 할 때에 판돈을 싹쓸이해서 긁어오는 것이 마치 갈퀴(rake)로 낙엽을 긁어오는 것과 비유되기 때문이고, 이 때 off는 「분리」의 뜻이므로 긁어오다가 흘린 떡고물과 같은 것이다.

rake-hell(건달의, 탕아)은 지옥(hell)에 가서 촘촘한 갈퀴(rake)나 빗(comb)으로 긁더라도 그런 못된 놈은 만나볼 수 없을 것이라는 말이다.

razz: 비웃다, 혹평, 조소

우선 give Bronx cheer, give the razz, give the bird, give the berry, give the raspberry가 모두 "경멸하다"라는 말이라는데 유의해야 한다. 또 berry는 조롱의 뜻인가 하면 berries는 대단한 찬사의 표시가 된다. 그리고 razz는 raspberry를 줄인 말이다. razz나 raspberry나 박박 긁어서 내는 시끄러운 소리이므로 rat(쥐), rodent(설치류), corrode(침식하다), rostral(주둥이), rostrum(연단, 뱃부리), raze(무너뜨리다), razor(면도칼), rasp(문지르다), rasher(베이컨 얇은 조각), rash(경솔한, 뾰루지), abrasive(연마제, 연마하는) 등이 모두 일족이다.

rebate: 환불하다, 무디게 하다

rebate에서 bate은 bat, beat, battle, battalion, battery, debate, butt과 같은 일족에서 볼 수 있듯이 strike의 뜻이다. 사냥을 나갈 때 쓰이는 동물이 사냥개와 매(falcon)이다. 매가 길들여지면 사냥을 마치고 원래 있던 곳으로 되돌아오게 되는데서 생겨난 re(back)+bate(beat)의 분해로 알 수 있듯이, 일일이 명령을 하지 않아도 자신의 판단에 따라 사냥을 할 수 있게 된다는 말이다. 사냥감을 도로 가져오니 "환불하다"라는 말이 되고 원래의 사나운 성격이 누그러졌으니 "무디게 하다"로 된 것이다.

red cent: 센트 동전

한 푼의 가치도 없는 것을 not worth a red cent라 한다. cent면 cent이지 왜 red가 붙었느냐 하면 옛날의 cent가 붉은 색깔의 구리였기 때문이고 지금의 cent 동전도 약간은 붉은 빛이 감돈다. cent 정도라면 있으나마나하겠지만 우리 나라에도 뒤질세라, 「돈이라면 먹고 죽으려 해도 없다. 일전도 없다」가 미국 사람들보다 훨씬 이전부터 준비되어 있었던 터였다.

neither fish, nor flesh, no good red herring(정체를 알 수 없는, 이도저도 아닌)은 승려들(monks)을 위한 음식인 생선(fish)도 아니고, 보통 사람들의 음식인 고기(flesh)도 아니고, 빈민들을 위한 냄새 나는 청어도 아니라는 말이며, 지독한 냄새를 풍겨 개의 후각을 어지럽히는 청어를 던지는 데서 draw a red herring across the path(주제와는

관계 없는 말을 꺼내어 이야기를 딴데로 돌리다)라는 17C 도둑들의 수법을 빌린 말이
생겨났다.

remove the scales from someone's eyes : 어리석음을 깨닫게 하다

신약성서의 사도행전(the Acts of the Apostles) 9장 18절, "And immediately some-
thing like scales fell from his eyes and he regained his sight. Then he rose and was
baptized(즉시 사울의 눈에서 비늘 같은 것이 벗어져 다시 보게 된지라 일어나 세례를
받고)"에서 온 말이다. scale은 "눈을 흐리게 하는 것"이라는 말이다.

rice christian : 물질을 목적으로 하는 기독교 개종자

종교 자체에 심취한 것이 아니라 Christian이 되면 먹을 것, 입을 것, 학용품 등 물
질적 도움을 받을 속셈으로 교회에 나가는 사람을 가리키는 말이다. 쌀(rice)을 주식으
로 하는 인도와 중국 사람들이 많았기 때문에 rice가 끼어든 것이며 1816년 이후 생
겨난 말이다. 1897년 이후부터는 이런 사람들을 souper라고 부르기도 한다.

ride : 괴롭히다, 놀리다

차나 말을 태워서 사람을 괴롭히거나 놀린다고 생각하면 우스운 얘기다. go along
for the ride(장난삼아 참가하다, 소극적으로 참여하다) 같은 말을 보아도 추측할 수
있듯이 말이나 차를 탄다는 것은 기분 좋은 일이고, 꼭 타야 할 일이 아닌 재미로 탈
때도 많다는 것을 말해 준다. 이제 take someone for a ride(남을 자동차로 끌어내어
죽이다. 남을 속이다)쯤 되면 재미로 차를 타는 것이 아니라 악당들에게 강제로 차에
실려가서 변을 당한다는 말이다.

right away : 곧바로, 즉시

미국에서 생긴 이 말은 right of way 또는 right of a fast train to a clear track에서
줄어든 말이다. 적어도 away는 「저멀리, 떨어져서」가 아닌 of way인 것이다. 그렇다
면 곧바로 고속으로 길을 떠난다는 것이니 "당장"일 수밖에 없을 것이다.

rigmarole : 데데한, 장광설

14C의 Europe에서 있었던 일인데 ragman 또는 rageman roll이라는 것이 있었는데
아무 짝에도 쓸모없는 겁장이들의 이름을 적은 명부였다. 왜냐하면 ragrc(coward : 비
겁자)+man+roll의 세 말이 합하여 만들어진 말이기 때문이다. 18C에 이르러 rigma-
role로 되고 "데데한, 장광설" 등의 뜻을 갖게 된 까닭은 원래 시시한 사람들의 명부
(roll)이기도 했지만 원래의 명부에서 많은 사람들의 주소와 성명이 지워지고 바뀌고

하여 뭐가 뭔지 알아볼 수 없이 뒤죽박죽이었기 때문이다.

rip : 대단한 속력으로 돌진하다

　rip은 원래 찢는다(tear)는 말이다. 1853년에 생긴 이 말은 원래 물에 잠긴 나무를 피해 재빠르게 바른 방향으로 나아가자는 말이다. 그대로 가다가는 배(ship)가 나무에 부딪쳐 갈갈이 찢어질(rip open) 위험을 맞아 "빨리, 빨리! 배가 찢어지겠다!"하고 소리친 데서 생긴 뜻이다.

rod in pickle : 기다리고 있는 벌, 장차 벌어질 체벌

　1714년 경에 생겨났으며, **spare the rod and spoil the child**(매를 아끼면 아이를 망친다)와 관련된 말이다. 회초리(rod) 가지는 소금물에 담가야 낭창낭창해지는데 그런 소금물에 회초리를 담가 두었으니 매맞을 일만 기다리고 있는 셈이다. 따라서 원래는 **salt away**(소금에 절여 저장하다)에서 **pickle**(간물)로 바뀌었지만 내용은 같은 것이다.

root : 응원하다, 힘을 돋우다, 열심히 일하다, 코로 땅바닥을 헤집다

　뿌리를 뜻하는 **radio, radix, uproot, root, race** 등과는 다른 말이다. 오히려 **abruptly**(갑자기), **corrupt**(부패하다), **rupture**(파열), **interrupt**(중단시키다), **route**(길), **rout**(패주, 코로 흙을 파헤치다)에서 보듯이 **rupt**(break)를 뿌리로 하여 생겨난 말이다. **rout**(코로 흙을 파다)는 코로 땅을 가르고(break) 나아가는 돼지의 모습이고, 돼지의 꿀꿀대는 시끄러운 소리는 운동장의 응원하는 함성 못지않게 시끌벅적하기 때문이다. 또 **root**(뿌리)에 관하여는 미국의 금융 자본가 John Pierpont Morgan(1837–1913)이 말한 **The love of money is the root of all evil**(금욕은 모두 악의 뿌리)는 후에 Shocker Shaw라는 사람이 **The lack of money is the root of all evil**(돈이 없다는 것은 모든 악의 뿌리)라고 반박했는데, 줏대없는 소리 같지만 양쪽말 모두 맞는 말이다.

rose-colored glasses : 낙관적인 시각

　불행을 당한 사람은 누구나 「이보다 더한 일이야 설마 있겠는가」라는 낙관을 하게 되지만 꼭 불행한 사람이 아니더라도 때로는 앞날을 밝게 보는 때가 자주 있다. 장미꽃을 보는 것만으로 즐거운 일이지만 특히 영국인들에게는 몸에 밴 일이며 1861년 이후 생겨난 말이다.

rummage sale : 자선 경매

14C에 프랑스에서 있었던 이야기다. 화물선에 짐을 싣는 것도 기술이고 질서가 있는 법이어서 arrumage라 불렀는데 지금의 arrange에 해당하는 말이다. 짐을 싣고 항해하다가 파손된 물건이 생기면 특별 세일을 실시하여 손상된 물건을 헐값으로 팔았다. 이러한 판매 행위를 arrumage에서 따서 rummage라고 불렀고 후에 "자선 경매"라는 말로 변한 것이다. arrange(정리하다)의 일족으로 rank(계급), ring(링), harangue(열변, 장광설), range(목장) 등이 있다.

sabotage : 사보타즈, 파괴

옛날 프랑스의 한 농부가 보다 나은 급여와 근로 조건을 얻어내려고 나무로 된 신을 신고 주인의 곡식 밭을 마구 짓밟았다. 또한 프랑스의 근로자들은 공장의 기계에다 나무로 만든 신발을 벗어던져 기계를 망가뜨렸다. 이러한 나무신발(wooden shoes)을 가리키는 sabots에서 sabotage가 생겨났다.
sabot(나막신)은 savage(미개의, 야생의), silva(삼림, 수림지)와 일족이다.

sackcloth and ashes : 후회, 슬픔

옛날 유태인들에게 있었던 전통으로 슬픔과 비애에 젖은 사람은 거친 삼베로 만든 참회복을 입고 머리 위에 재를 뿌리면서 잘못을 회개했다 한다. 이런 관습은 신약성서의 마태복음 11장 21절에 they would have repented long ago in sackcloth and ashes (저희가 벌써 베옷을 입고 재에 앉아 회개하였으리라)에서 보인다. 우리나라에서 부모님상을 당하면 삼베로 된 상복을 입고, 3년씩이나 애도했던 것과 상당히 비슷하다.

salad days : 철부지 시절

Egypt의 여왕이었던 Cleopatra가 Rome의 장군 Caesar를 사랑했던 일은 salad days의 사랑이라고 비유되고, 후에 다시 Mark Antony와 사랑에 빠졌을 때 진짜 사랑이었다고 말한다. Shakespeare가 그의 작품 Cleopatra and Antony에서 이런 점을 부각시켰던 데서 salad days가 생겨났다. 의미와는 관계 없는 말이지만 일본식 외래어 「사라다」는 진작 집어치웠어야 할 일이고 「샐러드」로 표기하는 것이 외래어와 한글을 다같이 살리는 일이다.

salmagundi(이탈리아 요리의 일종)는 salad와 마찬가지로 salt의 일족인 salame condite라는 Italy 음식에서 생겨난 말이다.

sand : 용기, 기운, 기골

미국의 문호 Mark Twain이 Huckleberry Finn(1884)에서 「sand in his craw」라고

쓴 데서 생긴 말이다. 닭의 모이주머니를 펴보면 모래가 들어 있다. 모래가 든 닭이 그렇지 않은 닭보다 훨씬 끈기가 있다고 미국 사람들은 믿었다.

sandlot baseball(동네 야구)은 실제 모래가 깔린 터(lot)가 아니라 주거 지역의 작은 공간을 이용한 순수 아마추어 야구라는 말이며 **major league**보다 격이 떨어지는 **bush league** 정도의 근처에도 못가는 직장인의 조기 축구회와 비슷한 성격의 즐기는 운동이다.

sandwitch는 1762년 카드노름에 미친 Sandwitch 백작이 카드를 손에서 놓기 싫어서 하인에게 명령하기를 구운 빵 사이에 두툼하게 썬 쇠고기 구이를 끼워서 가지고 오라고 한 것이 인류 최초의 **sandwitch**가 만들어진 일이다.

sandman(잠귀신)은 아이들이 잠들었을 때 살며시 눈에다 모래를 뿌리기 때문에 잠이 깨었을 때 양손으로 눈을 비비게 된다는 데서 온 말이고, 영국에서는 **dustman**(청소부, 잠의 요정)이라 한다.

sandblind(반소경의, 눈이 침침한)는 눈에 모래가 들어간 것이 아니라 semi-blind(반소경의)의 semi(half)가 sand로 되었기 때문이고, 눈에 모래가 들어갔을 때보다 자갈이나 돌이 들어가면 더 심할 것이라는 **humor**적 발상에서 **gravel-blind**(거의 눈이 안 보이는), **stone-blind**(아주 눈이 먼)가 된다.

s'ashimi : 회

최근에 일본말이 영어로 자리잡아가고 있는 말이다. 국력이 커지고 있는 일본말이라 잘도 영어화되어간다고 샘낼 필요는 없다. 한글의 「찌르다, 자르다」에서 「쑤시다」가 되고 일본으로 건너가 「수시미」를 거쳐 「사시미」로 된 것이니까 하는 말이다.

sawbuck : 톱질 모탕, 10달러 지폐

큰 나무둥치를 적당한 길이로 끊어서 양쪽 끝에는 X자형으로 받침을 하여 톱질 모탕을 만들고 그 위에다 통나무를 걸쳐 눌러놓고 톱질을 한다. 톱질 모탕의 양쪽에 받쳐진 모양이 마치 말(horse)의 다리같이 생겼고, 모탕 전체가 말이나 사슴(buck)같이 생겨서 **sawbuck** 또는 **sawhorse**라 부르게 된 것이다. 또한 어째서 10달러 지폐냐 하면 Rome 사람들의 숫자 중 열(ten)을 나타내는 글자가 X 자인데 모탕의 양쪽 받침이 X자로 되어 있기 때문이다.

scalawag : 건달, 발육 불충분한 동물

scale(비늘), scurvy(괴혈병), share(몫), short(짧은), shark(상어), sharp(날카로

운) 등 헤아리기 어렵게 많은 동족 어원에서 보여주듯 가려워서 피부를 긁적거리는 건 달이라는 말이다. 쉬운 말로 비루 먹은 말(horse)을 가리킨다. 또한 Scotland에서는 scurryvaig라고 하였는데 wandering baffoon(떠돌이 밥벌레)이라는 뜻이고 이 scurry는 course(진행), current(현재의), recur(재발하다), concur(부합하다, 동의하다)에서 볼 수 있는 cur(run)의 영향을 받는다.

scam: 신용 사기, 속이다

계획적으로 사람을 믿게 만들어 놓고 나중에 크게 둥쳐 먹는 수법이다. 원래 어디서 온 말인가 하면 scheme(계획, 음모)에서 철자가 줄어든 말이다. hold라는 뜻을 가진 scheme의 일족으로는 schema(적요, 설계), scholar(학자), school(학교) 등이 있다.

seamy side of life: 인생의 이면

겉보기에는 깔끔하게 손질이 되어있지만 다른 쪽에는 여기저기 기운 자리 투성이어서 보기 흉한 것이 옷의 안쪽(seamy side)이다. 무엇이고 겉만 보고 속단해서는 안된다는 말이다. Shakespeare가 Othelo를 통하여 악당 Iago의 아내 Emilia가 사용한 것이 처음이다.

securities: 주식

Latin어의 se(apart from)＋cure(care)를 생각하면 free from anxiety(걱정 없는)이므로 일단 주식을 사두기만 하면 고정된 수입이 들어와야 한다. 언제나 안전한 투자(safe investments)라는 말이다. 그러나 우리 나라에서도 많은 사람들이 아까운 돈을 날려가며 쓰라린 경험을 통해서 거두어들인 경험으로 보아 전혀 안전하지 못했으니 unsecurities로 이름을 바꾸었으면 어떨까 싶다.

sedulous ape: 모방

play the sedulous ape(모방하여 터득하다)에서 보듯이 꾹 참고 남의 잘하는 점을 모방하여 자기 것으로 만든다는 말이다. se(apart from)＋dolus(guile)에서 보여주듯 꾀를 부리지 않고 열심히 주의를 기울여 끝내 명인의 경지에 도달한다는 말이다.

see stars: 맞아서 눈에서 불이나다, 아찔아찔하다

신경과 전문의 C. Boyd Campbell 박사에 의하면 신경 세포에 산소, 당분, 기타 영양소를 공급하는 피의 순환에 갑작스러운 변화가 올 때, 특히 머리에 이런 현상이 오면 자제력과 의식을 잃게 된다는 것이다. 불시에 머리에 한 방 얻어 맞으면 눈에 불이 번쩍하는 느낌과 함께 정신을 잃게 되는 것을 see stars라 한다.

494

see the elephant(세상 물정을 알다)는 미국 남북전쟁 때 치열한 접전을 처음으로 맛본 사람들이 썼던 말이며 원래 시골 농부들이 순회 서커스단의 코끼리를 구경하고 놀라움에서 생겨난 말이다.

separate the sheep from the goats: 착한 사람과 나쁜 사람을 구별하다

　신약성서 마태복음 25장 32절의 Before him will be gathered all the nations, and he will separates them from another as a shepherd separate the sheep from the goats(모든 민족을 그 앞에 모으고 각각 분별하기를 목자가 양과 염소를 구별하는 것 같이 하여)에서 온 말이다.

serpent in one's bosom: 배은 망덕한 사람

　Greece의 전설에 의하면 어느 목동이 꽁꽁 얼어있는 뱀을 불쌍히 여겨 셔츠밑 가슴에 품어 따뜻하게 해주었더니 뱀이 살아나서 은인의 가슴을 물었다 한다. 은혜를 모르고 해악을 끼치는 뱀을 두고 생긴 말이다.

serpent-licked ears(선견지명)는 Cassandra가 Apollo 신전에서 잠을 자다가 뱀이 귀를 핥고 나자 앞 일을 훤히 내다볼 수 있는 예언자가 된 데서 온 말이다.

shaman: 무당, 마술사

　선사 시대에는 종교와 정치가 분리된 것이 아니었다. shaman은 한글의 원조인 Tungus어에서 생겨나서, 인도의 Sanskrit어인 sram(exhaust or fatigue)으로 되고, 그 후 Erope으로 건너가 표준 영어로 된 것이다. 한글로는 샤먼, 삼신 할머니, 사람, 사랑, 스승, 섬기다, 삼가다, 스님, 생기다, 살다처럼 일련의 ㅅ자 돌림의 말이 되는데, 생명과 깨달음 그리고 생명에 대한 무한한 경외로움을 표하는 말이며 일본말의 「사마(님)」도 같은 계열의 말이다.

sheet anchor: 비상용의 큰 예비 닻, 최후의 희망

　원래 sheet은 어원상 shoot의 일족이다. 여기서도 위급한 상황에 부딪힌 선원들이 예비 닻을 던지는 데서 온 말이다. 다시 말해 닻(anchor)을 던진다(shoot)는 말이다.

ships that pass in the night: 어쩌다 한 번 만났을 뿐 영원히 만나지 않을 사람

　밤에 지나다니는 배쯤은 지나가나마나라는 말이다. 미국의 시인 Henry Wadsworth Longfellow의 시, Tales of a Wayside Inn에 "ships that pass in the night, and speak to each other in passing…"이란 대목이 있는데 여기서 생겨난 말이다.

shoot the bull：시시한 잡담하다, 허풍 떨다

　bull(황소)나 ball(공)이나 불룩하다는 데서 같은 어원이며 여기서 말하는 bull은 baloney(잠꼬대)와도 일족이다. 미국의 젊은 남자들이 모이는 bull session(남자끼리의 잡담 모임)에 가면 주로 sex를 주제로 한 허풍이 판을 친다. hot air나 gas bag도 속에 든 것 없이 부풀었다는 말이고, ball(공)에서 fall, fol, fool(바보)이 되어도 실속없는 허풍쟁이인 바보라는 말이다. 그에 못지 않게 우리도 밥만 꾸역꾸역 처먹어서 배만 올챙이 배같이 나온「밥보」를 “바보”라고 하는 것과 비슷하다고나 해야 할 것 같다.

　shoot one's bolt(노력하다, 굵은 화살을 쏘다, 최선을 다하다)는 a bolt from the thunder(청천 벽력), bolt upright(곧장, 똑바로 서서)그리고 thunderbolt(기습, 번개)과 관련되는 말이며, 나사를 가리키는 bolt가 아니라 큰 화살을 가리키는 bolt에서 온 말이다.

shotgun wedding：강제 결혼

　남자들은 여자들에게 못된 짓을 저질러 놓고 파렴치한 짓을 하는 일이 흔히 있다. 서로 좋아 연애하다가 여자가 아이를 갖게 되자 자기 편한대로 헤어져 버리는 남자에게, 여자의 아버지나 오빠가 엽총(shotgun)을 머리에 겨누면서 위협하자 하는 수 없이 결혼하는 것을 말한다. 이와 같은 shotgun marriage는 꼭 결혼에 한하는 것이 아니고 내키지 않는 일을 부득이 해야 할 때 쓰는 미국 사람들의 말이다.

short shrift：사형 집행 직전 참회와 면죄를 위한 짧은 유예 시간, 용서 없음

　Roman Catholic의 종교 의식에 따라 영국의 Elizabeth 여왕 시대부터 사형수에게 사형 집행 직전에 몇 분 동안 면죄와 참회를 할 시간 여유를 주었다. 하지만 사형 집행인들은 조금도 여유를 주지 않고 그 짧은 시간이나마 그저 형식적인 것일 뿐 그저 다그치기만 한 데서 생겨난 말이다. 여기서 give short shirift to(재빨리 해치우다)라는 말이 생겨나 무슨 일이고 후딱후딱 해치우는 것을 말한다. 원래 shrift(사죄, 참회), shrive(속죄의 고행을 시키다, 참회하다)는 말로 참회하는 것이 아니라 글로 쓰던 것이었으며, scribe(적어두다), scratch(긁다), short(짧은), graph(도표), carve(조각하다) 등 수많은 단어들과 일족이다.

shout from the housetops：널리 알리다

　신약성서 누가복음 12장 3절의 “Therefore whatever you have said in the dark shall be heard in the light, and what you have whispered in private rooms shall be proclaimed upon the housetops(그러므로 너희가 어두운 데서 말한 모든 것이 광명한 데서 들리고 너희가 골방에서 귀에 대고 말한 것이 집 위에서 전파되리라)”에서 온 말

496

이다.

sideburns: 짧은 구레나룻

　burn을 먼저하고 sides를 뒤로하는 burnsides에서 생겨난 말이고 burnsides의 뜻은 "턱수염을 완전히 밀고 구레나룻과 콧수염 만을 기른 수염 모양"이다. 여기서 burns는 「타다」라는 것과 관계 없는 말이고, side만 burns한다는 것이니까 얼굴의 양옆에만 burns로 하겠다는 말이다. 이젠 burns에 관하여 알아볼 차례인데, 1800년 대에 미국에서 용맹과 멋으로 이름을 날렸던 장군 Ambrose Everett Burnside의 이름에서 온 말이다. 그는 군인으로서는 실패했으나 1866－69년에 세 번씩이나 Rhodo Island의 지사로 당선됐으며, 1875-1881년의 사망할 때까지 두 번씩이나 상원 의원이 되기도 했다. 그는 언제나 새로운 멋을 창조하는 선구자였으며, burnsides도 그의 창안이다.

sidekick: 친구, 조수

　필자는 1984년 12월 24일 만원 버스로 퇴근하다가 상여금을 포함한 봉급 전부를 몽땅 소매치기당하고 울적한 마음을 달랠 길 없어 Word Origins and Vocabulary 77,000의 원고 쓰기에 착수한 이래 5년여에 걸쳐 책을 써내게 된 계기가 되었으며, 주의력이 부족한 탓에 그 사건을 전후해서 크고 작게 열 번도 넘게 당했던 씁쓸한 추억이 있다. 미국의 소매치기들을 가장 골치아프게 여겼던 일은 사람들이 돈이 든 지갑을 웃도리의 안주머니에 넣지 않고 바지 양쪽 옆주머니에 넣고 다니는 일이었다. 양쪽 손이 주머니 입구에 닿을락말락하게 지키고 있을 뿐 아니라 사람들이 가만히 있지도 않고 자꾸 걸어다니기 때문이다. 미국의 단편 작가 O.Henry(1862-1910)가 1904년 그의 작품에서 처음으로 썼던 side-kicker는 sidekick으로 줄어들었지만 돈주머니를 지켜주는 「친구나 조수」와 같은 뜻으로 쓰인 것이다. 양 옆에서 가만히 지키고 있다가 수상한 낌새가 있으면 사정없이 걷어찬단 말이다.

silk purse out of a sow's ear: 가망없는 기대

　우리 속담도 「콩 심은데 콩나고 팥 심은데 팥난다」고 하듯이 돼지 귀에서 깎아낸 털로 비단지갑이 만들어질 수는 없을 것이다.

silver spoon: 은 숟가락

　born with a silver spoon in one's mouth(부유한 집안에 태어나다)에서 말하는 은 숟가락은 17C 영국 사람들이 양아이를 기를 때 Jesus Christ의 열두 제자들 그림이 새겨진 은 수저를 아이들에게 선물로 준 데서 비롯된다.

sing for one's supper: 응분의 답례를 하다

옛날 영국에는 여기저기 돌아다니는 음유 시인들이 있었고, 이들이 지나가다가 저녁 대접을 받으면 그 답례로 주인에게 노래를 불러 주기도 하고 술집 같은데 들어가서도 음식값 대신 노래를 불러 주었던 데서 생긴 말이다.

sirloin: 소의 허리 상부 고기

엄밀히 따지면 수송아지(steer)의 엉덩이(hip)라는 말이다. 옛날 영국인들의 쇠고기 예찬은 대단했다. 색골이며 미식가들인 역대의 영국왕 Henry 8세, James 1세, Charles 2세가 1660-1685년 중 재임하면서 한결같이 즐긴 것이 쇠고기였다. 한 번은 왕이 너무나 맛좋은 쇠고기에 홀딱 빠진 나머지 왕의 존엄을 상징하는 검(sword)을 뽑아들고 분홍색깔의 쇠고기 위에 칼을 얹으면서 "경에게 지금부터 Sir Loin이라는 기사 (knight)의 작위를 주노라"하고 엄숙하게 선포하였다. 큰 벼슬을 받은 쇠고기는 알고 보면 꼭 이렇게 하여 생겨났다고 할 수만은 없으니, sur(super=above)+loin(waist)에서 보여주듯 소의 허리 윗부분이기 때문이다. 1600년 경 surloin이 sirloin으로 잘못 철자되어 지금까지 쓰이고 있는 것이다. 허리를 가리키는 loin(허리)은 lumbaginous (요통의), lumbar(허리의, 요동맥) 등과 일족이다. 우리나라의 왕이 소나무에게 정이품(正二品)의 벼슬을 내렸던 것과 비슷한 이야기다.

sixty: 맹렬, 굉장함

He ran like sixty.(그는 굉장한 속도로 달렸다.)에서의 like sixty(쉽게, 세차게, 굉장하게)는 한 시간에 60마일이라는 굉장한 속도로 달리는 것을 말하는 게 아니다. 1860 년 미국의 Lincoln 대통령이 출마했던 선거가 끝나던 해에야 해소된 Missouri 주 Arcansas계곡의 가뭄은 너무나 혹독한 것이었다. 가뭄은 해갈이 되었고 그 후에 또다시 그런 가뭄이 온 일도 없지만 당시의 기억이 생생히 머리에 남아 1860의 60을 딴 like sixty가 생겨난 것이다. 필자도 어렸을 때 심한 여름 가뭄을 두고「기사년(己巳年)의 가뭄 같다」는 이야기를 수없이 들었는데 아마 1935년으로 생각된다.

skate on thin ice: 살얼음을 밟다, 아슬아슬한 문제를 다루다

얇은 얼음 위에서 신중을 기한답시고 천천히 skate를 탄다면 오히려 더 쉽게 얼음이 깨지고 물 속에 빠질 것이다. 이것은 실제로 skate를 타 보아도 그렇고, 미국의 시인 Ralf Waldo Emerson(1803-32)이 skate 속력에 대하여 한 말이기도 하다. 그렇다고 속력만으로 해결되는 것은 아니고, 차거운 얼음 구덩이 속에 빠질 수도 있다는 각오를 할 담력이 있어야 하는 것이다. 원래 skate에서 나왔지만 무슨 일이고 모험을 걸 때에 사용하는 말이다.

498

skulduggery: 부정 행위, 속임수

  Scotand 사람들은 남녀간의 불륜 행위를 **duddery**라 불렀고, 여기서 **skulduddery**를 거쳐 **skulduggery**가 되면서 남녀간 간통 행위보다는 「사기 행각」이라는 뜻으로 된 것이다. 여기서 **duddery**가 어디서 온 말인지 살펴보면 간통이란 뜻의 **adultery**에서 변한 말이다.

skunk: 스컹크, 싫은 놈

  skunk는 냄새나는 노란 가루를 12 피트나 뿌리고 다니는 줄무늬 있는 동물이다. "싫은 놈"이란 것도 고약한 냄새를 뿌리기 때문이다. skunk란 말은 **squirt**(분출하다, 애송이)에서 변한 말이며, **squid**(오징어), **swirl**(소용돌이치다), **swarm**(벌떼, 군중, 떼를 짓다), **swear**(서약하다, 맹세하다), **answer**(대답하다) 등의 일족에서 볼 수 있듯이 붕붕 소리나는 것을 흉내낸 말이다.

skunk cabbage(천남성과의 다년초인 앉은부채)는 skunk처럼 고약한 냄새를 풍기는 식물이기 때문이며, pole-cat weed라고도 불리워진다.

slave: 노예

  힘 없는 사람은 남의 종이 될지언정 양반이 되어 종을 부릴 수 없다는 것을 말해준다. Poland를 비롯한 동구권 여러 나라에 살던 민족의 이름이 Slav인데, Slav의 뜻은 noble(고상한, 귀족의)의 뜻이다. A.D. 6C 경 독일 민족의 침공을 받아 패배한 Slav 민족은 정복자들의 종노릇을 하거나 Rome으로 팔려갔다. Rome 사람들은 이들을 sclavus라고 불렀고, 후에 esclave, sclave 등으로 되었다가 16C에 slave로 되었다. Slav에서 따온 slave라는 글자는 옛모습과 크게 달라진 게 없지만 영광스러운 「귀족」은 비참한 「노예」로 변하고 말았다.

sleeper: 잠자는 사람, 뜻밖에 성공하는 사람, 침대차, 수면제

  19C 말 미국 사람들은 낙인 없는 송아지를 sleeper라 했는데, 말하자면 표지가 없어서 잘못 짚었다는 것으로 「자다가 봉창 두드린다」는 우리 말과 약간 닮은 것 같다. 또 faro라는 card game에서 돈을 태운 사람이 game에 열중하다가 나중에는 태운 줄도 모르고 있다가 여러 사람의 소유물로 되어버리는 일이 있다. 자기 돈인지도 모르고 있다는 것은 멀쩡하게 눈을 뜨고도 잠을 잔 것과 같은 것이다. 상대방의 입장에서는 뜻밖에 굴러들어온 행운일 것이다.

It's many sleeps away(아직 며칠 더 있어야 해)에서 sleep은 「우리 누나 다섯 밤 자고나면 시집간다」하면서 손꼽아 잔칫날만 기다리는 철부지 꼬마동생의 말과 비슷하며,

이러한 우리 나라의 말투와 비슷한 것이 미국 인디언들의 어법이었고 1670년 경 South Carolina 주에 살던 개척민들이 영어로 받아들이기에 이르렀다. 우리가 어른들의 나이를 춘추(春秋)라 하듯이 그들도 a man of fifty winters(쉰 살인 사람)에서 보듯이 winter라고 하는 것과 비슷하다고나 할 수 있다.

slipshod：단정치 못한, 슬리퍼를 신은

헐렁한 슬리퍼를 slipshoes라 하며, 슬리퍼를 아무렇게나 신은 채 질질 끌고 다니면 상류 사회의 행세하는 사람들이 눈살을 찌푸리면서 못 배운 사람으로 여겼다. 이 때가 16C 경이었으며 그 후 아예 이들에게 slipshod란 낙인을 붙이게 되었고, 무슨 일이고 아무렇게나 하는 사람을 가리키게 되었다.

slow and steady wins the race：느려도 착실히 하면 이긴다

유명한 생물 학자 Charles Darwin은 Galapagas 거북의 걷는 속도를 재어 보았더니 하루에 4마일을 걸었다고 한다. 거북이나 달팽이가 모두 느림보 선수들이지만 분명한 것은 거북이가 갖는 신뢰성이다. 유명한 이야기꾼 Aesop의 우화에서 토끼와의 경주에서 이긴 거북은 그야말로 slow and steady로 이긴 것이다.

smell a rat：낌새를 채다, 알아채다

16세기경 영국에서 생겨난 말이다. 고양이가 쥐를 잡으려면 쥐가 있다는 냄새를 맡은 다음 길목을 지키고 있다가 그 쥐가 방심하여 슬며시 나올 때 번개 같이 덜미를 문다. 또 당시에는 lamp로 밖에 불을 켜던 때였으므로 smell of the lamp(고심한 흔적이 나타나다. 밤늦게까지 공부한 흔적이 있다)와 같은 말이 생겨나기도 했다.

smoke-filled room：정치적 막후 협상이 이루어지는 방

미국의 29대 대통령 Warren Gamaliel Harding(1865–1923)의 친구였던 Harry Daughtery가 만들어낸 말이다. 1920년 담배 연기가 자욱한 방에서 **Harding**의 대통령 후보 지명이 이루어졌기 때문이다.

snug as a bug in a rug：매우 편안하게

보기만 해도 구역질 나는 **bug**(벌레)가 어떻게 해서 이런 곳에 끼어들었는지 이상하게 여길 수도 있다. Shakepeare 시대에는 **snug as a dog in a rug**였다. 따지고 보면 **rug**(융단)속에 박힌 **bug**(벌레)는 편하기는 할 지언정 먹을 거라고는 없다. 벌레라면 오히려 개한테 붙어서 피라도 빨아먹어야 편할 것이므로 **snug as a bug in a dog**에서 **dog**가 **rug**로 변한 것으로 보아야 할 것이다.

500

sober as a judge: 아주 착실한

　appeal from Philip drunk to Philip sober(술 취했을 때를 피하고 술 깨었을 때 얘기하다)와 같은 맥락의 말이다. 판사(judge)가 재판장에 나가면서 술에 취한 상태로 재판에 임할 사람은 아무도 없을 것이기 때문에 생긴 말이다.

soup-and-fish: 남자의 정식 야회복

　19C 미국에서 생긴 말이다. 제대로 된 정식 요리에는 soup에서 nut에 이르기까지 빠지는 것이 없어야 한다. 그래서 from soup to nuts(빠짐없이)라는 말이 생겨났다. 한 끼의 식사를 하는 데도 갖가지 준비가 있어야 하듯이 남자의 야회복 또한 빠진 것 없이 갖추어진 예복이라는 말이다. 다만 지금은 이런 말은 점점 사라져가는 느낌이 든다.

south-paw: 왼손잡이, 왼손잡이 투수

　1880년 미국의 sports 기자였던 Finley Peter Dunne이 만들어낸 말이다. 당시의 Chicago에 있었던 야구장은 서쪽이 home plate였는데 Dunne은 3루에서 관전했다. 그러니까 home은 서쪽, 1루는 남쪽 2루는 동쪽, 그리고 기자가 있던 곳은 3루 쪽인 북쪽이다. 그 때 왼손잡이 투수가 서쪽 home plate 쪽으로 공을 던지자 그를 가리켜 southpaw라고 이름을 붙였다. 원래 paw는 고양이나 개 따위의 앞발을 가리키지만 사람의 손을 가리키기도 한다. 기자의 위치에서 본 투수는 남쪽에 있었고, 남쪽에 있던 손으로부터 공이 던져졌기 때문에 southpaw라는 말이며, 그 투수가 왼손잡이였던 것만으로 엉뚱하게 southpaw가 왼손잡이를 가리키게 되었다.

splice the main brace: 럼주를 주다, 술에 취하다

　선원들이 돛줄(brace)을 능숙하게 다룰 줄 안다면 노련한 선원의 경지에 이른 것이다. 숙련을 요할 뿐만 아니라 상당한 위험성도 있었던 것이다. 성공적으로 돛줄을 꼬아 잇고(splice)나면 상품으로 럼(rum) 술을 받았기 때문에 생긴 말이지만, 큰 일을 해내자면 술이 들어가야 용기를 낼 수 있기 때문이기도 하다.

split hairs: 시시한 일에 시시콜콜 따지다

　어느 영국인이 실제로 머리카락 하나를 열세 번 쪼개어 열네 조각으로 만들었던 일이 있다. 또한 머리카락에 세로로 구멍을 뚫기도 했다. 말이 그렇지 머리카락을 쪼갠다는 것은 도저히 될 것 같지 않은 일이다. 몇 백년 전부터 시시한 일을 따지는 것을 두고「머리카락을 쪼갠다」고 말하게 되었다.

spoils system: 엽관 제도

미국의 7대 대통령 Andrew Jackson(1767-1845)이 1830년에 한 말이지만 이보다 훨씬 이전 영국의 기사들이 한창 설치고 다닐 때 승자에게 모든 전리품(spoils)이 돌아갔던 ·데서 생긴 말이다. 그 후 선거전에서도 승자에게 상품(정권)이 돌아갔으므로 총칼을 들고 안 들고의 차이일 뿐 마찬 가지였다.

spoke: 바퀴 쐐기

구르는 바퀴에 바퀴쐐기를 끼우면 구르던 바퀴가 멈춘다. 여기서 put a spoke in someone's wheel(남을 방해하다)이라는 말이 생긴다. 비탈길 같은 데에 미끄러질 때 방지 수단이 되는 수도 있으나 잘 구르고 있는 바퀴에 쐐기를 넣으면 방해가 될 뿐이다.

spring chicken: 영계, 애송이

미숙하고 어린 사람을 우리도 병아리라고 하듯이 서양 사람들도 그렇게 부른다. He is no chicken(그는 이제 철부지가 아니다)라든가 past a chicken(이제 철부지를 지난) 은 1711년 영국의 문호 Richard Steele(1672-1729)이 The Spectator를 통하여 사용 한 일이 있다. 미국에서는 1906년에 약간 과장된 표현으로 no spring chicken(철부지 가 아닌)이 나타났다.

spruce: 깔끔한, 모양내다

영국 Henry 8세 통치하의 신하들은 Prussia 귀족들의 의상에 커다란 영향을 끼쳤 다. 콧대높은 이들은 넓은 테 모자에 반짝이는 깃털을 달고, 목에다 은목걸이를 하고, 공단으로 된 망토와 붉은 벨벳의 잘록한 남자 웃도리를 입었다. 중세에는 무엇이고 Prussia에서 온 것을 Pruce라 불렀고, 그 후 16C 경에 별다른 이유없이 s가 붙은 spruce가 되었다. 무엇이고 Prussia의 귀족 같은 화려한 차림을 했다 하면 spruce라고 부르게 된 것이다.

square the circle: 원과 같은 면적의 정방형을 만들다, 불가능한 일을 시도하다

1624년 영국의 시인 John Donne(1573-1631)이 1624년에 처음으로 썼던 말이다. 원과 똑같은 정방형(square)을 구한다는 것은 수학적으로도 불가능한 일이라는 말이 다.

squeaky wheels gets the most grease: 아이에게 젖준다

별로 설명이 필요 없이 삐걱거리는 바퀴에 기름을 많이 치게되어 있다는 말이다. 미 국의 유머 작가 Josh Billings(1818-85)가 했던 말이다. 그는 또 It's better to know

nothing than to know what ain't so(사실을 잘못 아는 것은 아예 아무것도 모르는 것
보다 못하다)라는 속담을 남기기도 했는데, 독일의 철학자 Nietzsche의 better know
nothing than half-know many things(여러 가지를 얼치기로 아느니보다 아무것도 모
르는 게 낫다)는 것과 같은 종류의 말이다.

stave off: 저지하다, 막다, 피하다

stave는 나무막대기라는 말이다. 17C에 있었던 소와 개의 싸움에서 생겨난 말이
stave off이다. 소의 뿔을 잘라내고 싸움을 붙인 다음 소가 물려 죽게 될 위기에 처하
면 막대기(stave)로 개를 때려서 싸움을 말렸기 때문이다.

steal a march on: 남을 꼭뒤 지르다

군인이 하루 낮 동안 행군하는 거리를 march라고 하였다. 적이 아군의 움직임을 간
파하고 밤낮을 가리지 않고 딴길로 행군하여 앞지른 다음 길목에 매복하고 있다가 기
습을 감행했다. 이와 같이 적의 행동을 간파하여 매복 기습하는 데서, 이와 비슷한 상
황에 널리 쓰이는 말이다.

steal someone's thunder(남을 앞지르다, 남의 공을 빼앗다)는 1700년 경 극작가
Dennis가 그의 rival을 비난하기 위해 만들어낸 말이다.

steeplechase: 장애물 경마, 장애물 경주에 출전하다

영국의 British Sporting Magazine에서 1805년에 실렸던 말이다. 영국의 말탄 여우
사냥꾼들이 장애물에 구애치 않고 일직선으로 말을 몰고 달려 와서 마을의 교회 뾰족
탑(steeple)에 채찍을 먼저 갖다대는 사람이 이기는 경기를 고안했던 데서 생긴 말이
다.

stenography: 속기술

Greece 말로 stenos는 좁다(narrow)는 말이다. stenos는 더 나아가 thin(드문),
tend(공헌하다), tone(음조), tenacity(고집), extend(펼치다) 등에서 보듯이 잡아 늘
여서 폭이 좁고 가늘어진다는 뜻으로 연장시킬 수 있다. stenography와 같은 뜻으로
shorthand라 하고, 이와 반대로 보통 필기법을 longhand라고 한다.

stick in one's craw: 괴롭히다, 초조하게 하다

craw는 새(birds)의 목에 달린 모이주머니이다. 사람에게는 없는 거지만, 받아들일
수 없는 다른 사람들의 의견에 비유될 수도 있다. 새들이 모이를 먹을 때 모래나 자갈
따위를 함께 삼켜 모이를 소화할 때 도움을 받지만 너무 큰돌 따위를 삼켰다가는 모이

주머니에 걸려서 내려가지 않고 괴로움을 주는 수도 있어서 생겨난 말이다.

stick to one's guns(자기 주장을 고수하다, 한치도 양보하지 않다)는 적의 공격을 받아도 끝까지 총(포)을 버리지 않고 버티는 병사들의 모습에서 온 말이다.

stooge: 희극의 상대역, 앞잡이

　stage+fool 또는 stage+fail에서 만들어진 말이다. 혼자서는 아무것도 못하고 상대역 또는 벙어리역 정도나 할 수 있을 정도의 멍청한 배우를 말한다.

strawberry: 딸기, 딸기 열매

　종자 따위를 흩뿌리는 것을 strew라 한다. 열매를 맺은 딸기가 종자를 사방으로 뿌린다는 strew에서 straw로 변한 것이다.

straw boss(조수)는 19C에 미국의 농촌에서 생긴 말인데, 탈곡할 때 진짜 주인은 알곡식이 제대로 나오는지 지켜보고, 그 다음 주인은 탈곡한 부산물인 짚(straw)이나 돌보는 사람이니 별로 할 일 없을 뿐 아니라 기실 없어도 되는 사람이기 때문이다.

strawfoot(시골서 온 신병)은 미국의 남북전쟁 때 시골에서 지푸라기가 붙은 채 군(軍)에 끌려온 신병이라는 말이고, 또한 이들은 왼쪽과 오른쪽을 구별하지 못해서 왼발에 건초(hay)를 달고 오른 발에 지푸라기(straw)를 붙인 다음 「왼발 오른발」이라는 구령 대신 **Hayfoot! Strawfoot!** 하면서 구령을 붙였던 데서 온 말이다.

straw man 또는 **man of straw**(밀짚 인형, 앞잡이, 하찮은 사람)는 짚으로 만든 인형이기 때문에 심장 또한 피가 없어서 양심이고 뭐고 따지지 않고 이익만 챙기는 소인배라는 말이다.

It's the last straw that breaks the camel's back(비록 작은 짐이라도 한도를 넘으면 낙타등을 부러뜨린다)은 영국의 소설가 **Charles Dickens**가 만든 속담이며 내용은 다른 설명이 필요없을 것이다.

streetwalker: 매춘부

　Shakespeare 시대에 있었던 말이며, 길거리에서 보행자들을 위해서 일해 준다는 원래의 **working the streets**에서 변한 말이다.

string along with: 충실히 따르다, 잘 협조하다

　소나 말 따위의 짐 싣는 동물이 여러 마리가 같이 묶여서 고분고분 주인의 말을 잘 듣는 데서 생겨난 말이다.

stumbling block: 장애물, 방해물

　신약성서의 로마서 14장 13절 Then let us no more pass judgement on one another, but rather decide never to put a stumbling block or hindrance in the way of a brother(그런즉 우리가 다시는 서로 판단하지 말고 도리어 부딪힐 것이나 거칠 것으로 형제 앞에 두지 아니할 것을 주의하라)에서 온 말이다. 커다란 나무둥치(block)가 길을 가로막고 있으면 길을 가는데 장애가 될 것은 뻔한 일이다.

stump: 곤란하게 하다, 당황하게 하다

　be stumped with(…에 시달리다)에서 볼 수 있는 "당황케 하다"는 미국의 개척 시대에 커다란 그루터기(stump)를 캐내다 보니 너무 뿌리가 크고 힘있게 박혀 있어서 도저히 파낼 수 없게 되자 좌절감에서 1812년 경 생겨난 말이다.

sub rosa: 비밀히, 남몰래

　Greece 신화에서 침묵의 신 Harpocrates가 우연히 Venus의 연애 장면을 보게 되자 Venus의 아들인 Cupid가 Harpocrates에게 비밀을 지켜달라고 애원했다. 그 대가로 그가 처음으로 만든 장미꽃을 뇌물로 주었다. 따라서 장미꽃(rose) 아래서(sub＝under) 맺은 약속이 바로 침묵을 지키겠다는 약속이다.

sure as eggs is eggs: 아주 확실히, 틀림없이

　여기서 말하는 eggs는 egg(계란)와는 전혀 관계 없는 말이다. 우리도 중학교에 가면 수학 시간에 지겹게 들어야 하는 말이 미지수 X이다. 그러니까 원래는 **sure as X is X**였고, 그 X의 발음이 eggs로 와전되어 지금까지 쓰이고 있는 것이다.

swan song: 백조의 최후의 노래, 최후의 작품

　백조는 화를 낼 때 「슈웃」하는 소리를 내는 게 고작일 뿐 소리높여 울어대지 않는다. Greece 사람들은 이 벙어리 백조가 언제까지나 벙어리로 있다가 죽기 직전에야 평생 아껴두었던 목소리를 한 번 터뜨린다고 생각했다. 그것도 죽음을 슬퍼하는 것이 아니라 환희에 찬 목소리로 노래한다는 것이다. 사실 이것은 일종의 미신에 불과하다. swan song은 사람들의 필생 사업 또는 최후의 작품을 가리키게 되었다.

sweatshop: 노동자 착취 업소

　영국 London에서 1851년에 생겨난 말이다. 얼마나 종업원을 혹독하게 착취하는지 옷가게서 일하는 부부가 입고 있는 옷이며 땀에 젖은 몸을 제대로 씻을 시간도 없었다. 거기다 급료래야 그야말로 굶어죽지 않을 만큼 주었다. 1892년에는 미국에서도 이

러한 착취 업소가 생겨났고 sweatshop도 표준 영어로 뿌리내리게 되었다.

sweepstakes:건 돈의 전부, 건 돈 독차지

　1593년 경 노름(gambling)에서 생겨난 말이다. 승자(winner)가 잔돈의 전부(stakes)를 싹쓸이해서 가져간다는 말이나.

sweeten the kitty:건 돈을 늘리다

　중국인들의 도박장을 호랑이(tiger)라 불렀다. 그 후 노름꾼들은 tiger를 kitty 또는 pot라 부르게 되었다. 19C 쯤 되자 kitty는 건 돈이라는 뜻으로 되면서 sweeten the kitty라는 표현이 생겨났다. sweetness and light(아름다움과 지성의 조화)는 영국의 풍자 소설가 Jonathan Swift(1667-1745)가 벌(낡은 것)과 거미(새로운 것)를 비교하면서 벌집에(beehives) 꿀과 밀랍을 채울 수 있다는 것은 우리 인간에게 아름다움과 지성을 합한 장점을 안겨다 주는 것이라고 예찬한데서 온 말이다.

table d'hôte:정식(定食), 공동 식탁

　원래의 table of the host가 보여주듯 프랑스의 hotel 손님들이 사용하던 보통 식탁이라는 말이었다. 주인(host)의 소유지만 손님이 공동으로 사용하는 식탁이라는 말이다. 1400년 경 table d'hôte로 표기되면서 원래의 뜻에서 식당의 식탁을 가리키게 되고 나중에는 식사 자체를 가리키는 말로 변한 것이다.

take someone down a peg:콧대를 꺾다, 끽소리 못하게 하다

　영국 Elizabeth 여왕 시대부터 배(ship)의 존엄성은 기(旗)를 높이 다느냐 낮게 다느냐 하는 것으로 표시하게 되어 있었다. 기를 다는 걸이못(peg)이 있는 장소를 한 칸 낮추어 놓는다는 것은 자존심을 팍 꺾어놓는 것과 다를 바 없게 된다. 그것도 많은 사람이 보는 앞에서.

take under one's wing(감싸다)는 어미 닭이 병아리들을 날개 밑으로 감싸는 모습에서 온 말이다.

take with a grain of salt(에누리해서 듣다)는 간을 친 생선 따위를 통째 먹지 말고 한 알갱이 정도만 조심스럽게 삼키라는 말이며, Rome 사람들은 소금의 고마움을 인정하면서도 독성이 있다고 믿었고 많이 먹어서는 안되는 것으로 알고 있었다.

take time by the forelock(좋은 기회를 잡다)은 opportunity knocks but once(기회는 한 번 밖에 문을 두드리지 않는다)와 더불어 영국에서 오래 전부터 전해오는 속담이다.

tantalize : 감질나게 하다, 애태우다

　Greece 신화에 나오는 Tantalus는 물이 턱까지 오는 연못에 들어가서 물을 마시려고만 하면 물이 도망가 버려서 턱 밑에 물이 찰랑거리는데도 갈증을 풀 수 없는 애타는 신세가 된 데서 그의 이름을 딴 말이다. 또한 tantalize는 talent(탤런트), tell(말하다), tolerate(참다), toll(통행료) 등과 일족으로 lift의 뜻을 갖는 말이기도 하다.

two-time loser : 두 번의 중죄 전과자, 두 번 이혼(파산)한 사람

　어떤 나라에서는 무거운 죄를 세 번 저지르면 자동적으로 종신형을 받게 되어 있다고 한다. 그러니 두 번이나 중죄를 지은 사람은 거의 막판에 이른 희망 없는 사람일 수밖에.

undertaker : 하수인, 기획자, 장의사

　1698년 경 미국에서 생겨났다. 원래 장의사는 mortician이라야 정식 영어다. 하지만 take someone under the ground에서 보듯이 사람을 땅 속으로 데려가는 사람이니 장의사라 해도 틀린 말은 아니다. 처음에는 농담으로만 쓰던 말이 지금은 일반화되고 있다.

up to scratch : 좋은 상태에서, 표준에 달해서, 기대한 대로의

　toe the mark(출발선에 서다, 규칙에 따르다)와 마찬 가지로 프로 권투에서 온 말이다. 옛날에는 시합에 시간 제한이 없었다. 그러나 치명적으로 얻어맞은 선수가 시합 개시 표지선까지 바른 자세로 가서 싸울 태세를 갖추지 못하면 이미 진 것으로 판정되었다.
up to snuff(양호한, 빈틈없는)는 smell a fat(낌새 채다)에서 볼 수 있듯이 사태의 추이를 냄새 맡고 충분히 대처할 준비를 갖추었다는 말이다.

vintage year : 고급 포도주가 양조된 해, 풍작의 해

　포도가 풍성하게 열고 포도주가 잘 익은 해를 vintage year라 하였으나, 그 후 소망하던 일이 잘 풀려 풍족한 수확을 거둘 때에 쓰이는 말로 확대되었다. vintage(포도 수확고, 생산품)는 vine(포도나무, 덩굴 식물), vinegar(식초), vinery(포도원), wind(굽이치다), wine(포도주), withy(버들) 등의 일족에서 볼 수 있듯이 turn or twist의 뜻에서 온 말이다.

wallflower : 향꽃장대, 무도회에서 상대가 없는 젊은 여자

　어둠침침한 cabaret 같은 데서 춤출 상대가 없어 벽에 기대어 서서 남들이 춤추는

것만 구경하고 있다면 그야말로 **wallflower**일 것이다. 원래의 **wallflower**(향꽃장대)는 절벽이나 담벼락 같은 데를 기어오르며 꽃이 피는 식물 이름이다.

ward heeler:공작원

파수꾼(**ward**)의 발 뒤꿈치를 따라다니는 사람이니 남의 하수인일 수밖에 없다. 주인의 발자국만 따라다닌다는 데서 미국의 정치계에서 **1888**년에 생긴 말이다.

weakest goes to the wall:우승 열패, 약육 강식

go to the wall(궁지에 빠지다, 파산하다)와 비슷한 말이다. 미국의 서부 지방에 가면, 지금도 길의 안쪽편(산이나 언덕 쪽)을 안전한 곳으로 여기고 있는 여자와 같이 갈 때면 반드시 안쪽(**wall**)을 양보하게 된다. 하지만 중세의 기사(**knight**)가 사방에서 적을 맞아 싸울 때 한쪽만이라도 방벽에 의지할 수 없는 다급한 지경에 이르고 보면 이야기가 사뭇 달라질 수밖에.

windfall:바람에 떨어진 물건, 바람에 넘어진 나무, 뜻밖의 횡재

중세의 영국 법에 의하면 평민들이 나무를 베는 것이 금지되어 있었다. 큰 바람이 불어 나무가 쓰러지면 나무를 자르고 과실을 딸 수 있도록 허용되었다. 바람이라도 세게 불어 과실이 떨어지거나 나무가 쓰러지기를 고대하는 사람들의 마음에서 16C에 생겨난 말이다.

win hands down:낙승하다

경마에서 기수나 말을 다그칠 필요없이 훨씬 앞서서 결승점에 들어온다면 손은 그저 늘어뜨린 채 편안히 이긴 것이다. 막상막하의 경기라면 고삐를 잡아채면서 필사적으로 말을 몰 것이기 때문이다.

win one's spurs(기사 작위를 받다, 공을 세우다)는 1500년 대에 기사 작위를 줄 때 도금한 박차(**spur**)를 선물로 주었던 데서이며 우리 나라에서 어사화를 받는 것 만큼의 영예라고 생각된다.

within an ace of:막 하려는 참에

옛날 프랑스어인 **ambes**(both aces)에서 변한 것이다. **ambes**의 **amb**은 **ambi** 또는 **amphi** 등의 형태로 양쪽이라는 말의 접두어다. 주사위 눈이 하나에서 여섯까지인데 두 개를 던져서 고작 두점을 얻었으니 최악의 불운인데 이러한 불운에 빠질 뻔한 운명이라는 말이다.

woolgathering:공상, 방심, 양모 모으기, 멍한

　16C 경 목동들의 이야기에서 온 말이다. 양들이 아무 데나 떨어뜨린 양모를 줍는다는 것은 여간 힘든 일이 아니었고 또 그 정도의 양모를 주워 모은다해도 보잘 것 없는 일이었다. 아이들은 울타리나 나무덤불 따위에 어쩌다 조금씩 끼어있는 양모 줍기에 진력이 나서 그저 뛰어놀거나 건성으로 어른들의 시키는 대로 줍는 척 했을 뿐이다. 이런 일은 시시하고 멍청한 일이라는 데서 지금처럼 뜻이 변한 것이다.

Part IV

Exercise

Exercise 1.　A

In questions below each sentence has underlined phrases. You are to choose the one phrase (word) that best keeps the meaning of the original sentence if it is substuted.

1. Dong-ho's car is nice, but yours is <u>a cut above his</u>.

    A. the best
    B. the worst
    C. A measure or degree better than his
    D. worse than his

2. You can't get blood from a turnip. His help is nothing but <u>a drop in the bucket</u>.

    A. a great deal   B. a considerable amount
    C. just a little   D. an astonishing amount

3. I was impatiently looking out the window, waiting eagerly for my daughter's coming home. My wife said "Take it easy. <u>A watched pot never boils</u>."

    A. Concentration on a problem will not help solve it.
    B. It's of no use crying over spilt milk.
    C. Every minute seems a thousand.
    D. You are running around like a chicken with its head cut off.

4. Man-Gi is a excellent player. He can beat Bong-Gul <u>standing on his head</u>.

    A. with some difficulty   B. easily and quickly
    C. without further ado   D. once for all

5. Your book <u>abounds in</u> too many printing erors.

    A. contains negligible   B. is out of

    C. is full of   D. is far from

6. My bank deposit will serve as my <u>ace in the hole</u> some day.

    A. something held in reserve   B. something valuable

    C, something fishy   D. something important

7. The government's new five years plan for the promotion of the national culture and sports activities will be the President's <u>acid test</u>.

    A. very thorough test   B. easily solvable problem

    C. Piece of cake   D. challenging problem

8. Don't try to make poor excuses <u>after the fact</u>.

    A. ahead of the fact   B. after a fasion

    C. as a matter of fact   D. after something has happened

9. It is really <u>against the grain with</u> me to go mountain climbing on such a windy day like this.

    A. as to annoy   B. in favor of

    C. with a grain of salt   D. with some gains of allowance

10. My parents constanly make quite a lot of domestic scenes. Why must they always <u>air their dirty linen in public</u>?

    A. walk on air

    B. give air to

    C. keep it under their hat

    D. discuss embarrassing matters in public.

11. It's stuffy here. Please <u>air this place out</u>.

    A. take a walk to this place

    B. freshen up this place by placing it in the open air

    C. walk on air

    D. go up in the air

12. You can find <u>all kinds of</u> books at Jong-ro Bookstore

    A. every   B. a great number of

    C. enormous   D. a complete collection of

13. Maybe if the guy giving away the tickets is <u>a pushover</u>, we can get two tickets each, you know?

    A. someone easily deceived   B. a swindler

    C. a ticket scalper   D. a slicker

14. You have to study hard to pass your exams. <u>An ounce of prevention is worth a pound of care</u>.

    A. As you sow, so shall you reap

    B. A cat may look at a king

    C. Necessity is the mother of invention

    D. It's easier and better to prevent something bad than to deal with the results

15. Yesterday Jung-soo poked his nose where he was not wanted. Dong-soo thundered <u>"Another country heard from"</u>.

    A. "None of your funeral".

    B. "Go to the country".

    C. "Throw yourself to the country".

    D. "So many countries, so many customs".

16. You owe me twenty thousand Won. When are you going to <u>ante up</u>?

    A. make a bet
    B. pay me back
    C. be out of debt
    D. be in my debt

17. At this time of the year, all the farmers are busy <u>as a matter of course</u>.

    A. as a token
    B. as a matter of fact
    C. as a normal procedure
    D. as a last resort

18. He is not easy to prevail upon. You can't use any <u>arm-twisting</u> either.

    A. powerful persuasion
    B. sweet-talking
    C. cajoling
    D. soothing

19. Don't pick up any quarrel with him. He sounds like he's going <u>around the bend</u>.

    A. sober
    B. crazy
    C. drunk
    D. afresh

20. What you say doesn't make sense. It's <u>clear as mud</u>.

    A. clear as crystal
    B. not understandable
    C. very clear
    D. muddy

21. I'm no longer <u>as fit as a fiddle</u> as I used to be.

    A. healthy and physically fit
    B. under the weather
    C. fit for nothing
    D. fit to be tied

22. You shouldn't be <u>asleep at the switch</u> when you get a job.

    A. as busy as a beaver
    B. sleeping on
    C. failing to do your duty
    D. switched on

23. You seem to <u>be at your wife's beck and call</u>.

    A. wear pants
    B. be ready to serve your wife at a moment's notice
    C. call your wife names
    D. have the call

24. I've been <u>at pains</u> of solving the problem.

    A. making a special effort   B. under pain of death
    C. painkilling   D. painful

25. The two friends had long been <u>at sword's points</u> each other for years.

    A. at sea   B. at the point of
    C. ready to start fighting   D. at stake

26. You don't know what you've got until you've lost it. You can't find such a gravy train <u>at every turn</u>.

    A. nowhere   B. everywhere
    C. at all times   D. at first glance

27. When you get the sack, you have to start <u>at the bottom of the ladder</u>.

    A. living high on the hog   B. from the bottom of your heart
    C. at the lowest level of pay and status D. at the drop of a hat

28. We shouted <u>at the top of our lungs</u>.

    A. loudly   B. as loud as we could
    C. in whistle   D. with the greater possible sound

Exercise 2.   

In questions below each sentence has underlined phrases. You are to choose the one phrase (word) that best keeps the meaning of the original sentence if it is substuted.

1. When you drink cool beer, you may get <u>a back-door trots</u>.

   A. a case of diarrhea   B. back seat
   C. back stairs   D. bending over backward

2. I lost the job again. Well, <u>back to the drawing board</u>.

   A. it's time to return to work   B. it's time to start over again
   C. it's time to back out of it   D. it's time to be back in circulaltion

3. We couldn't do anything as long as <u>the ball was in her court</u>.

   A. she got the ball in her court   B. her turn to move
   C. the ball bounced   D. she got balled up

4. I don't want <u>a ball park estimate</u>, but I need exact figures.

   A. a rough estimate   B. an exact estimate
   C. an estimated sum   D. an estimated cost

5. You have no choice but to <u>beard the lion in his den</u>.

   A. bear with a tough guy
   B. bear the brunt of
   C. beat a retreat
   D. face an adversary on the adversary's home ground

6. Rome wasn't built in a day. People will <u>beat a path to your door</u> before long.

    A. beat a hasty retreat   B. beat about the bush
    C. come to you in great numbers   D. beat the trap

7. You don't know how to <u>belt out</u> a song.

    A. sing loudly with spirit   B. hold the belt
    C. tighten your belt   D. shout loudly

8. Your rudeness has already gone <u>beyond the pale</u>.

    A. outstanding   B. more than you can afford
    C. in water which is too deep   D. unacceptable

9. I have to <u>blaze a trail</u> in the business all by myself.

    A. blow my lines   B. blow off steam
    C. make and mark a trail   D. blast off

10. Don't <u>blow your cool</u> so easily.

    A. blow away   B. blow down
    C. lose out   D. lose your temper

11. I must draw the line somewhere. I'm going to <u>blow the whistle on</u> you this time.

    A. report your wrong doing   B. blow my trumpet
    C. whistle in the dark   D. let him go whistle

12. You can't disguise yourself, but everybody will recognize you and <u>blow your cover</u>.

    A. blow your lid   B. blow your cork
    C. reveal your identity   D. get under cover

13. The baseball game last night really blew my mind.

  A. blew my gasket   B. excited me
  C. was on my mind   D. cast my mind back

14. Then it boils down to whether you want to accept it.

  A. boils the pot   B. boils down
  C. comes down to   D. comes down on

15. Today is a good day to drop a bomb like that. Don't bottle up your problems.

  A. keep under your hat   B. hold your feelings within
  C. arrest   D. calm down

16. Nobody can work with the boss breathing down their neck all the time.

  A. breathing freely   B. breathing a word against them
  C. keeping close watch on them D. keep their feelings down

17. You can't afford to bug out yet. You have five mouths to feed.

  A. pack up and get out   B. put a bug on
  C. go bugs   D. smell a bug

18. The immoral fellow bumped his father off yesterday for no other reason than that.

  A. met his father by chance   B. killed his father
  C. bumed against his father   D. despised his father

19. There is little reason for the government to bury its head in the sand.

  A. end all resentments   B. hide from obvious signs of danger
  C. be buried alive   D. bury its honor

20. I didn't mean to <u>butt in on</u> your discussion.

    A. break off with   B. interrupt
    C. work very hard   D. wash your hand of

21. She burned herself out <u>buttering up</u> the boss.

    A. laying on the butter   B. greasing the elbow of
    C. flattering   D. offering butter to

22. I <u>baught a pig in a poke</u> when I believed him.

    A. bribed
    B. bought most of things
    C. accepted what he said without having examined it
    D. bought something after seeing it first

23. <u>By all appearances</u>, the conventional government policy to cultivate certain elite athletes notably in their preparations for attending international games must be reconsidered.

    A. by all means   B. by and large
    C. apparently   D. by any way possible

24. I think that honesty is the first chapter of the book I'd like everybody here to go <u>by the numbers</u>.

    A. in the same way   B. in great numbers
    C. by all accounts   D. according to the rules

25. We are here tonight <u>by virtue of</u> Young-ho and his talent for organization.

    A. due to   B. in accordance with
    C. by sheer luck of   D. in relation to

26. Nothing splendid has ever been achieved except by those who dared believe that something inside them was superior to circumstances. We can't get anywhere <u>by the seat of our pants</u>.

    A. by working very hard   B. just barely
    C. by sheer luck and very little skill   D. by our efforts

27. When it comes to making a speech in public, he is a real <u>fireball</u>.

    A. firebrand   B. energetic person
    C. firebug   D. fire alarm

28. Nobody is allowed to use <u>barnyard language</u> in the office.

    A. polite language   B. dirty language
    C. rustic language   D. gesture language

29. He'll soon become tired of <u>beating his gums</u> about this matter.

    A. beating about
    B. beating the air
    C. beating the hell out of
    D. wasting time talking a great deal without results

30. I don't want to <u>belt the grape</u> any more.

    A. strike below the belt   B. hear it through the grapevine
    C. drink liquor and become intoxicated D. pull in my belt

31. It isn't any sin if you <u>bend the law</u> now and then.

    A. abide by the law
    B. bend over backward
    C. cheat a little bit without breaking the law
    D. conform to the law

32. This time I <u>bet you dollars to doughnuts</u> that OB Bears would win.

   A. bet in complete certainty of winning
   B. am positive
   C. make a bet
   D. bet something of value against something worth considerably less

33. As a result of the intensive probes of the military buildup program, ordinary people have come to feel that <u>a big stink</u> pervades the military and has been endemic there for a long time.

   A. a big bug   B. a big scandal
   C. a nasty smell   D. stink of money

34. My children tried to <u>bleed me dry</u> then.

   A. sympathize with me   B. bleed me freely
   C. take all of my money   D. receive a blood transfusion from me

35. Exposing the depth of the problem, seven officials have been booted out.

   A. pulled out boots   B. thrown in
   C. thrown out   D. moved their boots

36. The vulnerability and decadence of present-day Korea seem to <u>bottom out</u> due to thoughtless negligence of ordinary citizens.

   A. get to the bottom   B. knock the bottom out of
   C. bottom on   D. reach the lowest point

37. You have to <u>bow to the porcelain altar</u> if you keep on wolfing down meals.

   A. bow and scrape   B. lead to the altar
   C. vomit   D. devour

38. She's been growing to be <u>bright-eyed and bushy-tailed</u>.

A. bright and early
B. bright in the eye
C. bright sighted
D. alert and ready

39. The reports that Korean tourists have become notorious for meaning-less spending sprees abroad really <u>brown us off</u>.

A. fade and dim down
B. make us angry
C. brown out
D. do up brown

40. When you get a job, you have to <u>buddy up to</u> your colleagues.

A. become hostile to
B. curry favor with
C. become very friendly toward
D. fall in love with

41. They are just doing this to <u>buy time</u>.

A. buy off
B. buy a watch
C. pass the time of day
D. use a tactic to postpone it

42. Money doesn't buy happiness, but you'll soon go <u>belly up</u> if you don't tighten your belt.

A. bankrupt
B. turn turtle
C. get a bellyach
D. have fire in your belly

43. He was talking himself red, white and blue in his face, but his yemarks were <u>beside the point</u>.

A. beside himself
B. off the subject
C. to the point
D. on the point

44. Those who <u>have a low boiling point</u> seldom get on in this world.

A. get angry easily
B. make less by boiling
C. stop the rational thinking process
D. boil over

45. He was ready to beard the lion in his den and <u>braved it out</u>.

   A. got through with it easily   B. showed the white feather
   C. endured something difficult   D. took courage

46. Soon-shin almost <u>broke his neck</u> trying to meet the deadline.

   A. discouraged greatly   B. did all he possibly could
   C. separated himself from   D. killed himself

47. Somebody must have put <u>a bug in her ear</u>.

   A. a flea in her ear   B. a blood-drinking small insect
   C. a hint   D. a curse

48. When I had a job interview, I had <u>butterflies in my stomach</u>.

   A. a butterfly on the wheel   B. a fly on the wheel
   C. a feeling of anxiety in the stomach   D. a stomachache

49. Tell me the whole story, <u>I'm not in the picture yet</u>.

   A. I don't understand what is happening
   B. I come into the picture
   C. I get the picture
   D. I am out of the picture

50. You have reached the pinnacle of success as soon as you <u>are in on the
ground floor</u>.

   A. come to the ground
   B. break ground
   C. gain ground
   D. start in business at the beginning level

51. Taking care of these children <u>is off my hands</u> now.

    A. ceases to be my responsibility   B. is on the other hand

    C. is hand to hand   D. is out of control

52. Dong-yul <u>has been on the map</u> since he joined our team.

    A. has fallen into oblivion   B. has mapped out

    C. has been well known   D. has been wiped off the map

Exercise 3. 

In questions below each sentence has underlined phrases. You are to choose the one phrase (word) that best keeps the meaning of the original sentence if it is substuted.

1. You are just beating around the bush. I believe it's time to <u>call a spade a spade</u>.

   A. call for trumps
   B. call it quits
   C. speak frankly
   D. have a say

2. The boss <u>called us down</u> for coming to work late.

   A. reprimanded us
   B. praised us
   C. called us back
   D. called our names

3. There is no arguing with him, because he always wants to <u>call the shots</u>.

   A. call things by their names
   B. have the call
   C. make the decisions
   D. call his shots

4. Had I learned to sing, I should have done nothing else. Much to my regret, however, I <u>can't carry a tune</u>.

   A. can't sing very well
   B. can't carry the day
   C. can't sing another tune
   D. am unable to sing a simple melody

5. I know that man cannot remake himself without suffering, but this time I <u>can't stomach</u> such a nasty fellow.

   A. am unable to tolerate
   B. can't lie on my stomach
   C. can't act against my stomach
   D. can't digest

6. Hye-yun quit the job last month and <u>carried on endlessly about</u> me.

    A. behaved improperly with me endlessly
    B. made great fuss about me endlessly
    C. blamed me endlessly
    D. had endless control over me

7. You just haven't been <u>carrying your weight</u> in the office.

    A. carrying heavy weight
    B. throwing your weight about
    C. carrying all before you
    D. doing your share

8. It's no time for investment in real estate, and you can't <u>cash in on it</u>.

    A. cash in
    B. cash down
    C. pay money at the time of sale
    D. make a profit at it

9. When you comply with the inspection agency's request to clear away suspicion about possible involvement in irregularities, nobody will <u>cast the first stone</u>.

    A. cast in one's lot
    B. cast pearls before swine
    C. make the first criticism
    D. throw you out

10. You shouldn't <u>chalk your failure up</u> to your parents' carelessness

    A. charge your failure to
    B. chalk your failure down to
    C. chalk your failure out to
    D. recognize your failure as the cause of

11. Gab-dol is still <u>chasing after</u> Gab-soon. He can't see she doesn't care for him.

    A. flirting with
    B. giving chase to
    C. chasing away
    D. in unrequited love with

12. As he defaulted on the deadlines for his replies, she began to <u>chew him out</u>.

    A. chewed him up   B. scolded him
    C. struck him   D. praised him

13. Come over here and let's <u>chew the rag</u>.

    A. chew the cud   B. feel like a rag
    C. have a chat   D. take the rag off

14. Grandmother's tale was very interesting until grandfather <u>chipped in</u>.

    A. chimed in   B. interrupted
    C. assisted   D. shouted

15. The boldest step in his clean-up drive was to <u>clamp down on</u> informal military factions.

    A. clam up   B. choke off
    C. clean out   D. become strict with

16. If you are late coming home again, I'll <u>clip your wings</u>.

    A. clip you out   B. add wings to you
    C. showed your wings   D. restrain you

17. Please <u>clue me in</u>. I can't figure out what you are talking about.

    A. give me necessary information   B. take me in
    C. interfere with me   D. tell me the whole story

18. You have very good ideas, but you <u>come in out of the rain</u>. Nobody can possibly afford any of your suggestions.

    A. come down in the world   B. come from far and wide
    C. return to normal   D. become alert and sensible

19. I've been doing my level best *to come to my own*.

    A. receive my share
    B. reach an age when I am old enough to own property
    C. achieve my proper recognition
    D. confess every thing

20. Sung-joon came to an untimely end at the age of thirty one.

    A. died in his boots
    B. died hard
    C. came to an early death
    D. made an untimely end

21. You'd better come to terms with your boss as soon as possible.

    A. learn to accept
    B. get in right with
    C. come to an agreement with
    D. curry favor with

22. When Hye-yun got the ax, she nearly came unglued.

    A. came off
    B. lost emotional control
    C. glued up
    D. became sober

23. I miss you so much. You are really conspicuous by your absence.

    A. have your absence noticed
    B. unnoticed in your absence
    C. absent when you are conspicuous
    D. inconspicuous when you are with me

24. Never invest your money in anything that needs repairing when you control the purse strings.

    A. tie your purse strings
    B. pull the strings
    C. are in charge of money
    D. live within your purse

25. You are <u>cooking your own goose</u> by dodging taxes.

    A. cooking your own meal
    B. killing the goose that lays the golden eggs
    C. cooking up a story on your own goose
    D. ruining yourself

26. It's strange that you should take up crime when there are so many legal ways to <u>cook the accounts</u>.

    A. cheat in book-keeping   B. be honest in book-keeping
    C. settle accounts   D. take account of

27. You don't have to <u>cool your heels</u> here.

    A. keep your cool   B. lose your cool
    C. wait   D. come to your heels

28. They'll be deprived of the solid basis of public support necessary to implant a righteous set of moral values in society when they allow him to <u>cop a plea</u>.

    A. get out of a difficult situation
    B. plead guilty to a crime in hopes of receiving a lighter punishment
    C. make a plea
    D. plead for

29. When I was in trouble, nobody <u>coughed up</u> any money for me.

    A. produced   B. had a cough
    C. gave   D. made

30. My son has a traffic accident. Would you please <u>cover for</u> me?

    A. make excuses for   B. handle my work for
    C. put something over for   D. protect

31. As you've been well known around this area, it's not so easy to <u>cover up your tracks</u>.

    A. conceal yourself   B. take refuge

    C. conceal your trail   D. investigate a wide expanse of land

32. This book <u>covers the waterfront</u>. It's really over my head.

    A. goes over the water   B. gets to smooth water

    C. covers over   D. deals with many things

33. The series of incessant <u>crackdowns</u> on misdeeds regardless of who was involved are hailed as efforts that will nip the cause of malfeasance in the bud and orient old paces and ideas to a new environment.

    A. clampdowns on   B. damage to

    C. crack of doom on   D. crackpots of

34. It's our earnest hope that the government will take a positive approach by pursuing a consistent policy and not <u>cramp our style</u>.

    A. clamp us down   B. give us a cramp

    C. cram the style down our throat   D. limit us in some way

35. Who can be entirely innocent of error? Don't <u>create a stink about</u> it. Let bygones be bygones.

    A. make a big deal about   B. beat creation

    C. stink in the nostrils   D. stink out

36. I used to be a bright young man in our office when in my twenties. I flattered myself I was <u>the cream of the crop</u> then.

    A. under crop   B. the worst of all

    C. the best of all   D. cream-faced

37. As a lot of difficulties <u>cropped up</u>, we must work overnight to handle them.

    A. showed here and there   B. happened unexpectedly

    C. made a mistake   D. harvested

38. There's no sense in <u>crossing the bridge before you come to it</u>.

    A. dealing with a problem only when you are faced with the problem

    B. swapping horses while crossing the bridge

    C. crossing the bridge too hastily

    D. worrying excessively about something before it happens

39. The Government Party and the Opposition Party had <u>crossed swords</u> over the question of whether to summon former presidents for questioning in connection with the controversial cases.

    A. fought a decisive battle   B. fought a dual

    C. entered into an argument   D. had their swords crossed

40. She was completely <u>crushed by</u> the failure in her exams.

    A. squeezed by   B. overwhelmed by

    C. squeezed out by   D. demoralized by

41. Don't <u>cry before you are hurt</u>.

    A. scream as if something serious happend

    B. complain before you are injured

    C. cry very hard without reason

    D. cry over spilt milk

42. Nobody will believe you. You <u>cried wolf</u> too many times.

    A. cried your eyes out

    B. cried for the moon

    C. have a wolf in the stomach

    D. cried when nothing was really wrong

43. Those who can not afford clean, honorable consciences due to undue and illicit fortune they were able to make by capitalizing on their public service have to <u>cut their own throat</u>.

    A. cause damage to themselves   B. kill themselves

    C. cut themselves to the quick   D. cut themselves to the bone

44. The village was badly <u>cut up</u> by last night's flood.

    A. experienced suffering   B. destroyed

    C. wounded   D. cut in small pieces

45. When they are reluctant to register their property, they will open <u>a can of worms</u>.

    A. a can of food for worms   B. an array of difficulties

    C. a can of insects   D. a pack of canned goods

46. Win or lose, I mean to fight as best I can. I <u>can't win them at all</u>.

    A. can't win out over them always   B. can't win in the long run

    C. can gain a victory over them easily   D. expect to lose every now and then

47. What are you going to do? Sung-ho is <u>carrying a load</u> again?

    A. bearing a load   B. alcohol intoxicated

    C. sober   D. getting a load

48. The Korean War is technically not yet over and Korea still remains the only divided nation in the world, that is, we have failed to have our peace conference carved in stone.

   A. carved for ourselves   B. carved our way
   C. left no stone unturned   D. permanent

49. All told, the clean, corruption free society society our nation is now seeking with the overall reform package will never tolerate the pursuit of both power and the cash cow simultaneously.

   A. the dependable source of money   B. cash and carry
   C. the cow on the market   D. the dry milch cow

50. Young-hoom was too young to cash in his chips.

   A. pay in cash   B. cash in on
   C. die   D. make money

51. Young-hoon is too young to end up in cement city.

   A. cemented city   B. a cemetery
   C. satellite cities   D. bedroom suburbs

52. Lell me the whole story, chapter and verse.

   A. to the end of the chapter   B. in the finest detail
   C. trochaic verse   D. in ball park estimate

53. My boss is always ready to take a cheap shot at anyone who hurts his feelings.

   A. miserly person
   B. cheaply made article
   C. remark that takes advantage of someone else's vulnerability
   D. a quick temper

54. He's been in hospital for ten days and now he is <u>climbing the wall</u> to back to work.

    A. crossing the wall   B. sitting on the fence

    C. anxious   D. taking the walls

55. How does a man <u>come out ahead</u>, if he shall gain the world, and lost his own soul?

    A. come out all right   B. end up with a profit

    C. get ahead   D. go ahead

56. Do you have <u>a comfort station</u> in this building?

    A. a restroom   B. a comfortable station

    C. a filling station   D. a convenient station

57. I thought our team would win because the game was almost over, but I din't want to <u>crow before we were out of the woods.</u>

    A. complain when there is no reason for it

    B. shout because the game was over

    C. brag before we were safe from trouble

    D. be careful to find a way out of wood

58. I have to be careful of what I say; I really <u>caught him on the raw</u> when I mentioned his sister.

    A. mentioned a sensitive matter in a way that hurt him

    B. caught him unexpectedly

    C. surprised him in an undefended moment

    D. found him unprepared

59. When I was a school boy, I was too shy to <u>cotton up to</u> a new friend.

    A. be attracted to   B. start a friendship with

    C. break off with   D. be soft-hearted to

60. My playing hooky in my school days really <u>counted against</u> me when I
was trying to get a job.

A. helped

B. was regarded as belonging to

C. was recorded as unfavorable to

D. was valued by

Exercise 4.   **D**

In questions below each sentence has underlined phrases. You are to choose the one phrase (word) that best keeps the meaning of the original sentence if it is substuted.

1. The man was most unpleasant until he learned that I'm his boss. Then he danced to another tune.

   A. stick to his first plan   B. challenged me
   C. changed his behavior   D. dance attendance on

2. We'd better deep-six these obstacles out of the way first.

   A. deepen   B. loose the great deeps
   C. dispose of   D. bury deeply

3. I have no choice but to desert a sinking ship.

   A. leave a situation when things become difficult
   B. take a very casual attitude
   C. throw in my lot with a ship
   D. discard a sinking ship

4. I flatter myself that I was a diamond in the rough when young.

   A. a rough diamond
   B. a man with a devil-may-care attitude
   C. a promising young boy
   D. a potentially excellent person

5. You have to dig a date up for the picnic next Sunday.

   A. get a date by digging   B. work hard to locate a date
   C. find out something bad   D. get a date ready

6. If you are trying to keep up with the Joneses, you have to <u>dip into</u> your savings account.

    A. eat   B. keep
    C. understand   D. spend

7. Prisons don't rehabilitate, they don't <u>dish out</u> punishment, they don't protect, so what the hell do they do? Only be hurt.

    A. served   B. given out
    C. get rid of   D. excused from

8. <u>Dollar for dollar</u>, I can't find any better washing machine.

    A. Dollars to doughnuts   B. In dollars and cents
    C. Betting my botton dollar   D. considering the cost

9. <u>Don't hold your breath!</u> We won a record high contract totaling $ 900 million in Libya.

    A. Do not stop breathing   B. Do not feel relieved
    C. Do not breathe freely again   D. Do not breathe again

10. We should appoint the old man, because he can <u>double in brass</u> by driving the car as well as doing some clerical work.

    A. fold in half
    B. betray him by not doing what was promised
    C. serve two purposes
    D. come down to brass tacks again

11. The hotel room is expensive, but you can <u>double up with</u> me.

    A. share the room with   B. act in same performance as
    C. return along the same path   D. act as a replacement for

12. Coming to Seoul is like having <u>a dream come true</u>.

    A. a dream   B. a wish which can't be real

    C. a pie in the sky   D. a wish which has been real

13. Change your thoughts and you change your world. The girls <u>dressed to kill</u> do not necessarily make a good wife.

    A. disguised to commit a crime   B. made herself look better

    C. put a good face on her dress   D. dressed in fancy clothes

14. The devil is a gentleman who never goes where he is not welcome. <u>Drowning your troubles</u> in the bar is like nursing a devil for yourself.

    A. Drinking your troubles

    B. Drowning your troubles out

    C. Trying to forget your problems by drinking a lot of alcohol

    D. Making so much noise that nobody can be heard

15. My father is a <u>dyed-in-the-wool</u> teacher.

    A. permament   B. of the deepest dye

    C. full of whims   D. frivolous

16. Sung-moon dropped out of <u>the daily grind</u> and move to Goonsan,where he opened a mom-and-pop shop.

    A. the grindstone   B. the constant grind ofwheels

    C. the tedious pattern of daily work   D. his everyday routine

17. <u>Do I have to draw a picture?</u>

    A. Is it necessary for me to pain a picture?

    B. It's not easy for me to draw a picture.

    C. How simple do I have to make it for you?

    D. Do you get the picture?

18. After Se-young had left, the room was <u>depleted of</u> its furniture and valuables.

    A. without   B. almost empty of
    C. full of   D. made from

19. Would you care to <u>descant on</u> the issue raised by the police?

    A. sing another tune   B. dwell on
    C. say something further   D. explain

20. You've really <u>deserved well of</u> this community.

    A. wel deserved   B. deserved ill of
    C. worthy of better treatment from   D. beneath contempt

21. We must cease <u>devolving our problems on</u> to our environment, and learn again to exercise our will – our personal responsibility in the realm of faith and morals.

    A. referring our problems to   B. asking question on our problems
    C. disguising our problems   D. passing our problems to

22. The clever salesman <u>diddled the old man out of</u> all his money.

    A. cozened the old man out of   B. was tricked out of
    C. was defrauded of   D. chiseled the old man

23. I <u>was devoured with</u> worry when my daughter didn't come home at the usual time.

    A. was eaten by   B. was filled of
    C. was surprised of   D. was free from

24. It's a sort of spiritual snobbery too that makes people think they can be happy without <u>dipping into their pocket</u>.

    A. putting their hands quickly into their pockets
    B. examing quickly their pockets
    C. using part of
    D. providing money

25. You must learen to <u>disembarrass yourself of</u> such troublesome thoughts.

    A. involve yourself in   B. get yourself into
    C. rid yourself of   D. distress yourself from

26. You'd better <u>dope out</u> a way out of your difficulty right away.

    A. cause yourself to feel the effect of a drug
    B. have a drug
    C. have a dope check
    D. find an answer to

27. There were a few goats <u>dotted around</u> in the fields, but no other signs of life.

    A. scattered around   B. shown too much fondness for
    C. clustered around   D. on the dot

28. This chair doesn't <u>dovetail into</u> the style of furniture in my room.

    A. fit tightly   B. fit well with
    C. put dove's tail into   D. manage to put into

29. He <u>draped his coat round</u> her shoulders to keep her warm.

    A. placed his coat across   B. placed his coat loosely round
    C. hung his coat loosely across   D. covered her with his coat

30. He had to <u>draw in his claws</u> after opposing the authorities concerned fiercely for a year.

    A. be less active

    B. stop attacking

    C. tell a story plainly

    D. come closer

31. At last I <u>dredged up an old coat</u> to give to the man at the door.

    A. fished up an old coat with ease

    B. found an old coat easily

    C. looked every nook and corner for an old coat

    D. found an old coat with difficulty

32. As the boss <u>droned on</u>, all the workers one by one fell asleep.

    A. harped on

    B. talked clearly

    C. talked at length and in a dull manner

    D. talked against time

33. Gab-dol has been <u>drooling over</u> Gab-soon ever since he was a young boy.

    A. showing too much love for

    B. loving onesidedly

    C. spitting at

    D. hanging in a week manner

34. He really <u>dropped a bombshell</u> when he announced that he was going to marry her.

    A. dropped a bomb

    B. annouced shocking news

    C. exploded a bomb

    D. defused a bomb

35. Exports have <u>dropped back</u> in the last year.

    A. caused to fall back

    B. dropped behind

    C. failed to remain level

    D. spoke in a dull voice

36. They are welcome to <u>drop in</u> at any time.

    A. pay a casual visit   B. fall at the back
    C. fall quickly   D. choose to attend

37. When you <u>dropped out of</u> the team, we didn't know where we would
    find replacement.

    A. chose to leave   B. caused to fall
    C. found by lucky chance   D. became worse

38. Korea's industrial sector showed brisk activities as a whole in the
    month until the government <u>dropped the ball</u> in the foreign trade policy.

    A. made a big success   B. made a blunder
    C. made every effort   D. progressed

39. Sung-moon has failed in his first try. His family expect him to <u>drop the
    other shoe</u> and quit altogether.

    A. remain back   B. stop from exhaustion
    C. visit at future time   D. do the expected remaining part

40. I was at home yesterday <u>drowning my troubles</u>.

    A. drinking heavily
    B. drown to death
    C. trying to forget troubles by drinking a lot of alcohol
    D. forgetting everything

41. We can't hear what the teacher says. Your taperecorder <u>drowned him
    out</u>.

    A. made so much noise that he can't be heard
    B. drank his fill
    C. made a big noise
    D. drank too much alcohol

42. I <u>dropped</u> his proposal <u>like a hot potato</u>.

    A. withdrew from a conventional lifestyle

    B. refused his proposal

    C. dissociated myself from his proposal instantly

    D. denied his proposal

43. You ought to <u>drop a dime</u> about that man who's been hiding in the bushes outside your gate.

    A. drop a ten cent coin

    B. spend a lot of money pleasing others

    C. inform the police of criminal activities

    D. waste money

44. Sang-sik was <u>drummed out of</u> the club for refusing to pay club fees.

    A. made to leave   B. beating the drum for

    C. drumming on   D. drumming up for

45. When they make a film in one language and want people in other countries to understand it, they can <u>dub in</u> the voices of other actors speaking the language matching the words as nearly as possible to the movements of the original movements of the original actors'mouths.

    A. nickname   B. dub out

    C. erase   D. add

46. To let yourself bound by a duty from the moment you see it approaching is part of the integrity that alone justifies responsibility. You can't <u>duck out</u> now, you made a solemn promise besides.

    A. hide yourself quickly in   B. bend down quickly to avoid a danger -

    C. escape your responsibility   D. take over duty

47. You've been <u>dumped on</u> too often, you don't have to make the mistake
of trusting people too far.

   A. achieved a position superior to   B. thrown down
   C. deceive   D. deceived

48. The land lady <u>keeps dunning us for</u> the rent.

   A. keeps demands on   B. keeps making a noise for
   C. keeps making troubles for   D. keeps yelling at

49. My money have <u>dwindled to</u> nothing over the years, and I had to come
home.

   A. become exhausted quickly   B. become beggar little by little
   C. swindled away   D. become smaller little by little to

Exercise 5.

In questions below each sentence has underlined phrases. You are to choose the one phrase (word) that best keeps the meaning of the original sentence if it is substuted.

1. If you don't want to work, you have to work to earn your keep enough so you don't have to work.

    A. earn enough money
    B. earn your pay by doing what's expected
    C. work hard
    D. make your living

2. Jung-soo behaved so badly that the boss edged him out.

    A. removed him
    B. made him move along the edge
    C. gave a cutting edge to him
    D. gave him a sharp tongue

3. Last month was too cool, and this month is too hot. Our weather is either feast or famine

    A. like having a feast at the cost of other's famine
    B. like having a feast by making other's famine
    C. either having a feast or suffeing from famine
    D. either too much or not enough

4. No one really listens to you any more. Stop! Enough is enough!

    A. Adequate to serve everyone
    B. That's enough, and there should be no more
    C. Enough and to spare
    D. Enough is as good as a feast

5. The old man <u>exploded a bombshell</u> when he reported his son to the po-
   lice.

   A. said something startling   B. blew up explosives
   C. suggested something delightful   D. said what he thought

6. You shouldn't <u>eavesdrop on</u> your friends again.

   A. on the lower edges of a roof projecting beyond the wall
   B. flowing back of the tide of the sea
   C. drop on
   D. overhear the conversation of

7. You have no right to <u>encroach on</u> his time by staying all night.

   A. advance on   B. make unreasonable demands on
   C. go beyond usual limits to   D. waste unjustly

8. The writer <u>was so engrossed in</u> his work that he did not hear his visitor
   enter the room.

   A. paid no attention to   B. was so full of
   C. gave all his attention to   D. was so covered with

9. Relations between ranking officials are often <u>enveloped in</u> secrecy.

   A. surrounded with   B. wrapped in a lot of covering
   C. covered all round in   D. hided by means of

10. We have to <u>even up on</u> Jung-moon by inviting him to our party.

    A. make more equal   B. return a favor to
    C. consider him as being equal to   D. revenge ourselves on

11. Nobody has a right to <u>exact money from me</u> any longer.

    A. demand money from me

    B. demand exact amount of money from me

    C. extract exact amount of money from me

    D. demand and obtain money from me by force

12. Yesterday's reading was <u>excerped from</u> the text book.

    A. quoted from   B. copied from

    C. taken out from   D. photocopied from

13. You really should try to be friends with him. You don't have to <u>exchange words with</u> him again.

    A. talk words in return with   B. share words with

    C. fight   D. quarrel with

14. The fireman was <u>exonerated from</u> blame when the boy was burned to death.

    A. politely asked permission to leave   B. declared to be free from

    C. taken over   D. suffered greatly from

15. Today you are to <u>expatiate on</u> the issue which was raised by many employees yesterday.

    A. explain   B. escape from

    C. speak at length about   D. epitomize

16. She's twenty one years old and doesn't understand about <u>the facts of life</u>.

    A. the truth about the unpleasant ways that the world works

    B. the reality of life

    C. human reproduction

    D. human history

17. I didn't have a good time. It was just <u>fair-to-middling</u>.

   A. fair and square   B. in a fair way

   C. according to the rules   D. only fair or okay

18. I was really dumfounded by <u>a fair-weather friend</u>.

   A. a good friend in fair weather

   B. a true friend

   C. someone who is my friend only when things are going well for me

   D. a friend in need

19. Sung-moon <u>farmed his chores out</u> to his sisters and went out.

   A. gave chores to   B. did his chores for

   C. worked as a farmer for   D. sent chores to to be dealt by

20. Sung-moon and Sang-soo finally came to blows over trifles although they were good friends for ages. Like they say "<u>Familiarity breeds contempt.</u>"

   A. Close acquaintance breeds never despise

   B. Knowing a person closely for a long time leads to bad feelings

   C. A good friend is apt to hold his friend in contempt

   D. A good friend is easily fall into contempt

21. You can afford five thousand won for orphans. Come on, Sung-wha. <u>Feed the kitty</u>.

   A. Give money to buy food for kitty   B. Contribute money

   C. Raise money   D. Pass round the hat for

22. Then you should <u>ferret out</u> the answer from your text book.

   A. hunt with ferrets for   B. drive ferrets out

   C. retrieve   D. rescue

23. You seem to waste your time <u>fiddling around with</u> girls.

    A. saving time from   B. playing with
    C. playing second fiddle   D. fiddling away

24. You'd better <u>figure in</u> four extra places when you set the table.

    A. rule out   B. find an explanation for
    C. add   D. exclude

25. I tried to <u>find myself</u> in vain when young.

    A. find my way out
    B. have a great find
    C. make a noise in the world
    D. discover what my talents are and preferences are

26. A couple of members of the Opposition party began to <u>fire away at</u> the prime minister.

    A. shoot at   B. asked many questions of
    C. shoot the bull   D. fire up

27. I've gone through twists and turns. I can tell you <u>fishing for a compliment</u>.

    A. fishing to get a compliment
    B. trying to get others to pay you a compliment
    C. fishing in troubled waters
    D. fishing or cutting bait

28. Dong-soo! You wash my car right away, or I'll <u>fix your wagon</u>!

    A. repair your wagon   B. smash your wagon
    C. get even with you   D. plot in favor of you

29. My car started in cold weather, but it <u>fizzled out</u> before I went very far.

    A. disappered
    B. failed
    C. flared up
    D. went up like a rocket and came down like a stick

30. <u>Fixing him up with</u> a paying job is not easy.

    A. Remaking him to fit for   B. Making arrangements for
    C. Providing him with   D. Finding a place for

31. Moon-young's success was only <u>a flash in the pan</u>.

    A. something which drew a lot of attention for a very brief time
    B. something ever lasting
    C. something fizzling out
    D. something dazzling permanently

32. Many people try to leave their wealth to their own <u>flesh and blood</u>.

    A. living human body   B. the quality of being alive
    C. fleshiness and bloodines   D. relatives

33. The book was <u>fleshed out</u> with uninteresting descriptions.

    A. boiled down to   B. made laconic
    C. epitomized   D. made fuller

34. Our boss <u>flipped his wig</u> when he lost an important contract.

    A. had a success   B. suddenly became angry
    C. collected himself   D. got completely broke

35. Dong-chul got butterflies in his stomach and <u>fluffed his lines</u> over and over.

    A. memorized his lines exactly

    B. failed out of school

    C. forgot his lines when he was in a play

    D. tried to memorize his lines

36. The salesman <u>fobbed the faulty machine off on the lady</u>.

    A. handed over the faulty mechine to the lady

    B. sold the faulty machine to the lady

    C. tried to sell the faulty machine to the lady

    D. tricked the lady into accepting the faulty machine

37. When you go broke, nobody else will <u>foot the bill</u>.

    A. pay the bill   B. walk instead of riding

    C. make a total   D. behave properly

38. When people are poor, they have to <u>forget themselves</u> and attend only to their children.

    A. behave improperly   B. behave properly

    C. behave unselfishly   D. behave selfishly

39. You are always as much greedy of what you have as of what you have not. You want to have another nice-looking car, but you don't want to <u>fork out</u> a lot of money.

    A. give   B. pay

    C. gather   D. save

40. I'm sorry, but I'm just <u>fresh out of</u> the red ones.

    A. fresh from   B. new from

    C. saucy   D. short of

41. At first the loud noise <u>frightened the wits out of me</u>, but later I came
to believe that anyone can conquer fear by doing the things he fears to
do, provided he keeps doing them until he gets record of successful ex-
perience behind him.

A. frightened me very badly   B. surprised me
C. alarmed me   D. terrified me

42. When you are older you'll be sorry that you <u>frittered away</u> your youth
instead of preparing for a job.

A. made best use of   B. wasted
C. worried over   D. made no bones about

43. It's time to come down to brass tacks. Jong-soo, the <u>fun and games</u> are
over.

A. poking fun at   B. time for fun and games
C. doing worthless things   D. working slowly

44. Nobody realizes <u>from the word go</u> that maybe in every company today
there is always at least one person who is going crazy slowly.

A. at long last   B. work hard
C. by word of mouth   D. from the beginning

45. Here's a note from <u>the face card</u> telling me to come in for a chat.

A. a picture card   B. a visiting card
C. his last card   D. the important person

46. A woman drove me to <u>fall off the wagon</u> and I never even had the courtesy to thank her.

    A. fall from the wagon
    B. get out of the wagon
    C. resume drinking after having stopped
    D. learn to drink

47. Stop <u>fanning the breeze</u> and get to study.

    A. spanking   B. chatting
    C. blowing gently   D. driving a current of air

48. You need to find a way to persuade the <u>fence hangers</u> to come over to your side.

    A. persons astride the fence
    B. fence-menders
    C. people who can't decide which side to be on
    D. persons hanging on the fence

49. I don't like to be treated as <u>a fifth wheel</u>. I don't think that anything is interesting if I am not interested.

    A. a fifth columnist   B. something indispensable
    C. an extra and unneeded person   D. a worthless wheel

50. I have to watch my waistline and <u>fly light</u> until dinner.

    A. fly hgih   B. fly about
    C. skip a meal   D. prepare a meal

51. We meed a lot of <u>front money</u> to set him up as a businessman.

    A. money paid in public   B. earnest money
    C. easy money   D. money paid later

52. Dong-yul was known to be very diligent, but he had <u>feet of clay</u> and was fired for his laziness.

    A. feet made of clay   B. artificial legs

    C. a hidden fault   D. a well-known weak point

53. The owner <u>freezed Sung-ho out of</u> the house when he couldn't pay the rent.

    A. made him leave   B. froze Sung-ho to death

    C. froze on to   D. froze up on

54. Sung-min <u>faded from the picture</u> because he had to move to Busan.

    A. disappeared

    B. ceased to a relationship with a group of people

    C. hided himself

    D. mixed the picture slowly by brightness

55. The bank should allow me to <u>fan out</u> my payments over several year.

    A. postpone   B. put off

    C. space out   D. restrict

56. Dug-soo <u>fancies himself</u> as a plumber but he doesn't have any matured skill at all.

    A. speaks highly of himself

    B. has a low opinion of himself

    C. has too high an opinion of his abilities

    D. flatter himself

57. Any fool can tell the truth, but it requires a man of some sense to know how to <u>fathom out</u> a lie.

    A. disguise   B. equivocate

    C. articulate   D. discover

58. So many people with higher degree <u>end up nowhere</u> in the employment market.

   A. can't make way for   B. lose their bearings

   C. are at a loss   D. gain no success

59. It's nesessary that we <u>file out</u> of this building in an orderly way in case of a fire.

   A. smooth continuously with a tool having a rough surface

   B. destroy by rubbing with a rough surface

   C. leave in a line

   D. smooth the surface by rubbing it with a tool

60. The family have <u>found against</u> camping in the mountains.

   A. given judgement in favor of

   B. had two minds whether to choose

   C. given judgement against

   D. discovered something for

61. It's better to wait until somebody else does it and then to copy him in every detail, except his mistakes. And never forget to <u>find yourself</u>.

   A. become conscious

   B. discover your own abilities and character

   C. discover others in a decietful act

   D. succeed in reaching a desired standard

62. The youth club leader was dismissed for trying to <u>fling his weight</u> around, which the young people didn't like.

   A. wave his hands without direction

   B. spend money foolishly

   C. scatter his influence in several directions

   D. give unnecessary orders

63. The horses are <u>flinging up their heels</u> in the warm spring air.

    A. throwing their heels upwards   B. walking slowly

    C. hopping and jumping   D. moving quickly

64. Talking about things that are understandable only <u>flits through my mind</u> and falsifies my memory.

    A. moves quickly and lightly   B. flies lightly through

    C. is remembered for a short time   D. flies with quick movements

Exercise 6.

In questions below each sentence has underlined phrases. You are to choose the one phrase (word) that best keeps the meaning of the original sentence if it is substuted.

1. The speeding cab is <u>gaining on</u> the bus.

    A. making tracks for   B. gaining ground on
    C. getting on   D. drawing nearer to

2. She'll try to <u>get a run for her money</u> in the office.

    A. draw her salary
    B. receive a challenge
    C. A receive what she deserves or wants
    D. make money by running around

3. My uncle can't <u>get back on his feet</u> when his arthritis is troubling him.

    A. move quickly   B. jump to his feet
    C. be able to get around again   D. become independent again

4. My wife is <u>getting gray hair</u> because she has three teenage children.

    A. wearing gray hairs
    B. getting old
    C. irritating herself
    D. having her hair turn gray from frustration

5. You must work hard to <u>get on the good side of the boss</u>.

    A. get in the boss's favor
    B. remain friendly contact with the boss
    C. become romantically associated with the boss
    D. curry favor with the boss

6. I believe that a considerable number of persons are able to protect themselves against the outbreak of serious neurotic phenomena only through intense work. Let's cheer up and get our second wind.

    A. have our breathing stabilized   B. become more active
    C. relax ourselves   D. get a breath of fresh air

7. A great number of public servants have been engaged in fortune making by all available means and have ended up getting the business.

    A. getting a job   B. get a dressing down
    C. being harrassed   D. enter into a business

8. Getting the hell is fundamentally wrong as a cure for bad habits as charity is wrong as a cure for poverty.

    A. Receiving a severe scolding   B. Receiving a severe punishment
    C. Going to hell   D. Playing hell

9. We earn a lot, but the lion's share always goes for taxes. Why do we always get the short end of the stick?

    A. hold on to the short end of the stick
    B. end up with the thick end of the stick
    C. end up cheated or deceived
    D. make both ends meet

10. I got the works yesterday, but I've already forgot it and regained plenty of get-up-and-go.

    A. getting up and going   B. waking up and getting out of bed
    C. getting a good rest   D. energy

11. Though I've traveled the world over to find the beautiful, I have not been able to find a beautiful woman than you. When you put on makeup, you would be <u>gilding the lily</u>.

    A. decorating lily
    B. plating the lily with gold
    C. attempting to improve something which is alrady fine the way it is
    D. destroying the beautiful lily

12. <u>Gird your loins</u> for a surprise when you go into the room.

    A. Fasten your belt
    B. Tighten your gird
    C. Prepare yourselves
    D. Watch for your waistline

13. As we remember, anti-corruption reform drives in the past have had little success mainly because the Government just <u>gave them a lick and a promise</u>.

    A. did them poorly
    B. did them splendidly
    C. licked them into shape
    D. licke their shoes

14. We never want to see anybody <u>give up the ghost</u>, but we can find quite a few obituary notices we read with pleasure.

    A. throw away the ghost
    B. can't expect the ghost walks
    C. surrender
    D. die

15. You'll make the best speech when you regret after <u>giving vent to</u> your anger.

    A. expressing
    B. making a ventilation for
    C. giving air to
    D. giving a change of air to

16. The Minister tried to <u>gloss over</u> his department's mistake although it had cost the tax-payers a lot of money.

    A. look casually   B. look quickly at

    C. conceal   D. disclose

17. You seem to have spent the whole afternoon <u>going round in circles</u>.

    A. searching round   B. having a turn

    C. going mad   D. being active with little result

18. With the mandatory asset reporting and its public disclosure, a cleanup from above, the government has provided the momentum for an unparalled overall reform in all fields to <u>go like clock work</u>.

    A. go exactly

    B. progress with regularity and dependability.

    C. go around the clock

    D. tell the clock

19. There are only two ways of <u>going places</u>: by one's own industry, or by the weakness of others.

    A. failing in business   B. working hard

    C. having a good future   D. failing to be funny

20. I suppose it's much more comfortable to <u>go round the bend</u> and not know it, than to be sane and have one's doubts.

    A. go around a curve   B. move round

    C. spread   D. lose one's mind

21. All students are have to <u>go through the hoop</u> at the beginning of the year to pass their exams.

    A. pass a hoop   B. have trouble

    C. decide to do something   D. do whatever is necessary

22. There Joon-ho was, <u>grabbing at straws</u>, with no one to help him.

    A. depending on something which is reliable

    B. depend on something which is useless

    C. trying to grasp straws

    D. at a loss what to do

23. The first probe target should be directed at the persons who <u>grease public servants' palm</u>.

    A. oil public servants' hands

    B. overlook public servants' itching palm

    C. grease the wheels for public servants

    D. bribe public servants

24. I quite like working for the director, but his bad temper <u>grosses me out</u>.

    A. encourages me   B. makes me sick

    C. makes me go out   D. gives me the creeps

25. There is no genius free from some tincture of <u>going bananas</u>.

    A. going to get bananas   B. going completely crazy

    C. going mildly crazy   D. having a liking for bananas

26. When a man blames others for having to <u>go down the tube</u>, it's a good idea to credit others with is success.

    A. be ruined   B. make a success

    C. get to the top of the ladder   D. bring about downfall

27. The government's plan to control rising prices and wages <u>went off at</u> <u>half-cook</u> when the trade unions refused to agree to the new laws.

    A. proceeded without knowing all the facts
    B. did thing by halves
    C. went halfway
    D. meet each other halfway

28. We heard on <u>the grapevine</u> that the probes would be concentrated on the means of their money making especially if this included evading taxes, taking bribes or speculating in land, using their official status and the information they obtained in the course of their work.

    A. vine of grape
    B. nonsense
    C. a mouth-to-mouth communications network
    D. a reliable source

29. I know how the size of sums of <u>the gravy train</u> appears to vary in a remarkable way according as they are gained or lost

    A. the train loaded with gravy
    B. the cream of the crop
    C. easy money
    D. a job bringing in a steady supply of easy money

30. I am going to tell all my staff to <u>get the lead out of their pants</u>.

    A. have the lead taken out of their pants
    B. get busy
    C. go over like a lead balloon
    D. take it easy

31. It's not necessary to hope in order to undertake, nor to succeed in order to <u>go for broke</u>.

    A. go bankrupt   B. be taken to the cleaners
    C. try as hard as possibe   D. become an upstart

32. Last year, the school dress code <u>went out the window</u>.

    A. did more usual   B. went out of effect
    C. met with boredom   D. went out at the window

33. To know how to <u>go to seed</u> is the master work of wisdom, and one of the most difficult chapters of great art of living.

    A. go to gather seeds   B. be in seed
    C. lose strength   D. grow seeds

34. The creditor gave me a month's <u>period of grace</u> to pay back the arreared debt.

    A. the time allowed in which to pay off debt
    B. duration of tolerance
    C. tolerance limits
    D. utmost limit

35. She didn't like me at first, but I was soon <u>gain over</u> by being especially considerate.

    A. advance on   B. go faster than
    C. gain the support of   D. advance with regard to

36. A man never <u>gets above himself</u> than when he receives a telegram containing more than ten words.

    A. thinks too highly of himself   B. despises others
    C. lowers himself in public estimation   D. makes a display of his knowledge

37. It's time for me to <u>get back into circulation</u> after spending so many
days' vacation.

    A. whip up the circulation   B. bring ourselves back to circulation

    C. return to my usual life   D. start work again

38. Rather perish than hate and fear, and twice rather perish than <u>get
your own back</u> on others. This must someday become the highest maxim
for every single commonwealth.

    A. gain revenge on   B. give others tit for tat

    C. revenge a wrong   D. turn your back to

39. You can protect yourself against the outbreak of serious neurotic phe-
nomena when you <u>get back to the grindstone</u>.

    A. start work again after illness   B. return to

    C. return to the rat race   D. return to work

40. Those who have made irregular fortunes by capitalizing on the access
to information provided by their official position must be punished in
accordance with the law and we all must <u>get in to stride</u> as soon as pos-
sible.

    A. take it in our stride

    B. stride across

    C. begin to perform to the best of our ability

    D. take long steps

41. He is poor and sick, so he <u>gets the worst of both worlds</u>.

    A. suffers from many things   B. combines the disadvantages of two

    C. forms a wrong idea   D. goes sour on

42. On second thought, we hate to have some people <u>tell us where we can get off</u>.

    A. scold us or make us do something   B. make us start well
    C. tell us to descend from higher level   D. tell us to stop interfering

43. You can <u>get your skates on</u> when you're to get all this packing done to-night.

    A. hurry up   B. put on your skates
    C. act quickly   D. skate over thin ice

44. It usually takes two people to make one of them <u>get his rag out</u>.

    A. get off his clothes   B. take off his underwears
    C. become angry   D. make friends again

45. Did you get much change out of the director? No, he never gives a straight answer, so I'm afraid that <u>getting a pay raise from him is like trying to get blood out of a stone</u>.

    A. obtaining a pay raise from him is very difficult
    B. leaving no stones unturned to get a pay raise will do the trick
    C. there is no way to get a pay raise from him
    D. getting a pay raise from him is like sweating blood

46. Your job is all right <u>as far as it</u> goes, but I don't like fixed working.

    A. without limits   B. within limits
    C. extremely   D. by far

47. There has always been a conflict between those who feel their values are eternal and those who feel all their efforts <u>go for little</u>.

    A. are highly esteemed   B. are wasted
    C. are made best use   D. do not bring fortunes

48. The result indicates that they have made their fortunes largely
through investment in real estate by <u>going from strength to strength</u>.

    A. increasing their power or fame rapidly

    B. starting a journey

    C. resorting to violence

    D. getting stronger and stronger

49. I'm always ready to <u>go out of my way</u> to help you.

    A. get out of my way   B. take trouble

    C. give you the right of way   D. take a rsk

50. The main office is really <u>going to town on collecting overdue payments</u>

    A. going on a spree in collecting overdue payments

    B. going crazy on collecting overdue payments

    C. collecting overdue payments to go on a spree

    D. collecting overdue payments with great speed and energy

51. If a free society can't contribute money to relieving those who have to
<u>go on the dole</u>, it can't save the few who are rich.

    A. fail to work

    B. go begging

    C. be paid by the government as they are unable to work

    D. be hopelessly in love

52. My boss is always <u>going on at</u> me for one thing or another.

    A. keeping asking me   B. beginning to talk with

    C. spending money for   D. scolding

53. Wouldn't it be terrible if I quoted some reliable statistics which prove that more people go out like a light through religious hysteria than by drinking alcohol.

    A. lose consciousness
    B. cease to be in power
    C. stop working because of disagreement
    D. use every possible effort

54. I go out of my depth when it comes to natural science.

    A. be in water that is deeper than my height
    B. cannot control myself
    C. am over my head
    D. find it too difficult to understand

55. My teacher advised to go out to work but not to love it. I never did like to work, and I don't deny it.

    A. go out to find a job
    B. get a job
    C. go out of work
    D. work hard

56. I believe that community is already in process of dissolution where each man begins to eye his neighbor as a possible enemy, where those who go over the top, politically as well as religiously, is a mark of disaffection

    A. move over the top
    B. behave in an unresrtained manner
    C. escape from prison
    D. move across the highest place

57. Everyone knows you've seen so many troublesome cases go through your hands in the office.

    A. toy with
    B. get in touch with
    C. be the part of your work
    D. go through the mill

58. The reasonable man always <u>goes through the proper channels</u>, adapting himself to the world; the unreasonable one persists in trying to adapt the world to himself.

    A. pretends to work but without sincere intentions

    B. takes the correct steps

    C. carries out his work

    D. goes over the right channels to his destinations

59. When I look back on all these worries I remember the story of the old man who said on his deathbed that he had <u>gone to the dogs</u> a number of times in his life, most of which never happened.

    A. gone with the dogs   B. led a dog's life

    C. been ruined   D. died a dog's death

60. If someone <u>goes to work on</u> you, do the opposite; you can be sure it'll be the right thing nine out of ten times.

    A. treats you violently   B. tries to persuade

    C. goes to work ahead of   D. works harder than

61. Sung-ho <u>went up in the air</u> when Sung-hi annoyed him by finding fault with him.

    A. moved in an upward direction   B. rose up to a better standing

    C. became angry   D. caused great trouble

62. <u>Going with the crowd</u> makes us brothers, none goes his way alone.

    A. going against the stream

    B. keeping up to date

    C. follwing fashion

    D. behaving in the same way as most people

63. The pigs <u>gobbled down</u> the waste food as if they had not been fed for days.

    A. used quickly   B. was strong for

    C. ate quickly   D. drank quickly

64. Identifying the fellow who <u>goofed up</u> the game is very simple. He appears when you are terribly tired and makes a very reasonable request which you know you shouldn't grant.

    A. loafed around   B. messed around

    C. spoiled carelessly   D. looked at intently

65. The prisoner hoped to gain his own freedom by <u>grassing on</u> his companions in the jewel robbery.

    A. informing the police about the action of

    B. egging on

    C. giving a piece of information to

    D. going to grass with

66. If one defines the term "dropout" to mean a person who has given up serious effort to <u>grind away at</u> his duties, then every business office, government agency, golf club and university faculty would yield its quota.

    A. crush to a powder   B. reduce the size of

    C. carry out   D. work continuously at

67. <u>Groveling to</u> man is not renunciation of pride but the superstition of one pride for another.

    A. behaving arrogantly before

    B. behaving too humbly towards

    C. going down on one's hands and knees

    D. complaining about

68. Don't <u>gripe at</u> the heat: do some work!

A. speak highly of

B. shout loud

C. complain about

D. express in a painful voice

Exercise 7.

In questions below each sentence has underlined phrases. You are to choose the one phrase (word) that best keeps the meaning of the original sentence if it is substuted.

1. You might offend your hosts if you <u>ham it up</u> at the party in your usual way.

    A. work on with a hammer
    B. overact yourself on purpose
    C. underact yourself
    D. destroy it roughly

2. If you <u>hammer away at</u> finishing this work, you can just get it ready in time to meet the deadline.

    A. give repeated blows on
    B. repeat forcefully
    C. shoot continuously at
    D. work hard at

3. The votes counted so far have been very even for both parties, and the result of the election will <u>hang in the balance</u> until the last vote is counted.

    A. be in an undecided state
    B. keep going in spite of difficulties
    C. waste away time
    D. stay behind

4. <u>Hang on to your hat!</u> Jung-soo was killed in a car accident.

    A. Keep your hat in your grasp
    B. Prepare for a sudden surprise
    C. Remember to hold on to your hat
    D. Be careful of your hat

5. Always remember others may <u>have your guts</u> but those who have your guts don't win unless you have their guts.

    A. be in your favor
    B. hate you very much
    C. perform your gastrotomy
    D. win your heart

6. Do you know anyone who <u>has an in with</u> the bank president?

    A. has influence with　　　　　B. keeps track of
    C. stays in touch with　　　　　D. has a voice in

7. If you advance confidently in the direction of your dreams, and endeavors to live the life which you have imagined, you'll <u>hit the jackpot</u> unexpectedly.

    A. strike the jackpot　　　　　B. go out into the streets
    C. have a success　　　　　　　D. become very angry

8. In fact, the painful process is inevitable in order to refurbish the degraded image of law-enforcement officials and thus <u>hold their own</u>.

    A. hold themselves upwards　　　B. remain silent
    C. refrain from speaking　　　　D. do as well as anyone else

9. There may be little point in <u>hoping against all hope</u>, howerer, waiting and hoping are the whole of life, and as soon as a dream is realized it's destroyed.

    A. flying at high game
    B. having hope even when the situation appears to be hopless
    C. flying low
    D. discard all hopes

10. It's not employer who pays wages. He only handles the money. It's the product that pays wages. To understand this is <u>half the battle</u> of self-improvement.

    A. a part of the work　　　　　B. a bitter fight
    C. fighting a losing fight　　　D. fighting your battles over again

11. Let us have only one end in view, the welfare of humanity; and let us put aside all selfishness in cosideration of language, nationality, or religion; and let us remember that the <u>handsome is as handsome does</u>.

   A. handsome is like what handsome has done
   B. a person must act well and generously so that he will be truly worth respecting
   C. one good turn deserves another
   D. the grass is greener on the other side of the fence

12. Experience is like stern lights of a ship which illumine only the track it has passed and nobody can read <u>the handwriting on the wall</u> before the event.

   A. the handwriting written on the wall
   B. the wisdom derived from experience
   C. a sign that something bad will happen
   D. an old mural handwriting

13. The president said he couldn't make new laws if he was so <u>hedged in</u> by old ones.

   A. heavy-handed
   C. awkward in
   B. kept from moving freely
   D. surrounded

14. Don't <u>hem and haw</u>, come straight to the point! If you don't learn from your mistakes, there is no sense making them.

   A. hesitate while speaking
   C. keep dry coughing
   B. avoid giving a clear answer
   D. make a loud noise

15. You'd better <u>hold your fire</u> until you've collect enough information to persuade them.

   A. keep from telling
   C. cease fire
   B. stop breathing
   D. put off firing

16. I'd have got the job finished in time if he hadn't come <u>horning in on</u> my work with his unwanted advice.

    A. causing confusing by trying to help   B. doing it faster
    C. pulling in his horns   D. blowing his own horn

17. The judge <u>hung on to the prisoners lips</u>.

    A. turned a deaf ear to the prisoner
    B. listened eagerly to what prisoner said
    C. waited eagerly for the prisoner
    D. held the prisoner's lips tightly

18. <u>Hauling down your colors</u> is the embarrassment you feel when you tell people how wonderful you are.

    A. Hoisting your flag   B. Being less active
    C. Admitting defeat   D. Scolding others for a fault

19. Jung-soo really <u>has his tail down</u> as he lost his job yesterday.

    A. is in high spirits   B. is in low spirits
    C. has no tail at all   D. has his tail twisted

20. Duck-soo <u>has a finger in every pie</u>: he teaches school, he runs a business firm, and he belongs to several societies and clubs.

    A. puts his finger in all the pies he has made
    B. shares the responsibility
    C. has made a start on something
    D. is concerned in many different affairs

21. Profitability seems to be the sovereign criterion of the businessman. My father was worried about the loss of that trifle contract, even though he <u>has many irons in the fire</u> and won't lose too much business by it.

    A. keeps many irons on fire
    B. has to strike while iron is hot
    C. has the iron into his soul
    D. busy with many plans at the same time

22. To suppose as we all suppose, that we could <u>have it good</u> and not behave as such, is like supposing that we could drink all day and stay sober.

    A. foolishly in love   B. possess the ability
    C. have enough money   D. show mercy

23. Whatever is only almost true is quite false, and among the most dangerous errors, because being so near truth, it's the more likely to <u>have innocent people on a string</u>.

    A. deceive innocent people successfully
    B. pull the wires for innocent people
    C. pull every string for innocent people
    D. have two strings to their bow for innocent people

24. To keep their slaves, the southern states had to <u>hive off</u> from the union.

    A. divide off   B. separate their activities
    C. disappear   D. separate their hives

25. All told, these officials who accumulated excessively large forturnes by improper means <u>hold no brief for</u> the reform.

    A. oppose   B. support
    C. make no brief for   D. have no brief

26. Sun-ho <u>is hooked on</u> music.

    A. is dependent on   B. is fastened with
    C. is fastened with hooks   D. is very keen on

27. We disagreed with his opinion and <u>hooted him down</u>.

    A. frowned him down
    B. showed disapproval by making a loud hollow noise to drown his speaking
    C. chimed in with him
    D. followed suit without reflection

28. After months of <u>hovering between</u> selling and renting a house, they at last decided that it was better to dispose it.

    A. deciding with resolution for   B. remaining still in the air
    C. remaining uncertain between   D. thinking over hard between

29. Ever since he was put in charge of a bigger group of workers, he's been <u>hurling his weight about</u> in the factory, and getting himself disliked.

    A. giving unnecessary orders   B. throwing himself away with force
    C. wasting his money wildly   D. throwing heavily around

30. If they can get the committee members <u>hyped up</u> before the meeting, we might get some lively action and some meaningful voting.

    A. climbed to a higher level   B. excited or eager
    C. excited by means of a drug   D. cool down

31. The lightening struck, and <u>in nothing flat</u> the house burst into flames.

    A. in a short period of time   B. in exactly no time at all
    C. on time   D. for a short while

32. I have worked hard for my money, producing things people need. I think that the industrial leader who <u>is in his chips</u> and creates employment is more worthy of historical notice than politicians or soldiers.

A. cashes in his chips
B. is a chip of the old block
C. is wealthy
D. in a bind

33. I don't think it's <u>incumbent on me</u> to make the presentation of the first prize.

A. necessary for me
B. belongs to me
C. up to me
D. dependent on me

34. You have to know <u>the ins and outs</u> of working with computers.

A. the inside and outside
B. the special things that you need know
C. the truth
D. the sketch

35. It came as heartening news that the warring associations of pharmacists and doctors of Oriental medicine. have begun to <u>iron out</u> their long drawn-out dispute over rights for the dispensing of herbal medicine.

A. iron
B. take iron out
C. smooth out
D. shackle

36. It figures. He won some money at the track, and he's really <u>in tall cotton</u>.

A. comfortable
B. successful
C. flunked
D. in the run

37. When the lake <u>gets iced over</u>, you can walk across it.

A. becomes frozen
B. be full of ice
C. is homeless with cold
D. gets warmer and warmer

38. I make it a point of <u>judging all my staff on their own merits</u>.

    A. judging all my staff in favor of them
    B. getting high opinion of them when they have merits
    C. evaluationg all my staff on their own achievements and virtues
    D. getting low opinion of all my staff when they do not have merits

39. It is <u>just one of those things</u>. Now, I feel I'm alone in the universe's un-feeling immensity.

    A. only everyday affairs
    B. something which couldn't have been prevented
    C. only my destiny
    D. everyday occurrence

40. Don't show your father your school report before he has dinner, as it's sure to <u>get his jaws tight</u>.

    A. make him angry
    B. a word that's hard to pronounce for him
    C. get his mouth fall wide open with surprise
    D. make his jaws tight

41. The committee was doing well until the chairman's independent action <u>jammed up the works</u>.

    A. got sticky   B. packed tightly in a space
    C. spoiled   D. was packed tightly together

42. You'd better <u>join hands with</u> him although others see that he is through.

    A. begin a disagreement with   B. add your support to that of
    C. share the feelings of   D. make a show of friendship with

43. He that can't <u>kiss and make up</u> breaks the bridge over which he must
pass himself; for everyman has need to be forgiven.

   A. kiss to make up again   B. forgive and be friends again
   C. kiss and make love   D. bill and coo

44. You are so naive. You sure don't <u>know your onions</u>.

   A. know the most basic things
   B. know what you are expected to know
   C. know how to get from one place to another
   D. know how to behave

45. After months of refusing, Song-hi <u>knuckled down to</u> Dong-hyug and
agreed to marry him.

   A. gave in to   B. kneeled down
   C. knocked to the floor   D. struck

46. Sometimes we have to <u>kiss up to</u> others to get what's rightfully ours.

   A. despise   B. flatter
   C. send a kiss to   D. offer a drink of liquor to

47. My wife always <u>keeps tabs on</u> my daughters to be sure they are clean
and neat.

   A. keeps a record of   B. keeps a watch on
   C. pays bills for   D. picks up the tab for

48. Scientists have to work hard to <u>keep abreast of</u> new discoveries and
developments.

   A. stay at the same level as   B. remain fully informed about
   C. remain level with   D. continue chasing

49. My salary is just chicken feed. It's getting hard for me to <u>keep the wolf from the door</u>.

    A. be able to feed myself and my family
    B. keep the wolf from coming into the house
    C. protect myself and my family from possible danger
    D. keep something valuable in my home

50. I'm still <u>kept in the dark</u> as to what the boss intends to do to amuse us at the party.

    A. failed to understand   B. uninformed
    C. well-informed   D. walking in the dark

51. It will be to your advantage to <u>keep on the right side of</u> the leaders of the city council.

    A. become friendly with   B. enter by means of
    C. behave lawfully   D. continue paying attention to

Exercise 8. 

In questions below each sentence has underlined phrases. You are to choose the one phrase (word) that best keeps the meaning of the original sentence if it is substuted.

1. Many speak the truth when they say that they despise people who <u>leave their friends in the lurch</u>, but they mean people excluding himself.

   A. leave their friends alone in trouble
   B. are ready to give support
   C. betray their friends
   D. leave their friends to someone else

2. We were all bored by cut-and-dried lecture. Everything <u>leaves me flat</u> today.

   A. fails to entertain me   B. makes me stone broke
   C. lays an egg for me   D. stimulates me greatly

3. You haven't done enough, you have never done enough, so long as it is still possible that you have something to <u>lend yourself to</u>.

   A. make a loan   B. listened to
   C. contribute to   D. rent

4. Don't <u>let yourself go</u>. If somebody throws brick at you, you can catch it and throw it back. But when somebody awards a decoration to you, you are out of words.

   A. search for trouble   B. become more intimate
   C. fall in love   D. become less constrained

5. I would I could stand on a busy corner, hat in hand, and beg pople throw me all their time <u>let slide by</u>.

   A. wasted   B. let slide
   C. spent wisely   D. let aside

6. With a little more practice, you'll soon <u>lick the team into shape</u> in time for next year's game.

   A. make a shape   B. make the team reach a fit condition
   C. lick the team's shoes   D. lick the team's wounds

7. They <u>lit out of their home</u> because their parents opposed the marriage.

   A. departed their home in haste   B. eloped from their home
   C. set fire on their home   D. came to rest on their home

8. A woman drove me to be <u>loaded for bear</u> and I never even had the courtesy to thank her.

   A. angry   B. drunk
   C. loaded for fire   D. ready to fire at the bear

9. All my capital <u>is locked in</u> the bank.

   A. can't be moved   B. is locked
   C. is kept in   D. is deposited

10. You could have gone a long way in helping us with our problem, and everyone knows you <u>looked the other ways</u>.

   A. watched over and took care   B. looked at the opposite direction
   C. ignored on purpose   D. paid close attention

11. No one in the world except a mortified saint is actually displeased at the fact of <u>lording it over</u> others.

   A.. becoming a lord over   B. dominating

   C. enobling himself   D. becoming a boss of

12. Sung-moon claims he is not responsible for what he says when he's <u>loaded to the gills</u>.

   A. loaded to full capacity   B. drink like a fish

   C. drunk   D. sober

13. I've got to <u>look after number one</u>. Who else will?

   A. take care of number one   B. take care of myself first

   C. look for the best   D. wash my hand

14. <u>Look who's talking</u>. You played a leading role in fanning speculation in real estate.

   A. Watch carefully who is talking

   B. Do you know who's talking?

   C. You are just as much at fault

   D. What you are talking is making sense?

15. One of the greatest creations of the human mind is the art of <u>lacing into</u> books without having read them.

   A. beginning to criticize   B. attacking physically

   C. interlacing with   D. lace a cord through

16. This shows that most officials rather did what the people were told not to do, while they avoided doing what they asked the public to do and paid a lot of <u>lip service</u>.

   A. service done by lip   B. support shown by words only

   C. promise for service   D. kiss

17. A <u>lone wolf</u> is a man who thinks that if he hadn't been born, people would have wondered why.

    A. wolf which likes to live alone   B. stealthy wolf

    C. crying wolf   D. person who likes to be alone

18. Nevertheless, it's to be noted that with the alliance's initiative, the two sides reached a broad agreement to refrain from taking any extreme actions such as <u>laying down their tools</u>.

    A. laying aside their tools

    B. stoping working because of disagreement

    C. throwing away their toos

    D. beginning to work

19. It's better to be hated for what I am than loved for what I am not. Thus it's time for me to <u>lay my cards on the table</u>.

    A. tell the truth

    B. set my cards on the table

    C. have all my cards stacked against me

    D. let my cards lie on the table

20. You made me <u>leap out of my skin</u>, coming up behind me suddenly liketa that.

    A. have myself skinned   B. receive a shock of surprise

    C. shed skin off my back   D. make a leap in the dark

21. I don't mind <u>living in a fool's paradise</u>, and that's the first step in the direction of wisdom

    A. living in utopia

    B. being unconscious of faults or dangers

    C. building castles in the air

    D. having good hope

22. Gab-dol and Gab-soon were <u>made for each other</u>.

    A. a match made in heaven   B. well-suited for doing a specific task

    C. helping each other   D. depending upon each other

23. <u>Making a pile</u> is the symbol of duty, it's the sacrament of having done for mankind that which mankind wanted.

    A. making a lot of money   B. piling up a fortune

    C. making a pile of troubles   D. piling it on

24. In their worship of the machine, many Koreans have settled for something less than a full life, or a hundredth of a life. They have confused <u>making good time</u> with mechanization.

    A. having a good time   B. proceeding at a fast rate

    C. making the best use of time   D. having a pleasant time

25. Always remember others may <u>make your blood boil</u> but those who hate you don't winu nless you hate them.

    A. make you very angry   B. boil your blood

    C. make you full of beans   D. warm you up

26. The manager said that the report didn't <u>make the grade</u> and gave it back to Sung-min to do over again.

    A. is unsatisfactory   B. is what's expected

    C. isn't up to par   D. get promoted

27. The teachers <u>march to a different drummer</u>; some think he can't be blamed, others want him to be punished.

    A. proceed to a different drummer

    B. agree with each other

    C. believe in a different set of principles

    D. are all for the suggestion

28. The businessman became successful by <u>muscling in on</u> any profitable
trade that he saw, even if it was someone else's.
   A. muscling his way   B. forcing his way in
   C. use force to gain   D. use force to share

29. In the game of life it's good idea to <u>miss a mile</u> sometimes, which re-
lieves you of the pressure of trying to maintain an undefeated season.

   A. fail to hit near   B. fail badly
   C. be far from right   D. be completely wrong

30. When you get right down to the root of the meaning of the word
"win", you find that it simply means to <u>mop the floor with others</u>.

   A. mop the floor in collaboration with others
   B. be defeated by others
   C. beat others badly
   D. wipe the floor for others

31. Some politicians of our time might be characterized by their vain at-
tempts to <u>play musical chairs with any organization heads</u>.

   A. play the game of musical chairs with any organization heads
   B. transfer any organization heads into different jobs
   C. enjoy music with any organization heads
   D. face the music with any organization heads

32. This house combines country surroundings with city convenience, so
<u>making the best of both worlds</u>.

   A. having the advantage of everything
   B. making the most of everything under
   C. the sun combining the advantages of two things
   D. gaining an advantage in the world

Exercise 9.

In questions below each sentence has underlined phrases. You are to choose the one phrase (word) that best keeps the meaning of the original sentence if it is substuted.

1. We shall have to <u>nail him down to</u> his promise.

    A. get a firm and final decision from him on
    B. get him to nail something which is loose
    C. explain the exact nature to him
    D. drive a nail into his promise

2. The university had no right to <u>nose the student out</u> from the examination.

    A. give the student a nose   B. <u>keep the student out</u>
    C. check the student   D. investigate the student

3. We have to take the chance. <u>Nothing venture, nothing gained.</u> Bravery is being the only one who knows we are afraid.

    A. Time heals all wounds.
    B. Necessity is mother of invention.
    C. You can't achieve anything if you do not try.
    D. Strike while the iron is hot.

4. We must act <u>nutty as a fruitcake</u> a little if we wouldn't be thought wholly a fool.

    A. as a wiseacre   B. silly
    C. delicious as fruitcake   D. mad

5. You don't know you are in the habit of <u>nailing others to a cross</u>. You are just like eunuchs in a harem.

   A. praising others to the skies
   B. driving nails into others
   C. scolding others severely
   D. making others drive a nail to a cross

6. I had to face the music. That's <u>the name of the game</u>.

   A. the name of the sports
   B. the way things are
   C. the fish that gets away
   D. to each his own

7. Just tell me when <u>nature's call</u> coming on.

   A. call from nature
   B. a feeling of a need to go to the toilet
   C. calling distance of nature
   D. need to preserve nature

8. They ran <u>neck and neck</u> all the way to the finish line.

   A. neck and heels
   B. neck or nothing
   C. almost even
   D. risking their neck

9. Personally I'm always ready to learn, although I don't always like being taught. I feel I have to get down to <u>the nuts and bolts</u> of anything I learn.

   A. the advanced stage
   B. the basics
   C. the bolts with nuts
   D. the complete knowledge

10. The wolf in sheep's clothing is a fitting emblem of the hypocrite. Every virtuous man would rather meet an open foe than a friend who is <u>nasty-nice</u>.

    A. very nice
    B. very nasty
    C. neither nasty nor nice
    D. disagreeable while pretending to be gracious

11. We have to suspect <u>a nigger in the woodpile</u>, because most ranking public post holders are richer than generally believed by ordinary citizens.

    A. a Negro in the wood   B. a Negro woodcutter
    C. a hidden factor   D. an open secret

12. The speaker accidentally <u>nailed his colors to the mast</u> on the government's intention to raise taxes.

    A. drove a nail to the mast to hoist his colors
    B. let everyone know what he thought right and refused to change
    C. showed his true colors
    D. came off with flying colors

13. Let us be of good cheer, remembering that misfortunes hardest <u>to nurture through</u> are those which never come.

    A. care for
    B. take care of
    C. elbow throw
    D. give help in succeeding in a difficulty

14. We have to <u>be off the mark</u> at once if we are to act on his advice, it always concerns matters of the moment.

    A. be not playing very well   B. lose our senses
    C. waste no time in taking advantage   D. be wide of the mark

15. You can't <u>oil his plam</u> to get things done around here.

    A. go on the wheels for him

    B. keep the cart on the wheels for him

    C. bribe him

    D. oil him all over the body

16. The big popular music concert has succeeded in <u>putting the small village on the map</u>; everyone now has heard of it.

    A. making the small village more famous

    B. indicating the small village on the map

    C. dotting the small village on the map

    D. wiping the village off the map

17. Nobody believes they are <u>on the up-and-up</u>. They pocketed at least 20 million won in bribes each, an amount that subjects them to the harsh law concerning added punishment of specific crime.

    A. brave   B. honest

    C. dishonest   D. responsible

18. Why should we be in such desparate haste to be <u>on top of the world</u>, and in such desparate enterprises? If a man does not keep pace with his companions, perhaps it's because he hears a different drummer.

    A. over the top   B. off the top of our head

    C. glorious   D. from top to toe

19. <u>One man's meat is another man's poison.</u>

    A. One person's preference may be disliked by another person.

    B. As the twig is bent, so grows the tree.

    C. One good turn deserves another.

    D. If it were a snake, it would bite you.

20. On the other hand, the administration's inability to resolve the dispute becomes evident now that a private body has come to the fore to facilitate the reconciliation of the rival groups. They don't want to <u>open a can of worms</u>.

    A. open a can filled with worms   B. lay bare everything
    C. let the cat out of the bag   D. create unnecessary complications

21. The right to be <u>out of circulation</u> is the most comprehensive of rights and the right most valued in civilized man.

    A. unlike their usual behavior
    B. not interact socially with other people
    C. no longer active
    D. out of print

22. You have to work hard to get <u>out of the hole</u> and provide against a rainy day.

    A. not in the hole   B. out of debt
    C. every hole and corner   D. in the hole

23. I was invited to his home but I refused because I had <u>other fish to fry</u>.

    A. other things to do   B. other fish to cook
    C. plenty of work   D. nothing to work

24. I <u>object to</u> your last remark: it's not true that we were to blame.

    A. agree with   B. disagree with
    C. like to   D. hate to

25. You've been <u>ogling at that girl</u>. You must have a crush on her.

    A. making goo-goo eyes

    B. seducing that girl

    C. trying to attract that girl by the expression in your eyes

    D. twisting your eyes into an ugly shape to annoy that girl

26. Please give me a week's time to <u>orientate myself with</u> the details before making a decision.

    A. train myself   B. familiarize myself with

    C. prepare myself   D. make a research

Exercise 10. 

In questions below each sentence has underlined phrases. You are to choose the one phrase (word) that best keeps the meaning of the original sentence if it is substuted.

1. If you put this gas in your car, it'll <u>pack a punch</u>.

   A. make a pack for boxing   B. be gas-efficient

   C. be gas-guzzling   D. provide a burst of energy

2. The new comedian is <u>packing them in</u>.

   A. persuading them to join   B. getting them together

   C. attracting them   D. jamming them in

3. Last month the gasman <u>padded the bill</u> and ripped me off

   A. filled out the bill

   B. footed the bill

   C. put unnecessary items on a bill to make the total cost higher

   D. manipulated the bill to conceal his irregularities

4. The salesman <u>palmed the faulty vacuum cleaner off on my wife</u>.

   A. sold the faulty vacuum cleaner to my wife

   B. forced acceptance of the faulty vacuum cleaner on my wife by deceit

   C. delivered the faulty vacuum cleaner to my wife gratis

   D. advertised the faulty vacuum cleaner to my wife

5. One of staff left to get married, so the other office workers <u>passed the hat</u> to buy him a audio set.

   A. delivered the hat   B. showed the hat

   C. collected money   D. ordered a hat

6. Success makes us intolerant of failure, and failure makes us intolerant of success. What we really need is to <u>give a pat on the back of</u> those who have failed.

A. give a tap to
B. encourage
C. discourage
D. disparage

7. A prolonged and inconclusive committee must <u>pave the way for</u> dispelling public suspicion and misgivings, detrimental to the socio-political stability.

A. do away with
B. wear through the way
C. prepare themselves for
D. go a long way toward

8. Don't forget to <u>pay as you go</u> whenever you go shopping.

A. buy things on credit
B. pay for goods as they are bought
C. pay in kind
D. deal in futures

9. Time is money, but not when you are <u>paying your debt to society</u>.

A. serving a sentence for a crime
B. getting out of debt
C. keeping yourself above water
D. paying your dues to society

10. Sugn-moon walked twenty kilometers to save ten thousand won and sick in bed for two days. He's really <u>penny wise and pound foolish</u>.

A. a penny saved is penny gained
B. taking care of the penny and the pounds will take care of themselves
C. turning an honest penny
D. foolish to lose a lot of money to save a little money

11. We need a good holiday to <u>perk ourselves up</u>.

A. get ourselves exhausted
B. cheer ourselves up
C. boast ourselves
D. flatter ourselves

12. His savings <u>petered out</u> over the years till there is hardly any money
left.

   A. died away   B. became bigger little by little
   C. disappeared   D. petrified

13. For most Koreans, progress means accepting what's new because it is
new, and <u>phasing out</u> what's old because it's old.

   A. leaving from   B. removing in stages
   C. holding the stage   D. dying out

14. To know all things is not <u>a piece of cake</u>. We should try to know every-
thing of something, and something of everything.

   A. very difficult   B. very easy
   C. sweet and delicious   D. very simple

15. I am <u>pinning my faith on</u> the ability of our people to reject notorious
literature as I am on their capacity to sort out the true from the false in
theology, economics, or any other field.

   A. putting my faith in   B. disbeliving them
   C. stabbing my faith on   D. piercing with pin

16. Only when he feels sense of responsibility, can you <u>pin his ears back</u>?

   A. piece his ears in to his back   B. scold him severely
   C. force him to clarify   D. hold him down

17. He just pretends to ask you for criticism but he only wants praise. You'
d better just <u>pipe down</u>.

   A. put your pipe down   B. sing in a low tone
   C. get quiet   D. speak up

18. In my youth, I was <u>pitted against</u> some of the most famous fighters of my day.

   A. set in opposition to   B. fought with
   C. set them against   D. fell into the pit

19. The decision of Korea Pharmaceutical Association to close pharmacies indifinitely from yesterday <u>pitched us a curve ball</u> because the collective action is nothing but an instance of immorality that the country need to do away with once and for all.

   A. surprised us with an unexpected act
   B. threw a curve ball at us
   C. hurled a curving ball at us
   D. pitch a curve ball for us

20. As an anti-speculation measure, the government <u>played its cards well</u> by confining benefits only to dwellers in the green belts, while denying new comers who are suspected of land speculation.

   A. used a special trick   B. worked correctly and skillfully
   C. acted calm and unconcerned D. did safely

21. Some see private enterprise as a target to <u>play the market</u> for, others as a cow to be milked, but few are those who see it a sturdy horse pulling the wagon.

   A. play in the market   B. buy or sell goods in the market
   C. buy stocks in hopes of a profit D. drum up

22. When the President came out with a policy of easing construction restructions on green belt zones across the country in an effort to improve the residential area but preserve the national environment at the same time, he <u>played to the gallery</u>.

    A. was able to play a piece of music after just listening to it

    B. behaved so as to win the favor of those with least judgement

    C. used a special trick

    D. acted a calm and unconcerned

23. He tried to <u>plow more clothes into</u> the case, but there was not enough room.

    A. cultivate crops to get necessary materials for more clothes

    B. bury more clothes in to the earth

    C. force more clothes to enter

    D. bury more clothes in the earth with a plough

24. A man's work is his dilemma: his job is his bondage, makes him <u>plug away</u> and keeps him from being a bystander in somebody else's world.

    A. increase his courage   B. keep working

    C. play around   D. act as a spark plug

25. He seems to be exploring a future-oriented party line, <u>polishing off</u> his strategy of squaring off over the past.

    A. shining by rubbing with polish   B. killing

    C. bringing to an end   D. starting off with

26. Going to school all day <u>poops little children out</u>.

    A. makes little children lose interest   B. has enough of

    C. tires little children very much

27. "We can be knowledgeable with other men's knowledge, but we can't be wise with other men's wisdom." "If you <u>pop off</u> one more time, I'll skin you alive."

    A. quit

    B. make a wisecrack

    C. fly upward rather than outward

    D. appear without warning

28. Never forget what a man says to you when he <u>pops his cork</u>.

    A. goes crazy

    B. becomes very angry

    C. wears out and stops

    D. searches around

29. <u>Popping the question</u> can be a lottery in which if you lose you can't tear up the ticket.

    A. Asking to marry you

    B. asking the question abruptly

    C. asking up to the question

    D. asking for it

30. You'd better get busy <u>pounding the pavement</u>. In fact I'm a great believer in luck, and I find the harder I work the more I have of it.

    A. wasting time

    B. walking the streets doing nothing

    C. walking through the streets looking for a job

    D. quitting your job

31. Nobody can <u>pour cold water on</u> your plans. Courage is a quality so necessary for maintaining virtue that it is always respected, even when it is associated with vice.

    A. encourage

    B. reduce enthusiasm for

    C. spill cold water over

    D. throw cold water away

32. One friend in a life time to whom we can <u>pour our heart out</u> is much; two are many; three are hardly possible.

    A. speak out our mind   B. keep everything under our hat
    C. rely on   D. make friends

33. Why not <u>practice what you preach</u>? For purposes of action nothing is more useful than narrowness of thought combined with energy of will.

    A. practice what you don't like
    B. do what you advise other people to do
    C. put it into action
    D. stop talking and begin to work

34. In such <u>a pretty state of affairs</u> the wisest may well be perplexed and the boldest staggered.

    A. a nasty kettle of fish   B. a fine kettle of fish
    C. a pleasant state of affairs   D. a son of a gun

35. You'd better <u>prick up your ears</u> all the time. You seem to be more convinced that your opinions are precious than that they are true

    A. turn a deaf ear   B. pray to deaf ears
    C. listen more closely   D. waste your words

36. When Jung-do <u>promises you the moon</u>, it means he hasn't the slightest intention of putting it into action.

    A. aims at the moon for you   B. cry for the moon for you
    C. shoot the moon with you   D. make extravagant promises to you

37. Great minds discuss ideas, aberage minds discuss events, small minds <u>psych out people</u>.

    A. cause people to go crazy   B. figure out people psychologically
    C. make people to be enthusiastic   D. make the blow a fuse

38. The boss always <u>pulls his rank on</u> me.

    A. asserts his rank or position   B. is very modest
    C. behaves arrogantly   D. takes air using his rank

39. You have to get the right answer before others. You must be <u>quick on the draw</u> to win the quiz game.

    A. quick to draw a gun and shoot   B. quick to respond to anything
    C. quick of temper   D. cut to the quick

40. It's a sure recipe for success to be <u>quick on the uptake</u>.

    A. quick to take up   B. take up quickly
    C. quick to understand   D. quick-witted

41. If people think what I say is just <u>a pack of lies</u>, I may as well make an effort to deserve the name as a liar.

    A. a whole collection of lies   B. lies packed up
    C. a rare collection of lies   D. a whole lie with a latchet

42. Stop giving me <u>a pain in the rear</u>.

    A. painful   B. a very annoying thing
    C. a severe backache   D. a painful wound in the back

43. If Sung-soo <u>pitches in</u>, you can get it done in a jiffy.

    A. throws in   B. hurls in
    C. applies a blind eye   D. volunteers to help

44. You have to take your chance and <u>play in the big league</u>.

    A. participate in the major league
    B. become involved in a large proportions
    C. live in a small way
    D. fly low

45. Like all weak men he laid and exaggerated stress on not changing his mind, but he doesn't seem to <u>play with a full deck</u>.

A. play all his cards   B. play his last card
C. lay his cards on the table   D. behave as if he is mentally sound

46. No woman ever try to <u>put the moves on a man</u> unless she has a better opinion of him than he deserves.

A. put a man on the move   B. has a crush on a man
C. seduce a man   D. make a man move actively

47. If you are going to flee to a safe distance, you have to <u>put the pedal to the metal</u>.

A. speed up
B. sneak away
C. escape with a bare life
D. press a car's accelerator to the floor

48. The opposition party trumpeted a thorough investigation of past irregularities and an impartial anti-corruption campaign at the same time, but its appeal has failed to attract a positive response from the general public and ended in <u>painting itself into a corner</u>.

A. painting itself black
B. getting itself into a bad situation
C. put itself into a corner
D. putting itself just round the corner

49. Any politician will want to <u>pull the plug on</u> his rival's dishonorable affairs.

A. smother up   B. hush up
C. expose   D. use influence on

50. My book seems to be <u>panning out</u> quite well so far.

    A. turning out   B. briming but
    C. succeeding   D. flunking

51. Just because everything is different doesn't mean <u>a lot of water has passed under the bridge</u>.

    A. much water has passed under the bridge
    B. the sparrow near a school sings the primer
    C. many changes have taken place
    D. we have gone through hell and high water

52. The children considered it a crime to <u>peach on</u> one of their own group.

    A. poke fun at   B. give a peach to
    C. inform against   D. find favor with

53. As we have only two small rooms, my three children have to <u>pig together</u> in one small room.

    A. eat a lot of food   B. live together in a crowd
    C. live in comfortable conditions   D. be covetous

54. I have to catch the next bus, the driver can't <u>pile more passengers in</u>.

    A. let more passengers out
    B. break the gate for more passengers
    C. let more passengers enter in
    D. crowd more passengers out

55. In this school we <u>place a premium on</u> hard work and honesty; brain without character and willingness are worthless

    A. set at nothing   B. put a high value on
    C. set little store by   D. put a high price on

56. The corporations have been <u>placing pressure on</u> the government to reduce its limits on price increases.

   A. forced   B. persuaded
   C. convinced   D. succumbed to

57. I shan't be home for dinner, I'm still <u>plowing through</u> all those urgent letters.

   A. get slowly to the end of   B. turn the earth with a plow
   C. turn over the earth in   D. uncover with a plow

58. It's my turn to <u>plunk down</u> the money and call for drinks for everybody.

   A. be keen for vote for   B. be keen to choose for
   C. pay readily   D. pay reluctantly

59. You ought to <u>keep the police posted on</u> that man who's been hiding in the bushes outside your gate.

   A. keep the police guessing on
   B. give the police continuous information about
   C. keep track of the police
   D. make track for the police

60. Parents often try to <u>pound into</u> their children how much they owe them.

   A. beat   B. force
   C. teach by force   D. knock heavily

61. A society that gives to one class all the opportunities for leisure, and to another all the burdens of <u>pouring it on</u>, dooms both classes to spiritual sterility.

   A. overpraising   B. working hard
   C. moving quickly   D. flowing freely

62. With public indignation still continuing over the protracted uncompromising showdown between pharmacists and Oriental medical doctor, irregularities by orthopedists at major hospitals have been <u>past praying for</u>.

    A. requested for help   B. beyond help or hope

    C. prayed for   D. declared against

63. One of the best temporary cures for those <u>preening themselves on</u> their wealth is seasickness; a man who wants to vomit never puts on airs.

    A. taking pleasure in   B. decking out themselves with

    C. dressing themselves up with   D. very proud of

64. Will the police <u>prefer against</u> him, or just give him a warning?

    A. place next to   B. stretch at full length

    C. formally state a charge against   D. choose him, better than others

65. I can see that his new responsibilities are <u>preying on the young father's mind</u>.

    A. eating young father's mind   B. killing young father for food

    C. making worries for young father   D. making young father go hunting

66. We live in a vastly complex society which has been able to provide us with a multitude of material things, and this is good, but people are beginning to suspect that we have <u>priced out our plenty</u>.

    A. raised the price of our plenty

    B. made our plenty cost too much

    C. brought our plenty to the wrong market

    D. went badly to market

67. We must have courage to bet on our ideas, to take the calculated risk, and to act. Sometimes we need someone else to <u>prick on</u> us if life is to be effective and bring happiness.

A. make a little hole in
B. cause sharp pain to
C. encourage
D. mark with a sharp point

68. He has moved so often that he finds no difficulty in <u>pulling up his roots</u>, making friends and finding a place in the society.

A. leaving his home town
B. settling in a new place
C. pull up stakes
D. leave a place where he has lived

69. I'm bitter about the way you <u>push this subject down my throat</u>.

A. push this subject forcefully to me
B. force me to accept this subject
C. make me gulp down this subject
D. make me swallow this subject

70. When more graft was disclosed involving medical supplies to many governmental public health centers across the country, that really <u>put the cat among the pigeons</u>.

A. put effort into the activity
B. placed separately
C. brought forth desirable results
D. caused trouble by saying something wrong

71. Some workers are so selfish that they <u>put down their tools</u> for their own insistence, instead of doing it to improve social welfare.

A. take down their tools
B. stop working because of disagreement
C. go on a strike
D. resume their work

72. Please <u>put me in</u> and I'll make this community suitable to live in.

    A. make me use effort   B. encourage me

    C. elect me   D. offer a request to me

73. People have made mistakes but they have never made mistake of claiming that they never made one. That's why they <u>put the boot in</u> each other.

    A. kick   B. make an error

    C. treat unkindly   D. offer unwanted help

74. In the course of legislature's deliberation, the budget program should be trimmed further by omitting less urgent and unnecessary outlay, and especially by getting rid of pork barrel to <u>put it in a nutshell</u>, more effort is needed to prevent any waste of budget and maximize its economic use in difficult circumstances.

    A. say it mildly   B. arrange it neatly

    C. express it in a few words   D. mince the word

75. These irregularities <u>put us in the the picture</u> and enable us to reconfirm the existence of under-the-table links between corrupt suppliers and corrupt officials.

    A. take the picture of us   B. explain the facts to us

    C. make us take the picture   D. remind us of the picture

76. A celebrity is a person who works hard all his life to <u>put others in the shade</u>, and then wears dark glasses to avoid being recognized.

    A. perform very much better than others

    B. put others in the tree shade

    C. make others blind

    D. apply a blind eye to others

77. Government talks with the trade union were going well until the chief union leader <u>put a spanner in the works</u> by declaring that his group were not prepared to yield on any matter in the talks.

   A. spoiled the talks
   B. put a spanner in the machine
   C. threw a monkey wrench
   D. proposed a suggestion

78. You have to <u>put your back into</u> finishing the job quickly.

   A. get busy
   B. work hard at
   C. set your back in
   D. have your back on

79. It's a sort of snobbery that makes people think they can be happy by <u>putting their hand into their pocket for</u> others.

   A. poking their hand into their pocket
   B. paying for
   C. putting their pride in their pocket
   D. suffering in their pocket

80. It's time for them to <u>put their cards on the table</u>. Under any circumstance, the principle of the natural preservation should remain intact because this is the national interest in the long run.

   A. set their cards over the table
   B. make their cards known
   C. be completely honest
   D. play cardse

Exercise 11.

In questions below each sentence has underlined phrases. You are to choose the one phrase (word) that best keeps the meaning of the original sentence if it is. substuted.

1. I'm sorry that you have to <u>race against time</u> to finish your report.

   A. run to finish in time   B. hurry to beat a deadline
   C. run against time   D. hurry up

2. You have to <u>rack your brains</u> figuring out how the fire started.

   A. tye very hard to think   B. strike your brains
   C. think nothing of   D. think twice

3. I think it a less evil that the shoplifter should escape than that you should <u>rake him over the coals</u>.

   A. rake him all over   B. torture him
   C. accuse him of his shoplifting   D. give him a severe scolding

4. You would never have caught the shoplifter if I had not <u>ratted on</u> him and told you where he was hiding.

   A. caught the rat   B. told you about
   C. informed about   D. laid a trap for the rat

5. Frankly, you <u>don't rate with</u> me at all.

   A. don't rate me correctly   B. are not in my favor
   C. don't care for me   D. don't like me

6. The tough thing about success is that we've got to keep on <u>reaching for the sky</u>.

    A. climbing up to the sky   B. making efforts to succeed
    C. flying low   D. setting our goals high

7. The man who makes no mistakes does not usually make anything. Buck up and you don't have to be <u>red in the face</u> like that.

    A. afraid   B. ashamed
    C. embarrassed   D. brassy

8. There's no <u>resting on our laurels</u>. We have to continue to do great things.

    A. satisfaction on our success   B. resting leisurely
    C. idling away our time   D. wasting time

9. In former times, if a gentleman <u>robbed the cradle</u>, he would become a laughingstock.

    A. stole something from the cradle
    B. married someone who was much younger than he was
    C. snatched away the cradle
    D. walked away with the cradle

10. Certainly, the lawmaker's overture is novel but its senstivity is such that it could <u>rock the boat</u> at home and abroad.

    A. shake the boat
    B. turn turtle
    C. calm down
    D. cause trouble where none is welcome

11. I have to <u>roll up my sleeves</u> and have this book finished by tomorrow.

    A. make up my sleeves flat

    B. make my sleeves into the shape of a cylinder

    C. wear my heart on my sleeve

    D. get ready to do some work

12. Her lawyer may <u>rope the witness into admitting</u> that he did not actually see the crime.

    A. fasten thy witness to make him confess

    B. twine the witness if he will not admit

    C. persuade the witness into admitting

    D. carries a rope in his pocket

13. The wrong sort of people are always in power because they wouldn't <u>rule the roost</u> if they were not the wrong sort of people.

    A. control the roost   B. take care of the roost

    C. come home to roost   D. be the ruler

14. I don't like to see young people <u>ratting around</u> all day doing nothing

    A. catching rat all around   B. informing against

    C. wasting time   D. making most use of time

15. I'd like to drop out of <u>the rat race</u> and intoxicate myself with work so I won't see how I really am.

    A. the dull and unrewarding job   B. the gravy train

    C. the paying job   D. the firece competition

16. I shan't shop at that store again, they <u>ripped me off</u> for perfectly ordinary goods.

    A. charged me too high a price   B. removed me from there

    C. tore me away   D. paid through the nose

17. What plays the mischief with the society is men will <u>raise their voice
against</u> anything they dislike.

   A. put in a good word for   B. have a say in

   C. give voice to   D. express opposition to

18. When you offer one product at a low price, they will <u>rise to the bait</u>,
come into your shop, and then buy other goods.

   A. rise to bite the bait

   B. take food offered on a hook

   C. accept it which is intended to atttact them

   D. are equal to

19. On such small chicken feed it's impossible to <u>rub through</u>.

   A. continue to live in spite of difficulties

   B. pass

   C. be in front

   D. continue rubbing

20. Don't <u>run away with the idea</u> that the introduction of the dual dispen-
sation system will increase medical costs for the public and in this re-
gard the government may consider the introduction of a medical insur-
ance system for expensive herbal medicines.

   A. go well with the idea   B. leave a place with the idea

   C. move forward with the idea   D. believe it too readily

21. The great question is not whether you <u>ran your head into a brick wall</u>,
but whether you faced up to the reality.

   A. hit your head against a wall

   B. kept trying something impossible

   C. barked up the wrong tree

   D. made your head pass through a wall

22. I think I <u>run over with</u> my wealth because my riches consist not in the
    extent of my possessions but in the fewness of my want.

    A. have a great deal of   B. overflow

    C. pass over   D. move around here and there

Exercise 12. 

In questions below each sentence has underlined phrases. You are to choose the one phrase (word) that best keeps the meaning of the original sentence if it is substuted.

1. You don't seem well, I think you ought to <u>sack out</u>.

   A. retire   B. go to sleep
   C. take a break   D. call in sick

2. One of the greatest failings of today's executive is his inability to <u>sail through</u> what he is supposed to.

   A. sail forward   B. finish quickly and easily
   C. set sail   D. get under sail

3. These little tree animals <u>salt away</u> nuts for the winter.

   A. spray salt   B. preserve by salting
   C. store   D. put away

4. We don't have to <u>scale down our plan</u>. I know what happen to people who stay in the middle of the road-they get run over.

   A. make our plan larger
   B. make our plan smaller
   C. remake our plan according to its scale
   D. examine our plan closely

5. I chose this house as our home as soon as I saw it, but in fact I <u>scraped the bottom of the barrel</u>.

   A. chose the pick   B. chose frome what was left over
   C. scratched the bottom of the barrel   D. got to the bottom

6. I'm afraid you've already failed to present constructive policies and legislative measures that are necessary to further the people's substantial benefits. <u>Shape up or ship out</u>!

   A. Shape up yourself or ship out   B. Improve your performance or quit

   C. Shape up and ship out   D. Put it into shipshape order

7. I'll have to <u>shift for myself</u> without help from anyone because I'm determined to work my way through school.

   A. change for myself

   B. become different from what I used to be

   C. get along by myself

   D. make a shift

8. She tried to <u>shine up to</u> him but he refused to have anything to do with her.

   A. have a crush on   B. fall in love with

   C. get stuck on   D. try to gain the favor of

9. Our travel arrangements have been messed up. We <u>should have stood in bed</u>.

   A. should have gone to bed   B. should have stayed in bed

   C. should have lain in bed   D. should have got out of bed

10. A true friend will see you through when others <u>side against</u> you.

   A. are on your side   B. are on your black book

   C. take sides against   D. follow the neutral line

11. Long time no see. You are <u>a sight for sore eyes</u>.

   A. a lousy sight   B. a welcome sight

   C. a sight enough to cure sore eyes D. a beautiful sight

12. If you <u>skip out on</u> me again, you are no longer my best friend.

    A. cut me dead   B. look down on
    C. sneak away from   D. backbite

13. You can crack a joke on him because he is <u>slow on the draw</u>.

    A. slow in drawing a gun   B. slow to figure it out
    C. slow-witted   D. slow-moving

14. The jewel thief <u>sneaked up on the house</u> without being seen.

    A. reached the house gradually and silently
    B. broke into the house
    C. broke the gate of the house
    D. forced his way into the house

15. I have a little money to <u>sock away</u> for a rainy day.

    A. lay in   B. store in a safe place
    C. spend   D. invest

16. The icing on the cake was that you won the game. You are <u>something else</u> today!

    A. something strange   B. something entirely different
    C. something wonderful   D. something other than that

17. Nobody knows what Jung-ho thinks about my suggestion, but we'll <u>sound him out</u>.

    A. try to find out what he thinks   B. figure him out
    C. read his face   D. read him out

18. He's not so <u>spaced out</u>. It's time to have a conversation with him.

    A. placed apart   B. spread out
    C. giddy   D. sound

19. Some drivers cheat in the race by <u>souping up their engines</u>.

    A. making their engines more powerful

    B. getting up steam

    C. getting in the soup

    D. overhaulig their engines

20. I don't want to <u>spell out particulars</u> about the meeting now, I'll tell you all the details later.

    A. spell in letters   B. signify future trouble

    C. give all the details   D. tell of particulars

21. Production has got behind in the last few months. I've been <u>spinning my wheels</u> and not getting anywhere.

    A. marking time   B. making vain efforts

    C. getting excellent results   D. taking the rough with the smooth

22. I won't take a cent less. I don't want to <u>split the difference</u>.

    A. add up the difference   B. balance the difference

    C. divide the difference   D. ignore the difference

23. I'm afraid you've <u>spread yourself too thin</u>

    A. stretched yourself too much

    B. spread rapidly and without control

    C. done so many things that you can do none of them properly

    D. done everything quickly and well

24. He'd like to <u>square accounts with</u> the man who attacked his daughter.

    A. settle his financial accounts with   B. give tit for tat

    C. get even with   D. share accounts with

25. On such a small salary it's impossible to <u>squeak by</u>.

    A. pass   B. be accepted
    C. express in a high voice   D. survive

26. My lack of higher education really <u>stacks the cards against</u> me when it comes to finding a paying job

    A. piles up the cards against   B. prevents me from succeeding
    C. doesn't make any difference to me   D. stabs me in the back

27. By advertising our sale ahead of other competitors, I was able to <u>steal a march on them</u>.

    A. gain an advantage over them before they do
    B. sneak up on
    C. lessen their authority
    D. get attention for myself

28. Mr. Lee <u>stirred up a hornet's nest</u> when he announced that his party would put its policy priority on sqaring off over the past.

    A. made others angry   B. got angered
    C. created trouble   D. stood up for others

29. Since we cannot know all that's to be known of everything, we ought to know enough about everything in <u>hitting a happy medium</u>.

    A. striking a medium   B. finding a compromise position
    C. acquring wealth suddenly   D. finding a way out

30. The salesman finds it easy to <u>suck in</u> old men and persuade them to give him their money.

    A. understand   B. receive
    C. accept   D. deceive

31. <u>Swallow your pride</u> and be tolerant of the principles of other people.

    A. Eat your pride
    B. Drink your pride
    C. Forget your pride and accept something humiliating
    D. Keep your pride

32. Some people would like him a lot better now, if only he had <u>sweated blood</u> more.

    A. shedded blood   B. bled blood
    C. been very anxious and tense   D. been worrying

33. We've got to be fool to want to stop the march of time. We have to learn to <u>swim with the tide</u>.

    A. be full of
    B. follow the easiest and successful course
    C. float in
    D. appear to be unsteady

34. It has been once again proven how much unwarranted rumors or information harm the innocent until the truth finally prevails. The rumor was so exciting that it <u>swept us off our feet</u>.

    A. knocked us down   B. cleaned by sweeping us away
    C. overwhelmed us   D. encouraged us

35. I understand. I'll try to <u>sweet-talk Mr. Jung</u> or somebody to try and get you a pay raise of about 30 thousand won or so, but don't have hard feelings if I can't do it, all right?

    A. talk sweetly to Mr. Jung
    B. give a sweet talk to Mr. Jung
    C. talk convincingly to Mr. Jung with flattery
    D. threaten Mr. Jung

36. The government has <u>swam against the current</u> by refusing to come out
with the package in respons to rising popular calls for the relaxation of
the green belts which have caused much inconvenience to residents and
hampered the rural populaces's effort to enhance their income.

    A. followed the successful way   B. followed suit without reflection
    C. made a mountain of a molehill   D. gone against the trend

37. The vigorous are no better than the lazy during one half of life, for all
men are alike when <u>sacked out</u>.

    A. went to bed   B. fired
    C. asleep   D. awake

38. Some are <u>saddled with</u> toil, and some get crooked trying to avoid it.

    A. having saddle   B. burdened with
    C. filed with   D. on the horse

39. My wife always <u>sails into</u> my children, but she never practices what
she preaches

    A. runs aginst   B. runs into
    C. scolds   D. praises

40. They were grilled by the press and interrogated by police on Min-ho's
whereabouts and had to face suspicious villagers until it was confirmed
the girl was <u>saved by the bell</u> during the accident.

    A. saved from death   B. saved by the timely intervention
    C. saved from burning   D. saved by ringing the bell

41. The two leading recipes for <u>sitting on a gold mine</u> are building a better mousetrap and finding a bigger loophole.

    A. striking a gold mine
    B. having something valuable in
    C. sitting on a paying position
    D. living high on the hog

42. If we are dreamers who laud the self-indulgent life, we really wish we could <u>slave away</u> for chicken feed.

    A. idle away   B. make others our slaves
    C. work very hard   D. take it easy

43. We have to review our stand on the impending issue and seek unilateral and international cooperation in an effort to punish such <u>a snake in the grass</u>.

    A. a snake in the bosom   B. a sneaky person
    C. an enemy   D. snakes in our boots

44. Don't try to <u>squirrel out of</u> your duties again.

    A. hide away from   B. wiggle out of
    C. run away from   D. depart from

45. Should we <u>swing into higher gear</u> however, we must anticipate that we will soon bemoan the lazy life we left behind.

    A. get into gear   B. out of gear
    C. make things smooth   D. increase the rate of activity

46. Young people today seem to have no work to do, they are always scrounging around here and there.

   A. scribbling around
   B. nagging and begging
   C. looking around a way to get something free
   D. looking forward to

47. The world is governed more by appearance than by realities, so that it's fully as necessary to seem to second-guess people as it's to know them.

   A. hindsight
   B. guess what people would think
   C. have a afterthought
   D. think better of

48. If at first you don't succeed, try, try again, then the shoe will be on the other foot someday.

   A. the shoe will change its foot
   B. places will be change
   C. it will be icing on the cake
   D. Rome wasn't built in a day

49. It's not best that we should all stand shoulder to shoulder ; it's difference of opinion which makes horse races.

   A. agree to disagree
   B. are in agreement
   C. argufy
   D. are egoistic

50. Of all your miseries the bitterest is this, to shout anything from the housetops and to have control over nothing.

   A. tell anything on the housetops
   B. keep anything under your hat
   C. tell anything to everyone
   D. be close a clam

51. How sad a man wakes in the morning to watch himself keep on signing his death warrant.

   A. causing his own death
   B. shaping himself up
   C. trying to survive
   D. serving his death warrant

52. If the teacher sees you climbing up the wall, you'll <u>sing a new</u>.

    A. obey his orders   B. act in the opposite way

    C. sing a new song   D. change your voice

53. When I heard the news that the lifting of some restrictions again triggered a land speculation spree, it <u>didn't sink in</u> at that time.

    A. was not fully realized   B. didn't sink into the earth

    C. didn't dig into   D. was unbelievable

54. It's well for a man to respect his own vocation whatever it is and to think himself bound to uphold it and to <u>sink or swim</u>.

    A. swim or sink   B. dive and swim

    C. succeed or fail by his own efforts   D. take his life in his hand

55. The director called him into his office to <u>slap him down</u> for being late so often.

    A. slap him harshly   B. spank him

    C. scold him severely   D. praise him to the skies

56. If you <u>split hairs about every silly thought</u> that pops into your mind, you'll soon find out everything you most seriously believe.

    A. are inscrupulous about every

    B. argue about every silly thought

    C. overlook every silly thought

    D. split hairs into pieces

57. It's the wretchedness of being <u>striking it rich</u> that you have to live with rich people.

    A. living high on the hog

    B. born with a silver spoon in your mouth

    C. living in the lap of luxury

    D. becoming rich suddenly

58. The fact that a man <u>stringing along with</u> a religion is happier is no more to the point than the fact that a drunken man is happier than a sober man.

A. deceiving
B. joining
C. folowing blindly
D. despising

59. We should have a great many fewer disputes in the world when we don't <u>swallow our words</u>.

A. have eaten our words
B. speak unclearly
C. argufy
D. compromise

60. You can't <u>swear by</u> the weather being fine for anything you plan in Jejudo.

A. take an oath upon
B. criticize
C. have complete confidence in
D. betray

61. Jung-soo didn't <u>swear off</u> drinking until he was critically sick.

A. state his intention to stop
B. give up
C. have a person promise to do his duty
D. promise

62. I didn't want this job, <u>it was saddled on me</u>.

A. I was forced to accept it
B. it sat on me
C. it gave me a trouble
D. I had to suffer

63. Since I moved to this place, I've <u>scraped up an acquaintance with</u> quite a few people.

A. made friends with
B. brushed against
C. brushed aside
D. scraped by

64. I am trying to <u>see him off the premises</u>. He's bothering me.

    A. meet him   B. see him off
    C. get rid of him   D. welcome him

65. Many employers would like to <u>set the clock back</u> to the good old days when workers were under their control, but they are too late.

    A. move the hands of a clock   B. try to return
    C. refuse to go forward   D. go back to old days

66. Many a girl has <u>set their cap at</u> a man in a light so dim she would not have chosen a suit by it.

    A. adored   B. tried to attract
    C. been in love with   D. been stuck on

67. Few people are <u>getting set in their ways</u> which differ from the prejudices of their social environment.

    A. express their opinions
    B. set others at defiance
    C. set great store by othermen's opinions
    D. having fixed opinions

68. He formally opened the new theater building, so <u>setting the seal on</u> group's effort to be recognized.

    A. putting the seal on   B. valuing very much
    C. ratifying   D. finalizing

69. It's to the interest of the commonwealth of mankind that there should be someone who <u>shapes up to</u> heavy responsibilities, someone against whom nothing has any power.

    A. fashions up to   B. faces with courage
    C. makes up with   D. shows effort to improve

70. Many children <u>are shorn of</u> a good education, simply because they live
    in the wrong place.

    A. are freed from   B. have nothing left of
    C. divide with   D. cut off

71. The victim hopes that I'll be able to <u>shed some light on</u> the case of the
    stolen purse.

    A. clarify   B. teach
    C. make known   D. walk away with

72. The hill <u>shelves down</u> so steeply that it's difficult to raise anything.

    A. ascends gradually   B. slopes up gradually
    C. descends gradually   D. fluctuates

73. We are going to have a surprise party for Jung-soo, but Jong-man <u>shot
    his mouth off</u> about the secret.

    A. fired a gun   B. left quickly
    C. talked too freely   D. kept silent

74. Man-soo made quite a lot of money, but <u>nothing to shout about</u>.

    A. deserves much praise   B. to say nothing of
    C. nothing to speak of   D. unworthy of much praise

75. Well, you <u>shuffle out of</u> doing the dishes just because you are a boy!

    A. move out of   B. neglect
    C. forget   D. escape from

76. After his team was thoroughly beaten, he had to <u>sing low</u>.

    A. sing in a low voice   B. express his opinion humbly
    C. be elated   D. be frustrated

77. It's my job to answer these complaints, I can't <u>sit on my hands</u>.

   A. lift a hand   B. lay hands on
   C. refuse to do what's expected of me   D. join hands

78. No politician will win the votes of serious-minded people if all he does
   is <u>slinging mud at</u> his opponent.

   A. hurling stone at   B. expressing a bad opinion to
   C. speaking offensively in public about D. speaking highly of

79. He'll be happy when he <u>slings out</u> his old car.

   A. buys   B. throws out
   C. gets rid of   D. moves smoothly out of

80. Unfortunately, this world is full of people who are ready to believe the
   fact when they see a man <u>slinking out of</u> the wrong bedroom in the mid-
   dle of night.

   A. coming near gradualy   B. escaping improperly from
   C. leaving in a secretive manner   D. passing quickly

81. Why should you <u>slip out of</u> the dirty work just because you are young?

   A. move out of   B. get out of control
   C. fall out of   D. escape from

82. If you <u>slog at</u> baseball practice all your youth, there is some hope you
   may be chosen for the team.

   A. work hard and steadily at   B. strike hard
   C. make strides in   D. fight your way out of

83. The committee member had difficulty in <u>slug his suggestion out</u>.

   A. suggest that his idea be adopted   B. struggle to gain approval of
   C. fight   D. argue

84. The office can hardly <u>slur over its failure</u> to control these trouble some boys, now that the report is in all the papers.

    A. deal quickly with its failure to reduce its importance
    B. straighten out its failure
    C. iron out its failure
    D. evade the point on it failure

85. It's part of a newspaper reporter's job to <u>smell out</u> unpleasant facts about people in the public eye.

    A. smell of   B. find by searching
    C. gloss over   D. discover

86. Any company executive who overcharges the government will <u>smell to heaven</u>.

    A. be offensive   B. discover by guessing
    C. fill with a smell   D. stink badly

87. You must make every offort to <u>smooth away</u> these difficulties that might prevent your plan from being followed.

    A. free from   B. get rid of
    C. fight shy of   D. conform to

88. A new scientific truth does not triumph by convincing its opponents or <u>speaking for itself</u>, but rather because its opponents die, and a new generation grows up that's familiar with it.

    A. expressing its opinions
    B. providing all the information it needs
    C. telling a great deal about
    D. giving proof in favor of

89. You must <u>spill out</u> for the police how you've got this information.

    A. make clear the details   B. overflow
    C. tell freely   D. cause to overflow

90. Scientific and humanist approaches are not competitive but supportive, and both <u>spin off</u> a great many useful products for home and industry.

    A. prduce unexpectedly   B. lengthen by spinning
    C. turn round very fast   D. give off

91. You can offend other people if you <u>spread yourself</u> when it's your chance to make a speech.

    A. cover a wide area   B. express your opinion at length
    C. stretch in space   D. behave freely

92. Nobody knows how your dog was able to <u>skin through</u> the bars of all the fenses that you built for him, but he did.

    A. pass   B. just pass through
    C. pass freely   D. crowd together

93. I know I can't <u>sqirm out of</u> my share of the blame so easily.

    A. avoid   B. twist the body
    C. discover   D. move out of

94. You don't have to <u>stand on ceremony</u> in this office.

    A. stand on formal functions
    B. be formally polite
    C. act firmly according to your principle
    D. take a position in

95. No, it won't be any trouble. You can do it <u>standing on your head</u>.

    A. erecting on your head   B. with effort

    C. very easily   D. standing up

96. <u>His eyes stood out of his head</u> when he traveled India last year.

    A. His eyes were out   B. He lost his eyes

    C. He felt surprise   D. He feared nothing

97. You'd better <u>stand up and be counted</u> when your boss is against you, that's better than pretending to obey him.

    A. stand up and be included in count   B. agree with

    C. be unafraid to express your opinion D. oppose

98. They think the local police <u>stay on the right side of</u> the criminals.

    A. have a good relationship with   B. have a bad relationship with

    C. share secrets with   D. are all-out to crack down on

99. With an unexpected question, the criminal was <u>struck all of a heap</u>.

    A. brave enough to overcome   B. overcome by surprise

    C. nothing daunted   D. struck all over

100. You can't expect him to lend you any money, it's time you <u>struck out on your own</u> as a businessman.

    A. took a step forward   B. were independent

    C. made efforts   D. thought better

101. Jung-mi is a nasty girl and always seems so <u>strung up</u>, and that is what makes her fail in her exams.

    A. hung up on strings   B. spread in a line

    C. nervous   D. sober

102. Dong-soo often likes to <u>strumming on</u> the piano intead of doing for his practice.

    A. aiming to strike   B. playing rather carelessly on

    C. giving up   D. pounding

103. I had to <u>stumble through my congratulatory speech</u> so as not to make a mistake.

    A. finish my congratulatory speech awkwardly

    B. give my congratulatory speech in an awkward manner

    C. make my congratulatory speech fluently

    D. muse on my congratulatory beforehand

Exercise 13.

In questions below each sentence has underlined phrases. You are to choose the one phrase (word) that best keeps the meaning of the original sentence if it is substuted.

1. He is bossing everyone around. It's a case of <u>the tail wagging the dog</u>.

    A. the tail is wagging the dog
    B. a rags to riches story
    C. the situation wher a small part is controlling the whole thing
    D. the sparrow near a school sings the primer

2. It's a blessed thing that in every age someone has <u>taken heart</u> enough to stand by his own conviction.

    A. been cautious
    C. been disappointed

    B. had courage
    D. been encouraged

3. The reformative effect of <u>tanning children's hide</u> is a belief that dies hard because it is so satisfying to our sadistic impulses.

    A. tanning their hide
    C. scolding children

    B. spanking children
    D. punishing children

4. Your work has been <u>tapering off</u> recently, but should improve at the beginning of the new year.

    A. lessening in quantity
    C. coming gradually to a point

    B. taping off
    D. growing gradually

5. Prisons don't rehabilitate, they don't <u>teach us a lesson</u>, they don't protect, so what the hell do they do?

    A. make us learn
    C. get even with us for bad behavior

    B. teach us
    D. punish us

6. The chief prosecuter has been put in jail and is finding out what it's like when <u>the shoe is on the other leg</u>.

   A. he is experiencing the same thing that he has caused others to experience
   B. one man's medicine is another man's poison
   C. the grass is greener on the other side of the fence
   D. he doen't know what he's got until he's lost it

7. Since we can't read all the books in the world, we ought to at least <u>thumb through necessary books</u>.

   A. peruse necessary books
   B. read necessary books
   C. learn necessary books
   D. look through necessary books without reading them carefully

8. The government <u>turns thumbs down on</u> ony further increase in taxes, and will try to raise money by some other means.

   A. is in favor of   B. is opposed to
   C. accepts   D. is in for

9. She <u>was tickled to death</u> to hear how Korea became a democracy, strictly governed by law and devoid of the abuse of political power and encroachments upon the independence of the judiciary.

   A. was pleased to   B. was almost dead by tickling
   C. was near being dead by tickling   D. was much excited

10. Could you sound him out whether she will <u>tickle his fancy</u> or not?

   A. entertain   B. have a crush on
   C. set her cap for   D. make him curious

11. You must find a way to <u>tide over difficulties</u>.

    A. help yourself in difficulties keep going

    B. oar against difficulties

    C. fight difficulties

    D. succumb to difficulties

12. I'm getting fat and <u>tip the scales at</u> 76 kilograms.

    A. tilt the scales   B. weigh

    C. tip the balance   D. put on weight at

13. We'd better <u>tone down our remarks</u>, otherwise we have to face the music.

    A. lower our voice   B. make our remarks less extreme

    C. make our remarks pointless   D. make our remarks outstanding

14. <u>Too many cooks spoil the stew.</u> As is well known, the protracted sluggish investment by manufacturers is largely attributable to inconsistent and uncertain policy directions on the part of the government.

    A. Too many people try to manage something simply to spoil it

    B. One man sows and another man reaps

    C. One rotten apple spoils the barrel

    D. Many hands make light work

15. Learning preserves <u>trials and errors</u> of the past, as well as its wisdom. For this reason, dictionaries are public dangers, atthough they are necessities.

    A. trials and trials   B. trying repeatedly for success

    C. making mistakes   D. erring on the safe side

16. One of the temporary cures for being <u>tall in the saddle</u> is seasickness; a man who wants to vomit never puts on airs.

    A. tall when in the saddle   B. high in stature
    C. proud   D. modest

17. People begin to <u>tear into</u> him for having continued to mobilize all means available to him, even in violation of the election laws, and ready to do what it takes to win.

    A. eating food with gusto   B. attack
    C. divide into   D. rush into

18. He was so unhappy that he tried to <u>tear off</u> from school.

    A. break loose   B. run out
    C. run away   D. move quickly

19. Chang-soo is <u>a third wheel</u>. Send him away.

    A. an unneeded wheel   B. an extra person
    C. a busybody   D. an interferer

20. This piano is <u>too rich for my blood</u>.

    A. rich enough for me   B. very expensive
    C. too expensive for my budget   D. not to my taste

21. Early to <u>turn in</u> and early to rise is a bad rule for anyone who wishes to become acqainted with our most prominent and influential people.

    A. hand in   B. go to bed
    C. fall asleep   D. wake up

634

22. There was no work in the office this afternoon so everyone <u>twiddled his thumbs</u>.

    A. hustled and bustled   B. was busy as a bee
    C. did nothing   D. waited impatiently

23. On the other hand, lawmakers of both government and opposition parties appear to <u>have their tail between their legs</u> when seeking the drastic legislation needed to realize the set of political reforms.

    A. be brave   B. be cowed
    C. high tail   D. get off their tail

24. The opposite of <u>telling it like it is</u> is making a false statement. But the opposite of a profound truth may well be another profound truth.

    A. talking black into white   B. telling the truth
    C. telling as if it were true   D. glossing over something bad

25. You can <u>thank your lucky stars</u>. You don't necessarily require luck.

    A. thank your fate   B. curse for bad luck
    C. think yourself lucky   D. be unthankful for bad luck

26. <u>To all intents and purposes</u>, the nation's political world has long been marred by allegations of vote-buying practices and other irregularities in elections.

    A. To this purpose   B. By all means
    C. For the purpose   D. In most ways

27. He is not so black as he is painted. But when he was rumored to have gone out with other women, <u>tongues wagged</u>.

    A. many tongues wagged   B. wagged their tongues
    C. held their tongues   D. people spread rumors

28. Let's <u>trade on</u> this unexpected fine weather and go into the country for the day.

   A. give something to a seller

   B. use as a way of helping ourselves

   C. give in exchange

   D. sell

29. The government has promised to <u>tailor its spending to</u> its budget.

   A. curtail its spending to

   B. tail off its spending to

   C. taper off its spending to

   D. form its spending so as to fit

30. That's the way the ball bounces. You have to learn to <u>take the rough with the smooth</u>.

   A. live roughly

   B. take something rough smoothly

   C. accept both good and bad

   D. behave freely

31. The working of this machine <u>tallies with</u> that of the general of an army.

   A. disagree with

   B. corresponds to

   C. equals to

   D. tells off

32. Somebody's been <u>tampering with</u> my papers again; I do wish everyone would leave tham alone, I have them carefully organized.

   A. putting his foot on

   B. causing damage to

   C. putting a word in

   D. carrying away

33. I don't want to <u>tangle with you</u>, you always twist me around your little finger.

   A. fight with you

   B. oppose you in argument

   C. take you to my side

   D. argue with you

34. Many changes in the national pattern of life have recently taken place, especially those <u>tangled with</u> housing and jobs.

    A. opposing in argument   B. disagreeing with
    C. closely relating to   D. regardless of

35. In the course of working out reform measures the commission is <u>taxed with</u> the job of gathering as many public opinions as possible about the matter.

    A. give a responsibility of   B. laid under a heavy tax
    C. burdened with   D. labored under a heavy work

36. The boss called Jung-soo into his office to <u>tear him off a strip</u> for being idle.

    A. remove him by pulling roughly   B. leave hurriedly
    C. scold him   D. write him a letter

37. The streets were <u>teeming with</u> hotel guests trying to escape the flames.

    A. falling in quantity   B. full of
    C. devoid of   D. pouring with

38. He is notorious for <u>telling his men off</u> whom he dislikes for the least little fault.

    A. knowing his men who is who   B. recognizing the difference
    C. giving information on his men   D. scolding his men

39. Nobody can promise that the boss will agree; after all nobody can <u>tell with</u> him, he has some novel ideas.

    A. talk with   B. know the truth about
    C. argue with   D. persuade

40. You <u>have no one to thank for</u> your poor marks in your exams.

    A. express your graititude for   B. have to blame no one for
    C. have no one to thank for   D. don't know how to thank enough

41. <u>Thinking ahead</u>, we need more competent, highly cultured and integral judges.

    A. Considering the future   B. Thinking in advance
    C. Thinking again   D. Having careful thoughts in advance

42. The most important thing in this effort to make is to make sure that judges themselves become the authentic last fortress ready to protect human rights independently from any political pressure and <u>think for themselves</u>.

    A. have thoughts concerning   B. make their own decisions
    C. consult others   D. have all things considered

43. At busy times it's difficult to <u>thread your way through</u> the crowds in the station.

    A. make your way   B. pave the way for
    C. pass with effort through   D. pass without difficulty through

44. You cna find a lot of good points to that guy; let's not judge a man by appearances, or we'll be <u>throwing out the baby with the bath-water</u>.

    A. throwing cold water
    B. throwing the baby out of the window
    C. losing something valuable when getting rid of something worthless
    D. dashing bathwater on the baby

45. He would go to any extreme if <u>tied himself in knots</u>.

  A. greatly confused   B. tied himself in chain
  C. tied hand and foot   D. tied helplessly

Exercise 14.   

In questions below each sentence has underlined phrases. You are to choose the one phrase (word) that best keeps the meaning of the original sentence if it is substuted.

1. If you work <u>until</u> all hours night after night, you'll probably become ill.

   A. endlessly
   B. until very late
   C. till the cow comes in
   D. day and night

2. I'm <u>up a blind alley</u> in my study.

   A. blind
   B. not able to proceed
   C. at a dead end
   D. going through thick and thin

3. It's useless for you to have me <u>under the gun</u> to get this done.

   A. under your control
   B. under pressure
   C. under the aim of the gun
   D. under the mask of

4. Life would be <u>until the kingdom come</u> if we could only be born at the age of eighty and gradually approach eighteen.

   A. until the end of the world
   B. when the king establishes a kindom
   C. in paradise
   D. in heaven

5. If you don't live in a small way, your hard earned savings will <u>vanish into thin air</u> in no time.

   A. disappear without leaving a trace
   B. run away
   C. come to nothing
   D. go up in the air

6. <u>Variety is the spice of life</u>. It's the most unhappy people who most fear change.

    A. We have various changes in life
    B. Differences and changes make life interesting
    C. The fish that got away
    D. Greed has no limits

7. To be a success in business, be daring, be first, be a different, and then no customers will <u>vote with their feet</u>.

    A. select you   B. elect you
    C. show their displeasure by walking   D. send you out of elective office

8. Her manner was very inconsiderate, <u>verging on</u> rudeness.

    A. coming very near   B. touching
    C. approaching   D. different from

9. You don't need any preparation, you can just <u>wade into</u> your work and start doing thing properly.

    A. set about   B. attack
    C. enter water   D. walk to pass through

10. Sice his operation, he's just <u>wasted away</u> over the last few years.

    A. become thin and ill   B. squandered
    C. become stronger   D. got older and older

11. He's been <u>wasting his breath</u> for over an hour; when is he going to stop talking?

    A. wasting his respiration   B. wasting his time talking
    C. giving up talking   D. wasting his time thinking

12. Her curses were <u>watered down</u> to avoid offending him, that they have hardly any meaning left.

    A. poured water   B. weakened

    C. sharpened   D. diluted

13. I have a train to catch so I can't stay to the end. I'll <u>weasel out of</u> the meeting as quietly as I can.

    A. drive a weasel out   B. watch out

    C. sneak out of   D. look out of

14. You have to <u>weigh your words</u> when speaking in public.

    A. consider your words carefully   B. discuss your words

    C. use your influence   D. depress yourself

15. The economic authorities should have accurately grasped the real state of the economy and better coped with factors pushing up prices, but they've been <u>wide of the mark</u>.

    A. irrelevant

    B. far from what has been expected

    C. absurd

    D. stupid

16. The thieves paid the servants to <u>wink at</u> the robbery.

    A. watch out for   B. keep an eye on

    C. ignore   D. weasel out of

17. You don't destroy an idea by <u>wiping out</u> people; you replace it with a better one.

    A. make them broke   B. killing

    C. cleaning   D. puting an end to

18. I know they guy behaved very badly on his last visit, but I promise you he'd <u>wipe his slate clean</u> and will be good from now on.

    A. beat you completely   B. become himself again
    C. erase his bad record   D. become wild about

19. I am defeated, and know it, if I met any human being from whom I find myself unable to <u>wise up to</u> anything.

    A. study   B. be informed
    C. understand the truth about   D. feel

20. Don't <u>wish your defective goods off on</u> your customers.

    A. wish your defective goods gone   B. pass your defective goods off onto
    C. wish your defective goods away   D. get rid of your defective goods to

21. Price control efforts focused on reducing the wide gap with producer's or wholesale price levels seems to <u>wither on the vine</u>.

    A. die
    B. disappear
    C. fade away at an early stage of development
    D. flourish

22. Take it with a grain of salt. It's nothing but <u>a wolf in sheep's clothing</u>.

    A. a liar
    B. an angel
    C. something threatening disguised as something kind
    D. something desirable

23. People say the government ought to take astute measures to cope with crimes and other problems which the employment of foreigners may entail, or <u>words to that effect</u>.

    A. words bringing that effect
    B. word for word
    C. in the exact words
    D. words which have about the same meaning

24. We can't <u>work on</u> the government to extend the deadline for the exit of those workers who came here with tourist visas.

    A. prevail against   B. persuade
    C. give medical treatment to D. repair or build

25. I ought to <u>work my way up</u> into an advanced position.

    A. go forward   B. rise in rank
    C. rise in value   D. improve

26. You'll be for it when they find out who broke the window. You can't <u>worm your way out of it</u>.

    A. elbow your way through   B. force your way out of
    C. squeeze out of   D. run out of

27. You'll get the sack when the boss finds out you're just barely <u>worth your salt</u>.

    A. worth your salary   B. deserve to be praised
    C. worthwhile   D. in the same league

28. Besides the sharp money supply growth brought on by the real-name financial system, the authorities' more vigorous efforts to collect tax certainly <u>wreak havoc with</u> the price target.

    A. ruin
    B. give shelter to
    C. give vent to
    D. go hard in hand with

29. If you are not on your better behavior, I'll <u>whale the tar out of</u> you.

    A. pour the tar over
    B. spank
    C. scold
    D. punish

30. I haven't seen you in ages. <u>Where've you been keeping yourself?</u>

    A. How are you getting along?
    B. How is the world using you?
    C. Where have you been?
    D. Where is the fire?

31. General consumers and economists outside the government repeatedly expressed worries about the possibility of runaway price rises for several years, <u>but where's the beef?</u>

    A. where is the beef to eat?
    B. where are you going to get beef?
    C. where is the substance?
    D. who's going to supply meat?

32. You have three hours to kill. <u>Where's the fire?</u>

    A. Where can you find the fire?
    B. What's the hurry?
    C. Hurry up.
    D. Step on it

33. A great woe on top of the national disasters, stemming from laxity of discipline and prevailing frolicking mood, lies in the economy. That's <u>where the action is.</u>

    A. put your money where the mouth is
    B. where important things are happening
    C. easier said than done
    D. the action speaks louder than the words

34. The government used its <u>whole bag of tricks</u> to prevent cruel crimes from raising its ugly head, but its efforts have come to nothing.

    A. bag of tricks intact   B. whole thing
    C. everything in the bag   D. the whole shebang

35. Being acclaimed as the forerunner of what were called the "four newly industrializing economies" in the 1980s, Korea is now at the bottom of a race with the other three dragons. Now, it's <u>a whole new ball game</u>.

    A. something completely different   B. like two peas
    C. a news to me   D. a ball game started afresh

36. That guy was afraid if he didn't join the others in the crime they would say he had <u>wimped out</u>.

    A. put a bold face on   B. been afraid
    C. taken the bull by the horns   D. got chicken feed

37. If at first you don't succeed, try, try, again. <u>Win a few, lose a few.</u>

    A. There's no use being a fool about it
    B. No cross, no crown
    C. Sometimes you win; other times you lose
    D. That's one of those things

38. Try to <u>wire your sister into</u> the general activity of the class, it will be good for her.

    A. send your sister a telegram   B. get your sister out of
    C. involve your sister with   D. get your sister under the wire

39. Although it's a very difficult examination, I'll try to make it <u>with bells on.</u>

    A. having bells with me   B. with eagerness
    C. with bells ringing   D. without any difficulty

40. We have to decide whether we'll pull up our country to the level of the advanced economies <u>with our eyes open</u> or stay as a backward developing nations.

    A. opening our eyes   B. totally aware of what's going on
    C. without closing our eyes   D. without regard to anything

41. Eveyr Choosuck, we <u>wolf down</u> rich food that we can't afford, and then complain about large bills and stomach troubles!

    A. have a wolf in the stomach   B. have a wolf by the ears
    C. wake a sleeping wolf   D. eat eagerly

42. A farm is a hunk of a land on which, if we get up early enough mornings and <u>work our tail off</u>, we'll meak a fortune.

    A. work very hard   B. have our tail between your legs
    C. shoot the works   D. keep our tail up

43. It would be easier to redeem a man <u>wrapped up with</u> vice and crime than a greedy, narrow-minded, pitiless merchant.

    A. full of   B. busy with
    C. addicted to   D. used to

44. The police are trying to <u>wrap up</u> the ware of violent crime.

    A. put a stop to   B. make a turning point
    C. do up   D. pack up

45. Now is not the time to pop the champagne and indulge in a drinking spree. We have to find out <u>which way the wind blows</u>.

    A. the direction of the wind   B. how things are
    C. who's who   D. what has happened

46. He specifically called for the drastic revision of election laws as the core political reform, to root out corrupt elections and rampant <u>whispering campaigns</u>.

    A. grapevine information   B. gossip
    C. chatting   D. spreading of false rumors

47. A stern warning indeed has been posted by the report that the year's consumer prices as of the end of September had been <u>wide of the mark</u>.

    A. correct   B. precise
    C. up to the mark   D. far from the target

48. If they don't have a contract by tomorrow, they may go on <u>a wild cat strike</u>. We have to stop it.

    A. a legal strike
    B. a sobotage
    C. an illegal strike
    D. a strike not ordered by a labor union

49. The hopeful man sees success where others see failure, sunshine where others see shadows and storm. You should cheer up and <u>wish on</u> your lucky star that you can get a job.

    A. get rid of   B. hope
    C. use as a charm while making a wish D. make a wish

50. If you join the club, you must comply with its rules <u>with a good grace</u>.

    A. willingly   B. reluctantly
    C. In an unpleasant   D. with indifference

51. We felt as though the world was our oyster. The prevalent merry-making mood has caused an unwelcome shopping binge and a massive exodus of workers from manufacturing industry.

    A. the world was full of oyster

    B. the world was full of merry-making

    C. the world belonged to us

    D. the world was made of oyster

52. I'd like to come with you but that's not a promise; don't wager on it.

    A. guarantee   B. depend on

    C. bet money on   D. doubt

53. Do you want to get rich quickly by waiting for a dead man's shoes?

    A. waiting for a dead man's resuscitation

    B. waiting for someone else's place after his death

    C. waiting for someone to come home safe

    D. waiting for someone to die

54. It's easy to walk with God as long as you don't try to explain him.

    A. walk with the maker and ruler of the world

    B. live a truly religious life

    C. stick to a heretical doctrine

    D. walk out on

55. Can a congressman possibly enjoy wallowing in the dirty side of human behavior?

    A. truning in   B. being concerned in

    C. rolling about in   D. running here and there

56. Our team should <u>waltz off with</u> the baseball game, they are easily the best.

    A. dance a waltz   B. waltz with

    C. win easily   D. lose

57. By threatening to give his wife the photograph, the criminal was able to <u>wangle every last penny out of the poor man.</u>

    A. provide the poor man with every last penny

    B. give every last penny to the poor man

    C. obtain every last penny from the poor man by trickery

    D. ask the poor man every last penny

58. Their honeymoon must have been <u>washed up</u> seeing that he phones he'll be late for dinner and she has already left a note that it's in the refrigerator.

    A. ruined   B. renewed

    C. cleaned with water   D. clean thoroughly

59. I'm afraid you are not strong enough to <u>weather through</u> all these troubles.

    A. pass through successfully   B. fail to pass

    C. have favorable weather   D. weather permitting

60. I don't think father is willing to lend us the car, but I'll see if I can <u>wheedle him into</u> it.

    A. deceive him   B. persuade him into

    C. talk him out of   D. lead him into

61. With some more practice, we'll soon <u>whip this piece of music into shape</u> ready for the performance.

    A. give a whip to this piece of music
    B. flog this piece of music
    C. make this piece of music reach a fit condition
    D. whip this piece of music in

62. A campaign for putting slackened discipline on the respectable path is in order. We can't just <u>whistle in the dark</u>.

    A. whistle to our heart's content
    B. pretend fearlessness in the face of danger
    C. blow the whistle
    D. pay for our whistle

63. I've <u>whizzed through</u> Junjoo on my way to the office, but have never stayed there.

    A. stop over
    C. come to stay
    B. drop over
    D. pass quickly through

64. The lesson that most of us on this voyage never learn, but can never quite forget, is that to win is sometimes to <u>wind up nowhere</u>.

    A. bring to an end
    C. gain no success
    B. fail to finish
    D. fail

65. Production is not the application of tools to materials, but logic to work. You'll do quite well once you've got the hang of it and <u>worked yourself in</u>.

    A. worked very hard
    C. got used to a job
    B. idled your time away
    D. joined in work with yourself

66. All the union members will <u>work to rule</u> again tomorrow. The basis for economic hardship lies in the disappearance of diligence of those in all classes of society, from policymakers and business managers to laborers.

    A. work according to rule
    B. work from nine to five
    C. refuse to work harder or longer
    D. work very hard

67. Somehow I find it difficult to <u>work up an appetite for</u> the day's activities.

    A. lose your appetite
    B. begin to enjoy
    C. work kard to feel an appetite
    D. have a good appetite

68. If you want the meal on time, we'd better <u>work up steam</u> with the cooking.

    A. become more active
    B. give off steam
    C. evaporate steam
    D. produce power

69. I'll <u>worm the truth out of</u> the prisoner if it takes all night.

    A. avoid getting the truth out of
    B. obtain the truth from
    C. force to get the truth out of
    D. persuade to get the truth out of

70. After raising a family, many women feel the need to <u>wriggle out of</u> the house and be recognized for their own abilities.

    A. escape from
    B. work their way out of
    C. get out
    D. walk out of

71. You should not teach your grandmother to suck eggs and <u>you can not teach an old dog new tricks</u> either.

    A. It's not easy to teach an old dog new tricks
    B. It's unnecessary to teach a fish to how to swim
    C. as you sow, so shall you reap
    D. old people can not learn anything new

72. If you are proud of your wealth, you should not be praised until it's known how you employ it. <u>You can't take it with you.</u>

   A. You can't carry it with you.
   B. You can't take it with you when you die.
   C. You can't always take it with you.
   D. You can't keep it until you die.

73. There is always the danger of failing as a human being. <u>You can't win them all.</u>

   A. No one can succeeds all the time   B. You can't win all of them
   C. You can win a few of them only   D. You'd better take care of yourself

74. When I get the winning number of a lottery, I'll buy a car, a tape recorder, <u>you name it.</u>

   A. and anything you need   B. everything
   C. just say what you want   D. tell me what you need

75. Man weeps to think that he will <u>yield up the ghost</u> so soon; woman, that she was born so long ago.

   A. lose his spirit   B. hand over the ghost
   C. die   D. resuscitate

76. We should <u>zero in on</u> the arms factory and destroy it with one bomb.

   A. come to nothing   B. aim directly on
   C. reduce to zero   D. make every effort

77. Gui-nam <u>zoomed in on</u> Suck-ho when he thought that he he had been deceiving him.

   A. flew rapidly at
   B. used a zoom lens to get a closer view
   C. moved slowly at
   D. ran for his life

78. Don't ask me to move, I'm <u>zonked out</u>.

   A. get drunk   B. get drug intoxicated

   C. exhausted   D. full of beans

79. We were all excited to <u>zoom off</u> on a camping trip.

   A. leave   B. leave in a hurry

   C. get drunk   D. depart quietly

80. At last he <u>zoomed out</u> and shouted at me.

   A. kept control   B. lost control

   C. got excited   D. calmed down

81. At last the line of people waiting to go into the cinema began to <u>zip along</u>.

   A. make a noise   B. move forward quickly

   C. fasten with a fastener   D. go ahead steadily

Exercise Answer

Exercise 1

1. C 2. C 3. A 4. B 5. C 6. A 7. A 8. D 9. A 10. D 11. B 12. B 13. A
14. D 15. A 16. B 17. C 18. A 19. B 20. B 21. A 22. C 23. B 24. A
25. C 26. B 27. C 28. B

Exercise 2

1. A 2. B 3. B 4. A 5. D 6. C 7. A 8. D 9. C 10. D 11. A 12. C 13. B
14. C 15. B 16. C 17. A 18. B 19. B 20. B 21. C 22. C 23. C 24. D
25. A 26. C 27. B 28. B 29. D 30. C 31. C 32. D 33. B 34. C 35. C
36. D 37. C 38. D 39. B 40. C 41. D 42. A 43. B 44. A 45. C 46. B
47. C 48. C 49. A 50. D 51. A 52. C

Exercise 3

1. C 2. A 3. C 4. D 5. A 6. B 7. D 8. D 9. C 10. D 11. B 12. B 13. C
14. B 15. D 16. D 17. A 18. D 19. C 20. C 21. C 22. B 23. A 24. C
25. D 26. A 27. C 28. B 29. A 30. B 31. C 32. D 33. A 34. D 35. A
36. C 37. B 38. D 39. C 40. D 41. B 42. D 43. A 44. B 45. B 46. D
47. B 48. D 49. A 50. C 51. B 52. B 53. C 54. C 55. B 56. A 57. C
58. A 59. B 60. C

Exercise 4

1. C 2. C 3. A 4. D 5. B 6. D 7. B 8. D 9. A 10. C 11. A 12. D 13. D

14. C 15. A 16. C 17. C 18. B 19. C 20. C 21. D 22. A 23. B 24. D
25. C 26. D 27. A 28. B 29. B 30. B 31. C 32. C 33. A 34. B 35. C
36. A 37. A 38. B 39. D 40. C 41. A 42. C 43. C 44. A 45. D 46. C
47. D 48. A 49. D

Exercise 5

3. D 4. B 5. A 6. D 7. B 8. C 9. A 10. B 11. D 12. C 13. D
14. B 15. C 16. C 17. D 18. C 19. D 20. B 21. B 22. C 23. B 24. C
25. D 26. B 27. B 28. C 29. B 30. C 31. A 32. D 33. D 34. B 35. C
36. D 37. A 38. C 39. B 40. D 41. A 42. B 43. C 44. D 45. D 46. C
47. B 48. C 49. C 50. C 51. B 52. C 53. A 54. B 55. C 56. C 57. D
58. D 59. C 60. C 61. B 62. D 63. D 64. C

Exercise 6

1. D 2. C 3. C 4. D 5. A 6. B 7. C 8. A 9. C 10. D 11. C 12. C 13. A
14. D 15. A 16. C 17. D 18. B 19. C 20. D 21. B 22. B 23. D 24. B
25. C 26. A 27. A 28. C 29. C 30. B 31. C 32. B 33. C 34. A 35. C
36. A 37. C 38. A 39. D 40. C 41. B 42. A 43. C 44. C 45. A 46. B
47. B 48. A 49. B 50. D 51. C 52. D 53. A 54. D 55. B 56. B 57. C
58. B 59. C 60. B 61. C 62. D 63. C 64. C 65. A 66. D 67. B 68. C

Exercise 7

1. B 2. D 3. A 4. B 5. B 6. A 7. C 8. D 9. B 10. A 11. B 12. C 13. B
14. B 15. A 16. A 17. B 18. C 19. B 20. D 21. D 22. C 23. A 24. B
25. A 26. D 27. B 28. C 29. A 30. B 31. B 32. C 33. A 34. B 35. C
36. B 37. A 38. C 39. B 40. A 41. C 42. D 43. B 44. B 45. A 46. B
47. B 48. B 49. A 50. B 51. A

Exercise 8

1. A 2. A 3. C 4. D 5. A 6. B 7. A 8. B 9. A 10. C 11. B 12. C 13. B
14. C 15. A 16. B 17. D 18. B 19. A 20. B 21. B 22. A 23. A 24. B
25. A 26. B 27. C 28. B 29. B 30. C 31. B 32. C

Exercise 9

1. A 2. B 3. C 4. B 5. C 6. B 7. B 8. C 9. B 10. D 11. C 12. B 13. D
14. C 15. C 16. A 17. B 18. C 19. A 20. D 21. B 22. B 23. A 24. B
25. C 26. B

Exercise 10

1. D 2. C 3. C 4. B 5. C 6. B 7. C 8. B 9. A 10. D 11. B 12. A 13. B
14. B 15. A 16. B 17. C 18. A 19. A 20. B 21. C 22. B 23. C 24. B
25. C 26. C 27. B 28. B 29. A 30. C 31. B 32. A 33. B 34. B 35. C
36. D 37. B 38. A 39. B 40. C 41. A 42. B 43. D 44. B 45. D 46. C
47. D 48. B 49. C 50. C 51. C 52. C 53. B 54. C 55. B 56. A 57. A
58. C 59. B 60. C 61. B 62. B 63. D 64. C 65. C 66. B 67. C 68. B
69. B 70. D 71. B 72. C 73. C 74. C 75. B 76. A 77. A 78. B 79. B
80. C

Exercise 11

1. B 2. A 3. D 4. C 5. B 6. D 7. C 8. A 9. B 10. D 11. D 12. C 13. D
14. C 15. A 16. A 17. D 18. C 19. A 20. D 21. B 22. A

Exercise 12

1. B 2. B 3. C 4. B 5. B 6. B 7. C 8. D 9. B 10. C 11. B 12. C 13. B
14. A 15. B 16. C 17. A 18. C 19. A 20. C 21. B 22. C 23. C 24. C
25. D 26. B 27. A 28. C 29. B 30. D 31. C 32. C 33. B 34. C 35. C
36. D 37. C 38. B 39. C 40. B 41. B 42. C 43. B 44. B 45. D 46. C
47. B 48. B 49. B 50. C 51. A 52. B 53. A 54. C 55. C 56. B 57. D
58. B 59. B 60. C 61. A 62. A 63. A 64. C 65. B 66. B 67. D 68. C
69. B 70. B 71. A 72. C 73. C 74. D 75. D 76. B 77. C 78. C 79. C
80. C 81. D 82. A 83. B 84. A 85. B 86. A 87. B 88. B 89. C 90. A
91. B 92. B 93. A 94. B 95. C 96. C 97. C 98. C 99. B 100. B 101. C
102. B 103. B

Exercise 13

1. C 2. B 3. B 4. A 5. C 6. A 7. D 8. B 9. A 10. D 11. A 12. B 13. B
14. A 15. B 16. C 17. B 18. C 19. B 20. C 21. B 22. C 23. B 24. B
25. C 26. D 27. D 28. B 29. D 30. C 31. B 32. B 33. B 34. C 35. C
36. C 37. B 38. D 39. B 40. B 41. A 42. B 43. C 44. C 45. A

Exercise 14

1. B 2. C 3. B 4. A 5. A 6. B 7. C 8. A 9. A 10. A 11. B 12. B
13. C 14. A 15. B 16. C 17. B 18. C 19. C 20. B 21. C 22. C 23. D
24. B 25. B 26. C 27. A 28. A 29. B 30. C 31. C 32.   33. B 34. B
35. A 36. B 37. C 38. C 39. B 40. B 41. D 42. A 43. B 44. A 45. B
46. D 47. D 48. D 49. C 50. A 51. C 52. B 53. B 54. B 55. B 56. C
57. C 58. A 59. A 60. B 61. C 62. B 63. D 64. C 65. C 66. C 67. B
68. A 69. B 70. A 71. D 72. B 73. A 74. B 75. C 76. B 77. A 78. C
79. B 80. B 81. B

◆ 편저 서 재 순 ◆

▌前 통계청(경제기획원 조사국) 국제통계자료담당사무관
▌前 통계청 대전사무소 근무
▌前 통계청 수원사무소 과장 역임
▌前 통계청 서기관
▌저서 : 뿌리부터 알아가는 Vocabulary & Idiom, 영어명문·용례대
　　　 사전, 숙어란 무엇인가 외 다수

<table>
<tr><td colspan="2">영·숙어 회화 비법 길라잡이　　　　定價 28,000원</td></tr>
<tr><td>2016年 9月 10日　인쇄
2016年 9月 15日　발행
　편　저 : 서 재 순
　발행인 : 김 현 호
　발행처 : 법문　북스
　공급처 : 법률미디어</td><td></td></tr>
<tr><td colspan="2">１５２-０５０
서울 구로구 경인로 54길4(구로동 636-62)
TEL : 2636-2911~3, FAX : 2636~3012
등록 : 1979년 8월 27일 제5-22호
Home : www.lawb.co.kr</td></tr>
</table>

▌ISBN 978-89-7535-350-5- 13740
▌이 도서의 국립중앙도서관 출판예정도서목록(CIP)은 서지정보유통지원
　시스템　홈페이지(http://seoji.nl.go.kr)와　국가자료공동목록시스템
　(http://www.nl.go.kr/kolisnet)에서　이용하실　수　있습니다.(CIP제어
　번호: CIP2016011407)
▌파본은 교환해 드립니다.
▌본서의 무단 전재·복제행위는 저작권법에 의거, 3년 이하의
　징역 또는 3,000만원 이하의 벌금에 처해집니다.

무슨 일에나 마찬 가지지만 특히 공부에 있어서
굳은 의지, 끈질긴 노력, 그리고 이러한 노력 속에서
자연스럽게 흥미를 끌어내는 것이 무엇보다 중요한 일이기에
체계적으로 재미있게 실력향상의 밑거름이 될
영어숙어 회화비법 길라잡이!

ISBN 978-89-7535-350-5

28,000원